PETIT

DICTIONNAIRE

DE LA LANGUE FRANÇAISE.

PROPRIÉTÉ

Théodore Lefèvre (signature)

CORBEIL, typ. et stér. de CRÉTÉ.

PETIT

DICTIONNAIRE

DE

LA LANGUE FRANÇAISE

SUIVANT L'ORTHOGRAPHE

DE L'ACADÉMIE

Contenant tous les mots qui se trouvent dans son Dictionnaire
avec la prononciation, lorsqu'elle est irrégulière.

PAR HOCQUART

TRENTIÈME ÉDITION

(A 15,000 exemplaires)

Revue et augmentée d'un grand nombre de mots

PAR A. RENÉ.

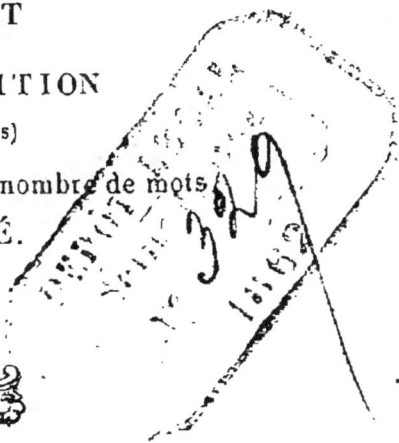

PARIS

THÉODORE LEFÈVRE, ÉDITEUR

SUCCESSEUR DE J. LANGLUMÉ,

2, rue des Poitevins.

1862

AVIS DE L'ÉDITEUR.

—

Un Dictionnaire portatif de la langue française paraît au premier abord un travail aussi facile qu'insignifiant; il semble qu'il n'y ait qu'à copier plus ou moins habilement les nombreuses publications du même genre qui ont vu le jour depuis une trentaine d'années et dont plusieurs ne sont pas sans mérite; cependant tout ce qui touche à la pureté du langage a une telle importance dans l'éducation et dans la vie sociale, les mots servant à exprimer nos idées se prêtent à tant de combinaisons diverses, et on éprouve un tel besoin d'en connaître le sens précis, que nous avons été étonnés, en abordant une révision sérieuse d'un dictionnaire même abrégé, de trouver encore dans tout ce qui existe tant de fausses définitions, tant d'omissions, tant de mots barbares, impropres ou inutiles, et de nous voir entraînés dans une étude beaucoup plus étendue que nous ne le pensions.

Nous n'avons pas la prétention d'être encore arrivés à la perfection, mais nous croyons avoir fait un travail consciencieux qui, tout en débarrassant le terrain d'un certain nombre de mots vieillis, grossiers, étrangers ou par trop scientifiques, a enrichi nos colonnes d'environ 3,000 mots usuels, appartenant à cet ensemble de connaissances que tout homme d'intelligence possède au moins superficiellement.

Les progrès merveilleux des sciences naturelles, de la chimie, de la physique, de la mécanique, etc., qui sont entrés dans la pratique journalière de la vie, ne permettent plus de négliger, dans un vocabulaire, les principaux termes techniques de ces sciences devenus familiers aux gens les moins lettrés, et on peut dire que, sous ce rapport, les dictionnaires abrégés sont beaucoup plus complets que le volumineux et précieux recueil de l'Académie française qui, du reste, a beaucoup plutôt pour but de fixer la valeur des mots employés par nos bons écrivains que de consacrer les mots usités dans la vie courante, lesquels finissent par conquérir leur droit de cité bien avant que l'Académie les accueille dans son sein.

Nous espérons que les soins apportés à la révision de ce petit Dictionnaire, lui assureront près de notre nombreuse clientèle le succès qu'ont déjà obtenu les vingt-sept éditions (300,000 exemplaires) écoulées en peu d'années.

DICTIONNAIRE

D'ORTHOGRAPHE,

OÙ LA PRONONCIATION EST INDIQUÉE LORSQU'ELLE
EST IRRÉGULIÈRE.

A

A, sm. voyelle, première lettre.
Une panse d'A, première partie d'un petit a, dans l'écriture ordinaire.

A, trois. personne du s. du pr. de l'ind. du verbe avoir.

A, prép. prend l'accent grave.

AA, abréviation d'ana, en égale quantité. *méd.*

Abaisse *ou* Basse-pâte, sf. fond d'une pièce de pâtisserie.

Abaissement, sm. diminution de hauteur. *fig.* humiliation.

Abaisser, va. *et* p. faire aller en bas, diminuer de hauteur; avilir.   [abaisse.

Abaisseur, a. *et* sm. muscle qui

Abajoue, sf. cavité des joues du singe, au plur. grosses joues.

Abalourdir, va. *et* pr. rendre, devenir lourd, stupide.

Abandon, sm. délaissement; négligence aimable dans le discours ou les manières.

Abandonnement, sm. abandon extrême; dérèglement. [livrer.

Abandonner, va. *et* p. délaisser;

Abaque, sm. tête d'une colonne, table, buffet.   [sterner. *fa.*

Abasourdir, va. étourdir; con-

Abasourdissement, sm. action d'abasourdir.

Abatage, sm. coupe de bois, action de tuer les bestiaux.

Abâtardir, va. *et* p. altérer; dégénérer.

Abâtardissement, sm. altération.

Abatée, sf. mouvement horizontal de rotation. *mar.*

Abat-foin, sm. ouverture dans le plancher d'un grenier.

Abatis, sm. choses abattues, coupées; pieds, cou, ailerons, etc. des volailles.

Abat-jour, sm. fenêtre qui reçoit le jour d'en haut.

Abattement, sm. affaiblissement.

Abatteur, sm. qui abat. *fa.*

Abattoir, sm. lieu où l'on tue les bestiaux.

Abattre, va. mettre à bas; affaiblir; s' — vp. tomber, en parlant d'un cheval.

Abattures, sf. pl. foulures qu'un cerf laisse dans les broussailles.

Abat-vent, sm. toit, paillasson qui garantit du vent.

Abat-voix, sm. le dessus d'une chaire.   [arabe.

Abb.ssides, sm. pl. dynastie

Abbatial, pl. *aux*, a. appartenant à un abbé ou à une abbesse.

Abbaye, sf. (*abéie*) couvent régi par un abbé ou par une abbesse.

Abbé, sm. chef d'abbaye; par extension un ecclésiastique.

Abbesse, sf. supérieure d'une abbaye.

A b c, sm. (*abécé*) livret pour apprendre à lire; premiers éléments

Abcéder, vn. tourner en abcès.

Abcès, sm. apostème ouvert.

Abdication, sf. action d'

Abdiquer, va. et n. renoncer à une dignité.

Abdomen, sm. (èn), ventre.

Abdominal, pl. aux, a. tenant au ventre. sm. pl. poissons qui ont des nageoires sous l'abdomen. [meut en dehors.

Abducteur, a. et sm. muscle qui

Abduction, sf. argument ; fracture d'un os ; mouvement en dehors.

Abécédaire, a. l'ordre alphabétique, sm. petit livre où l'on apprend à lire.

Abecquement, sm. action d'

Abecquer ou Abéquer, va. donner la becquée. [moulin.

Abée, sf. passage de l'eau d'un

Abeille, sf. mouche à miel.

Abencerrages, sm. tribu maure célèbre dans l'histoire d'Espagne.

Aberration, sf. (rr) mouvement apparent des étoiles ; déviation ; erreur.

Abêtir, va. et n. rendre ou devenir bête. fa.

Ab hoc et ab hac, loc. ad. (pro. le b, le c, et le t) confusément. fa. [en horreur.

Abhorrer, va. et p. (rr) avoir

Abîme, sm. gouffre ; l'enfer. fig. abime de malheur.

Abimer, va. np. précipiter dans l'abime, faire périr. fig. ruiner, salir.

Ab intestat, sa. héritier d'une personne morte sans tester.

Ab irato, loc. ad. (testament) fait en colère.

Abject, a. (ék) vil. [lissement.

Abjection, sf. abaissement, avi-

Abjuration, sf. action d'abjurer.

Abjuratoire, a. qui tient à l'abjuration.

Abjurer, va. renoncer à une opinion, à sa religion.

Ablactation, sf. action de sevrer les enfants.

Ablatif, sm. sixième cas des noms latins. gra. [cher. chir.

Ablation, sf. action de retran-

Ablativo, tout en un tas ; loc. ad. avec confusion. pop.

Able, Ablet ou Ablette, sf. petit poisson blanc.

Ableret, Ablier, sm. filet pour les ables. [l'écriture.

Abluer, va. laver. v. raviver

Ablution, sf. action d'abluer ; cérémonie religieuse.

Abnégation, sf. renoncement.

Aboi, aboiement ou aboiment, sm. cri du chien.

Abois, sm. pl. extrémité où le cerf est réduit ; se dit au fig. pour une personne qui se meurt, ou est dénuée de ressources.

Abolir, va. annuler.

Abolissable, a. qu'on peut abolir.

Abolissement, sm. et Abolition, sf. action d'abolir.

Abolitionisme, sm. doctrine de l'

Abolitioniste, sm. qui veut abolir l'esclavage.

Abominable, a. laid, détestable.

Abominablement, ad. d'une manière abominable.

Abomination, sf. détestation ; acte abominable.

Abominer, va. rejeter, détester.

Abondamment, ad. en abondance.

Abondance, sf. grande quantité ; parler d' —, sans préparation.

Abondant, a. qui abonde.

Abonder, vn. avoir ou être en abondance ; abonder en son sens, être fort attaché à son opinion.

Abonnataire, sm. qui a obtenu une concession, un droit, moyennant abonnement.

Abonné, ée, s qui s'est abonné.

Abonnement, sm. marché à prix fixe pour un temps.

Abonner, va. et p. faire un abonnement.

Abonnir, va. n. et p. rendre ou devenir bon.

Abord , sm. accès, affluence , d'abord, ad. premièrement.

Abordable, a. qu'on peut aborder. [mar.

Abordage, sm. action d'aborder.

Aborder, va. et n. accoster, discuter, aller à bord, prendre terre. [pays.

Abordeur, sm. qui fait un abordage.

Aborigène , sm. naturel d'un

Abornement, sm. action d'

Aborner, va. mettre des bornes.

Abortif, ve, a. avorté, qui fait avorter.

Abot, sm. entrave pour retenir les chevaux dans les pâturages.

Abouchement, sm. conférence, entrevue. v. [conférer.

Aboucher, va. et p. réunir pour

Abouement, sm. V. Arasement.

About, sm. extrémité des pièces de charpente.

Aboutage, sm. action d' [bout. v.

Abouter, va. et pr. joindre bout à

Aboutir, vn. tendre à ; toucher d'un bout; suppurer.

Aboutissant, a. qui aboutit; qui concerne. sm. pl. les tenants et les aboutissants d'une maison, d'une affaire. fig. circonstances et dépendances. [tir.

Aboutissement, sm. act. d'abou-

Ab ovo, loc. ad. dès l'origine.

Aboyant, a. qui aboie.

Aboyer, vn. japper. fig. crier; convoiter.

Aboyeur, sm. chien qui aboie sans approcher. fig. criard; convoiteux. [tique.

Abracadabra, sm. mot cabalis-

Abracadabrant , a. merveilleux, extraordinaire. fam.

Abraxas, sm. sorte d'amulette.

Abrégé, sm. raccourci, précis.

Abrégement, sm. action d'

Abréger, va. raccourcir.

Abreuvage, Abreuvement, sm. action d'

Abreuver, va. et p. faire boire ; humecter ; fig. donner ou avoir du chagrin, des dégoûts.

Abreuvoir , sm. lieu où l'on abreuve.

Abréviateur, sm. qui abrége un ouvrage ; rédacteur de bulles.

Abréviatif, a. qui abrége.

Abréviation, sf. retranchement de lettres.

Abréviativement, ad. d'une façon abrégée.

Abri, sm. lieu à couvert ; sûreté.

Abricot, sm. fruit à noyau.

Abricotier, sm. arbre fruitier.

Abriter, va. et p. mettre à l'abri.

Abrivent , va. paillasson dont on se sert pour mettre quelque chose à l'abri.

Abrogation, sf. act. d'abroger.

Abrogeable , a. qui peut être abrogé.

Abroger, va. et p. annuler.

Abrouti, a. (bois) ébourgeonné par les bestiaux.

Abroutissement , sm. état de ce qui est abrouti. [coupé.

Abrupt, a. qui est brusquement

Abruption, sf. fracture, fig. de rhétor.

Abrupto (Ab ou Ex), loc. ad. brusquement; sans préparation. [venir brute.

Abrutir, va. et p. rendre ou devenir bête.

Abrutissant, a. qui abrutit.

Abrutissement, sm. stupidité.

Abrutisseur, sm. qui abrutit.

Abscisse, sf. portion d'une courbe. géom. [chir.

Abscission , sf. retranchement.

Absence , sf. éloignement. fig. distraction.

Absent, a. et s. éloigné.

Absentéisme, sm. manie de vivre hors de chez soi.

Absenter (s'), vp. s'éloigner.

Abside, sf. voûte, arche, partie circulaire. arch.

Absinthe, sf. plante amère.

Absinthé, a. mêlé d'absinthe.

Absolu, a. souverain, impérieux; non relatif. sm. l'absolu.

Absolument, ad. d'une manière absolue ; entièrement ; en général.

Absolution sf. action d'absoudre.

Absolutisme, sm. pouvoir illimité, despotisme. [solutisme.

Absolutiste, sm. partisan de l'absolutoire, a. qui absout.

Absorbable, a. qui peut être absorbé. [qui absorbe.

Absorbant, absorptif. sm. et a.

Absorber, va. et p. engloutir; neutraliser. fig. occuper fortement, consumer.

Absorption, sf act. d'absorber.

Absorptivité, sf. faculté d'absorber.

Absoudre, va. déclarer innocent; remettre les péchés.

Absoute, sf. absolution solennelle. [point de vin.

Abstème, sm. et f. qui ne boit

Abstenir (s'), vp. se priver.

Abstention, sf. acte par lequel un juge se récuse. pal.

Abstergent, ou abstersif, sm. et a. qui absterge.

Absterger, va. nettoyer une plaie.

Abstersion, sf. action d'absterger. [tenir.

Abstinence, sf. action de s'abstinent, a. sobre, tempérant.

Abstractif, ve, a. qui exprime les abstractions.

Abstraction, sf. act. d'abstraire. — fig. distraction.

Abstractivement, abstraitement, ad. par abstraction.

Abstraire, va. considérer séparément; abréger. [distrait.

Abstrait, a. métaphysique. fig.

Abstrus, a. difficile à entendre.

Absurde, a. contraire à la raison. [absurde.

Absurdement, ad. d'une man.

Absurdité, sf. vice de ce qui est absurde ; chose absurde.

Abus, sm. mauvais usage ; erreur, excès. [mal.

Abuser, va. et p. tromper ; user

Abuseur, sm. et a. qui abuse. fa. [règles.

Abusif, ve, a. contraire aux

Abusivement, ad. d'une man. abusive.

Abyme, Abymer. V. Abîme.

Acabit, sm. qualité d'une chose.

Acacia, sm. arbre.

Académicien, sm. et a. membre d'une académie.

Académie, sf. compagnie de savants, d'artistes ; maison d'études ; de jeu ; figure d'après le nu. — de musique, l'Opéra français. [cien.

Académifier, va. faire académi-

Académique, a. d'académie.

Académiquement, ad. d'une manière académique. [démie.

Académiste, sm. élève d'aca-

Acagnarder, va. et p. accoutumer à la paresse. fa.

Acajou ou Anacarde, sm. arbre.

Acalèphes, sm. pl. animaux sans vertèbres. zool. [plante.

Acanthe ou Branche ursine. s. f.

Acariâtre, a. d'humeur aigre.

Acariâtreté, sf. obstination, opiniâtreté.

Acatalepsie, sf. privation d'intelligence ; pyrrhonisme.

Acataleptique, a. affecté d'acatalepsie ; pyrrhonien.

Acaule, a. sans tige.

Accablant, a. qui accable.

Accablement, sm. état du corps ou de l'esprit accablé. [ger.

Accabler, va. abattre ; surchar-

Accalmée ou Accalmie, sf. calme en mer. mar.

Accaparement, sm. act. d'

Accaparer, va. amasser des denrées pour les vendre plus cher.

Accapareur, euse, s. qui accapare.

Accéder, vn. consentir, entrer dans un engagement. [lère.

Accélérateur, trice, a. qui accé-

Accélération, sf. act. d'accélérer.

Accéléré, ée, a. à grande vitesse.

Accélérer, va. hâter.

Accense, sf. fermage, dépendance. jur.

Accensement, sm. action d'

Accenser, va. prendre à cens, à rente, à ferme.

Accent, sm. modulation de la voix ; signe destiné à la diriger; manière de prononcer.

Accentuation, sf. man. d'

Accentuer, va. mettre des ac-cents. [cepter.

Acceptable, a. qu'on peut ac-

Acceptant, s. qui accepte. *jur.*

Acceptation, sf. act. d'

Accepter, va. recevoir.

Accepteur, sm. qui accepte une lettre de change pour la payer.

Acceptilation, sf. quittance fein-te ; remise d'une dette sans paiement.

Acception, sf. préférence ; sens d'un mot. [mal.

Accès, sm. abord; attaque d'un

Accessible, a. abordable.

Accessibilité, sf. qualité de ce qui est accessible.

Accession, sf. consentement; ac-croissement.

Accessit, sm. (*t*) récompense.

Accessoire, a. *et* sm. qui ac-compagne. [nière accessoire.

Accessoirement, ad. d'une ma-

Accidence, sf. possibilité d'acci-dent. [sard.

Accident, sm. cas fortuit; ha-

Accidenté, e, a. inégal, varié, pittoresque.

Accidentel, le, a fortuit. [sard.

Accidentellement, ad. par ha-

Accidenter, va. varier d'aspect un terrain, un paysage.

Accise, sf. taxe sur les boissons.

Acclamateur, sm. qui acclame.

Acclamation, sf. cri de joie; suf-frage.

Acclamer, va. approuver à grands cris, en nombre.

Acclamper, va. fortifier un mât.

Acclimatable, a. ce qu'on peut acclimater.

Acclimatation, sf. action d'

Acclimater, va. *et* p. accoutu-mer au climat.

Acclimatement, sm. état de ce qui est acclimaté.

Accointance, sf. liaison. *fa.*

Accointer (s'), vp. se lier.

Accolade, sf. embrassement, réu-nion.

Accolader, va. *et* pr. embrasser, réunir.

Accolage, action d' [clier, réunir.

Accoler, va. embrasser, atta-

Accolure, sf. lien pour attacher la vigne et les arbres.

Accommodable, a. qui peut s'ac-commoder. [fure.

Accommodage, sm. apprêt; coif-

Accommodant, a. complaisant.

Accommodation, sf. appropria-tion. *théol.*

Accommodement, sm. accord.

Accommoder, va. *et* p. arran-ger ; apprêter; coiffer. [mode.

Accommodeur, sm. qui accom-

Accompagnateur, sm. qui ac-compagne. *mus.*

Accompagnement, sm. act. d'

Accompagner, va. aller avec.

Accompli, a. parfait.

Accomplir, va. *et* p. achever.

Accomplissement, sm. achève-ment.

Accon, sm. bateau à fond plat.

Accoquinant, V. Acoquinant.

Accorage, sm. action d'accorer, d'étayer.

Accord, sm. convention ; har-monie. *D'accord*, int. j'y consens. — Au pl. signifie les conventions préliminaires d'un mariage.

Accordable, a. qui peut s'accor-der. [pop.

Accordailles, sf. pl. fiançailles.

Accordant, a. qui s'accorde.

Accordé, e, s. fiancé. [que.

Accordéon, sm. instr. de musi-

Accorder, va. *et* p. concéder, mettre d'accord.

Accordeur, sm. qui accorde les instruments. [deur.

Accordoir, sm. outil d'accor-

Accore, sm. pièce de bois pour soutenir. *mar.*

Accorer, va. étayer. *mar.*

Accort, a. adroit ; complaisant.

Accortise, sf. complaisance. *fa.*

Accostable, a. facile à aborder.

Accoster, va. aborder, vp. han-ter. *fa.*

Accotement, sm. bas-côté d'un chemin.

Accoter, va. et p. appuyer de côté. fa.

Accotoir, sm. appui, égouttoir. pop. [coucher.

Accouchée, sf. qui vient d'ac-

Accouchement, sm. enfantement. [der à accoucher.

Accoucher, vn. enfanter; va. ai-

Accoucheur, euse, s. qui accouche les femmes.

Accoudement, sm. action de

Accouder (s'), vp. s'appuyer du coude. [couder.

Accoudoir, sm. appui pour s'ac-

Accouer, va. lier, attacher par la queue. [pler les chiens.

Accouple, sf. lien pour accou-

Accouplement, sm. assemblage par couple. [2; apparier.

Accoupler, va. (s') vr. joindre par

Accourcie, sf. passage plus court que le chemin ordinaire.

Accourcir, va. et p. diminuer de longueur. [d'accourcir.

Accourcissement, sm. action

Accourir, vn. courir en un lieu.

Accoutrement, sm. habillement ridicule. [culement. fa.

Accoutrer, va. et p. parer ridi-

Accoutumance, sf. habitude. v.

Accoutumer, va. n. et p. donner ou prendre l'habitude.

Accouver, va. et p. préparer à couver, s'accroupir. [crédit.

Accréditer, va. et p. mettre en

Accréditeur, sm. celui qui accrédite.

Accrétion, sf. accroissement par juxtaposition.

Accroc, sm. (acro), déchirure. fig. obstacle; difficulté. fa.

Accrochement, sm. act. d'

Accrocher, va. suspendre à un crochet. fig. retarder; s'arrêter; s' — vp. s'attacher à. fa.

Accroire, va. n. et p. (faire ou en faire), faire croire ce qui n'est pas. [tion.

Accroissement, sm. augmenta-

Accroître, va. n. et p. augmenter.

Accroupir (s'), vp. s'asseoir sur les talons.

Accroupissement, sm. état d'une personne accroupie.

Accrue, sf. augmentation d'une terre, rejeton.

Accueil, sm. (akeuil), réception.

Accueillir, va. recevoir, agréer.

Accul, sm. (l) lieu sans issue.

Acculement, sm. état de ce qui est acculé. [un coin.

Acculer, va. et p. pousser dans

Accumulateur, sm. qui accumule.

Accumulation, sf. amas, augmentation. [augmenter.

Accumuler, va. et p. amasser;

Accusabilité, sf. état de ce qui est

Accusable, a. qu'on peut accuser.

Accusateur, trice, s. qui accuse en justice. [noms latins. gra.

Accusatif, sm. quatrième cas des

Accusation, sf. acte d'accuser.

Accusatoire, a. qui accuse.

Accusé, ée, sm. et f. traduit pour crime devant les tribunaux.

Accuser, va. et p. déférer en justice; reprocher; annoncer; avouer. [sans tête.

Acéphale, s. et a. des 2 genres,

Acerbe, a. âpre.

Acerbité, sf. âpreté.

Acéré, a. fer rendu tranchant par l'acier; astringent. méd.

Acérer, va. mettre de l'acier avec du fer. [cide.

Acescence, sf. disposition à l'a-

Acescent, a. qui tend à l'acide.

Acétate, et Acétite, sm. sels. chim.

Acéteux, se, a. aigrelet.

Acétique, am. se dit de l'acide qui fait la base du vinaigre.

Achalandage, sm. action d'

Achalander, va. et p. procurer des chalands. [niâtre.

Acharnement, sm. fureur opi-

Acharner, va. irriter, vp. s'attacher avec ardeur.

Achat, sm. emplette.

Ache, sf. espèce de persil.

Achée, sf. nom de certain ver qui sert à pêcher.

Acheminement, sm. disposition, moyen de parvenir.

Acheminer, va. mettre en train. vp. se mettre en chemin.

Achéron, sm. fleuve de l'enfer, l'enfer. *Myth.* [gent.

Acheter, va. acquérir à prix d'ar-

Acheteur, euse, s. qui achète.

Achevé, a. accompli. [entière.

Achèvement, sm. fin ; exécution

Achever, va. finir, compléter.

Achille, np. (tendon d'), muscle qui aboutit à la plante des pieds.

Achillée, sf. plante vivace.

Achoppement, sm. (pierre d'), occasion de falilir. [cères.

Achores, sm. pl. (*co*) petits ul-

Achromatique, a. (*cro*) qui donne une image sans couleurs irisées. *opt.*

Achromatisme, sm. propriété des lunettes achromatiques.

Aciculaire, a. en forme d'aiguille.

Acide, sm. combinaison de l'oxy-gène avec un corps acidifia-ble ; a. aigre.

Acidifère, a. contenant un acide.

Acidifiable, a. disposé à l'acidifi-cation. [cide.

Acidifiant, a. qui change en a-

Acidification, sf. oxygénation.

Acidifier, va. *et* pr. rendre, deve-nir acide. [acide.

Acidité, sf. qualité de ce qui est

Acidule, a. légèrement acide.

Aciduler, va. rendre acidule.

Acier, sm. fer combiné avec le carbone.

Aciération, sf. action d'

Aciérer, va. *et* p. convertir en acier.

Aciéreux, a. qui tient de l'acier.

Aciérie, sf. manufact. d'acier.

Acolytat, sm. 1er ordre mineur.

Acolyte, sm. clerc promu à l'a-colytat ; qui aide (en mauvaise part.) [ment partiel.

A-compte, adv. à valoir. sm. paie-

Aconit, sm. (*t*) plante vénéneuse.

Acoquinant, a. qui attire. *fa.*

Acoquiner, va. *et* p. attirer, sé-duire, s' — contracter une ha-bitude de paresse. [lobes

Acotylédone, af. (plante) sans

A-coup, sm. mouvement saccadé.

Acoustique, sf. théorie des sons. a. qui concerne l'ouïe.

Acquéreur, sm. qui acquiert.

Acquérir, va. se procurer.

Acquêt, sm. chose acquise. *pal.*

Acquiescement, sm. consente-ment.

Acquiescer, vn. consentir.

Acquis, sm. savoir ; talents.

Acquisition, sf. act. d'acquérir.

Acquisivité, sf. disposition à ac-quérir.

Acquit, sm. quittance.

Acquit-à-caution, sm. autorisa-tion fiscale. [quitté.

Acquittable, a. qui peut être ac-

Acquittement, sm. action d'

Acquitter, va. rendre quitte ; payer ; remplir ; absoudre.

Acre, sf. mesure agraire.

Acre, a. piquant ; caustique.

Acreté, sf. qualité âcre.

Acrimonie, sf. âcreté. [creté.

Acrimonieux, se, a. qui a de l'à-

Acrobate, sm. *et* f. qui danse sur la corde.

Acrostiche, a. *et* sm. pièce de vers dont les prem. lettres for-ment un nom.

Acrotères, sm. pl. piédestaux.

Acte, sm. action ; écrit ; partie d'une pièce de théâtre. [rôle.

Acteur, trice, s. qui joue un

Actif, ve, a. qui agit, se dit d'un verbe qui exprime une action. sm. avoir commercial.

Action, sf. ce qu'on fait ; mouve-ment ; poursuite judiciaire ; part d'intérêts.

Actionnaire, sm. qui a une part.

Actionner, va. agir en justice.

Activement, ad. d'une man. ac-tive.

Activer, va. donner de l'

Activité, sf. faculté active.

Actualité, sf. état présent d'une chose.

Actuel, le, a. effectif ; présent.

Actuellement, ad. présentement.
Acuité, sf. état de ce qui est aigu.
Aculéiforme, a. en forme d'aiguillon.
Acuminé, Acumineux, a. qui se rétrécit en pointe. bot.
Acuponcture, sf. opération chirurgicale.
Acutangle, Acutangulaire, Acutangulé, a. à angles aigus.
Adage, sm. proverbe, maxime.
Adagio, ad. lentement. mus. — sm. air lent. [mant.
Adamantin, a. dur comme le diamant.
Adamique, a. (race), premiers humains. (terre), espèce de limon salé.
Adaptation, sf. act. d'
Adapter, va. appliquer.
Addition, sf. (dd) ce qui est ajouté, règle d'arithmétique.
Additionnel, le, a. qui est ajouté.
Additionner, va. ajouter.
Adducteur, a. et sm. (dd) nom de divers muscles.
Adduction, sf. mouvement en dedans. [legs.
Ademption, sf. révocation d'un
Adénographie, sf. description des glandes. [des.
Adénologie, sf. science des glandes. [glan-
Adent, sm. entaille en forme de dent. tech.
Adepte, sm. initié. [tal.
Adéquat, a. (couat) entier; to-
Adhérence, sf. union, jonction.
Adhérent, s. et a. attaché à; partisan. [quiescer.
Adhérer, vn. être attaché à; acquiescer.
Adhésif, a. qui exprime l'.
Adhésion, sf. act. d'adhérer.
Ad hoc, loc. adv. spécial.
Ad hominem, loc. adv. (argument) direct. [rifique.
Ad honores, loc. adv. (ès) honorifique.
Adiante, sf. plante capillaire.
Adieu, int. sm. salut en se quittant.
Adipeux, se, a. gras. anat. [gras.
Adipocire, sf. espèce de corps gras.
Adirer, va. perdre. pal.
Adjacent, a. qui est auprès.

Adjectif, a. et sm. mot qui marque la qualité.
Adjection, sf. réunion d'un corps à un autre. [d'adj.
Adjectivement, ad. en man.
Adjoindre, va. joindre avec.
Adjoint, sm. qui aide.
Adjonction, sf. jonction d'une personne à une autre.
Adjudant, sm. officier militaire.
Adjudicataire, s. à qui l'on adjuge.
Adjudicateur, sm. qui adjuge.
Adjudicatif, ve, a. concernant l'
Adjudication, sf. act. d'
Adjuger, va. déclarer qu'une chose appartient à quelqu'un.
Adjuration, sf. exorcisme.
Adjurer, va. commander au nom de Dieu. fig. sommer de déclarer.
Ad libitum, loc. ad. à volonté.
Admettre, va. recevoir, trouver bon. [preuve. jur.
Adminicule, sm. qui aide à faire
Administrateur, trice, s. qui régit.
Administratif, ve, a. concernant l'
Administration, sf. direction. — des sacrements, l'action de les conférer.
Administrativement, ad. d'une man. administrative. [gir.
Administrer, va. gouverner, ré-
Admirable, a. qui attire l'admiration. [admirable.
Admirablement, ad. d'une man.
Admirateur, trice, s. qui admire.
Admiratif, ve, a. qui marque l'admiration.
Admiration, sf. act. d'
Admirer, va. et p. considérer avec surprise une chose belle ou estimable.
Admissibilité, sf. droit d'être admis. [mettre.
Admissible, a. qu'en peut admettre.
Admission, sf. act. d'admettre.
Admittatur, sm. mot latin, billet d'admission.
Admonéter ou Admonester, va. avertir, réprimander. jur.

Admoniteur, trice, s. qui avertit.

Admonitif, a. qui réprimande.

Admonition, sf. act. d'admonéter.

Adolescence, sf. jeunesse.

Adolescent, s. et a. jeune.

Adonis, sm. (s) plante renonculacée ; beau jeune homme.

Adoniser, va. et p. parer avec affectation.

Adonner (s'), vp. se plaire à.

Adoptable, a. qu'on peut adopter.

Adoptant, sm. qui adopte. pal.

Adopter, va. choisir ; prendre pour fils. [est adopté.

Adoptif, ve, a. qui adopte ou qui

Adoption, sf. act. d'adopter.

Adorable, a. digne d'être adoré.

Adorablement, ad. d'une man. adorable. [dore.

Adorateur, trice, s. et a. qui a-

Adoratif, ve, a. ayant rapport à l'adoration.

Adoration, sf. hommage.

Adorer, va. rendre à Dieu le culte qui lui est dû ; aimer, honorer excessivement.

Ados, sm. terre en talus contre un mur. [un appui, soutenir.

Adosser, va. mettre le dos contre

Adouber, va. réparer un vaisseau, vn. t. des jeux d'échecs et de trictrac.

Adoucir, va. et p. rendre ou devenir plus doux. [métaux.

Adoucissage, sm. poli donné aux

Adoucissant, sm. et a. qui adoucit. [doucir.

Adoucissement, sm. act. d'a-

Adoucisseur, sm. qui polit les glaces. [pères, à la mort.

Ad patres, loc. adv. (és), vers ses

Adragant, sf. espèce de gomme.

Ad rem, loc. adv. à la chose, catégoriquement. fa.

Adresse, sf. indication ; pétition ; dextérité, ruse, finesse.

Adresser, va. envoyer.

Adroit, a. qui a de la dextérité.

Adroitement, ad. avec adresse

Adulateur, trice, s. et a. qui flatte.

Adulation, sf. flatterie.

Aduler, va. flatter bassement.

Adulte, a. et s. sorti de l'enfance.

Adultération, sf. altération.

Adultère, a. qui viole la foi conjugale ; sm. violement de cette foi.

Adultérer, va. altérer.

Adultérin, e, a. né d'adultère.

Aduste, a. brûlé. méd.

Adustion, sf. (ti) état de ce qui est brûlé. méd.

Advenir, va. V. Avenir. [hors.

Adventice, a. qui survient du de-

Adventif, ve, a. casuel. jur.

Adverbe, sm. mot joint au verbe. gra. [verbe.

Adverbial, a. qui tient de l'ad-

Adverbialement, ad. d'une manière adverbiale. [verbe.

Adverbialité, sf. qualité d'ad-

Adversaire, a. opposé.

Adversatif, ve, a. qui marque opposition. gra. [adverse. jur.

Adverse, a. contraire : partie

Adversité, sf. malheur.

Adynamie, sf. atonie, faiblesse.

Adynamique, a. qui est caractérisé par l'adynamie : fièvre adynamique.

Aérage, Aération, sm. act. d'

Aérer, va. donner de l'air.

Aérien, rienne, a. qui tient à l'air, se passe dans l'air, ressemble à l'air.

Aérifère, a. qui conduit l'air.

Aérification, sf. conversion en air.

Aériforme, a. comme l'air.

Aérographie, sf. descrip. de l'air.
— logie, sf. science de l'air.

Aérolithe, sm. pierre tombée du ciel. [l'air.

Aéromancie, sf. divination par

Aéromancien, ne, a. qui pratique l'aéromancie.

Aéromètre, sm. inst. pour mesurer la densité de l'air.

Aérométrie, sf. art de mesurer l'air.

Aéronaute, sm. qui voyage dans l'air.

Aérostat, sm. globe qui s'élève en l'air, ballon. [naute.

Aérostation, sf. art de l'aéro-

Aérostatique, s. science des aérostats.

Ætite, sf. ou pierre d'aigle, substance minérale ferrugineuse.

Affabilité, sf. qualité de celui qui accueille et écoute avec bonté.

Affable, a. qui a de l'affabilité.

Affablement, ad. avec affabilité.

Affabulation, sf. morale d'une fable.

Affadir, va. rendre fade.

Affadissement, sm. effet de la fadeur.

Affaiblir, va. et p. (ai) débiliter.

Affaiblissement, sm. débilitation. [etc.

Affaire, sf. occupation, procès,

Affairé, a. accablé d'affaires. fa.

Affaissement, sm. abaissement.

Affaisser, va. et p. abaisser. [d'

Affaitage, Affaitement, sm. act.

Affaiter, va. apprivoiser un oiseau de proie.

Affaiteur, sm. qui affaite.

Affaler, va. dériver. mar.

Affamé, a. pressé de la faim.

Affamer, va. causer la faim.

Affamure, sf. pl. salaire en grains donné aux moissonneurs.

Afféage, sm. bail à cens.

Afféagement, action d'

Afféager, va. donner en fief.

Afféagiste, sm. qui a pris bail à cens.

Affectation, sf. singularité; recherche dans les manières.

Affecter, va. faire ostentation de. fig. et vp. éprouver une impression pénible.

Affectif, ve, a. qui émeut.

Affection, sf. tendresse; amour; attachement. [fection.

Affectionnément, adv. avec af-

Affectionner, va. et p. aimer.

Affectueusement, ad. d'une man. affectueuse.

Affectueux, se, a. qui marque l'affection.

Affener, va. donner la pâture aux bestiaux. [anat.

Afférent, a. qui revient à. jur. et

Affermer, va. donner, prendre à ferme.

Affermir, va. et p. rendre ferme.

Affermissement, sm. act. d'affermir.

Affeté, a. qui a de l'

Afféterie, sf. man. recherchées.

Affettuoso, loc. ad. avec une expression tendre. mus.

Affichage, sm. action d'afficher.

Affiche, sf. placard public.

Afficher, va. et p. mettre des affiches; publier.

Afficheur, sm. qui affiche.

Affidé, a. et s. à qui l'on se fie.

Affilage ou Affilement, sm. action d' [tranchant.

Affiler, va. donner le fil à un

Affiliation, sf. esp. d'adoption, association.

Affilier, va. et p. adopter; initier.

Affiloir, sm. qui sert à affiler.

Affinage, sm. act. d'

Affiner, va. rendre plus fin.

Affinerie, sf. lieu où l'on affine.

Affineur, sm. qui affine.

Affinité, sf. alliance. [affiner.

Affinoir, sm. instrument pour

Affiquet, sm. porte-aiguilles. au pl. parure.

Affirmatif, ve, a. qui affirme.

Affirmation, sf. assertion

Affirmative, sf. proposition qui affirme.

Affirmativement, ad. d'une man. affirmative. [chose est vraie.

Affirmer, va. soutenir qu'une

Affixe, a. attaché à, à la fin de. gram.

Affleurement, sm. action d'

Affleurer, va. niveler.

Afflictif, ve, a. peine afflictive, corporelle.

Affliction, sf. peine; déplaisir.

Affligeant, a. qui afflige.

Affliger, va. et p. causer, sentir de la peine.

Affluence, sf. concours; abondance.

Affluent, sm. rivière qui tombe dans une autre.

Affluer, vn. se rendre au même bassin ; arriver en abondance.

Afflux, sm. (*flu*), act. d'affluer.

Affolement, sm. dérangement de l'aiguille aimantée. [sionné.

Affoler, va. *et* p. rendre pas-

Affouage, sm. droit de prendre du bois dans une forêt.

Affouager, ère, a. qui tient à l'affouage.

Affouillement, sm. action d'

Affouiller, va. creuser le fond des eaux.

Affouragement, sm. action d'

Affourager, va. donner, amasser du fourage.

Affourche, sf. terme de *mar*.

Affourcher, va. disposer les ancres en fourches. [berté.

Affranchi, s. esclave mis en li-

Affranchir, va. mettre en liberté ; décharger. [d'affranchir.

Affranchissement, sm. action

Affre, sf. (*á*) grande peur. *v.*

Affrétement, sm. act. d'

Affréter, va. prendre un vaisseau à louage.

Affréteur, sm. qui affrète.

Affreusement, ad. d'une man. affreuse.

Affreux, se, a. effroyable.

Affriander, va. rendre friand.

Affriché, e, a. laissé en friche.

Affriolement, sm. action d'

Affrioler, va. affriander. *fa.*

Affront, sm. injure.

Affronter, va. braver.

Affronteur, se, s. trompeur. *fa.*

Affublement, sm. habillement.

Affubler, va. *et* p. vètir ; couvrir. *fa.*

Affuser, va. faire une

Affusion, sf. action de verser un liquide sur un corps.

Affût, sm. support de canon ; lieu où l'on attend le gibier.

Affutage, sm. act. d' [l'affût.

Affûter, va. aiguiser ; mettre sur

Affûtiau, sm. bagatelle ; affiquet. *pop.*

Afin, conj. qui marque le but d'une action.

Afistoler, va. parer, ajuster. *pop.*

Africain, s. *et* a. qui est d'

Afrique, sf. l'une des cinq parties du monde.

Aga, sm. commandant turc.

Agaçant, a. qui agace.

Agace *ou* **Agasse**, sf. pie.

Agacement, sm. irritation.

Agacer, va. provoquer, exciter.

Agacerie, sf. petites manières d'une femme pour plaire.

Agaillardir, va. *et* p. rendre, devenir gai. *pop.*

Agame, sm. plante qui n'a pas d'organes générateurs.

Agami, sm. oiseau aquatique de l'Amérique méridionale.

Agapes, sf. pl. repas des premiers chrétiens dans l'Eglise.

Agapètes, sf. pl. vierges qui vivaient en communauté dans l'Eglise primitive.

Agaric, sm. esp. de champignon.

Agate, sf. esp. de jaspe translucide.

Agave, sm. arbre à filasse.

Age, sm. durée de la vie ; période.

Agé, a. qui a un tel âge ; vieux.

Agence, sf. charge d'agent.

Agencement, sm. man. d'arranger, d'

Agencer, va. ajuster. *fa.*

Agenda, sm. (*in*) livret où l'on écrit ce que l'on doit faire.

Agenouiller (s'), vp. se mettre à genoux. [beau.

Agenouilloir, sm. petit esca-

Agent, sm. ce qui agit ; celui qui fait les affaires d'autrui.— *de change*, celui par l'entremise duquel se font les affaires de banque.

Agglomération, sf. rassemblement par masse.

Agglomérer, va. *et* p. assembler par pelotons, se réunir.

Agglutinant *et* — natif. a. et r. qui agglutine ; qui colle. *méd.*

Agglutination, sf. act. d'

Agglutiner, va. réunir les chairs, recoller. [grief.

Aggravant, a. et s. qui rend plus

Aggravation, sf. surcroît, empirement.

Aggrave, sm. deuxième fulmination solennelle d'un monitoire. [est aggravé.

Aggravement, sm. état de ce qui

Aggraver, va. rendre plus grief.

Agile, a. léger; dispos.

Agilement, ad. avec agilité.

Agilité, sf. légèreté; facilité à se mouvoir.

Agio, sm. intérêt d'argent.

Agiotage, sm. action d'

Agioter, vn. trafiquer sur la hausse et la baisse des fonds publics.

Agioteur, euse, s. qui agiote.

Agir, vn. être en action. — il s'agit. vn. p. imp. être question de

Agissant, a. qui agit.

Agitable, a. qui peut être agité.

Agitateur, trice, s. et a. qui agite.

Agitation, sf. ébranlement.

Agiter, va. et p. ébranler; troubler, remuer.

Agnat, sm. (ag) collatéral descendu par les mâles d'une souche masculine.

Agnation, sf. qualité d'agnat.

Agnatique, a. des agnats.

Agneau, sm. (gn) petit d'une brebis. [çaise.

Agnel, sm. anc. monnaie fran-

Agneler, vn. mettre bas, se dit des brebis.

Agnelet, sm. petit agneau. v.

Agneline, sf. laine des agneaux.

Agnès, sf. (ès) fille innocente. fa. [déi) agneau de cire.

Agnus ou Agnus Dei, sm. (gnus

Agnus-castus, sm. (g) arbuste.

Agone, sm. jeux antiques.

Agonie, sf. dernière lutte contre la mort. [pop.

Agonir, va. accabler d'injures.

Agonisant, a. qui est à l'agonie.

Agoniser, vn. être à l'agonie.

Agonistique, a. et s. art des athlètes.

Agouti, sm. quadrupède.

Agrafe, sf. crochet pour les vêtements; crampon de fer, ornement sculpté. [agrafe.

Agrafer, va. attacher avec une

Agraire, a. qui a rapport aux terres.

Agrandir, va. et p. accroître.

Agrandissement, sm. accroissement. [plaît.

Agréable, a. des 2 genres. qui

Agréablement, ad. d'une man. agréable.

Agréé, sm. avocat pour les affaires de commerce.

Agréer, va. trouver bon. vn. plaire; équiper un vaisseau. mar. [seau.

Agréeur, sm. qui agrée un vais-

Agrégat, sm. et — gation, sf. association; assemblage.

Agrégé, sm. professeur suppléant.

Agréger, va. associer, réunir.

Agrément, sm. approbation; qualité par laquelle on plaît. — au pl. ornements.

Agrès, sm. pl. voiles, cordages, etc. d'un vaisseau.

Agresseur, sm. celui qui attaque.

Agressif, ve, a. qui attaque, qui porte atteinte.

Agression, sf. act. de l'agresseur.

Agreste, a. rustique. [ture.

Agricole, a. adonné à l'agricul-

Agriculteur, sm. cultivateur.

Agriculture, sf. art. de cultiver la terre.

Agriffer, va. et p. prendre avec les griffes, s'attacher.

Agripper, va. prendre. pop.

Agrippeur, sm. qui a l'habitude de voler. pop.

Agromane, sm. et f. qui fait de l'agriculture à tort et à travers.

Agromanie, sf. état de l'agromane.

Agronome, sm. versé dans l'

Agronomie, sf. théorie de l'agriculture.

Agronomique, a. d'agronomie.

Agrouper, va. mettre en groupe.

Aguerrir, va. *et* p. accoutumer à la guerre, et *fig.* à quelque chose qui paraît d'abord pénible.

Aguets, sm. pl. (être aux), épier.

Aguimpé, e, a. revêtu d'une guimpe.

Ah! int. de joie, etc.   [allée.

Ab-ah, sm. fosse au bout d'une

Ahan, sm. peine de corps. *bas.*

Ahaner, vn. travailler avec peine.

Aheurtement, sm. obstination.

Aheurter, va. *et* p. obstiner.

Ahi! *ou* Aïc! int. de douleur.

Ahurir, va. interdire, troubler.

Aï, sm. quadrupède.

Aide, sf. secours, sm. qui aide. sf. succursale ; au pl. subsides.

Aide de camp, sm. officier attaché à un général.

Aider, va. assister.

Aïcul, Aïeule, pl. Aïeuls, s. grand-père, grand'mère.

Aïeux, sm. pl. ancêtres.

Aigle, sm. oiseau de proie. sf. enseigne militaire.

Aiglette, sf. V. Alérion.

Aiglon, sm. petit de l'aigle.

Aigre, a. *et* sm. acide, rude, aigu (son), cassant (métal). — au *fig.* humeur fâcheuse. — *de cèdre, — de limon, — de bigarade.* sm. liqueur.—*doux,* a. mêlé d'aigre et de doux.

Aigrefin, sm. escroc. *fa.*

Aigrelet. a. un peu aigre. [gre.

Aigrement, ad. d'une man. ai-

Aigremoine, sf. plante.   [risé.

Aigremore, sm. charbon pulvé-

Aigret, a. aigrelet.

Aigrette, sf. oiseau ; panache.

Aigretté, e, a. pourvu d'une aigrette.   [aigre.

Aigreur, sf. qualité de ce qui est

Aigriette, sf. cerise aigre.

Aigrir, va. *et* p. rendre ou devenir aigre.

Aigu, uě, a. tranchant; perçant; (accent) — qui va de droite à

gauche. (maladie) — violente. (douleur) — poignante.

Aiguade, sf. eau douce pour les vaisseaux.

Aiguail, sm. rosée du matin.

Aiguayer, va. baigner dans l'eau.

Aigue-marine, sf. pierre précieuse.   [l'eau.

Aiguière, sf. vase à mettre de

Aiguiérée, sf. plein une aiguière.

Aiguillade, sf. (*ui*), gaule pour piquer les bœufs.   [mer.

Aiguillat, sm. esp. de chien de

Aiguille, sf. outil d'acier pointu; obélisque.   [pour l'aiguille.

Aiguillée, sf. longueur de fil

Aiguiller, va. ôter la cataracte.

Aiguilletage, sm. action d'

Aiguilleter, va. attacher avec des aiguillettes; lier ensemble. *mar.*   [cets.

Aiguilletier, sm. ferreur de la-

Aiguillette, sf. cordon ferré par le bout; tranche de chair.

Aiguilleur, sm. qui tient le levier de l'aiguille pour changer de voie sur un chemin de fer.

Aiguillier, sm. étui à aiguilles; qui fabrique ou vend des aiguilles.

Aiguillon, sm. bâton ferré; dard d'insectes; *fig.* ce qui excite.

Aiguillonné, a. muni d'aiguillons. *bot.*

Aiguillonner, va. exciter.

Aiguisage ou Aiguisement, sm. (*ui*) act. d' [chant; *fig.* exciter.

Aiguiser, va. rendre aigu, tran-

Aiguiserie, sf. usine où l'on aiguise.

Aiguiseur, euse, s. qui aiguise.

Ail, pl. *aulx.* sm. esp. d'oignons.

Aile, membre particulier aux oiseaux qui leur sert à se soutenir en l'air; partie d'un moulin, d'un bâtiment, d'une armée; bière anglaise.

Ailé, a. qui a des ailes.

Aileron, sm. extrémité de l'aile.

Ailette, sf. petite aile. *mar. et techn.* [à l'ail.

Aillade, sf. *et* Aillolis, sm. sauce

Ailleurs, ad. en un autre lieu. d' — ad. d'un autre lieu; de plus.

Aimable, a. digne d'être aimé.

Aimablement, ad. d'une man. aimable. [fer.

Aimant, sm. pierre qui attire le

Aimant, e, a. porté à aimer.

Aimantation, sf. action d'

Aimanter, va. frotter d'aimant.

Aimantin, a. magnétique.

Aimer, va. *et* p. avoir de l'affection. [bas-ventre.

Aine, sf. joint de la cuisse et du

Aîné, s. *et* a. premier-né.

Ainesse, sf. priorité d'âge entre frères et sœurs.

Ainsi, ad. de cette façon. — *soit-il*, loc. ad. je le souhaite.

Air, sm. combinaison de gaz qui enveloppe notre globe; vent; apparence.

Airain, sm. cuivre mélangé.

Aire, sf. place pour battre le blé; espace uni; nid d'oiseau de proie; t. de mar. et de géom.

Airée, sf. gerbes dans l'aire.

Airelle, sf. esp. de bruyère.

Airer, vn. faire son nid.

Airure, sf. fin d'une veine de charbon de terre.

Ais, sm. planche. [trines.

Aisance, sf. facilité. au pl. la-

Aise, sf. état commode; a. content, joyeux.,

Aisé, a. facile; riche.

Aisément, ad. facilement.

Aisselle, sf. joint du bras et de l'épaule. [tonnelier.

Aissette, sf. petite hache de

Ajonc, sm. arbuste épineux.

Ajouré, a. à jour. *bla.*

Ajournement, sm. assignation.

Ajourner, va. assigner; renvoyer à un autre jour.

Ajoutage, sm. adjonction.

Ajouté, sm. objet, mot, etc., rapporté.

Ajouter, va. joindre à.

Ajoutoir, sm. V. Ajutage.

Ajustage, sm. act. d'ajuster, de donner à une pièce le poids légal. [parure.

Ajustement, sm. act. d'ajuster;

Ajuster, va. *et* p. rendre juste; mettre en état; concilier; parer; viser juste.

Ajusteur, sm. celui qui ajuste.

Ajustoir, sm. balance des monnaies. [d'eau.

Ajutage, sm. tuyau d'un jet

Alabastrin, e, a. semblable à l'albâtre.

Alabastrique, a. d'albâtre. sf. art. de travailler l'albâtre.

Alabastrite, faux albâtre.

Alaize, sf. V. Aleze.

Alalie, sf. mutisme accidentel.

Alambic, sm. vaisseau pour distiller.

Alambiquer, va. *et* p. subtiliser.

Alanguir, va. rendre languissant. *p. us.* [ment.

Alanguissement, sm. abatte-

Alarguer, vn. se mettre au large. *mar.*

Alarmant, a. qui alarme.

Alarme, sf. signal de danger; frayeur.

Alarmer, va. *et* p. donner, prendre l'alarme. [larme.

Alarmiste, sm. qui répand l'a-

Alaterne, sm. arbrisseau.

Albarelle, sf. esp. de champignon.

Albâtre, sm. esp. de marbre.

Albatros, sm. oiseau palmipède.

Alberge, sf. fruit de l' [cher.

Albergier, sm. espèce de pê-

Albigeois, sm. pl. sectaires chrétiens.

Albin, e, a. de coul. blanche.

Albinisme, sm. disposition naturelle à la blancheur.

Albinos, sm. pl. (s) race d'hommes blafards. [craie.

Albique et Albite, sf. esp. de

Albran. V. Halbran. [tre. *anat.*

Albuginé *ou* ineux, a. blanchâ-

Albugo *ou* Albugine, sf. taie sur l'œil.

Album, sm. (om) tablettes.

Albumine, sf. substance semblable au blanc d'œuf. chim.

Albumineux, se, a. de blanc d'œuf.

Alcade, sm. juge en Espagne.

Alcaïque, a. sorte de vers grecs.

Alcalescence, sf. fermentation. alcaline.

Alcalescent, a. qui tient de l'

Alcali ou Alkali, sm. sel, substance chimique.

Alcalifiable, a. qui peut se changer en alcali. [alcali.

Alcalifiant, a. qui se change en

Alcalimètre, sm. qui sert à mesurer l'alcali.

Alcalin, a. qui tient de l'alcali.

Alcalinité, sf. état alcalin.

Alcalisation, sf. action d'

Alcaliser, va. dégager l'acide d'un sel neutre, afin que l'alcali reste seul. [très-poreux.

Alcarazas, sm. (s) vase de terre

Alcée, sf. gen. de plantes.

Alchimie, sf. science hermétique.

Alchimille, sf. plante rosacée.

Alchimique, a. qui appartient à l'alchimie. [chimie.

Alchimiste, sm. qui exerce l'al-

Alcool, sm. esprit-de-vin pur.

Alcoolat, sm. prépar. mêlée d'alcool. [tion en alcool.

Alcoolification, sf. transforma-

Alcoolique, a. qui contient de l'alcool.

Alcoolisation, sf. action d'

Alcooliser, va. mêler de l'alcool à un autre liquide.

Alcoolomètre, sm. pèse-liqueur pour l'alcool. [lomètre.

Alcoolométrique, a. de l'alcoo-

Alcoran, sm. V. Coran.

Alcôve, sf. enfoncement dans une chambre pour placer un lit.

Alcyon, sm. oiseau de mer.

Alderman, sm. offic. mun. en Angleterre.

Aléatoire, a. (contrat) qui dépend d'événem. incertains.

Aléatoirement, adv. d'une façon aléatoire.

Alègre, a. V. Allègre. [ment.

Alégrement, ad. V. Allègre-

Alégresse. V. Allégresse. [nier.

Alène, sf. poinçon de cordon-

Alènier, sm. qui fait des alènes.

Alènois, a. se dit d'une sorte de cresson.

Alentour, ad. aux environs. sm. pl. ceux qui environnent; lieux circonvoisins. [laine.

Alepine, sf. étoffe en soie et

Alérion, sm. aiglon. bla.

Alerte, a. vigilant. sf. alarme. ad. debout ! prenez garde !

Alesage, sm. action d'

Aleser, va. forer l'intérieur d'un tube.

Alésoir, sm. foret, machine pour forer les canons. [tin.

Alevin ou Alevinage, sm. fré-

Aleviner, va. repeupler un étang avec l'alevin.

Alexandrin, a. nom d'un vers français de 12 syllabes.

Alexipharmaque ou Alexitère, sm. et a. remède contre le venin. [roux fauve.

Alezan, a. et sm. (cheval) d'un

Alèze, sf. drap mis sous les malades.

Algalie, sm. sorte de sonde.

Alganon, sm. chaîne pour les forçats.

Algarade, sf. sortie brusque.

Algazelle, sf. antilope gazelle.

Algèbre, sf. calcul des grandeurs représentées par des lettres. fig. chose difficile à comprendre. [l'algèbre.

Algébrique, a. qui appartient à

Algébriquement, adv. suiv. l'algèbre.

Algébriser, va. faire de l'algèbre.

Algébriste, sm. qui sait l'algèbre. [sensation de froid. méd.

Algide, a. qui fait éprouver une

Algorithme, sm. science des nombres.

Alguazil, sm. (oua) archer.

Algue, sf. plante marine.

Alibi, sm. i. absence d'une personne prouvée par sa présence ailleurs.

Alibiforain, sm. propos étranger à la chose dont on parle.

Alibile, a. qui est propre à nourrir. *méd.* [se mêle de tout.

Aliboron, sm. âne, ignorant qui

Alidade, sf. règle mobile sur un centre. [qui est

Aliénabilité, sf. qualité de ce

Aliénable, a. qui peut être aliéné. [haine.

Aliénation, sf. vente ; folie ;

Aliéné, sm. fou.

Aliéner, va. vendre un fonds; donner de l'aversion ; rendre fou.

Alignement, sm. act. d' [gne.

Aligner, va. ranger sur une li-

Aliment, sm. nourriture. [ment.

Alimentaire, a. qui sert d'ali-

Alimentation, sf. act. d'

Alimenter, va. nourrir. [gne.

Alinéa, sm. i. et loc. ad., à la li-

Aliquante, af. *(coua)* partie qui n'est pas exactement contenue dans un tout. *mat.*

Aliquote, a. *et* sf. (partie) contenue sans fraction dans un tout. *mat.*

Aliter (s'), vp. garder le lit.

Alize, sf. fruit de l'alizier.

Alizé, am. (vent) régulier.

Alizier *ou* Alouchier, sm. arbre.

Alkermès, sm. (s) preparat. dont le kermès fait la base.

Allah, sm. *(ll)* Dieu des mahométans.

Allaitement, sm. action d'

Allaiter, va. nourrir de son lait.

Allant, sm. *et* a. qui va, qui vient.

Alléchement, sm. amorce. *v.*

Allécher, va. attirer par le plaisir.

Allée, sf. passage; promenade. allées et venues, sf. pl. demarches. [tion.

Allégation, sf. citation, asser-

Allége, sf. petit bateau à la suite d'un grand.

Allégeance, sf. soumission. *v.*

Allégement, sm. soulagement.

Alléger, va. soulager, rendre plus léger. [seur d'un corps.

Allegir, va. diminuer l'épais-

Allegorie, sf. allusion. [gorie.

Allegorique, a. tenant de l'allé

Allegoriquement, ad. d'une man. allégorique. [allégorique.

Allegoriser, va. donner un sens

Allegoriseur *ou* Allegoriste, sm. qui allegorise : le premier est ironique.

Allègre, a. dispos, agile, gai.

Allegrement, ad. d'une man. allègre.

Allégresse, sf. *(ll)* joie qui éclate au-dehors; joie publique.

Allegretto, ad. diminutif d'

Allegro, sm. air vif. ad. galment. *mus.*

Alleguer, va. citer un fait.

Alleluia, sm. i. (*Alléluya*), chant d'eglise; plante.

Allemande, sf. sorte de danse.

Aller, vn. marcher; se transporter. s'en — vp. partir.

Aller (au pis), loc. adv. le pis qui puisse arriver. [de droits.

Alleu (franc-), sm. bien franc

Alliacé, a tenant de l'ail.

Alliage, sm. union de métaux ; melange.

Alliaire, sf. plante. [mariage.

Alliance, sf. union; bague de

Allié, sm. confederé; joint par affinité. [guer

Allier, va. *et* p. mêler ; unir; li-

Allier, sm. filet pour les perdrix. [dile.

Alligator, sm. espèce de croco-

Alliteration, sf. *(ll)* fig. de rhéthor., esp. de jeu de mots.

Allocation, sf. *(ll)* act. d'allouer.

Allocution, sf. harangue.

Allodial, pl. *aux.* a. en franc-aleu.

Allonge, sf. pièce pour allonger.

Allongement, sm. augmentation de longueur.

Allonger, va. *et* p. rendre, devenir plus long.

Allopathie, sf. système de médecine par les contraires.

Allouable, a. qu'on peut [ver.

Allouer, va. accorder; approu-

Alluchon, sm. dent qui fait tourner la roue d'une mach.

Allumage, sm. action d'

Allumer, va. et p. mettre le feu; s'enflammer. [fré.

Allumette, sf. brin de bois sou-

Allumeur, sm. celui qui allume.

Allure, sf. démarche.

Allusion, sf. (ll) figure de rhétorique.

Alluvion, sf. (ll) accroissement du sol produit par les eaux.

Almanach, sm. (na) calendrier.

Almandine, sf. sorte de rubis.

Almées, sf. improvisatrices aux Indes.

Aloès, sm. (s) plante. [loès.

Aloétique, a. qui contient de l'a-

Aloi, sm. titre des métaux, qualité.

Alopécie, sf. chute de cheveux.

Alors, ad. en ce temps-là.

Alose, sf. poisson de mer.

Alouette, sf. oiseau. [fam.

Alourdir, va. et p. rendre lourd.

Aloyau, sm. pièce du dos du bœuf.

Alpaga, sm. quadrupède, étoffe faite avec sa laine.

Alpes, sf. pl. montagnes.

Alpestre, a. qui appartient aux Alpes.

Alpha, sm. l' — et l'oméga, le commencement et la fin.

Alphabet, sm. les lettres d'une langue.

Alphabétique, a. de l'alphabet.

Alphabétiquement, ad. selon l'ordre de l'alphabet.

Alpin, e, a. (plante) qui croît sur les Alpes.

Alpique, a. qui tient aux Alpes.

Alpiste, sm. plante graminée.

Alquifoux, sf. mine de plomb.

Altérable, a. qui peut être altéré. [soif.

Altérant, a. et sm. qui cause la

Altérateur, trice, s. qui altère.

Altératif, ve, a. qui modifie les propriétés d'un corps.

Altération, sf. act. d'altérer; grande soif.

Altercation, sf. débat.

Altérer, va. changer; causer la soif; falsifier, vp. se corrompre.

Alternance, Alternat, Alternation, sm. et f. act. d'alterner.

Alternatif, ve, a. exercé tour à tour. sf. option à faire entre deux choses. [tour.

Alternativement, ad. tour à

Alterner, vn. faire tour à tour.

Alternes, a. se dit des feuilles placées alternativement des deux côtés d'une branche ou tige.

Altesse, sf. titre d'honneur.

Altier, ère, a. fier, superbe.

Altièrement, adv. avec fierté.

Altimètre, sm. instrument pour mesurer les hauteurs.

Altitude, sf. élévation d'un terrain au-dessus du niveau de la mer. [ments à cordes.

Alto et Alto-basso, sm. instru-

Alucite, sf. insecte destructeur.

Alumelle, sf. petite lame.

Alumine, sf. argile pure.

Aluminer, va. mélanger avec de l'alumine. [lumine.

Alumineux, se, a. qui tient à l'a-

Aluminium, sm. nouveau métal.

Alun, sm. sulfate d'alumine.

Alunage, sm. act. d'aluner.

Alunation, sf. opération par laquelle on forme l'alun.

Aluner, va. tremper dans l'eau d'alun. [de l'alun.

Alunière, sf. lieu d'où l'on tire

Alunite, sf. pierre d'alun.

Alvéolaire, a. appartenant aux alvéoles.

Alvéole, sm. cellule d'abeilles; cavité où est placée la dent.

Alvin, ine, a. qui a rapport au bas-ventre. méd.

Amabilité, sf. qualité d'une personne aimable.

Amadou, sm. mèche d'agaric.

2

Amadouer, va. flatter. *fa.*

Amaigrir, va. rendre maigre.

Amaigrissement, sm. passage de l'embonpoint à la maigreur.

Amalgame, sm. *ou* Amalgamation. f. act. d'

Amalgamer, va. combiner le mercure à un autre métal. *fig.* unir.

Amalgameur, sm. qui amalgame.

Amande, sf. fruit de l'amandier ; dedans d'un noyau.

Amandé, sm. lait d'amandes.

Amandier, sm. arbre fruitier.

Amant, e, s. qui aime une personne d'un autre sexe.

Amarante, sf. plante. a. couleur.

Amarinage, sm. act. d'

Amariner, va. *et p.* accoutumer à la mer ; remplacer l'équipage d'un vaisseau pris.

Amarrage, sm. l'ancrage ; l'attache des agrès.

Amarre, sf. cordage. *mar.*

Amarrer, va. lier avec une amarre.

Amaryllis, sf. (*illis*) plante.

Amas, sm. assemblage.

Amassement, sm. action d'

Amasser, va. *et p.* faire un amas. V. Ramasser. [xible.

Amassette, sf. instr. à lame fle-

Amasseur, sm. qui amasse.

Amateur, s. qui a du goût pour une chose ; le fém. amatrice est inusité.

Amatir, va. rendre mat. *orf.*

Amativité, sf. disposition à aimer. [ne.

Amaurose, sf. V. Goutte serei-

Amazone, sf. femme guerrière.

Ambages, sf. pl. (*e*) circonlocution peu usitée.

Ambassade, sf. mission d'un

Ambassadeur, drice, s. envoyé avec le caractère de représentant d'une puissance à une autre.

Ambe, sm. combinaison de deux numéros à la loterie ou au loto.

Ambiant, a. qui entoure. *phys.*

Ambidextre, a. qui se sert également des deux mains.

Ambigu, uë, a. à double sens. sm. repas où l'on sert tout à la fois.

Ambiguité, sf. (*ui*) double sens.

Ambigument, ad. d'une man. ambiguë. [bition.

Ambitieusement, ad. avec am-

Ambitieux, se, a. qui a de l'

Ambition, sf. désir immodéré de puissance, de gloire.

Ambitionner, va. rechercher.

Amble, sm. sor. d'allure. *manè.*

Ambon, sm. V. Jubé.

Ambre, sm. subst. résineuse et odorante. [l'ambre.

Ambrer, va. parfumer avec

Ambrette, sf. plante ; poire.

Ambroisie, sf. mets des dieux ; plante odoriférante.

Ambrosien, ienne, a. se dit d'un chant d'église attribué à saint Ambroise. [re.

Ambulance, sf. hôpital militai-

Ambulant, a. non fixe, qui va et vient. [bulant.

Ambulatoire, a. changeant, am-

Ame, sf. principe de la vie ; personne — au *fig.* centre, mobile ; âme d'un instrument à corde, etc. [lerie.

Amé, aimé. a. *v. t.* de chancel-

Amélioration, sf. act. d'

Améliorer, va. rendre meilleur.

Amen, (*èn*), ainsi soit-il ; fin du discours.

Aménagement, sm. act. d'

Aménager, va. régler les coupes de bois. [qui peut se corriger.

Amendable, a. sujet à l'amende ;

Amende, sf. peine pécuniaire. — *honorable*, aveu public d'un crime. [amélioration.

Amendement, sm. correction ;

Amender, va. n. *et p.* condamner à l'amende ; corriger ; rendre meilleur. [jur.

Amené, sm. ordre d'amener.

Amener, va. mener ; faire venir au lieu où l'on est ; tirer à soi. — vn. t. de *mar.* se rendre.

Aménité, sf. agrément.

Amentacées, sf. pl. famille de plantes. *bot.* [nu.

Amenuiser, va. rendre plus menu.

Amer, ère, a. (*ér*) d'une saveur rude; *fig.* douloureux. sm. remède; fiel.

Amèrement, ad. avec amertume.

Américain, sm. qui est d'Amérique. [des parties du monde.

Amérique, sf. une des cinq grandes parties du monde.

Amertume, sf. qualité de ce qui est amer; affliction.

Améthyste, sf. pierre précieuse.

Ameublement, sm. meubles d'un lieu.

Ameublir, va. rendre meuble. *jur.* — *des terres*, les rendre plus légères. [meublir.

Ameublissement, sm. act. d'a-

Ameulonner, va. mettre en meule.

Ameuter, va. *et* p. mettre en meute; attrouper, soulever.

Ami, e, s. qui aime; a. propice.

A mi, adv. à moitié, à mi-chemin.

Amiable, a. doux; à l'amiable. loc. adv. de gré à gré.

Amiablement, a. d'une manière aimable.

Amiante, sm. lin incombustible.

Amical (sans pl. m.), a. d'amitié. [amicale.

Amicalement, ad. d'une man.

Amict, sm. (*mi*) linge béni sur la tête du prêtre. [rine.

Amidon, sm. pâte de fleur de fa-

Amidoniser, va. convertir en amidon. [don.

Amidonner, va. enduire d'ami-

Amidonnerie, sf. fab. d'amidon.

Amidonnier, ère, s. fabric. d'amidon. [ton.

A-mi-la, sm. note qui donne le

Amilacé, a. (matière) d'amidon.

Amincir, va. rendre mince.

Amincissement, sm. act. d'amincir; état de ce qui est aminci.

Amiral, sm. grand officier de marine; le vaisseau qu'il monte.

Amirauté, sf. charge d'amiral; sa juridiction.

Amissibilité, sf. qualité de ce qui est

Amissible, a. qu'on peut perdre.

Amitié, sf. affection; pl. caresses; paroles obligeantes.

Amman, sm. chef de canton suisse.

Ammon (corne d'), sf. *ou* Ammonite, m. (*mm*) coquille fossile.

Ammoniac *ou* — aque, sm. gaz; muriate d'ammoniac; a. gomme résine.

Ammoniacal, a. qui a rapport à l'ammoniac.

Ammoniure, sm. combin. d'ammoniaque.

Amnistie, sf. pardon général.

Amnistier, va. comprendre dans l'amnistie.

Amodiateur, sm. qui amodie.

Amodiation, sf. bail à ferme.

Amodier, va. affermer une terre.

Amoindrir, va. rendre moindre.

Amoindrissement, sm. diminution. [nir moite, humide.

Amoitir, va. *et* n. rendre, deve-

Amollir, va. *et* p. rendre ou devenir mou. [lir.

Amollissement, sm. act. d'amol-

Amome, sm. genre de plantes.

Amonceler, va. entasser.

Amoncellement, sm. action d'amonceler, ou le résultat de cette action.

Amont, ad. en remontant; *vent d'amont*, d'Est. *mar.*

Amorce, sf. appât; poudre dans le bassinet; *fig.* ce qui flatte et attire. [attirer.

Amorcer, va. garnir d'amorce;

Amorceur, euse, s. qui amorce, qui séduit. [vis.

Amorçoir, sm. tarière; trépan à

Amoroso, ad. terme de mus.

Amorphe, a. irrégulier.

Amortir, va. rendre moins ardent, moins vif; éteindre.

Amortissable, a. qui peut être amorti.

Amortissement, sm. rachat ; extinction d'une rente.

Amour, sm. et f. au pl. vif attachement; passion d'un sexe pour l'autre; divinité fabul. *amour-propre*; amour de soi.

Amouracher, va. et p. s'engager dans de folles amours. *fa.*

Amourette, sf. amour passager.

Amoureusement, ad. avec amour. [me d'amour.

Amoureux, se, sm. et a. qui aime

Amovibilité, sf. qualité de ce qui est amovible. [titué.

Amovible, a. qui peut être destitué.

Ampélite, sf. terre noire tinctoriale. [la terre et dans l'eau.

Amphibie, sm. et a. qui vit sur

Amphibole, sm. subst. minérale; pl. esp. d'oiseaux.

Amphibologie, sf. double sens.

Amphibologique, a. ambigu.

Amphibologiquement, ad. à double sens.

Amphictyon, sm. ancien magistrat grec.

Amphictyonique, a. qui a rapp. au conseil des amphictyons.

Amphigouri, sm. écrit, discours sans ordre, sans clarté. *fa.*

Amphigourique, a. obscur.

Amphigouriquement, ad. obscurément. [de la Zone Torride.

Amphisciens, sm. pl. habitants

Amphithéâtre, sm. portion d'un théâtre; enceinte avec des gradins. [manger.

Amphitryon, sm. qui donne à

Amphore, sf. vase antique.

Ample, a. étendu. [ample.

Amplement, ad. d'une man.

Ampleur, sf. étendue d'étoffe.

Ampliatif, ve, a. qui augmente.

Ampliation, sf. double d'un acte.

Amplificateur, sm. qui amplifie. *iron.*

Amplification, sf. extension, exagération. [cours.

Amplifier, va. étendre par le dis-

Amplissime, a. superlatif, très-ample.

Amplitude, sf. arc de l'horizon;

portée horizontale d'une bombe. [flure.

Ampoule, sf. fiole sainte ; enflure.

Ampoulé, a. (style) enflé. [ble.

Ampoulette, sf. horloge de sa-

Amputation, sf. act. d'

Amputer, va. retrancher. *chir.*

Amulette, sm. prétendu préservatif. [munitions.

Amunitionner, va. pourvoir de

Amure, sf. manœuvre, cordage. *mar.*

Amurer, va. tendre les cordages.

Amusable, a. qu'on peut amuser.

Amusant, a. qui amuse.

Amusement, sm. ce qui amuse.

Amuser, va. et p. divertir; tromper ; faire perdre le temps.

Amusette, sf. petit amusement.

Amuseur, sm. celui qui amuse.

Amygdales, sf. pl. glandes situées entre les piliers du voile du palais.

Amygdalin, e, a. fait d'amandes, en forme d'amandes.

Amygdalite, sf. inflamm. des amygdales ou esquinancie.

An, sm. douze mois.

Ana, sm. i. recueil de pensées, traits, etc.

Anabaptistes, sm. pl. sectaires qui baptisent tard. [son fruit.

Anacarde, sm. arbre étranger ;

Anachorete, sm. (co) ermite.

Anachronisme, sm. (cro) faute contre la chronologie.

Anacoluthe, sf. sorte d'ellipse. *gra.* [d'Anacréon.

Anacréontique, a. à la manière

Anagogie, sf. élévation aux choses célestes.

Anagogique, a. mystique.

Anagrammatique, a. qui tient de l'anagramme.

Anagrammatiser, va. faire des anagrammes.

Anagrammatiste, sm. qui fait des anagrammes. [de lettres.

Anagramme, sf. transposition

Anal, e, a. qui tient à l'anus.

Analectes, sm. pl. fragments choisis d'un auteur. [lectes.

Analecteur, sm. qui fait des ana-

Analeptique, a. qui fortifie ; sf. partie de l'hygiène.

Analogie. sf. rapport. [gie.

Analogique, a. qui a de l'analo-

Analogiquement, ad. d'une man. analogique.

Analogisme, sm. argument de la cause à l'effet. [nalogie.

Analogue, a. et sm. qui a de l'a-

Analyse, sf. réduction d'une chose dans ses principes.

Analyser, va. faire l'analyse.

Analyste, sm. versé dans l'analyse.

Analytique, a. de l'analyse. [se.

Analytiquement, ad. par analy-

Anamorphose, sf. tableau changeant suivant le point de vue.

Ananas, sm. plante; son fruit.

Anapeste, sm. pied de vers grec ou latin.

Anaphore, sf. répétition. rhét.

Anarchie, sf. état sans gouvernement ; désordre.

Anarchique, a. de l'anarchie.

Anarchiste, s. partisan de l'anarchie. [rale.

Anasarque, sf. hydropisie géné-

Anastomose, sf. abouchement de deux vaisseaux. anat.

Anastomoser (s'), vp. s'aboucher.

Anastrophe, renversement de la construction. gra.

Anathématiser, va. frapper d'anathème. [tion.

Anathème, sm. excommunica-

Anatocisme, conversion des intérêts en principal. [lyse.

Anatomie, sf. dissection; ana-

Anatomique, a. d'anatomie.

Anatomiquement, ad. d'une man. anatomique.

Anatomiser, va. disséquer.

Anatomiste, sm. savant dans l'anat.

Ancêtres, sm. pl. aïeux.

Anche, sf. tuyau pour l'air.

Ancher, va. garnir d'une anche.

Anchilops, sm. (ki) tumeur à l'angle interne de l'œil.

Anchois, sm. petit poisson de mer.

Ancien, ne, sm. et a. qui est depuis longtemps; antérieur ; de l'antiquité.

Anciennement, ad. autrefois.

Ancienneté, sf. antiquité ; priorité. [ant.

Ancile, sm. pl. bouclier sacré.

Ancolie, sf. plante des jardins.

Ancrage, sm. lieu où l'on ancre.

Ancre, sf. pièce de fer pour arrêter les vaisseaux, pour consolider les murs. [s'affermir.

Ancrer, vn. jeter l'ancre. vp.

Andabate, sm. gladiateur qui combattait avec un bandeau sur les yeux.

Andain, sm. ce qu'on fauche d'un coup. [dalousie.

Andalous, s. et a. (cheval) d'Andalousie.

Andanté, Andantino, sm. air d'un mouvement modéré ; ad. modérément.

Andelle, sf. bois de hêtre.

Andouille, sf. boyau de porc rempli de chair.

Andouiller, sm. petite corne au bois du cerf.

Andouillette, sf. petite andouille.

Androgine, sm. hermaphrodite.

Androïde, sm. automate à fig. humaine. [brisseau.

Andromède, sf. constellation; ar-

Androphobe, s. qui craint les hommes. [les hommes.

Androphobie, sf. aversion pour

Androsace, sm. plante.

Ane, sm. bête de somme. fig. ignorant. [néant.

Anéantir, va. et p. réduire au

Anéantissement, sm. réduction au néant, destruction.

Anecdote, sf. et a. particularité historique. [dotes.

Anecdotier, sm. conteur d'anec-

Anecdotique, a. d'anecdote.

Anée, sf. charge d'un âne ; mesure. [mesurer le vent.

Anémomètre, sm. instr. pour

Anémone, sf. fleur des jardins.

Anerie, sf. ingnorance ; faute.

Anesse, sf. femelle de l'âne.

Anesthésie, sf. privation de sentiment.

Aneth, sm. plante ombellifère.

Anévrismal, a. qui tient de l'

Anévrisme, sm. tumeur formée par les parois d'une artère.

Anfractueux, se, a. plein de détours, d'inégalités.

Anfractuosité, sf. inégalité.

Angarier, va. charger, vexer. fa.

Ange, sm. créature spirituelle ; fig. personne d'une piété axtraordinaire ; boulet ramé ; poisson.

Angélique, a. d'ange ; excellent ; sf. plante ombellifère.

Angéliquement, ad. d'une manière angélique. [naie.

Angelot, sm. fromage ; mon-

Angelus, sm. (élus) prière catholique. [cie.

Angine, sf. espèce d'esquinan-

Angineux, euse, a. accompagné. d'angine. méd. [l'Angleterre.

Anglais, e, a. et s. apparten. à

Anglaise, sf. espèce de danse ; galon.

Angle, sm. rencontre de 2 lignes.

Anglet, sm. cavité entre les bossages. arch. [rope.

Angleterre, sf. contrée de l'Eu-

Angleux, se, a. se dit des noix qui adhèrent aux angles de leurs coquilles.

Anglican, a. et s. qui a rapport à la religion dominante en Angleterre.

Anglicanisme, sm. protestantisme anglais. [glaise.

Anglicisme, sm. locution an-

Anglomane, a. et s. imitateur des Anglais. [glomane.

Anglomanie, sf. manie de l'an-

Angoisse, sf. affliction. [griner.

Angoisser, va. tourmenter, cha-

Angon, sm. javelot, crochet.

Angora, a. et s. (chat) à longs poils. [serpent.

Anguiforme, a. en forme de

Anguillade, sf. coup de fouet.

Anguille, sf. poisson.

Anguillière, sf. vivier pour conserver les anguilles.

Angulaire, a. à angles.

Angulairement, ad. en forme d'angles. [gles.

Anguleux, se, a. à plusieurs an-

Angusture, sf. écorce médicinale.

Anhélation, sf. essoufflement.

Anhydre, a. sans eau.

Anicroche, sf. difficulté. fa.

Anier, ère, s. qui conduit des ânes. [l'indigo.

Anil, sm. plante dont on tire

Animadversion, sf. blâme ; censure.

Animal, sm. et a. être sensible. fig. personne stupide.

Animalcule, sm. animal microscopique. [maliser.

Animalisable, a. pouvant s'ani-

Animalisation, sf. conversion des aliments en substance animale.

Animaliser (s'), vp. acquérir les qualités des substances animales. [l'animal.

Animalité, sf. ce qui constitue

Animation, sf. union de l'âme au corps. [exciter.

Animer, va. et p. donner la vie ;

Animosité, sf. haine. [gées.

Anis, sm. plante ; graine ; dra-

Aniser, va. mettre de l'anis.

Anisette, sf. liqueur d'anis.

Ankilose, sf. soudure des articulations.

Ankiloser, va. et p. amener une ankylose, perdre la faculté de se mouvoir.

Annal, a. (nn) qui ne dure qu'un an. [par année.

Annales, sf. pl. histoire rédigée

Annaliste, sm. qui écrit des annales. [sur les bénéfices.

Annate, sf. (nn) droit du pape

Anneau, sm. cercle ; bague.

Année, sf. an. [veux).

Anneler, va. boucler (les che-

Annet, sm. petit anneau. arch.

Annélides, sm. pl. esp. de vers de terre. [neaux.

Annelure, sf. frisure en an-

Annexe, sf. ce qui est uni à un bien ; succursale.

Annexer, va. joindre.

Annexion, sf. action d'annexer.

Annihilation, sf. (nn) anéantissement.

Annihiler, va. anéantir. jur.

Anniversaire, a. et sm. (époque) qui se célèbre le même jour chaque année.

Annonce, sf. publication. [dire.

Annoncer, va. faire savoir ; pré-

Annonceur, sm. qui annonce.

Annonciade, sf. ordre de religieuses.

Annonciation, sf. fête catholique. [marques.

Annotateur, sm. qui fait des re-

Annotation, sf. remarque ; état de biens saisis. [tions.

Annoter, va. faire des annota-

Annuaire, a. annuel ; sm. calendrier. [est annuel.

Annualité, sf. qualité de ce qui

Annuel, le, a. d'un an ; sm. messe. [année.

Annuellement, ad. par chaque

Annuité, sf. rente annuelle.

Annulable, a. qu'on peut annuler.

Annulaire, a. (éclipse) avec un anneau ; sm. quatrième doigt.

Annulatif, ve, a. (nn) qui annule.

Annulation, sf. (nn) act. d'

Annuler, va. (nn) rendre nul.

Anoblir, va. rendre noble.

Anoblissement, sm. act. d'anoblir. [doucissant.

Anodin, sm. et a. (remède) a-

Anomal, ou Anormal, au pl. aux, a. irrégulier.

Anomalie, sf. irrégularité.

Anon, sm. petit de l'ânesse.

Anonnement, sm. act. d'

Anonner, vn. lire en hésitant.

Anonyme, sm. et a. sans nom.

Anorexie, sf. aversion pour les aliments.

Anormalité, sf. irrégularité.

Anse, sf. arc d'un vase pour le porter ; petit golfe.

Anséatique. V. Hanséatique.

Ansette, sf. petite anse. [mar.

Anspect, sm. sorte de levier.

Antagonisme, sm. rivalité, act. des muscles qui agissent en sens inverse. anat.

Antagoniste, sm. adversaire ; a. opposé. [cédent.

Antan (d'), loc. ad. de l'an pré-

Antanaclasse, sf. répétition d'un mot pris en divers sens. rhét.

Antarctique, a. (pole) méridional.

Antécédemment, ad. (da) auparavant. [cède.

Antécédent, sm. et a. qui pré-

Antéchrist, sm. (cri) séducteur qui viendra à la fin des siècles corrompre les fidèles.

Antédiluvien, ne, a. qui a précédé le déluge. [d'insectes.

Antenne, sf. vergue ; pl. cornes

Antenné, e, a. muni d'antennes.

Antépénultième, a. (ti) qui précède la pénultième ; sf. syllabe.

Antérieur, a. qui précède.

Antérieurement, ad. précédemment.

Antériorité, sf. priorité de temps.

Antéversion, sf. renversement d'un organe.

Anthelmintique, a. et sm. remède contre les vers. [mines.

Anthère, sm. sommet des éta-

Anthologie, sf. choix de poésies.

Anthracifère, Anthraciteux, a. contenant de l'

Anthracite, sf. esp. de houille.

Anthrax, sm. charbon, clou, furoncle. méd. [l'homme.

Anthropologie, sf. traité de

Anthropomorphisme, sm. opinion des anthropomorphites.

Anthropomorphite, sm. sectaire qui donne à Dieu la forme humaine.

Anthropophage, sm. et a. mangeur d'hommes.

ANT 24 ANX

Anthropophagie, sf. habitude de l'anthropophage.

Anti, prép. indique opposition et antériorité.

Anti-apoplectique, a. se dit des remèdes contre l'apoplexie.

Antichambre, sf. pièce avant la chambre.

Anticholérique, a. se dit des remèdes contre le choléra.

Antichrèse, sf. convention par laquelle un débiteur remet un immeuble en nantissement. pal.

Antichrétien, ne, a. ce qui est opposé à la religion chrétienne.

Anticipatif, ve, a. qui anticipe.

Anticipation, sf. act. d'

Anticiper, va. devancer. vn. usurper; consommer d'avance.

Antidartreux, euse, a. contre les dartres.

Antidate, sf. fausse date antérieure. [date.

Antidater, va. mettre une anti-

Antidote, sm. contre-poison.

Antienne, sf. (ti) verset.

Antilaiteux, euse, a. propre à faire passer le lait.

Antilogie, sf. contradiction entre les idées d'un discours.

Antilope, sf. gazelle.

Antimoine, sm. métal.

Antimonarchique, a. opposé à la monarchie.

Antimonial, ou Antimonié, a. qui appartient à l'antimoine.

Antinational, e, a. opposé à l'intérêt national.

Antinomie, sf. contradiction entre 2 lois.

Antipape, sm. faux pape.

Antipathie, sf. (tie) aversion.

Antipathique, a. contraire.

Antipéristase, sf. act. de deux qualités contraires qui s'aident. [tre la peste.

Antipestilentiel, le, a (ciel) con-

Antipharmaque, a. contre les poisons.

Antiphernaux (biens), a donnés à la femme par le mari et par contrat de mariage.

Antiphilosophique, a. opposé à la philosophie.

Antiphlogistique, a. calmant, émollient. méd.

Antiphonier, ou — naire. sm. livre d'antiennes.

Antiphrase, sf. contre-vérité.

Antipodes, sm. pl. habitants de la terre diamétralement opposés.

Antipsorique, a. contre la gale.

Antiputride, a. et s. V. Antiseptique.

Antiquaille, sf. chose vieille.

Antiquaire, sm. qui connaît les antiquités.

Antique, a. fort ancien; sf. ce qui vient des anciens.

Antiquité, sf. ancienneté reculée; les anciens. au pl. monum. antiques.

Antirépublicain, e, a. opposé à la république.

Antirévolutionnaire, a. opposé aux révolutions.

Antisciens, sm. pl. ceux qui habitent des lieux opposés, en-deçà et au-delà de l'équateur. [scorbut.

Antiscorbutique, a. contre le

Antiseptique, s. et sm. (ss) contre la putréfaction ou la gangrène. [cité.

Antisocial, a. contraire à la so-

Antispasmodique, a. et sm. contre le spasme.

Antistrophe, sf. la deuxième stance des chœurs grecs.

Antithèse, sf. opposition de pensées et de mots. rhét.

Antonomase, sf. emploi de l'épithète pour le nom. rhét.

Antonymie, sf. opposition de noms ou de mots. rhét.

Antre, sm. caverne.

Anuiter (s'), vp. s'exposer à être surpris en chemin par la nuit.

Anus, sm. (s) orifice du rectum.

Anxiété, sf. tourment d'esprit; grand malaise. méd.

Anxieux, se, a. qui éprouve ou exprime l'anxiété. [gra.

Aoriste, sm. (or) prétérit simple.

Aorte, sf. artère.

Août, sm. (ou) huitième mois.

Aoûté, part. du v. inusité Aoûter. (aou); mûri au soleil d'août.

Aoûtement, sm. effet naturel de l'air qui avance la maturité.

Aoûteron, sm. (ou) moissonneur.

Apagogie, sf. démonst. d'une vérité par l'absurdité du contraire.

Apaisement, sm. calme, loisir.

Apaiser, va. et p. calmer, adoucir. [l'Amérique sept.

Apalachine, sf. arbrisseau de

Apanage, sm. ce qu'un souverain donne à ses puinés.

Apanager, va. donner un apanage. [l'apanage.

Apanager, ère, a. qui tient à

Apanagiste, sm. qui a un apanage. [part.

Aparté, sm. i. paroles dites à

Apathie, sf. (tie) insensibilité, indolence. [lent.

Apathique, a. insensible, indo-

Apepsie, sf. défaut de digestion. méd.

Aperceptibilité, sf. qualité de ce qui est

Aperceptible, a. qui peut être aperçu intérieurement.

Aperception, sf. vue de l'âme, sentiment intérieur. [aperçu.

Apercevable, a. qui peut être

Apercevoir, va. et p. commencer à voir; découvrir.

Aperçu, sm. première vue.

Apéritif, ve, a. qui facilite les sécrétions.

Apétale, a. fleur sans pétale.

Apetissement, sm. diminution.

Apetisser, va. et p. rendre plus petit.

A peu près, loc. adv. presque.

Aphélie, sm. et a. la plus grande distance d'une planète au soleil.

Aphérèse, sf. suppression de la première syllabe d'un mot. gra.

Aphonie, sf. extinction de voix.

Aphorisme, sm. maxime.

Aphoristique, a. qui tient de l'aphorisme. [l'amour.

Aphrodisiaque, a. qui excite à

Aphte, sm. ulcère à la bouche.

Aphylle, a. dépourvu de feuilles.

Api, sm. sorte de pomme.

Apiculteur, sm. qui se livre à l'

Apiculture, sf. éducation des abeilles.

Apitoyer, va. et p. affecter de la pitié. [ver les obstacles.

Aplanir, rendre uni; fig. le-

Aplanissement, sm. act. d'aplanir.

Aplatir, va. rendre plat.

Aplatissement, sm. état d'une chose aplatie.

Aplomb, sm. ligne perpendiculaire à l'horizon; hardiesse.

Apocalypse, sf. révélation.

Apocalyptique (style), obscur. fa. [babillard.

Apoco, sm. homme inepte;

Apocope, sf. retranchement à la fin d'un mot. gra.

Apocrisiaire, sm. dignité du Bas-Empire.

Apocryphe, a. suspect.

Apocyn, sm. genre de plantes exotiques. [tes.

Apocynées, sf. pl. fam. de plan-

Apode, a. sans pieds.

Apodictique, a. démonstratif; évident.

Apogée, sm. la plus grande distance d'un astre à la terre; le plus haut point de gloire qu'un homme puisse atteindre.

Apographe, sm. copie d'un écrit.

Apollon, sm. dieu du Parnasse.

Apologétique, a. qui contient une apologie. [loge.

Apologie, sf. justification; é-

Apologiste, sm. qui fait l'apologie.

Apologue, sm. fable morale.

Aponévrose, sf. expansion de l'extrémité d'un muscle.

Aponévrotique, a. qui appartient à l'aponévrose.

Apophthegme, sm. maxime.

Apophyse, sf. protubérance d'un os.

Apoplectique, a. d'apoplexie.

Apoplexie, sf. maladie du cerveau qui ôte subitement la faculté du mouvement.

Apostasie, sf. act. d'

Apostasier, vn. renoncer à sa religion ; déserter un ordre religieux. [sié.

Apostat, a. et sm. qui a aposta-

Apostème, V. Apostume.

Aposter, va. mettre dans un poste pour faire le guet.

Apostille, sf. note favorable.

Apostiller, va. mettre une apostille. [pôtre.

Apostolat, sm. ministère d'a-

Apostolique, a. de l'apôtre ; du pape. [des apôtres.

Apostoliquement, ad. à la man.

Apostoliser, va. prêcher la religion.

Apostrophe, sf. discours ; reprimande ; marque d'élision. gra. [role ; insulter.

Apostropher, va. adresser la pa-

Apostume ou apostème, sm. abcès.

Apostumer, vn. abcéder.

Apothéose, sf. déification.

Apothicaire, sm. celui qui prepare et vend les remèdes ; pharmacien.

Apothicairerie, sf. officine, art de l'apothicaire.

Apôtre, sm. disciple du Christ.

Apozème, sm. décoction de plantes. méd. [sible.

Apparaître, vn. (ai) devenir vi-

Apparat, sm. éclat ; petit dictionnaire.

Apparaux, sm. pl. agrès.

Appareil, sm. apprêt ; ce qui est nécessaire pour panser.

Appareillage, sm. act. d'appareiller.

Appareillement, sm. accouplement.

Appareiller, va. assortir ; apprêter. vn. mettre à la voile.

Appareilleur, sm. qui trace la coupe des pierres.

Apparemment, ad. (ra) selon les apparences. [babilité.

Apparence, sf. extérieur ; pro-

Apparent, a. visible.

Apparenter, va. et p. allier.

Appariement, sm. act. d'

Apparier, va. et p. unir par paires ; accoupler. [deau.

Appariteur, sm. espèce de be-

Apparition, sf. manifestation d'un objet invisible, d'un phénomène. [dent.

Apparoir, vn. imp. être évi-

Appartement, sm. logement.

Appartenance, sf. dependance.

Appartenant, a. qui appartient.

Appartenir, vn. être à quelqu'un.

Appas, sm. pl. charmes.

Appât, sm. ce qui attire. [pât.

Appâter, va. attirer avec l'ap-

Appauvrir, va. et p. rendre pauvre. [gence.

Appauvrissement, sm. indi-

Appeau, sm. sorte de sifflet ; oiseau pour appeler les autres ; clochette.

Appel, sm. recours au juge supérieur ; appellation, défi.

Appelant, a. qui appelle d'un jugement. pal.

Appeler, va. nommer ; crier au secours ; envoyer chercher ; exciter ; citer. vn. interjeter appel.

Appellatif (ll) a. (nom) qui convient à toute une espèce.

Appellation, sf. act. d'appeler et d'épeler.

Appendice (in) ou — dix (x), sm. supplément. m. ou f. prolongement.

Appendiculaire, a. ayant les caractères de l'appendice.

Appendiculé, e, a. pourvu d'un appendice.

Appendre, va. suspendre. [mur.

Appentis, sm. toit contre un

Appert (il), du verbe apparoir.

Appesantir, va. et p. rendre ou devenir pesant.

Appesantissement, sm. état d'une personne appesantie.

Appétence, sf. (pp) désir.

Appéter, va. (pp) désirer par instinct. [est

Appétibilité, sf. qualité de ce qui

Appétible, a. desirable.

Appétissant, a. qui donne l'

Appétit, sm. désir; faim.

Appétition, sf. vif désir de l'âme ou du corps.

Applaudir, va. et n. marquer son approbation d'une man. quelconque. [tion.

Applaudissement, sm. approba-

Applaudisseur, sm. celui qui applaudit sans discernement, ou qui est payé pour applaudir.

Applicabilité, sf. qualité de ce qui est [pliqué à.

Applicable, a. qui doit etre ap-

Application, sf. act. d'appliquer.

Applique, sf. (pièce d') t. d'arts mécan.

Appliquer, va. mettre sur; adapter. s' — vp. apporter une attention extrême; s'attribuer; s'approprier.

Appoint, sm. complément d'une somme.

Appointé, a. soldat qui reçoit une plus forte paye.

Appointement, sm. règlement en justice; pl. salaire.

Appointer, va. regler en justice; salarier.

Apport, sm. marché; act. d'apporter; au plur. biens qu'une femme apporte en mariage.

Apportage, sm. action, salaire de celui qui a porté un fardeau. [l'on est.

Apporter, va. porter au lieu où

Apposer, va. appliquer.

Apposition, sf. act. d'apposer; figure de rhétorique.

Appréhender, va. assurer une prébende à quelqu'un.

Appréciable, a. qu'on peut apprecier.

Appréciateur, sm. qui apprécie.

Appréciatif, ve, a. qui marque le prix.

Appreciation, sf. estimation.

Apprecier, va. évaluer, estimer.

Appréhender, va. saisir; craindre.

Appréhensibilité, sf. qualité de ce qui est [saisir.

Appréhensible, a. que l'on peut

Appréhensif, ve. a. timide.

Appréhension, sf. crainte; idée.

Apprendre, va. acquérir une connaissance, enseigner, faire savoir. [métier.

Apprenti, ie, s qui apprend un

Apprentissage, sm. état d'apprenti.

Apprêt, sm. manière d'apprêter; pl. preparatifs; fig. affectation. [sonner.

Apprêter, va. préparer; assai-

Apprêteur, sm. qui apprête.

Apprivoisement, sm. act. d'

Apprivoiser, va. et p. rendre moins farouche. [prouve.

Approbateur, trice, s. qui ap-

Approbatif, ve, a. d'approbation.

Approbation, sf. consentement.

Approbativement, adv. avec approbation.

Approchant, a. qui a du rapport; prép. environ. fa.

Approche, sf. act. d'approcher; pl. t. de guerre.

Approcher, va. n. et p. avancer; devenir proche.

Approfondir, va. creuser.

Approfondissement, sm. action d'approfondir.

Appropriation, sf. act. d'

Approprier, va. proportionner; vp. se rendre propre une chose. [sentiment.

Approuver, va. donner son as-

Approvisionnement, sm. fourniture de provisions.

Approvisionner, va. fournir les choses nécessaires à une armée, à un hôpital, etc.

Approvisionneur, euse, s. qui se charge d'approvisionner.

Approximatif, ve, a. qui approche de l'exact.   [proximatif.

Approximation, sf. calcul ap-

Approximativement, ad. par approximation.   [sin.

Approximer, va. être très-voi-

Appui, sm. soutien; support; *fig.* protection; faveur.

Appui-main, sm. espèce de canne ou de baguette dont se servent les peintres.

Appuyer, va. soutenir; aider; insister; s' — vp. se faire un appui de.   [froid âpre; avide.

Apre, a. rude au goût; feu ou

Aprement, ad. d'une man. âpre.

Après, ad. *ou* prép. ensuite; à la poursuite; *ci-après*, ad. dans la suite; *après-demain*, ad. le deuxième jour après celui où l'on est; *après-dînée*, sf. temps après le dîner; *après-midi*, sf. temps après le midi; *après-soupée*, sf. temps entre le souper et le coucher.

Apreté, sf. qualité de ce qui est âpre.   [bord.

A priori, loc. adv. lat. tout d'a-

Apsides, sm. pl. points de l'orbite d'un astre le plus près et le plus loin d'un autre astre. *astr.*

Apte, a. propre à.   [ailes.

Aptères, sm. pl. insectes sans

Aptitude, sf. disposition; capacité.   [compte.

Apurement, sm. règlem. de

Apurer, va. régler.

Apureur, sm. qui apure.

Apyre, a. qui resiste au feu.

Apyrétique, a. sans fièvre.

Apyrexie, sf. absence de fièvre.

Aquarelle, sf. (*coua*) lavis colorié.   [quarelle.

Aquarelliste, s. qui peint à l'a-

Aqua-tinta, *ou* aqua-tinte, sf. gravure à l'eau forte.

Aquatique, a. (*coua*) marécageux; qui habite l'eau.

Aqua-tofana, sf. poison subtil.

Aqueduc, sm. espèce de canal.

Aqueux, se, a. de la nature de l'eau.

Aquifère, a. qui charrie de l'eau.

Aquila-alba, sf. (*ki*) mercure sublimé doux. *chim.*

Aquilin, a. (nez) en bec d'aigle.

Aquilon, sm. vent du Nord.

Aquosité, sf. qualité de ce qui est aqueux.

Ara, sm. espèce de perroquet.

Araba, sm. esp. de voiture turque.   [avare.

Arabe, sm. qui est d'Arabie;

Arabesque, a. (architecture) arabe. sf. pl. ornements de caprice. *arch.*

Arabique, a. (gomme) d'Arabie.

Arabisant, sm. qui connaît l'arabe.   [rabe.

Arabiser, va. parler ou écrire l'a-

Arable, a. (terre) labourable.

Arachide, sf. plante oléagineuse.

Arachnides, sm. pl. (*k*) classe d'insectes.

Arachnoïde, sf. (*k*) membrane qui enveloppe le cerveau.

Arack, sm. tafia.

Araigne, sf. filet pour prendre les merles et les grives.

Araignée, sf. insecte.

Araigneux, se, semblable à une toile d'araignée.

Araire, sm. esp. de charrue.

Aramber, va. accrocher au vaisseau pour l'abordage.

Arasement, sm. se dit en maçonnerie et en menuiserie des pièces égales en hauteur et unies.

Araser, va. mettre de niveau.

Arases, sf. pl. pierres qui servent à araser.   [griculture.

Aratoire, a. qui appart. à l'a-

Arbalestrille, sf. inst. pour prendre en mer la hauteur des astres.

Arbalète, sf. arme de trait.

Arbalétrier, sm. soldat armé

d'une arbalète; pièce de bois qui soutient la couverture. *charon.*

Arbitrage, sm. jugement par arbitres; comparaison des changes. [volonté; absolu.

Arbitraire, a. dépendant de la

Arbitrairement, ad. d'une man. arbitraire.

Arbitral, a. (sentence) d'arbitre.

Arbitralement, ad. par arbitres.

Arbitration, sf. estimation.

Arbitre, sm. faculté de se déterminer; juge choisi; maître absolu.

Arbitrer, va. juger.

Arborer, va. planter comme un arbre; *fig.* se déclarer pour un parti.

Arborescence, sf. état du végétal qui devient arbre.

Arborescent, a. en man. d'arbre.

Arborisation, sf. état de ce qui est

Arborisé, e, a. (pierre) sur laquelle on voit des représentations d'arbres.

Arbouse, sf. fruit de l'

Arbousier, sm. arbrisseau.

Arbre, sm. plante boiseuse; axe; pièce principale d'une machine. — *généalogique*, branches d'une famille.

Arbret, sm. branche chargée de gluaux.

Arbreux, se, a. garni d'arbres.

Arbrisseau, sm. petit arbre.

Arbuste, sm. petit arbrisseau.

Arc, sm. arme pour lancer des flèches; cintre; portion de courbe. — *de triomphe*, monument en arc.

Arcade, sm. ouverture en arc.

Arcane, sm. opération mystérieuse. *alch.* [phane.

Arcanson, sm. espèce de colo-

Arcasse, sf. face postérieure d'un bâtiment. *mar.*

Arc-boutant, sm. (*arc*) pilier de voûte terminée en demi-arc.

Arc-bouter, va. appuyer. [de.

Arc-doubleau, sm. (*ark*) arca-

Arceau, sm. arc d'une voûte.

Arc-en-ciel, sm. au pl. *arcs*; météore. [tique.

Archaïsme, sm. (*ca*) mot an-

Archal, *V.* Fil d' —.

Archaïste, sm. qui se sert d'archaïsmes. [périeur.

Archange. sm. (*can*) ange su-

Arche, sf. voûte de pont; vaisseau de Noé. — *d'alliance*, coffre où l'on gardait les tables de la loi.

Archée, sf. âme du monde.

Archelet, sm. petit arc ou archet. *techn.* [antiquités.

Archéologie, sf. (*ké*) science des

Archéologique, a. (*ké*) qui a rapport à l'archéologie.

Archéologue, sm. celui qui est versé dans l'archéologie.

Archer, sm. homme de guerre combattant avec l'arc; soldat de police.

Archet, sm. petit arc tendu de crin; arc d'acier pour tourner et percer. [*p. us.*

Archétype, sm. (*ké*) modèle.

Archevêché, sm. juridiction, palais d'archevêque. [rieur.

Archevêque, sm. évêque supé-

Archi, mot grec qui, joint à un adjectif, forme le superlatif.

Archichancelier, sm. grand chancelier.

Archiconfrérie, sf. réunion pieuse. [chidiacre.

Archidiaconat, sm. dignité d'ar-

Archidiaconé, sm. juridiction de l' [siastique.

Archidiacre, sm. officier ecclé-

Archiduc, — chesse, s. titre des princes de la maison d'Autriche.

Archiducal, e. concernant un

Archiduché, sm. apanage de l'archiduc.

Archiépiscopal, a. (*ki*) d'archevêque. [té d'archevêque.

Archiépiscopat, sm. (*ki*) digni-

Archimandrite, sm. supérieur de quelques monastères.

Archipel, sm. mer semée d'îles.

Archiprêtre, sm. premier curé.

Archiprêtré, sm. juridiction d'archiprêtre.

Architecte, sm. qui exerce l'art de bâtir.

Architectonique, sf. et a. (ki) art de la construction.

Architectural, e, a. concernant l'

Architecture, sf. art de bâtir.

Architrave, sf. partie de l'entablement. arch.

Architrésorier, grand dignitaire d'un empire.

Architriclin, sm. ordonnateur d'un festin. ant.

Archives, sf. pl. anciens titres.

Archiviste, sm. garde des archives.

Archivolte, sf. bandeau saillant qui va d'un imposte à l'autre.

Archontat, sm. (kon) dignité de l'

Archonte, sm. (kon) magistrat grec.

Arçon, sm. bois cintré de la selle; archet de chapelier.

Arctique, a. (pôle) du nord.

Arcture, sm. étoile du Bouvier.

Ardélion, sm. qui fait le bon valet. [deur.

Ardemment, ad. (da) avec ar-

Ardent, a. en feu; violent; fig. qui a de l'ardeur. [vacile.

Ardeur, sf. forte chaleur; vi-

Ardillon, sm. pointe d'une boucle.

Ardoise, sf. pierre feuilletée pour couvrir les maisons.

Ardoisé, a. couleur d'ardoise.

Ardoisier, ère, a. de la nature de l'ardoise.

Ardoisière, sf. carrière d'ardoise.

Ardu, a. escarpé; difficile.

Arc, sm. nouvelle mesure agraire.

Arec, sm. genre de palmier.

Arénacé, e, a. de la nature du sable. [du sable.

Arénation, sf. action d'étendre

Arène, sf. sable; amphithéâtre.

Areneux, euse, a. sablonneux. v.

Aréole, sf. petite aire; cercle

autour des mamelons; autour de la lune.

Aréomètre, sm. pèse-liqueur.

Aréopage, sm. tribunal d'Athènes. [réopage.

Aréopagite, sm. membre de l'a-

Arcostyle, sm. édifice à colonnes très-séparées.

Aréotectonique, sf. partie de l'architecture militaire.

Arête, sf. os de poisson; angle saillant. arch.

Arêtier, sm. pièce de charpente formant l'arête d'un toit.

Arganeau. V. Organeau.

Argémone, sf. pavot épineux.

Argent, sm. métal; monnaie.

Argenter, va. couvrir d'argent.

Argenté, e, a. qui a la couleur de l'argent. [gent.

Argenterie, sf. vaisselle d'ar-

Argenteur, sm. ouvrier qui argente. [gent.

Argenteux, se, a. qui a de l'ar-

Argentier, sm. ancienne charge de trésorier. v.

Argentin, e, a. qui a la couleur ou le son de l'argent.

Argentine, sf. plante.

Argenture, sf. argent appliqué.

Argile, sf. glaise.

Argileux, se, a. d'argile.

Argo, sm. constellation, de l'hémisphère austral, qui a reçu le nom du navire sur lequel Jason s'embarqua. ast.

Argonautes, sm. pl. nom donné aux compagnons de Jason.

Argot, sm. jargon des filous; bois au-dessus de l'œil. jard.

Argoter, va. couper les argots.

Argousin, sm. surveillant des forçats.

Argue, sf. machine qui sert à dégrossir les lingots d'or.

Arguer, va. et n. (uer) reprendre; contredire. pal.

Argument, sm. raisonnement; exposition abrégée du sujet d'un ouvrage.

Argumentant, sm. qui argumente dans un acte public.

Argumenteur, sm. qui aime à argumenter. *iro*.

Argumentation, sf. manière d'

Argumenter, vn. faire un argument, raisonner.

Argus, sm. (*s*) espion domestique ; poisson ; oiseau ; papillon ; coquillage ; serpent ; mollusque.

Argutie, sf. (*cic*) subtilité.

Argyraspides, sm. pl. soldats d'élite de l'armée d'Alexandre.

Argyrose, sf. minéral argentifère.

Aria, sf. morceau de chant.

Aria, sm. embarras.   [rius.

Arianisme, sm. doctrine d'A-

Aride, a. sec ; stérile.

Aridité, sf. sécheresse. au *pr.* et au *fig*.   [rius.

Ariens, sm. pl. sectaires d'A-

Ariette, sf. air léger et détaché. *mus*.   [reux.

Aristarque, sm. critique rigou-

Aristocrate, sm. partisan de l'

Aristocratie, sf. (*cic*) gouvernement des grands.   [tie.

Aristocratique, a. de l'aristocra-

Aristocratiquement, ad. d'une manière aristocratique.

Aristoloche, sf. plante.

Aristotélicien, ne, a. *et* s. partisan d'Aristote.

Aristotélique, a. se rapportant à Aristote.   [d'Aristote.

Aristotélisme, sm. philosophie

Arithmancie *et* **Arithmomancie**, sf. art de deviner par les nombres.

Arithméticien, sm. qui sait l'

Arithmétique, sf. art de calculer.   [rithmétique.

Arithmétiquement, ad. selon l'a-

Arithmomètre, sm. machine pour calculer.

Arlequin, sm. bateleur.

Arlequinade, sf. bouffonnerie.

Arlequine, sf. espèce de danse.

Armada, sf. flotte espagnole.

Armadille, sf. frégate ; tatou.

Armateur, sm. qui arme un vaisseau.

Armature, sf. assemblage de métal qui soutient une machine.

Arme, sf. ce qui sert à attaquer ou à se défendre ; les différ espèces de troupes d'une armée ; au pl. profession de la guerre ; armoiries ; au figuré, les moyens qu'on emploie pour combattre une erreur, une passion.

Armée, sf. troupe sous un général.   [cieuse.

Armeline, sf. fourrure pré-

Armement, sm. appareil de guerre.

Arménien, enne, a. *et* s. venant d'

Armenie, sf. contrée d'Asie.

Armer, va. fournir d'armes ; lever des troupes ; équiper un

Armet, sm. casque.   [vaisseau.

Armillaire, a. sphère composée de cercles.   [chapiteau.

Armilles, sf. pl. moulures de

Arminien, ne, a. *et* s. secte religieuse et politique.

Armistice, sm. suspension d'armes.   [les hardes.

Armoire, sf. meuble à serrer

Armoiries, sf. pl. armes. *bla*.

Armoise, sf. herbe aromatique.

Armoisin, sm. taffetas léger, de couleur rouge.   [carrosse.

Armon, sm. pièce du train d'un

Armorial, a. d'armoiries, sm. livre d'armoiries.

Armoricain, e, a. appartenant à l'Armorique, auj. la Bretagne.

Armorier, va. mettre des armoiries.

Armure, sf. armes défensives ; fer attaché sur l'aimant.

Armurerie, sf. fabrique, magasin d'armes.

Armurier, sm. qui fait des armes.

Aromate, sm. drogue odorante.

Aromatique, a. d'aromates.

Aromatisation, sf. act. d'

Aromatiser, va. mêler des aromates avec quelque chose.

Arôme, sm. principe odorant.

Aronde, sf. hirondelle. v. Queue d'aronde, entaille. *charp.*

Arondelle, sf. intr. de pêche. petit navire.

Arpége *ou* Arpégement, sm. man. de frapper les sons d'un accord. *mus.*

Arpéger, vn. faire des arpéges.

Arpent, sm. mesure agraire.

Arpentage, sm. action d'

Arpenter, va. mesurer des terres; *fig.* marcher vite, à grands pas. *fa.*

Arpenteur, sm. qui arpente.

Arquebusade, sf. coup d'

Arquebuse, sf. anc. arme à feu.

Arquebuser, va. tuer avec l'arquebuse.

Arquebuserie, sf. métier d'

Arquebusier, sm. qui tire l'arquebuse; armurier. [arc.

Arquer, va. n. *et* p. courber en

Arrachage, Arrachement, sm. act. d'arracher; commencement de voûte. [relâche. *fa.*

Arrache-pied (d'), loc. ad. sans

Arracher, va. ôter de force. *Se l'arracher*, vp. se le disputer.

Arracheur, sm. qui arrache.

Arraisonner, va. *et* p. faire entendre raison. *fa.*

Arrangement, sm. ordre; conciliation.

Arranger, va. *et* p. mettre en ordre; accommoder.

Arrentement, sm. bail à rente.

Arrenter, va. donner à rente.

Arrérager, vn. laisser accumuler les [riérés.

Arrérages, sm. pl. revenus ar-

Arrestation, sf. act. d'arrêter quelqu'un.

Arrêt, sm. jugement; saisie; act. d'arrêter; ce qui arrete.

Arrêté, sm. décision prise par l'autorité; réglement de compte.

Arrête-bœuf, sm. plante.

Arrêter, va. n. *et* p. retenir; fixer; saisir; régler un compte; cesser d'aller; rester. [rets.

Arrêtiste, sm. compilateur d'ar-

Arrhement, sm. action d'

Arrher, va. s'assurer d'un achat par des arrhes. [ché.

Arrhes, sf. pl. gages d'un marché.

Arrière, sm. poupe d'un vaisseau; *en arrière*, adv. en retard, en l'absence; *fa.* derrière.

Arriéré, sm. dette publique dont on diffère le paiement.

Arrière-ban, sm. convocation et assemblee de nobles.

Arrière-bec, sm. angle, éperon de chaque pile d'un pont. *arch.*

Arrière-bouche, sf. pharynx.

Arrière-boutique, sf. pièce de plain-pied derrière la boutique. [derrière un autre.

Arrière-corps, sm. bâtiment

Arrière-cour, sf. deuxième cour.

Arrière-dent, sf. dent de sagesse.

Arrière-faix, sm. enveloppe du fœtus. [d'un autre.

Arrière-fief, sm. fief mouvant

Arrière-fleur, sf. fleur venant après la saison.

Arrière-foin, sm. regain, seconde coupe.

Arrière-garde, sf. dernière partie d'une armée.

Arrière-goût, sm. goût que laissent certains aliments.

Arrière-ligne, sf. deuxième ligne d'une armée.

Arrière-main, sm. coup du revers de la main.

Arrière-neveu, — nièce, s. fils ou fille du neveu ou de la nièce.

Arrière-pensée, sf. vue secrète.

Arrière-petit-fils, — petite-fille, s. fils ou fille du petit-fils ou de la petite-fille.

Arrière-point, sm. point de couture fait d'avant en arrière, et empiétant sur celui qu'on vient de faire.

Arriérer, va. différer un paiement. vp. rester en arrière.

Arrière-saison, sf. l'automne.

Arrière-vassal, sm. qui relève d'un vassal.

Arrière-voussure, sf. voûte derrière une porte.

Arrimage, sm. act. d'

Arrimer, va. arranger la cargaison.   [rime.

Arrimeur, sm. officier qui arriser, va. abaisser. *mar.*

Arrivage, sm. arrivée au port.

Arrivée, sf. action d'

Arriver, vn. imp. aborder; parvenir à; survenir.

Arrobe, sm. poids d'Espagne.

Arroche, sf. plante.

Arrogamment, ad. avec

Arrogance, sf. fierté.

Arrogant, a. *et* s. hautain.

Arroger (s'), vp. s'attribuer.

Arroi, sm. train; équipage. *v.*

Arrondir, va. rendre rond. s'—, p. augmenter sa fortune.

Arrondissement, *sm.* action d'arrondir; portion d'un pays.

Arrosage, sm. conduite de l'eau. sur les terres pour arroser.

Arrosement, sm. act. d'

Arroser, va. humecter. — en parlant des rivières, couler dans un pays.

Arrosoir, sm. vase pour arroser.

Arrugie, sf. canal pour les eaux d'une mine.

Arrumage. *V.* Arrimage.

Ars, sm. pl. membres, ne se dit que des jambes du cheval.

Arsenal, sm. magasin d'armes.

Arséniate, sm. sel composé d'acide arsénique et d'une base. *chim.*

Arsenic, sm. (*nik*) métal.

Arsenical, Arsénieux, a. qui tient de l'arsenic.   [nic.

Arsénié, a. combiné avec l'arse-

Arsenique, a. (acide) arsenical.

Arsenite, sm. sel composé d'oxyde d'arsenic et d'une base. *chim.*   [dresse; art fice.

Art, sm. science; méthode; a-

Artère, sf. vaisseau qui porte le sang du cœur vers les extrémités.   [l'artère.

Artériel, le, a. qui appartient à

Artériole, sf. petite artère.

Artériologie, sf. traité des artères.   [d'une artère.

Artériotomie, sf. ouverture

Artésien, a. *V.* Puits.

Arthrète, sf. goutte, maladie des articulations.   [jointures.

Arthritique, a. qui attaque les

Artichaut, sm. légume.

Article, sm. jointure des os; partie d'un discours; partie du discours. — *de foi,* point de croyance.

Articulaire, a. des jointures.

Articulation, sf. jointure des os; action d'articuler.

Articuler, va. prononcer les lettres; déduire par articles. vp. se joindre. *anat.*

Artifice, sm. art; ruse; composition de matières inflammables.   [tifice.

Artificiel, le, a. qui se fait par artificiellement, ad. avec art.

Artificier, sm. qui fait des feux d'artifice.

Artificieusement, ad. avec ruse.

Artificieux, se, a. plein d'artifice.

Artillerie, sf. canons, mortiers, etc.; corps des artilleurs.

Artilleur, sm. soldat d'artillerie.

Artimon, sm. mât de poupe.

Artisan, sm. ouvrier.   [bois.

Artison, sm. ver qui perce le

Artisonné, a. rongé par les vers.

Artiste, s. qui professe un art.

Artistement, ad. avec art. [arts.

Artistique, a. qui se rapporte aux

Arum, sm. (*om*) ou Gouet, genre de plantes.

Arunde, sf. grand roseau du midi.

Arundinaire, sf. graminée gigantesque d'Amérique.

Aruspice, sm. prêtre qui consultait les entrailles des victimes.

As, sm. (*âs*) point d'une carte, d'un dé; monnaie ancienne.

Asarine, sf. plante.   [plante.

Asarum *ou* Cabaret, sm. (*om*)

Asbeste, sm. espèce d'amiante.

Ascaride, sm. ver intestinal.

Ascendance, sf. qualité des parents ascendants.

3

Ascendant, e, a. qui monte; dont on descend. sm. pouvoir; bonheur au jeu. pl. ceux dont on est né.

Ascension, sf. action de monter; fête catholique.

Ascensionnel, le, a. (différence) entre l'ascension droite et l'ascension oblique d'un astre. astr.

Ascète, sm. consacré à la piété.

Ascétique, a. qui a rapport aux exercices de la vie spirituelle.

Ascétisme, sm. piété rigoureuse.

Asciens, sm. pl. habitants de la zone torride. [ventre.

Ascite, sf. hydropisie du bas-

Asclepiade, a. et sm. sorte de vers grec ou latin; plante.

Ascolies, sf. pl. fêtes en l'honneur de Bacchus. ant.

Asiarchat, sm. (ka) magistrature sacerdotale. ant.

Asiarque, sm. revêtu de l'asiarchat.

Asiatique, a. et s. d'Asie.

Asie, sf. l'une des cinq grandes parties du monde.

Asile, sm. refuge; protection.

Asine, a. (bête) âne, ânesse.

Aspalathe, sm. bois odoriférant.

Asparagé ou Asparaginé, a. semblable à l'asperge.

Asparagine, sf. principe chimique trouvé dans l'asperge.

Aspect, sm. (èk) vue d'un objet.

Asperge, sf. légume.

Asperger, va. arroser.

Aspergès, sm. (s) goupillon. fa.

Aspérité, sf. rudesse; état de ce qui est raboteux.

Aspersion, sf. action d'asperger.

Asperscir, sm. goupillon.

Asphalte, sm. bitume.

Asphodèle, sm. plante.

Asphyxie, sf. suspension subite des signes extérieurs de la vie. [sphyxie.

Asphyxié, a. et s. frappé d'a-

Asphyxier, va. causer l'asphyxie.

Aspic, sm. serpent; esp. de lavande.

Aspirant, e, a. (pompe) qui élève l'eau en l'attirant. s. qui aspire à entrer dans un corps.

Aspirateur, sm. ventilateur.

Aspiratif, ve, a. qui se prononce avec aspiration. gram.

Aspiration, sf. action d'aspirer; élévation à Dieu; man. de prononcer.

Aspirer, va. attirer l'air avec la bouche; prononcer de la gorge. fig. desirer vivement.

Asplénie, sf. esp. de fougère.

Asplenite, sf. fougère fossile.

Aspre, sm. monnaie turque.

Asprelle, sf. plante.

Assa, sf. nom donné à certaines espèces de résines, dont la fœtida est la plus connue.

Assaillant, sm. qui attaque.

Assaillir, va. attaquer.

Assainir, va. rendre sain.

Assainissement, sm. action d'assainir, résultat de cette action.

Assaisonnement, sm. ingrédients pour

Assaisonner, va. apprêter des mets; rendre agréable.

Assaisonneur, euse, s. qui assaisonne.

Assassin, sm. et a. meurtrier de guet-apens. [dité.

Assassinat, sm. meurtre prémé-

Assassiner, va. tuer de guetapens; outrager. fig. importuner.

Assaut, sm. attaque; lutte.

Assec, sm. temps pendant lequel un étang reste à sec après une grande pêche.

Asséchement, sm. action d'

Assécher, va. et n. rendre, devenir sec.

Assemblage, sm. réunion de choses; action de réunir des feuilles. libr. manière d'assembler. men. [sonnes.

Assemblée, sf. réunion de per-

Assembler, va. et p. réunir, emboîter. charp. et libr.

Assembleur, sm. qui assemble. libr.

Asséner, va. porter un coup vio-
  lent.
Assentiment, sm. consentement.
Assentir, vn. consentir.
Asseoir, va. et p. mettre dans
  un siége; établir.   [ment.
Assermenter, va. obliger par ser-
Assertion, sf. affirmation.
Asservir, va. et p. assujettir.
Asservissant, a. qui asservit.
Asservissement, sm. sujétion.
Assesseur, sm. adjoint à un juge.
Assez, ad. autant qu'il faut.
Assidu; a. exact; continuelle-
  ment appliqué; qui rend des
  soins continuels.
Assiduité, sf. exactitude.
Assidûment, ad. avec assiduité.
Assiégeant, a. et s. qui assiége.
                    [importuner.
Assiéger, va. faire un siége;
Assiégés, sm. pl. ceux qui sont
  assiégés dans une place.
Assiette, sf. situation; manière
  d'être assis; vaisselle.
Assiettée, sf. plein l'assiette.
Assignable, a. qui peut être as-
  signé.
Assignat, sm. papier-monnaie.
Assignation, sf. destination de
  fonds; exploit; rendez-vous.
Assigner, va. placer un paie-
  ment sur un fonds; indiquer;
  appeler devant le juge. [similé.
Assimilable, a. qui peut être as-
Assimilation, sf. action d'
Assimiler, va. rendre semblable.
  s'—vp. se comparer à.
Assimulation, sf. fig. de rhét.
  par laquelle on feint quel-
  que chose.
Assise, sf. rang de pierres. pl.
  séance d'un juge supérieur
  dans le siége d'un inférieur;
  session d'une cour criminelle.
Assistance, sf. présence. pra.
  aide; auditoire.   [aide.
Assistant, a. et s. présent; qui
Assister, va. aider. vn. être pré-
  sent.   [sonnes.
Association, sf. union de per-
Associé, a. et s. en société.

Associer, va. et p. prendre pour
  compagnon; mettre, entrer
  en société.
Assolement, sm. act. d'
Assoler, va. alterner les cul-
  tures.   [venir sombre.
Assombrir, va. et p. rendre, de-
Assommant, a. fatigant, incom-
  mode.
Assommer, va. tuer; battre avec
  excès. fig. incommoder.
Assommeur, sm. qui assomme.
Assommoir, sm. bâton plombé.
Assomption, sf. enlèvement de
  la Vierge au ciel; jour de
  cette fête.   [son.
Assonance, sf. ressemblance de
Assonant, a. qui produit une as-
  sonance.
Assorath, sm. V. Sonna.
Assortiment, sm. convenance;
  assemblage complet.
Assortir, va. réunir des choses
  qui se conviennent. vn. et p.
  convenir à
Assortissant, a. qui assortit bien.
Assoter, va. et p. infatuer d'une
  passion. v.
Assoupir, va. et p. endormir à
  demi; calmer.
Assoupissant, a. qui assoupit.
Assoupissement, sm. sommeil
  léger; nonchalance.
Assouplir, va. rendre souple.
Assourdir, va. rendre sourd.
Assourdissant, e, a. qui assourdit.
Assouvir, va. et p. rassasier une
  faim vorace. — fig. en par-
  lant des passions violentes.
Assouvissement, sm. action d'as-
  souvir.
Assujettir, va. soumettre.
Assujettissant, a. qui astreint.
Assujettissement, sm. contrainte
Assumer, va. prendre pour soi,
  s'attribuer.
Assurance, sf. certitude; sécu-
  rité; garantie; hardiesse. —
  mutuelle, association.
Assuré, e, a. hardi; s. celui qui
  s'est fait assurer.
Assurément, ad. certainement.

Assurer, va. affirmer ; rendre ferme; garantir. vp. s' — en quelqu'un, se confier. s' — de quelqu'un, emprisonner. s' — de quelque chose, vérifier.

Assureur, sm. qui assure, garantit.   [rhét.

Astéisme, sm. ironie délicate.

Astelle ou Attelle, sf. éclisse. chir.

Aster, sm. (ér) plante radiée.

Astéréomètre , sm. instrument pour calculer le lever et le coucher des astres.   [phyte.

Astérie, sf. espèce d'opale ; zoo-

Astérisme, sm. constellation, assemblage de plusieurs étoiles. ast.   [que un renvoi.

Astérisque, sm. étoile qui indi-

Astéroïde , a. en forme d'étoile ; sm. petite planète, étoile filante.   [grande debilité.

Asthénie, sf. absence de force,

Asthénique, a. sans force.

Asthmatique, a. et s. (asm) qui a un asthme.

Asthme, sm. maladie ; courte haleine.   [bois.

Astic, sm. polissoir en os ou en

Asticot, sm. petit ver dont les pêcheurs se servent comme d'appât.

Asticoter, va. contrarier. pop.

Astiquer, va. frotter, polir avec l'astic.   [os du tarse; plante.

Astragale, sm. moulure ronde;

Astral, a. des astres.

Astre, sm. corps céleste. [reux.

Astrée, sf. sorte de polypier pier-

Astreindre, va. et p. assujettir.

Astriction, sf. effet d'un   [méd.

Astringent, a. et s. qui resserre.

Astroïte, sf. madrépore.

Astrolabe, sm. inst. pour prendre la hauteur des astres.

Astrolâtre, a. et s. adorateur des astres.

Astrologie, sf. art chimérique de lire l'avenir dans les astres.

Astrologique, a. de l'astrologie.

Astrologue, sm. qui pratique l'astrologie.

Astronome, sm. qui sait l' [tres.

Astronomie, sf. science des as-

Astronomique, a. de l'astronomie

Astronomiquement , ad. d'une manière astronomique. [ruse.

Astuce, sf. finesse condamnable.

Astucieusement, ad. avec astuce.

Astucieux , se, a. qui a de l'astuce.

Asyle, sm. V. Asile.

Asymétrie, sf. défaut de proposition, de symetrie.

Asymétrique, a. sans symétrie.

Asymptote, sf. ligne droite dont une courbe s'approche sans la rencontrer. géom.

Asymptotique, a. qui a rapport à l'asymptote.   [phil.

Ataraxie, sf. calme de l'âme.

Ataxie, sf. désordre physique ou moral.

Ataxique, a. irrégulier.

Atelier, sm. lieu de travail.

Atellanes, sf. pl. farces romaines.

Atémadoulet, sm. premier ministre en Perse.

Atermoiement, sm. accommodement avec des créanciers pour les payer à terme. [ment.

Atermoyer, va. faire atermoie-

Athée, sm. et a. qui nie Dieu.

Athéisme, sm. opinion des athées.   [me.

Athéistique, a. tenant à l'athéis-

Athénée , sm. lieu où l'on enseigne.

Athlète, sm. qui combattait dans les jeux.   [athlètes.

Athlétique, sf. et a. (art) des

Athlothète , sm. président des jeux gymnastiques. ant.

Atinter, va. et p. parer trop. pop.

Atlante, sm. statue qui sert de colonne.

Atlantique, a. et sf. (mer ou Océan) le grand Océan qui est entre l'ancien et le nouveau monde.

Atlas, sm. (ás) recueil de cartes géographiques.

Atmomètre, sm. instr. servant à mesurer l'évaporation.

Atmosphère, sf. air qui entoure la terre. [phère.

Atmosphérique, a. de l'atmos-

Atomaire, a. et s. ponctué, parseme de points colorés.

Atôme, sm. corpuscule.

Atomique, a. ayant rapport aux atômes. [tômes.

Atomologie, sf. étude sur les a-

Atone, a. sans force, sans expression.

Atonie, sf. faiblesse. [tonie.

Atonique, a. qui résulte de l'a-

Atour, sm. parure.

Atourner, va. parer. fam.

Atout, sm. carte dominante.

Atrabilaire, a. et s. triste; mélancolique.

Atrabile, sf. bile noire.

Atramentaire, sf. sulfate de fer semblable à l'encre.

Atre, sm. foyer. [énorme.

Atroce, a. (âme) féroce; (crime)

Atrocement, ad. avec atrocité.

Atrocité, sf. énormité, excès.

Atrophie, sm. amaigrissement. méd.

Atrophié, a. maigri. [minuer.

Atrophier (s'), vp. maigrir, di-

Atropos, sf. (s) l'une des 3 Parques; papillon; reptile.

Attabler, va. et p. mettre à table.

Attachant, a. qui attache.

Attache, sf. lien, au pr. et au fig.

Attachement, sm. affection; pl. t. d'arch.

Attacher, va. et p. lier, au pr. et au fig. [taqué.

Attaquable, a. qui peut être at-

Attaquant, a. et s. assaillant.

Attaque, sf. action d'

Attaquer, va. et p. assaillir.

Attarder (s'), vp. se mettre tard en route. fa.

Atteindre, va. et n. parvenir à toucher une chose; parvenir à son but.

Atteinte, sf. coup; attaque.

Attelage, sm. bêtes attelées.

Atteler, va. atteler des animaux de trait à une voiture.

Attelle, sf. éclisse. [proche.

Attenant, a. et prép. ad. tout

Attendre, va. et p. être dans l'attente. [dre.

Attendrir, va. et p. rendre ten-

Attendrissant, a. qui attendrit.

Attendrissement, sm. sentiment par lequel on s'attendrit.

Attendu, conj. vu. [les lois.

Attentat, sm. entreprise contre

Attentatoire, a. qui attente. pal.

Attente, sf. act. d'attendre; espérance. [tentat.

Attenter, vn. commettre un at-

Attentif, ve, a. qui a de l'

Attention, sf. application d'esprit; prévenance.

Attentionné, a. prévenant. fam.

Attentivement, ad. avec attention.

Attenuant, e, a. qui affaiblit.

Atténuation, sf. affaiblissement.

Atténuer, va. affaiblir.

Atterrage, sm. lieu où un vaisseau prend terre. [bler.

Atterrer, va. abattre. fig. accu-

Atterrir, vn. prendre terre.

Atterrissage, sm. act. d'atterrir.

Atterrissement, sm. amas de terre apporté par les eaux.

Attestation, sf. certificat.

Attester, va. certifier; prendre à témoin.

Atticisme, sm. (tt) finesse de goût, de style, de langage.

Attiédir, va. et p. rendre ou devenir tiède.

Attiédissement, sm. tiédeur.

Attifer, va. et p. parer.

Attifet, sf. parure de tête des femmes. v.

Attique, a. (tt) à la façon d'Athènes: sm. petit étage en haut.

Attiquement, ad. dans le dialecte attique.

Attirail, pl. ails. sm. quantité de choses diverses.

Attirant, a. qui attire.

Attirer, va. et p. tirer à soi.

Attiser, va. arranger le feu, allumer. fig. exciter.

Attiseur, sm. qui attise.

Attitrer, va. charger quelqu'un d'un emploi. *v.*

Attitude, sf. posture.

Attorney, sm. procureur anglais.

Attouchement, sm. act. de toucher.

Attractif, ve, a. qui attire.

Attraction, sf. act. d'attirer.

Attractionnaire, sm. partisan du système de l'attraction.

Attiaire, va. attirer. *v.*

Attrait, sm. ce qui attire. *phys.* pl. charmes.

Attrape, sf. tromperie. *fam.* attrape-mouche. sm. nom de diverses plantes ; oiseau.

Attraper, va. prendre à un piége ; obtenir ; tromper ; atteindre.

Attrapeur, ease. a. celui, celle qui attrape.

Attrapoire, sf. piége pour attraper les animaux. [blement.

Attrayant, a. qui attire agréa-

Attribuer, va. *et* p. attacher ; annexer à ; imputer.

Attribut, sm. ce qui est propre à chaque sujet.

Attributif, ve, a. qui attribue.

Attribution, sf. concession ; pouvoir.

Attristant, a. qui attriste.

Attrister, va. *et* p. affliger.

Attrition, sf. regret.

Attroupement, sm. assemblée tumultueuse. [troupe.

Attrouper, va. *et* p. assembler en

Au, Aux, art. contracté, pour à le, à les.

Aubade, sf. sérénade.

Aubain, sm. non naturalisé.

Aubaine, sf. succession ; profit.

Aube, sf. pointe du jour ; vêtement ecclésiastique.

Aubépine, sf. Aubépin, m. arbrisseau. [et bai.

Aubère, a. (cheval) entre blanc

Auberge, sf. maison où on loge et mange en payant. [plante.

Aubergine *ou* **Mélongène**, sf.

Aubergiste, s. qui tient auberge.

Aubète, sf. sorte de corps-de-garde des bas-officiers.

Aubier, sm. bois tendre. *V.* Obier.

Aubifoin *ou* **Bluet**, sm. plante.

Aubin, sm. allure d'un cheval. *man.* [qui va l'aubin. *man.*

Aubiner, vn. se dit d'un cheval

Aucun, e, a. nul, pas un. pl. quelques-uns. pr.

Aucunement, ad. nullement.

Audace, sf. hardiesse extrême.

Audacieusement, ad. avec audace. [dace.

Audacieux, se, a. hardi.

Au-dedans, prép. à l'intérieur.

Au-dehors, prép. à l'extérieur.

Au-delà, prép. de l'autre côté.

Au-dessus, Au-dessous, prép. sur ou sous.

Au-devant, prép. à la rencontre.

Audience, sf. séance ; réception ; entrevue ; personnes réunies pour entendre.

Audiencier, sm. (huissier) qui appelle les causes.

Auditeur, sm. qui écoute ; disciple ; sorte de magistrat.

Auditif, ve, a. qui sert à l'ouïe.

Audition, sf. act. d'entendre.

Auditoire, sm. réunion d'auditeurs. [creusé.

Auge, sf. bloc de pierre ou bois

Augée, sf. plein une auge.

Auget, sm. petite auge.

Augment, sm. supplément ; addition d'une lettre. *gram.*

Augmentatif, ve, a. qui augmente. [ment.

Augmentation, sf. accroisse-

Augmenter, va. *et* n. accroître.

Augural, a. de l'augure.

Augure, sm. présage ; celui qui prédisait par le vol des oiseaux

Augurer, va. présager.

Augustal, e, aux. a. fêtes, jeux, magistrats, officiers institués en l'honneur d'Auguste.

Auguste, a. grand ; imposant.

Augustin, a. moine. St.—, caractère d'imprimerie.

Aujourd'hui, ad. ce jour.

Aulique, a. se dit du conseil suprême de l'empire d'Autriche.

Auloffée, sf. action de s'approcher du vent. *mar.*

Aumaille , sf. génisse. pl. bêtes à cornes. [mailles. *chasse.*

Aumée, sf. nappe à grandes

Aumône, sf. ce qu'on donne aux pauvres. [mônes.

Aumônée, sf. distrib. des au-

Aumôner, va. donner par au- mône.

Aumônerie, sf. charge d'

Aumônier, ière, a. qui fait l'au- mône , sm. prêtre qui la dis- tribue. f. bourse. [noines.

Aumusse, sf. fourrure des cha-

Aunage, sm. mesurage à l'aune.

Aunaie, sf. lieu planté d'aunes.

Aune, sm. arbre. f. mesure.

Aunée, sf. plante.

Auner, va. mesurer à l'aune.

Auneur, sm. inspecteur de l'au- nage.

Auparavant, ad. avant tout.

Auprès, prép. *et* ad. tout près ; en comparaison.

Auréole, sf. cercle autour de la tête des saints. [l'oreille.

Auriculaire , a. qui a rapport à

Auricule, sf. bout de l'oreille ; crête ; plante ; mollusque.

Auriculé, e, a. muni d'auricules ou d'oreillettes.

Aurifère, a. qui fournit de l'or.

Aurifique, a. qui se transforme en or, ressemble à l'or.

Aurique, af. sorte de voile ; sub- stance combinée avec l'or. *mar.*

Auroch, *ou* Urus, sm. taureau sauvage.

Aurone, sf. arbuste.

Aurore, sf. lumière avant le le- ver du soleil. [autre métal.

Aurure, sm. alliage d'or avec un

Auscultation, sf. act. d'

Ausculter, va. explorer à l'aide du son. *méd.*

Auspice, sm. présage ; protec- tion. [ment.

Aussi, ad. de même ; pareille-

Aussière, sf. fort cordage. *mar.*

Aussitôt, ad. dans le moment.

Auster, sm. (r) vent du Midi.

Austère, a. rigoureux ; âpre.

Austèrement, ad. avec

Austérité, sf. rigueur ; sévérité.

Austral, a. (sans pl. m.) du Midi.

Australie , sf. grande contrée faisant partie de la 5e partie du monde, l'Océanie. [tralie.

Australien , ne, a. *et* s. de l'Aus-

Autan, sm. vent du Midi. *poét.*

Autant, ad. marque d'égalité.

Autel, sm. table pour les sacri- fices. *fig.* la religion.

Auteur, s. *et* a. inventeur ; qui fait un livre.

Authenticité, sf. qualité de ce qui est

Authentique, a. qui fait autorité. sf. minute d'un acte.

Authentiquement , ad. d'une man. authentique.

Authentiquer , va. rendre au- thentique. [propre vie.

Autobiographe , sm. qui écrit sa

Autobiographie , sf. récit fait par l'autobiographe.

Autocéphale , sm. évêque grec.

Autochthone, sm. *et* a. aborigène. [mique.

Autoclave , sm. marmite écono-

Autocrate,— sm. au f. trice. sou- verain absolu.

Autocratie, sf. (*cie*) gouverne- ment despotique. [tocratie.

Autocratique, a. relatif à l'auto-

Auto-da-fé, sm. exécution d'un jugement de l'inquisition.

Autographe , sm. *et* a. écrit de la main de l'auteur.

Autographie, sf. connaissance des autographes, act. d'

Autographier, va. imiter et mul- tiplier l'écriture de quelqu'un.

Autographique, a. relatif à l'au- tographie.

Automate, sm. mach. à mou- vement. *fig.* stupide.

Automatique , a. (mouvement) machinal. [un automate.

Automatiquement, adv. comme

Automatisme, sm. mouvement machinal ; absence de volonté.

Automnal, a. (sans pl. m.) d'au- tomne.

Automne, sm. et f. (one) troi-
sième saison.
Autonome, a. (ville) qui se gou-
vernait par ses lois.
Autonomie, sf. droit d'autonome.
Autopsie, sf. vision; action de
voir de ses yeux; ouverture
cadavérique.
Autorisation, sf. pouvoir.
Autoriser, va. et p. permettre.
Autorité, sf. puissance; exemple.
Autour, prép. aux environs. sm.
oiseau de proie.
Autourserie, sf. art de l'
Autoursier, sm. qui dresse l'au-
tour. [distinction.
Autre, pron. et a. qui marque
Autrefois, ad. anciennement.
Autrement, ad. d'une autre man.
Autre-part, ad. ailleurs.
Autrichien, a. et s. d'Autriche.
Autriche, sf. grand empire d'Eu-
rope.
Autruche, sf. grand oiseau.
Autrui, sm. sans pl. les autres.
Auvent, sm. petit toit en saillie.
Auvernat, sm. gros vin d'Au-
vergne.
Auxiliaire, a. qui aide.
Avachir (s'), vp. devenir mou. fa
Avachissement, sm. état de ce
qui est avachi.
Aval, sm. au pl. s. caution d'un
billet; ad. en descendant la
rivière.
Avalage, sm. descente d'un ba-
beau, d'une pièce de vin.
Avalaison, ou Avalasse, sf. tor-
rent formé par la pluie.
Avalanche, sf. masse énorme de
neiges détachées des mon-
tagnes.
Avaler, va. faire entrer par le
gosier; descendre une rivière.
batel. [furon.
Avaleur, euse, a. glouton, fan-
Avaloire, sf. grand gosier. fa.
Avançage, sm. station permise
aux voitures publiques.
Avance, sf. ce qui est fait; anticipation; saillie. arch. pl.
premières démarches amicales

Avancées, sf. corps-de-garde
avancé.
Avancement, sm. progrès.
Avancer, va. n. et p. pousser;
mettre en avant; prévenir
le temps; faire du progrès;
prêter; proposer; aller en
Avanie, sf. affront. [avant.
Avant, ad. et prép. marque prio-
rité. sm. proue. [rité.
Avantage, sm. profit; supério-
Avantager, va. donner des a-
vantages. [man. avantageuse.
Avantageusement, ad. d'une
Avantageux, se, a. profitable;
qui sied; présomptueux.
Avant-bec, sm. angle des piles
d'un pont.
Avant-bras, sm. partie du bras,
du coude au poignet.
Avant-corps, sm. corps en sail-
lie. arch.
Avant-cour, sm. première cour.
Avant-coureur, sm. qui précède.
Avant-courrière, sf. l'aurore.
Avant-dernier, a. avant le der-
nier.
Avant-duc, sm. planche sur pi-
lotis. [préalable.
Avant-faire-droit, sm. jugement
Avant-fossé, sm. fossé au pied
des glacis. fort.
Avant-garde, sf. première divi-
sion d'une armée.
Avant-goût, sm. goût qu'on a
par avance. [précédait hier.
Avant-hier, ad. (tiër) le jour qui
Avant-main (coup-d'), sm. terme
de jeu de billard et de manége.
Avant-pêche, sf. pêche hâtive.
Avant-pied, sm. deuxième part.
du pied ou métatarse.
Avant-pieu, sm. morceau de
bois, outil en fer. [cher.
Avant-plancher, sm. faux plan-
Avant-poignet, sm. paume de la
main, ou métacarpe.
Avant-port, sm. entrée d'un
grand port.
Avant-poste, sm. poste avancé.
Avant-propos, sm. préface; pré-
ambule.

Avant-quart, sm. coup avant l'heure.

Avant-scène, sf. partie en avant de la scène.

Avant-toit, sm toit en saillie.

Avant-train, sm. les roues de devant et le timon d'une voiture.

Avant-veille, sf. surveille.

Avare, a. *et* s. qui aime trop les richesses.

Avarice, sf. vice de l'avare.

Avaricieux, se, a. avare.

Avarie, sf. dommage fait aux vaisseaux, aux marchandises; droit de mouillage.

Avarié, a. gâté en voyage.

Avarier (s'), vp. se gâter.

A-vau-l'eau, loc. ad. au cours de l'eau.   [chrétienne.

Ave *ou* Ave-Maria, sm. i. prière

Avec, prép. ensemble; conjointement.   [d'où elle est. *fa.*

Aveindre, va. tirer une chose

Avelanède, sf. cosse du gland.

Aveline, sf. grosse noisette.

Avelinier, sm. noisetier.

Avenage, sm redevance en avoine.

Avenant, a. qui a bon air. *à l'a-venant.* loc. ad. à proportion. *fa.*   [tion à une dignité.

Avénement, sm. venue; éléva-

Avenir, vn. arriver.

Avenir, sm. le temps futur; assignation. *pal. à l'* — loc. ad. désormais.

Avent, sm. temps avant Noël.

Aventure, sf. événement; hasard.

Aventurer, va. hasarder. [ture.

Aventureusement, adv. à l'aven-

Aventureux, se, a. qui s'aventure.

Aventurier, ère, s. qui court les aventures; intrigant.

Aventurine, sf. pierre précieuse.

Avenue, sf. passage; allée d'arbres.

Avérer, va. vérifier.

Averse, sf. pluie abondante et subite.

Aversion, sf. haine; antipathie.

Avertin, sm. maladie du cerveau. *v.*   [vertin.

Avertineux, se, a. attaqué de l'a-

Avertir, va. donner avis.

Avertissement, sm. avis; préface.

Avesprée, sf. soirée. *v.*

Aveu, sm. reconnaissance d'un fait; témoignage.

Aveugle, a. *et* s. privé de la vue. *en aveugle.* loc. ad. aveuglément.

Aveuglement, sm. cécité. *fig.* obscurcissement de la raison.

Aveuglément, ad. sans réflexion.

Aveugler, va. priver de la vue. *fig.* de la raison.   [tons. *fa.*

Aveuglette (à l'), loc. ad. à tâ-

Aviculaire, a. concernant les oiseaux. sf. araignée; plante.

Avide, a. qui désire ardemment; intéressé.

Avidement, ad. avec avidité.

Avidité, sf. désir ardent.

Avilir, va. *et* p. rendre vil; déprécier.

Avilissant, a. qui avilit.

Avilissement, sm. état d'un être avili.

Avilisseur, sm. qui veut avilir.

Aviner, va. imbiber de vin.

Aviron, sm. sorte de rame.

Avironner, va. pousser avec l'aviron.   [tissement.

Avis, sm. (*avi*), opinion; aver-

Avisé, a. prudent.

Aviser, va. *et* n. avertir; apercevoir. s' — vp. penser; trouver.   [dépêches.

Aviso, sm. navire chargé de

Avitaillement, sm. action d'

Avitailler, va. mettre des vivres dans une place, un camp.

Aviver, va. donner de l'éclat.

Avives, sf. pl. glandes enflées, *vét.*   [d'avocat. *fa.*

Avocasser, vn. faire le métier

Avocasserie, sf. prof. d'avocat. *iron.*

Avocat, sm. celui qui fait profession de défendre des causes en justice. *fig.* qui intercède

pour un autre ; le f. avocate
est peu usité. [d'Amérique.

Avocatier , sm. grand laurier

Avocette, sf. oiseau palmipède.

Avoine, sf. grain pour les chevaux. [créance.

Avoir, va. posséder. sm. bien ;

Avoisinant, e, a. qui avoisine.

Avoisiner, va. être voisin.

Avortement, sm. action d'

Avorter, vn. accoucher avant
terme. fig. échouer.

Avorton, sm. né avant terme.

Avoué, sm. officier de justice
remplaçant les anciens procureurs. [prouver.

Avouer, va. et p. confesser; ap-

Avoyer, sm. magistrat suisse.

Avril, sm. quatrième mois de
l'année.

Avulsion, sf. arrachement. chir.

Axe, sm. ligne droite qui passe
au centre d'un globe.

Axillaire, a. de l'aisselle.

Axiome, sm. maxime.

Axis, sm. cerf d'Asie. [doux.

Axonge, sf. graisse molle, sain-

Ayan, sm. officier supérieur en
Turquie. [héritier. prat.

Ayant-cause, sm. représentant,

Ayant-droit, sm. qui a droit.

Ayoubites, sm. pl. dynastie de
princes égyptiens.

Ayuntamiento, sm. conseil municipal espagnol.

Azalée, sf. arbuste.

Azédarac, sm. arbrisseau.

Azerole, sf. fruit.

Azerolier, sm. espèce d'aubépine.

Azimut, sm. (t) angle compris
entre le méridien d'un lieu et
un cercle vertical. ast.

Azimutal, a. qui représente, qui
mesure les azimuts.

Azote, sm. sorte de gaz. chim.

Azoté, Azoteux, a. contenant de
l'azote. [zote. chim.

Azoture , sf. combinaison d'a-

Azur , sm. minéral ; couleur
bleue.

Azuré, a. couleur d'azur.

Azurer, va. mettre de l'azur.

Azyme, a. et sm. (pain) sans levain. pl. fête.

B

B. s. m. (bé ou be) consonne,
deuxième lettre de l'alphabet.

Baba, sm. sorte de pâtisserie.

Babel (la tour de), sf. confusion.

Babeurre, sm. liqueur séreuse
du lait.

Babiche, sf. Babichon. sm. petite espèce de chien à longs
poils.

Babil, sm. caquet, bavardage.

Babillage , sm. act. de babiller.

Babillard, a. et s. qui a du babil.

Babillement, sm. action de parler beaucoup et avec volubilité.

Babiller. vn. caqueter.

Babine, sf. lèvre pendante de
quelques animaux.

Babiole, sf. jouet ; bagatelle.

Babion, sm. petit singe.

Babiroussa, sm. esp. de cochon
sauvage de l'archipel indien.

Babord, sm. côté gauche du navire, en partant de la poupe.

Babouche, sf. pantoufle levan-
tine.

Babouin, sm. gros singe; enfant badin ; figure grotesque.

Babouiner , va. faire le singe ou
l'enfant. [niaiserie.

Babouinerie , sf. enfantillage,

Bac, sm. grand bateau plat.

Baccalauréat, sm. premier degré pour parvenir au doctorat.

Bacchanal, sm. tapage. Baccha-
nale, sf. danse de bacchantes;
debauche; pl. fêtes de Bacchus.

Bacchanaliser, vn. s'enivrer.

Bacchante, sf. prêtresse de Bacchus ; femme furieuse; plante.

Baccifère, a. qui porte des baies.

Bacciforme, a. en forme de baie.

Bacha, sm. V. Pacha.

Bâche, sf. grande pièce de toile ou de cuir pour couvrir les charrettes, les diligences, etc.

Bachelette, sf. jeune et jolie fille.

Bachelier, sm. promu au baccalauréat. [che.

Bâcher, va. couvrir d'une bâ-

Bachique, a. de Bacchus ou du vin. [cuivre.

Bacholle, sf. grand vase en

Bachon, sm. ou Bachone, sf. grand vaisseau de bois.

Bachot, sm. petit bateau.

Bachotage, sm. art du

Bachoteur, sm. batelier.

Bachotte, sf. grand baquet pour le transport du poisson vivant.

Bacile, sm. plante marine.

Bacillaire, a. en forme de bâton.

Bâclage, sm. action de

Bâcler, va. fermer d'une barre ; ranger un bateau ; expédier.

Bacule, sf. croupière. [fa.

Badaud, a. et s. niais, qui s'amuse à tout. fa.

Badauder, vn. niaiser.

Badauderie, sf. act. de badaud.

Baderne, sf. grosse tresse; objet de rebut. mar.

Badiane, sf. anis de la Chine.

Badigeon, sm. couleur jaunâtre pour les murs.

Badigeonnage, sm. action de badigeonner, ou ce qui est badigeonné. [du badigeon.

Badigeonner, va. peindre avec

Badigeonneur, sm. ouvrier qui badigeonne.

Badin, a. et s. folâtre.

Badinage, sm. act. de badiner.

Badine, sf. baguette ; pl. pincettes légères. [santer.

Badiner, vn. faire le badin ; plai-

Badinerie, sf. bagatelle, plaisanterie. [pris.

Bafouer, va. traiter avec mé-

Bâfre sf. grand repas. pop.

Bâfrer, vn. manger goulûment.

Bâfreur, euse, a. gourmand.

Bagage, sm. équipage de voyage ou de guerre.

Bagarre, sf. tumulte. fa.

Bagasse, sf. canne à sucre passée au moulin.

Bagatelle, sf. chose frivole.

Bagne, sm. prison des forçats.

Bagoul ou Bagout, sm. bavardage.

Bague, sf. anneau de métal.

Baguenaude, sf. fruit.

Baguenauder, vn. s'amuser à des baguenauderies.

Baguenauderie, sf. frivolité.

Baguenaudier, sm. arbre ; jeu ; celui qui baguenaude. fa.

Baguer, va. arrêter des plis.

Baguette, sf. verge ; moulure.

Baguier, sm. sorte d'écrin.

Bah ! int. qui marque la surprise, le doute, etc.

Bahut, sm. sorte de malle.

Bahutier, sm. faiseur de malles.

Bai, a. (cheval) rouge-brun.

Baie, sf. petit golfe ; ouverture de porte ; fruits à pepins ; tromperie. fa.

Baignade, sf. action de se

Baigner, va. n. et p. mettre dans le bain ; mouiller.

Baigneur, euse, s. qui se baigne; qui tient des bains. [gne.

Baignoir, sm. lieu où l'on se bai-

Baignoire, sf. cuve pour le bain.

Bail, sm. pl. baux, contrat de louage.

Baille, sf. espèce de baquet.

Bâillement, sm. action de

Bâiller, vn. ouvrir involontairement la bouche ; s'entr'ouvrir.

Bailler, va. donner. v.

Baillet, sm. cheval à poil roux-blanc. [cassés. v.

Bailleul, sm. qui remet les os

Bâilleur, euse, s. sujet à bâiller.

Bailleur, eresse, s. qui donne à bail. prat.

Bailli, sm. off. de justice; dignité dans l'ordre de Malte.

Bailliage, sm. juridiction du bailli ; son tribunal.

Bailliager, ère, a. de bailliage.

Baillive, sf. la femme du bailli.

Bâillon, sm. ce qu'on met dans la bouche pour empêcher de crier.

Bâillonner, va. mettre un bâillon.

Bailloques, sf. pl. plumes de couleur mêlée.

Baillotte, sf. petite baille ou baquet.

Bain, sm. eau où l'on se baigne; act. de se baigner. *Bain-marie*, eau bouillante dans laquelle on met un vase; ordre militaire anglais.

Baïonnette, *ou* Bayonnette, sf. sorte de poignard au bout du fusil.

Baïoque, sf. monnaie d'Italie.

Bairam *ou* Beiram, sm. fete turque.

Baisemain, sm. hommage.

Baisement, sm. action de baiser (la mule du pape.)

Baiser, va. appliquer sa bouche. vp. *et* sm. action de celui qui baise. [ser. *fa*.

Baiseur, euse, qui aime à bai-

Baisotter, va. baiser souvent. *fa*.

Baisse, sf affaissement, diminution, déchet. [faisser.

Baisser, va. *et* n. abaisser, s'af-

Baissier, sm. qui joue à la baisse sur les fonds publics.

Baissière, sf. vin pres de la lie.

Baisure, sf. endroit par lequel les pains se sont touchés au four. [têtes.

Bajoire, sf. médaille à deux

Bajoue, sf. joue pendante.

Bal, au pl. *bals*, sm. réunion pour la danse.

Baladin, sm. bouffon, farceur.

Baladinage, sm. bouffonnerie.

Balafre, sf. cicatrice au visage.

Balafrer, va. faire des balafres.

Balai, sm. inst. pour nettoyer.

Balais, sm. (rubis) paillet.

Balance, sf. inst. pour peser; solde d'un compte; signe du Zodiaque.

Balancé, sm. pas de danse. [gère

Balancelle, sf. embarcation lé-

Balancement, sm. action de se

Balancer, va. *et* n. tenir en équilibre, en suspens. vp. aller sur une balançoire.

Balancier, sm. qui fait des balances; pièce d'horloge; machine pour monnayer; perche que tient le danseur de corde.

Balancine, sf. se dit de cordages qui soutiennent une vergue. *mar*. [balancer.

Balançoire, sf. mach. pour se

Balandran *ou* dras, sm. casaque de campagne. *v*.

Balandre, sf. sorte de bâtiment de mer.

Balasse, sf. vase de terre pour rafraîchir l'eau; paillasse en baile d'avoine.

Balassor, sm. étoffe indienne faite d'écorce.

Balast, sm. lit de sable répandu entre les rails des chemins de fer; lest pour les vaisseaux.

Balauste, sf. fruit du

Balaustier, sm. grenadier sauvage.

Balayage, sm. action de

Balayer, va. nettoyer avec le balai.

Balayette, sf. petit balai.

Balayeur, euse, s. qui balaye.

Balayures, sf. pl. ordures.

Balbutie, sf. frivolité en paroles.

Balbutiement, sm. (ci) action de

Balbutier, va. *et* n. prononcer en hésitant.

Balbuzard, sm. oiseau aquatique vivant de poisson.

Balcon, sm. saillie d'une fenêtre.

Baldaquin, sm. dais, ouvrage à colonnes au-dessus de l'autel.

Baleine, sf. cétacé; ses fanons.

Baleiné, a. garni de fanons de baleine. [leine.

Baleineau, sm. petit d'une ba-

Baleinier, sm. pêcheur de baleine; navire équipé pour la pêche de la baleine.

Baleinière, sf. canot léger servant aux baleiniers.

Balèvre, sf. lèvre d'en bas; saillie d'une pierre. *arch*.

Bàli, sm. langue savante des Brames. [çoit le grain vanné.

Balin, sm. grand drap qui re-

Baline, sf. grosse étoffe d'emballage. [baliser.

Balisage, Balisement, sm. act. de

Balise, sf. marque des écueils.

Baliser, va. placer des balises.

Baliseur, sm. inspecteur du halage.

Balisier, sm. plante des Indes.

Balistaire, sm. soldat employé aux balistes.

Baliste, sf. mach. de guerre. ant. genre de poisson.

Balistique, sf. art de calculer le jet des projectiles.

Balivage, sm. choix des baliveaux. [la coupe.

Baliveau, sm. arbre réservé dans

Baliverne, sf. sornette. fa.

Baliverner, vn. s'occuper de balivernes. [çaise.

Ballade, sf. anc. poésie fran-

Ballant, a. mou, lâche, tombant; aller les bras ballants. sm. terme de marine.

Balle, sf. boule pour jouer à la paume; plomb pour les armes à feu; outil d'imprimeur, etc. esp. de calice dans les graminées.

Baller, va. danser. v. [minées.

Ballet, sm. danse dramatique.

Ballon, sm. vessie enflée d'air pour jouer; vaisseau siamois; aérostat.

Ballonnement, sm. état de l'abdomen quand il est ballonné.

Ballonner, va. n. et pr. enfler comme un ballon. [lons.

Ballonnier, sm. faiseur de bal-

Ballot, sm. paquet de marchandises.

Ballottade, sf. saut de cheval.

Ballottage, sm. act. de ballotter deux candidats.

Ballotte, sf. balle pour les scrutins; vaisseau pour la vendange; plante.

Ballottement, sm. action de

Ballotter, va. et n. se servir de ballottes; discuter; peloter.

Ballottin, sm. petit ballot.

Balnéable, a. qui a rapport aux bains.

Balourd, e, s. personne grossière.

Balourdise, sf. c ose faite sans esprit. [duisant le baume.

Balsamier, sm. arbrisseau pro-

Balsamine, sf. plante des jardins. [baume.

Balsamique, a. qui tient du

Balsamite, sf. V. Tanaisie.

Balustrade, sf. balustres, clôture à jour à hauteur d'appui.

Balustre, sm. pilier façonné; balustrade. [tres.

Balustrer, va. orner de balus-

Balzan, a. (cheval) à balzanes.

Balzane, sf. marque blanche aux pieds.

Bambin, sm. enfant. fa. [tesque.

Bambochade, sm. tableau gro-

Bamboche, sf. grande marionnette; jeune tige de bambou. pl. amusements immodérés. pop. [boches. pop.

Bambocher, vn. faire des bam-

Bambocheur, euse, s. celui, celle qui fait des bamboches. pop.

Bambou, sm. roseau des Indes.

Ban, sm. publication; convocation de la noblesse; exil.

Banal, pl. aux, a. commun, trivial. [féod.

Banalité, sf. usage commun.

Banane, sf. fruit du [sm. arbre.

Bananier ou figuier d'Adam,

Banc, sm. long siège; écueil.

Bancal, au pl. als. a. et s. bancroche. pop.

Bancelle, sf. banc long et étroit.

Banco, sm. de banque.

Bancroche, a. et s. à jambes tortues.

Bandage, sm. lien pour bander; bandes de fer.

Bandagiste, sm. qui fait des bandages.

Bande, sf. lien plat et large; rebords du billard; troupe.

Bandeau, sm. bande sur le front; diadème.

Bandelette, sf. petite bande.

Bander, va. n. *et* p. lier, serrer avec une bande; tendre avec force.

Bandereau, sm. cordon qui sert à pendre la trompette.

Banderole, sf. sorte d'étendard.

Bandière, sf. bannière. [saut.

Bandit, sm. vagabond malfai-

Bandoulier, sm. brigand. *pop.*

Bandoulière, sf. bande de cuir pour porter le mousqueton.

Bang, s. arbre d'Afrique d'où on tire du vin.

Banians, sm. Indiens idolâtres.

Bank-note, sf. billet de banque anglais. [ville.

Banlieue, sf. alentours d'une

Bannasse, sf. grande civière, grand panier.

Banne, sf. toile pour couvrir; grande manne.

Banneau, sm. voiture légère, petit tombereau.

Banner, va. couvrir d'une banne.

Banneret, a. qui avait le droit de bannière. *féod.*

Banneton, sm. petit panier, coffre pour garder le poisson.

Bannette, sf. petite manne.

Banni, a. *et* s. exilé.

Bannière, sf. étendard.

Bannir, va. exiler; chasser.

Bannissable, a. qui doit être

Bannissement, sm. exil. [banni.

Banque, sf. commerce d'argent; t. de jeu.

Banqueroute, sf. faillite.

Banqueroutier, ère, s. qui fait banqueroute.

Banquet, sm. festin. [re. *fa.*

Banqueter, vn. faire bonne chè-

Banquette, sf. élévation derrière un parapet. *fort.*; banc rembourré. [que.

Banquier, sm. qui fait la ban-

Banquise, sf. amas de glaces. *mar.*

Banquiste, sm. charlatan qui va de ville en ville, et qui attrape le public. [chasse.

Bans, sm. pl. lit des chiens de

Banse, sf. grande manne carrée.

Banvin, sm. droit exclusif de vendre son vin.

Baobab, sm. arbre d'Afrique.

Baptême, sm. (*at*) le premier des sept sacrements, celui qui fait chrétien.

Baptiser, va. (*at*) donner le baptême.

Baptismal, pl. *aux*, a. (*ap*) du baptême.

Baptistaire, a. *et* s. (*at*) de baptême; extrait de baptême.

Baptistère, sm. petite église auprès des cathédrales pour baptiser.

Baquet, sm. petit cuvier de bois.

Baqueter, va. ôter avec une pelle l'eau d'un bateau.

Baquette, sf. tenaille pour tirer à la filière.

Bar, sm. poisson.

Baragouin, sm. langage corrompu. [cieuse.

Baragouinage, sm. élocution vi-

Baragouiner, va. *et* n. parler mal. [ragouine.

Baragouineur, euse, s. qui ba-

Baraque, sf. hutte; mauvaise maison.

Baraquement, sm. établissement de baraques, action de

Baraquer, va. *et* p. faire des baraques.

Baraterie, sf. fraude. t. de *mar.*

Baratage, sm. action de baratter.

Baratte, sf. baril où l'on bat le beurre.

Baratter, va. battre du lait.

Baratteur, se, s. qui bat le beurre.

Barbacane, sf. ouverture dans un mur de forteresse.

Barbare, s. *et* a. cruel; rude; sauvage. [barbare.

Barbarement. ad. d'une man.

Barbaresque, a. de Barbarie.

Barbarie, sf. cruauté; rudesse.

Barbarisme, sm. faute contre la langue.

Barbe, sf. poil du visage; longs poils de quelques animaux; bande de dentelle. — de capucin, chicorée sauvage.

Barbe, sm. *et* a. (cheval) de Barbarie. [dres. *mar.*

Barbe (Ste), sf. soute aux poudres. [toile.

Barbeau, sm. bluet; poisson.

Barbelé, a. (trait) denté.

Barberie, sf. art de raser et coiffer. [frisé.

Barbet, sm. chien à poil long et Barbette, sf. plate-forme. *fort.*

Barbeyer, vn. se dit d'une voile qui bat, qui s'agite. *mar.*

Barbiche, sf. barbe du menton.

Barbichon, sm. petit barbet.

Barbier, sm. qui fait la barbe.

Barbifère, a. qui porte de la barbe.

Barbifier, va. raser la barbe. *fa.*

Barbillon, sm. petit barbeau.

Barbon, sm. vieillard. *iro.*

Barbote, sf. poisson de rivière.

Barboter, vn. fouiller, marcher dans la boue; se dit des oiseaux aquatiques.

Barboteur, sm. canard privé.

Barboteuse, sf. femme de mauvaise vie. *pop.* et *bas.*

Barbotine, sf. espèce de santoline.

Barbouillage, sm. mauvaise peinture; récit embrouillé.

Barbouiller, va. salir; peindre grossièrement; mal écrire; mal parler. [bouille.

Barbouilleur, euse. s. qui barbouille.

Barbu, a. qui a de la barbe; sm. genre d'oiseaux.

Barbue, sm. poisson de mer.

Barbule, sf. petite barbe, poil fin, léger duvet. *bot.*

Barbulé, e, a. garni de poils en touffes. *bot.*

Barbures, sf. pl. inégalités existant sur toute pièce qui sort du moule. *techn.*

Barcarolle, sm. chanson vénitienne.

Barcelonnette, sf. lit d'enfant.

Bard, sm. civière à bras; poisson courbé. *bla.*

Bardane *ou* Glouteron. sf. plante.

Barde, sf. anc. armure du cheval; tranche de lard. sm. poëte celte.

Bardeau, sm. ais pour les toits; mulet né du cheval et de l'anesse. [toile.

Bardelle, sf. selle de grosse

Barder, va. armer un cheval de bardes; couvrir de bardes de lard; charger sur un bard.

Bardeur, sm. qui porte un bard.

Bardis, sm. cloison à fond de cale.

Bardit, sm. (*t*) chants des anciens Germains.

Bardot, sm. petit mulet. *fig.* celui sur lequel les autres se déchargent de leur tâche. [gère.

Barége, sm. étoffe de laine légère.

Barême, sm. livre de comptes tout faits.

Barge, sm. poisson; bateau plat; meule de foin. [*fa.*

Barguignage, sm. irrésolution.

Barguigner, vn. hésiter.

Barguigneur, euse, s. qui barguigne.

Barigoule, sf. sorte de champignon; manière d'accommoder l'artichaut.

Baril, sm. (*ri*) petit tonneau.

Barillet, sm. petit baril; tambour d'horloge.

Barillou, sm. pèse-liqueur; baril au bout d'un bâton.

Bariolage, sm. Bariolure, sf. assemblage bizarre de couleurs.

Barioler, va. peindre de couleurs non assorties. [gueur. *v.*

Barlong, gue, a. inégal en longueur.

Barnabite, sm. clerc régulier de la congrégation de Saint-Paul.

Barnache, sf. sorte d'oie.

Baromètre, sm. inst. qui marque la pesanteur de l'air.

Barométrique, a. du baromètre.

Baron, ne, s. titre de noblesse.

Baronnage, sm. qualité de baron. *iro.*

Baronnet, sm. dignité anglaise.

Baronnie, sf. terre d'un baron.

Baroque, a. informe; bizarre.

Barque, sf. petit navire.

Barquerolle, sf. petit bâtiment sans mât.

Barquette, sf. petite barque, esp. de vase, de coffre.

Barrage, sm. obstacle artificiel pour retarder un cours d'eau et pour empêcher le passage sur un chemin.

Barre, sf. longue pièce de bois ou de métal; lieu d'où parlent les avocats et les plaideurs; banc de sable à l'entrée d'un port; trait de plume.

Barres, sf. pl. jeu de course.

Barreau, sm. sorte de barre; lieu où les avocats plaident; leur profession.

Barrer, va. fermer; garnir d'une barre; raturer.

Barrette, sf. bonnet des cardinaux. [tranchement.

Barricade, sf. espèce de re-

Barricader, va. et p. faire des barricades; se retrancher derrière.

Barrière, sf. pièce de bois fermant un passage; enceinte. fig. obstacle.

Barriquaut, sm. petite barrique.

Barrique, sf. gros tonneau.

Barrure, sf. barre du corps d'un luth.

Barse, sf. boîte à thé de la Chine.

Bartavelle, sf. perdrix.

Baryte, sf. terre pesante. chim.

Baryton, sm. voix entre la taille et la basse.

Bas, se, a. peu élevé; inférieur; vil, à-bas. ad. à terre, cri d'improbation. sm. vêtement.

Basalte, sm. sorte de lave.

Basaltique, a. formé de basalte.

Basane, sf. peau de mouton.

Basané, a. (teint) noirâtre.

Bas-bleu, sm. titre dérisoire donné aux femmes qui affectent beaucoup de savoir.

Bascule, sf. contre-poids; jeu d'enfants.

Bas-dessus, sm. voix plus basse que le dessus ordinaire.

Bas-de-casse, sm. t. d'imp.

Base, sf. ce qui soutient; principe.

Baser, va. fonder sur une base.

Bas-fonds, sm. fonds où il y a peu d'eau. mar.

Basilaire, a. qui appartient à la base d'un organe. [buleux.

Basilic, sm. plante; serpent fa-

Basilicon, sm. esp. d'onguent.

Basilique, sf. grande église; veine. au pl. lois romaines.

Basin, sm. toile de coton.

Basoche, sf. corps des clercs de procureurs. v.

Basque, sf. pan d'un vêtement. a. de Biscaye. [orné.

Basquine, sf. esp. de corsage

Bas-relief, sm. sculpture peu saillante.

Basse ou Basse-contre, sf. les tons bas; instrument de musique; musicien qui la chante.

Basse-cour, sf. cour où se tient la volaille dans une ferme.

Basse-fosse, sf. souterrain.

Basse-lice, sf. sorte de tapisserie.

Bassement, ad. d'une man. basse,

Basses, sf. pl. écueils cachés sous l'eau. [est vil, abject.

Bassesse, sf. qualité de ce qui

Basses-voiles, sf. pl. la grande voile et la misaine. mar.

Basset, sm. chien à jambes courtes. [celui qui la chante.

Basse-taille, sf. partie de basse;

Basse-terre, sf. côte sous le vent.

Bassette, sf. sorte de jeu de cartes.

Bassie, sf. plante. [cartes.

Bassin, sm. grand plat; pièce d'eau; plateau des balances; partie inférieure du tronc. anat.

Bassine, sf. grand bassin.

Bassiner, va. chauffer avec une bassinoire.

Bassinet, sm. partie d'une arme à feu où est l'amorce; plante.

Bassinoire, sf. poêle à couvercle percée pour chauffer un lit.

Basson, sm. instrument à vent.

Bastarèche, sf. esp. de cabriolet adapté au-devant d'une voiture.

Baste, sm. as de trèfle. *int.* passe pour cela. sf. espèce de vase.

Basterne, sf. char gaulois attelé de bœufs.   [ce.

Bastide, sf. maison de plaisan-

Bastille, sf. château-fort. [*bla.*

Bastillé, a. garni de créneaux.

Bastingage, sm. espèce de retranchement. action de se bastinguer.

Bastingue, sf. toiles matelassées pour se garantir. *mar.*

Bastinguer (se), vp. tendre les bastingues.   [fortification.

Bastion, sm. (*ti*) ouvrage de

Bastionné, a. qui tient du bastion.

Bastonnade, sf. coups de bâton.

Bastringue, sm. bal de guinguette. *pop.*   [tangs salés.

Bastude, sf. filet pour les é-

Bas-ventre, sm. partie inf. du ventre.

Bat, sm. (*t*) queue de poisson.

Bât, sm. selle des bêtes de somme.   [rassant. *pop.*

Bataclan, sm. attirail embar-

Bataille, sf. combat général, jeu de cartes.

Bataillé, a. cloche à battant, d'une autre couleur. *bla.*

Batailler, vn. donner bataille. *v. fig.* contester vivement.

Batailleur, euse, a. *et* s. qui aime à batailler.   [rie.

Bataillon, sm. troupe d'infante-

Bâtard, a. *et* s. né hors mariage; de fausse espèce. sf. sorte d'écriture.

Batardeau, sm. digue de pieux pour détourner l'eau. [greffes.

Batardière, sf. plant d'arbres.

Bâtardise, sf. état du bâtard.

Batave, s. *et* a. Hollandais.

Bateau, sm. barque de rivière; nom commun à presque tous les bâtiments destinés à la navigation.

Batelage, sm. tour de bateleur.

Batelée, sf. charge d'un bateau.

Batelet, sm. petit bateau.

Bateleur, euse, faiseur de tours.

Batelier, ière, s. qui conduit un bateau.

Bâter, va. mettre un bât.

Bâti, sm. couture à grands points.

Bâtier, sm. qui fait des bâts.

Batifolage, sm. action de

Batifoler, vn. badiner. *fa.*

Batifoleur, sm. qui aime à batifoler. *p. us.*

Bâtiment, sm. édifice; navire.

Bâtine, sf. espèce de selle.

Bâtir, va. construire; établir; coudre à grands points.

Bâtisse, sf. maçonnerie d'un bâtiment.   [tir. *fa.*

Bâtisseur, sm. qui aime à bâ-

Batiste, sm. toile très-fine.

Bâton, sm. morceau de bois long et arrondi; tout ce qui en a la forme. *à bâtons rompus*, à diverses reprises; *fig. tour du bâton*, profit illégitime.

Bâtonner, va. donner des coups de bâton; rayer d'un trait de plume.

Bâtonnet, sm. petit bâton.

Bâtonnier, sm. chef d'une confrérie d'avocats.

Bâtonniste, sm. qui sait jouer du bâton.

Batrachite, sf. pierre verte.

Batraciens, sm. pl. quadrupèdes ovipares.

Battage, sm. action de battre.

Battant, sm. marteau de cloche; vantail d'une porte.

Batte, sf. maillet; sabre de bois; banc de blanchisseuse. — *à beurre*, bâton pour baratter.

Battée, sf. partie de laine, de papier qu'on bat à la fois.

Battellement, sm. double rang de tuiles au bas d'un toit.

Battement, sm. frappement — de mains, applaudissement. — de cœur, palpitation.

Batterie, sf. querelle avec coups; canons réunis; pièce de fusil; ustensiles de cuisine.

Batteur, euse, s. qui bat.

4

Battoir, sm. palette pour jouer à la paume, pour battre le linge. [inutile. *gra.*

Battologie, sf. (*ll*) répétition

Battre, va. *et* n. frapper — *l'ennemi*, le vaincre. — *les cartes*, les mêler. — *la campagne*, divaguer. — *en brèche*, tirer le canon sur un mur. vp. combattre.

Battu, e, a. (chemin) frayé.

Battue, sf. chasseurs qui battent les bois.

Batture, sf. esp. de dorure.

Bau, sm. poutre. *mar.* [barie.

Baud, sm. chien courant de Bar-

Baudet, sm. âne. *fig.* stupide.

Baudir, va. exciter les chiens à chasser. vn. se réjouir. v.

Baudrier, sm. écharpe à laquelle est suspendue l'épée.

Baudruche, sf. pellicule de boyau de bœuf.

Bauge, sf. retraite du sanglier; mortier de terre mêlée de paille.

Baugue ou Bauque, sf. mélange de plantes marines. [gueut.

Baume, sm. plante; liqueur; on-

Baumier, sm. arbre à baume.

Bauquin, sm. embouchure de la canne à souffler le verre.

Bavard, a. *et* s. qui parle trop. *fa.*

Bavardage, sm. — derie, ou — dise, f. act. de bavarder. *fa.*

Bavarder, vn. parler trop. *fa.*

Bavarois, e, a. *et* s. de Bavière.

Bavaroise, sf. infusion de thé avec du sirop.

Bave, sf. salive; écume.

Baver, vn. jeter de la bave.

Bavette, sf. linge que les enfants portent sur l'estomac.

Baveux, se, a. qui bave.

Bavière, sf. contrée du centre de l'Europe.

Bavoché, a. (trait) sans netteté.

Bavocher, vn. imprimer sans netteté. [est bavoché.

Bavochure, sf. défaut de ce qui

Bavolet, sm. coiffure de paysan-ne.

Bavure, sf. trace des joints d'un moule.

Bayadère, sf. (*baïa*) danseuse de profession dans l'Inde.

Bayart, sm. (*baïart*) civière en usage dans les ports. [béante.

Bayer, vn. regarder bouche

Bayeur, euse. s. qui baye.

Bazar, sm. marché en Orient.

Bdellium, sm. (*om*) arbre; sa

Béant, e, a. très-ouvert. [gomme.

Béat, a. *et* s. dévot exagéré.

Béatification, sf. action de

Béatifier, va. mettre au rang des bienheureux. [reux.

Béatifique, a. qui rend bienheu-

Béatilles, sf. pl. friandises.

Béatitude, sf. félicité éternelle.

Beau, bel, am. belle, f. qui plaît aux yeux ou à l'esprit; *avoir beau*, loc. ad. en vain; *tout beau*, int. doucement.

Beaucoup, ad. en grand nombre; longtemps.

Beau-fils, sm. (*s*) fils de la personne qu'on épouse; gendre.

Beau-frère, sm. frère par alliance.

Beau-père, sm. père par alliance.

Beaupré, sm. mât penché à la proue. [fausse apparence.

Beau-semblant. sm. belle, mais

Beauté, sf. qualité de ce qui est beau; belle femme.

Beaux-arts, sm. pl. peinture, sculpture, architecture, musique et danse.

Bec, sm. bouche d'oiseau; angle de la pile d'un pont.

Bécabunga, sm. véronique aquat.

Bécard, sm. oiseau; poisson.

Bécarre, sm. caractère de musique pour rétablir le chant dans le ton naturel.

Bécasse, sf. oiseau de passage.

Bécasseau, sm. sorte de bécasse.

Bécassine, sf. petite bécasse.

Bécasson, sm. esp. de bécasse.

Bec-d'âne, sm. esp. de burin propre à plusieurs usages.

Bec-de-canne, sm. petite serrure; *instrument.*

Bec-de-corbin, sm. inst. de chirurg. pommeau de canne; sorte de hallebarde.

Bec-de-faucon, sm. esp. d'arme; tortue franche.

Bec-de-grue, ou géranium, sm. genre de plantes.

Bec-de-lièvre, sm. lèvre fendue.

Becfigue, sm. petit oiseau.

Becfin, sm. genre de petits oiseaux. [che.

Béchamel, sf. esp. de sauce blan-

Bécharu, ou Flamant. sm. oiseau de passage.

Bêche, sf. outil de jardinier.

Bêcher, va. remuer la terre.

Bêchette, sf. petite bêche.

Bêcheveter, va. mettre pieds contre tête, à têtes bêches.

Béchique, a. et sm. pectoral.

Becquée, sf. ce qu'un oiseau donne à ses petits.

Becqueter, va. et p. donner des coups de bec.

Bécune, sf. poisson de mer.

Bedaine, sf. panse, gros ventre. iro.

Bedeau, sm. bas-officier d'église.

Bédégar, sm. V. Eglantier.

Bedon, sm. tambour; gros homme. [exerce le brigandage

Bédouin, sm. et a. Arabe qui

Bée, a. (gueule) ouverte.

Beefsteak, sm. mot anglais francisé et signifiant une tranche de filet de bœuf cuite sur le gril.

Béer, vn. V. Bayer et Béant.

Bé-fa-si, sm. le ton de si. mus.

Beffroi, sm. clocher; cloche.

Bégaiement, sm. action de

Bégayer, vn. articuler mal les mots.

Bègue, a. qui bégaye. [fa.

Bégueule, sf. prude dédaigneuse

Bégueulerie, sf. air de bégueule.

Béguin, sf. coiffe de toile.

Béguinage, sm. couvent de filles

Béguine, sf. religieuse; bigote. fa.

Bégune, sf. esp. de poisson.

Beige, sf. sorte de laine, serge.

Beignet, sm. pâte frite à la poêle

Béjaune, sm. oiseau; jeune niais; sottise. [transport.

Bélandre, sf. petit bâtiment de

Bêlant, a. qui bêle.

Bélédine, sf. esp. de soie.

Bêlement, sm. cri des moutons.

Bélemnite, sf. espèce de fossile.

Bêler, vn. faire un bêlement.

Bel-esprit, sm. qui se pique d'esprit.

Belette, sf. petit quadrupède.

Belge, a. et s. de Belgique.

Belgique, sf. contrée du centre de l'Europe.

Bélier, sm. mâle de la brebis; anc. machine de guerre; signe du zodiaque.

Bélière, sf. anneau du battant d'une cloche.

Bélitre, sm. gueux; coquin.

Belladone, sf. plante narcotique.

Bellâtre, a. d'une beauté fade.

Belle-dame, sf. plante; papillon.

Belle-de-jour, — de nuit. sf. plantes.

Belle-fille, —mère, —sœur; fille, mère, sœur par alliance.

Belles-lettres, sf. p. ensemble des connaissances qui constituent la grammaire, l'éloquence et la poésie.

Bellement, ad. doucement. fa.

Belligérant, a. (ll) qui est en guerre.

Belliqueux, euse, a. guerrier.

Bellissime, a. très-beau.

Bellon, sm. grand cuvier de pressoir; colique causée par le plomb.

Bellot, a. diminutif de beau. fa.

Bellotte, sf. chêne des côtes d'Afrique.

Belneau, sm. esp. de tombereau pour le transport du fumier.

Béloglosses, adj. et sm. pl. famille d'oiseaux grimpeurs.

Belouchistan, sm. contrée du centre de l'Asie.

Belvéder ou—dère, sm. pavillon élevé; plante.

Belzébut, sm. le diable; sapajou.

Belzof, sm. arbre de Siam qui donne le benjoin.

Bémol, sm. caractère pour baisser la note. *mus.* [bémol.

Bémoliser, va. marquer d'un

Bénarde, s. *et* a. serrure qui s'ouvre des deux côtés. [repas.

Bénédicité, sm. prière avant le

Bénédictin, e, sm. religieux de l'ordre de Saint-Benoit.

Bénédiction, sf. cérémonie religieuse, par laquelle on bénit; faveur du ciel; vœux de la reconnaissance pour quelqu'un. [titre.

Bénéfice, sm. privilége; profit;

Bénéficiable, a. qui peut donner du bénéfice. [d'un bénéfice.

Bénéficiaire, a. *et* s. qui jouit

Bénéficial, a. des bénéfices.

Bénéficier, sm. qui a un bénéfice.

Bénéficier, vn. tirer profit.

Benêt, a. *et* sm. niais.

Bénévole, a. indulgent.

Bénévolement, ad. volontiers.

Bengali, sm. langue parlée au Bengale; pinson du Bengale.

Bénignement, ad. avec bonté.

Bénignité, sf. douceur.

Bénin, igne, a. doux.

Bénir, va. consacrer au culte; donner la bénédiction; louer; remercier.

Bénit, e, p. passé du v. bénir, consacré par la bénédiction du prêtre.

Bénitier, sm. vase à eau bénite.

Benjamin, sm. (*bin*) enfant preféré. [matique.

Benjoin, sm. (*bin*) résine aro-

Benne ou Banne, sf. esp. de grand panier en osier.

Benzine, sf. huile volatile propre au dégraissage.

Benzoïque, a. (acide) du benjoin. *chim.* [Grèce.

Béotie, sm. anc. contrée de la

Béotien, ne, a. *et* s. de la Béotie. *fig.* lourd, stupide.

Béquet, sm. petit bec, pièce ajoutée à un soulier.

Béquillard, sm. qui se sert de

Béquille, sf. bâton pour les infirmes.

Béquiller, va. faire un petit labour; vn. se servir de béquilles.

Ber, sm. appareil de charpente et de cordage. *mar.*

Bercail, sm. bergerie.

Berce, sm. oiseau, f. plante.

Berceau, sm. lit d enfant; voûte.

Bercelonnette, sf. petit berceau d'enfant.

Bercement, sm. act. de bercer.

Bercer, va. *et* p. remuer le berceau; se flatter.

Berceuse, sf. femme chargée de bercer un enfant.

Berche, sf. petit canon. *mar.*

Béret ou Berret, sm. sorte de toque. [serie.

Bergame, sf. espèce de tapis-

Bergamotte, sf. sorte de poire; orange. [loupe.

Berge, sf. bord de rivière; cha-

Berger, ère, s. qui garde les brebis. *fig.* amant, amante.

Bergère, sf. sorte de fauteuil.

Bergerette, sf. vin mêlé de miel; jeune bergère.

Bergerie, sf. étable à moutons. pl. poésies pastorales.

Bergeronnette, sf. jeune bergère. *V.* Oiseau.

Berle, sf. plante aquatique.

Berline, sf. espèce de carrosse.

Berlingot, sm. berline coupée.

Berlingue, t. de jeu d'enfants.

Berlinois, e, a. *et* s. de Berlin.

Berloque ou Breloque, sf. batterie de tambour.

Berlue, sf. éblouissement. *fa.*

Berlurette, sf. esp. de colin-maillard.

Berme, sf. chemin entre le rempart et le fossé. [cée.

Bermudienne, sf. plante lilia-

Bernable, a. qui mérite d'être berné.

Bernache, sm. esp. de canard.

Bernacle, sf. coquillage.

Bernardin, sm. religieux.

Berne, sf. saut sur une couverture.

Bernement, sm. action de

Berner, va. donner la berne.
fig. railler.

Berneur, sm. qui berne.

Berniesque, a. *et* sm. (style)
burlesque.

Bernique, int. se dit lorsque,
croyant tenir quelque chose,
on ne tient rien. *pop.*

Bernois, e, a. *et* s. de Berne.

Berrichon, ne, a. *et* s. du Berri.

Berthe, sf. sorte de pèlerine.

Béryl, sm. pierre précieuse.

Besace, sf. sac à deux poches.

Besacier, sm. qui porte la besace. *fa.*

Besaigre, a. (vin) qui aigrit.

Besaiguë, sf. outil de charpentier. [quie. *bla.*

Besant, sm. anc. mon. en Tur-

Beset, sm. (au trictrac) deux as.

Besi, sm. sorte de poire. [ches.

Besicles, sf. pl. lunettes à bran-

Besigue, sm. jeu de cartes.

Besoche, sf. sorte de pioche ou
de hoyau.

Besogne, sf. travail. *fa.* [gne. v.

Besogner, vn. faire de la beso-

Besoigneux, euse, a. qui est dans
le besoin. [nécessité.

Besoin, sm. manque, indigence;

Bestiaire, sm. (ti) qui combattait contre les bêtes.

Bestial, a. qui tient de la bête.

Bestialement, ad. en vraie bête.

Bestialiser, va. rendre semblable à l'animal.

Bestialité, sf. action bestiale.

Bestiasse, sf. pécore. *pop.*

Bestiaux, sm. pl. bétail.

Bestiole, sf. petite bête. *fa.*

Béta, sm. très-bête. *fa.* 2e lettre de l'alphabet grec.

Bétail, sm. troupeau de bêtes
domestiques à quatre pieds.

Bête, sf. animal irraisonnable.
fig. stupide; sans esprit; jeu
de cartes.

Bétel, sm. plante. [de cartes.

Bêtement, ad. en bête. [sottise.

Bêtise, sf. ignorance; stupidité;

Bétoine, sf. plante médic. [blé.

Béton, sm. mortier; lait trou-

Bette, sf. plante potagère.

Betterave, sf. plante; sa racine.

Bétyle, sm. pierre à idoles. *ant.*

Beuglement, sm. cri du bœuf.

Beugler, vn. faire des beugle-
ments; meugler. [lait.

Beurre, sm. partie grasse du

Beurré, sm. poire fondante.

Beurrée, sf. pain couvert de
beurre.

Beurrer, va. étendre du beurre.

Beurrier, ière, s. qui vend du
beurre. [du beurre.

Beurrier, sm. vase où l'on met

Beuvrine, sf. grosse toile.

Bévue, sf. méprise.

Bey, sm. gouverneur turc.

Bézoard, sm. pierre engendrée
dans le corps des animaux.

Biais, sm. travers, ligne oblique.

Biaisement, sm. act. de biaiser.

Biaiser, vn. aller de biais.

Biaiseur, euse, a. *et* s. qui aime
à biaiser.

Biberon, sm. qui boit beaucoup;
petit vase à bec. [femme.

Bibi, sm. petit chapeau de

Bible, sf. Anc. et Nouv. Testament.

Bibliographe, qui connaît les
livres. [bibliographe.

Bibliographie, sf. science du

Bibliographique, a. qui concerne
la bibliographie.

Bibliomancie, sf. divination au
moyen d'un livre.

Bibliomane, sm. qui a la

Bibliomanie, sf. passion des liv.

Bibliophile, sm. qui aime les
livres.

Bibliothécaire, sm. préposé à
une bibliothèque. [livres.

Bibliothèque, sf. réunion de

Biblique, a. qui appartient à la
Bible.

Bibus, (s) terme de mépris; sans
valeur. *fa.* [deux têtes.

Bicéphale, a. *et* s. monstre à

Biceps, sm. (s) muscle à deux
branches.

Biche, sf. femelle du cerf.
Bichet, sm. mesure de grains.
Bichette, sf. petite biche. fa.
Bichon, ne, s. petit chien à long
Bichonner, va. friser. fa. |poil.
Bicoque, sf. petite ville de
  guerre ; petite maison.
Bicotylédone, a. qui a deux co-
  tylédons.
Bidet, sm. petit cheval ; meuble
  de garde-robe.   [de fer-bl.
Bidon, sm. broc de bois, vase
Bief, sm. V. Biez.
Bielle, sf. pièce d'une machine
  qui communique le mouve-
  ment.
Bien, sm. ce qui est bon, utile ;
  possession. ad. convenable-
  ment ; beaucoup.
Bien que, loc. conj. quoique.
Bien-aimé, a. et s. pref ré.
Bien-dire, sm. beau langage. iro.
Bien-disant, a. qui parle bien.
Bien-être, sm. situation aisée
  du corps et de l'esprit.
Bienfaisance, sf. (fe) inclination
  à faire du bien.
Bienfaisant, a. qui fait du bien.
Bienfait, sm. bien qu'on fait.
Bienfaiteur, trice, s. qui fait du
  bien.
Bien-fonds, sm. immeuble.
Bienheureux, se, a. extrème-
  ment heureux. sm. saint.
Biennal, a. (dnn) qui dure deux
  ans.
Bienséance, sf. convenance.
Bienséant, a. ce qui convient.
Bien-tenant, a. qui possède. jur.
Bientôt, ad. dans peu.
Bienveillance, sf. affection ; dis-
  position favorable.
Bienveillant, a. qui veut du bien.
Bienvenu, a. et s. bien reçu [vée.
Bienvenue, sf. heureuse arri-
Bière, sf. cercueil ; fond de fo-
  rêt ; boisson.
Bièvre, sm. sorte de castor.
Biez, sm. canal qui conduit
  l'eau au moulin.
Biffage, sm. action de biffer.
Biffer, va. raturer l'écriture.

Bifide, a. fendu en deux jusqu'à
  la moitié de sa longueur. bot.
Bifolié, e, a. à deux feuilles.
Bifteck, sm. tranche de bœuf
  grillée.
Bifurcation, sf. division en deux
  branches. anat. et bot.
Bifurquer (se), vp. se diviser en
  deux.   [personnes.
Bigame, a. et s. marié à deux
Bigamie, sf. état de bigame.
Bigarade, sf. esp. d'orange.
Bigarreau, sm. sorte de cerise.
Bigarreautier, sm. esp. de ceri-
  sier.
Bigarrer, va. couvrir de cou-
  leurs tranchantes et mal as-
  sorties.
Bigarrure, sf. même sens.
Bigle, a. louche. sm. chien angl.
Bigler, vn. loucher.
Bigne, sf. tumeur au front. v.
Bigorne, sf. esp. d'enclume.
Bigot, a. et s. dévot outré.
Bigoterie, sf. dévotion outrée.
Bigotisme, sm. caractère du
  bigot.
Bigre, sm. garde-forestier char-
  gé du soin des abeilles.
Biguer, va. changer de cartes.
Bigues, sf. pl. pièces de bois
Bijon, sm. résine.   [charp.
Bijou, sm. petit ouvrage pré-
  cieux de parure et d'orne-
  ment. fig. chose petite et jolie.
Bijouterie, sf. com. de bijoux.
Bijoutier, sm. qui fait et vend
  des bijoux.
Bilan, sm. état de l'actif et du
  passif d'un commerçant.
Bilboquet, sm. inst. de jeu.
Bilatéral, e, a. qui lie les deux
  parties.
Bile, sf. humeur du corps.
Biliaire, a. de la bile. fig. colère.
Bilieux, se, a. et s. qui abonde
  en bile. fig. colérique.
Bill, sm. projet de loi en Angl.
Billard, sm. jeu de billes, table
  sur laquelle sont les billes.
Billarder, vn. toucher deux fois
  sa bille.

Bille, sf. boule d'ivoire ; bâton pour serrer les ballots. p. morceaux (d'acier) carrés.

Billebarer, va. bigarrer.

Billebaude, sf. confusion. *fa.*

Billebauder, vn. marcher en désordre.

Billet, sm. petite lettre missive; promesse écrite de payer ; marque d'entrée.

Billeté, a. chargé de billettes. *bla.*

Billeter, va. étiqueter.

Billette, sf. carré-long. *bla. ;* petit écriteau.

Billeteur, sm. ouvrier qui reçoit la paye pour les autres.

Billevesée, sf. discours frivole. *fa.*

Billion, sm. (*ili*) mille millions.

Billon, sm. monnaie de cuivre ou décriée; verge de vigne.

Billonnage ou Billonnement, sm. action de

Billonner, vn. substituer une mauvaise monnaie à la bonne.

Billonneur, sm. qui billonne.

Billot, sm. tronçon de bois ; bâton au cou d'un chien ; livre épais.

Bimane, s. a. qui a deux mains.

Bimbelot, sm. jouet d'enfant.

Bimbeloterie, sf. com. de jouets.

Bimbelotier, sm. marchand de jouets. [mois.

Bimestre, s. a. l'espace de deux

Bimétrique, a. qui se rapporte à deux mesures.

Binage, sm. action de biner.

Binaire, a. composé de deux unités.

Binard, sm. chariot à quatre roues égales.

Bine, sf. instr. de labour.

Biner, va. donner une deuxième façon à la terre ; vn. dire deux messes.

Binet, sm. inst. pour brûler la chandelle jusqu'au bout.

Binette, sf. inst. pour biner.

Binocle, sm. lunette pour les deux yeux.

Binoir, sm. charrue légère.

Binôme, sm. quantité algéb. de deux termes.

Biographe, sf. au eur d'une

Biographie, sf. histoire de la vie des particuliers. [phie.

Biographique, a. de la biogra-

Biologie, sf. partie de la physiologie qui traite de la vie.

Bipâtisserie, sf. porcelaine.

Bipédal, a. long de deux pieds.

Bipède, a. *et* s. qui a deux pieds.

Biquadratique, af. qui se trouve au-dessus du cube de la 4e puissance.

Bique, sf. chèvre. *fa.*

Biquet, sm. chevreau; trébuchet pour peser. [deux rames.

Birame, e, a. qui est muni de

Birème, sf. vaisseau à deux rangs de rames. *ant.*

Biribi, sm. jeu. [fenêtre.

Birloir, sm. tourniquet d'une

Bironche, sf. voiture de chasse.

Bis, a. entre le brun et le blanc.

Bis, ad. (*s*) encore une fois.

Bisaïeul, e, s. père ou mère de l'aïeul. [chants.

Bisaiguë, sf. hache à deux tran-

Bisannuel, le, a. (plante) qui dure deux ans.

Bisbille, sf. petite querelle. *fa.*

Biscaïen, sm. sorte de fusil ; grosse balle. [lier.

Biscornu, e, a. baroque, irrégu-

Biscotin, sm. sorte de biscuit ; pain cuit deux fois.

Biscotte, sf. tranche de pain séchée au four.

Biscuit, sm. pâtisserie, porcelaine cuite au four.

Bise, sf. vent du Nord.

Biseau, sm. bord en talus ; bois d'imprimerie. [nir bis.

Biser, va. reteindre. vn. deve-

Biset, sm. sorte de pigeon sauv.

Bisette, sf. dentelle commune.

Bismuth, sm. (*t*) métal.

Bison, sm. espèce de buffle.

Bisonne, sf. sorte de toile grise.

Bisquain, sm. peau de mouton en laine. [tage.

Bisque, sf. avantage. *paum.* po-

Bisquer, vn. avoir du dépit.

Bissac, sm. sorte de sac.

Bisse, sf. serpent. bla. (gle, etc.

Bissection, sf. division d'un an-

Bissexe, a. V. Bissexuel.

Bissexte, sm. jour ajouté à février tous les quatre ans.

Bissextile, a. année ou se rencontre le bissexte.

Bissexuel, le, a. plante qui a l'organe mâle et l'organe femelle. bot. [de billard.

Bistoquet, sm. sorte de queue

Bistorte, sf. plante.

Bistortier, sm. pilon de bois.

Bistouri, sm. inst. pour les incisions. chir. [sens contraire.

Bistourner, va. tourner dans un

Bistre, sm. suie préparée pour laver les dessins. [du bistre.

Bistrer, va. donner la couleur

Biterrois, e, s. a. qui est de Béziers. [fils.

Bitord, sm. menue corde à deux

Bitte, sf. charpente pour amarrer les ancres.

Bitume, sm. fossile inflammable.

Bituminer, va. enduire de bitume.

Bitumineux, se, a. de bitume.

Bivac, ou Bivouac, sm. garde de nuit en plein air. [ves.

Bivalve, a. formé de deux val-

Bivaquer ou Bivouaquer, vn. passer la nuit au bivac.

Bizarre, a. fantasque; extraordinaire. [bizarre.

Bizarrement, ad. d'une manière

Bizarrerie, sf. caprice; action bizarre.

Bizé, sm. outil de cordonnier.

Blafard, a. pâle.

Blague, sf. sachet pour mettre du tabac; mensonge. pop.

Blaguer, vn. mentir. pop.

Blagueur, euse, s. qui blague.

Blaireau, sm. quadrupède.

Blâmable, a. digne de blâme.

Blâme, sm. réprimande.

Blâmer, va. condamner, réprimander. [neige. fig. propre.

Blanc, che, a. et s. couleur de

Blanc-bec, sm. jeune homme sans expérience.

Blanc-de-baleine, sm. matière grasse retirée de la baleine.

Blanc d'Espagne sm. craie très-

Blanchaille, sm. fretin. [friable.

Blanchâtre, a. tirant sur le blanc.

Blanche, sf. note qui vaut deux noires. mus.

Blanchement, ad. en linge blanc.

Blancherie ou blanchisserie, sf. lieu où l'on blanchit.

Blanchet, sm. filtre; drap sous le tympan. imp.

Blancheur, sf. couleur blanche.

Blanchiment, sm. action de

Blanchir, va. rendre blanc. vn. devenir blanc. fig. faire paraître innocent. [chir.

Blanchissage, sm. act. de blan-

Blanchissant, a. qui blanchit.

Blanchisseur, euse, s. qui blanchit le linge.

Blanc-manger, sm. sor. de gelée.

Blanc-seing, sm. signature sur un papier blanc.

Blandine, sf. esp. de papillon.

Blanque, sf. jeu en loterie.

Blanquette, s. poire; vin blanc; fricassée.

Blanzé, sm. variété de blé.

Blaser, va. et p. émousser les sens. [armoiries.

Blason, sm. armoirie; art des

Blasonnement, sm. action de

Blasonner, va. peindre les armoiries; critiquer. fa.

Blasonneur, euse, s. critique; celui qui blasonne. [phème.

Blasphémateur, sm. qui blas-

Blasphématoire, a. qui contient des blasphèmes.

Blasphème, sm. parole impie.

Blasphémer, va. et n. proférer un blasphème.

Blatier, sm. marchand de blé.

Blâtrer, va. falsifier le grain.

Blatte, sf. genre d'insectes.

Blaude, sf. surtout de toile.

Blé, sm. plante graminée.

Blèche, a. et s. homme mou. fc.

Blêchir, vn. mollir.

Bleime, sf. maladie du cheval.

Blême, a. très-pâle.

Blêmir, vn. pâlir.

Blende, sf. sulfure de zinc.

Blennentérie, sf. catarrhe des intestins.

Blennopyrie, sf. fièvre muqueuse

Bléser, vn. parler avec le dé-faut de [tion.

Blésité, sf. vice de prononcia-

Blessant, e, a. qui blesse, of-fense.

Blesser, va. et p. faire une plaie. fig. faire du tort; offenser.

Blessure, sf. plaie.

Blette, sm. plante. a. (poire) molle. [d'azur.

Bleu, au pl. bleus, a. couleur

Bleuâtre, a. tirant sur le bleu.

Bleuir, va. rendre bleu.

Blindage, sm. act. de blinder, résultat de cette action.

Blinder, va. garnir de

Blindes, sf. pl. arbres, poteaux entrelacés pour couvrir la tranchée.

Bloc, sm. amas; gros morceau.

Blocage, sm. lettre pour une autre. imp. — ou Blocaille, sf. menu moellon. [bois.

Blockhaus, sm. petit fort en

Blocus, sm. (s) action de cerner une place. [châtain.

Blonde, a. couleur entre doré et

Blond, e, sf. sorte de dentelle.

Blondin, a. et s. à cheveux blonds.

Blondir, va. devenir blond.

Blondissant, a. qui blondit.

Bloqué, sm. coup par lequel on bloque une bille.

Bloquer, va. faire le blocus; pousser la bille de l'adver-saire dans une blouse.

Blottir (se), vp. s'accroupir.

Blouse, sf. trou de billard; blaude.

Blouser, va. et p. mettre dans la blouse; se tromper. fa.

Bluet, sm. plante à fleur bleue; oiseau. [vrage d'esprit.

Bluette, sf. étincelle; petit ou-

Blutage, sm. act. de bluter la farine.

Bluteau, ou Blutoir, sm. sas à farine. [teau.

Bluter, va. passer par le blu-

Bluterie, sf. lieu où l'on blute.

Bo, sm. esp. de thé de Chine.

Boa, sm. espèce de grand ser-pent; sorte de fourrure.

Bobèche, sf. partie du chande-lier où se met la bougie.

Bobelin, sm. anc. chaussure du peuple.

Bobine, sf. fuseau pour dévider.

Bobiner, va. dévider du fil.

Bobineuse, sf. qui dévide sur des bobines.

Bobo, sm. léger mal. t. enfantin.

Bocage, sm. bosquet; petit bois.

Bocager, a. qui hante les bois. v.

Bocal, sm. bouteille très évasée.

Bocard, sm. machine pour écra-ser le minéral.

Bocarder, va. passer au bocard. forge.

Bœuf, sm. animal élevé pour le travail et la boucherie.

Boghei, sm. (boguè) petit ca-briolet découvert.

Bogue, sf. enveloppe piquante de la châtaigne. [bond.

Bohème ou Bohémien, s. vaga-

Bohon-upas, sm. arbre véné-neux.

Boïard, sm. V. Boyard.

Boire, va. avaler un liquide.

Boire, sm. ce qu'on boit.

Boirin, sm. cordage qui tient la bouée. mar.

Bois, sm. substance compacte d'un arbre; lieu planté d'ar-bres; corne des bêtes fauves.

Boisage, sm. bois employé à boiser.

Boisement, sm. plantation de bois. [rie.

Boiser, va. garnir de menuise-

Boiserie, sf. revêtement en bois.

Boiseux, se, a. de la nature du bois.

Boisseau, sm. mesure de capacité

Boisselée, sf. mesure d'un bois-seau.

Boisselier, sm. fabricant de bois-
seaux. [selier.

Boissellerie, sf. métier de bois-
Boisselon, sm. petite bêche.

Boisson, sf. liqueur à boire.

Boite, sf. degré où le vin se
boit. [d'artillerie.

Boîte, sf. coffret ; petit mortier

Boitement, sm. marche de l'animal qui boite.

Boiter, vn. ne pas marcher droit.

Boiteux, se, s. a. qui boite.

Boîtier, sm. boîte à onguent.

Bol ou Bolus, sm. (x) petite boule
de drogues médicinales. —
terre bolaire ; grande tasse.
a. terre argil, use.

Bolaire, a. V. Bol.

Bolero, sm. danse espagnole.

Bolet, sm. espèce de champignon. [teurs de Bollandus.

Bollandistes, sm. pl. collabora-
Bolonais, e, a. s. qui est de Bolo-
gne.| [nègres.

Bombalon, sm. trompette des

Bombance, sf. bonne chère. fa.

Bombarde, sf. ancienne machine de guerre ; gros canon ;
vaisseau ; jeu d'orgue.

Bombardement, sm. action de

Bombarder, va. jeter des bombes.

Bombardier, sm. qui bombarde.

Bombasin, sm. étoffe de soie ;
futaine.

Bombax, sm. arbrisseau exotique qui produit du coton.

Bombe, sf. boulet rempli de
poudre.

Bombement, sm. convexité.

Bomber, va. et n. rendre, devenir convexe.

Bombeur, sm. qui fait ou vend
des verres bombés. [soie.

Bombique, a. (acide) du ver à

Bombyx, sm. ver à soie.

Bome, sf. grande voile d'un bâtiment. mar.

Bon, ne, a. qui a les qualités
convenables à sa nature ; indulgent, humain, etc. — sm.
mandat. — sf. gouvernante
d'enfant. fa.

Bon ! int. tout-de-bon. ad.

Bonace, sf. calme. mar.

Bonasse, a. simple, sans malice.

Bonbanc, sm. pierre blanche.

Bonbon, sm. friandise. [bons.

Bonbonnière, sf. boîte à bon-
Bon-chrétien, sm. sorte de poire.

Bond, sm. saut.

Bonde, sf. pièce de bois pour
retenir l'eau d'un étang ; bondon. [ment. mar.

Bonder, va. remplir un bâti-

Bondir, vn. faire un bond.

Bondissant, a. qui bondit. [dir.

Bondissement, sm. act. de bon-

Bondon, sm. trou et cheville
d'un tonneau ; espèce de fromage. [don.

Bondonner, va. mettre un bon-

Bonduc, sm. arbrisseau.

Bon-henr., sm. plante. [rité.

Bonheur, sm. félicité, prospé-

Bonhomie, sf. simplicité de manières et de caractère.

Bonhomme, sm. vieillard.

Boni, sm. bonification. fin.

Boniface, a. s. homme doux et
simple.

Bonification, sf. amélioration.

Bonifier, va. améliorer.

Bonite, sf. poisson de mer.

Bonjour, sm. t. pour saluer le
matin. [diction.

Bonne-aventure, sf. vaine pré-

Bonne-dame, sf. V. Arroche.

Bonne-fortune, sf. avantage
inattendu ; faveur des femmes. fa.

Bonnement, ad. de bonne foi.

Bonnet, sm. habillement de tête.

Bonneterie, sf. métier de bonnetier.

Bonnetier, sm. marchand de
bonnets, de bas. [les.

Bonnette, sf. ravelin. pl. voi-

Bonsoir, sm. salut du soir.

Bonté, sf. qualité de ce qui est
bon ou porté à faire le bien.

Bonze, sm. prêtre chinois, ja
ponais.

Boracique ou Borique (acide),
a. tiré du borax.

Borasse, sm. genre de palmier des Indes.

Borate, sm. genre de sels formés par l'acide boracique.

Borax, sm. sous-borate de soude

Borborygme *ou* — risme, sm. vent dans les intestins.

Bord, sm. extrémité ; rive ; navire. *bord-à-bord*, ad. touchant les bords.

Bordage, sm. revêtement extérieur d'un vaisseau.

Bordaille, sf. planche propre à faire des bordages. [louvoyer.

Bordailler *ou* Bordayer, vn.

Bordé, sm. galon ; poisson.

Bordée, sf. décharge de tous les canons d'un des côtés du vaisseau ; marche en louvoyant. [deaux.

Bordelais, e, s. a. qui est de Bor-

Border, va. garnir le bord ; côtoyer.

Bordereau, sm. mémoire des espèces formant une somme.

Bordier (vaisseau), a. à bords inégaux.

Bordigue, sf. retranchement pour prendre du poisson.

Bordure, sf. ce qui borde.

Bore, sm. corps simple.

Boréal, a. du côté du nord.

Borée, sm. vent du nord.

Borélie, sf. coquille univalve.

Borgne, a. qui n'a qu'un œil. *fig.* obscur. [inj.

Borgnesse, sf. femme borgne.

Bori, sm. jujubier des Indes.

Borides, sm. pl. fam. de corps pondérables ayant le bore pour type. [pal.

Bornage, sm. action de borner.

Borne, sf. pierre qui sépare, garantit. au pl. limites.

Borne-fontaine, sf. petite fontaine publique en forme de borne.

Borné, e, a. qui a des bornes. *fig.* esprit étroit. [limiter.

Borner, va. mettre des bornes ;

Bornoyer, va. regarder d'un œil, pour aligner.

Borraginé, a. du genre des bourraches.

Bosan, sm. breuvage de millet bouilli. [deux continents.

Bosphore, sm. détroit entre

Bosquet, sm. petit bois.

Bossage, sm. saillie dans le parement. *arch.*

Bosse, sf. grosseur au dos ; élévation ; relief ; pl. cordages.

Bosselage, sm. travail en bosse. *orf.*

Bosseler, va. travailler en bosse.

Bosselure, sf. ciselure naturelle de certaines feuilles.

Bosseman, sm. second contremaître. *mar.*

Bosser, va. retenir avec des bosses.

Bossette, sf. ornement du mors.

Bossoirs, sm. supports de l'ancre.

Bossoyer, va. produire une bosse.

Bossu, e, a. *et* s. qui a une bosse.

Bossuer, va. faire des bosses.

Bostangi, sm. jardinier turc. — *bachi*, intendant des jardins. [cartes.

Boston, sm. sorte de jeu de

Bostrychite, sf. pierre figurée.

Bot, am. (pied), contrefait. *fa.* sm. gros bateau.

Botanique, sf. science des plantes. [plantes.

Botaniser, vn. chercher des

Botaniste, sm. qui s'applique à la botanique.

Botte, sf. faisceau ; chaussure : coup d'escrime. — *à propos de bottes*, sans sujet ; *mettre du foin dans ses bottes*, s'enrichir. *fa.*

Botté, e, a. qui porte des bottes.

Bottelage, sm. action de

Botteler, va. lier en bottes.

Botteleur, sm. qui bottelle. [tes.

Botter, va. *et* p. mettre des bot-

Botterie, sf. art et boutique du bottier.

Bottier, sm. qui fait des bottes.

Bottillon, sm. petite botte de racines ou d'herbes.

Bottine, sf. petite botte.

Bouc, sm. mâle de la chèvre.

Boucage, sm. plante ombelli-fère.

Boucaner, va. faire fumer la viande. vn. aller à la chasse des bœufs sauvages.

Boucanier, sm. chasseur aux bœufs sauvages.

Boucard, sm. soude ordinaire.

Boucaro, sm. terre sigillée rouge.

Boucassin, sm. étoffe de coton.

Boucaut, sm. tonneau moyen pour renfermer des marchan-dises.   [teur.

Boucharde, sf. ciseau de sculp-

Bouche, sf. cavité comprise entre les deux mâchoires, par où sortent les sons et s'introdui-sent les aliments; ouverture (du canon); embouchure (des fleuves).

Bouchée, sf. morceau à manger.

Boucher, va. fermer une ouver-ture.

Boucher, sm. qui tue les bes-tiaux et en vend la chair.

Bouchère, sf. l'épouse du bou-cher.   [la viande.

Boucherie, sf. lieu où l'on vend

Bouchet, sm. esp. d'hypocras.

Bouche-trou, sm. remplaçant.

Bouchoir, sm. plaque qui ferme le four.

Bouchon, sm. ce qui bouche une bouteille; poignée de paille; enseigne de cabaret; le ca-baret même.

Bouchonner, va. mettre en bou-chon; frotter; caresser.

Bouchonnier, sm. qui fait ou qui vend des bouchons.

Bouchot, sm. grand parc pour prendre le poisson.

Boucle, sf. anneau de métal; de cheveux.   [cle.

Boucler, va. mettre une bou-

Bouclette, sf. petit anneau.

Bouclier, sm. arme défensive.

Boucon, sm. mets ou breuvage empoisonné.

Bouddhique, a. qui a rapport au

Bouddhisme, sm. religion des Indes.   [dhisme.

Bouddhiste, s. partisan du boud-

Bouder, vn. et a. faire mau-vaise mine.

Bouderie, sf. action de bouder.

Boudeur, se, s. et a. qui boude.

Boudin, sm. boyau plein de sang et de lard assaisonnés. t. d'arch., de serrurerie, etc.

Boudine, sf. bosse d'un plateau de verre.   [boudins.

Boudinier, ère, s. qui fait des

Boudinière, sf. entonnoir pour le boudin.

Boudoir, sm. cabinet pour être seul.   [mins.

Boue, sf. fange des rues et che-

Bouée, sf. bois indiquant une ancre.

Boueur, sm. qui enlève la boue.

Boueux, se, a. plein de boue.

Bouffant, a. gonflé. Bouffante, sf. sorte de fichu.

Bouffarde, sf. espèce de pipe.

Bouffe, sm. acteur d'opéra buffa.

Bouffée, sf. act. subite et pas-sagère du vent; fumée; cha-leur, etc.

Bouffement, sm. souffle.

Bouffer, va. et n. souffler une bête; enfler les joues; man-ger. pop.

Bouffette, sf. petite houppe.

Bouffi, e, a. enflé, ampoulé; or-gueilleux.

Bouffir, va. et n. enfler.

Bouffissure, sf. enflure au pr. et au fig.   [fler un veau.

Bouffoir, sm. instr. pour souf-

Bouffon, sm. et a. qui fait rire.

Bouffonner, vn. faire le bouffon.

Bouffonnerie, sf. act. du bouffon.

Borge, sm. cabinet, logement sale.   [che.

Bougeoir, sm. chandelier à man-

Bouger, vn. se mouvoir.

Bougette, sf. sac de voyage en cuir.   [de graisse.

Boughouer, va. frotter le corps

Bougie, sf. chandelle de cire; verge cirée. chir.

Bougier, va. cirer le bord d'une étoffe. [souvent.

Bougon, ne, a. s. qui bougonne

Bougonner, vn. gronder entre ses dents. pop. [mée.

Bougran, sm. grosse toile gom-

Bougraner, va. rendre une toile semblable au bougran.

Bouillaison, sf. fermentation du cidre. [prompt.

Bouillant, e, a. qui bout. fig. vif,

Bouillard, sm. nuage qui annonce du vent et de la pluie.

Bouille, sf. perche pour troubler l'eau.

Bouiller, va. troubler l'eau.

Bouillerie, sf. distillerie d'eau-de-vie.

Bouilleur, euse, s. qui convertit les vins en eau-de-vie; sm. chaudière à vapeur.

Bouilli, sm. viande bouillie.

Bouillie, sf. lait et farine bouillis. [etc.

Bouillir, vn. cuire dans l'eau,

Bouilloire, sf. vase pour faire bouillir l'eau.

Bouillon, sm. bulle d'un liquide agité par le feu; eau bouillie avec la viande; repli d'étoffe; bulle d'air dans le verre, les métaux fondus, etc.

Bouillon-blanc, sm. plante.

Bouillonnant, a. qui bouillonne.

Bouillonnement, sm. action de

Bouillonner, vn. s'élever par bouillons. [bouilloire.

Bouillotte, sf. brelan; sorte de

Bouisse, sf. outil de cordonnier.

Boujaron, sm. petite mesure. mar.

Boujon, sm. outil à plomber.

Boulaie, sf. lieu planté de bouleaux.

Boulanger, sm. qui fait et vend du pain. — va. et n. faire du pain.

Boulangère, sf. femme du boulanger; esp. de danse.

Boulangerie, sf. art de faire le pain; lieu où il se fait.

Boule, sf. corps sphérique; jeu.

Bouleau, sm. arbre à bois blanc.

Bouleck, sm. camomille des champs. [l'agaric.

Boule-de-neige, sf. variété de

Boule-dogue, sm. espèce de chien dogue.

Bouler, vn. s e dit des pigeons qui enflent de la gorge.

Boulet, sm. balle de fer pour le canon; jointure du pâturon.

Bouleté, a. (cheval) à boulet mal placé.

Boulette, sm. petite boule.

Bouleux, sm. cheval de fatigue. fig. homme travailleur. fa.

Boulevard, sm. rempart; promenade.

Bouleversement, sm. désordre.

Bouleverser, va. ruiner, déranger.

Boulevue (à), loc. ad. vaguement

Bouliche, sm. grand vase de terre. mar.

Boulier, sm. sorte de filet.

Bouligou, sm. filet à mailles fort étroites.

Boulimie, sf. grande faim. méd.

Boulin, sm. trou du colombier; trou pour les échafauds.

Bouline, sf. corde au milieu de la voile.

Bouliner, vn. prendre le vent de côté. mar.

Boulineur, sm. qui vole dans un camp.

Boulingrin, sm. pièce de gazon.

Boulingue, sf. petite voile au haut du mât.

Bouloir, sm. instrument pour remuer la chaux. [vette.

Boulon, sm. cheville de fer à cla-

Boulonner, va. arrêter une pièce de charpente avec un boulon.

Boulot, te, a. gros et gras.

Bouque, sf. passage étroit. mar.

Bouquet, sm. assemblage de fleurs, etc.; parfum du vin.

Bouquetier, sm. vase à fleurs.

Bouquetière, sf. marchande de fleurs.

Bouquetin, sm. bouc sauvage.

Bouquin, sm. vieux bouc ; Satyre ; vieux livre.

Bouquiner, vn. chercher de vieux livres. [livres.

Bouquinerie, sf. amas de vieux

Bouquineur, sm. qui bouquine.

Bouquiniste, sm. marchand de vieux livres. [melot.

Bouracan, sm. sorte de gros ca-

Bourbe, sf. fange, boue.

Bourbeux, se, a. plein de bourbe.

Bourbier, sm. creux plein de bourbe.

Bourbillon, sm. pus épaissi.

Bourbonnien, ne, a. qui a rapport aux Bourbons.

Bourcer, va. carguer. [misaine.

Bourcet, sm. voile et mât de

Bourdaine, sf. arbrisseau.

Bourdalou, sm. pot-de-chambre oblong ; tresse autour du chapeau.

Bourde, sf. mensonge. pop.

Bourdelat, sm. variété de raisin.

Bourder, vn. mentir. pop.

Bourdeur, euse, menteur. pop.

Bourdillon, sm. bois refendu.

Bourdin, sm. esp. de peche ronde et colorée.

Bourdon, sm. bâton de pélerin; grosse mouche ; grosse cloche ; basse-continue. mus. omission. imp. [ne.

Bourdonnant, e, a. qui bourdon-

Bourdonné, a. terminé en boule. bla.

Bourdonnement, sm. bruit du vol des insectes ; bruit sourd.

Bourdonner, vn. faire un bourdonnement.

Bourdonnet, sm. charpie roulée en forme d'olive.

Bourg, sm. (bourk) gros village.

Bourgade, sf. petit bourg.

Bourgeois, s. citoyen d'une ville. fig. commun. [rouge.

Bourgeoise, sf. sorte de tulipe

Bourgeoisement, ad. d'une man. bourgeoise.

Bourgeoisie, sf. les bourgeois.

Bourgeon, sm. bouton d'arbre; bube.

Bourgeonnement, sm. développement des bourgeons.

Bourgeonner, vn. pousser des bourgeons. [trat de ville.

Bourgmestre, sm. (gue) magis-

Bourguignon, ne, s. a. qui est de la Bourgogne ; sm. sorte de raisin.

Bourguignote, sf. ancien casque de fer ; bonnet militaire.

Bourlinguer, vn. fatiguer. mar.

Bournous ou Burnous, sm. manteau à capuchon des Arabes.

Bourrache, sf. plante.

Bourrade, sf. atteinte du chien au lièvre : coup de la crosse du fusil; attaque ou repartie.

Bourras, sm. V. Bure. [vive.

Bourrasque, sf. tourbillon de vent ; mal imprévu ; caprice.

Bourre, sf. amas de poils ; ce dont on bourre une arme. fig. remplissage.

Bourreau, sm. exécuteur de la haute justice. fig. cruel.

Bourrée, sf. fagot ; danse.

Bourreler, va. tourmenter.

Bourrelet, sm. coussin de bourre ; enflure des hydropiques. méd.

Bourrelerie, sf. métier de [nais.

Bourrelier, sm. faiseur de har-

Bourrer, va. mettre de la bourre; donner des coups de la crosse du fusil; fig. rudoyer.

Bourrette, sf. soie grossière qui enveloppe le coton.

Bourriche, sf. panier à gibier.

Bourrique, sf. ânesse ; mauvais cheval. fig. ignorant.

Bourriquet, sm. ânon ; tourniquet; civière. [ble.

Bourru, a. brusque ; (vin) trou-

Bourse, sf. petit sac pour l'argent, pour les cheveux ; pension fondée dans un collège; réunion de banquiers ; au pl. scrotum.

Bourse-à-pasteur, sf. plante.

Boursicaut, sm. petite bourse.

Boursicoter, vn. amasser peu à peu.

Boursier, sm. qui a une bourse dans un collège; qui fait des bourses.

Boursiller, vn. contribuer pour une dépense. *fa.* [ture.

Bourson, sm. bourse de la cein-

Boursouflage, sm. enflure de style.

Bousouflé, e, a. enflé, ampoulé.

Boursouflement, sm. enflure par le feu ou la fermentation.

Boursoufler, va. enfler la peau. *fig.* enfler le style.

Boursouflure, sf. enflure.

Bousard, sm. fiente de cerf.

Bousculement, sm. action de

Bousculer, va. renverser; pousser. *fa.*

Bouse, sf. fiente de bœuf.

Bousier, sm. genre de coléoptères.

Bousillage, sm. chaume et terre détrempés; *fig.* ouvrage mal fait. [bousillage.

Bousiller, va. *et n.* faire du

Bousilleur, euse, s. qui fait du bousillage. *fig.* mauvais ouvrier.

Bousin, sm. surface tendre de la pierre. [rin.

Bousingot, sm. chapeau de ma-

Boussole, sf. cadran à aiguille aimantée; guide.

Boustrophédon, sm. écriture continue de droite à gauche et de gauche à droite. *ant.*

Bout, sm. extrémité; reste; mor-

Boutade, sf. caprice. [ceau.

Boutant. *V.* Arc-boutant. [salé.

Boutargue, sf. œufs de poisson

Bout-avant, sm. inspecteur des salines.

Bout-d'aile, sm. plume à écrire.

Bout-de-l'an, sm. service pour un défunt, un an après sa mort.

Bouté, a. (cheval) qui a les jambes droites.

Boute-dehors, sm. bois au bout des vergues pour porter les bonnettes. *mar.*

Boute-en-train, sm. i. tarin; qui excite à la joie.

Boute-feu, sm. au pl. feux; incendiaire; qui met le feu au canon. *fig.* qui excite des discordes.

Boute-hors, sm. ancien jeu.

Bouteille, sf. vase à goulot; bulle d'air; pl. lieux d'aisances dans un vaisseau.

Bouter, va. mettre; vn. se dit d'un vin qui pousse au gros.

Bouterolle, sf. bout de fourreau.

Boute-selle, sm. signal pour seller les chevaux. [pateur. *fa.*

Boute-tout-cuir, sm. i. dissi-

Boutillier, sm. echanson. *v.*

Boutique, sf. lieu où l'on vend.

Boutiquier, sm. marchand tenant boutique.

Boutis, sm. lieu où fouille le sanglier. [un mur.

Boutisse, sf. pierre en long dans

Boutoir, sm. groin de sanglier; outil de maréchal.

Bouton, sm. bourgeon; bulbe; petit rond de métal ou de bois, couvert d'étoffe, servant à fermer les vêtements.

Bouton-d'or, sm. fleur jaune.

Boutonnement, sm. act. de pousser des boutons.

Boutonner, va. passer les boutons; vn. pousser des bourgeons.

Boutonnerie, sf. comm. de

Boutonnier, sm. qui fait et vend des boutons.

Boutonnière, sf. ouverture pour passer le bouton. [ton.

Bout-saigneux, sm. cou de mou-

Bouts-rimés, sm. pl. rimes données. [des bouts-rimés.

Bouts-rimeur, sm. celui qui fait

Bouture, sf. branche replantée.

Bouvard, sm. marteau. *mon.*

Bouvelet, sm. jeune bœuf.

Bouverie, sf. étable à bœufs.

Bouvet, sm. rabot à rainures.

Bouvette, sm. esp. de raisin.

Bouvier, ère, s. qui garde les bœufs. *fig.* constellation.

Bouvillon, sm. jeune bœuf.

Bouvreuil, sm. oiseau.

Bovine, a. qui tient du bœuf.

Boxe, sf. lutte à coups de poing.

Boxer, va. se battre à coups de poings.

Boxeur, sm. qui boxe.

Boyard, sm. seigneur russe.

Boyau, sm. intestin.

Boyauderie, sf. lieu où l'on prépare les boyaux.

Boyaudier, sm. qui file les cordes à boyaux. [mand.

Boyer, sm. sorte de bateau flamand.

Brabançon, ne, s. a. qui est du Brabant.

Bracelet, sm. ornement du bras.

Brachet, sm. chien de chasse.

Brachial, a. au p. aux (ki) du bras. [forme de bras.

Brachide, sm. appendice en forme de bras.

Brachio, sm. petit d'un ours.

Brachiopodes, sm. pl. famille de mollusques.

Brachioptère, a. qui a les nageoires en forme de bras.

Brachygraphe, sm. qui écrit en abrégé. [en abrégé.

Brachygraphie, sf. art d'écrire

Brachyptère, sm. qui a les ailes courtes; fam. d'oiseaux.

Braconnage, sm. action de

Braconner, vn. chasser furtivement.

Braconnier, sm. qui braconne.

Bractée, sf. feuille florale. bot.

Bractéole, sf. rognure de feuille

Bague, sf. cordage. [d'or.

Baguette. V. Brayette.

Brahmane, sm. prêtre ou philosophe indien.

Brahmanique, a. qui a rapport aux brahmanes.

Brahmanisme, sm. doctrine des brahmanes.

Brai, sm. goudron à calfater.

Braie, sf. linge ; culotte. v.

Braillard, s. et a. qui crie.

Braillement, sm. cri de certains

Brailler, vn. crier. [animaux.

Brailleur, euse, a. et s. qui braillent.

Braiment, sm. cri de l'âne. [le.

Braire, vn. crier, se dit de l'âne.

Braise, sf. charbon ardent ou éteint.

Braiser, va. cuire de la viande dans une braisière.

Braisier, sm. buche pour la braise. [sur la braise.

Braisière, sf. vaisseau qu'on met

Brame ou bramine, sm. V. Brahmane.

Bramement, sm. cri du cerf.

Bramer, vn. crier, ne se dit que du cerf.

Bran, sm. matière fécale. bas.

Brancard, sm. litière ; bras de voiture. [brancard.

Brancardier, sm. qui porte un

Branchage, sm. branches d'arbre

Branche, sf. bois qui sort du tronc ; partie d'une entreprise, d'une science ; famille.

Branchette, sf. petite branche.

Brancher, va. pendre à un arbre. vn. se percher. [the et Berce.

Branche-ursine, sf. V. Achan-

Branchial, e, a. qui a rapport aux branchies.

Branchier, am. (oiseau) qui ne peut voler que de branche en branche. fauc. [son.

Branchies, sf. pl. ouïes du pois-

Branchu, a. qui a des branches.

Brandade, sf. manière d'apprêter la morue.

Brande, sf. bruyère.

Brandebourg, sf. casaque. m. boutonnière.

Brandevin, sm. eau-de-vie.

Brandevinier, sm. qui vend du brandevin aux soldats.

Brandillement, sm. action de

Brandiller, va. et p. balancer.

Brandilloire, sf. balançoire.

Brandir, va. secouer une arme de jet, comme pour la lancer. v. arrêter. charp.

Brandon, sm. flambeau de paille.

Brandonner, va. mettre des bran-

Branlant, a. qui branle. [dons.

Branle, sm. agitation de ce qui est remué ; première impulsion donnée à une chose ; danse ; hamac. branle-bas, ordre de détendre les branles. mar.

Branlement, sm. mouvement de ce qui branle.

Branler, va. et n. remuer.

Branloire, sf. planche en bascule. [mauvaise tête.

Braque, sm. chien de chasse ;

Braquemart, sm. ancienne épée.

Braquement, sm. act. de

Braquer, va. tourner d'un côté.

Braques, sf. pl. pinces d'une écrevisse. [l'homme ; canal.

Bras, sm. membre supérieur de

Brasement, sm. act. de

Braser, va. souder.

Brasier, sm. charbons ardents.

Brasillement, sm. effet de la mer qui brasille.

Brasiller, va. faire griller sur la braise ; n. se dit de la mer qui réfléchit les rayons du soleil ou de la lune. [neau.

Brasque, sf. enduit d'un four-

Brasquer, va. enduire de brasque.

Brassade, sf. esp. de filet. [que.

Brassage, sm. droit de fabrication. mon.

Brassard, sm. armure du bras.

Brasse, sf. mesure de 2 bras.

Brassée, sf. contenu des 2 bras.

Brasser, va. remuer. fig. tramer.

Brasserie, sf. lieu où l'on fait la bière. [bière.

Brasseur, euse, s. qui fait la

Brassiage, sm. mesurage à la brasse.

Brassicourt, sm. cheval à jambes arquées.

Brassière, sf. camisole d'enfant.

Brassin, sm. cuve de brasseur ; son contenu.

Brasure, sf. soudure du fer.

Bravache, sm. fanfaron.

Bravacherie, sf. action, propos de bravache.

Bravade, sf. action de braver.

Brave, a. et s. vaillant ; honnête ; paré. [très bien.

Bravement, ad. vaillamment ;

Braver, va. morguer ; affronter.

Braverie, sf. luxe d'habits. fa. v.

Bravo, ad. et sm. terme d'applaudissements.

Bravoure, sf. valeur. [lement.

Brayant, e, a. qui brait habituel-

Brayer, sm. bandage à hernies.

Brayer, va. enduire de brai.

Brayette, sf. fente du devant d'un haut-de-chausse.

Brayon, sm. piège. vén. [court.

Bréant, sm. petit oiseau à bec

Brebis, sf. femelle du bélier.

Brèche, sf. ouverture à un mur, etc.; sorte de marbre.

Brèche-dent, s. qui a perdu des dents. [mac.

Bréchet, sm. creux de l'esto-

Bredi-breda, ad. trop à la hâte. fa

Bredindin, sm. petit palan.

Bredissure, sf. impossibilité d'écarter les mâchoires. méd.

Bredouille, sf. terme de trictrac.

Bredouillement, sm. action de

Bredouiller, vn. et a. parler sans articuler. [douille.

Bredouilleur, euse, s. qui bre-

Bref, ve, a. court. ad. en peu de mots. sm. lettre du pape.

Bregin, sm. filet à mailles étroites

Bregma, sm. sommet de la tête.

Bréhaigne, a. et s. (femelle) stérile.

Brelan, sm. jeu de cartes. [rile.

Brelander, vn. jouer sans cesse.

Brelandier, ière, s. joueur, joueuse de profession.

Brelandinier, ère, s. marchand qui étale dans les rues.

Brelée, sf. fourrage d'hiver pour les moutons.

Brelle, sf. bois liés en radeau.

Breloque, sf. bijou de peu de valeur. [chaîne.

Breloquet, sm. bijoux à une

Breluche, sf. droguet de fil et laine.

Brème, sf. poisson d'eau douce.

Bremotte, sf. jeune brème.

Brenèche, sf. poiré nouveau.

Breneux, euse, a. sali de matière fécale. bas.

Brenne, sf. étoffe de Lyon.

Brenthe, sm. oiseau aquatique.

Brésil, sm. bois de teinture.

Brésiller, va. rompre en petits morceaux.

5

Brésillet, sm. esp. de bois de
Bressin, sm. cordage. [Brésil.
Brétailler, vn. frequenter les
salles d'armes ; tirer souvent
l'épée.
Brétailleur, sm. qui brétaille.
Brétauder, va. tondre inégale-
ment.
Bretelle, sf. sangle. au pl. tissu
ou bande de peau pour soute-
nir le haut-de-chausse.
Bretellerie, sf. comm., fabrique
de bretelles.
Bretessé, a. crénelé. bla.
Brette, sf. longue épée.
Bretteler, va. tailler avec un
outil dentelé.
Bretteur, sm. ferrailleur.
Breuil, sm. bois taillis.
Breuiller, vn. carguer.
Breuilles, sf. pl. petites cordes.
Breuvage, sm. boisson.
Brève, a. sf. syllabe ou voyelle
prononcée rapidement. gr.
note qui vaut deux mesures.
Brevet, sm. expédition non
scellée par laquelle le souve-
rain accorde une grâce, un
titre, un privilège, etc.
Brevetaire, sm. porteur de brevet
Breveter, va. donner un brevet.
Bréviaire, sm. livre d'office.
Bréviateur, sm. qui écrit des
brefs.
Brévipenne, a. qui a les ailes
courtes; sm. pl. fam. d'oiseaux.
Brévirostre, a. qui a le bec court;
fam. d'oiseaux. [brève.
Brévité, sf. qualité d'une voyelle
Bribe, sf. gros morceau. au pl.
restes. [etc.
Bric-à-brac, sm. vieille ferraille,
Brick, sm. petit navire armé.
Bricole, sf. partie du harnais ;
t. de jeu de paume et de bil-
lard. au pl. rets.
Bricoler, vn. jouer de bricole.
Bricolier, sm. cheval à côté du
brancard.
Bride, sf. rênes; ce qui retient.
Brider, va. mettre la bride. fig.
gêner la liberté; serrer.

Bridon, sm. bride sans branches
Brief, ve, a. court. pal. [briève.
Brièvement, ad. d'une man.
Brièveté, sf. courte durée.
Brifaut, sm. chien de chasse.
Brife, sf. gros morceau de pain.
pop.
Brifer, va. manger avidement.
Brifeur, euse, s. grand mangeur.
Brigade, sf. troupe de soldats
Brigadier, sm. chef de brigade.
Brigand, sm. voleur de grands
chemins. [routes.
Brigandage, sm. vol sur les
Brigandeau, sm. petit brigand.
Brigander, vn. voler. [re.
Brigandine, sf. ancienne armu-
Brigantin, sm. bâtiment pour la
course; fig. petit bâtiment en
usage dans la Méditerranée ;
sorte de voile.
Brignole, sf. prune de Brignoles.
Brigot, sm. gros bois à brûler.
Brigue, sf. poursuite, cabale.
Briguer, va. poursuivre par bri-
gue.
Brigueur, sm. qui brigue. p. us.
Brillamment, ad. d'une man.
brillante. [diamant.
Brillant, a. qui brille. sm. éclat;
Brillanté, a. (style) recherché.
Brillanter, va. tailler à facettes.
Briller, vn. au pr. et au fig. re-
luire ; avoir de l'éclat.
Brilloter, vn. briller faiblement.
Brimbale, sf. levier d'une pompe.
Brimbaler, va. secouer; son-
ner mal.
Brimber, vn. aller et venir.
Brimborion, sm. colifichet.
Brin, sm. jet de plante; tige
droite.
Brin-d'estoc, sm. bâton ferré.
Brindille, sf. branche menue.
Bringue, sm. petit cheval mal
fait. [Brieuc.
Briochain, e, s. a. qui est de Saint-
Brioche, sf. pâtisserie.
Brion, sm. mousse des chênes.
Briquaillons, sm. pl. morceaux
de brique.
Brique, sf. terre moulée et cuite.

Briquet, sm. pièce d'acier pour tirer du feu d'un caillou.

Briquetage, sm. briques contre-faites.

Briqueter, va. imiter la brique.

Briqueterie, sf. lieu où se fait la brique.

Briqueteur, sm. celui qui dirige l'ouvrage de la briqueterie.

Briquetier, sm. qui fait la brique.

Briquette, sf. petite masse de houille ou de tan. [mar.

Bris, sm. fracture. pal. débris

Brisable, a. qui peut être brisé.

Brisan, sm. écueil. mar.

Briscambille, sf. jeu de cartes.

Brise, sf. vent frais périodique. mar.

Brise-cou, sm. escalier raide. — glace, sm., arc-boutant en avant d'un pont. — raison, celui qui parle sans suite. — tout, sm. maladroit, qui brise. — vent. sm. clôture.

Brisées, sf. pl. branches rom-pues. fig. aller sur les brisées de quelqu'un, rivaliser avec lui. [fig. vif repentir.

Brisement, sm. choc des flots.

Briser, va. n. et p. rompre et mettre en pièces; fatiguer; se plier.

Briseur, sm. qui brise.

Brisis, sm. (is) angle d'un com-ble brisé. [chanvre.

Brisoir, sm. inst. à briser le

Brisque, sf. jeu de cartes.

Brisure, sf. partie fracturée; pièce d'armoirie. blas. t. de fortif. [gleterre.

Britannique, a. qui est d'An-

Brize, sf. plante graminée.

Brizomanie, sf. art de prédire au moyen des songes.

Broc, sm. (bro) grand vase pour le vin. de bric et de broc. loc. ad. de-çà et de-là.

Brocaille, sf. petits pavés.

Brocantage, sm. action de bro-canter.

Brocante, sf. objet de hasard ou mal fait.

Brocanter, vn. troquer.

Brocanteur, sm. qui brocante.

Brocard, sm. raillerie. [cards.

Brocarder, va. lancer des bro-

Brocardeur, euse, s. qui bro-carde. [soie, d'or ou d'argent.

Brocart, sm. étoffe brochée de

Brocatelle, sf. brocart; marbre.

Brochage, sm. act. de brocher, résultat de cette action.

Brochant, a. peint par-dessus. bla. — sur le tout, loc. ad. en outre. fa. [cuivre.

Brochantite, sf. sous-sulfate de

Broche, sf. verge de fer.

Brochée, sf. broche pleine de viande.

Brocher, va. passer l'or dans l'étoffe; coudre un livre; exé-cuter à la hâte. [glier.

Broches, sf. pl. défenses du san-

Brochet, sm. poisson d'eau douce. [chettes.

Brocheter, va. mettre les bro-

Brocheton, sm. petit brochet.

Brochette, sf. petite broche.

Brocheur, euse, s. qui broche les livres. [réchal.

Brochoir, sm. marteau de ma-

Brochure, sf. action de brocher; livre broché. [brochures. iro.

Brochurier, ère, s. qui fait des

Brocoli, sm. chou.

Brodequin, sm. chaussure.

Broder, va. travailler en relief sur des étoffes. fig. orner un récit.

Broderie, sf. ouvrage de

Brodeur, euse, s. qui brode.

Brodie, sf. plante liliacée.

Broie, sf. inst. pour briser la tige du chanvre.

Broiement, ou broîment, sm. action de broyer. [ments.

Bromatologie, sf. traité des ali-

Brôme, sm. un des corps sim-ples. [cher.

Bronchade, sf. action de bron-

Bronche, sf. conduit aérien. anat. [pas; fig. faillir.

Broncher, vn. faire un faux

Bronchial, a. des bronches.

Bronchies, V. Branchies.

Bronchique, a. qui a rapport aux bronches. [bronches.

Bronchite, sf. inflammation des

Broncocèle, sm. goitre.

Broncotomie, sf. ouverture au larynx.

Bronzage, sm. act. de bronzer.

Bronze, sm. alliage de cuivre, d'étain et de zinc.

Bronzer, va. peindre en bronze; teindre en noir. [an.

Broquart, sm. bête fauve d'un

Broqueline, sf. bottes de feuilles de tabac.

Broquette, sf. petit clou. [ceau.

Brosse, sf. vergette; gros pin-

Brossée, sf. act. de brosser; charge de coups. pop.

Brosser, va. frotter avec une brosse; vn. courre au travers des bois. vén. [du brossier.

Brosserie, sf. art ou commerce

Brosses, sf. pl. terres incultes.

Brossier, sm. qui fait des brosses

Brou, sm. écale verte de noix; — de noix, ratafia.

Brouée, sf. brume. [sucre.

Brouet, sm. bouillon au lait et au

Brouette, sf. petit tombereau à une roue; chaise à deux roues. [brouette.

Brouettée, sf. contenu d'une

Brouetter, va. traîner en brouette. [quelqu'un.

Brouetteur, sm. qui brouette

Brouettier, sm. qui transporte des terres dans une brouette.

Brouhaha, sm. bruit confus. fa.

Brouillamini, sm. désordre. fa.

Brouillard, sm. vapeur dans l'air; papier non collé.

Brouillasser. V. Bruiner.

Brouille, sf. brouillerie. pop.

Brouillement, sm. mélange. fa.

Brouiller, va. mêler; désunir.

Brouillerie, sf. désunion.

Brouillon, a. et s. qui brouille. sm. écrit à mettre au net.

Brouillonner, va. faire un brouillon. [fruits brûlés par le soleil

Brouir, va. se dit des blés et des

Brouissure, sf. dommage causé aux plantes par la gelée.

Broussailles, sf. pl. ronces.

Brousse, sf. sorte de fromage.

Brout, sm. pousse de taillis.

Broutant, a. qui broute.

Brouter, va. paître. [ches.

Broutilles, sf. pl. menues bran-

Broyage, sm. action de

Broyer, va. piler; pulvériser.

Broyeur, sm. qui broie.

Broyon, sm. inst. pour broyer l'encre. [fils.

Bru, sf. belle-fille, femme du

Bruant, sm. esp. de passereau.

Brucelles, sf. pl. petites pin-cettes. [getal.

Brucine, sf. nom de l'alcali vé-

Brugnon, sm. espèce de pêche.

Bruine, sf. petite pluie froide.

Bruiné, e, a. gâté par la bruine.

Bruiner, v. imp. se dit de la bruine qui tombe.

Bruire, vn. rendre un son confus.

Bruissement, sm. bruit sourd.

Bruit, sm. son; nouvelle; éclat; renom; démêlé; murmure.

Brûlable, a. qui peut ou doit être brûlé. [surface du sol.

Brûlage, sm. act. de brûler la

Brûlant, a. qui brûle; vif.

Brûlé, sm. odeur, goût de ce qui est brûlé. [court. pop.

Brûle-gueule, sm. pipe à tuyau

Brûlement, sm. act. de

Brûler, va. n. et p. consumer par le feu; échauffer exces-sivement. [vie.

Brûlerie, sf. fabrique d'eau-de-

Brûle-tout, sm. i. petit cylin-dre sur lequel on met les bouts de bougie ou de chan-delle.

Brûleur, sm. (de maison), homme mal vêtu, en dés-ordre.

Brûloir, sm. inst. à brûler le café

Brûlot, sm. navire pour incen-dier; morceau trop épicé; boute-feu. [un brûlot.

Brûlottier, sm. marin qui monte

Brûlure, sf. action du feu.

Brumaire, sm. second mois du calendrier républicain.

Brumal, a. qui vient d'hiver.

Brume, sf. brouillard épais.

Brumeux, a. couvert de brume.

Brun, a. et s. qui est de couleur tirant sur le noir.

Brunâtre, a. tirant sur le brun.

Brune, sf. chute du jour.

Brunelle, sf. plante vulnéraire.

Brunet, te, a. et s. dimin. de brun. sf. chanson.

Brunir, va. rendre brun ; polir.

Brunissage, sm. act. de brunir.

Brunisseur, euse, s. qui brunit les métaux.   [nir.

Brunissoir, sm. inst. pour bru-

Brunissure, sf. façon donnée aux étoffes.

Brusque, a. prompt et rude.

Brusquembille, sm. sorte de jeu de cartes.   [brusque.

Brusquement, ad. d'une man.

Brusquer, va. agir brusquement.

Brusquerie, sf. act. ou parole brusque.

Brusquet, a. dim. de brusque.

Brut, a. (t) qui n'est pas poli.

Brutal, a. et s. grossier ; emporté.

Brutalement, ad. avec brutalité.

Brutaliser, va. maltraiter. fa.

Brutalité, sf. vice du brutal.

Brute, sf. animal. fig. homme sans raison.

Brutier, sm. oiseau de proie qu'on ne peut dresser.

Bruxellois, e, a et s. qui est de Bruxelles.   [bruit.

Bruyamment, ad. avec grand

Bruyant, a. qui fait grand bruit.

Bruyère, sf. arbuste ; lande.

Bryologie, sf. traité sur les mousses.

Bryone, sf. plante grimpante.

Buanderie, sf. lieu où l'on fait la lessive.   [toiles neuves.

Buandier, sm. qui blanchit les

Bubale, sm. sorte d'antilope.

Bubate, sf. pierre très-dure qui émousse le fer.

Bube, sf. pustule sur la peau.

Bubon, sm. pustule maligne.

Bubonocèle, sm. espèce de hernie.   [bouche.

Buccal, a. qui a rapport à la

Buccin, sm. coquille.

Buccinateur, sm. muscle entre les mâchoires.   [doge.

Bucentaure, sm. vaisseau du

Bucéphale, sm. cheval d'Alexandre le Grand.

Bûche, sf. gros bois de chauffage. fig. et pop. homme stupide.   [de bois.

Bûcher, va. dégrossir une pièce

Bûcher, sm. lieu où l'on met le bois ; amas de bois pour brûler un corps.

Bûcheron, sm. qui abat le bois.

Bûchette, sf. menu bois.

Bucolique, a. et sf. poésie pastorale. au pl. ramas de papiers, nippes, etc. fa.

Budget, sm. état de l'actif et du passif d'un gouvernement.

Budgétaire, a. du budget.

Buée, sf. vapeur d'eau.

Buffet, sm. armoire à vaisselle ; menuiserie d'un orgue.   [cuir.

Buffle, sm. quadrupède ; son

Buffleterie, sf. bandes du buffle qui font partie de l'équipement d'un soldat.

Buffletier, sm. ouvrier qui fait de la buffleterie.   [peau.

Buffletin, sm. jeune buffle ; sa

Bugle, Buglose, sf. plantes.

Bugrane ou Arrête-bœuf, sf. plante.

Buire, sf. vase à liqueurs.   [vert.

Buis, sm. arbrisseau toujours

Buisson, sm. hallier ; arbuste.

Buissonneux, se, a. couvert de buissons.

Buissonnier, a. des buissons — faire l'école buissonnière, jouer au lieu d'aller en classe.

Bulbe, sf. oignon de plante. m. renflement.   [bulbe.

Bulbeux, se, a. qui vient d'une

Bulbifère, a. qui a des bulbes.

Bulbiforme, a. en forme de bulbe

Bulbille, sf. petite bulbe.

Bulgare, s. a. de la Bulgarie.

Bullaire, sm. recueil de bulles.

Bulle, sf. globule ; lettre du pape.

Bullé, a. en forme authentique.

Bulleau, sm. arbre en bulle.

Bullée, sf. genre de coquille.

Bulletin, sm. suffrage par écrit ; nouvelles journalières.

Bulleux, euse, a. rempli de bulles. ⸤ [bulles du pape.

Bulliste, sm. qui enregistre les

Bunette, sf. fauvette d'hiver.

Bupreste, sf. coléoptère.

Burail, sm. espèce de serge.

Buraliste, sm. qui tient un bu-

Burat, sm. bure grossière. [reau.

Buraté, e, a. qui imite le burat.

Buratine, sf. étoffe de soie et laine. [de mine.

Bure, sf. étoffe de laine ; puits

Bureau, sm. table ; lieu de travail ; établissement ; réunion de personnes tirées d'une assemblée législative, etc.

Bureaucrate, s. homme de bureau.

Bureaucratie, sf. (cie) influence des gens de bureau.

Bureaucratique, a. des gens de bureau.

Burette, sf. petite buire.

Burgaude, sm. animal testacé qui produit une esp. d'écarlate

Burgandine, a. et sf. nacre du

Burgau, sm. coquillage nacré.

Burgrave, sm. seigneur (en Allemagne.) [grave.

Burgraviat, sm. dignité de bur-

Burin, sm. inst. pour graver.

Buriner, va. graver.

Burlesque, a. et sm. bouffon, plaisant.

Burlesquement, ad. d'une man. burlesque. [du fromage.

Buron, sm. cabane où l'on fait

Buronnier, sm. qui habite un buron. [l'argent.

Bursal, a. (édit) pour tirer de

Busaigle, sm. esp. de buse.

Busard, sm. oiseau de proie.

Busc, sm. lame dans un corset.

Buse, sf. oiseau de proie. fig. stupide. [tre un busc.

Busquer, va. chercher. v. met-

Busquière, sf. où se met le busc.

Bussard, sm. futaille.

Busserolle, sf. esp. d'arbousier.

Buste, sm. la tête et la poitrine.

But, sm. point où l'on vise ; intention.

Bute, sf. outil de maréchal.

Butée, sf. massif de pierre aux extrémités d'un pont.

Buter, vn. frapper au but ; tendre à quelque fin ; vp. s'obstiner à.

Butière, af. (arquebuse) pour tirer au blanc.

Butin, sm. ce qu'on prend à l'ennemi. fig. profit.

Butiner, vn. faire du butin.

Butineur, euse, s. qui butine.

Butireux, se, a. du beurre.

Butor, sm. oiseau. fig. grossier.

Butte, sf. tertre ; être en butte. fig. être exposé.

Butter, va. garnir de terre en forme de butte ; soutenir ; vn. broncher.

Buvable, a. potable. fa.

Buvande, sf. piquette.

Buvard, sm. album garni de papier brouillard.

Buvetier, sm. qui tient buvette.

Buvette, sf. lieu où déjeunaient les juges.

Buveur, euse, qui boit beaucoup.

Buvotter, vn. boire à petits coups

By, sm. fossé d'un étang.

Byssus ou Bysse, sm. (s) tissu précieux. ant. ; espèce de lichen.

C

C, sm. (cé ou ce) deuxième consonne, troisième lettre de l'alphabet.

Çà, ad. ici. int. pour exciter.

Çà et là, loc. ad. de côté et d'autre.

Ça, pr. mis pour cela. [d'autre.

Cabade, sm. habit militaire des Grecs modernes.

Cabale, sf. tradition juive; art chimérique; intrigue; complot

Cabaler, vn. intriguer.

Cabaleur, sm. qui cabale.

Cabaliste, sm. savant dans la cabale. [de la magie.

Cabalistique, a. de la cabale,

Caban, sm. vêtement à capuchon. [chaume.

Cabane, sf. maisonnette de

Cabaner, va. faire des cabanes; retourner un navire sens dessus dessous; vn. sombrer.

Cabanon, sm. petite cabane; cachot.

Cabaret, sm. taverne; plateau à tasses; plante; oiseau.

Cabareter, vn. fréquenter les cabarets.

Cabaretier, sm. qui tient cabaret

Cabas, sm. panier; vieille voiture. iro.

Cabasser, va. tromper. fam.

Cabasseur, euse, s. qui cabasse.

Cabestan, sm. tourniquet pour rouler le câble. [l'Amérique.

Cabiai, sm. mamm. rongeur de

Cabillaud, sm. sorte de morue.

Cabine, sf. petite chambre. mar.

Cabinet, sm. lieu de retraite, de travail; conseil particulier.

Câble, sm. grosse corde. mar.

Câbleau ou Câblot, sm. petit câble. [tres.

Câblée, sf. mesure de 200 mè-

Câbler, va. faire des câbles.

Cablière, sf. pierre pour tenir le filet au fond de l'eau.

Caboche, sf. tête. fa. poisson; clou à grosse tête. [brute.

Cabochon, sm. pierre préc.

Cabosser, va. faire une contusion.

Cabotage, sm. act. de caboter.

Caboter, vn. naviguer en côtoyant.

Caboteur, sm. qui cabote.

Cabotier, sm. bâtiment pour caboter.

Cabotin, sm. mauvais comédien.

Cabotinage, sm. métier de cabotin.

Cabotiner, vn. faire le cabotin.

Cabre, sf. machine à fardeaux. mar.

Cabrer, va. effaroucher. vp. se lever sur les pieds de derrière, se dit du cheval.

Cabri, sm. chevreau.

Cabriole, sf. saut. [brioles.

Cabrioler, vn. faire des ca-

Cabriolet, sm. voiture légère.

Cabrioleur, sm. faiseur de cabrioles.

Cabus, sm. (chou) pommé.

Caca, sm. excrément; mot enfantin.

Cacade, sf. entreprise folle. fa.

Cacao, sm. amande du

Cacaoyer ou Cacaotier, sm. arbre d'Amérique. [yers.

Cacaoyère, sf. plant de cacao-

Cacatois, sm. petit mât.

Cachalot, sm. sorte de baleine.

Cache, sf. lieu pour cacher. fa.

Cache-cache, sm. V. Clignemusette. [constitution.

Cachectique, a. d'une mauvaise

Cachemire, sm. châle des Indes.

Cache-nez, sm. cravate pour garantir du froid le nez et la bouche.

Cacher, va. et p. ne pas laisser voir; céler. [que.

Cachet, sm. petit sceau; mar-

Cacheter, va. mettre le cachet.

Cachette, sf. petite cache. fa.

Cacheur, euse, s. qui cache.

Cachexie, sf. dépravation des humeurs.

Cachot, sm. prison obscure.

Cachotterie, sf. mystère puéril.

Cachottier, ère, a. qui fait des cachotteries. [son suc.

Cachou, sm. arbre des Indes;

Cachuca, sf. danse espagnole.

Caciquat, sm. dignité de

Cacique, sm. prince du Mexique.

Cacis ou Cassis, sm. (s) sorte de groseiller noir; liqueur faite avec son fruit.

Cacochyme, a. cachectique.
Cacochymie, sf. cachexie.
Cacographe, sm. qui orthographie mal. [thographe.
Cacographie, sf. mauvaise or-
Cacologie, sf. locution vicieuse.
Cacophonie, sf. sons désagréables. [grasse.
Cactier ou Cactus, sm. plante
Cadastral, a. de cadastre.
Cadastre, sm. état des biens fonds. [dastre.
Cadastrer, va. inscrire au ca-
Cadavéreux, se, a. qui tient du cadavre. [au cadavre.
Cadavérique, a. qui a rapport
Cadavre, sm. corps mort.
Cade, sm. baril; anc. mesure.
Cadeau, sm. fête; présent.
Cadenas, sm. serrure mobile.
Cadenasser, va. fermer au cadenas. [se; harmonie.
Cadence, sf. mesure de la dan-
Cadencer, va. mettre en cadence. [v.
Cadène, sf. chaine des forçats.
Cadenette, sf. longue tresse de cheveux.
Cadet, te, s. et a. le plus jeune des frères ou sœurs; puiné.
Cadette, sf. pierre de taille; queue de billard.
Cadi, sm. juge turc.
Cadis, sm. serge commune.
Cadisé, sm. droguet croisé.
Cadmie, sf. suie métallique. chim.
Cadmium, sm. corps simple.
Cadogan, sm. nœud qui retrousse les cheveux.
Cadole, sf. loquet. [heures.
Cadran, sm. surface divisée par
Cadranné, e, a. atteint de la cadrannure. [de mar.
Cadrannerie, sf. dépôt d'instr.
Cadrannure, sf. maladie des arbres.
Cadrat, sm. petit morceau de fonte. t. d'impr. [drat.
Cadratin, sm. diminutif de ca-
Cadrature, sf. pièce d'horlogerie.
Cadre, sm. bordure d'un tableau, etc.

Cadrer, vn. être en rapport.
Caduc, uque, a. vie__; cassé; près à tomber; donation non réclamée. jur. [2 serpents.
Caducée, sm. verge accolée de
Caducité, sf. état caduc.
Cæcal, e, a. du
Cæcum, sm. gros intestin.
Cafard, s. hypocrite.
Cafarderie, sf. hypocrisie.
Cafardise, sf. acte de dévotion affectée. p. us.
Café, sm. fève du caféier; sa liqueur; lieu où elle se prend.
Cafetan, sm. robe turque.
Cafetier, sm. limonadier.
Cafetière, sf. vase pour le café.
Caffe, sf. toile du Bengale.
Cafier ou caféier, sm. arbuste qui porte le café.
Cage, sf. loge pour les oiseaux.
Cagée, sf. tous les oiseaux d'une cage.
Cagette, sf. petite cage.
Cagnard, a. fainéant. fa. lâche.
Cagnarder, vn. fainéanter. pop.
Cagnardise, sf. paresse. fa.
Cagneux, se, a. qui a les pieds ou les genoux en dedans.
Cagot, s. et a. faux dévot.
Cagoter, vn. faire le dévot.
Cagoterie, sf. action de cagot.
Cagotisme, sm. esprit du cagot.
Cagouille, sf. volute à l'éperon d'un vaisseau.
Cagoule, sf. froc de moine.
Cague, sf. navire hollandais.
Cahier, sm. feuilles de papier réunies.
Cahin-caha, ad. tant bien que mal. fa.
Cahot. sm. saut d'une voiture.
Cahotage, sm. effet des cahots.
Cahotant, a. qui cahote.
Cahoter, va. causer des cahots.
Cahutte, sf. cabane, petite loge.
Caïd, sm. juge mahométan.
Caïeu, sm. rejeton d'oignon à [fleur.
Caille, sf. oiseau.
Caillé, sm. lait caillé.
Caillebotte. sf. masse de lait caillé.
Caille-lait, sm. plante. [lé.

Caillement, sm. état de ce qui se caille.

Cailler, vn. et p. figer.

Cailletage, sm. bavardage de caillette.

Cailleteau, sm. jeune caille.

Cailleter, vn. bavarder.

Cailletot, sm. petit turbot.

Caillette, sf. ventricule qui contient la présure; femme babillarde.

Caillot, sm. grumeau de sang.

Caillot-rosat, sm. poire.

Caillou, sm. pierre très-dure.

Cailloutage, sm. ouvrage de cailloux. [loux.

Caillouter, va. garnir de cail-

Caillouteur, sm. qui cailloute.

Caillouteux, se, plein de cailloux.

Caïmacan, sm. lieutenant du grand-visir. [dile.

Caïman, sm. espèce de croco-

Caïque, sm. chaloupe turque.

Caisse, sf. coffre; coffre-fort; tambour. [se.

Caissier, sm. qui tient la cais-

Caisson, sm. grande caisse à munitions. [ques.

Cajeput, sm. arbre des Molu-

Cajoler, va. tâcher de séduire.

Cajolerie, sf. flatterie.

Cajoleur, euse, s. qui cajole.

Cajute, sf. lit dans un vaisseau.

Cal, sm. durillon. [man.

Calade, sf. terrain en pente.

Calaison, sf. profondeur de navire.

Calambourg, sm. bois des Indes.

Calament, sm. plante aromatique.

Calamine ou pierre calaminaire, sf. mine de zinc. [fa.

Calamistrer, va. friser; poudrer.

Calamite, sf. aimant; boussole.

Calamité, sf. grand malheur.

Calamiteux, se, a. malheureux.

Calandre, sf. grive; ver; machine pour calandrer.

Calandrer, va. lustrer les étoffes

Calandreur, sm. qui calandre.

Calandrette, sf. petite grive.

Calangue ou Carlangue, sf. petite baie.

Calao, sm. oiseau. [en Espagne.

Calatrave, sm. ordre militaire

Calcaire, a. que le feu change en chaux. [lon. anat.

Calcaneum, sm. (ome) os du ta-

Calcédoine, sf. agate.

Calcédoineux, se, a. qui a des taches blanches. [calciné.

Calcinable, a. susceptible d'être

Calcination, sf. action de

Calciner, va. réduire en chaux; réduire en cendres.

Calcium, sm. métal qui, combiné avec l'oxygène, donne la chaux.

Calcul, sm. supputation; pierre dans la vessie. [culer.

Calculable, a. qui peut se cal-

Calculateur, trice, s. qui calcule.

Calculatoire, a. qui tient du calcul.

Calculer, va. et n. compter.

Calculeux, se, a. qui a rapport aux calculs de la vessie.

Caldéron, sm. gros cétacé. [ts

Cale, sf. fond d'un navire; ab châtiment. mar. support.

Calé, e, a. qui a de l'aisance. pop.

Calebasse, sf. espèce de courge.

Calebassier, sm. arbre.

Calèche, sf. carrosse coupé; coiffure de femme.

Caleçon, sm. sorte de culotte.

Caléfacteur, sm. appareil pour la cuisson.

Caléfaction, sf. chaleur du feu.

Calembour, sm. jeu de mots à double sens. [calembours.

Calembouriste, sm. qui fait des

Calembredaine, sf. bourde.

Calencar, sm. toile peinte des Indes.

Calendaire, sm. registre d'église

Calender, sm. (èr) religieux turc.

Calendes, sf. pl. premier jour du mois chez les Romains.

Calendrier, sm. table des jours de l'année. [mer.

Calenture, sf. fièvre chaude sur

Calepin, sm. recueil de notes.

Caler, va. abaisser. *mar.* mettre une cale. [vrage.

Calfat, sm. qui calfate ; son ou-

Calfatage, sm. étoupes goudron-nées dans la couture du vais-seau. [fatage.

Calfater, va. boucher avec le cal-

Calfeutrage, sm. action de

Calfeutrer, va. boucher les fentes

Calibre, sm. capacité d'une ar-me à feu ; instrument pour fixer les dimensions.

Calibrer, va. donner le calibre.

Calice, sm. vase pour la messe ; enveloppe de la fleur.

Calicé, e, a. entouré d'un calice.

Calicinal, a. du calice.

Calicot, sm. toile de coton.

Calicule, sm. bractée à la base d'un calice.

Caliette, sf. esp. de champignon.

Califat, sm. dignité de calife.

Calife, sm. souverain mahomé-tan. [val.

Califourchon (à), loc. ad. à che-

Caligo, sm. tache sur l'œil.

Câlin, e, s. a. niais ; indolent ; cajoleur. *fa.* [l'inaction.

Câliner (se), vp. rester dans

Câlinerie, sf. cajolerie.

Caliorne, sf. cordage de moufle.

Calleux, se, a. où il y a des cals.

Calligun, sm. toile des Indes.

Calligraphe, sm. qui s'applique à la

Calligraphie, sf. art de bien for-mer les caractères de l'écri-ture. [graphie.

Calligraphique, a. de la calli-

Calliope, sf. Muse de la poésie héroïque.

Callosité, sf. calus. [héroïque.

Calmande, sf. étoffe de laine.

Calmant, sm. *et* a. qui calme. *méd.* [plumes. v.

Calmar, sm. mollusque ; étui à

Calme, a. tranquille. sm. bona-ce. *fig.* tranquillité.

Calmer, va. apaiser.

Calmouck, sm. satin de laine.

Calomel, sm. muriate de mer-cure.

Calomniateur, trice, s. qui ca-lomnie. [tion.

Calomnie, sf. fausse imputa-

Calomnier, va. attaquer par des calomnies.

Calomnieusement, ad. avec ca-lomnie.

Calomnieux, se, a. qui contient des calomnies.

Caloricité, sf. faculté qu'ont les corps vivants de développer de la chaleur.

Calorifère, sm. sorte de poêle qui répand la chaleur.

Calorifique, a. qui produit de la chaleur. [sure la chaleur.

Calorimètre, sm. instr. qui me-

Calorique, sm. principe de la chaleur.

Calotte, sf. petit bonnet ; tape.

Calotter, va. donner des ca-lottes, des coups.

Caloyer, sm. religieux grec.

Calque, sm. trait d'un dessin calqué. [sin ; imiter.

Calquer, va. contre-tirer un des-

Calquoir, sm. poinçon pour cal-quer.

Calumet, sm. pipe de sauvage.

Calus, sm. (*s*) nœud des os frac-turés. [d'une croix.

Calvaire, sm. élévation plantée

Calville, sm. espèce de pomme.

Calvinisme, sm. secte de Calvin.

Calviniste, sm. sectateur de Cal-vin. [chauve,

Calvitie, sf. (*cie*) état d'une tête

Camaïeu, sm. pierre fine ; ta-bleau d'une seule couleur.

Camail, sm. manteau d'abbé ; au pl. *s.* [chorète.

Camaldule, sm. religieux ana-

Camarade, s. compagnon.

Camaraderie, sf. familiarité ; union entre camarades. *fa.*

Camard, a. *et* s. à nez plat.

Camarilla, sf. coterie influente à la cour d'un prince.

Cambaye, sf. toile de Madras.

Cambiste, sm. qui fait des let-tres de change.

Cambium, sm. viscosité du bois.

Cambouis, sm. vieux-oing d'une roue.

Cambré, e, a. arqué. [arc.

Cambrer, va. et p. courber en

Cambrésine, sf. toile de Cambrai.

Cambrure, sf. courbure en arc.

Cambuse, sf. lieu des distributions de vivres sur un bâtiment. mar. [tributions. mar.

Cambusier, sm. qui fait les dis-

Camée, sm. pierre composée de couches et sculptée. [vert.

Camélée, sf. arbuste toujours

Caméléon, sm. reptile; constellation. fig. homme qui change de parti selon les circonstances.

Caméléopard, sm. girafe.

Camélien, ne, a. qui tient du chameau. [minants.

Caméliens, sm. pl. mamm. ru-

Cameline, sf. plante. [ment.

Camellia, sm. plante d'agré-

Camelot, sm. sorte d'étoffe.

Cameloter, va. imiter le camelot, faire de la

Camelotte, sf. mauvaise besogne.

Camérier, sm. officier de la chambre du pape. [princesse.

Camériste, sf. suivante d'une

Camerlinguat, sm. dignité de

Camerlingue, sm. premier cardinal. [quet.

Camion, sm. petite épingle; ha-

Camionneur, sm. qui conduit un camion.

Camisade, sf. attaque nocturne.

Camisard, sm. fanatique des Cévennes.

Camisole, sf. chemisette.

Camomille, sf. plante.

Camouflet, sm. fumée soufflée; affront. fa.

Camp, sm. lieu où une armée se loge en ordre.

Campagnard, a. et s. qui demeure aux champs.

Campagne, sf. champs; action des troupes; année militaire.

Campagnol, sm. petit quadrupède.

Campan, sm. marbre des Pyrénées.

Campane, sf. ornement; chapiteau. [cloche.

Campaniforme, a. en forme de

Campanille, sm. clocher; f. dôme.

Campanule, sf. plante des jardins. [che.

Campanulée, af. fleur en clo-

Campeche, sm. bois de teinture.

Campement, sm. action de

Camper, va. et n. dresser un camp.

Camphorique, a. se dit d'un acide formé par le

Camphre, sm. principe végétal, substance aromatique.

Camphré, a. où l'on a mis du

Camphrée, sf. plante. [camphre

Camphrer, va. mettre du camphre.

Camphrier, sm. espèce de laurier d'où l'on tire du camphre.

Campine, sf. poularde fine.

Campos, sm. (o) congé.

Camus, a. et s. qui a le nez court

Canaille, sf. vile populace.

Canal, sm. conduit de l'eau. fig. moyen; entremise. [naliser.

Canalisable, a. qu'on peut ca-

Canalisation, sf. action de

Canaliser, va. établir des canaux. [tes.

Canamelle, sf. genre de plan-

Canapé, sm. long siège à dossier.

Canapsa, sm. sac de cuir.

Canard, sm. oiseau aquatique.

Canarder, va. tirer à couvert.

Canarderie, sf. lieu où l'on élève des canards.

Canardière, sf. lieu où l'on prend des canards; grand fusil; ouverture. fort.

Canari, sm. serin des Canaries.

Cancan, sm. bavardage, médisance; grand bruit pour rien; danse prohibée.

Cancaner, vn. faire des cancans; danser le cancan.

Cancanier, ère, s. qui fait des cancans.

Cancel, sm. partie de chœur d'église ; lieu où l'on tient le sceau.

Cancellation, sf. action de

Canceller, va. (ll) annuler.

Cancer, sm. (er) tumeur maligne ; signe du zodiaque.

Cancéreux, euse, a. de cancer.

Cancre, sm. écrevisse de mer ; avare.

Cancriforme, a. qui a la forme du cancre. ant.

Candelabre, sm. chandelier.

Candeur, sf. pureté d'âme.

Candi, am. (sucre) cristallisé.

Candidat, sm. aspirant à une charge.

Candidature, sf. état d'un candidat, la poursuite qu'il fait.

Candide, a. qui a de la candeur.

Candidement, ad. avec candeur.

Candir (se), vp. se durcir comme la glace.

Cane, sf. femelle du canard.

Canepetière, sf. outarde.

Canéphore, sf. jeune fille qui portait des corbeilles aux fêtes de Minerve, de Cérès, etc. ; statue. ant.

Canepin, sm. peau de mouton.

Caneton, sm. petit d'une cane.

Canette, sf. petite cane ; mesure.

Canevas, sm. toile claire ; projet.

Canevassier, ère, s. faiseur de canevas.

Canezou, sm. vêtement de femme. [en usage en Asie.

Cangue, sf. espèce de carcan

Caniche, s. et a. chien barbet.

Canicide, sm. meurtre d'un chien.

Caniculaire, a. (jour) de la

Canicule, sf. constellation ; temps de l'année durant lequel on croit qu'elle domine.

Canif, sm. inst. pour tailler les plumes.

Canin, ine, a. de chien. [veux.

Canitie, sf. blancheur des cheveux

Caniveau, sm. pierre creusée. maç.

Cannage, sm. mesurage à la canne. [cannes.

Cannaie, sf. lieu planté de

Canne, sf. roseau ; bâton ; me-

Canneberge, sf. plante. [sure.

Cannelas, sm. dragée de cannelle. [nelures.

Canneler, va. creuser des can-

Cannelle, sf. écorce du cannellier ; robinet.

Cannellier, sm. arbre.

Cannelure, sf. creux le long des colonnes ou des pilastres.

Cannetille, sf. fil d'or ou d'argent tortillé. [netilles.

Cannetiller, va. couvrir de can-

Cannibale, sm. antropophage.

Canon, sm. pièce d'artillerie ; tuyan ; décision des conciles ; corps des paroles de la messe ; fugue. mus. caractères d'imprimerie.

Canonical, a. des chanoines.

Canonicat, sm. bénéfice de chanoine. [que.

Canonicité, sf. qualité canoni-

Canonique, a. conforme aux canons. [canons.

Canoniquement, ad. selon les

Canonisation, sf. act. de

Canoniser, va. mettre au rang des saints.

Canoniste, sm. savant en droit canon. [nons.

Canonnade, sf. décharge de ca-

Canonnage, sm. art du canonnier.

Canonner, va. tirer le canon.

Canonnerie, sf. lieu où l'on fond les canons.

Canonnier, sm. qui sert le canon.

Canonnière, sf. meurtrière ; petite tente ; petit bâtiment ; jouet.

Canot, sm. petite chaloupe.

Canotier, sm. matelot d'un canot

Canourge, sf. étoffe de laine.

Canque, sf. toile de coton.

Cantabile, sm. t. de mus.

Cantal, sm. fromage d'Auvergne.

Cantaloup, sm. esp. de petit melon.

Cantate, sf. petit poëme lyrique.
Cantatille, sf. petite cantate.
Cantatrice, sf. chanteuse. [le.
Cantharide, sf. mouche officina-
Cantilène, sf. romance douce.
Cantine, sf. coffret à comparti-
ments ; cabaret militaire.
Cantinier, ère, sm. qui tient
une cantine.
Cantique, sm. chant religieux.
Cantomanie sf. manie du chant.
Canton, sm. étendue d'un pays ;
subdivision d'un département.
Cantonade, sf. coin de théâtre.
Cantonal, a. qui appartient au
canton.
Cantonné, a. accompagné. bla.
Cantonnement, sm. état des
troupes cantonnées. [troupes.
Cantonner, va. distribuer des
Cantonnier, sm. qui travaille à
l'entretien des routes.
Cantonnière, sf. tenture de lit.
Canule, sf. tuyau au bout d'une
seringue. [Lyon.
Canut, sm. ouvrier en soie, à
Canzone et Canzonette, sf. chan-
son. [tique.
Caoutchouc, sm. gomme élas-
Cap, sm. tête r. sorte de pro-
montoire.—de mort, sm. che-
val de poil rouan.
Capable, a. habile ; propre à.
Capacité, sf. habileté ; étendue.
Caparaçon, sm. couverture de
cheval.
Caparaçonner, va. mettre un
caparaçon. [voile.
Cape, sf. vêtement ; grande
Capéer, vn. aller à la cape. mar.
Capelage, sm. act. de capeler.
Capelan, sm. prêtre. iro. pois-
son.
Capeler, va. attacher les hau-
bans à la tête du mât. mar.
Capelet, sm. sorte de loupe.
vélér.
Capeline, sf. chapeau de femme.
Capendu, sm. esp. de pomme.
Capétien, enne, a. s. de la 3e race
des rois de France, ou race
des Capets.

Capharnaüm, sm. lieu de dé-
sordre. [poire.
Capiaumont, sm. variété de
Capillaire, a. délié comme des
cheveux. sm. plante.
Capillarité, sf. qualité des tubes
capillaires.
Capilotade, sf. sorte de ragoût.
Capiscol, sm. doyen de cha-
pitre.
Capistre, sm. bandage de tête ;
tour du bec de l'oiseau.
Capitaine, sm. chef militaire ;
commandant d'un vaisseau.
Capitainerie, sf. charge de ca-
pitaine.
Capital, a. et s. principal. sm.
somme d'argent. pl. aux.
Capitale, sf. ville principale
d'un Etat, d'une province.
Capitaliser, va. convertir en
capital. [taux.
Capitaliste, sm. qui a des capi-
Capitan, sm. fanfaron.
Capitan-pacha, sm. amiral turc.
Capitane, sf. première galère.
Capitation, sf. taxe par tête.
Capiteux, se, a. qui porte à la
tête.
Capitole, sm. temple à Rome.
Capitolin, am. du capitole.
Capiton, sm. soie grossière.
Capitoul, sm. échevin à Tou-
louse. [toul.
Capitoulat, sm. dignité de capi-
Capitulaire, a. de chapitre. sm.
ordonnance par chapitres.
Capitulairement, ad. en chapitr.
Capitulant, a. qui a voix au
chapitre. [vention.
Capitulation, sf. traité ; con-
Capitule, sm. leçon à la fin de
l'office.
Capituler, vn. parlementer.
Capon, sm. hypocrite ; joueur
rusé ; poltron ; palan. mar.
Caponner, vn. user de finesse
au jeu ; montrer de la pol-
tronnerie ; hisser l'ancre d'un
navire.
Caponnière, sf. logement cou-
vert. fortifie.

Caporal, sm. chef d'escouade.

Capot, sm. sorte de cape ; t. de jeu. [dingote de soldat.

Capote, sf. esp. de mante ; re-

Capoter, vn. chavirer sens dessus dessous.

Câpre, sf. fruit. sm. vaisseau corsaire.

Caprice, sm. fantaisie. [ce.

Capricieusement, ad. par capri-

Capricieux, se, a. fantasque.

Capricorne, sm. signe du zodiaque.

Câprier, sm. arbuste.

Caprifoliacé, e, qui ressemble au chèvre-feuille ; sf. pl. fam. de plantes.

Caprisant, a. (pouls) inégal.

Capron, sm. grosse fraise.

Capse, sf. boîte de scrutin.

Capsulaire, a. en capsule.

Capsule, sf. enveloppe. bot.

Captal, sm. chef. v. [anato.

Captateur, sm. qui capte. jur.

Captation, sf. act. de capter.

Captatoire, a. qui tend à capter une liberalité. pal.

Capter, va. gagner adroitement.

Captieusement, ad. (ci) d'une man. captieuse. [per.

Captieux, se, a. qui tend à trom-

Captif, ve, a. et s. prisonnier.

Captiver, va. rendre captif ; assujettir ; séduire.

Captivité, sf. esclavage.

Capture, sf. butin.

Capturer, va. faire capture.

Capuce, Capuchon, sm. vêtement de tête.

Capuchonné, e, a. couvert d'un capuchon.

Capucin, sm. esp. de religieux.

Capucinade, sf. plat discours de morale. [cin.

Capucinage, sm. métier de capu-

Capucine, sf. fleur. af. couleur.

Capucinière, sf. maison de capucins. iro.

Caput-mortuum, sm. (ome) résidu d'opération. chim.

Caquage, sm. mise en caque.

Caque, sf. baril.

Caquer, va. V. Encaquer.

Caquet, sm. babil. [ter.

Caquetage, sm. act. de caque-

Caquète, sf. baquet pour les

Caqueter. vn. babiller. [carpes.

Caqueterie, sf. caquets.

Caqueteur, euse, s. qui caquette.

Caqueur, euse, s. qui met les harengs en caque.

Car, conj. indiquant le motif.

Carabe, sm. genre de coléoptères.

Carabé, sm. ambre jaune. [ter.

Carabin, sm. carabinier ; fra-

Carabinade, sf. tour de carabin.

Carabine, sf. arquebuse. [fa.

Carabiner, va. et n. creuser des cannelures dans le tube d'une arme à feu ; combattre comme les carabiniers.

Carabinier, sm. cavalier armé d'une carabine.

Carache, sm. tribut des juifs au grand-turc.

Caraco, sm. vêtement de femme.

Caracol, sm. escalier en —, en limaçon

Caracole, sf. mouvement en rond. mané. [coles.

Caracoler, vn. faire des cara-

Caractère, sm. empreinte ; écriture ; lettres pour imprimer ; naturel ; qualité distinctive.

Caractériser, va. marquer le caractere.

Caractérisme, sm. ressemblance.

Caractéristique, a. qui caracté-

Carafe, sf. vase de verre. [rise.

Carafon, sm. vaisseau de bois ; petite carafe.

Caragne, sf. résine. [tilles.

Caraïbe, sm. naturel des An-

Caraïsme, sm. doctrine du

Caraïte, sm. sectaire juif.

Carambolage, sm. action de caramboler.

Carambole, sf. t. de billard.

Caramboler, vn. toucher deux billes. [rambole.

Caramboleur, sm. celui qui ca-

Caramel, sm. sucre fondu et durci.

Caraméliser, va. réduire le sucre en caramel.

Caranguer, vn. louvoyer à petites voiles. *mar.*

Carapace, sf. écaille de tortue.

Caraque, sf. navire portugais.

Carat, sm. titre de l'or ; poids.

Caravane, sf. troupes de pelerins ou de marchands du Levant en voyage.

Caravanier, sm. conducteur d'animaux dans les caravanes.

Caravaneur, sm. vaisseau marseillais. [d'une caravane.

Caravaniste, s. qui fait partie

Caravansérai *ou* Caravanserail, sm. espèce d'hôtellerie dans le Levant.

Caravelle, sf. navire portugais.

Carbatine, sf. peau de bête.

Carbet, sm. case commune de sauvages.

Carbonarisme, sm. système du

Carbonaro, sm. pl. Carbonari, membre d'une société politique et secrète.

Carbonate, sm. sel composé d'acide carbonique et d'une base.

Carbonater, va. convertir en carbone.

Carbone, sm. charbon pur. *chim.* [carbone. *chim.*

Carboné, e, a. qui contient du

Carbonique, a. tiré du carbone.

Carbonisation, sf. act. de carboniser. [bon.

Carboniser, va. réduire en char-

Carbonnade, sf. viande grillée.

Carbure, sm. résultat de la combinaison du carbone avec une substance simple. *chim.*

Carcan, sm. collier de fer au cou des criminels ; collier de pierreries.

Carcasse, sf. ossements décharnés et joints ; charpente.

Carcinomateux, se, a. de la nature du cancer.

Carcinome, sm. cancer.

Cardage, sm. act. de carder.

Cardamine, sf. plante crucifère.

Cardamome, sm. graine aromatique. [gne de cardeur.

Carde, sf. côte de plante ; pei-

Cardée, sf. ce qu'on carde à la fois. [carde.

Carder, va. peigner avec la

Carderie, sf. atelier où l'on carde.

Cardeur, euse, s. qui carde.

Cardiacé, e, a. qui ressemble à un cœur. [du cœur.

Cardiagraphie, sf. description

Cardialgie, sf. douleur au cœur. *méd.*

Cardiaque, a. du cœur.

Cardier, sm. qui fait des cardes.

Cardinal, sm. prélat ; oiseau. a. principal.

Cardinale, sf. espèce de lobélie.

Cardinalat, sm. dignité de cardinal.

Cardon, sm. plante potagère.

Cardouzille, sf. étoffe de laine.

Carême, sm. abstinence avant Pâques. — *prenant*, sm. jours gras.

Carénage, sm. act. de caréner.

Carence, sf. manque. *jur.*

Carène, sf. partie inf. du vaisseau ; t. de *bot.* [carène. *bot.*

Caréné, a. qui a la forme d'une

Carener, va. radouber.

Caressant, a. qui caresse.

Caresse, sf. témoignage d'affection. [ses.

Caresser, va. faire des cares-

Caret, sm. tortue ; gros fil.

Cargaison, sf. charge de navire.

Cargue, sf. corde des voiles.

Carguer, va. trousser les voiles. *mar.*

Cariatide, sf. statue de femme dont la tête soutient une corniche. [aux cariatides.

Cariatidique, a. qui appartient

Caribou, sm. renne du Canada.

Caricature, sf. charge en peinture.

Caricaturer, va. faire des caricatures ; tourner en ridicule.

Carie, sf. pourriture.

Carier, va. *et* p. se gâter.

Carieux, euse, a. de la carie.

Carillon, sm. battement de cloches en mesure ; grand bruit.

Carillonner, vn. sonner le carillon.

Carillonneur, sm. qui carillonne

Caristade, sf. aumône. v.

Carlin, sm. mon. d'Italie ; petit chien. [mar.

Carlingue, sf. pièce de bois.

Carlovingien, ne, a. s. de la 2e race des rois de France, ou race de Charlemagne.

Carmagnole, sf. sorte de vêtement ; soldat qui le portait ; espèce d'air et de danse.

Carme, sm. moine. au pl. t. de trictrac.

Carmeline, sf. laine de vigogne.

Carmélite, sf. religieuse. [ge.

Carmin, sm. belle couleur rou-

Carminatif, ve, a. contre les vents. méd. [de la cochenille.

Carmine, sf. matière colorante

Carnage, sm. massacre.

Carnaire, a. qui vit dans la chair.

Carnassier, a. qui ne vit que de chair. [bier.

Carnassière, sf. sac pour le gi-

Carnation, sf. couleur des chairs.

Carnaval, sm. temps de divertissements.

Carne, sf. angle extérieur.

Carné, a. couleur de chair.

Carnet, sm. petit livre de compte.

Carnifier, vp. acquérir la consistance des parties charnues.

Carnification, sf. changement en chair.

Carnivore, a. qui vit de chair.

Carnosite, sf. excroissance charnue. [Charlemagne.

Carolin, e, a. qui se rapporte à

Carolus, sm. anc. monnaie de France.

Coronade, sf. gros canon court.

Caroncules, sf. pl. petites chairs glanduleuses.

Carosse, sm. assemblage de sarments autour d'un échalas ; fruit du carossier.

Carossier, sm. palmier de Guinée.

Carotides, sf. pl. artères du cerveau. [rotide.

Carotidien, am. (canal) de la ca-

Carotique, a. du carus.

Carotte, sf. racine.

Carotter, va. hasarder peu au jeu ; tirer de l'argent à quelqu'un. pop.

Carotteur, euse, ou Carottier, ière. s. qui carotte.

Caroube ou Carouge, sm. fruit du

Caroubier, sm. arbre d'Italie.

Carpe, sf. poisson. m. poignet.

Carpeau, sm. petite carpe.

Carpière, sf. Carpier, sm. lieu où l'on nourrit des carpes.

Carpillon, sm. très-petite carpe.

Carpologie, sf. traité sur les fruits.

Carquois, sm. étui à flèches.

Carrare, sm. marbre de Gènes.

Carre, sf. hauteur ; carrure.

Carre, sm. et a. à 4 angles droits.

Carreau, sm. pavé plat ; vitre ; une des couleurs du jeu de cartes ; coussin pour s'asseoir ou s'agenouiller ; fer à repasser des tailleurs ; maladie.

Carrefour, sm. lieu où les rues se croisent.

Carreger, vn. louvoyer. [leur.

Carrelage, sm. ouvr. de carre-

Carreler, va. poser des carreaux.

Carrelet, sm. poisson ; filet de pêche; sorte de grosse aiguille.

Carreleur, sm. poseur de carreaux. — de souliers, savetier ambulant. [reaux.

Carrelier, sm. qui cuit les car-

Carrelure, sf. semelle neuve à de vieux souliers.

Carrément, ad. en carré.

Carrer, va. donner une figure carrée. vp. marcher d'un air fier. [dingote.

Carrick, sm. sorte de grande re-

Carrier, sm. ouvrier de carrière.

Carrière, sf. lice ; lieu d'où l'on tire la pierre ; cours de la vie.

Carriole , sf. petite charrette.
Carrosse, sm. voiture suspendue
Carrossable , a. se dit d'une route où les voitures peuvent passer.
Carrossée, sf. personnes contenues dans un carrosse.
Carrossier, sm. qui fait des carrosses. [nois.
Carrousel, sm. espèce de tour-
Carrure, sf. largeur du dos.
Carsaie, sf. étoffe.
Cortager, va. donner la 4e façon à la vigne.
Cortahu, sm. léger cordage.
Cartayer, vn. éviter les ornières.
Carte, sf. carton pour jouer ; représentation d'un pays; liste de mets.
Cartel, sm. défi de combat ; règlement pour l'échange des prisonniers.
Cartelade, sf. anc. mesure d'arpentage.
Cartelet, sm. étoffe de laine.
Cartelette, sf. petite ardoise.
Carteron. V. Quarteron.
Cartésianisme, sm. philosophie.
Cartésien, sm. partisan de Descartes.
Carthame, sm. plante. [jouer.
Cartier, sm. qui fait les cartes à
Cartilage , sm. partie blanche, dure , insensible, qui revêt l'extrémité des os. anat. [ge.
Cartilagineux, se, a. du cartila-
Cartisane, sf. rouleaux revêtus de soie, d'or, d'argent. brod.
Cartographie, sf. art de tracer des cartes de géographie.
Cartomancie, sf. art de prédire l'avenir par des cartes.
Cartomancien, ne, s. qui exerce la cartomancie.
Carton, sm. grosse carte ; feuillet réimprimé avec des changements. impr.
Cartonnage , sm. act. de cartonner, ou l'ouvrage qui en résulte.
Cartonner, va. mettre un carton à un livre ; relier en carton.

Cartonnerie , sf. art du cartonnier.
Cartonneur, sm. qui cartonne.
Cartonnier, sm. qui fait le carton.
Carton-pierre, sm. sorte de carton très-dur.
Cartouche, sm. ornement. sf. charge d'arme à feu.
Cartouchier, sm. giberne des marins. [les.
Cartulaire, sm. recueil de char-
Carus , sm. (s) assoupissement. méd.
Carvi, sm. plante ombellifère.
Caryatide, sf. V. Cariatide.
Caryophyllée , af. se dit des fleurs de l'œillet. sf. pl. famille de plantes.
Cas, sm. désinences des noms qui se déclinent ; accident ; fait. [sé. v. au m.
Cas, casse, a. qui sonne le cas-
Casanier, ère, a. qui aime à rester chez lui.
Casaque, sf. vêtement. [femme.
Casaquin , sm. deshabillé de
Cascade, sf. chute d'eau.
Cascatelle, sf. petite cascade.
Case, sf. maison. fa. t. de jeu.
Caséate, sm. sel formé par l'acide caséique. [mage.
Caséation, sf. formation du fro-
Caséeux, euse, a. de la nature du fromage.
Caséiforme, a. en forme de fromage.
Caséique , a. acide — du fro-
Casemate, sf. voûte souterraine. fortific. [semates.
Casematé, a. (bastion) avec ca-
Caser, vn. et p. établir.
Caserne, sf. logement de soldats.
Casernement, sm. action de
Caserner, va. et n. mettre en caserne.
Caséum, sm. partie du lait qui constitue le fromage.
Casier, sm. garniture de bureau, formant plusieurs cases.
Casilleux, sm. (verre) très-cassant.

6

Casimir, sm. étoffe de laine croi-
sée. [de jeu.
Casino, sm. lieu de réunion et
Casoar, sm. oiseau.
Casque, sm. armure de tête.
Casqué, a. coiffe d'un casque.
Casquette, sf. coiffure d'homme.
Cassade, sm. mensonge. fa.
Cassaille, sf. première façon à
la terre.
Cassant, a. fragile. [jur.
Cassation, sf. acte qui casse.
Cassave, sf. farine de manioc.
Casse, sf. plante ; caisse à com-
partiments. imp.; peine milit.
Cassé, e, a. vieux, affaibli.
Casseau, sm. moitié de casse. imp
Casse-cou, sm. lieu glissant.
Casse-fil, sm. instr. pour con-
naître la force du fil.
Cassement, sm. — de tête,
grande contention d'esprit.
Casse-lunette, sm. bleuet.
Casse-noisette, sm. instr. pour
casser les noisettes.
Casse-noix, sm. instr. pour cas-
ser les noix.
Casser, va. briser ; rompre ; an-
nuler un acte ; priver un of-
ficier de son emploi. vp. s'af-
faiblir. [sine.
Casserole, sf. ustensile de cui-
Casse-tête, sm. massue. fig.
grand bruit, travail difficile.
Cassetin, sm. cellule de casse.
imp. [sor.
Cassette, sf. coffre léger ; tré-
Casseur, sm. fier-à-bras. fa.
Cassidoine sf. pierre précieuse.
Cassier, sm. arbre à casse.
Cassine, sf. petite maison des
champs.
Cassis, sm. V. Cacis.
Cassiopée, sf. constellation.
Cassolette, sf. vase à parfum.
Casson, sm. pain informe de
sucre fin. [finé.
Cassonade, sf. sucre non ra-
Cassure, sf. fracture.
Castagnette, sf. instr. de mus.
Castagneux, sm. oiseaux de ri-
Caste, sf. tribu ; classe [vière.

Castel, sm. château. v.
Castelane, sf. prune verte.
Castille, sf. débat. fa.
Castine, sf. pierre calcaire.
Castor, sm. quadrupède ; cha-
peau.
Castoreum, sm. (om) liqueur
contenue dans deux vésicules
du castor
Castorine, sf. étoffe de laine.
Castramétation, sf. art de cam-
per.
Castrat, sm. chanteur châtré.
Castration, sf. act. de châtrer.
Casualité, sf. état de ce qui est
Casuel, le, a. et sm. fortuit.
Casuellement, ad. fortuitement.
Casuiste, sm. théologien.
Catachrèse, sf. (kré) métaphore.
Cataclysme, sm. déluge.
Catacombes, sf. pl. carrières où
l'on enterrait.
Catacoustique, sf. partie de l'a-
coustique qui traite de la pro-
priété des échos.
Catadioptrique, sf. traité de la
lumière.
Catadoupe, sf. chute d'eau.
Catafalque, sm. décoration fu-
Cataire, sf. plante. [nèbre.
Catalectes, sm. pl. recueil de
fragments. [fait.
Catalectique, a. (vers) impar-
Catalepsie, sf. affection sopo-
reuse. [talepsie
Cataleptique, a. attaqué de ca-
Catalogue, sm. liste.
Cataloguement, sm. action de
Cataloguer, va. inscrire dans un
catalogue.
Catalpa, sm. arbre.
Catapelte, sf. anc. instr. de
supplice.
Cataplasme, sm. médicament
externe; topique.
Cataplexie, sf. engourdissement
subit. aut.
Catapulte, sf. mach. de guerre.
Cataracte, sf. opacité du cry-
stallin. méd. chute d'eau.
Cataracté, e, a. affecté de la ca-
taracte.

Cataracter (se), vp. se couvrir d'une cataracte, en parlant de l'œil. [de catarrhe.

Catarrhal et Catarrheux, se, a.

Catarrhe, sm. fluxion. [neste.

Catastrophe, sf. événement fu-

Catéchiser, va. endoctriner.

Catéchisme, sm. instruction religieuse.

Catéchiste, sm. qui catéchise.

Catéchuménat, sm. état de

Catéchumène, sm. (cu) qu'on ca-

Catégorie, sf. classe. [téchise.

Catégorique, a. dans l'ordre.

Catégoriquement, ad. à propos.

Catégoriser, va. ranger par catégories. [catégories.

Catégoriseur, sm. qui établit des

Catégoriste, s. a. qui fait un système de catégories.

Cathartique, a. purgatif.

Cathédrale, af. église principale d'un diocèse.

Cathédrant, sm. qui préside à une thèse. [chairs.

Cathérétique, a. qui ronge les

Cathéter, sm. (ér) sorte de sonde. chir. [tholique.

Catholicisme, sm. religion ca-

Catholicité, sf. pays catholique.

Catholicon, sm. remède.

Catholique, a. universel. s. qui professe le catholicisme.

Catholiquement, ad. suivant le catholicisme.

Cati, sf. apprêt d'étoffe.

Catillac, sm. sorte de poire.

Catimini (en), loc. ad. en cachette. fa

Catin, sf. femme de mauvaise vie. fa. sorte de bassin.

Catir, va. donner le cati.

Catisseur, sm. ouvrier qui donne le cati aux étoffes.

Catogan, sm. V. Cadogan.

Caton, sm. sage. [tique.

Catoptrique, sf. partie de l'op-

Cauchemar, sm. oppression.

Cauchois, am. (pigeon) de Caux.

Caudal, e, a. de la queue.

Caudataire, sm. qui porte la queue de la robe d'un cardinal.

Caudé, e. a. muni d'un appendice en forme de queue.

Caudebec, sm. chapeau de laine.

Caudimane, sm. a. animal qui saisit avec la queue.

Caulescent, e, a. muni d'une tige

Caulicoles, sf. pl. petites tiges en volutes entre les feuilles d'acanthe. arch.

Couris, sm. coquille servant de monnaie dans l'Inde.

Causal, a. causatif.

Causalité, sf. act. d'une cause.

Causant, e, a. qui aime à causer.

Causatif, ve, a. qui rend raison. gra. [cès.

Cause, sf. principe ; sujet ; pro-

Causer, va. être cause. n. con- [verser.

Causerie, sf. babil. fa.

Causeur, se, s. qui aime à parler ; f. petit canapé. [jeté.

Caussiné, e, a. se dit du bois de

Causticité, sf. malignité ; qualité des substances caustiques.

Caustique, a. et sm. corrosif. fig. satirique ; mordant.

Caustiquement, adv. d'une man. caustique.

Cautèle, sf. ruse. v.

Cauteleusement, ad. avec ruse.

Cauteleux, se, a. rusé.

Cautère, sm. ulcère artificiel.

Cautérétique, a. qui brûle les chairs.

Cautérisation, sf. action de

Cautériser, va. brûler les chairs.

Caution, sf. répondant.

Cautionnement, sm. acte pour

Cautionner, va. se rendre caution.

Cavagnole, sm. esp. de biribi.

Cavalcade, sf. marche à cheval.

Cavalcadour, sm. (écuyer) qui a soin des chevaux.

Cavale, sf. jument.

Cavalerie, sf. troupe à cheval.

Cavalier, sm. homme à cheval ; jeune homme leste et bien fait ; butte pour l'artillerie. fortific. [cavalière.

Cavalièrement, ad. d'une façon

Cavatine, sf. air court. mus.

Cave, sf. souterrain ; fonds d'ar- gent qu'on met devant soi à certains jeux (veine; cave,

Cave, a. creux. [grosse veine.

Caveau, sm. petite cave.

Cavecé, a. (cheval) à tête noire.

Caveçon, sm. fer pour dompter les chevaux.

Cavée, sf. chemin creux.

Caver, va. et n. creuser; miner. vn. mettre au jeu.

Caverne, sf. antre.

Caverneux, se, a. plein de ca- vernes. fig. sourd, creux.

Cavet, sm. moulure. arch.

Caviar, sm. œufs d'esturgeon salés.

Cavillation, sf. (ll) sophisme, fausse subtilité; moquerie.

Cavin, sm. petite fondrière.

Caviste, sm. qui a soin de la

Cavité, sf. creux ; vide. [cave.

Cayenne, sf. caserne de ma- telots.

Cayes, sf. pl. bancs de sable.

Ce, Cet, m. Cette, f. Ces, pl. a. démonstr.

Céans, ad. ici dedans. [chose-ci.

Ceci, pron. démonstr. cette

Cécité, sf. état d'un aveugle.

Cécographie, sf. man. d'écrire des aveugles.

Cédant, s. qui cède. pra.

Céder, va. laisser. n. se rendre; se soumettre. [gra.

Cédille, sf. virgule sous le c.

Cédrat, sm. citronnier; son fruit.

Cedratier, sm. arbre qui produit les cédrats. [vert.

Cèdre, sm. bel arbre toujours

Cèdrie, sf. résine de cèdre.

Cédule, sf. billet sous seing

Ceindre, va. entourer. [privé.

Ceintrage, sm. cordage autour d'un vaisseau. mar. [trage.

Ceintrer, va. disposer le cein-

Ceinture, sf. ruban, cordon pour ceindre. [tures.

Ceinturier, sm. qui fait des cein-

Ceinturon, sm. ceinture pour l'épée. [ceinturons.

Ceinturonnier, sm. qui fait des

Cela, pron. démonstr. cette chose-là. [délicat.

Céladon, sm. vert pâle; amant

Célébrant, sm. qui officie.

Célébration, sf. act. de célébrer.

Célèbre, a. fameux.

Célébrer, va. exalter ; solenni- ser ; (dire la messe.)

Célébrité, sf. renom; solennité.

Céler, va. cacher.

Célère, a. prompt, rapide.

Céleri, sm. plante potagère.

Célerin, sm. esp. de sardine.

Célérité, sf. vitesse.

Céleste, a. du ciel ; excellent.

Célestin, sm. religieux.

Céliaque, a. du ventre. méd.

Célibat, sm. état de

Célibataire, s. non marié.

Cellerier, s. celui ou celle qui a soin des provisions de bou- che dans un couvent.

Cellier, sm. lieu où l'on serre le vin et les provisions.

Cellulaire, a. à cellules. anat.

Cellule, sf. loge; alvéole.

Celluleux, euse, a. composé de cellules.

Celtique, a. (langue) des Celtes.

Celui, Celle, pron. démonstr. s. Ceux, Celles. pl.

Celui-ci, Celle-ci. pron. démons. cet être-ci. [cet être-là.

Celui-la, Celle-là. pron. dém.

Cément, sm. mélange chim. de sels et de soufre pour puri- fier les métaux. [ter.

Cémentation, sf. act. de cémen-

Cémentatoire, a. (poudre) cé- ment. [taux avec le cément.

Cémenter, va. purifier les mé-

Cémenteux, euse, a. qui a les ca- ractères du cément.

Cénacle, sm. salle à manger. Bible. [bustion.

Cendre, sf. résidu de la com-

Cendré, a. couleur de cendre.

Cendrée, sf. menu plomb pour la chasse. [dre.

Cendreux, se, a. plein de cen-

Cendrier, sm. ustensile où tom- be la cendre.

Cène, sf. dernier souper du Christ avec ses apôtres; communion des protestants.

Cénelle, sf. fruit du houx.

Cénobite, sm. moine en communauté.

Cénobitique, a. de cénobite.

Cénotaphe, sm. tombeau vide.

Cens, sf. (s) redevance en argent.

Censal, sm. courtier du Levant.

Cense, sf. ferme. p. us.

Censé, a. réputé. [nateur.

Censeur, sm. critique; exami-

Censier, ère, s. qui tient une cense; am. livre où s'enregistraient les cens.

Censitaire, sm. qui devait cens.

Censive, sf. cens; terre dépenpendante d'un fief. [féo.

Censivement, ad. avec cens.

Censorial, a. qui a rapport à la censure.

Censuel, le, a. de cens.

Censurable, a. qui peut être censuré. [du censeur.

Censure, sf. correction, dignité

Censurer, va. blâmer.

Cent, a. et s. num. dix fois dix.

Centaine, sf. cent unités.

Centaure, sm. monstre fab.; constellation.

Centaurée, sf. plante.

Centenaire, a qui a cent ans.

Centenier, sm. centurion.

Centésimal, a. faisant partie de la centaine.

Centésime, sf. intérêt de 1 p. cent par mois.

Cent-garde, sm. soldat de la garde de l'empereur. [de l'arc.

Centiare, sm. centième partie

Centième, a. nombre ordinal de cent. [degrés.

Centigrade, a. divisé en cent

Centigramme, sm. centième partie du gramme. [du litre.

Centilitre, sm. centième partie

Centime, sm. centième partie du franc. [du mètre.

Centimètre, sm. centième partie

Centinode, sf. trainasse.

Centistère, sm. centième partie

Centon, sm. rapsodie. [du stère.

Central, e, a. du centre.

Centralisation, sf. action de

Centraliser, va. réunir au

Centre, sm. milieu.

Centrer, va. rendre un verre épais au centre. [centre.

Centrifuge, a. qui éloigne du

Centripète, a. qui tend au centre.

Centripétence, sf. tendance au centre.

Cent-suisse, sm. soldat de la garde des anciens rois de France.

Centumvir, sm. (om) magistrat romain. ant.

Centumviral, a. qui tient au

Centumvirat, sm. dignité romaine.

Centuple, a. cent fois autant.

Centupler, va. répéter cent fois.

Centuriateur, sm. historien ecclésiastique.

Centurie, sf. centaine.

Centurion, sm. qui commandait cent hommes. [v.

Cep, sm. pied de vigne. pl. liens.

Cèpe, sm. espèce de champignon. [même souche.

Cépée, sf. touffe sortant d'une

Cependant, ad. pendant cela; toutefois.

Céphalalgie, sf. douleur de tête.

Céphalalogie, sf. traité du cerveau. [forme de tête.

Céphalanthe, a. à fleurs en

Céphalatomie, sf. anatomie du cerveau.

Céphalée, sf. mal de tête.

Céphalique, a. de la tête.

Céphaloïde, a. en forme de tête.

Céphalopode, sm. classe de mollusques.

Céphée, sm. constellation.

Céracé, e, a. qui a l'aspect, la consistance de la cire.

Céramique, a. sf. art de fabriquer les vases de terre.

Céraste, sm. vipère d'Egypte.

Cérat, sm. sorte d'onguent.

Cerbère, sm. chien des enfers.

Cerceau, sm. cercle de tonneau.

Cerclage, sm. action de cercler.

Cercle, sm. circonférence; assemblée. [ceaux.

Cercler, va. mettre des cerceaux.

Cerclier, sm. qui fait des cerceaux. [un mort.

Cercueil, sm. coffre où l'on met

Céréale, af. graine farineuse.
— sf. pl. fêtes de Cérès.

Cérébral, e, a. du cerveau.

Cérémonial, sm. cérémonies.

Cérémonie, sf. forme extérieure d'un culte ; formalité ; témoignage de déférence.

Cérémonieux, se, a. qui fait des cérémonies.

Cérès, sf. (s) planète. [forêts.

Cerf, sm. (cér) quadrupède des

Cerfeuil, sm. plante potagère.

Cerf-volant, sm. insecte; jouet.

Cerisaie, sf. lieu planté de cerisiers.

Cerise, sf. fruit du [siers.

Cerisier, sm. arbre.

Cerne, sm. rond livide. méd.

Cerneau, sm. moitié de noix

Cerner, va. entourer. [verte.

Céromancie, sf. divination au moyen de la cire. [en cire.

Céroplastique, sf. art de mouler

Certain, a. sûr ; quelque. sm. chose certaine.

Certainement, ad. en vérité.

Certes, ad. certainement.

Certificat, sm. écrit faisant foi.

Certificateur, sm. qui certifie.

Certification, sf. assurance par

Certifier, va. assurer. [écrit.

Certitude, sf. assurance.

Cérumen, sm. (én) humeur des oreilles.

Cérumineux, se, a. de la cire.

Céruse, sf. blanc de plomb.

Cervaison, sf. temps où le cerf est gras.

Cerveau, sm. et Cervelle. f. substance molle dans le crâne.

Cervelas, sm. petit saucisson.

Cervelet, sm. derrière du cerveau.

Cervelière, sf. ancien casque.

Cervical, al. aux. a. du cou.

Cervier, am. (loup) lynx.

Cervoise, sf. sorte de bière.

César, sm. titre des empereurs romains ; conquérant.

Césarienne, af. se dit d'une opération chirurgicale.

Cessant, a. qui cesse.

Cessation, sf. intermission.

Cesse (sans), loc. ad. toujours.

Cesser, va. et n. discontinuer.

Cessible, a. qui peut être cédé.

Cession, sf. abandon.

Cessionnaire, a. à qui l'on cède.

Ceste, sm. gantelet. ant.

Césure, sf. repos dans un vers.

Cétacé, a. et s. grand poisson.

Cétérac, sm. plante.

Cétologie, sf. traité des cétacés.

Cha, sm. étoffe de Chine.

Câbler, va. attacher un câble.

Chablis, sm. bois abattu par le vent ; vin de Chablis. fa.

Chabnam, sm. mousseline des Indes.

Chabot, sm. poisson de rivière.

Chabraque, sf. V. Schabraque.

Chacal, sm. quadrupède carnassier.

Chaconne, sf. air; danse. [pl.

Chacun, e, pron. distributif, sans

Chafouin, a. et s. maigre ; petit. fa.

Chagrin, sm. affliction ; cuir préparé. a. triste, morose.

Chagrinant, a. qui chagrine.

Chagrinement, adv. d'une man. chagrine

Chagriner, va. et p. attrister ; va. convertir une peau en chagrin. [le chagrin.

Chagrinier, sm. qui fabrique

Chah, sm. titre des rois de Perse.

Chaîne, sf. anneaux entrelacés ; continuité. fig. servitude; captivité. [nes,

Chaînetier, sm. qui fait des chaî-

Chaînette, sf. petite chaîne.

Chaînon, sm. anneau de chaîne.

Chair, sf. substance des muscles.

Chaire, sf. tribune. [cles.

Chaise, sf. siège à dos ; voiture.

Chaland, s. acheteur; bateau plat.

Chalandise, sf. pratique. *v.*

Chalastique, a. propre à relâcher les fibres. *méd. v.*

Chalcographe, sm. (*cal*) graveur sur métaux. [*ver.*

Chalcographie, sf. art de gra-

Chaldaïque, a. (*cal*) des Chaldéens. [de la Babylonie.

Chaldéens, sm. pl. anc. peuple

Châle, sm. grand fichu.

Chalef, sm. arbrisseau du midi de l'Europe.

Chalet, sm. cabane suisse.

Chaleur, sf. état de ce qui est chaud au physique et au moral. [leur.

Chaleureusement, adv. avec cha-

Chaleureux, se, a. qui a beaucoup de chaleur.

Châlier, sm. ouv. en châles.

Châlit, sm. bois de lit. *v.*

Chaloir, vn. imp. *peu m'en chaut*, peu n'importe. *p. us.*

Chalon, sm. filet de pêche.

Chaloupe, sf. petit navire.

Chalumeau, sm. tuyau; flûte.

Chalybe, a. qui contient du tartrate de potasse et de fer.

Chamade, sf. signal pour capituler.

Chamailler, vn. *et* p. disputer, se battre. *fa.*

Chamaillis, sm. mêlée, combat.

Chamarrer, va. orner de dentelles, galons, etc. [marrer.

Chamarrure, sf. man. de cha-

Chan.bellage, sm droit féodal.

Chambellan, sm. officier de la chambre d'un prince.

Chamberlain, sm. chambellan en Angleterre.

Chambertin, sm. vin de Bourgogne.

Chambourin, sm. faux cristal.

Chambranle, sm. ornement d'architecture.

Chambre, sf. pièce d'une maison; assemblée; soufflure dans une pièce de fonte. [ensemble.

Chambrée, sf. soldats logeant

Chambrelan, sm. ouvrier en chambre. [même chambrée.

Chambrer, vn. être dans la

Chambrerie, sf. office de chambrier.

Chambrette, sf. petite chambre.

Chambrier, sm. officier claustral.

Chambrière, sf. servante; fouet.

Chambrillon, sm. petite servante.

Chame ou Came, sf. genre de coquilles bivalves. [ponton.

Chameau, sm. quadrupède;

Chamelier, sm. conducteur de chameaux. [meau.

Chamelle, sf. femelle du cha-

Chamois, sm. quadrupède.

Chamoiser, va. apprêter les peaux de chamois. [moise.

Chamoiserie, sf. où l'on cha-

Chamoiseur, sm. qui chamoise.

Champ, sm. pièce de terre. au pl. la campagne. [pagne. *fa.*

Champagne, sm. vin de Champart, sm. droit féodal sur les gerbes. [part.

Champarter, va. lever le champarteur, sm. qui champarte.

Champeaux, sm. pl. prairies.

Champenois, e, s. qui est de la Champagne.

Champêtre, a. des champs.

Champi, sm. papier à châssis.

Champ gnon, sm. plante; bouton au lumignon d'une lampe.

Champignonnière, sf. couche pour les champignons.

Champion, sm. combattant; défenseur. [rin.

Champlever, va. creuser au bu-

Champlure, sf. gelée des arbres.

Chance, sf. sorte de jeu de dés; hasard.

Chancelant, a. qui chancelle.

Chanceler, vn. n'être pas ferme.

Chancelier, sm. chef de la justice.

Chancelière, sf. meuble fourré pour tenir les pieds chaudement. [chanceler.

Chancellement, sm. act. de

Chancellerie, sf. hôtel du chancelier.

Chanceux, se, a. en bonheur. *fa.*

Chanci, sm. fumier blanchi.

Chancir, vn. *et* p. moisir.

Chancissure, sf. moisissure.

Chancre, sm. ulcère malin.

Chancreux, se, a. du chancre.

Chandeleur, sf. fête catholique.

Chandelier, sm. qui fait la chandelle; ustensile pour la mettre.

Chandelle, sf. flambeau de suif.

Chandellerie, sf. lieu où l'on fait des chandelles.

Chanfrein, sm. face du cheval; petite surface. *arch.*

Chanfreiner, va. former un chanfrein. *arch.*

Change, sm. troc; banque. — donner le change, tromper.

Changeant, a. qui change facilement.

Changement, sm. act. de

Changer, va. quitter une chose pour une autre. [monnaies.

Changeur, sm. qui change les

Chanoine, sm. qui a un canonicat. [bende.

Chanoinesse, sf. qui a une pré-

Chanoinie, sf. canonicat.

Chanson, sf. vers qu'on chante.

Chansonner, va. faire des chansons contre quelqu'un. |son.

Chansonnette, sf. petite chan-

Chansonnier, ère. s. qui fait des chansons. sm. recueil de chansons.

Chant, sm. inflexion de voix prolongée, avec modulation; manière de chanter; division d'un poëme.

Chantant, a. propre au chant.

Chanteau, sm. morceau de pain; morceau de pain bénit.

Chantepleure, sf. entonnoir.

Chanter, va. *et* n. former des sons modulés; célébrer.

Chanterelle, sf. corde la plus déliée d'un violon.

Chanteur, se, s. qui chante.

Chantier, sm. magasin de bois.

Chantignole, sf. pièce de charpente. [mi-voix.

Chantonner, vn. chanter à de-

Chantournage, sm. act. de chantourner.

Chantourné, sm. pièce d'un lit.

Chantournement, sm. contour d'une pièce de bois chantournée. [près un dessin.

Chantourner, va. couper d'a-

Chantre, sm. qui chante à l'église.

Chantrerie, sf. office de chantre.

Chanvre, sm. plante; sa filasse.

Chanvreux, cuse, a. qui tient de la nature du chanvre.

Chaos, sm. (ka) confusion.

Chape, sf. vêtement d'église; pièce d'une boucle.

Chapé, a. (écu) en chape. *bla.*

Chapeau, sm. coiffure.

Chape-chute, sm. hasard heureux ou malheureux.

Chapelain, sm. qui dessert une chapelle.

Chapeler, va. ôter la superficie de la croûte du pain.

Chapelet, sm. grains enfilés.

Chapelier, sm. qui fait des chapeaux.

Chapelle, sf. petite église.

Chapellenie, sf. bénéfice de chapelain. [chapelier.

Chapellerie, sf. commerce de

Chapelure, sf. croûte ôtée en chapelant.

Chaperon, sm. ancienne coiffure; ornement; toit; personne âgée qui accompagne une jeune fille.

Chaperonner, va. couvrir d'un chaperon; accompagner une jeune fille. [lieuse.

Chapetonnade, sf. maladie bi-

Chapier, sm. qui porte chape.

Chapiteau, sm. haut de colonne; corniche; dessus d'un alambic.

Chapitre, sm. division d'un livre; corps de chanoines; *fig.* sujet.

Chapitrer, va. réprimander.

Chapon, sm. coq châtré.

Chaponneau, sm. jeune chapon.

Chaponner, va. châtrer un coq.

Chaponnière, sf. vase de cuisine.

Chapoter, va. dégrossir le bois.

Chappe, sf. poignée d'un moule ; lisière des filets.

Chaque, a. distributif. sans pl.

Char, sm. voiture à deux roues. ant. [bancs.

Char-à-banc, sm. voiture à

Charabia, sm. patois des Auvergnats.

Charade, sf. sorte d'énigme.

Charadiste, s. qui s'occupe de charades.

Charançon, sm. scarabée.

Charançonné, a. attaqué par les charançons.

Charbon, sm. bois embrasé ; espèce de furoncle pestilentiel.

Charbon de terre, sm. fossile combustible.

Charbonné, e, a. attaqué du charbon ; noirci.

Charbonnée, sf. grillade.

Charbonner, va. noircir avec du charbon. [pestilentiel.

Charbonneux, se, a. du furoncle

Charbonnier, ère, s. qui fait ou vend du charbon. m. où on le met. f. où il se fait.

Charbouiller, va. se dit de l'effet de la nielle sur le blé.

Charbucle, sf. esp. de nielle.

Charcanes, sm. pl. étoffe des Indes. [chair.

Charcuter, va. couper mal la

Charcuterie, sf. état de

Charcutier, ère, s. qui vend la chair du porc.

Chardon, sm. plante.

Chardonner, va. carder la laine avec des chardons.

Chardonneret, sm. oiseau.

Chardonnette, sf. espèce d'artichaut sauvage. [chardons.

Chardonnière, sf. champ de

Charge, sf. faix ; office ; choc de troupes ; représentation exagérée.

Chargé d'affaires, sm. diplomate.

Chargement, sm. cargaison.

Chargeoir, sm. support pour la hotte.

Charger, va. et p. mettre une charge.

Chargeur, sm. qui charge.

Chargeure, sf. (ju) pièces sur d'autres. bla. [lation.

Chariot, sm. voiture ; constel-

Charitable, a. qui a de la charité.

Charitablement, ad. par charité.

Charité, sf. amour de Dieu, du prochain ; aumône.

Charivari, sm. bruit tumultueux.

Charivarique, a. du charivari.

Charivariser, vn. faire un grand tapage.

Charlatan, sm. vendeur de drogues. fig. homme qui cherche à en imposer en se faisant valoir.

Charlataner, va. amadouer ; tromper.

Charlatanerie, sf. hâblerie.

Charlatanesque, a. de charlatan.

Charlatanisme, sm. caractère du charlatan.

Charlotte, sf. plat d'entremets.

Charmant, e, a. qui plaît, qui charme. [arbre.

Charme, sm. sortilége ; attrait ;

Charmer, va. enchanter.

Charmille, sf. plant de petits charmes. [charmes.

Charmoie, sf. lieu planté de

Charnaigre, sm. esp. de lévrier.

Charnel, le, a. de la chair, sensuel.

Charnellement, ad. selon la chair

Charneux, se, a. de chair. méd.

Charnier, sm. cimetière ; dépôt de viandes salées.

Charnière, sf. deux pièces de métal enclavées. [nière.

Charnon, sm. anneau de char-

Charnu, a. bien fourni de chair.

Charnure, sf. la chair.

Charogne, sf. cadavre de bête exposé à l'air et corrompu.

Charpente, sf. bois équarri; structure du corps humain, d'un ouvrage. [bois.

Charpenter, va. équarrir du

Charpenterie, sf. art du

Charpentier, sm. qui charpente.

Charpie, sf. filaments de linge.

Charrée, sf. cendre lessivée.

Charretée, sf. plein une charrette.

Charretier, ère, s. qui conduit une charrette. af. (porte) où passe une charrette. [roues.

Charrette, sf. chariot à deux

Charriage, sm. action de

Charrier, va. et n. voiturer.

Charrier, sm. toile pour passer la lessive.

Charroi, sm. charriage.

Charron, sm. qui fait des chariots. [du charron.

Charronnage, sm. art et ouvrage

Charroyer, va. charrier.

Charroyeur, sm. qui charrie.

Charrue, sf. machine à labourer.

Chartographie, sf. traité sur les chartes.

Charton, sm. charretier.

Chartrain, e, s. a. de Chartres.

Chartre, sf. prison. v. maigreur. — ou Charte, anciens titres: constitution d'un État.

Chartreuse, sf. maison de

Chartreux, sm. religieux de S. Bruno.

Chartrier, sm. dépôt de chartres.

Charybde, sm. (ca) gouffre.

Chas, sm. trou d'une aiguille.

Chaseret, sm. petit châssis à fromages.

Chassable, a. bon à chasser.

Chasse, sf. act. de chasser.

Châsse, sf. coffre pour les re-

Chassé, sm. pas de danse. [liques

Chasse-avant, sm. chef d'ouvriers. [fa.

Chasse-cousin, sm. méchant vin

Chasselas, sm. raisin,

Chasse-marée, sm. voiturier, navire qui apporte de la marée.

Chasse-mouche, sm. petit balai.

Chasse-mulet, sm. valet de meunier.

Chasse-pointes, sm. outil pour chasser les pointes.

Chasser, va. renvoyer; poursuivre le gibier. vn. t. d'imp.

Chasseresse, sf. chasseuse. poét.

Chasseur, euse, s. qui chasse.

Chassie, sf. humeur des yeux.

Chassieux, se, a. qui a de la chassie.

Châssis, sm. cadre de vitrage.

Chaste, a. pudique. [chaste.

Chastement, ad. d'une manière

Chasteté, sf. état chaste. [tre.

Chasuble, sf. ornement de prê-

Chasublier, sm. qui fait des chasubles. [tique.

Chat, te, s. quadrupède domes-

Châtaigne, sf. fruit.

Châtaigneraie, sf. plant de châtaigniers.

Châtaignier, sm. grand arbre.

Châtain, sm. couleur de châtaigne. [seigneuriale.

Château, sm. forteresse; maison

Châtelain, sm. seigneur ou commandant d'un château.

Châtelé, a. chargé de châteaux. bla. [tion à Paris.

Châtelet, sm. ancienne juridic-

Châtellenie, sf. seigneurie.

Chat-huant, sm. (h asp.) oiseau.

Châtiable, a. qui peut être châtié.

Châtier, va. corriger. [chats.

Chatière, sf. passage pour les

Châtiment, sm. punition.

Chatoiement, sm. effet de ce qui chatoie. [d'une bague.

Chaton, sm. petit chat; partie

Chatouillement, sm. action de

Chatouiller, va. causer un tressaillement nerveux par un attouchement léger.

Chatouilleux, se, a. sensible au chatouillement. [varie.

Chatoyant, a. dont la couleur

Chatoyer, vn. changer de couleur. [nassier.

Chat-pard, sm. quadrupède car-

Châtré, a. et sm. coupé, mutilé.

Châtrer, va. couper, mutiler.

Châtreur, sm. qui châtre.

Chattée, sf. portée d'une chatte.

Chattemite, sf. hypocrite. *fa.*

Chatter, vn. faire des chats.

Chatterie, sf. friandise.

Chaud, e, a. qui a de la chaleur, au *pr.* et au *fig.* sm. chaleur.

Chaude, sf. feu violent.

Chaudeau, sm. brouet chaud.

Chaudement, ad. avec chaleur.

Chaudière, sf. vase à faire cuire, bouillir, etc.

Chaudron, sm. petite chaudière.

Chaudronnée, sf. contenu de chaudron.

Chaudronnerie, sf. métier du

Chaudronnier, s. qui fait des chaudrons. [fer.

Chauffage, sm. bois pour chauf-

Chauffe, sf. foyer. *fonderie.*

Chauffe-chemise, sm. mach. d'osier pour faire chauffer le linge.

Chauffe-cire, sm. officier de chancellerie.

Chauffe-lit, sm. ustensile pour chauffer le lit.

Chauffe-panse, sm. cheminée très-basse.

Chauffer, va. *et* n. donner ou recevoir de la chaleur.

Chaufferette, sf. ustensile pour chauffer les pieds.

Chaufferie, sf. forge.

Chauffeur, sm. ouvrier qui entretient le feu d'une forge, etc.

Chauffoir, sm. lieu pour se chauffer.

Chauffure, sf. défaut du fer.

Chaufour, sm. four à chaux.

Chaufournier, sm. faiseur de chaux.

Chaulage, sm. act. de

Chauler, va. préparer le blé avec de la chaux pour le semer. [mer.

Chaumage, sm. act. de chau-

Chaume, sm. tige de blé.

Chaumer, va. couper le chaume.

Chaumière, sf. maison couverte de chaume.

Chaumine, sf. petite chaumière.

Chaussage, sm. entretien de la chaussure. [bien.

Chaussant, a. qui se chausse

Chausse, sf. chaperon ; espèce de sac à filtrer ; au pl. culottes.

Chaussée, sf. chemin élevé. [*v.*

Chausse-pied, sm. instrument pour chausser.

Chausser, va. n. *et* p. mettre des bas, des souliers.

Chaussetier, sm. bonnetier.

Chausse-trape, sf. piége; plante.

Chaussette, sf. bas court.

Chausson, sm. sorte de

Chaussure, sf. ce qui chausse

Chauve, a. sans cheveux. [le pied

Chauve-souris, sf. quadrupède volant.

Chauveté, sf. calvitie. v. [man.

Chauvir, vn. dresser les oreilles.

Chaux, sf. terre primitive.

Chavirement, sm. action de

Chavirer, vn. se renverser. mar.

Chebec, sm. sorte de navire.

Chef, sm. tête ; qui est à la tête.

Chef-d'œuvre, sm. (ché) bel ouvrage. pl. *chefs-d'œuvre.*

Chefferie, sf. circonscription d'un officier du génie.

Chef-lieu, sm. lieu principal.

Cheik, sm. chef d'une tribu arabe

Cheiroptère, a. s. famille de mammifères renfermant les chauves-souris.

Chélidoine, sf. plante.

Chélonien, ne, a. qui ress. à la tortue; sm. pl. ordre de reptiles [coup. t

Chémer (se), vp. maigrir beau-

Chemin, sm. route. *fig.* moyen.

Cheminée, sf. foyer.

Cheminement, sm. action de

Cheminer, vn. marcher.

Chemise, sf. vêtement de toile.

Chemisette, sf. vêtement sur la chemise.

Chemisier, ère, s. qui fait ou vend des chemises. [nes.

Chênaie, sf. lieu planté de chê-

Chenal, sm. courant d'eau.

Chenaler, vn. chercher un passage.

Chenapan, sm. vaurien ; bandit.

Chêne, sm. arbre.

Chêneau, sm. jeune chêne.

Cheneau, sm. conduit de plomb.

Chenet, sm. ustensile de cheminée.

Chêneteau, sm. jeune chêne en baliveau , au-dessous de 40 ans. [yeuse.

Chêne-vert, sm. sorte de chêne.

Chènevrière. sf. champ de [vre.

Chènevis, sm. graine de chanvre.

Chènevotte, sf. tuyau de chanvre. [bois faible.

Chènevotter , vn. pousser du

Chenil , sm. (ni) logem. des chiens. fig. logem. fort sale.

Chenille, sf. insecte rampant.

Chenillette, sf. plante légumineuse. [tes.

Chénopodée, sf. a. fam. de plan-

Chenu, a. blanc de vieillesse.

Cheptel, sm. (èl) bail de bestiaux. [cheptel.

Cheptelier , sm. fermier de

Cher, ère, a. chéri; qui coûte beaucoup.

Cher, ad. à haut prix. [ver.

Chercher, va. s'efforcer de trou-

Chercheur, euse, s. qui cherche.

Chère, sf. quantité, qualité des mets. [haut prix.

Chèrement, ad. tendrement; à

Chérif, sm. prince arabe.

Chérir, va. aimer tendrement.

Chérissable , a. digne d'être chéri.

Chersonèse, sf. (ker) presqu'île.

Cherté, sf. prix excessif.

Chérubin, sm. ange.

Chervis, sm. plante; sa racine.

Chester, sm. fromage anglais.

Chétif, ve, a. vil ; mauvais.

Chétivement, ad. d'une man. chétive.

Chétiveté, sf. état chétif.

Cheval, sm. quadrupède. — de frise, solive hérissée de pointes. [arch.

Chevalement, sm. sorte d'étai.

Chevaler, vn. valeter. v. étayer.

Chevaleresque, a. de la [lier.

Chevalerie, sf. état de chevalet, sm. supplice. ant. étai. [dustrie. aigrefin.

Chevalier , sm. titre. — d'in-

Chevalière, sf. grosse bague.

Chevaline (bête), af. cheval.

Chevance, sf. le bien qu'on a.

Chevauchée, sf. tournée à cheval des officiers de justice.

Chevauchement, sm. état de ce qui chevauche.

Chevaucher, vn. aller à cheval.

Chevau-léger, sm. cavalier d'un corps de troupes légères. au pl. chevau-légers.

Chevêche, sf. esp. de chouette.

Chevecier, sm. dignité ecclésiastique.

Chevelé, a. dont les cheveux sont d'un autre émail. bla.

Chevelu, e, a. à longs cheveux. fig. filaments des racines.

Chevelure, sf. les cheveux. — de Bérénice, constellation.

Chever, va. creuser une pierre précieuse.

Chevet, sm. traversin; partie de l'église derrière le maître autel.

Chevêtre, sm. licou. v. bandage ; pièce de bois. charp.

Cheveu, sm. poil de la tête de l'homme.

Chevilière, sf. sorte de tresse.

Chevillage , sm. action de cheviller.

Cheville, sf. morceau de bois long, pointu et arrondi pour faire des assemblages, boucher un trou, etc.; en poésie, mot inutile. — du pied, malléole. [villes.

Cheviller, va. mettre des che-

Chevillette , sf. petite cheville.

Chevillon, sm. bâton de chaise.

Chevillot, sm. grosse cheville. mar.

Chevir, vn. venir à bout. v.

Chèvre, sm. femelle du bouc; machine.

Chevreau, sm. petit de la chèvre.
Chèvre-feuille, sm. plante. [vre.
Chèvre-pied, a. à pieds de chè-
Chevrette, sf. femelle du che-
vreuil; crevette; petit chenet.
Chevreuil, sm. quadrupède.
Chevrier, sm. pâtre des chèvres.
Chevrillard, sm. petit chevreuil.
Chevron, sm. bois équarri ; in-
signe militaire ; 2 bandes au
haut de l'écu. bla.
Chevronné, a. à chevrons.
Chevrotain, sm. animal mamm.
Chevrotant, a. qui chevrote.
Chevrotement, sm. action de
Chevroter, vn. aller par sauts et
par bonds; chanter en trem-
blotant.
Chevrotin, sm. peau de che-
vreau. [vreuil.
Chevrotine, sf. plomb à che-
Chez, prép. au logis de ; parmi.
Chiaoux, sm. huissier turc.
Chiasse, sf. écume de métaux ;
excréments de mouche, etc.
Chibout, sm. arbre d'Amérique;
sa résine. [Orientaux.
Chibouque, sf. longue pipe des
Chica, sm. boisson forte d'Amé-
rique. sf. danse des nègres.
Chicane, sf. subtilité captieuse.
Chicaner, va. et n. user de chi-
cane.
Chicanerie, sf. tour de chicane.
Chicaneur, euse, s. qui chicane.
Chicanier, ère, s. et a. vetilleux;
difficile. [d'une sorte de pois.
Chiche, a. avare; se dit aussi
Chichement, ad. avec avarice.
Chicon, sm. laitue romaine.
Chicoracées, sf. pl. famille de
plantes. bot.
Chicorée, sf. plante potagère.
Chicot, sm. reste d'un arbre
mort, d'une dent rompue.
Chicoter, vn. vetiller. pop.
Chicotin, sm. suc amer.
Chie-en-lit, sm. masque qui
court les rues. pop.
Chien, sm. quadrupède ; con-
stellation ; pièce tenant la
pierre d'une arme à feu.

Chiendent, sm. plante graminée
Chien-loup, sm. esp. de chien.
Chien-marin, sm. phoque.
Chier, vn. rendre les gros ex-
créments. bas.
Chieur, euse, s. qui chie. bas.
Chiffe, sf. étoffe faible. fig. hom-
me mou. [toffe.
Chiffon, sm. vieux morceau d'é-
Chiffonnage, sm. act. de chif-
fonner.
Chiffonné, e, af. (mine) irré-
gulière, qui plaît.
Chiffonner, va. froisser; con-
trarier. fam.
Chiffonnier, ère, s. qui ramasse
des chiffons, au f. meuble.
Chiffre, sm. caractère de nom-
bre ; lettres entrelacées. [fres.
Chiffrer, va. marquer par chif-
Chiffreur, se, s. qui chiffre.
Chignon, sm. derrière du cou;
cheveux retroussés.
Chiliade, sf. choses réunies
mille par mille.
Chilien, ne, a. et s. du Chili.
Chimère, sf. monstre fabuleux ;
idée vaine.
Chimérique, a. non réel.
Chimériquement, adv. d'une fa-
çon chimérique.
Chimie, sf. art de décomposer
et de recomposer les corps.
Chimique, a. de la chimie.
Chimiquement, adv. d'une man.
chimique.
Chimiste, sm. qui sait la chimie.
Chimoine, sm. esp. de stuc.
Chimpanzé, sm. esp. de singe.
Chinage, sm. act. de chiner.
Chinchilla ou Chinchilla, sm.
animal du Pérou ; sa fourrure.
Chine, sm. sorte de bois dur.
Chiner, va. former un dessin
dans une étoffe.
Chinois, a. et s. de la Chine.
Chinoiserie, sf. meuble, objet
imité des Chinois.
Chiourme, sf. les rameurs d'une
galère.
Chiper, va. donner l'apprêt au
cuir ; dérober. fam.

Chipie, sf. qui fait la prude, la dedaigneuse.

Chipoter, vn. vétiller. *fa*.

Chipotier, ière, s. qui chipote.

Chique, sf. ciron qui pénètre dans la chair; tabac à mâcher.

Chiquenaude, sf. coup donné avec le médium raidi d'abord contre le pouce.

Chiquer, va. *et* n. mâcher du tabac. [peu. *fa*.

Chiquet à Chiquet, ad. peu à

Chiqueur, sm. qui chique.

Chiragre, sf. (*ki*) goutte qui attaque les mains.

Chirographaire, s. (*ki*) créancier par acte sous-seing privé.

Chirologie, sf. (*ki*) art d'exprimer les pensées par le mouvement des doigts. *p. us*.

Chiromancie, sf. (*ki*) divination par les mains.

Chiromancien, ne, s. (*ki*) qui exerce la chiromancie.

Chiron, sm. ver des olives.

Chironien, a. se dit d'un ulcère malin. [mains.

Chirotonie, sf. imposition des

Chirurgical, a. tenant à la

Chirurgie, sf. art d'opérer sur le corps humain pour son soulagement. [chirurgie.

Chirurgien, sm. qui exerce la

Chirurgique, a. de la chirurgie.

Chiure, sf. excrément de mouche. [des anciens.

Chlamyde, sf. (*kla*) manteau

Chlorate, sm. sel formé d'acide chlorique et d'une base.

Chlore, sm. corps simple.

Chloreux, euse, a. du chlore.

Chlorhydrate, sm. nom de sels formés par l'acide.

Chlorhydrique, a. se dit d'un acide formé par le chlore et l'hydrogène.

Chlorique, a. acide formé de chlore et d'oxygène.

Chloroforme, sm. composé d'hydrogène carboné et de chlore, dont on se sert pour priver momentanément quelqu'un de la sensibilité.

Chloroformiser, va. soumettre au chloroforme. [couleurs.

Chlorose, sf. maladie des pâles

Chlorotique, a. de chlorose.

Chlorure, sm. corps composé de chlore et d'une substance simple autre que l'oxygène et l'hydrogène.

Choc, sm. heurt de deux corps; charge réciproque de deux corps de troupes.

Chocolat, sm. pâte de cacao et de sucre.

Chocolatier, sm. qui fait du chocolat. [colat.

Chocolatière, sf. vase à chocolat.

Chœur, sm. musiciens qui chantent ensemble; partie d'une [église.

Choir, vn. tomber.

Choisir, va. élire; préférer.

Choix, sm. action de choisir.

Cholédologie, sf. (*ko*) qui traite de la bile. *méd*.

Cholédoque, am. (*ko*) nom du canal qui conduit la bile. *méd*.

Choléra-morbus, (*s*) ou simplement choléra, sm. maladie épidémique.

Cholerine, sf. maladie moins grande que le choléra.

Cholérique, a. qui appartient au choléra; s. atteint du choléra.

Chômable, a. (fête) qui se chôme

Chômage, sm. temps d'inaction.

Chômer, va. *et* n. ne rien faire; fêter.

Chondrographie, Chondrologie, sf. qui traite des cartilages. *anat*. [bière; son contenu.

Chope, sf. gobelet pour la

Chopine, sf. demi-pinte. [*pop*.

Chopiner, vn. boire souvent.

Chopinette, sf. chopine; cylindre de pompe.

Chopper, vn. faire un faux pas en heurtant du pied. [sant.

Choquant, a. offensant; déplai-

Choquart, sm. esp. de couteau.

Choquer, va. heurter. *fig.* offenser.

Choraïque, a. (ko) vers qui renferme des chorées.

Chorée, sm. (ko) pied de vers grec ou latin.

Chorége, sm. (ko) celui qui réglait la dépense des spectacles chez les Grecs.

Chorégraphe, sm. qui connaît la

Chorégraphie, sf. (ko) art de noter les pas de danse.

Chorévêque, sm. (ko) dignité dans quelques chapîtres d'Allemagne.

Choriambe, sm. (ko) pied de vers composé d'un chorée et d'un ïambe. [fœtus.

Chorion, sm. (ko) membrane du

Choriste, sm. (ko) chantre du chœur. [tion du pays.

Chorographie, sf. (ko) descrip-

Chorographique, a. (ko) de la chorographie. [l'œil.

Choroïde, sf. (ko) tunique de

Chorus, sm. (korus) (faire), répéter en chœur un refrain.

Chose, sf. ce qui est; bien; affaire, etc. mot vague.

Chou, sm. plante potagère; terme de caresse. *Choucroûte*, sf. chou confit. — *fleur*, — *navet*, — *palmiste*, — *rave*, sm. plantes.

Chouan, sm. insurgé vendéen.

Chouanner, va. faire la guerre à la manière des chouans.

Choucas, sm. corneille grise.

Chouette, sf. oiseau nocturne.

Choupille, sm. chien de chasse.

Chouquet, sm. gros billot. *mar.*

Choyer, va. ménager.

Chrême, sm. (kré) huile sacrée.

Chrémeau, sm. petit bonnet.

Chrestomathie, sf. choix de morceaux tirés d'auteurs classiques. [adore J.-C.

Chrétien, ne, a. *et s.* (kré) qui

Chrétiennement, ad. (kré) en chrétien.

Chrétienté, sf. (kré) pays chrétien.

Christ *ou* Jésus-Christ, sm. (crist, jésu cri), le Messie.

Christianiser, va. rendre chrétien. [gion du Christ.

Christianisme, sm. (kris) religion.

Chromate, sm. sel composé d'acide chromique et d'une base.

Chromatique, a. (kro) t. de musique et d'optique.

Chrome, sm. métal.

Chromique, a. de chrome.

Chromule, sf. matière colorante.

Chromurgie, sf. traité des couleurs.

Chronicité, sf. qualité de ce qui est chronique. *méd.*

Chronique, sf. (kro), histoire. a. (maladie) longue.

Chroniqueur, sm. (kro), auteur de chronique. v.

Chronogramme, sm. (kro) inscription en chiffres. [rhét.

Chronographie, sf. description.

Chronologie, ou — *graphie*, sf. (kro) science des époques historiques. [chronologie.

Chronologique, a. (kro) de la

Chronologiquement, adv. d'une man. chronologique.

Chronologiste, ou — *logue*, sm. (kro), qui sait la chronologie.

Chronomètre, sm. (kro) tout instrum. qui mesure le temps.

Chrysalide, sf. (kri) nymphe d'insecte.

Chrysanthème, sm. (kri) plante.

Chrysocale, sm. composition métallique.

Chrysocolle, sf. matière que l'eau détache des mines de cuivre, etc.

Chrysocome. sf. genre de plantes exotiques. [cieuse.

Chrysolythe, sf. pierre pré-

Chrysoprase, sf. pierre précieuse

Chucheter, vn. crier, en parlant du moineau.

Chuchoter, vn. parler bas. *fa.*

Chuchoterie, sf. et — *tement* m. action de chuchoter. [te.

Chuchoteur, euse, s. qui chucho-

Chut! int. (t) silence!

Chute, sf. action de tomber.

Chyle, sm. suc formé des aliments.

Chyleux, se, a. du chyle.

Chylifère, a. (vaisseau) du chyle.

Chylification, sf. formation du chyle.

Chyme, sm. pulpe grisâtre formée par les aliments après un séjour de quelque temps dans l'estomac.

Chymeux, se, a. du chyme.

Chymification, sf. formation du chyme.

Ci, ad. ici; *Ci-après*, etc.

Cible, sf. but où l'on tire.

Ciboire, sm. vase sacré des hosties.   [gnon.

Ciboule, sf. sorte de petit oi-

Ciboulette, sf. sorte de petite ciboule.

Cicatrice, sf. marque de plaie.

Cicatrisable, a. qui peut être cicatrisé.

Cicatrisant, e, a. qui cicatrise.

Cicatrisation, sf. action de

Cicatriser, va. faire des cicatrices. vp. se former en cicatrice.   [merie.

Cicéro, sm. caractère d'impri-

Cicérone, sm. guide en Italie.

Cicéronien, ne, a. imité de Cicéron.

Ciculaire, sf. plante vénéneuse.

Cid, sm. chef; commandant.

Ci-devant, loc. adv. ce qui précède.   [pommes.

Cidre, sm. boisson de jus de

Ciel, sm. *cieux*, pl. espace où se meuvent les astres ; l'air; Dieu. *Ciel*, haut d'un lit, d'un tableau. pl. *ciels*.

Cierge, sm. bougie d'église ; *du Pérou*, plante grasse.

Cigale, sf. insecte.

Cigare, sm. feuilles de tabac roulées pour fumer.

Cigarette, sf. petit cigare.

Cigogne, sf. oiseau de passage.

Cigogneau, sm. petit de la cigogne.

Ciguë, sf. plante vénéneuse.

Cil, sm. poil des paupières.

Ciliaire, a. qui a rapport aux cils.   [porte sur la peau.

Cilice, sm. tissu de crin qu'on

Cilié, e, a. garni de cils.

Cillement, sm. act. de

Ciller, va. remuer les paupières.

Cillose, sf. clignotement.

Cimaise, sf. moulure qui termine une corniche.

Cime, sf. sommet.

Ciment, sm. mortier.

Cimenter, va. joindre avec du ciment. *fig.* affermir.

Cimeterre, sm. sabre recourbé.

Cimetière, sm. lieu pour enterrer.   [pièce de bœuf.

Cimier, sm. ornement de casque;

Cimolie, sf. sorte d'argile.

Cinabre, sm. oxyde de mercure.

Cinarocéphale, a. qui ress. à une tête d'artichaut; sf. pl. fam. de plantes.

Cinérier, va. réduire en cendres.

Cinéraire, a. (urne) où sont les cendres d'un corps.   [dres.

Cinération, sf. réduct. en cen-

Cinglage, sm. chemin d'un vaisseau en 24 heures.

Cingler, vn. voguer ; frapper avec une chose élastique et déliée.   [mate.

Cinnamome, sm. sorte d'aro-

Cinq, a. num. (le q ne se prononce pas devant une consonne.) 4 plus 1. sm. (*cink*) chiffre.

Cinquantaine, sf. nombre de cinquante.

Cinquante, a. num. 5 dizaines.

Cinquantenier, sm. chef de 50 hommes.   [dinal.

Cinquantième, a. nombre or-

Cinquième, a. nombre ordinal.

Cinquièmement, ad. en cinquième lieu.

Cintre, sm. arcade.

Cintrer, va. faire un cintre.

Cioutat, sm. sorte de raisin.

Cipaye, sm. (*cipa-ye*) soldat indien.

Cipolin, sm. marbre vert.

Cippe, sm. demi-colonne sans chapiteau. [qui sert à cirer.

Cirage, sm. action de cirer; ce

Circassienne, sf. étoffe de laine croisée.

Circée, sf. plante. [les pôles.

Circompolaire, a. qui entoure

Circoncire, va. couper le prépuce.

Circoncis, sm. qui a subi la

Circoncision, sf. action de circoncire. [cercle.

Circonférence, sf. tour d'un

Circonflexe, a. (accent), indiquant un son très-ouvert.

Circonlocution, sf. périphrase.

Circonscription, sf. limite.

Circonscrire, va. limiter autour.

Circonscrit, e, a. resserré, peu étendu.

Circonspect, a. prudent.

Circonspection, sf. prudence; retenue.

Circonstance, sf. particularité qui accompagne un fait.

Circonstancier, va. détailler.

Circonstanciel, le, a. qui marque les circonstances.

Circonvallation, sf. fossé avec redoutes autour d'un camp. fortif. [tificieusement.

Circonvenir, va. tromper artificieux. [nants.

Circonvention, sf. détour ar-

Circonvoisins, a. pl. environ-

Circonvolution, sf. tours autour d'un centre commun.

Circuit, sm. enceinte, tour.

Circulaire, a. rond. et sf. lettre commune à plusieurs personnes.

Circulairement, ad. en rond.

Circulant, e, a. qui est en

Circulation, sf. act. de circuler.

Circulatoire, a. qui a rapport à la circulation. [rond.

Circuler, vn. se mouvoir en

Circumnavigation, sf. navigation autour du monde.

Cire, sf. l'un des produits des abeilles.

Cirer, va. enduire de cire.

Cirier, sm. ouvrier en cire; arbre. [bre.

Ciroëne, sm. emplâtre.

Ciron, sm. insecte très-petit.

Cirque, sm. lieu des jeux publics. ant.

Cirre, sm. vrille des plantes.

Cirreux, se, a. muni de cirres.

Cirure, sf. enduit de cire préparée.

Cisailler, va. couper avec des

Cisailles, sf. pl. gros ciseaux.

Cisalpin, a. en deçà des Alpes.

Ciseau, sm. outil tranchant. pl. inst. tranch. à 2 branches.

Ciseler, va. travailler au

Ciselet, sm. petit ciseau.

Ciseleur, sm. qui cisèle.

Ciselure, sf. art du ciseleur.

Cismontain, e, a. d'en deçà des monts.

Cissoïde, s. a. ligne courbe imitant la feuille de lierre.

Ciste, sm. plante. [beille.

Cistophore, sf. médaille à corbeille.

Citable, a. qui peut être cité.

Citadelle, sf. forteresse de ville.

Citadin, s. habitant de ville.

Citateur, sm. qui aime à citer. p. us. [gnation.

Citation, sf. allégation; assignation.

Citatoire, a. de la citation.

Cité, sf. ville.

Citer, va. ajourner; alléguer.

Citérieur, a. en deçà. géog.

Citerne, sf. réservoir d'eau de pluie.

Citerneau, sm. petite citerne.

Cithare, sf. anc. instr. de mus.

Citoyen, sm. habitant d'une cité.

Citrate, sm. nom générique de certains sels. chim.

Citrin, a. couleur de citron.

Citrique, a. (acide) de citron.

Citron, sm. fruit. [tron.

Citronnat, sm. conserve de ci-

Citronné, a. qui sent le citron.

Citronnelle, sf. liqueur; plante.

Citronner, va. imbiber de citron. [tron.

Citronnier, sm. arbre.

Citrouille, sm. plante; son fruit.

Civadière, sf. voile du beaupré. mar.

7

CLA 98 CLA

Cive ou Civette, sf.

Civet, sm. ragoût de lièvre.

Civette, sf. petit quadrupède.

Civière, sf. brancard.

Civil, e, a. qui concerne les citoyens ; poli. [vile.

Civilement, ad. d'une man. civile.

Civilisable, a. qui peut être civilisé. [vilise.

Civilisateur, trice, a. s. qui civilise.

Civilisation, sf. action de

Civiliser, va. rendre civil ; développer les facultés morales.

Civilité, sf. courtoisie.

Civique, a. de citoyen.

Civisme, sm. zèle de citoyen.

Clabaud, sm. chien de classe.

Clabaudage, sm. criaillerie; aboi de chiens qui clabaudent.

Clabauder, vn. aboyer souvent. fig. crier.

Clabauderie, sf. criaillerie.

Clabaudeur, euse, s. criailleur.

Claie, sf. tissu d'osier.

Clair, a. éclatant ; lumineux; net ; luisant ; peu foncé; (liquide) peu épais ; (son) aigu. sm. clarté.

Claire, sf. cendres lavées.

Clairée, sf. sucre clarifié.

Clairement, ad. d'une manière claire.

Clairet, sm. vin léger de couleur et de goût. [à jour.

Claire-voie, sf. ouverture. à —

Clairière, sf. vide dans un bois.

Clair-obscur, sm. distribution du jour et des ombres. peint.

Clairon, sm. trompette.

Clair-semé, a. de loin à loin.

Clairvoyance, sf. sagacité.

Clairvoyant, a. pénétrant.

Clameur, sf. grand cri.

Clampin, s. a. traînard. [pin.

Clampiner, vn. faire le clam-

Clamponier, a. sm. se dit d'un cheval qui a les paturons effilés et trop pliants.

Clan, sm. tribu en Ecosse.

Clandestin, a. secret; contraire aux lois.

Clandestine, sf. plante.

Clandestinement, ad. en cachette

Clandestinité, sf. état clandestin. [nière.

Clapet, sm. soupape à char-

Clapier, sm. trou de lapins.

Clapir, vp. se blottir, se tapir. se dit du lapin.

Clapotage ou Clapotis, sm. légère agitation des vagues. mar. [mar.

Clapoter, vn. se dit de la mer.

Clapoteuse, af. (mer) mar.

Claquade, sf. coups répétés. fa.

Claque, sf. coup du plat de la main ; sandale ; chapeau qui se plie. [sique.

Claquebois, sm. instr. de musique.

Claquedent, sm. gueux, braillard. fa.

Claquement, sm. bruit des dents, des mains. [mer.

Claquemurer, va. et p. renfer-

Claque-oreille, sm. chapeau.

Claquer, vn. faire un bruit aigu. va. donner une claque.

Claquet, sm. latte qui bat sur la trémie d'un moulin.

Claqueter, vn. se dit du cri de la cigogne.

Claquette, sf. tablette de bois qui rend un son éclatant quand on la ferme. [gages.

Claqueur, sm. applaudisseur à

Clarette, sf. petit vin mousseux.

Clarification, sf. action de

Clarifier, va. rendre clair un liquide.

Clarine, sf. sonnette au cou des bestiaux.

Clarinette, sf. sorte de hautbois ; celui qui en joue.

Clarinettiste, sm. qui joue de la clarinette.

Clarté, sf. lumière. fig. netteté.

Classe, sf. ordre; leçon ; lieu d'étude.

Classement, sm. ou Classification, f. action de classer; ordre.

Classer, va. ranger par classe.

Classificateur, sm. auteur de classifications.

Classique, a. *et* s. qui fait autorité.

Clatir, vn. aboyer fort. *chas.* [fa.

Claude, s. *et* a. sot; imbécile.

Claudicant, e, a. qui boite.

Claudication, sf. act. de boiter.

Clause, sf. condition.

Claustral, a. du cloître. pl. *aux*.

Clavaire, sf. genre de champignons.

Claveau, sm. maladie des brebis; sm. pl. clef de voûte.

Clavecin, sm. inst. de musique.

Clavelé, a. qui a le claveau.

Clavelée, sf. claveau.

Clavette, sf. sorte de clou plat.

Clavicornes, sm. pl. fam. d'insectes coléoptères.

Clavicule, sf. os de l'épaule.

Clavier, sm. chaîne; anneau pour les clefs; rang de touches.   [sue.

Claviforme, a. en forme de mas-

Clayon, sm. petite claie.

Clayonnage, sm. claie de pieux et de branches.

Clef, sf. (*clé*) inst. pour ouvrir et fermer une serrure. t. de *mus.* — *de voûte*, pierre qui la ferme. *fig.* science prépa-

Clématite, sf. plante.   [ratoire.

Clémence, sf. vertu qui porte à pardonner.

Clément, e, a. doué de clémence.

Clémentines, sf. pl. décrétales.

Clepsydre, sf. horloge d'eau.

Clerc, sm. (*ér*) ecclés.; praticien.

Clergé, sm. l'ordre ecclésiastique.

Clérical, a. de clerc. [cléricale.

Cléricalement, ad. d'une man.

Cléricature, sf. état du clerc.

Clichage, sm. action de clicher; son effet.

Cliché, sm. planche obtenue par le clichage.

Clicher, va. n. *et* p. faire tomber avec force une matrice sur du métal en fusion pour en tirer l'empreinte. *imp.*

Clicheur, sm. ouvrier qui cliche. *imp.*

Clide, sf. anc. machine de guerre

Client, s. qui a un avocat; protégé d'un grand chez les Romains.

Clientèle, sf. les clients.

Clifoire, sf. petite seringue de sureau.   [guer.

Clignement, sm. action de cli-

Cligne-musette, sf. jeu d'enfants.

Cligner, va. fermer l'œil à demi.

Clignotant, a. qui clignote.

Clignotement, sm. action de clignoter.

Clignoter, vn. remuer continuellement les paupières.

Climat, sm. pays; température.

Climatérique, a. (année) la soixante-troisième de la vie.

Climatologie, sf. traité des climats.   [mat.

Climature, sf. influence du cli-

Climax, sm. gradation. *rhét.* trait de chant.   [rapide.

Clin, sm. (d'œil) mouvement

Clinique, a. *et* s. pratique de la médecine. [*fig.* faux brillant.

Clinquant, sm. petite lame d'or.

Clio, sf. Muse de l'histoire.

Cliquart, sm. pierre à bâtir.

Clique, sf. gens qui cabalent. fa.

Cliquet, sm. pièce d'arrêt qu'on adapte à une roue.

Cliqueter, va. imiter le bruit du cliquet.

Cliquetis, sm. bruit d'armes qui se choquent.   [guette.

Cliquette, sf. sorte de casta-

Clisse, sf. clayon; éclisse. *chir.*

Clisser, va. garnir de clisses.

Clisson, sm. toile de Bretagne.

Clitoris, sm. (*s*) partie de la vulve.   [mant, etc.

Clivage, sm. cassure du dia-

Cliver, va. fendre un diamant.

Cloaque, sm. égout; voirie.

Cloche, sf. inst. de métal pour sonner; vase. *jard.* ampoule sur la peau. *à cloche-pied.* loc. ad. sur un pied.

Clocheman, sm. bélier qui porte une cloche au cou.

Clochement, sm. action de boiter.

Clocher, sm. bâtiment pour les cloches. vn. boiter ; mettre sous une cloche de verre. fig. être défectueux ; faire disparate.

Clocheton, sm. petit clocher.

Clochette, sf. petite cloche.

Cloison, sf. séparation en bois.

Cloisonnage, sm. ouv. de cloison

Cloisonner, va. séparer par une cloison.

Cloître, sm. galerie de couvent; monastère. [vent.

Cloîtrer, va. renfermer au cou-

Cloîtrier, sm. moine cloîtré.

Cloper, vn. boiter en marchant.

Clopin-clopant, ad. en clopinant. fa.

Clopiner, vn. boiter un peu.

Cloporte, sm. insecte.

Cloque, sf. maladie des feuilles de certains arbres. [ver.

Clore, va. et n. fermer ; ache-

Clos, sm. terre enclose.

Closeau, sm. petit clos.

Closerie, sf. petite exploitation rurale ; ouvr. de vannier.

Clôture, sf. enceinte; action de

Clôturer, va. clore.

Clôturier, sm. vannier.

Clou, sm. clous. pl. cheville de métal; furoncle. — de girofle. épice.

Clouer, va. fixer avec des clous.

Clouter, va. orner de clous.

Clouterie, sf. comm., fabr. de clous. [clous.

Cloutier, sm. fabr. et md. de

Cloutière, sf. moule ou boite à clous. [mimes anglaises.

Clown, sm. bouffon des panto-

Cloyère, sf. panier d'huîtres.

Club, sm. société politique.

Clubiste, s. membre d'un club.

Clupe, sm. genre de poissons.

Cluser, va. exciter les chiens.

Clysoir, sm. espèce de long entonnoir pour les lavements.

Clysopompe, sm. sorte de pompe servant de seringue.

Clystère, sm. lavement, remède.

Coaccusé, sm. accusé avec d'autres.

Coactif, ve, a. qui contraint.

Coaction, sf. contrainte.

Coadjuteur, sm. adjoint à un prélat. [coadjuteur.

Coadjutorerie, sf. charge de

Coadjutrice, sf. adjointe à une abbesse. [se caillée.

Coagulation, sf. état d'une cho-

Coaguler, va. et p. figer ; cailler.

Coagulum, sm. (om) coagulation. chim. [une cause.

Coaliser (se), vp. se réunir pour

Coalition, sf. union; ligue.

Coaptation, sf. act. de réunir les fragments d'un os brisé.

Coassement, sm. action de

Coasser, vn. crier ; se dit des grenouilles. [tres.

Coassocie, s. associé avec d'au-

Coati, sm. quadrupède.

Cobæa, sm. plante grimpante.

Cobalt, sm. métal.

Cobaye, sm. petit mamm. appelé cochon d'Inde.

Cobourgeois, sm. qui a un intérêt commun sur un vaisseau marchand.

Cocagne, sf. fête publique ; mât de —, mât élevé et glissant.

Cocarde, sf. nœud de rubans.

Cocasse, a. plaisant. fa.

Coccinelle, sf. scarabée.

Coccygien, ne, a. du coccyx.

Coccyx, sm. (is) petit os articulé avec le sacrum.

Coche, sm. chariot couvert ; bateau. f. truie ; entaille.

Coché, e, a. qui indique un creux profond. dess.

Cochenillage, sm. décoction de

Cochenille, sf. insecte tinctorial.

Cocheniller, va. teindre avec la cochenille.

Cocher, sm. qui mène un carrosse; constellation. va. entailler, faire une coche.

Cochère, sf. (porte) par laquelle les voitures peuvent passer.

Cochet, sm. petit coq.   [péc.
Cochevis, sm. alouette hup-
Cochléaria, sm. (klé) plante.
Cochon, sm. porc, animal do-
mestique. — sale, grossier.
fig. pop. et fa.
Cochonnaille, sf. charcuterie.
Cochonner, vn. mettre bas, se
dit de la truie; gâter l'ou-
vrage. fa.
Cochonnerie, sf. malpropreté.
pop.   [but. terme de jeu.
Cochonnet, sm. boule à 12 faces;
Coco, sm. fruit du cocotier;
boisson.
Cocon, sm. coque de ver à soie.
Cocotier, sm. arbre étranger.
Cocotte, sf. petite poule; ustens.
de cuisine; maladie des yeux.
Coction, sf. cuisson; digestion.
Cocyte, sm. fleuve d'enfer. myth.
Code, sm. recueil de lois.
Codébiteur, sm. qui a contracté
une dette avec un autre. jur.
Codemandeur, sm. demandeur
avec un autre. jur.
Codétenteur, sm. detenteur avec
un autre.   [avec un autre.
Codétenu, e, s. qui est détenu
Codex, sm. recueil de formules.
pharm.
Codicillaire, a. de codicille.
Codicillant, sm. qui fait un
Codicille, sm. addition à un
testament.   [Code.
Codification, sf. réunion en un
Codille, sf. t. du jeu de l'ombre.
Codonataire, s. a. associé dans
une donation.
Œcum, sm. (om) gros intestin.
Œefficient, sm. (ko) t. d'algèbre.
Œemption, sf. achat réciproque.
Œenologie, sf. conférence entre
plusieurs médecins.
Œercible, a. qui peut être retenu
Œercitif, ve, a. qui peut con-
traindre.   [traindre.
Œercition, sf. action de con-
o-état, sm. pays dont la sou-
veraineté est partagée.
Œeternel, a. éternel avec un
autre.

Coéternité, sf. éternité com-
mune aux trois personnes de
la Sainte Trinité.
Cœur, sm. (keur) organe mus-
culeux; sentiment; courage;
milieu. Par cœur, loc. ad. de
mémoire.   [autre.
Coévêque, sm. évêque avec un
Coexistant, a. qui coexiste.
Coexistence, sf. simultanéité.
Coexister, vn. exister ensemble.
Coffre, sm. sorte de boite à cou-
vercle. — fort, caisse pour
l'argent.
Coffrer, va. emprisonner. fa.
Coffret, sm. petit coffre.
Coffretier, sm. faiseur de coffres.
Cofidéjusseur, sm. chacun de
ceux qui ont cautionné un
même débiteur. jur.   [gnac.
Cognac, sm. eau-de-vie de Co-
Cognasse, sm. coing sauvage.
Cognassier, sm. arbre fruitier.
Cognat, sm. (cog) parent. jur.
Cognation, sf. parenté. jur.
Cognée, sf. (gnéc) sorte de
hache.
Cogne-fétu, sm. qui se donne de
la peine pour rien. pop.
Cogner, va. frapper.
Cognition, sf. art, faculté de
connaître.
Cohabitation, sf. action de
Cohabiter, vn. vivre comme
époux.
Cohérence, sf. liaison; union.
Cohérent, a. en cohérence.
Cohéritier, s. héritier avec un
Cohésion, sf. adhérence. [autre.
Cohibition, sf. empêchement.
Cohobation, sf. action de [fois.
Cohober, va. distiller plusieurs
Cohorte, sf. troupe armée.
Cohue, sf. assemblée tumul-
tueuse.
Coi, Coite, a. calme.
Coiffe, sf. espèce de bonnet.
Coiffer, va. et p. couvrir, orner
la tête.
Coiffeur, euse, s. qui coiffe.
Coiffure, sf. couverture de tête,
arrangement des cheveux.

Coin, sm. angle ; outil.

Coïncidence, sf. état coïncident.

Coïncident, a. qui coïncide.

Coïncider, vn. s'ajuster. *fig.* arriver ensemble.

Coïndication, sf. concours de signes formant la même indication.

Coing, sm. fruit du cognassier.

Coïntéressé, sm. qui a un intérêt commun avec un autre.

Coït, sm. (t) accouplement.

Coïtion, sf. concours.

Cojouissance, sf. jouissance d'une chose en commun.

Coke, sm. charbon de terre.

Col, sm. collet de chemise; canal; goulot. [Chine.

Colao, sm. ministre d'état à la

Colarin, sm. frise du chapiteau.

Colature, sf. filtration; liqueur filtrée. *pharm.*

Colback, sm. coiffure militaire.

Colchique. sm. plante.

Colcothar, sm. oxyde rouge de fer. *chim.* [legs.

Colégataire, s. et a. qui a part au

Coléoptère, sm. insecte à étui.

Colera-morbus, sm. (s) *V.* Cholera-morbus.

Colère, colérique, a. sujet à la

Colère, sf. irritation morale.

Colette, sf. toile de Hollande.

Coliart, sm. poisson de mer.

Colibri, sm. très-petit oiseau.

Colicitant, sm. t. de *pal.*

Colifichet, sm. babiole, marchand. *mon.*

Colimaçon. *V.* Limaçon.

Colin-Maillard, sm. jeu.

Colin-tampon, sm. son de tambour des Suisses; *se soucier d'une chose comme de —*, ne s'en point soucier. [bas-ventre.

Colique, sf. douleurs dans le

Coliqueur, se, a. sujet à la colique. [Chine.

Colir ou Coli, sm. censeur à la

Colis, sm. t. de *comm.* ballot, balle ou caisse de marchand.

Colisée, sm. amphithéâtre à Rome.

Colitigant, e, s. a. qui plaide avec un autre.

Collaborateur, trice, s. qui travaille avec un autre.

Collaboration, sf. action de

Collaborer, vn. travailler avec un autre à un ouvr. d'esprit.

Collage, sm. act. de coller.

Collant, e, a. qui colle.

Collataire, sm. à qui on confère un bénéfice.

Collatéral, au pl. *raux.* hors de la ligne directe. [néfice.

Collateur, sm. qui confère un bé-

Collatif, ve, a. qui se confère.

Collation, sf. act. de conférer un bénéfice, de collationner une copie; repas léger.

Collationner, va. comparer une copie à l'original. vn. faire un repas.

Colle, sf. matière gluante.

Collecte, sf. levée d'impôts; quête. [l'impôt.

Collecteur, sm. qui recueille

Collectif, ve, a. t. de *gram.* qui présente l'idée d'un tout.

Collection, sf. recueil.

Collectionner, va. faire des collections. [collectif.

Collectivement, ad. dans un sens

Collège, sm. corps de personnes notables; lieu d'enseignement

Collégial, a. de collège. *église.* — d'un chapitre. sf. cette église. [collège.

Collégien, sm. qui étudie au

Collègue, sm. confrère.

Collement, sm. état des paupières collées l'une sur l'autre.

Coller, va. joindre; enduire de colle.

Collerette, sf. collet de linge.

Collet, sm. vêtement du cou.

Colleter, va. prendre au collet.

Colletin, sm. pourpoint sans manches.

Collétique, sm. agglutinant.

Colleur, euse, s. qui colle.

Collier, sm. ornement du cou, partie du harnais. [sages. v.

Colliger, va. recueillir des pas-

Colline, sf. petite montagne.

Colliquatif, ve, a. (coua) qui fond les humeurs. méd.

Colliquation, sf. decomposition.

Collision, sf. choc de 2 corps.

Collocation, sf. classement de créanciers.

Colloque, sm. dialogue.

Colloquer, vn. placer. jur.

Colluder, va. tromper par collusion. jur. [tromper.

Collusion, sf. intelligence pour

Collusoire, a. fait par collusion

Collusoirement, ad. par collusion. [yeux.

Collyre, sm. remède pour les

Colobe, sm. esp. de singe.

Colombage, sm. rang de solives.

Colombe, sf. pigeon ; solive.

Colombelle, sf. filet entre deux colonnes; coquille univalve.

Colombier, sm. pigeonnier ; sorte de papier.

Colombin, a. couleur gorge de pigeon. sm. mine de plomb.

Colombine, sf. fiente de pigeon.

Colombium, sm. (om) métal.

Colon, sm. cultivateur ; habitant des colonies.

Côlon, sm. gros intestin.

Colonel, sm. qui commande un régiment, sf. et a. compagnie du colonel.

Colonial, a. pl. aux. des colonies

Colonie, sf. peuplade d'émigrés; le lieu qu'ils habitent. [niser.

Colonisable, a qu'on peut colo-

Colonisation, sf. act. de coloniser ou le résultat de cette act.

Coloniser, va. former une colonie. [nes.

Colonnade, sf. rangée de colon-

Colonne, sf. pilier rond ; division ; fig. appui ; soutien.

Colophane, sf. résine.

Coloquinte, sf. sorte de petite citrouille.

Colorant, a. qui colore.

Coloration, sf. effet des couleurs

Colorer, va. et p. donner de la couleur. [leurs,

Colorier, va. employer les cou-

Coloris, sm. mélange de couleurs. [loris.

Coloriste, sm. qui entend le co-

Colossal, a. de grandeur démesurée.

Colosse, sm. statue gigantesque.

Colostrum, sm. (om) premier lait des femmes.

Colportage, sm. action de

Colporter, va. porter des marchandises pour les vendre.

Colporteur, sm. qui colporte.

Columelle, sf. axe intérieur d'une coquille.

Colure, sm. chacun des 2 cercles qui coupent l'equateur.

Colybes, sm. pl. offrande de pâte dans l'église grecque.

Colza, sm. plante oléagineuse.

Coma, sm. maladie soporeuse.

Comateux, se, a. du coma.

Combat, sm. act de combattre.

Combattant, sm. qui combat.

Combattre, va. attaquer ou se défendre.

Combien, ad. quelle quantité, quel prix ? quel point ?

Combinable, a. qu'on peut combiner.

Combinaison, sf. disposition; assemblage. [chim.

Combiné, sm. union, mélange.

Combiner, va. arranger.

Comble, sm. excès ; faîte. a. bien rempli. [canons.

Combleau, sm. cordage pour les

Comblement, sm. action de

Combler, va. remplir.

Comblète, sf. fente. vén.

Combret, sm. arbuste grimpant.

Combrière, sf. sorte de grand filet. [le bois d'une futaille.

Combuger, va. imbiber d'eau

Comburant, e, a. qui a la propriété de brûler.

Combustibilité, sf. propriété de brûler. [brûler.

Combustible, a. et s. qui peut

Combustion, sf. (ti) act. de brûler. fig. grand désordre.

Comédie, sf. pièce de théâtre.

Comédien, s. qui joue la comédie

Comestible, a. *et* s. bon à manger.

Comète, sf. astre à queue; ruban étroit; sorte de jeu.

Comète. a. avec des rayons. *bla.*

Comice, sm assemblée, réunion en plein air.

Comices, sm. pl. assemblée du peuple romain. *ant.*

Comicial, e, a. des comices.

Cominge, sm. grosse bombe.

Comique, a. de la comédie; plaisant. [nière comique.

Comiquement, ad. d'une ma-

Comitat, sm. division territoriale en Hongrie. [me.

Comite, sm. officier de la chiourme.

Comité, sm. petite assemblée.

Comma. sm. t. de mus. deux points. *imp.*

Command, sm. t. de *jur.*

Commandant, s. qui commande.

Commande, sf. ce qui a été commandé. t. de *comm.*

Commandement, sm. ordre.

Commander, va. *et* n. ordonner.

Commanderie, sf. bénéfice d'ordre militaire. [commanderie.

Commandeur, sm. pourvu de

Commanditaire, sm. qui fait partie d'une

Commandite, sf. société de commerce.

Commanditer, va. mettre des fonds dans une affaire sans contracter soi-même d'obligations. [paraison *et* conj.

Comme, ad. de temps, de com-

Commémoraison ou — *ration.* sf. mémoire d'un saint.

Commémoratif, ive, adj. qui rappelle le souvenir. [ce.

Commençant, sm. qui commen-

Commencement, sm. principe.

Commencer, va. entreprendre.

Commendataire, am. (abbé) qui a une [bénéfice.

Commende, sf. usufruit d'un

Commensal, s. qui mange avec.

Commensalité, sf. droit des commensaux de la maison du roi

Commensurabilité, sf. rapport de deux grandeurs.

Commensurable, a. en rapport.

Comment, ad. de quelle sorte? interrog. [tion.

Commentaire, sm. interpréta-

Commentateur, sm. qui commente. [ter.

Commenter, va. *et* n. interpré-

Commérage, sm. propos, caquet

Commerçable, a. qu'on peut commercer. [merce.

Commerçant, sm. *et* a. qui com-

Commerce, sm. négoce; société.

Commercer, vn. trafiquer.

Commercial, a. du commerce.

Commercialement, ad. suivant les règles du commerce.

Commère, sf. celle qui tient un enfant sur les fonts; bavarde; rusée. [commère.

Commérer, vn. agir, parler en

Commettant, sm. celui qui charge un autre d'une affaire.

Commettre, va. faire; compromettre; préposer; employer.

Comminatoire, a. qui menace.

Commination, sf. menace.

Comminutif, ive, a. réduit en morceaux.

Comminution, sf. écrasement.

Commis, sm. chargé d'un em-

Commisération, sf. pitié. [ploi.

Commissaire, sm. officier de police; commis spécial.

Commissariat, sm. fonction de commissaire.

Commission, sf. charge; brevet; message; sorte de courtage; rétribution.

Commissionnaire, sm. chargé de commission.

Commissionner, va. délivrer une commission.

Commissoire, a.(pacte) t. de *jur.*

Commissure, sf. point de jonction. *anat.*

Committimus, sm. (s) (lettres de) t. de *chancellerie.*

Committitur. sm. ordonnance pour commettre. [jur.

Commodat, sm. prêt gratuit.

Commodataire, s. qui emprunte à titre de commodat.

Commode, a. aisé; utile; facile. sf. sorte de meuble à tiroirs.

Commodément, a. d'une man. aisée.

Commodité, sf. état aisé, moyen qui facilite. pl. latrines.

Commotion, sf. secousse.

Commuable, a. qui peut être changé.

Commuer, va. changer la peine.

Commun, a. propre à tout le monde; abondant; de peu de prix; trivial.

Communal, a. de commune.

Communauté, sf. société.

Communaux, sm. pl. pâtis de

Commune, sf. arrondissement d'un canton; corps d'habitants.   [ment.

Communément, ad. ordinaire-

Communiant, e, s. qui communie

Communicabilité, sf. état de ce qui est

Communicable, a. qui peut se communiquer.   [nique.

Communicant, e, a. qui commu-

Communicatif, ve, a. qui se communique. [communiquer.

Communication, sf. action de

Communicativement, ad. d'une man. communicative.

Communuer, vn. recevoir l'eucharistie.

Communion, sf. union; action de communier.   [commun.

Communiquer, va. et n. rendre

Communisme, sm. système du

Communiste, s. a. partisan de la communauté des biens.

Commutatif, ve, a. susceptible d'échange.   [muer.

Commutation, sf. act. de com-

Compacité, sf. état compacte.

Compacte, a. condensé.

Compagne, sf. qui accompagne; épouse (par rapport au mari).

Compagnie, sf. réunion de personnes; association commerciale.   [vrier.

Compagnon, sm. camarade; ou-

Compagnonnage, sm. état d'ouvrier.   [com paré.

Comparable, a. qui peut être

Comparablement, adv. d'une man. comparable.   [parer.

Comparaison, sf. action de com-

Comparaître, vn. se présenter.

Comparant, s. qui comparait.

Comparatif, ve, a. et sm. qui compare.   [paraisou.

Comparativement, ad. par com-

Comparer, va. examiner les rapports.   [jur.

Comparoir, vn. comparaître.

Comparse, sf. entrée des quadrilles. sm. pl. figurants.

Compartiment, sm. assemblage symétrique.

Compartiteur, sm. juge opposé au rapporteur. [comparaître.

Comparution, sf. action de

Compas, sm. instrument pour mesurer. math.   [niéré.

Compassé, e, a. régulier, ma-

Compassement, sm. action de

Compasser, va. mesurer au compas. fig. affecter l'exac-

Compassion, sf. pitié. [titude.

Compatibilité, sf. état de ce qui est   [der.

Compatible, a. qui peut s'accor-

Compatir, vn. avoir pitié; se concilier.   [compassion.

Compatissant, e, a. porté à la

Compatriote, sm. du même pays.   [abrégé.

Compendium, sm. (indiom)

Compensateur, sm. qui compense; mécanisme adapté à certaines horloges.

Compensation, sf. dédommagement.

Compenser, va. dédommager.

Compérage, sm. qualité de

Compère, sm. qui tient un enfant sur les fonts; qui aide à tromper.

Compère-loriot, sm. le loriot commun; petit abcès des paupières.

Compétemment, ad. (ta) d'une man. compétente.

Compétence, sf. droit; concurrence. [droit.

Compétent, a. qui est dû, qui a

Compéter, vn. appartenir. *jur.*

Compétiteur, sm. concurrent.

Compilateur, sm. qui compile.

Compilation, sf. recueil.

Compiler, va. faire un recueil.

Compitales, sf. pl. fêtes des pénates. *myt.*

Complaignant, s. plaignant.

Complainte, sf. chanson plaintive. pl. lamentations. *fa.*

Complaire, vn. *et* p. plaire.

Complaisamment, ad. avec

Complaisance, sf. facilité à se conformer aux goûts d'autrui.

Complaisant, a. obligeant, sm. flatteur.

Complant, sm. plant de vigne.

Complanter, vn. faire un complant.

Complément, sm. ce qui complète. [compléter.

Complémentaire, a. qui sert à

Complet, ète, a. entier.

Complétement, sm. action de compléter. ad. d'une manière complète.

Compléter, va. rendre complet.

Complétif, ve, a. qui complète. *gra.*

Complexe, a. opposé à simple.

Complexion, sf. tempérament.

Complexionné, a. d'un certain tempérament. [tempérament.

Complexionner, va. former le

Complexité, sf. qualité de ce qui est complexe.

Complication, sf. concours.

Complice, a. *et* s. qui a part au crime. [plice.

Complicité, sf. état de complice.

Complies, sf. pl. office divin.

Compliment, sm. paroles civiles

Complimentaire, sm. associé qui a procuration générale.

Complimenter, va. faire compliment. [qui complimente.

Complimenteur, euse, a. *et* s.

Compliqué, a. embrouillé, complexe.

Compliquer, va. mêler. [plexe.

Complot, sm. mauvais dessein formé entre plusieurs personnes. [plot.

Comploter, va. faire un complot.

Componction, sf. douleur d'avoir offensé Dieu.

Componende, sf. composition sur les droits dus à la cour de Rome.

Componium, sm. orgue à cylindre, à variations.

Comportement, sm. conduite. *v.*

Comporter, va. *et* n. permettre. p. se conduire.

Composant, e, a. qui compose.

Composé, sm. corps mixte.

Composées, sf. pl. famille de plantes.

Composer, va. *et* n. former un tout de diverses parties; créer; capituler. [*arch*

Composite, a. (ordre) mixte.

Compositeur, sm. qui compose.

Composition, sf. action de composer; accommodement.

Composteur, sm. instrument pour composer. *imp.*

Compote, sf. fruits cuits, etc.

Compotier, sm. vase pour les compotes.

Compréhensibilité, sf. aptitude à être compris.

Compréhensible, a. concevable.

Compréhensif, ve, a. qui a la faculté de comprendre.

Compréhension, sf. intelligence

Comprendre, va. contenir. *fig.* concevoir. [plaie.

Compresse, sf. linge sur une

Compresseur, sm. instr. pour comprimer.

Compressibilité, sf. état de ce qui est

Compressible, a. qu'on peut comprimer. [*chir.*

Compressif, ve, a. qui comprime

Compression, sf. action de

Comprimer, va. presser; resserrer.

Compris, loc. ad. en y comprenant. *Non* —, sans y comprendre.

Compromettre, vn. a. *et* p. convenir d'arbitres; commettre, s'exposer.

Compromis, sm. convention.

Comptabilité, sf. (*conta*) état du

Comptable, a. *et* s. qui rend compte.

Comptant, a. argent en espèces.

Compte, sm. calcul; salaire, rapport. *à —*, sm. ce qui est en déduction.

Compte-pas, sm. V. Odomètre.

Compter, va. *et* n. calculer; croire.

Compteur, sm. détente d'une sonnerie d'horloge; instr. pour compter les révolutions d'une machine, etc.

Comptoir, sm. table; bureau.

Compulser, va. parcourir un livre, un registre.

Compulsoire, sm. acte. *jur.*

Comput, sm. (*t*) t. de chronol.

Computiste, sm. qui fait le comput.

Comtal, e, a. de comte.

Comtat, sm. comté, territoire enclavé dans la Provence.

Comte, esse, s. dignitaire.

Comté, sm. titre de terre.

Concasser, va. briser en morceaux.

Concave, a. opposé à convexe.

Concavité, sf. état concave.

Concéder, va. accorder.

Concentrable, a. qui peut être concentré.

Concentration, sf. action de

Concentrer, va. réunir au centre. [centre.

Concentrique, a. qui a le même

Concept, sm. (*pt*) idée.

Conception, sf. act. de concevoir

Concernant, prép. qui concerne.

Concerner, va. avoir rapport à.

Concert, sm. musique exécutée; lieu où on l'entend. *fig.* accord. *de concert*, ad. d'intelligence.

Concertant, e, s. a. qui exécute dans un concert.

Concerté, a. étudié.

Concerter, vn. *et* p. faire un concert; conférer.

Concerto, sm. symphonie.

Concession, sf. don, chose cédée

Concessionnaire, s. qui reçoit une concession

Concetti, sm. pl pensées fausses et brillantes.

Concevable, a. qui se conçoit.

Concevoir, va devenir enceinte; comprendre, imaginer.

Conchifère, a. qui a une coquille.

Conchite, sf. coquille fossile.

Conchoïdal, e, a. de la

Conchoïde, sf. ligne courbe.

Conchyliologie, sf. (*ki*) science des coquillages.

Conchyliologiste, sm. (*ki*) qui s'occupe de conchyliologie.

Conchytes, sf. pl. coquilles pétrifiées.

Concierge, s. portier d'un hôtel.

Conciergerie, sf. charge; prison

Concile, sm. assemblée de prélats. [cilier.

Conciliable, a. qui peut se concilier

Conciliabule, sm. assemblée illégale.

Conciliaire, a. de concile.

Conciliairement, adv. en concile. [lier.

Conciliant, e, a. propre à concilier

Conciliateur, trice. a. *et* s. qui concilie.

Conciliation, sf. act. de concilier

Conciliatoire, a. qui a pour but de [attirer.

Concilier, va. *et* p. accorder;

Concis, e, a. style court, resserré

Concision, sf. état concis.

Concitoyen, sm. citoyen d'une même ville.

Concitoyenneté, sf. relation entre citoyens.

Conclave, sm. assemblée de cardinaux. [clave.

Conclaviste, sm. qui va au conclave

Concluant, e, a. qui prouve, conclut. [inférer.

Conclure, va. *et* n. achever;

Conclusif, ve, a. qui conclut.

Conclusion, sf. fin. pl. demandes.

Concoction, sf. digestion. [jur.

Concombre, sm. plante, son fruit. [ment.

Concomitance, sf. accompagne-

Concomitant, a. qui accompagne

Concordance, sf. rapport.

Concordant, sm. tenor. mus.

Concordat, sm. convention ecclésiastique.

Concordataire ou Concordatiste, a. qui approuve le concordat.

Concorde, sf. bonne intelligence

Concorder, vn. être d'accord.

Concourant, e, a. qui concourt.

Concourir, vn. coopérer. fig. être en concurrence.

Concours, sm. act. de concourir ; affluence de personnes.

Concrescible, a. qui peut devenir. [trait ; coagule.

Concret, ète, a. opposé à abs-

Concrétion, sf. amas. phys.

Concubinage, sm. cohabitation de gens non mariés

Concubinaire, sm. qui a une

Concubine, sf. qui vit en concubinage.

Concupiscence, sf. désir déréglé

Concupiscible, a. qui fait desirer

Concurremment, ad. (ra) ensemble. [plusieurs.

Concurrence, sf. prétention de

Concurrent, sm. compétiteur.

Concussion, sf. exaction.

Concussionnaire, sm. exacteur.

Condamnable, a. (ana) qui doit être condamné.

Condamnation, sf. jugement qui condamne.

Condamner, va. rendre un jugement contre quelqu'un.

Condensabilité, sf. propriété des corps condensables.

Condensable, a. qui peut être condensé. [sique.

Condensateur, sm. inst. de phy-

Condensation, sf. act. de

Condenser, va. et p. rendre plus dense.

Condescendance, sf. complaisance.

Condescendant, a. qui condescend.

Condescendre, vn. se rendre aux sentiments de quelqu'un ; accorder quelque chose.

Condiction, sf. revendication d'un objet volé.

Condiment, sm. assaisonnement

Condisciple, sm. compagnon d'étude. [au sucre.

Condit, sm. substance confite

Condition, sf. qualité ; clause ; profession.

Conditionné, a. (bien ou mal) qui reunit ou non les qualités requises.

Conditionnel, le, a. qui a une clause. sm. futur avec une condition gra.

Conditionnellement, ad. avec clause.

Conditionner, va. mettre en état

Condoléance, sf. regrets. [proie.

Condor, sm. grand oiseau de

Condouloir (se), vp. compatir. v.

Conducteur, trice, s. qui conduit

Conductibilité, sf. propriété qu'ont les corps de propager la chaleur.

Conductible, a. qui peut conduire certains fluides.

Conduction, sf. prise à loyer. jur

Conduire, va. mener, diriger ; se — se comporter.

Conduit, sm. canal, tuyau.

Conduite, sf. action de conduire ; direction ; manière d'agir.

Condyle, sm. saillie d'une articulation. [dyle.

Condyloïde, a. en forme de con-

Condyloïdien, ne, a. des condyles. [de chair.

Condylome, sm. excroissance

Cône, sm. pyramide ronde.

Confabulation, sf. entretien. fa.

Confabuler, vn. converser. fa.

Confection, sf. composition.

Confectionner, va. faire fabriquer ; achever.

Confectionneur, euse, s. qui confectionne.

Confederatif, ve, a. de la

Confédération, sf. ligue.
Confédéré, a. allié.
Confédérer (se), vp. se liguer.
Conférence, sf. comparaison ; discussion.
Conférer, va. et n. comparer, accorder ; raisonner [tique.
Conserve, sm. et f. plante aqua-
Confesse, s confession au prê- tre.
Confesser, va. avouer, enten- dre en confession se—, vp. dire ses pechés à un prêtre.
Confesseur, sm. prêtre qui con- fesse, saint qui n'a été ni apôtre ni martyr.
Confession, sf. aveu.
Confessionnal, sm. siège du confesseur.
Confiance, sf espérance ferme; hardiesse ; présomption.
Confiant, a. qui a confiance.
Confidemment, ad. (da) en
Confidence, sf. communication d'un secret. [ses secret.
Confident, s. à qui l'on confie
Confidentiaire, sm. (ci) bénéfi- cier par confidence.
Confidentiel, le, a. sous le secret
Confidentiellement, ad. en con- fidence.
Confier, va. commettre au soin, à la fidélité. [rieure.
Configuration, sf. forme exté-
Configurer, va. figurer l'en- semble.
Confiner, va. reléguer ; vn. tou- cher aux confins.
Confins, sm. pl. limites.
Confire, va. assaisonner des fruits, etc.
Confirmatif, ve, a. qui confirme.
Confirmation, sf. assurance ; sa- crement.
Confirmer, va. rendre plus sûr; donner la confirmation.
Confiscable, a. qu'on peut con- fisquer.
Confiscant, a. t. de jur. féodale.
Confiscation, sf. act. de confis- quer ; effet de cette action.
Confiserie, sf. art. du confiseur.

Confiseur, euse, s. qui confit.
Confisquant, e, a. qui confisque.
Confisquer, va. adjuger au fisc.
Confiteor, s. (té) prière catho- lique.
Confiture, sf. fruits confits.
Confiturier, s. qui vend des con- fitures.
Conflagration, sf. embrasement.
Conflit, sm. choc, débat.
Confluent, sm. jonction de deux rivières.
Confluent, a. se dit d'une érup- tion de boutons qui se con- fondent. méd.
Confluer, vn. se dit en parlant de la réunion de deux grands cours d'eau.
Confondre, va. mêler ; convain- cre en humiliant.
Conformation, sf. forme.
Conforme, a. semblable.
Conformement, ad. d'une ma- nière conforme.
Conformer, va. rendre confor- me. se —, vp. se soumettre à.
Conformiste, s. qui professe la religion dominante en An- gleterre.
Conformité, sf. rapport.
Confort, sm. secours. v. bien- être matériel.
Confortable, a. qui fortifie; sa- tisfaisant.
Confortatif, ve, ou Confortant, a. et sm. qui fortifie. [fier.
Confortation, sf. act. de forti-
Conforter, va. fortifier.
Confraternel, le, a. de confrère.
Confraternité, sf. qualité de
Confrère, sm. du même corps.
Confrérie, sf. association reli- gieuse.
Confrontation, sf. action de
Confronter, va. comparer.
Confus, a. confondu ; brouillé ; honteux. [confuse.
Confusément, ad. d'une man.
Confusion, sf. mélange confus; honte. [guides.
Conge, sm. anc. mesure de li-
Congé, sm. permission ; renvoi.

Congéable, a. (bien) où l'on peut rentrer.

Congédier, va. renvoyer.

Congélable, a. qui peut être congelé. [faire de la glace.

Congélateur, sm. appareil pour

Congélation, sf. act. de geler.

Congeler, va. et p. geler.

Congemination, sf. formation double.

Congénère, a. du même genre.

Congénital ou Congénial, a. qu'on apporte en naissant.

Congestion, sf. (ti) amas de sang ou d'humeurs.

Congiaire, sm. distrib. de denrées au peuple. ant.

Conglobation, sf. accumulation de preuves. rhét.

Conglobées, a. (glandes) réunies en une.

Conglomération, sf. act. de

Conglomérer, va. réunir.

Conglutinatif, ive, a. qui conglutine.

Conglutination, sf. état gluant.

Conglutiner, va. rendre gluant.

Congratulation, sf. félicitation. v. [lation.

Congratulatoire, a. de congratu-

Congratuler, va. féliciter.

Congre, sm. anguille de mer.

Congréganiste, s. d'une

Congrégation, sf. société religieuse.

Congrès, sm. assemblée diplomatique; épreuve.

Congru, e, a convenable.

Congruité, sf. convenance.

Congrûment, ad. d'une man. congrue. [fleur en cône.

Conifère, a. (plante) à fruit, à

Conique, a. en forme de cône.

Conirostre, a. sm. oiseau à bec conique; fam. de passereaux.

Conise, sf. plante.

Conjectural, a. fondé sur conjectures.

Conjecturalement, ad. par [ble.

Conjecture, sf. jugement proba-

Conjecturer, va. présumer. [ge.

Conjoindre, va. unir par maria-

Conjoint, a. joint. sm. pl. époux.

Conjointement, ad. ensemble.

Conjonctif, ve, a. qui conjoint. gra. [grammaire.

Conjonction, sf. union. t. de

Conjonctive, sf. le blanc de l'œil

Conjoncture, sf. occasion.

Conjouir (se), vp. se réjouir ensemble. [juguer.

Conjugaison, sf. man. de con-

Conjugal, aux, pl. a. du mariage.

Conjugalement, ad. comme époux. [inflexions des verbes.

Conjuguer, va. marquer les

Conjungo, sm. mariage. fa.

Conjurateur, sm. qui conjure.

Conjuration, sf. act. de

Conjurer, va. prier; exorciser; conspirer

Connaissable, a. aisé à connaître

Connaissance, sf. notion, liaison.

Connaissement, sm. reconnaissance mar. [connaît à.

Connaisseur, euse, s. qui se

Connaître, va. avoir notion de; avoir quelque liaison avec.

Conné, e, a. se dit de deux parties qui naissent unies.

Connétable, sm. dignité milit.

Connétablie, sf. juridiction militaire.

Connexe, a. qui a de la liaison.

Connexion, Connexité, sf. rap-

Connil, sm. lapin. v. [port.

Connivence, sf. complicité.

Connivent, a. qui tend à se rapprocher. bot.

Conniver, vn. participer au mal

Conoïde, sm. espèce de cône.

Conquassation, sf. réduction en petits morceaux.

Conque, sf. coquille; cavité de l'oreille.

Conquérant, sm. qui a conquis.

Conquérir, va. acquérir par les armes fig. gagner.

Conquêt, sm. acquêt de la communauté. jur.

Conquête, sf. action de conquérir; chose conquise.

Conquêter, va. conquérir. v.

Consacrant, sm. et a. qui sacre un évêque. [destiner.

Consacrer, va. et p. dedier ;

Consanguin, a. (frère) de père.

Consanguinité, sf. (ui) parenté.

Conscience, sf. lumière intérieure.

Consciencieusement, ad. en conscience, avec vérité. [leux.

Consciencieux, se, a. scrupu-

Conscription, sf. enrôlement militaire.

Conscrit, sm. compris dans la conscription. Pères conscrits, anciens sénateurs romains.

Consécrateur, sm. consacrant.

Consécration, sf. action de consacrer.

Consécutif, ve, a. de suite. [suite

Consécutivement, ad. tout de

Conseil, sm. avis ; assemblée.

Conseillable, a. qui peut être conseillé. [sm. qui conseille.

Conseiller, va. donner conseil ;

Consentant, a. qui consent.

Consentement, sm. acquiescement.

Consentir, vn. trouver bon.

Conséquemment, ad. (ca) d'après les principes.

Conséquence, sf. conclusion; résultat ; suite ; importance.

Conséquent, a. qui agit conséquemment. [conserve.

Conservateur, trice, s. et a. qui

Conservation, sf. action de conserver.

Conservatoire, a. qui conserve. sm. retraite, école. [nettes.

Conserve, sf. confitures ; pl. lu-

Conserver, va. et p. garder avec soin. [grand.

Considérable, a. important ,

Considérablement, ad. beaucoup

Considérant, a. circonspect. v. sm. motif d'arrêt.

Considération. sf. act. de considérer ; bonne réputation ; pl. réflexions.

Considérément, ad. avec prudence.

Considérer , va. examiner au pr. et au fig.

Consignataire, sm. dépositaire.

Consignation , sf. dépôt juridique. [tinelle.

Consigne, sf. ordre à une sen-

Consigner, va. déposer ; donner une consigne. [fermeté.

Consistance, sf épaississement;

Consistant, a. qui consiste.

Consister, vn. être composé.

Consistoire, sm. assemblée ecclésiastique.

Consistorial, a. du consistoire.

Consistorialement, ad. en consistoire. [soler.

Consolable , a. qu'on peut con-

Consolant, a. qui console.

Consolateur, trice, s. et a. qui console. [solant. v.

Consolatif, ve, — toire, a. con-

Consolation, sf. ce qui console.

Console, sf. saillie ornée ; meuble. [tion.

Consoler , va. adoucir l'afflic-

Consolidable, a. qui peut, qui doit être consolidé.

Consolidant, a. qui affermit.

Consolidation, sf. act. de consolider.

Consolidé, sm. rente sur l'Etat réduite et garantie.

Consolidement, sm. action de consolider.

Consolider, va. affermir.

Consommateur, sm. qui consomme. [sommer.

Consommation, sf. act. de con-

Consommé, sm. bouillon succulent.

Consommer, va. achever; user.

Consomptif, ve, a. qui consume.

Consomption, sf. maladie de langueur.

Consonnance, sf. accord de deux sons.

Consonnant, a. en consonnance.

Consonne, sf. lettre de l'alphabet qui n'a de son que par l'union des voyelles.

Consorts, sm. pl. intéressés.

Consoude, sf. plante médicinale.

Conspirant, a. qui concourt.

Conspirateur, sm. qui conspire

Conspiration, sf. complot.

Conspirer, vn et a. concourir, comploter.

Conspuer, va. mépriser.

Constable, sm. officier de police en Angleterre.

Constamment, ad. avec

Constance, sf. fermeté d'âme; persévérance.   [tain.

Constant, a. persévérant; cer-

Constater, va. prouver.

Constellation, sf. (ll) amas d'é-toiles   [stellation.

Constellé, a. fait sous une con-

Conster, vn. imp. être certain.

Consternation, sf. étonnement; abattement   [battre.

Consterner, va. étonner et a-

Constipation, sf. état de celui qui ne peut aller à la selle.

Constiper, va. resserrer le ven-tre.

Constituant, a. qui constitue; sm. membre des états-géné-raux.   [blir.

Constituer, va. composer, éta-

Constitutif, ve, a. qui constitue.

Constitution, sf. formation, or-ganisation; création d'une rente; loi; tempérament.

Constitutionnalité, sf. qualité de ce qui est

Constitutionnel, le, a. et Cons-titutionnellement, ad. selon la constitution.

Constricteur, sm. muscle.

Constrictif, ive, a. qui resserre.

Constriction, sf. resserrement.

Constringent, a. qui resserre.

Constructeur, sm. qui construit.

Construction, sf. act. de

Construire, va. bâtir; arranger.

Consubstantialité, sf. (ci) état consubstantiel. théol. dans le même sens on dit, en par-lant des trois personnes de la Trinité,

Consubstantiel, a. et Consubs-tantiellement, ad. de même substance.

Consul, sm. magistrat; envoyé-

Consulaire, a. de consul.

Consulairement, ad. par les con-suls.   [sul.

Consulat, sm. dignité de con-

Consultant, sm. et a. qui donne des avis.   [pape.

Consultat, sm. conseiller du

Consultatif, ve, a. que l'on con-sulte. f. (voix) droit d'avis.

Consultation, sf. act. de con-sulter.   [seil, sénat.

Consulte ou Consulta, sf. con-

Consulter, va. prendre avis.

Consulteur, s. examinateur commis par le pape.

Consumable, a. qui peut être consume.

Consumant, a. qui consume.

Consumer, va. détruire; user.

Contact, sm. (ct) attouchement.

Contagieux, se, a. (mal) qui se communique.   [du mal.

Contagion, sf. communication

Contamination, sf. souillure. v.

Contaminer, va. souiller. v.

Conte, sm. récit fabuleux.

Contemplateur, sm. qui con-temple.

Contemplatif, ve, a. de

Contemplation, sf. action de

Contempler, va. considérer; mé-diter.   [temps.

Contemporain, s. et a. du même

Contemporanéité, sf. état con-temporain.

Contempteur, sm. qui méprise.

Contemptible, a. méprisable. v.

Contenance, sf. capacité; main-tien.

Contenant, a. et s. qui contient.

Contendant, s. et a. concurrent.

Contendre, vn. disputer. v. [nir.

Contenir, va. renfermer; rete-

Content, a. satisfait.

Contentement, sm. satisfaction.

Contenter, va. et p. satisfaire.

Contentieusement, ad. avec dé-bat.   [contestation.

Contentieux, s. a. (ci) sujet à

Contentif, a. m. (bandage). t. de chir.

Contention, sf. débat; application.

Contenu, sm. ce qui est renfermé ou énoncé dans une chose quelconque. [joler.

Conter, va. narrer. *En —*, ca-

Contestable, a. qu'on peut contester.

Contestablement, ad. ms.

Contestant, a. qui conteste.

Contestation, sf. dispute.

Conteste, sf. procès. *jur.*

Contester, va. disputer.

Conteur, euse, s. qui conte.

Contexte, sm. texte d'un acte.

Contexture, sf. tissure, enchaînement des parties d'un tout.

Contigu, ë, a. qui touche.

Contiguïté, sf. (*uï*) état contigu.

Continence, sf. chasteté. [ferme

Continent, a. chaste. sm. terre

Continental, e, a. qui appartient au continent.

Contingence, sf. cas; *selon la contingence des affaires.*

Contingent, a. casuel. sm. part.

Continu, a. *et* sm. non interrompu. [nue.

Continuateur, sm. qui continuation, sf. act. de continuer. [ruption.

Continue, sf. durée sans interruption.

Continuel, le, a. qui ne cesse point.

Continuellement. ad. sans cesse

Continuer, va. *et* n. persévérer.

Continuité, sf. liaison continue.

Continûment ad. sans interruption. [sion.

Contondant, a. qui fait contu-

Contondre, va. produire des contusions.

Contorsion, sf. mouvement violent des muscles; grimace.

Contour, sm. circuit.

Contournable, a. qui se replie. *v.*

Contourné, a. de travers.

Contournement, sm. act. de

Contourner, va. marquer le contour; déformer. [contracté.

Contractable, a. qui peut être

Contractant, a. qui contracte.

Contracte, a. qui a deux syllabes réunies.

Contracter, va. faire un contrat — *une maladie*, en être atteint. vp. se raccourcir.

Contractif, ve, a. qui détermine une contraction.

Contractile, a. susceptible de contraction. [contracter.

Contractilité, sf. faculté de se

Contraction, sf. raccourcissement.

Contractuel, le, a. par contrat.

Contracture, sf. rétrécissement d'une colonne; rigidité des muscles. [dit.

Contradicteur, sm. qui contre-

Contradiction, sf. action de contredire.

Contradictoire, a. qui contredit.

Contradictoirement, ad. d'une man. opposée. [contraindre.

Contraignable, a. qu'on peut

Contraignant, e, a. gênant.

Contraindre, va. forcer.

Contrainte, sf. violence; acte judiciaire; gêne.

Contraire, a. opposé. *Au —.* ad. tout autrement. [tion à.

Contrairement, ad. en opposi-

Contralto, sm. la plus grave des voix de femme.

Contrapontiste, sm. qui enseigne le contrepoint.

Contrariant, a. qui contrarie.

Contrarier, va. *et* n. dire ou faire le contraire.

Contrariété, sf. opposition.

Contrastant, e, a. qui contraste.

Contraste, sm. différence; opposition. [tion.

Contraster, vn. être en opposi-

Contrat, sm. convention.

Contravention, sf. infraction.

Contra-yerva, sm. plante vermifuge; sa racine.

Contre, sm. ce qui est contraire à; préposition qui marque opposition.

Contre-allée, sf. allée latérale.

Contre-amiral, sm. officier supérieur de marine.

8

Contre-appel, sm. t. d'escrime.
Contre-approches, sf. pl. travaux militaires. [ser.
Contre-balancer, va. compen-
Contrebande, sf. esp. de fraude.
Contrebandier, s. qui fait la contrebande. [maç.
Contre-bas, ad. de bas en haut.
Contre-basse, sf. inst.; voix basse. [la contre-basse.
Contre-bassiste, sm. qui joue de
Contre-batterie, sf. canons opposés. [sens.
Contre-biais (à), ad. à contre-
Contre-biseau, sm. pièce d'un tuyau d'orgue. [arc-boute.
Contre-boutant, sm. pilier qui
Contre-bouter, va. étayer.
Contre-calquer, va. faire la contre-épreuve d'un calque.
Contre-carrer, va. s'opposer.
Contre-charge, sf. contre-poids.
Contre-charme, sm. charme qui en détruit un autre. [sis.
Contre-châssis, sm. second châs-
Contre-clef, sm. voussoir. arch.
Contre-cœur, sm. plaque de cheminée. à —, ad. à regret.
Contre-coup, sm. répercussion; fig. suite; effet.
Contre-courant, sm. courant inférieur. [res.
Contre-danse, sf. danse à figu-
Contre-dater, va. mettre une autre date.
Contre-déclaration, sf. déclaration contraire à la déclaration précédente,
Contre-dégagement, sm. action de.
Contre-dégager, va. dégager en même temps que son adversaire. t. d'escrime.
Contredire, va. dire le contraire.
Contredisant, a. qui contredit.
Contredit, sm. réponse contraire. Sans — loc. ad. certaine-
Contrée, sf. région. [ment.
Contre-échange, sm. échange mutuel.
Contre-enquête, sf. enquête opposée.

Contre-épaulette, sf. corps d'épaulette dépourvu de franges.
Contre-épreuve, sf. estampe tirée sur une autre.
Contre-épreuver, va. faire contre-épreuve.
Contre-espalier, sm. espalier contre un autre. [trefait.
Contrefaçon, sf. ouvrage con-
Contrefacteur, sm. qui contrefait.
Contrefaction, sf. action de
Contrefaire, va. imiter.
Contrefaiseur, sm. qui imite.
Contrefait, a. difforme; imité.
Contre-fente, sf. fente opposée. chir.
Contre-fiche, sf. sorte d'appui.
Contre-finesse, sf. ruse.
Contre-fort, sm. mur servant d'appui. [sée. mus.
Contre-fugue, sf. fugue renver-
Contre-gage, sm. sûreté d'une créance. [gages.
Contre-gager, va. donner des
Contre-garde, sf. fortification.
Contre-hacher, vn. faire des
Contre-hachures, sf. croiser les hachures. dessin. [net.
Contre-hâtier, sm. grand che-
Contre-haut (en) loc. adv. de bas en haut.
Contre-indication, sf. t. de méd.
Contre-jour, sm. faux jour.
Contre-latte, sf. forte latte pour
Contre-latter, va. charp. [re.
Contre-lettre, sf. acte dérogatoi-
Contre-maitre, sm. officier marin; chef d'ouvriers.
Contremandement, sm. act. de
Contremander, va. revoquer un ordre. [contraire. mil.
Contre-marche, sf. marche
Contre-marée, sf. marée opposée à la marée ordinaire.
Contre-marque, sf. deuxième marque. [contre-marque.
Contre-marquer, va. faire une
Contre-mine, sf. mine opposée.
Contre-miner, va. faire des contre-mines. [mine.
Contre-mineur, sm. qui contre-

Contre-mont, ad. en haut. v.

Contre-mot, sm. second mot d'ordre donné en certains cas.

Contre-moulage, sm. contrefaçon d'un ouvr. de sculpture.

Contre-mur, sm. deuxième mur.

Contre-murer, va. faire un contre-mur.

Contre-opposition, sf. minorité de l'opposition. [d'ordre.

Contre-ordre, sm. révocation

Contre-ouverture, sf. ouverture à l'opposé d'une plaie. [sée.

Contre-partie, sf. partie oppo-

Contre-passer, va. repasser une lettre de change à celui qui l'a donnée.

Contre-pente, sf. pente contraire; interruption du niveau

Contre-peser, va. contre-balancer.

Contre-pied, sm. sing. erreur sur la voie. chas. le contraire de quelque chose.

Contre-platine, sf. porte-vis.

Contre-poids, sm. poids qui contre-balance. [poil.

Contre-poil, sm. rebours du

Contre-poinçon, sm. poinçon pour contre-percer des trous.

Contre-point, sm. accord. mus.

Contre-pointer, va. piquer des deux côtés; opposer une batterie à une autre.

Contre-poison, sm. remède du poison. [porte.

Contre-porte, sf. deuxième

Contre-poser, va. poser inexactement un article sur un livre de commerce.

Contre-projet, sm. projet qui tend à en faire échouer un autre.

Contre-promesse, sf. déclaration qu'une promesse est simulée.

Contre-révolution, sf. seconde révolution opposée à la première.

Contre-révolutionnaire, s. et a. partisan d'une contre-révol.

Contre-ruse, sf. ruse opposés.

Contre-sanglon, sm. courroie de selle.

Contrescarpe, sf. glacis. fortif.

Contre-scel, sm. petit sceau.

Contre-sceller, va. opposer le contre-scel. [gnature.

Contre-seing, sm. deuxième si-

Contre-sens, sm. sens contraire.

Contre-signer, va. signer en qualité de secrétaire.

Contre-temps, sm. obstacle. à Contre-temps. ad. mal à propos.

Contre-terrasse, sf. terrasse appuyée sur une autre.

Contre-tirer, va. calquer.

Contrevallation, sf. fosse contre les sorties des assiégés. fortif. [vient.

Contrevenant, s. qui contre-

Contrevenir, vn. agir contre une loi.

Contre-vent, sm. volet en dehors

Contre-vérité, sf. expression employée en sens contraire.

Contribuable, s. qui paie l'impôt.

Contribuer, vn. aider; payer.

Contribution, sf. impôt; levée d'argent.

Contrister, va. affliger. [tant.

Contrit, a. très-affligé; repen-

Contrition, sf. (ci) douleur et repentir.

Contrôlage, sm. act. de contrôler

Contrôle, sm. registre; marque.

Contrôler, va. enregistrer; marquer; critiquer. fa.

Contrôleur, sm. qui contrôle.

Controuver, va. inventer pour

Controverse, sf. dispute. [nuire.

Controversé, a. discuté.

Controverser, vn. soutenir une controverse.

Controversiste, sm. qui s'occupe de controverse.

Contumace, sf. défaut de comparaître en justice. et Contumax. a. et s. accusé absent.

Contumacer, va. juger par contumace.

Contus, a. meurtri. chir.

Contusion, sf. meûrtrissure.
Contusionner, va. faire une contusion.
Convaincant, a. qui persuade.
Convaincre, va. persuader.
Convalescence, sf. état de
Convalescent, a. qui relève de maladie.
Convenable, a. qui convient.
Convenablement, ad. d'une manière convenable. [séance.
Convenance, sf. rapport; bien-
Convenant, sm. ligue des Ecossais. a. convenable.
Convenir, vn. demeurer d'accord; être sortable. [blée.
Conventicule, sm. petite assem-
Convention, sf. accord; assemblée politique. [vention.
Conventionnel, le, a. de con-
Conventionnel, sm. membre de la Convention nationale, en France.
Conventionnellement, ad. sous convention. [vent.
Conventualité, sf. état d'un cou-
Conventuel, le, a. du couvent.
Conventuellement, ad. en communauté.
Convergence, sf. état
Convergent, a. qui converge.
Converger, vn. se réunir.
Convers, a. religieux servant; t. de logique. [milier.
Conversation, sf. entretien fa-
Converser, vn. s'entretenir fam.
Conversion, sf. changement.
Converti, a. et s. qui a changé de religion. [changé.
Convertible, a. qui peut être
Convertir, va. changer.
Convertissable, a. qui peut être converti. [sion.
Convertissement, sm. conver-
Convertisseur, sm. qui convertit.
Convexe, a. surface bombée.
Convexité, sf. courbure extérieure.
Conviction, sf. preuve évidente; effet de cette preuve.
Convié, sm. prié à un festin.

Convier, va. inviter. [d'autres.
Convive, s. qui mange avec
Convocation, sf. act. de convoq.
Convoi, sm. cortége d'un mort.
Convoitable, a. désirable. v.
Convoiter, va. désirer. [v.
Convoiteux, se, a. qui convoite.
Convoitise, sf. cupidité.
Convoler, vn. se remarier. [bot.
Convoluté, a. roulé en cornet.
Convolutus, sm. (s) liseron. bot.
Convolvulacé, e, a. qui ressemble au liseron. sf. pl. fam. de plantes.
Convoquer, va. assembler jurid.
Convoyer, va. escorter. mar.
Convoyeur, s. a. bâtiment qui en convoie d'autres.
Convulsé, e, attaqué de convulsions.
Convulsif, ve, a. avec
Convulsion, sf. contraction involontaire des muscles. fig. effort violent.
Convulsionnaire, s. fanatique.
Conyse, sf. plante.
Coobligé, sm. obligé avec d'autres. [père.
Coopérateur, trice, s. qui coo-
Coopération. sf. action de [tres.
Coopérer, vn. opérer avec d'au-
Cooptation, sf. action de
Coopter, va. admettre avec dispense. [donner.
Coordination, sf. action de coor-
Coordonnable, a. qui peut être coordonné.
Coordonnées, sf. pl. propositions liées entre elles. gra.
Coordonner, va. combiner l'ordre. [neuse.
Copahu, sm. substance rési-
Copal, sm. résine.
Copartageant, s. et a. qui partage avec d'autres.
Copayer, sm. arbre du Brésil.
Copeau, sm. éclat de bois.
Copermutant, sm. qui permute.
Copernic, sm. instr. d'astron.; tache dans la lune.
Cophte, Copte, s. chrétien d'Egypte.

Copie, sf. écrit d'après un au-
tre ; imitation ; devoir d'un
écolier. [ter.
Copier, va. faire une copie; imi-
Copieusement, ad. beaucoup.
Copieux, se, a. abondant.
Copiste, sm. qui copie.
Copreneur, s. qui prend à loyer
avec un autre.
Copropriétaire, a. et s. qui pos-
sède avec d'autres.
Copropriété, sf. bien possédé
par plusieurs personnes.
Copter, va. tinter une cloche
d'un seul côté. [mots. gra.
Copulatif, ve, a. qui lie les
Copulation, sf. union des sexes.
Copule, sf. lien de l'attribut au
sujet.
Coq, sm. (cok) oiseau. [suite.
Coq-à-l'âne, sm. i. discours sans
Coq-d'Inde, sm. dindon.
Coque, sf. enveloppe d'œuf, de
ver, etc.
Coquecigrue, sf. chose frivole.
Coquelicot, sm. Coquelourde, f.
Coqueret, m. plante.
Coqueluche, sf. sorte de rhume;
capuchon. v.
Coqueluchon, sm. capuchon.
Coquemar, sm. bouilloire.
Coquerico, sm. chant du coq.
Coqueriquer, vn. chanter, en
parlant du coq.
Coqueron, sm. cuisine. mar.
Coquet, te, a. qui fait le galant
et cherche à plaire ; se dit sur-
tout des femmes.
Coqueter, vn. être coquet. fa.
Coquetier, sm. marchand d'œufs;
vase pour l'œuf. [quette.
Coquetterie, sf. manège de co-
Coquillage, sm. testacé.
Coquillart, sm. lit de pierres de
taille parsemé de coquilles.
Coquille, sf. coque ; t. d'imp.
Coquiller, vn. se boursoufler.
Coquilleux, se, a. rempli de co-
quilles.
Coquillier, sm. collection de
coquilles. [de mauv. vie.
Coquin, ne, s. fripon. f. femme

Coquinerie, sf. act. de coquin.
Cor, sm. durillon aux pieds;
instrument à vent.
Corail, pl. aux, sm. polypier.
Corailleur, sm. et a. qui va à la
pêche du corail.
Coraillère, sf. petit bâtiment
pour pêcher le corail. [rail.
Corallé, e, a. où il entre du co-
Coralligène, a. se dit des poly-
pes qui forment le corail.
Corallin, a. rouge comme corail.
Coralline, sf. polypier.
Coralloïde, a. qui ress. au corail
Coran, sm. loi de Mahomet.
Corbeau, sm. oiseau ; constel-
lation.
Corbeille, sf. panier ; ornement
d'architect. ; bijoux pour une
mariée. [corbeille.
Corbeillée, sf. le contenu d'une
Corbillard, sm. char funèbre.
Corbillat, sm. petit du corbeau.
Corbillon, sm. petit panier ; jeu.
Corbin, sm. corbeau. v.
Cordage, sm. corde ; action
de corder.
Cordat, sm. grosse toile.
Corde, sf. tortis de chanvre ; co-
ton, etc.; fil de boyau ou de
métal d'un instrument de mu-
sique; la pendaison; mesure
du bois. [gner.
Cordeau, sm. corde pour ali-
Cordeler, va. tresser en corde.
Cordelette, sf. petite corde.
Codelier, s. religieux.
Cordelière, sf. corde à nœuds.
bla. ornement d'architecture.
Cordelle, sf. corde pour le ha-
lage.
Corder, va. et p. faire de la
corde; mettre en rouleau; me-
surer. [corde.
Corderie, sf. où l'on fait de la
Cordial, a. qui reconforte ; af-
fectueux. [tifiante.
Cordial, pl. aux. potion for-
Cordialement, ad. affectueuse-
ment.
Cordialité, sf. affection sincère.
Cordier, sm. qui fait des cordes.

Cordiforme, a. qui a la forme d'un cœur. *bot.*

Cordon, sm. brin d'une corde; tissu de soie, coton, etc. tressé; saillie. *arch.* [sinière.

Cordon-bleu, sm. maîtresse cui-

Cordonner, va. tordre en cordon

Cordonnerie, sf. métier du cordonnier.

Cordonnet, sm. petit cordon.

Cordonnier, s. qui fait des souliers.

Cordouan, s. de Cordoue; espèce de cuir.

Corée, sm. *V.* Chorée.

Coreligionnaire, s. celui qui professe la même religion.

Coriace, a. dur comme du cuir.

Coriace, a. analogue au cuir.

Coriambe, sm. pied de vers grec.

Coriandre, Coris, sf. plante.

Corindon, sm. pierre précieuse.

Corinthien, a. (ordre) le quatrième ord. d'architecture.

Coris, sm. monnaie des Indes.

Corme, sm. boisson faite avec le

Corme *ou* Sorbe, sm. fruit du

Cormier *ou* Sorbier, sm. arbre.

Cormoran, sm. oiseau aquat.

Cornac, sm. conducteur d'éléphant.

Cornage, sm. sifflement de certains chevaux quand ils courent.

Cornaline, sf. sorte d'agate.

Corne, sf. excroissance dure qui surmonte la tête de quelques animaux; ce qui en a la forme; matière qui constitue les ongles des animaux, le sabot du cheval, etc.

Cornée, sf. tunique de l'œil.

Cornéenne, sf. subst. pierreuse.

Corneille, sf. oiseau.

Cornemuse, sf. instrument de musique champêtre.

Corner, vn. sonner d'un cornet.

Cornet, sm. petit cor; encrier.

Cornette, sf. coiffe; étendard. *v. m.* porte-étendard.

Corneur, sm. qui corne.

Corniche, sf. ornement en saillie. *arch.* [petit concombre.

Cornichon, sm. petite corne;

Cornier, a. à l'angle. *arch.* sf. t. de couvreur, de blason et d'imprimerie. [neille.

Cornillas, sm. petit d'une cor-

Cornouille, sf. fruit du

Cornouiller, sm. arbre.

Cornu, a. qui a des cornes.

Cornude, sf. petit seau de bois.

Cornue, sf. vase pour distiller.

Cornupede, a. qui a les pieds munis de cornes.

Corollaire, sm. conséquence.

Corolle, sf. les pétales d'une fleur. [qui a une corolle.

Corollé, e, ou Corollifere, a.

Coronaire, a. (artère) du cœur.

Coronal, a. os frontal.

Coroner, sm. off. de justice en Angleterre.

Coronille, sf. genre de plantes.

Corporal, sm. linge du calice.

Corporalier, sm. étui du corporal.

Corporation, sf. association.

Corporéité, sf. qualité qui constitue un corps.

Corporel, le, a. qui a un corps; qui concerne le corps.

Corporellement, ad. d'une man. corporelle.

Corporifier, va. donner un

Corps, sm. substance; corps animé; principale partie; corporation; assemblée; régiment; portion d'une armée.

Corps de garde, sm. poste militaire.

Corps de logis, sm. partie de maison. [taille de l'homme.

Corpulence, sf. volume de la

Corpulent, te, a. qui a beaucoup de corpulence. [cules.

Corpusculaire, a. des corpus-

Corpuscule, sm. petit corps. *phys.*

Correct, a. (*éct*) sans faute.

Correctement, ad. d'une man. correcte.

Correcteur, trice, a. qui corrige.

Correctif, sm. ce qui corrige ; modification. [ger.

Correction, sf. action de corri-

Correctionnel, le, a. de correction.

Correctionnellement, ad. d'une manière correctionnelle.

Corrégidor, sm. officier de justice en Espagne.

Corrélatif, ve, a. en corrélation.

Corrélation, sf. relation réciproque. [correspondre.

Correspondance, sf. action de

Correspondancier, sm. chargé de la correspondance.

Correspondant, a. *et* s. qui correspond. [se rapporter.

Correspondre, va. répondre ;

Corridor, sm. galerie.

Corrigé, sm. devoir revu par le professeur.

Corriger, va. *et* p. ôter des défauts. [ger.

Corrigible, a. qui peut se corri-

Corroboratif, ve, *ou* — rant, a. qui corrobore.

Corroboration, sf. action de

Corroborer, va. fortifier.

Corrodant, sm. qui ronge.

Corroder, va. ronger. *phys.*

Corroi, sm. apprêt du cuir.

Corrompre, va. *et* p. gâter ; dépraver.

Corrompu, e, a. gâté, dépravé.

Corrosif, ve, s. *et* a. qui corrode.

Corrosion, sf. act. du corrosif.

Corrosiveté, sf. qualité des corrosifs.

Corroyage, sm. art du corroyeur

Corroyer, va. apprêter le cuir.

Corroyeur, sm. qui corroie.

Corrugateur, sm. muscle qui fait rider le front. [corrompt.

Corrupteur, trice, s. *et* a. qui

Corruptibilité, sf. état

Corruptible, a. qui peut se corrompre.

Corruptif, ive, a. qui cause la

Corruption, sf. altération ; dépravation.

Cors, sm. pl. cornes du cerf.

Corsage, sm. taille du corps.

Corsaire, sm. vaisseau armé en course ; son commandant ; pirate. [d'insecte.

Corselet, sm. cuirasse ; corps

Corset, sm. corps de jupe.

Corsetier, ère, s. qui fait des corsets.

Cortège, sm. suite qui accompagne. [états d'Espagne.

Cortès, sm. (s) assemblée des

Cortical, a. qui appartient à l'écorce. [d'une écorce.

Cortiqueux, se, a. recouvert

Coruscation, sf. éclat de lumière.

Corvéable, a. sujet à la corvée.

Corvée, sf. travail de vassal sans profit.

Corvette, sf. navire léger.

Corybante, sm. prêtre de Cybèle

Corymbe, sm. fleurs en bouquet.

Corymbeux, se, a. en corymbe.

Corymbifère, a. à corymbes. fam. de plantes.

Coryphée, sm. chef des chœurs.

Coryza, sm. rhume de cerveau.

Cosaques, sm. pl. soldats tirés de l'Ukraine.

Co-sécante, sf. *géom.*

Co-seigneur, sm. qui possède un fief avec un autre.

Co-sinus, sm. (s) *géom.*

Cosmétique, a. substance qui embellit la peau.

Cosmique, a. se dit du lever ou du coucher d'un astre en même temps que le soleil.

Cosmogonie, sf. science de la formation du monde. [gonie.

Cosmogonique, a. de la cosmo-

Cosmographe, sm. qui sait la

Cosmographie, sf. descript. du monde. [mographie.

Cosmographique, a. de la cos-

Cosmolabe, sm. anc. astrolabe.

Cosmologie, sf. science du monde. [logie.

Cosmologique, a. de la cosmo-

Cosmopolite, s. citoyen du monde. [monde.

Cosmorama, sm. i. tableau du

Cosse, sf. gousse ; fruit.

Cosser, vp. se battre. se dit des
béliers. [çon.
Cosson, sm. espèce de charan-
Cossu, a. à cosse. *fig.* et *prov.*
riche. [côtes.
Costal, a. qui appartient aux
Costume, sm. usages ; habille-
ments. [costume.
Costumer, va. vêtir suivant le
Costumier, sm. qui fait ou qui
vend des costumes.
Co-tangente, sf. *géom.*
Cote, sf. marque numérale ;
part d'impôt.
Côte, sf. os ; pente ; rive ; *côte à
côte*, ad. auprès.
Côté, sm. partie latérale.
Coteau, sm. colline. [côtes.
Côtelé, e, a. qui est couvert de
Côtelette, sf. petite côte.
Coter, va. numéroter.
Coterie, sf. société. *fa.*
Côte-rôtie, sm. vin du Rhône.
Cothurne, sm. chaussure d'ac-
teur trag. *ant.*
Côtier, a. (pilote) des côtes.
Côtière, sf. côte de la mer.
Cotignac, sm. (gna) confiture
de coings.
Cotillon, sm. cotte.
Cotinga, sm. oiseau d'Amér.
Cotir, va. meurtrir (des fruits).
pop.
Cotisation, sf. action de
Cotiser, va. *et* p. taxer par cote.
Cotissure, sf. meurtrissure des
fruits. [tonnier.
Coton, sm. sorte de laine de co-
Cotonnade, sf. étoffe du coton.
Cotonné, e, qui tient du coton;
couvert de coton.
Cotonner (se), vp. se couvrir de
duvet. [gieux.
Cotonneux, se, a. (fruit) spon-
Cotonnier, sm. arbuste qui porte
le coton. [coton.
Cotonnine, sf. grosse toile de
Côtoyer, vn. aller côte à côte,
le long de.
Cotret, sm. petit fagot.
Cottage, sm. petite maison de
campagne, en **Angleterre**.

Cotte, sf. jupe. — *d'armes.* sf.
casaque militaire.— *de mailles*, sf. chemise de mailles de
fer. — *morte*, sf. défroque de
religieux ; sm. poisson.
Cotteron, sm. petite cotte.
Co-tuteur, sm. tuteur avec un
autre.
Cotyle, sf. mesure romaine. *ant.*
m. cavité d'un os. *anat.*
Cotylédoné, e, a. pourvu de cotylédons.
Cotylédons, sm. pl. lobes de semence. *bot.*
Cotyloïdes., a. (cavité) de l'os
des îles.
Cou, sm. partie du corps qui
joint la tête aux épaules. *fig.*
partie longue et étroite d'une
Couard, a. poltron. *v.* [chose.
Couardement, ad. avec
Couardise, sf. lâcheté. *v.*
Couchant, a. qui se couche
(chien); soleil—, sm. occident.
Couche, sf. lit ; pl. enfante-
ment; enduit.
Couché, sm. point de broderie.
Couchée, sf. où l'on couche en
voyage.
Coucher, va. *et* p. mettre au
lit ; étendre. — *en jouc*, mi-
rer. [coucher.
Coucher, sm. lit ; action de se
Couchette, sf. petit lit.
Coucheur, euse, s. qui couche
avec un autre; *mauvais —*,
difficile à vivre.
Couchis, sm. ce qui porte le
pavé d'un pont.
Couci-couci, ad. à peu près. *fa.*
Coucou, sm. oiseau ; fraisier
stérile.
Coude, sm. angle extérieur for-
mé par l'articulation du bras
avec l'avant-bras.
Coudé, e, a. qui forme un angle.
Coudee, sf. mesure d'un pied
et demi.
Cou-de-pied, sm. partie supérieure du pied près de son
articulation avec la jambe.
Couder, va. plier en coude.

Coudoiement, sm. action de

Coudoyer, va. heurter du coude.

Coudraie ou Coudrette, sf. lieu planté de coudriers.

Coudran, sm. esp. de goudron.

Coudre ou Coudrier, sm. noisetier. [fil.

Coudre, va. joindre avec du

Coudrer, va. brasser les cuirs

Couenne, sf. peau de pourceau.

Couenneux, se, a. de la nature de la couenne. [voiles.

Couet, sm. câble au bas des

Couette, sf. lit de plume. v.

Couguar, sm. mamm. carnassier

Coulage, sm. perte de liquide; déchet. [coulante.

Coulamment, ad. d'une man.

Coulant, a. qui coule bien, sm. pierreries enfilées. [mus.

Coulé, sm. pas de danse; t. de

Coulée, sf. sorte d'écriture.

Couler, vn. et a. fluer; passer; glisser; fondre; jeter en moule.

Coulette, sf. sorte de filet.

Couleur, sf. lumière décomposée; matière colorante.

Couleuvre, sf. reptile. [leuvre.

Couleuvreau, sm. petite cou-

Couleuvrée, sf. plante sarmenteuse.

Couleuvrine, sf. canon long.

Coulière, sf. fer aplati en verges.

Coulis, sm. suc cuit. am. (vent) qui se glisse.

Coulisse, sf. rainure; décoration mobile de théâtre.

Couloir, sm passage, et Couloire. f. vase à passer.

Coulombe, sf. poteau de cloison

Coulpe, sf. faute, péché. v.

Coulure, sf. avortement des fleurs de la vigne; métal qui coule hors du moule.

Coumarou, sm. bel arbre de Guyane.

Coup, sm. choc; impression qui en résulte; action; coup d'œil, jet rapide de l'œil. à coup sûr, loc. adv. certainement; tout à coup, loc. adv.

soudainement; tout d'un coup, tout en une fois; après coup, trop tard.

Coupable, a. qui a commis un délit; une faute.

Coupant, a. qui coupe. fa.

Coupe, sf. action de couper; tasse.

Coupé, sm. pas de danse; devant d'une diligence.

Coupeau, sm. cime des monts.

Coupe-bourgeons, sm. insecte qui détruit les bourgeons.

Coupe-cercle, sm. instr. pour couper un cercle. [reux.

Coupe-gorge, sm. lieu dange-

Coupe-jarret, sm. brigand.

Coupe-legumes, sm. inst. pour mettre en morceaux les légumes.

Coupelle, sf. vase à purifier l'or.

Coupeller, va. mettre à la coupelle.

Couper, va. et n. trancher; séparer. se —, vp. se blesser, se contredire en parlant.

Couperet, sm. couteau de boucher.

Couperose, sf. sulfate de fer.

Couperosé, a. (visage) bourgeonné.

Coupe-tête, sm. jeu d'enfants.

Coupeur, euse, s. qui coupe.—de bourse, filou.

Couple, sf. deux choses de même espèce ensemble. m. 2 époux. pl. côtes de navire.

Coupler, va. mettre deux à deux

Couplet, sm. stance d'une chanson.

Coupléter, va. chansonner. fa.

Coupoir, sm. outil pour couper.

Coupole, sf. intérieur d'un dôme

Coupon, sm. reste d'étoffe; t. de fin.

Coupure, sf. division faite par un instrument tranchant; retranchement.

Cour, sf. espace découvert, clos de murs; maison d'un prince; tribunal.

Courage, sm. hardiesse; audace.

Courageusement, ad. avec courage.   [rage.

Courageux, se, a. qui a du courage.

Courailler, vn. courir de côté et d'autre.

Couramment, ad. rapidement.

Courant, a. qui court. sm. fil de l'eau; cours des choses. *fig.* sf. danse; diarrhée. *pop.*

Courbatu, a. qui a la

Courbature, sf. maladie.

Courbe, a. en arc. sf. ligne courbe; pièce de bois cintrée. *charp.*

Courbement, sm. action de

Courber, va. n. *et* p. rendre courbe.

Courbette, sf. action de se cabrer. *manè.* pl. bassesses.

Courbetter, vn. faire des courbettes.   courbée.

Courbure, sf. état d'une chose

Courcaillet, sm. cri des cailles.

Courcive, sf. demi-pont. *mar.*

Courée, sf. enduit pour les navires.   [stiuée.

Coureur, se, s. qui court; pro-

Courge, sf. plante cucurbitacée.

Courir, vn. *et* a. aller vite; poursuivre; voyager. — *des risques*; s'exposer à des hasards.

Courlis, sm. oiseau.   [sards.

Couronne, sf. ornement de tête; tonsure; météore; constellation.

Couronné, e, qui porte une couronne; cheval —, blessé au genou en tombant.

Couronnement, sm. action de couronner; partie supérieure d'un meuble, d'un édifice.

Couronner. va. mettre une couronne. *fig.* terminer; perfectionner.

Courre, va. courir (une bête); sm. endroit, pays pour la chasse.

Courrier, sm. qui court la poste.

Courrière, sf. qui court. *poét.*

Courroie, sf. lien de cuir.

Courroucer, va. mettre en

Courroux, sm. colère violente.

Cours, sm. flux; course; durée; prix commun momentané; leçons publiques.

Course, sf. action de courir.

Coursier, sm. cheval.; passage de la proue à la poupe.

Coursière, sf. pont-levis de navire.   [soutes. *mar.*

Coursive, sf. passage entre les

Courson, sm. branche taillée court.

Court, e, a. qui n'est pas long.

Courtage, sm. entremise de courtier; son salaire.

Courtaille, sf. épingle manquée.

Courtaud, sm. garçon de boutique. *inj.* a. écourté, de taille courte.

Courtauder, va. couper la queue.

Court-bouillon, sm. sauce de poisson.   [pop.

Cour e-botte, sm. petit homme.

Courte-haleine, sf. asthme.

Courte-lettre, sf. lettre coupée. *fond.*

Courte-paille, sf. manière de tirer au sort avec des pailles inégales.

Courte-paume, sf. jeu de balle.

Courte-pointe, sf. couverture de lit.

Courte-queue, sf. variété de cerise et de pomme à cidre.

Courtier, sm. entremetteur de ventes et achats.

Courtilière, sf. insecte.

Courtine, sf. rideau de lit. v. mur entre deux bastions.

Courtisan, sm. attaché à la cour; qui cherche à plaire.

Courtisane, sf. femme galante.

Courtisanerie, sf. art du courtisan.

Courtisanesque, a. de courtisan.

Courtiser, va. faire la cour.

Courtois, e, a. civil.

Courtoisement, ad. d'une man. courtoise.   [lité.

Courtoisie, sf. civilité; affabi-

Court-vêtu, e, a. très-peu habillé.

Couru, a. recherché.

Couseuse, sf. femme qui coud.

Cousin, sm. parent ; insecte.

Cousinage, sm. parenté.

Cousiner, va. traiter en cousin.

Cousinette, sf. sorte de pomme.

Cousinière, sf. rideau de gaze contre les cousins.

Cousoir, sm. instr. pour coudre les livres.

Coussin, sm. sac rembourré.

Coussinet, sm. petit coussin.

Cousson, sm. vent qui brûle les pousses de la vigne.

Coût, sm. ce qu'une chose coûte

Coûtant, am. (prix) ce qu'une chose a coûté.

Couteau, sm. instr. pour couper. — de chasse, sm. courte épée.

Coutelas, sm. épée large.

Coutelier, ière, s. qui fait et vend des couteaux, ciseaux, etc.

Coutelière, sf. étui à couteaux.

Coutellerie, sm. métier de coutelier.

Coûter, vn. être acheté un prix ; causer des soins, des peines, etc. [dépense.

Coûteux, se, a. qui cause de la

Coutier, sm. faiseur de coutil.

Coutil, sm. (ti) toile forte.

Coutre, sm. fer de charrue.

Coutume, sf. habitude ; droit municipal.

Coutumier, ière, a. qui a coutume. sm. code municipal.

Couture, sf. action de coudre ; cicatrice.

Couturé, a. cicatrisé. [couture.

Couturier, s. qui travaille en

Couvain, sm. œuf d'insecte.

Couvaison, sf. temps des couvées. [fois.

Couvée, sf. œufs couvés à la

Couvent, sm. monastère.

Couver, va. n. et p. se tenir sur ses œufs. [couvrant.

Couvercle, sm. ce qui ferme en

Couvert, sm. ce qui couvre la table ; logement ; toit. — à couvert, ad. à l'abri.

Couverte, sf. émail sur la porcelaine.

Couvertement, ad. secrètement.

Couverture, sf. ce qui sert à couvrir.

Couverturier, sm. marchand de couvertures de lit. [rette.

Couvet, sm. sorte de chauffe-

Couveuse, sf. poule qui couve.

Couvi, a. (œuf) à demi-couvé.

Couvre-chef, sm. coiffure. v.

Couvre-feu, sm. inst. pour couvrir le feu ; coup de cloche, dans certaines villes, pour marquer l'heure de se retirer.

Couvre-pied, sm. petite couverture. [toits.

Couvreur, sm. qui couvre les

Couvrir, va. et p. mettre dessus ; revêtir ; fig. cacher ; se garantir. [Écossais.

Covenant, sm. ligue célèbre des

Covenantaire, s. a. partisan du Covenant. [d'autres.

Co-vendeur, sm. qui vend avec

Coxal, e, de la hanche.

Coxalgie, sf. douleur à la hanche

Crabe, sm. crustacé. [pède.

Crabier, sm. oiseau ; quadru-

Crac, sm. maladie des oiseaux de proie. interj. soudain.

Crachat, sm. salive ; décoration.

Crachement, sm. action de

Cracher, va. et n. rejeter la salive.

Cracheur, euse, s. qui crache souvent. [che.

Crachoir, sm. vase où l'on cra-

Crachotement, sm. action de

Crachoter, vn. cracher souvent.

Craie, sf. pierre tendre et blanche. [pecter.

Craindre, va. avoir peur ; res-

Crainte, sf. peur ; respect.

Craintif, ve, a. timide.

Craintivement, ad. avec crainte.

Cramoisi, a. rouge foncé.

Crambe, sm. papillon ; plante.

Crampe, sf. contraction douloureuse d'un muscle.

Crampon, sm. pièce de fer recourbée.

Cramponner, va. attacher avec

un crampon. vp. s'attacher
fortement à.

Cramponnet, sm. t. de serrur.

Cran, sm. entaille.

Crâne, sm. os du cerveau; tapageur. *très-fa.* [tière. *pop.*

Crânement, ad. d'une façon

Crânerie, sf. action de crâne.
son caractère.

Crânien, ne, a. du crâne.

Crânologie, sf. science du crâne.

Cranson, sm. le cochléaria.

Crapaud, sm. reptile [crapauds.

Crapaudière, sf. retraite des

Crapaudine, sf. dent; fossile;
plante; morceau de métal
creux qui reçoit un pivot. *à
la —,* loc. ad. t. de cuisine.

Crapoussin, sm. contrefait.

Crapule, sf. debauche. [pule.

Crapuler, vn. vivre dans la cra-

Crapuleusement, adv. d'une
man. crapuleuse.

Crapuleux, se, a. qui crapule.

Craque, sf. menterie. *pop.*

Craquelin, sm. sorte de pâtisserie. [craque.

Craquement, sm. son de ce qui

Craquer, vn. rendre un son par
le frottement ou en éclatant.
fig. hâbler. *fa.*

Craquerie, sf. hâblerie. *fa.*

Craquètement, sm. convulsion.

Craqueter, vn. craquer souvent.

Craquette, sf. outil de tailleur.

Craqueur, euse, s. menteur. *pop.*

Cràse, sf. synérèse; mélange.

Crassane, sf. *V.* Cresane.

Crasse, sf. ordure. pl. écailles
de métaux. af. (ignorance)
grossière.

Crasseux, se, a. sale; avare.

Cratère, sm. tasse. *ant.* bouche
de volcan.

Craticulation, sf. art de

Craticuler, va. réduire par des
carreaux. *peint.*

Cravache, sf. sorte de fouet.

Cravan, sm. oiseau; coquillage.

Cravate, sm. cheval de Croatie.
f. morceau d'étoffe autour du
cou

Cravater (se), vp. mettre sa cravate.

Crayeux, se, a. qui tient de la
craie. [siner.

Crayon, sm. minéral pour des-

Crayonner, va. dessiner; ébau-
cher.

Crayonneur, sm. qui crayonne.

Crayonneux, se, a. de crayon.

Creance, sf. mission diplomatique; crédit; dette active.

Créancier, ière, s. à qui l'on

Creat, sm. sous-écuyer. [doit.

Créateur, trice, s. *et* a. qui crée.
le —, Dieu.

Création, sf. action de créer.

Créature, sf. être créé; personne.

Crécelle, sf. moulinet bruyant.

Crécerelle, sf. oiseau de proie.

Crèche, sf. mangeoire des bestiaux.

Crédence, sf. buffet.

Crédencier, sm. qui tient la
crédence. [croire.

Crédibilité, sf. (motif de) pour

Credit, sm. réputation de solvabilité; *à crédit,* ad. sans
payer comptant.

Créditer, va. noter ce qu'on
doit à quelqu'un.

Crediteur, sm. créancier.

Credo, sm. (é) symbole des
apôtres.

Credule, a. qui croit facilement.

Credulement, adv. d'une man.
crédule.

Crédulité, sf. facilité à croire.

Créer, va. inventer; établir.

Créeur, sm. qui crée un billet.
comm.

Crémaillère, sf. inst. de cuisine;
fer à crans pour supporter.

Crémaillon, sm. petite crémaillère.

Crème, sf. partie grasse du lait;
liqueur. *fig.* le meilleur d'une
chose. [gra.

Crément, sm. augmentation.

Crèmer, vn. se changer en crème. [de la crème.

Crèmerle, sf. lieu où l'on vend

Crémier, ère, s. marchand de crème.

Crénage, sm. action de créner.

Créneau, sm. sorte de dent au haut des murs.

Crénelage, sm. cordon. mon.

Créneler, va. faire des créneaux.

Crénelure, sf. dentelure.

Créner, va. évider les traits saillants d'une lettre ou d'un filet. fond. [châssis.

Crénure, sf. trou à la barre du

Créole, s. Américain d'origine européenne. [pâte frite.

Crêpe, sm. sorte d'étoffe. f.

Crêpé, sm. cheveux tortillés.

Crêper, va. friser.

Crépi, sm. enduit sur un mur.

Crépin (St), sm. sac de cordonnier; avoir. pop.

Crépine, sf. frange.

Crépinette, sf. saucisse plate.

Crépir, va. enduire de mortier.

Crépissure, sf. act. de crépir.

Crépitation, sf. pétillement.

Crépon, sm. étoffe de laine.

Creps, sm. jeu de dés; étoffe.

Crépu, a. très-frisé.

Crépusculaire, a. de crépuscule. ast. [et précède le soleil.

Crépuscule, sm. clarté qui suit

Créquier, sm. prunier à sept branches. bla.

Cresane, et mieux Crassane, sf. sorte de poire.

Crescendo, ad. emprunté de l'italien, en renforçant. mus.

Créseau, sm. grosse serge.

Cresson, sm. plante. [son.

Cressonnière, sf. où croît le cres-

Crésus, sm. homme très-riche.

Crétacé, ée, a. de la nature de la craie. [tête du coq; cime.

Crête, sf. chair rouge sur la

Crêté, am. qui a une crête.

Crête-de-coq, sf. esp. d'amaranthe.

Crétin, sm. goitreux.

Crétinisme, sm. état du crétin.

Cretonne, sf. sorte de toile blanche. [cretons.

Cretonnier, sm. marchand de

Cretons, sm. pl. résidu de la fonte du suif.

Creusement, sm. action de

Creuser, va. rendre creux.

Creuset, sm. vase à fondre les métaux.

Creux, se, a. vide, profond. fig. visionnaire, sm. cavité. ad. profondément.

Crevasse, sf fente. [vasses.

Crevasser, va. et p. faire des cre-

Crève-cœur, sm. grand déplaisir. fa. [pop.

Crever, va. rompre. n. mourir.

Crevet, sm. lacet ferré des deux bouts.

Crevette, sf. petite écrevisse de mer. [nimal.

Cri, sm. voix haute; voix d'a-

Criailler, vn. faire beaucoup de bruit pour peu de chose.

Criaillerie, sf. crierie répétée. fa. [fa.

Criailleur, euse, s. qui criaille.

Criant, a. qui fait crier.

Criard, a. qui crie beaucoup.

Crible, sm. inst. pour cribler.

Cribler, va. nettoyer le grain;

Cribleur, sm. qui crible. [percer.

Cribleux, euse, a. percé de trous comme un crible.

Criblure, sf. ordures du grain criblé. [chim.

Cribration, sf. triage; séparat.

Cric, sm. (cri) machine pour lever.

Cric-crac, bruit d'une fracture.

Cri-cri, sm. grillon des maisons.

Crid, sm. poignard, des Malais.

Criée, sf. publication. jur.

Crier, vn. jeter des cris; gronder

Crierie, sf. bruit en criant. fa.

Crieur, euse, s. qui crie.

Crime, sm. mauvaise action.

Criminaliser, va. rendre criminel.

Criminaliste, sm. jurisconsulte.

Criminalité, sf. qualité de ce qui est criminel.

Crimination, sf. accusation.

Criminatoire, a. qui tient de l'accusation criminelle.

Criminel, le, a. du crime ; coupable. [nel.
Criminellement, ad. en crimi-
Crin, sm. poil long et rude. [pop.
Crincrin, sm. mauvais violon.
Crinier, sm. ouvrier en crin.
Crinière, sf. tout le crin du cou.
Crinoline, sf. etoffe de crin.
Crinon, sm. ver qui vient sous
Crique, sf. petite baie. [la peau.
Criquet, sm. petit cheval.
Crise, sf. effort violent ; moment décisif et perilleux.
Crispation, sf. contract on.
Crisper, va. causer la crispation.
Crissement, sm. action de
Crisser, vn. grincer les dents.
Crissure, sf. ride du fil de fer.
Cristal. V. Crystal.
Critérium, sm. (om) marque de la vérité. [quer.
Critiquable, a. qu'on peut criti-
Critique, a. de crise ; de discussion. sm. qui blâme. f. censure.
Critiquer, va. censurer.
Critiqueur, euse, s. qui aime à critiquer. [beau.
Croassement, sm. cri du cor-
Croasser, vn. faire des croassements.
Croc, sm. (cro) inst. pour accrocher. pl. moustaches recourbées.
Croc, (ok) (faire) croquer sous la dent. — en jambe. sm. tour de lutte. [mus.
Croche, a. courbé. sf. note de
Crochet, sm. petit croc ; peson; machine de porte-faix.
Crochetage, sm. action de
Crocheter, va. ouvrir avec un crochet.
Crocheteur, sm. porte-faix ; qui crochette une serrure.
Crocheton, sm. partie recourbee d'un crochet de porte-faix
Crochu, a. recourbé.
Crocodile, sm reptile amphibie.
Crocodileen, ne, a. qui ress. au crocodile. sm. pl. fam. de sauriens.

Crocus, sm. le safran. [ser.
Croire, va. estimer vrai ; pen-
Croisade, sf. ligue de catholiques. [étoffe croisée.
Croise, sm. soldat de croisade ;
Croisée, sf. fenêtre.
Croisement, sm. action de
Croiser, va. mettre en croix ; traverser ; vn. donner la chasse en mer; vp. s'engager dans une croisade.
Croiseur, sm. capitaine qui croise. [mar.
Croisière, sf. action de croiser.
Croisillon, sm. traverse de croix.
Croissance, sf. act. de croître.
Croissant, sm. nouvelle lune; ce qui en a la forme.
Croisure, sf. tissure d'étoffe croisée. [tail.
Croît, sm. multiplication du bé-
Croître, vn. devenir grand, augmenter; être produit.
Croix, sf. lignes formant 4 angles ; anc. inst. de supplice ; affliction ; decoration.
Cromorne, sm. tuyau d'orgue.
Croquant, sm. misérable. pl. révoltes. a. qui croque sous la dent. [du sel.
Croque-au-sel (à la), ad. avec
Croquenbouche, sm. pâtisserie.
Croque-mort, sm. se dit par dénigrement de celui qui porte les morts. fam. [cien.
Croque-note, sm. mauv. musi-
Croquer, vn. faire du bruit sous la dent. va. manger ce qui croque. [pice.
Croquet, sm. sorte de pain d'é-
Croquette, sf. boulette de pommes de terre, etc.
Croquignole, sf. chiquenaude ; sorte de pâtisserie.
Croquis, sm. esquisse.
Crosse, sf. bâton d'évêque; gros bout du fusil ; bâton courbé.
Crossé, a. (abbé) qui a la crosse.
Crosser, va. pousser avec une crosse.
Crossette, sf. branche. agric.
Crosseur, sm. qui crosse.

Crotte, sf. boue; fiente.

Crotter, va. *et* p. salir avec la crotte. [val.

Crottin, sm. excrément de che-

Croulant, e, a. qui croule.

Croulement, sm. éboulement.

Crouler, vn. tomber en s'affaissant.

Croulier, ère, a. sol mouvant.

Croup, sm. (*p*) espèce d'angine.

Croupade, sf. saut du cheval.

Croupe, sf. derrière du corps; cime de montagne.

Croupé, a. (bien) qui a une belle croupe. [accroupie.

Croupetons (à), adv. d'une man.

Croupi, e, a. corrompu, pourri.

Croupier, sm. associé de jeu.

Croupière, sf. longe de cuir.

Croupion, sm. bas de l'échine.

Croupir, vn. se corrompre faute de mouvement.

Croupissant, a. qui croupit.

Croupissement, sm. état de ce qui croupit.

Croupon, sm. le cuir du côté de la croupe.

Croustille, sf. petite croûte.

Croustiller, vn. manger des croustilles.

Croustilleusement, ad. gaiement

Croustilleux, se, a. grivois. *pop.*

Croûte, sf. partie extér. du pain ou d'un pâté; mauvais tableau.

Croûtelette, sf. croustille.

Croûtier, sm. mauvais peintre.

Croûton, sm. grosse croûte de pain.

Croyable, a. qui peut être cru.

Croyance, sf. ce qu'on croit.

Croyant, s. qui croit sa religion.

Cru, sm. terroir; son produit; non cuit. *à* — loc. ad. sur la peau nue. [cruelle.

Cruauté, sf. férocité; action

Cruche, sf. vase de terre à anse.

Cruchée, sf. plein une cruche.

Cruchon, sm. petite cruche.

Crucial, a. (incision) en croix.

Crucifère, a. fleur en croix.

Crucifiement, sm. action de

Crucifier, va. attacher à une croix.

Crucifix, sm. (*fi* J.-C. en croix.

Cruciforme, a. en forme de croix.

Crudité, sf. qualité de ce qui est cru. *fig.* parole libre.

Crue, sf. augmentation. [reux.

Cruel, le, a. inhumain, doulou-

Cruellement, ad. d'une man. cruelle.

Crûment, ad. d'une man. dure.

Crural, a. de la cuisse. [cailles.

Crustacé, a. *et* s. (animal) à é-

Cruzade, sf. monnaie portugaise

Crypte, sf. souterrain; glande.

Cryptogame, a. *et* s. (plante) à sexe caché. [tes.

Cryptogamie, sf. classe de plan-

Cryptographie. *V.* Steganographie.

Cryptonyme, a. s. auteur qui cache ou déguise son nom.

Crystal, sm. — *taux*, pl. pierre transparente; beau verre.

Crystallin, a. transparent, sm. humeur de l'œil.

Crystallisation, sf. action. de

Crystalliser, va. se solidifier en man. de crystal. *chim.* et *min.*

Crystallographe, s. qui s'occupe de

Crystallographie, sf. science de la crystallisation.

C-sol-ut, désigne l'ut. *mus.*

Cubation, sf. action de cuber.

Cubature, sf. méthode pour cuber. *géom.*

Cube, a. *et* sm. solide à six faces carrées égales.

Cuber, va. réduire en cube.

Cubique, a. du cube.

Cubital, a. du coude.

Cubitus, sm. (*s*) os du coude.

Cuboïde, a. qui approche du cube; sm. un des os du tarse.

Cucubale, sm. genre de plantes.

Cucullaire, a. sm. muscle du dos

Cucullée, sf. coquille univalve.

Cucurbitacées, sf. pl. famille de plantes. [ler.

Cucurbite, sf. vase pour distil-

Cueillage, sm. Cueillaison, sf. action, temps de cueillir.

Cueillette, sf. récolte ; quête.

Cueilleur, euse, s. qui cueille.

Cueillir, va. détacher de la tige.

Cueilloir, sm. panier à récolte.

Cuiller (*er*) ou Cuillère. sf. inst. pour manger le potage.

Cuillerée, sf. plein une cuillère.

Cuilleron, sm. creux de la cuiller.

Cuine, sf. esp. de cornue. [lère.

Cuir, sm. peau corroyée.

Cuirasse, sf. armure de fer.

Cuirassé, a. qui porte la cuirasse.

Cuirasser, va. armer de cuirasse.

Cuirassier, sm. cavalier cuirassé

Cuire, va. *et* n. preparer par le feu ; causer une douleur âpre.

Cuisant, a. âpre ; aigu. au *pr.* et au *fig.*

Cuiseur, sm. celui qui dirige le feu d'un fourneau. [mets.

Cuisine, sf. lieu où l'on cuit les

Cuisiner, vn. apprêter les mets.

Cuisinier, ière, s. qui fait la cuisine. f. ust. pour rôtir.

Cuissard, sm. armure de cuisse.

Cuisse, sf. partie du corps.

Cuisse-madame, sf. esp. de poire

Cuisson, sf. action de cuire ; douleur.

Cuissot, sm. cuisse de bête fauve

Cuistre, sm. pédant grossier.

Cuite, sf. cuisson des tuiles.

Cuivre, sm. métal. [de cuivre.

Cuivrer, va. imiter la couleur

Cuivreux, se, a. couleur de cuivre.

Cul, sm. (*cu*) le derrière de l'homme et de quelques animaux. — *de basse-fosse*, cachot. — *de jatte*, qui ne peut marcher — *de lampe*, ornement. arch. imp. — *de sac*. impasse ; fond. [feu.

Culasse, sf. fond d'une arme à

Culasser, va. mettre la culasse.

Culbute, sf. sorte de saut. [ber.

Culbuter, va. renverser. n. tom-

Culbutis, sm. choses culbutées.

Culée, sf. appui d'un pont.

Culer, vn. aller en arrière. *mar.*

Culière, sf. sangle ; pierre creusée pour recevoir l'eau d'un tuyau.

Culinaire, a. (art) de la cuisine.

Culmifère, a. qui produit du chaume.

Culminant, a. (point) t. d'astr.

Culmination, sf. passage d'un astre au méridien.

Culminer, vn. passer au méridien. *astr.*

Culot, sm. dernier né ; reste ou fond d'un creuset après la fusion.

Culotte, sf. vêtement des cuisses

Culotter, va. *et* p. mettre une culotte.

Culottier, sm. qui fait, qui vend des culottes.

Culpabilité, sf. état de celui qui est coupable d'un délit.

Culte, sm. honneur rendu à Dieu. [ture.

Cultivable, a. propre à la culture.

Cultivateur, sm. qui cultive.

Cultiver, va. travailler la terre, les sciences, les arts ; s'y adonner.

Cultrirostre, a. à bec en forme de couteau ; sm. pl. fam. d'oiseaux.

Culture, sf. action de cultiver.

Cumin, sm. plante ombellifère.

Cumul, sm. act. de cumuler.

Cumulatif, ve, a. d'accumulation. [mulation.

Cumulativement, ad. par accu-

Cumuler, va. réunir. [coin.

Cunéiforme, a. en forme de

Cunette, sf. fossé au milieu d'un autre. [duit le copahu.

Cupaïba, sm. arbre qui pro-

Cupide, a. qui convoite ; avide.

Cupidité, sf. convoitise.

Cupidon, sm. l'Amour. [cuivre.

Cuprification, sf. conversion en

Cuprique, a. de cuivre.

Cupulaire, a. en forme de

Cupule, sf. petit godet formant la base de certains fruits, comme le gland.

Cupulifère, a. qui porte une cupule.

Curable, a. qui peut être guéri.

Curaçao, sm. liqueur.

Curage, sm. action de curer.

Curatelle, sf. charge de

Curateur, trice, s. qui administre des biens.

Curatif, ve, a. pour guérir.

Curation, sf. traitement. *méd.*

Curcuma, sm. plante. [clésiast.

Cure, sf. guérison ; emploi ec-

Curé, sm. prêtre pourvu d'une cure. [strument de propreté.

Cure-dent, — *oreille*, sm. in-

Curée, sf. pâture. *chas.*

Cure-langue, sm. instr. pour nettoyer la langue.

Cure-môle, sm. machine pour curer les ports.

Cure-pied, sm. instr. pour nettoyer les pieds des chevaux.

Curer, va. nettoyer ce qui est creux.

Curette, sf. outil pour nettoyer ; instr. de chirurgie.

Cureur, sm. qui cure, nettoie.

Curial, a. de curé. [ant.

Curie, sf. division de tribu.

Curieusement, ad. avec curiosité.

Curieux, se, a. qui a de la curiosité ; chose rare, extraord.

Curion, sm. prêtre d'une curie.

Curiosité, sf. désir de connaître ; chose rare.

Curoir, sm. bâton à curer la charrue. [mat.

Curseur, sm. t. de *mar.* et de

Cursif, ive, a. tracé avec rapidité.

Cursive, a. (lettre) courante.

Cursivement, ad. d'une man. cursive. [ant.

Curule, a. (chaise) de magistrat.

Curviligne, a. de lignes courbes.

Curvilogie, sf. traité des lignes courbes.

Curvité, sf. courbure.

Cuscente, sf. plante parasite.

Custode, sf. rideau. m. titre ec-

Cutané, a. de la peau. [clés.

Cuticule, sf. épiderme.

Cutter, sm. (r) petit navire.

Cuve, sf. vaisseau pour faire le vin.

Cuveau, sm. petite cuve.

Cuvée, sf. contenu d'une cuve.

Cuvelage, sm. action de

Cuveler, va. étançonner un puits de mine.

Cuver, vn. se faire dans la cuve. (se dit du vin)—*son vin*, sommeiller dans l'ivresse.

Cuvette, sf. vase à laver.

Cuvier, sm. cuve pour la lessive. [zote et de carbone.

Cyanogène, sm. composé d'a-

Cyanose, sf. coloration de la peau en bleu. *méd.*

Cyathe, sm. petit gobelet. *ant.*

Cybistique, sf. art de faire des sauts périlleux.

Cyclamen, sm. genre de plantes

Cycle, sm. cercle ; période.

Cyclique, a. (poète) chansonnier.

Cycloïde, sf. courbe en volute.

Cyclope, sm. qui n'a qu'un œil.

Cyclopéen, enne, a. (monument)

Cyclostomes, sm. pl. famille de poissons.

Cygne, sm. oiseau ; constellation. [leau.

Cylindre, sm. solide en rou-

Cylindrer, va. (une étoffe) lui donner un lustre au moyen du cylindre.

Cylindrique, a. en cylindre.

Cymaise, sf. cime de corniche.

Cymbalaire, sf. espèce de muflier.

Cymbale, sf. instr. d'airain.

Cymbalier, sm. qui joue des cymbales.

Cynancie, sf. sorte d'angine.

Cynique, s. nom donné à certains philosophes anciens. a. obscène.

Cynisme, sm. doctrine des cyniques ; impudence.

Cynocéphale, sm. à tête de chien. *hist. nat.* [nale.

Cynoglosse, sf. plante médici-

Cynorexie, sf. faim canine.

9

Cyphonisme, sm. supplice chez les anciens.

Cyprès, sm. arbre conifère.

Cyprin, sm. genre de poisson d'eau douce.

Cyrte, sm. insecte diptère.

Cystique, a. de la vésicule biliaire. [vessie.

Cystite, sf. inflammation de la

Cystome, sm. int. de chir.

Cystotomie, sf. opération de la vessie. chir.

Cytise, sm. arbrisseau légumineux.

Czar, sm. souverain de Russie.

Czarienne, af. (majesté). [sic.

Czarine, sf. souveraine de Russie.

Czarowitz, sm. fils du czar.

D

D, sm. (dé ou de) consonne.

D', abréviation de la préposition de.

Da, particule: oui-da: nenni-da

D'abord, ad. V. Abord. [mus.

Da capo, loc. adv. de nouveau.

Dactyle, sm. pied de vers.

Dactylogie, sf. art de parler par les doigts.

Dada, sm. cheval. enfantin.

Dadais, sm. niais. fa.

Dagorne, sf. vache à qui l'on a rompu une corne; vieille femme rechignée.

Dague, sf. sor. de poignard. au pl. premier bois du cerf.

Daguer, va. frapper d'une dague. v. [guerréotyper.

Daguerréotypage, sm. act. de da-

Daguerréotype, sm. procédé, appareil au moyen duquel on reproduit l'image des objets par l'action de la lumière.

Daguerréotyper, va. faire un daguerréotype.

Daguerréotypeur, sm. qui daguerreotype. [reotype.

Daguerréotypique, a. du daguer-

Daguet, sm. jeune cerf.

Dahlia, sm. plante d'ornement.

Daigner, vn. vouloir bien; condescendre.

D'ailleurs, ad. V. Ailleurs.

Daillots, sm. pl. anneaux pour amarrer.

Daim, sm. (din) bête fauve.

Baine, sf. femelle du daim.

Dais, sm. poêle en ciel-de-lit.

Dalème, sf. appareil pour empêcher la fumée.

Dallage, sm. action de daller.

Dalle, sf. tablette de pierre.

Daller, va. paver de dalles.

Dalmatique, sf. espèce de tunique.

Dalot, sm. canal pour faire écouler les eaux du navire.

Dam, sm. (dan) dommage; titre. v. [cier.

Damas, sm. étoffe; prune; a-

Damasquiner, va. incruster de

Damasquinerie, sf. art du [l'or.

Damasquineur, sm. qui damasquine. [masquiné.

Damasquinure, sf. ouvrage da-

Damassé, sm. linge damassé.

Damasser, va. façonner en damas.

Damasseur, euse, s. qui damasse

Damassure, sf. travail du damassé.

Dame, sf. titre de femme; t. de jeu; interj. [teille.

Dame-jeanne, sf. grosse bou-

Damer, va. couvrir une dame. jeux. — le pion à quelqu'un, le supplanter.

Dameret, sm. qui fait le beau.

Damier, sm. échiquier; coquillage.

Damnable, a. (ana) détestable.

Damnablement, ad. d'une man. damnable. [nés.

Damnation, sf. peine des dam-

Damné, s. qui est en enfer.

Damner, va. et p. punir de l'enfer. [v. Galant.

Damoiseau, — sel. sm. titre.

Damoiselle, sf. fille noble. pal.

Danché, a. dentelé. bla.

Dandin, sm. niais. *fa.*
Dandinement, sm. action de
Dandiner, vn. balancer son
  corps. [tique.
Dandy, sm. muscadin roman-
Dandysme, sm. manières d'un
  dandy.
Danger, sm. péril. [ger.
Dangereusement, ad. avec dan-
Dangereux, se, a. périlleux.
Danois, s. *et* a. du Danemarck;
  sorte de chien.
Dans, prép. de lieu et de temps·
Dansant, e, a. propre à la
  danse; où l'on danse.
Danse, sf. action de
Danser, vn. se mouvoir en ca-
  dence.
Danseur, euse, s. qui danse.
Dansomanie, sf. passion de la
Daphné, sm. arbuste. [danse.
Dard, sm. arbre à lancer.
Darder, va. lancer. *fig.* blesser
  avec un dard. [d'un œillet.
Dardille, sf. petit dard; queue
Dariole, sf. sor. de pâtisserie.
Darique, sf. anc. mon. des
  Perses.
Darne, sf. tranche de poisson.
Darse, sf. intérieur de port.
Dartre, sf. maladie de la peau.
Dartreux, se, a. de dartre. [me.
Dataire, sm. chancelier de Ro-
Date, sf. époque; son indication.
Dater, va. mettre la date.
Daterie, sf. office de dataire.
Datif, sm. troisième cas des
  noms. *gra.*
Dation, sf. (en payement). *jur.*
Datisme, sm. répétition fasti-
  dieuse.
Dative, a. (tutelle) judiciaire.
Datte, sf. fruit du
Dattier, sm. sorte de palmier.
Datura, sf. plante vénéneuse.
Daube, sf. sorte de ragoût.
Dauber, va. battre. *pop. fig.*
  railler.
Daubeur, sm. railleur. *fa.*
Daubière, sf. vase pour faire
  une daube. [du roi de France.
Dauphin, sm. cétacé; fils aîné

Dauphine, sf. femme du dauphin
D'autant, loc. adv. dans la
  même proportion. [temps.
Davantage, ad. plus; plus long-
Davier, sm. inst. de dentiste.
De, prép. [coudre; cube.
Dé, sm. inst. pour jouer, pour
Déalbation, sf. changement du
  noir en blanc par le feu.
Débâchage, sm. action de
Débâcher, va. ôter la bâche.
Débâcle, sf. rupture des gla-
  ces; debarrassement d'un
  port, etc. [act. de débâcler.
Débâclage, Débâclement, sm.
Débâcler, va. *et* n. débarrasser.
Débâcleur, sm. off. qui fait dé-
  bâcler.
Débadiner, vn. démarquer. *jeu.*
Déballage, sm. action de
Déballer, va. défaire un ballot.
Débandade (à la), ad. confusé-
  ment.
Débandement, sm. action de
Débander, va. *et* p. disperser;
  détendre. [que.
Débanquer, va. gagner la ban-
Débaptiser, va. (*ati*) changer
  de nom. [toyer.
Débarbouiller, va. *et* p. net-
Débarbouilloir, sm. linge pour
  se débarbouiller.
Débarcadère, sm. synonyme
  d'embarcadère. *mar.*
Débardage, sm. action de [l'eau.
Débarder, va. tirer le bois de
Débardeur, sm. qui débarde.
Débarqué, e, s. nouvellement
  arrivé.
Débarquement, sm. action de
Débarquer, va. faire sortir d'un
  vaisseau. vn. en sortir; arri-
  ver de province. *fa.* [barras.
Débarras, sm. cessation d'em-
Débarrassement, sm. action de
Débarrasser, va. ôter d'embar-
Débarrer, va. ôter la barre. [ras.
Débarricader, va. enlever les
  barricades.
Débat, sm. contestation.
Débatelage, sm. décharge de
Débâter, va. ôter le bât. [navire

Débâtir, va. ôter les bâtis d'une robe. [giter.

Débattre, va. contester. vp. s'a-

Débauche, sf. dérèglement.

Débauché, sm. et a. qui se livre à la débauche.

Débaucher, va. action d'un

Débaucheur, euse, s. qui débauche.

Débet, sm. reliquat. finance.

Débiffer, va. affaiblir. fa.

Débile, a. faible. [bile.

Débilement, ad. d'une man. dé-

Débilitation, sf. affaiblissement.

Débilité, sf. faiblesse. méd.

Débiliter, va. affaiblir.

Débillarder, va. couper une pièce de bois diagonalement.

Débit, sm. vente, trafic; déclamation; façon donnée au bois; débet. [détail.

Débitant, s. et a. marchand en

Débiter, va. vendre; déclamer; exploiter le bois —quelqu'un, écrire ce qu'il doit.

Débiteur, euse, s. qui débite. fa.

Débiteur, trice, s. qui doit.

Déblai, sm. enlèvement des terres.

Déblanchir, va. ôter la croûte des métaux en fusion.

Déblatération, sf. action de

Déblatérer, vn. déclamer contre

Déblayer, va. débarrasser.

Déblocage, sm. action de

Débloquer, va. ôter les lettres bloquées. imp. [dégoût.

Déboire, sm. mauvais goût. fig.

Déboisement, sm. action de

Déboiser, va. détruire les bois, les forêts.

Déboitement, sm. dislocation.

Déboiter, va. disloquer; déjoindre.

Débonder, va. ôter la bonde. vn. et p. sortir avec impétuosité. [don.

Débondonner, va. ôter le bon-

Débonnaire, a. bon par faiblesse.

Débonnairement, ad. avec

Débonnaireté, sf. bonté. v.

Débord, sm. débordement. méd.

Débordé, a. débauché.

Débordement, sm. action de

Déborder, va. n. et p. répandre.

Débosseler, va. ôter, effacer les bosses.

Débosser, va. démarrer le câble.

Débotter, va. et p. ôter les bottes.

Débouché, — cher, ou — chement, sm. issue; moyen.

Déboucher, va. ôter ce qui bouche. vn. sortir.

Déboucler, va. defaire la boucle.

Débouilli, sm. dans le sens de

Débouillir, va. faire bouillir pour éprouver ou ôter le teint.

Débouquement, sm. action de

Débouquer, vn. sortir d'un détroit.

Débourber, va. ôter la bourbe.

Débourrer, va. ôter la bourre; façonner. [débourse.

Débourse, Débours, sm. argent

Déboursement, sm. action de

Débourser, vn. tirer de sa bourse. [traire.

Debout, ad. sur pied; vent con-

Débouté, sm. acte par lequel on est débouté. [jur.

Débouter, vn. déclarer déchu.

Déboutonner, va. faire sortir les boutons des boutonnières.

Débraillé, e, a. découvert indécemment.

Débrailler (se), vp. se découvrir la gorge. [trac.

Débredouiller, va. t. de tric-

Débridement, sm. action de

Débrider, va. ôter la bride. Sans débrider. ad. tout de suite. fig. et fa.

Débris, sm. restes de ruines, de repas, de fortune, etc.

Débrocher, va. ôter de la broche.

Débrouillement, sm. action de

Débrouiller, va. démêler.

Débrutir, va. dégrossir. [brutir.

Débrutissement, sm. act. de dé-

Débûcher, vn. sortir du bois (parlant des bêtes fauves). et sm. vén. [débusque.

Débuscable, a. qui peut être

Débusquement, sm. action de
Débusquer, va. chasser d'un
poste.
Début, sm. commencement.
Débutant, s. qui débute.
Débuter, va. ôter du but. vn.
commencer.
Déca, particule qui veut dire dix.
Deçà, prép. de ce côté-ci.
Décachètement, sm. action de
Décacheter, va. ouvrir ce qui
est cacheté.
Décadaire, a. de dix jours.
Décade, sf. dizaine ; dix jours.
Décadenasser, va. ôter un ca-
denas.
Décadence, sf. ruine ; déclin.
Décadi, sm. le dixième jour de
la décade.   [gles.
Décagone, a. et sm. à dix an-
Décagramme, sm. 10 grammes.
Décagynie, sf. classe de plantes
à dix pistiles.
Décaisser, va. tirer d'une caisse.
Décaler, va. ôter la cale.
Décalitre, sm. dix litres.
Décalogue, sm. loi de Moïse.
Décalotter, va. ôter la calotte,
le dessus.   [tre-épreuve.
Décalquer, va. tirer une con-
Décaméron, sm. ouvrage divisé
en dix journées.
Décamètre, s. 10 mètres.
Décampement, sm. action de
Décamper, va. lever le camp.
fig. s'enfuir. fa.
Décanal, e, a. du décanat.
Décanat, sm. dignité de doyen.
Décandrie, sf. classe de plantes.
Décantation, sf. action de
Décanter, va. transvaser dou-
cement une liqueur.
Décapage, sm. action de
Décaper, va. nettoyer les mé-
taux. vn. passer un cap. mar.
Décapitation, sf. action de
Décapiter, va. couper la tête.
Décapode, a. s. qui a dix pattes.
sm. fam. de crustacés.
Décarêmer (se), vp. se régaler
de viande après le carême.
Décarreler, va. ôter les carreaux

Décastère, sm. mesure de dix
stères.   [tonnes.
Décastyle, sm. édifice à dix co-
Décasyllabe, a. de dix syllabes
Décatir, va. ôter le cati.
Décatissage, sm. opération pour
décatir ; son effet.
Décatisseur, sm. ouvrier qui
fait le décatissage.
Décaver, va. t. de jeu. [ment.
Décéder, vn. mourir naturelle-
Décèlement, sm. action de
Déceler, va. découvrir.
Décembre, sm. douzième mois
de l'année.   [cence.
Décemment, ad. (ça) avec dé-
Décemvir, sm. (em) l'un des
dix magistrats de Rome. ant.
Décemviral, a. des décemvirs.
Décemvirat, sm. dignité de dé-
Décence, sf. bienséance. [cemvir.
Décennal, a. de dix ans.
Décent, a. selon la décence.
Décentralisation, sf. action de
Décentraliser, va. détruire la
centralisation.
Déception, sf. tromperie.
Décerner, va. ordonner ; accor-
der, donner.
Décès, sm. mort naturelle. [pé.
Décevable, a. sujet à être trom-
Décevant, a. qui trompe ; séduit.
Décevoir, va. tromper.
Déchaîné, a. emporté. [ment.
Déchaînement, sm. emporte-
Déchaîner, va. ôter de la chaîne.
vp. s'emporter.
Déchanter, vn. changer de ton.
Déchaperonner, va. ôter le
chaperon. fauc.
Décharge, sf. écrit qui relève
d'un engagement ; plusieurs
coups de feu ; justification ;
écoulement des eaux.
Déchargement, sm. act. de dé-
charger.
Déchargeoir, sm. tuyau, etc.,
pour faire écouler l'eau su-
perflue.
Décharger, va. ôter la charge ;
soulager ; acquitter ; dispenser.

Déchargeur, sm. qui décharge.
Décharné, a. maigre ; sec.
Décharner, va. ôter la chair.
Déchasser, vn. t. de danse.
Déchaumage, sm. action de
Déchaumer, va. défricher.
Déchaussement, sm. labour au pied des arbres. [sure.
Déchausser, va. ôter la chaus-
Déchaussoir, sm. inst. de dentiste.
Déchéance, sf. perte d'un droit.
Déchet, sm. diminution.
Décheveler, va. mêler les cheveux. [tre, le licou.
Déchevêtrer, va. ôter le chevê-
Déchiffrable, a. qu'on peut déchiffrer
Déchiffrement, sm. action de
Déchiffrer, va. lire ce qui est écrit en chiffres, ou mal écrit.
Déchiffreur, sm. qui déchiffre.
Déchiqueter, va. découper par taillade. [une étoffe.
Déchiqueture, sf. taillade à
Déchirage, sm. dépècement d'un bateau. [cœur.
Déchirant, a. qui déchire le
Déchirement, sm. action de
Déchirer, va. mettre en pièces.
Déchirure, sf. rupture en déchirant.
Déchoir, vn. tomber dans un état moindre.
Déchouer, va. remettre à flot un navire échoué.
Deci, corrélatif de deçà.
Déciare, sm. dixième de l'are.
Décidé, a résolu.
Décidément, ad. d'une man. décidée. [ner.
Décider, va. n. et p. détermi-
Décigramme, sm. dixième du gramme.
Décilitre, sm. dixième du litre.
Décimable, a. sujet aux décimes. [arith.
Décimal, a. divisible par dix.
Décimale, sf. fraction décimale.
Décimateur, sm. qui lève la dîme. [mer.
Décimation, sf. action de déci-

Décime, sf. impôt. sm. dixième du franc.
Décimer, va. punir un sur dix.
Décimètre, sm. dixième du mè-
Décintrement, sm. act. de [tre.
Décintrer, va. ôter les cintres.
Décintroir, sm. marteau de ma-
Décirer, va. ôter la cire. [çon.
Décisif, ve, a. qui décide.
Décision, sf. résolution.
Décisivement, ad. d'une man. décisive.
Décisoire, a. décisif. jur.
Décistère, sm. dixième du stère.
Déclamateur, sm. qui déclame.
Déclamation, sf. action de déclamer. [tion.
Déclamatoire, a. de la déclama-
Déclamer, va. et n. réciter à haute voix.
Déclaratif, ve, a. qui déclare.
Déclaration, sf. action de déclarer.
Déclaratoire, a. qui déclare. jur.
Déclarer, va. manifester ; faire connaître. vp. s'expliquer.
Déclasser, va. confondre les classes.
Déclic, sm. sorte de bélier. mécan. [mat.
Déclimater, va. changer de cli-
Déclin, sm. décadence ; ressort. arm.
Déclinable, a. qui se décline. gra
Déclinaison, sf. action, man. de décliner.
Déclinant, a. qui décline.
Déclinateur, sm. instr. pour déterm. la déclinaison d'un cadran.
Déclinatoire, sm. et a. t. de jur.
Décliner, vn. déchoir ; éviter ; faire passer par tous leurs cas les mots de quelques langues. gr. s'éloigner d'une direction. ast. ne pas reconnaître la compétence. prat
Déclive, a. qui va en pente.
Déclivité, sf. pente. [cloître.
Décloître, va. et p. tirer du
Déclore, va. ôter la clôture.
Déclos, a. qui n'est plus clos.

Déclouer, va. ôter les clous.
Decochement, sm. action de
Décocher, va. tirer une flèche.
Décoction, sf. bouillon de dro-
gues; l'opération chimiq.
Décoiffer, va. défaire la coiffure.
Décollation, sf. action de dé-
coller.
Décollement, sm. action de dé-
coller; état de ce qui est dé-
collé.
Déceller, va. couper le cou; dé-
tacher ce qui est collé.
Décolleter, va. et pr. découvrir
la gorge.
Décoloration, sf. perte de la
couleur naturelle. [couleus.
Décoloré, e, a. qui a perdu sa
Décolorer, va. ôter la couleur.
Décombrer, va. ôter les
Décombres, sm. pl. platras.
Décommander, va. contreman-
der. [plet.
Décompléter, va. rendre incom-
Décomposer, va. et p. séparer
les parties d'un tout; altérer.
Décomposition, sf. act. de dé-
composer.
Décompte, sm. déduction.
Décompter, va. rabattre.
Déconcerter, va. troubler un
concert, une personne; rom-
pre des mesures prises.
Déconfire, va. vaincre.
Déconfiture, sf. déroute com-
plète; faillite.
Déconfort, sm. désolation. v.
Déconforter, va. et p. découra-
ger.
Déconseiller, va. dissuader.
Déconsidération, sf. perte de la
considération. [dération.
Déconsidérer, va. ôter la consi-
Déconstruire, va. démolir.
Décontenancer, va. rendre in-
terdit.
Déconvenue, sf. malheur. fa.
Décor, sm. action de décorer;
ornement.
Décorateur, sm. qui décore.
Décoratif, ive, a. qui sert à dé-
corer.

Décoration, sf. ornement; lieu
de la scène; marque de di-
gnité. [corde.
Décorder, va. détordre une
Décoré, e, a. qui porte une dé-
coration.
Décorer, va. orner; conférer la
marque d'une dignité.
Décortication, sf. act. d'écorcer.
Décortiquer, va. enlever l'é-
corce.
Décorum, sm. (om) bienséance.
Découcher, vn. coucher hors
de chez soi. [ture.
Découdre, va. défaire une cou-
Découlant, a. qui découle.
Découlement, sm. flux; act. de
Découler, vn. couler de suite;
émaner.
Découpage, sm. act. de [ceaux.
Découper, va. couper par mor-
Découpeur, se, s. qui découpe.
Découple. — pler, sm. action de
Découpler, va. détacher les
chiens. bien découplé, de belle
taille. [couper.
Découpoir, sm. outil pour dé-
Découpure, sf. taillade pour or-
ner. [ge.
Décourageant, a. qui découra-
Découragement, sm. abatte-
ment. [rage.
Décourager, va. ôter le cou-
Découronner, va. ôter une cou-
ronne.
Décours, sm. déclin. ast. méd.
Décousu, e, a. où il n'y a pas
de liaison; sm. défaut de liai-
son.
Décousure, sf. endroit décousu.
Découvert (à), ad. sans être
couvert.
Découverte, sf. action de décou-
vrir; chose découverte.
Découvreur, sm. qui a décou-
vert. p. us.
Découvrir, va. ôter ce qui cou-
vre; apercevoir; faire une
découverte.
Décrasser, va. ôter la crasse.
Décréditement, sm. action de
Décréditer, va. ôter le crédit.

Décrépit, a. vieux et cassé.
Décrépitation, sf. pétillement.
Décrépiter, va. et n. calciner;
pétiller.
Décrépitude, sf. état décrépit.
Decrescendo, adv. en diminuant
Décret, sm. loi; ordonnance.
Décrétale, sf. réglement des
papes.   [cret.
Décréter, va. et n. faire un dé-
Décri, sm. action de
Décrier, va. défendre le cours,
l'usage; décréditer.
Décrire, va. peindre par le dis-
cours; tracer.
Décrochement, sm. action de
Décrocher, va. ôter ce qui est
accroché.
Décroire, va. ne pas croire. fa.
Décroiser, va. défaire ce qui
était croisé.
Décroissement, sm. diminution
Décroît, sm. déclin de la lune.
Décroître, vn. diminuer.
Décrotter, va. ôter la crotte.
Décrotteur, sm. celui qui dé-
crotte.   [décrotter.
Décrottoir, sm. lame de fer pour
Décrottoire, sf. brosse pour dé-
crotter.
Décrue, sf. diminution, se dit
en parlant des eaux. [teint.
Décruer, va. lessive du fil.
Décrûment, sm. action de dé-
cruer.
Décrusement, sm. action de
Décruser, va. lessiver les co-
cons.   [cuisson.
Décuire, va. corriger l'excès de
Décuple, sm. et a. dix fois au-
tant.
Décupler, va. rendre décuple.
Décurie, sf. dix hommes.
Décurion, sm. chef de décurie.
Décurionat, sm. dignité de dé-
curion.   [bres.
Décurtation, sf. maladie des ar-
Décussation, sf. foyer. opt.
Décuver, va. tirer le vin de
la cuve.
Dédaigner, va. et n. marquer
du dédain.

Dédaigneusement, ad. avec dé-
dain.
Dédaigneux, se, a. qui dédaigne
Dédain, sm. sorte de mépris.
Dédale, sm. labyrinthe. [mes.
Dédamer, vn. t. de jeu de da-
Dedans, ad. de lieu. sm. inté-
rieur.
Dédicace, sf. action de dédier.
Dédicatoire, a.(épitre), dédicace
Dédier, va. consacrer; adresser.
Dédire, va. désavouer, vp. se
rétracter.
Dédit, sm. révocation d'une pa-
role donnée; peine encourue
par cette rétractation.
Dédommagement, sm. indem-
nité; compensation.
Dédommager, va. indemniser.
Dédorer, va. ôter la dorure.
Dédoubler, va. ôter la doublure.
Déduction, sf. rabais; narra-
tion.
Déduire, va. rabattre; narrer.
Déduit, sm. divertissement. v.
Dédurcir, va. faire cesser la du-
reté.
Déesse, sf. divinité féminine.
myth.   [myth.
Défâcher (se), vp. s'apaiser. fa.
Défaillance, sf. faiblesse.
Défaillant, a. qui ne comparait
pas. jur. a. qui dépérit.
Défaillir, vn. manquer. V. Dé-
périr.
Défaire, va. détruire, délivrer.
Défait, a. amaigri.   [cuse.
Défaite, sf. déroute; débit; ex-
Défalcation, sf. déduction.
Défalquer, va. déduire.[carl s.
Défausser (se), vp. t. de jeu de
Défaut, sm. imperfection; man-
que.   [veur.
Défaveur, sf. cessation de fa-
Défavorable, a. non favorable.
Défavorablement, ad. d'une ma-
nière défavorable.   [veur.
Défavoriser, va. priver de fa-
Défécation, sf. dépuration; ex-
pulsion des excréments.
Défectif, ve, a.(verbe) incomplet
Défection, sf. désertion; éclipse.

Défectueusement, ad. avec défauts.

Défectueux, se, a. imparfait.

Défectuosité, sf. défaut. [fendre.

Défendable, a. qu'on peut dé-

Défendeur, — deresse. s. qui se
défend en justice. jur.

Défendre, va. protéger; prohiber; interdire. vp. repousser
l'attaque; s'excuser.

Défens, sm. (bois en) dont la
coupe est défendue.

Défense, sf. protection; justification; prohibition. pl. dents
extérieures du sanglier.

Défenseur, sm. qui défend.

Défensif, ve, a. fait pour défendre. sm. topique. f. sur la
— état de défense. [chim.

Déféquer, va. ôter les fèces.

Déférant, a. qui défère, qui cède

Déférence, sf. condescendance;
égard.

Déférent, a. cercle astr. sm.
marque. monu.

Déférer, va. donner; dénoncer.
vn. céder.

Déferler, va. déployer les voiles

Déferrement, sm. action de

Déferrer, va. ôter les fers.

Défertiliser, va. détruire la fertilité.

Défet ou Défect, sm. feuillet dé-
pareillé d'un livre. [feuilles.

Défeuiller, va. enlever les

Défi, sm. provocation. [fiance.

Défiance, sf. manque de con-

Défiant, a. soupçonneux.

Déficit, sm. i. (t) ce qui manque.

Défier, va. et p. provoquer;
suspecter.

Défigurer, va. rendre difforme.

Défilé, sm. passage étroit.

Défilement, sm. t. de fortif.

Défiler, va. ôter le fil. n. aller à
la file.

Défini, a. déterminé. t. de gra.

Définir, va. expliquer; déterminer. [défini.

Définissable, a. qui peut être

Définiteur, sm. titre claustral.

Définitif, ve, a. qui décide.

Définition, sf. explication; décision. [sumé.

Définitive (en), loc. adv. en ré-

Définitivement, ad. en jugement définitif; en définitive.

Déflagration, sf. combustion
avec flamme. chim. [tion.

Défléchir, vn. changer de direc-

Déflegmation, sf. action de

Déflegmer, va. ôter la partie
aqueuse.

Défleurir, va. ôter la fleur. vn.
perdre sa fleur. [te.

Déflexion, sf. détour de sa rou-

Défloraison, sf. chute des fleurs.

Défloration, sf. action de

Déflorer, va. ôter la virginité.

Défluer, sm. s'éloigner de plus
en plus. astr.

Défoncé, e, a. dégradé, en parlant d'un chemin.

Défoncement, sm. action de

Défoncer, va. ôter le fond.

Déformation, sf. altération de
la forme. méd.

Déformer, va. gâter la forme.

Défourner, va. tirer du four.

Défrayer, va. payer la dépense.

Défrichement, sm. action de

Défricher, va. mettre en culture.

Défricheur, sm. qui défriche.

Défriser, va. défaire la frisure.

Défroncer, va. déplisser.

Défroque, sf. dépouille de moine

Défroqué, a. qui a quitté le froc.

Défroquer, va. ôter le froc.

Défructu, sm. sans pl. restes
de table.

Défunt, a. et s. qui est mort.

Dégagement, sm. issue secrète;
action de [engagé.

Dégager, va. retirer ce qui est

Dégaine, sf. façon. pop.

Dégaîner, va. et n. tirer l'épée.
sm. fa.

Déganter, va. ôter les gants.

Dégarnir, va. et p. ôter ce qui
est garni.

Dégât, sm. dommage. [etc.

Dégauchir, va. dresser le bois,

Dégauchissement, sm. action
de dégauchir.

DÈG 138 DÉI

Dégel, sm. action de
Dégeler, va. et n. fondre la glace
vp. cesser de geler.
Dégénérateur, trice, a. s. qui
fait dégénérer.
Dégénération, sf. état de ce qui
dégénère.
Dégénérer, vn. s'abâtardir;
changer de bien en mal.
Dégénérescence, sf. synonyme
de dégénération. méd. [ce. fa.
Dégingandé, a. sans contenan-
Dégluer, va. ôter la glu.
Déglutition, sf. act. d'avaler.
Dégobiller, va. vomir. bas.
Dégoiser, vn. et p. chanter.
v. jaser.
Dégommage, sm. action de
Dégommer, va. ôter la gomme;
faire perdre un emploi. pop.
Dégonder, va. ôter de ses gonds.
Dégonflement, sm. action de
Dégonfler, va. et p. faire cesser,
perdre le gonflement.
Dégorgement, sm. écoulement.
Dégorger, va. n. et p. débou-
cher; laver; s'épancher. [fa.
Dégoter, va. déplacer quelqu'un
Dégourdi, a. adroit, avisé.
Dégourdir, va. réchauffer; fa-
çonner; polir.
Dégourdissement, sm. cessation
de l'engourdissement.
Dégoût, sm. manque de goût.
fig. aversion; chagrin.
Dégoûtant, a. qui dégoûte.
Dégoûté, a. et s. difficile.
Dégoûter, va. et p. donner du
dégoût. [gouttes.
Dégouttant, e, a. qui tombe par
Dégouttement, sm. action de
Dégoutter, vn. couler par goutte
Dégradation, sf. action de
Dégrader, va. destituer; avilir;
faire du dégât. — les teintes,
les affaiblir. [grafe.
Dégrafer, va. détacher une a-
Dégraissage ou Dégraissement,
sm. action de
Dégraisser, va. ôter la graisse,
les taches.
Dégraisseur, sm. qui dégraisse.

Dégraissoir, sm. inst. pour dé-
graisser.
Dégras, sm. huile de poisson.
Dégraveler, va. nettoyer un
tuyau.
Dégravoiement, sm. action de
Dégravoyer, va. dégrader.
Degré, sm. escalier; marche;
partie d'un cercle. fig. grade.
Dégréement, sm. action de
Dégréer, va. ôter les agrès.
Dégrèvement, sm. action de
Dégrever, va. diminuer une im-
position.
Dégringolade, sf. action de
Dégringoler, vn. descendre trop
vite. fa.
Dégriser, va. et p. faire passer
ou perdre l'ivresse; au fig.
détruire, perdre l'illusion. fa.
Dégrossir, va. ôter le plus gros.
Déguenillé, a. vêtu de guenilles
Dégueniller, va. mettre en gue-
nilles.
Déguerpir, va. abandonner. pal.
vn. sortir. fa. [déguerpir.
Déguerpissement, sm. action de
Déguignonner, va. ôter le gui-
gnon.
Déguisement, sm. action de
Déguiser, va. et p. travestir.
Dégustateur, sm. celui qui con-
state la qualité des boissons.
Dégustation, sf. action de
Déguster, va. goûter une bois-
son. [le hâle.
Déhâler, va. et p. ôter, perdre
Déhanché, a. qui a les hanches
disloquées ou faibles.
Déhancher (se), vp. se démet-
tre les hanches.
Déharnachement, sm. act. de
Déharnacher, va. ôter le har-
nais.
Déhiscence, sf. man. dont s'ou-
vre d'elle-même une silique,
une gousse. [cence.
Déhiscent, e, a. de la déhis-
Déhonté, a. éhonté, sans pudeur
Dehors, ad. hors de. sm. exté-
rieur. [trier du Christ.
Déicide, sm. meurtre, meur-

Déification, sf. act. de [dieux.
Déifier, va. mettre au rang des
Déisme, sm. système du
Déiste, s. qui reconnaît un dieu
Déité, sf. divinité fabuleuse.
Déjà, ad. dès cette heure.
Déjection, sf. excréments ; leur
  évacuation. *méd.* [*men.*
Déjeter (se), vp. se courber.
Déjeuner, vn. manger le ma-
  tin; ou *Déjeuné*, sm. repas
  du matin; plateau garni de
  tasses. [est joint.
Déjoindre, va. séparer ce qui
Déjouer, va. empêcher l'effet.
Déjuc, sm. lever des oiseaux.
Déjucher, vn. sortir du juchoir.
De là, prép. plus loin, de l'autre
  côté de.
Délabré, a. en mauvais état.
Délabrement, sm. état délabré.
Délabrer, va. déchirer ; ruiner.
  se. — p. se détruire.
Délacer, va. défaire le lacet.
Délai, sm. retard ; remise.
Délaissement, sm. abandon.
Délaisser, va. abandonner.
Délaiter, va. ôter le petit-lait
  du beurre.
Délardement, sm. action de
Délarder, va. enlever une épais-
  seur de pierre ou de bois.
  arch. charp.
Délassement, sm. repos. [tude.
Délasser, va. *et* p. ôter la lassi-
Délateur, trice, s. dénonciateur.
Délation, sf. dénonciation.
Délatter, va. ôter les lattes d'un
  toit. [ver.
Délavage, sm. action de déla-
Délavé, a. de couleur faible.
  joail.
Délaver, va. enlever, affaiblir
  une couleur avec de l'eau.
Délayant, a. qui délaye les hu-
  meurs.
Délayement, sm. action de
Délayer, va. détremper.
Deleatur, sm. (*Deleatur*) signe
  pour retrancher. t. *d'imp.*
Délébile, a. qui peut être effacé.
Délectable, a. agréable; qui plaît.

Délectation, sf. plaisir savouré.
Délecter, va. *et* p. réjouir.
Délégation, sf. commission pour
  agir. [légation. *jur.*
Délégatoire, a. qui contient dé-
Délégué, sm. député.
Déléguer, va. députer ; com-
  missionner.
Délestage, sm. action de
Délester, va. ôter le lest. *mar.*
Délesteur, sm. qui déleste.
Délétère, a. qui cause la mort.
Déliaison, sf. arrangement des
  pierres d'un mur.
Délibérant, a. qui délibère.
Délibératif, ve, a. persuasif; de
  suffrage. [bérer.
Délibération, sf. act. de déli-
Délibéré, a. libre ; à dessein. s.
  m. résultat d'une délibération
  jur.
Délibérément, ad. hardiment.
Délibérer, vn. discuter; résou-
  dre. [faible.
Délicat, a. scrupuleux ; exquis ;
Délicatement, adv. avec délica-
  tesse. [ment.
Délicater, va. traiter molle-
Délicatesse, sf. qualité d'une
  personne ou d'une chose dé-
  licate; mollesse ; probité. pl.
  finesses de la langue; mets
  délicats. [gulier.
Délices, sf. pl. plaisir. m. au sin-
Délicieusement, ad. avec déli-
  ces.
Délicieux, se, a. extrêmement
  agréable. [licou.
Délicoter (se), vp. défaire son
Délié, a. mince, fin. *fig.* subtil.
Délié, sm. trait de plume fin et
  léger.
Délier, va. détacher; dégager.
Déligation, sf. application des
  appareils. *méd.*
Délimitation, sf. action de
Délimiter, va. marquer, fixer
  des limites. [traits.
Délinéation, sf. description en
Délinquant, sm. coupable de
  délit. [venir à la loi. *pal.*
Délinquer, vn. faillir ; contre-

Déliquescence, sf. état de ce qui est [à l'air.

Déliquescent, a. qui se liquéfie

Délirant, a. qui est en délire.

Délire, sm. égarement d'esprit.

Délirer, vn. avoir le délire, être en délire.

Délisser, va. défaire ce qui est lisse; trier le papier. [lois.

Délit, sm. contravention aux

Déliter, va. (les pierres), les poser dans un autre sens que le naturel. [meur.

Délitescence, sf. reflux d'hu-

Délivrance, sf. action de délivrer, de livrer ; affranchissement.

Délivre, sm. arrière-faix.

Délivrer, va. mettre en liberté; affranchir ; accoucher; livrer.

Délivreur, sm. qui délivre.

Délogement, sm. action de

Déloger, vn. quitter un logement décamper. va. déplacer ; chasser.

Déloyal, e, a. sans loyauté.

Déloyalement, ad. d'une man. déloyale.

Déloyauté, sf. manque de foi.

Delta, sm. lettre grecque qui a la forme d'un triangle (Δ).

Deltoïde, a. triangulaire.

Déluge, sm. grande inondation.

Déluré, e, a. dégourdi, déniaisé.

Délustrer, va. ôter le lustre.

Déluter, va. ôter le lut. [faire.

Démagogie, sf. faction popu-

Démagogique, a. de la démagogie. [populaires.

Démagogue, sm. chef de fact.

Démaigrir, vn. devenir moins maigre. va. amenuiser.

Démaigrissement, sm. action de démaigrir une pierre, etc.

Démailler, va. défaire les mailles.

Démailloter, va. ôter du maillot

Demain, ad. et sm. le jour d'après celui-ci.

Démanchement, sm. action de

Démancher, va. ôter le manche. vp. fig. aller mal. vn. t. de mus.

Demande, sf. act. de

Demander, va. et n. solliciter; interroger ; exiger. t. de pal.

Demandeur, euse, s. qui demande.

Demandeur, eresse, s. qui forme une demande en justice.

Démangeaison, sf. picotement. fig. envie.

Démanger, vn. et imp. éprouver une démangeaison.

Démantèlement, sm. action de

Démanteler, va. abattre les fortifications.

Démantibuler, va. rompre la mâchoire. inus. au fig. briser les meubles.

Démarcation, sf. limite. [cédé.

Démarche, sf. allure. fig. pro-

Démarier, va. et p. annuler un mariage.

Démarquer, va. ôter la marque.

Démarrage, sm. déplacement d'un navire. [tir.

Démarrer, va. détacher. n. par-

Démasquer, va. ôter le masque.

Démâtage, sm. action de

Démâter, va. abattre. n. ôter les mâts. [la laine.

Démêlage, sm. act. de démêler

Démêlé, sm. querelle; contestation.

Démêler, va. débrouiller; voir.

Démêloir, sm. instrument qui sert à démêler les cheveux.

Démembrement, sm. action de

Démembrer, va. séparer les membres.

Déménagement, sm. action de

Déménager, va. et n. transporter ses meubles ailleurs.

Démence, sf. folie. [fa.

Démener (se), vp. se débattre.

Démenti, sm. action de

Démentir, va. contredire.

Démérite, sm. action de

Démériter, vn. cesser de méri-

Démesuré, a. excessif. [ter,

Démesurément, ad. avec excès.

Démettre, va. disloquer. vp. renoncer.

Démeublement, sm. action de

Démeubler, va. ôter les meubles.

Demeurant, a. qui demeure. t. de palais. *Au —* , loc. ad. au reste. [jur.

Demeure, sf. domicile ; retard.

Demeurer, vn. habiter ; rester.

Demi, a. moitié. (invar. avant un subst., après, il en prend le genre.— il est adv. avant un adj.) *à demi.* loc. ad. presque. [aune.

Demi-aune , sf. moitié d'une

Demi-bain, sm. bain où l'eau ne monte que jusqu'à l'estomac. [cle.

Demi-cercle, sm. moitié de cercle.

Demi-circulaire, a. en demi-cercle.

Demi-croche, sf. note qui vaut la moitié d'une croche.

Demi-deuil, sm. noir mêlé de blanc qui se porte après le grand deuil.

Demi-dieu, sm. fils d'un dieu et d'une mortelle. *myth.*

Demie, sf. demi-heure.

Demi-fortune, sf. voiture à quatre roues, tirée par un seul cheval. [tification.

Demi-lune, sf. ouvrage de for-

Demi-mesure, sf. moitié d'une mesure; précaution insuffisante. [lique.

Demi-métal, sm. subst. métal-

Demi-négligé, sm. négligé un peu paré. [blanche. *mus.*

Demi-pause, sf. silence de la

Demi-pension, sf. moitié de la pension ; maison qui ne reçoit que les

Demi-pensionnaires, s. externe qui mange avec les pensionnaires.

Démis, e, a. déposé ; disloqué.

Demi-setier, sm. quart de pinte.

Demi-soupir, sm. silence de la croche. *mus.* [mettre.

Démission, sf. acte pour se dé-

Démissionnaire, a. qui se démet. [solde.

Demi-solde , sf. moitié de la

Demi-teinte, sf. teinte faible.

Demi-ton, sm. moitié d'un ton.

Demi-tour, sm. face en arrière.

Démocrate, sm. partisan de la

Démocratie, sf. (*cie*) gouvernement populaire.

Démocratique, a. de la démocratie.

Démocratiquement, ad. d'une man. démocratique.

Demoiselle, sf. fille honnête; insecte; poisson ; instrument.

Démolir, va. détruire ; abattre.

Démolisseur, sm. qui démolit.

Démolition, sf. action de démolir. pl. décombres.

Démon, sm. diable; personne méchante.

Démonétisation, sf. action de

Démonétiser , va. ôter cours à une monnaie.

Démoniaque, a. *et* s. possédé du démon ; violent, colère.

Démonographe, sm. qui écrit sur les démons.

Démonomanie, sf. traité des démons ; sorte de folie.

Démonstrabilité, sf. qualité de ce qui est démontrable.

Démonstrateur , sm. qui démontre. [montre.

Démonstratif, ive, a. qui dé-

Démonstration, sf. preuve ; leçon. [preuve.

Démonstrativement , ad. par

Démontage, sm. action de

Démonter, va. ôter la monture; désassembler. *fig.* déconcerter. [tre.

Démontrable, a. qui se démon-

Démontrer, va. prouver; enseigner.

Démoralisateur, trice , a. s. qui démoralise.

Démoralisation, sf. action de

Démoraliser, va. pervertir; décourager.

Démordre, vn. *fig.* se départir.

Démotique, a. (*écriture*) à l'usage du peuple dans l'ancienne Égypte. [pal.

Démouvoir, va. désintéresser.

Démunir, va. *et* p. dégarnir une place ; se dépouiller de quelque chose.

Démurer, va. ouvrir une porte murée.   [lière.

Démuseler, va. ôter la muse-

Dénaire, a. du nombre dix.

Dénantir (se), vp. abandonner un nantissement.

Dénationaliser, va. faire perdre le caractère national.

Dénatter, va. défaire une natte.

Dénaturaliser, va. priver des droits de naturel d'un pays.

Dénaturé, e, a. contraire à la nature.   [ture.

Dénaturer, va. changer la na-

Dendrite, sf. pierre arborisée.

Dendrologie, sf. traité des arbres.

Dendromètre, sm. instr. pour mesurer la hauteur des arbres.   [en justice.

Dénégation, sf. act. de dénier

Déni, sm. refus d'une chose due.

Déniaisé, a. *et* s. rusé.

Déniaisement, sm. action de

Déniaiser, va. rendre moins niais.

Déniaiseur, sm. qui déniaise.

Dénicher, va. ôter du nid, de la niche.

Dénicheur, sm. qui déniche.

Denier, sm. monnaie ; poids ; titre de l'argent. pl. somme d'argent. *Denier à Dieu*, sm. arrhes.

Dénier, va. nier ; refuser.

Dénigrement, sm. action de

Dénigrer, va. noircir la réputation.   [ration.

Dénombrement, sm. énumé-

Dénombrer, va. faire le compte.

Dénominateur, sm. l'un des deux termes fractionn. *arith.*

Dénominatif, ve, a. qui dénomme.

Dénomination, sf. désignation.

Dénommer, va. nommer. *pal.*

Dénoncer, va. déclarer ; déférer.   [ce.

Dénonciateur, sm. qui dénon-

Dénonciation, sf. déclaration ; délation.

Dénotation, sf. désignation.

Dénoter, va. désigner.

Dénouer, va. défaire un nœud. *fig.* démêler.   [tion.

Dénoûment, sm. fin d'une ac-

Denrée, sf. ce qui se vend pour la nourriture.

Dense, a. compacte.   [dense.

Densité, sf. qual. de ce qui est

Dent, sf. os enclavé dans la mâchoire. *Dent-de-chien*, — *de-lion.* sf. plantes. — *de-loup*, outil.   [dents.

Dentaire, sf. plante. a. des

Dental, a. *et* s. t. de *gra.*

Denté, a. à dents.

Dentée, sf. coup de dent.

Dentelaire, sf. plante.

Dentelé, a. en forme de dents.

Denteler, va. entailler en forme de dents.   [jour.

Dentelle, sf. ouvrage de fil à

Dentellière, sf. ouvrière qui fait la dentelle.

Dentelure, sf. sculpture dentelée.   [d'architecture.

Denticules, sm. pl. ornement.

Dentier, sm. rang de dents. *fa.*

Dentifrice, sm. remède pour les dents.

Dentiforme, a. en forme de dents

Dentirostre, a. qui a le bec dentelé. sm. pl. fam. d'oiseaux.

Dentiste, sm. qui soigne les dents.   [dents.

Dentition, sf. naissance des

Denture, sf. ordre des dents.

Dénudation, sf. état d'un os nu.

Dénuder, va. mettre à nu ; dépouiller.

Dénué, e, a. dépourvu.

Dénuer, va. priver totalement.

Dénûment, sm. privation totale.

Dépanser, va. défaire un pansement.   [quet.

Dépaqueter, va. défaire un pa-

Dépareiller, va. séparer des choses pareilles.

Déparer, va. ôter ce qui pare.

Déparier, va. séparer une paire.

Déparler, vn. cesser de parler. *fa.* [paration des métaux.

Départ, sm. act. de partir ; sé-

Départager, va. remédier au partage d'opinions. *pal.*

Département, sm. distribution ; attribution; division de pays.

Départemental, a. du départem.

Départie, sf. départ. *v.*

Départir, va. partager. vp. se désister. [passé ; devancer.

Dépasser, va. retirer ce qui était

Dépavage, sm. action de

Dépaver, va. ôter le pavé.

Dépayser, va. changer de pays.

Dépècement, sm. action de

Dépecer, va. mettre en morceaux.

Dépeceur, euse, s. qui dépèce.

Dépêche, sf. lettre d'affaires.

Dépêcher, va. hâter ; envoyer.

Dépeindre, va. décrire.

Dépenaillé, a. déguenillé.

Dépenaillement, sm. état d'une personne dépenaillée.

Dépendamment, ad. avec

Dépendance, sf. sujétion. pl. accessoires.

Dépendant, a. qui dépend.

Dépendre , va. décrocher. n. être subordonné. imp. *ne dépendre que de.*

Dépens, sm. pl. frais. *jur.*

Dépense, sf. ce qu'on dépense ; office. [de l'argent.

Dépenser, va. *et* n. employer

Dépensier, ère, a. qui aime la dépense. s. chargé de la dépense. [stance.

Déperdition, sf. perte de sub-

Dépérir , vn. déchoir ; se détériorer.

Dépérissement, sm. décadence.

Dépersuader, va. ôter la persuasion.

Dépêtrer, va. débarrasser.

Dépeuplement, sm. action de

Dépeupler, va. dégarnir d'habitants.

Dépiécer, va. démembrer.

Dépilatif, ve, a. qui dépile.

Dépilation, sf. act. de dépiler.

Dépilatoire, sm. drogue pour

Dépiler, va. épiler. p. perdre le poil.

Dépiquage, sm. action de

Dépiquer, va. défâcher. *fa.* faire tomber le grain de son épi.

Dépister, va. découvrir à la piste. [prép. malgré.

Dépit, sm. fâcherie. *En dépit,*

Dépiter, va. *et* p. mutiner.

Déplacé , a. inconvenant ; mal placé.

Déplacement, sm. action de

Déplacer, va. ôter de sa place.

Déplaire, vn. *et* i. être désagréable. vp. s'ennuyer.

Déplaisance , sf. répugnance ; dégoût.

Déplaisant, a. désagréable.

Déplaisir, sm. chagrin.

Déplanter, va. ôter pour planter ailleurs. [planter.

Déplantoir, sm. outil pour dé-

Déplâtrer, va. ôter le plâtre.

Déplétion, sf. act. de diminuer la masse des liquides. [plié.

Déplier, va. étendre ce qui est

Déplisser, va. défaire les plis.

Déplorable, a. digne de pitié.

Déplorablement, ad. d'une man. déplorable. [ment.

Déplorer , va. plaindre vive-

Déployement, sm. (i) act. de

Déployer, va. étendre; montrer. *fig.* étaler. *Rire à gorge déployée,* très-fort. [mes.

Déplumé, a. qui n'a plus de plu-

Déplumer, va. *et* p. ôter les plumes. [tes.

Dépointer, va. couper les poin-

Dépolir, va. ôter le poli.

Déponent, am. (verbe)t. de *gra.*

Dépopulariser, va. ôter la popularité.

Dépopulateur, trice, a. qui ravage, qui dépeuple. [ment.

Dépopulation , sf. dépeuple-

Déport, sm. délai. *pra.* droit féod.

Déportation, sf. bannissement.

Déporté, e, s. condamné à la déportation.

Déportement , sm. mauvaise conduite.

Déporter, va. bannir. vp. se désister. [justice.

Déposant, a. et s. qui dép. en

Déposer, va. destituer; donner en garde , vn. témoigner en justice. — se dit des liqueurs dont les parties hétérogènes se séparent.

Dépositaire , s. qui a en dépôt.

Déposition, sf. destitution ; témoignage. [sion.

Déposséder, va. ôter la posses-

Dépossession, sf. action de déposséder. [poste.

Déposter , va. chasser d'un

Dépôt, sm. action de déposer ; sédiment.

Dépoter, va. ôter d'un pot.

Dépoudrer, va. ôter la poudre.

Dépouille, sf. peau ; butin.

Dépouillement, sm. dénûment ; extrait d'un inventaire, d'un compte.

Dépouiller, va. et p. ôter l'habit, la peau. fig. priver, ruiner.

Dépourvoir, va. et p. dégarnir.

Dépourvu. a. privé. Au dépourvu. loc. ad. inopinément.

Dépravateur, trice , a. qui déprave.

Dépravation, sf. corruption.

Dépraver, va. corrompre.

Déprécatif, ive, a. en forme de prière.

Déprécation, sf. souhait; prière.

Dépréciation, sf. action de

Déprécier, va. rabaisser.

Déprédateur , sm. qui fait des déprédations.

Déprédation, sf. vol.

Déprendre, va. détacher.

Dépression , sf. compression. fig. abaissement.

Déprévenir, va. et p. ôter; abandonner une prévention.

Déprier, va. désinviter.

Déprimé, e, a. affaissé.

Déprimer, va. rabaisser; enfoncer. [de la valeur.

Dépriser, va. priser au-dessous

De profundis, sm. psaume qui se dit pour les morts.

Déprovincialiser, va. et pr. perdre les manières provinciales.

Depuis, prép. de temps, de lieu et d'ordre. [sang.

Dépuratif , ve, a. qui dépure le

Dépuration, sf. act. de dépurer.

Dépuratoire, a. qui sert à dépurer.

Dépurer, va. rendre plus pur.

Députation, sf. corps de députés. [corps.

Député , sm. envoyé par un

Députer, va. déléguer.

Déracinement, sm. action de

Déraciner , va. arracher la racine. [mar

Dérader, va. quitter la rade

Déraidir. V. Déroidir.

Déraillement, sm. action de

Dérailler, vn. sortir des rails.

Déraison, sf. défaut de raison.

Déraisonnable, a. contraire à la raison. [raison.

Déraisonnablement , ad. sans

Déraisonner, vn. raisonner faux

Déralinguer, va. ôter les ralingues.

Dérangé, a. déréglé. [gues.

Dérangement, sm. désordre.

Déranger, va. déplacer. fig. troubler. [gai, alerte.

Dératé , a. et s. sans rate. fig.

Derechef, ad. de nouveau. v.

Déréglé, a. contraire aux règles.

Déréglement, sm. désordre.

Déréglement, ad. sans règle.

Dérégler, va. mettre en désordre. [jouir.

Dérider, va. ôter les rides ; ré-

Dérision, sf. moquerie.

Dérisoire, a. avec dérision.

Dérivatif, ve, a. qui détourne. méd. [mot ; détour.

Dérivation , sf. origine d'un

Dérive , sf. marche d'un navire qui dérive. [tre.

Dérivé, sm. mot dérivé d'un au-

Dériver, vn. s'écarter du bord; tirer sa source. va. ôter la rivure.

Dérivoir, sm. esp. de poinçon.

Dermatose, sf. maladie de la peau.

Derme, sm. peau de l'homme. *méd.* [peau.

Dermite, sf. inflammation de la peau.

Dermologie, sf. traité de la peau.

Dernier, a. *et* s. après les autres; précédent; extrême; pire.

Dernièrement, ad. depuis peu.

Dérobé, a. (escalier) secret. *à la dérobée*, loc. adv. en cachette.

Dérober, va. ôter la robe ; voler; cacher. vp. se soustraire.

Dérogation, sf. act de déroger.

Dérogatoire, a. qui déroge.

Dérogeance, sf. act. de déroger.

Dérogeant, a. qui déroge.

Déroger, vn. agir en contradiction à; déchoir de la noblesse.

Déroidir, va. ôter la roideur.

Dérougir, va. n. *et* p. ôter, perdre la rougeur.

Dérouillement, sm. action de

Dérouiller, va. *et* p. ôter la rouille.

Déroulement, sm. action de

Dérouler, va. étendre ce qui est roulé.

Déroutant, e, a. qui déroute.

Déroute, sf. fuite des troupes.

Dérouter, va. ôter de la route ; déconcerter.

Derrière, prép. ad. après. sm. partie postérieure. [turc.

Dervis, — *viche.* sm. moine

Des, art. contrac. partitif pour *de les, quelques.*

Dès, prép. ad. depuis. *Dès que,* aussitôt que.

Désabusement, sm. action de

Désabuser, va. détromper.

Désaccord, sm. désunion ; t. de musique. [cord.

Désaccorder, va. détruire l'ac-

Désaccoupler, va. détacher des choses accouplées.

Désaccoutumance, sf. perte d'une coutume. [tuer.

Désaccoutumer, va. déshabi-

Désachalander, va. ôter les chalands.

Désaffection, sf. perte de l'affection.

Désaffectionner, va. faire perdre l'affection. [d'affourche.

Désaffourcher, vn. lever l'ancre

Désagréable, a. qui déplaît.

Désagréablement, ad. d'une man. désagréable.

Désagréer, va. dégréer. n. déplaire.

Désagrégation, sf. séparation des molécules d'un corps.

Désagrément, sm. dégoût; cha-

Désajuster, va. déranger.[grin.

Désallier, va. détacher d'une alliance.

Désaltérer, va. ôter la soif.

Désancher, va. ôter l'anche.

Désancrer, va. lever l'ancre.

Désappareiller, va. dépareiller.

Désapparier, va. séparer une paire. [d'être pauvre.

Désappauvrir, va. faire cesser

Désappointement, sm. contrariété ; perte d'une espérance.

Désappointer, va. rayer du rôle. *fig.* tromper l'espoir.

Désapprendre, va. oublier ce qu'on a appris.[désapprouve.

Désapprobateur, trice, s. qui

Désapprobation, sf. act. de désapprouver.

Désappropriation, sf. act. de se

Désapproprier (se), vp. renoncer à une propriété.

Désapprouver, va. blâmer.

Désarborer, va. abattre le mât, le drapeau.

Désarçonner, va. mettre hors des arçons. *fig.* confondre en disputant.

Désargenter, va. ôter l'argent.

Désarmement, sm. action de

Désarmer, va. ôter, poser les armes; *fig.* fléchir.

Désarroi, sm. désordre ; ruine.

Désarticulation, sf. amputation dans l'articulation.

Désassembler, va. déjoindre.

Désassocier, va. rompre une société.

Désassortiment, sm. action de

10

Désassortir, va. ôter, déplacer des choses assorties.

Désastre, sm. grand malheur.

Désastreusement, ad. dans le sens de

Désastreux, se, a. funeste.

Désattrister, va. dissiper la tristesse. [préjudice.

Désavantage, sm. infériorité;

Désavantager, va. priver d'un avantage.

Désavantageusement, ad. avec désavantage. [du dommage.

Désavantageux, se, a. qui cause

Désaveu, sm. act. de désavouer.

Désaveugler, va. détromper.

Désavouer, va. nier; méconnaître. [est scelle.

Desceller, va. défaire ce qui

Descendance, sf. extraction.

Descendant, a. qui descend. sm. pl. postérite. fig.

Descendre, vn. aller en bas; être issu. va. mettre plus bas.

Descente, sf. act. de descendre; pente; hernie; debarquement hostile. [décrit.

Descriptif, ve, a. par lequel on

Description, sf. discours qui peint; inventaire; définition impartiale. log.

Déséchouer, va. V. Déchouer.

Désemballage, sm. action de

Désemballer, va. déballer.

Désembarquement, sm. act. de

Désembarquer, va. tirer du navire.

Désembourber, va. tirer de la bourbe. [manche.

Désemmancher, va. ôter le

Désemparement, sm. action de

Désemparer, va. quitter le lieu où l'on est; démâter; dégréer; sans —, sans interruption.

Désempenné, a. dégarni de plumes.

Désempeser, va. ôter l'empois.

Désemplir, va. vider en partie.

Desempoisonner, va. détruire l'effet du poison.

Désemprisonner, va. tirer de prison.

Désenamourer, va. et pr. guérir de l'amour. [nes.

Désenchaîner, va. ôter les chaî-

Désenchantement, sm. act. de

Désenchanter, va. rompre l'enchantement.

Désenclouer, va. tirer un clou (du pied d'un cheval, de la lumière d'un canon).

Désenfiler, va. et p. faire que ce qui est enfilé ne le soit plus.

Désenfler, va. n. et p. ôter l'enflure. [flure.

Désenflure, sf. cessation d'en-

Désengager, va. et pr. rompre un engagement.

Désenivrement, sm. action de

Désenivrer, va. ôter l'ivresse. vn. cesser d'être ivre. [laid.

Désenlaidir, va. rendre moins

Désennui, sm. action de se

Désennuyer, va. et p. dissiper l'ennui.

Désenrayer, va. ôter l'enrayure.

Désenrhumer, va. et p. guérir du rhume.

Désenrôlement, sm. action de

Désenrôler, va. rayer du rôle.

Désenrouer, va. ôter l'enrouement.

Désensevelir, va. ôter ce qui ensevelit. [l'ensorcellement.

Désensorceler, va. guérir de

Désensorcellement, sm. act. de désensorceler.

Désentêter, va. faire cesser l'entêtement.

Désentortiller, va. démêler.

Désenvenimer, va. ôter le venin. [désert.

Désert, a. inhabité. sm. lieu

Déserter, va. abandonner. vn. quitter le service militaire sans congé.

Déserteur, sm. qui déserte.

Désertion, sf. act. de déserter.

Désespérade (à la), loc. adv. en désespéré. v. et fa.

Désespérant, a. qui désespère.

Désespéré, a. et s. sans espoir; furieux.

Désespérément, ad. avec excès.

Désespérer, vn. perdre l'espé-
rance. va. tourmenter. vp.
s'affliger.   [rance.
Désespoir, sm. perte d'espé-
Déshabillé, sm. hardes de nuit.
Déshabiller, va. et p. ôter les
habits.   [bité.
Deshabité, a. qui n'est plus ha-
Déshabituer, va. et p. ôter
d'habitude.
Déshérence, sf. t. de droit. [té.
Déshériter, va. priver d'hérédi-
Désheurer, va. déranger les
heures, dérouter. fa.
Déshonnête, a. contre la pudeur
Déshonnêtement, ad. d'une man.
déshonnête.   [nête.
Déshonnêteté, sf. act. déshon-
Déshonneur, sm. honte; op-
probre.   [a. qui deshonore.
Déshonorable ou Déshonorant,
Déshonorer, va. ôter l'honneur.
vp. perdre son honneur.
Déshydrogéner, va. enlever
l'hydrogène.
Désignatif, ve. a. qui désigne.
Désignation, sf. action de
Désigner, va. indiquer; nommer
Désillusionner, va. et pr. perdre
l'illusion.   [corps.
Désincorporer, va. séparer d'un
Désinence, sf. fin des mots.
Désinfatuer, va. désabuser.
Désinfectant, e, a. s. qui désin-
fecte.
Désinfecter, va. ôter l'infec-
tion.   [fecter.
Désinfection, sf. act. de désin-
Désintéressé, a. sans intérêt.
Désintéressement, sm. généro-
sité.   [d'intérêt. v.
Désintéressement, ad. sans vue
Désintéresser, va. mettre hors
d'intérêt.   [invitation.
Désinviter, va. révoquer une
Désinvolture, sf. air dégagé;
bonne grâce.
Désir, sm. souhait.
Désirable, a. digne d'être désiré.
Désirer, va. souhaiter.
Désireux, se, a. qui désire.
Désistement, sm. action de se

Désister (se), vp. renoncer.
Dès lors, ad. dès ce temps-là.
Desmographie, sf. description
des ligaments.   [gaments.
Desmologie, sf. traité des li-
Désobéir, vn. refuser d'obéir.
Désobéissance, sf. refus d'obéir.
Désobéissant, a. qui désobéit.
Désobligeamment, ad. d'une
man. désobligeante.
Désobligeance, sf. disposition à
désobliger.
Désobligeant, a. qui désoblige.
Désobliger, va. causer du dé-
plaisir.   [sm. qui désobstrue.
Désobstructif, — truant, a. et
Désobstruer, va. détruire les
obstructions; débarrasser.
Désoccupation, sf. défaut d'oc-
cupation.   [cupation.
Désoccupé, a. qui n'a pas d'oc-
Désoccuper (se), vp. quitter
l'occupation.
Désœuvré, a. qui ne fait rien.
Désœuvrement, sm. état désœu-
Désolant, a. qui désole. [vré.
Désolateur, sm. qui ravage.
Désolation, sf. affliction; ruine.
Désolé, a. affligé; ravagé.
Désoler, va. affliger; ravager.
Désopilatif, ve, a. qui désopile.
Désopilation, sf. act. de [tions.
Désopiler, va. ôter les obstruc-
Désordonné, a. déréglé. [sordre.
Désordonnément, ad. avec dé-
Désordre, sm. manque d'ordre;
trouble; vice.   [sorganise.
Désorganisateur, sm. qui dé-
Désorganisation, sf. action de
Désorganiser, va. détruire les
organes, l'ordre.
Désorienter, va. ôter la con-
naissance des lieux. fig. dé-
concerter.
Désormais, ad. à l'avenir.
Désossement, sm. action de
Désosser, va. ôter les os.
Désoxydation, ou Désoxygéna-
tion, sf. action de
Désoxyder ou Désoxygéner, va.
et p. séparer l'oxygène des au-
tres corps auxquels il est uni.

Despote, sm. tyran.

Despotique, a. arbitraire.

Despotiquement, ad. avec

Despotisme, sm. pouvoir absolu.

Despumation, sf. action de

Despumer, va. ôter l'écume.

Desquamation, sf. exfoliation de l'epiderme. *méd.*

Dessaigner, va. faire sortir le sang des cuirs.

Dessaisir (se), vp. abandonner.

Dessaisissement, sm. act. de se dessaisir.

Dessaisonner, va. changer l'ordre de la culture. [*pop.*

Dessalé, a. moins salé. s. rusé.

Dessaler, va. ôter la salure.

Dessangler, va. lâcher les sangles.

Desséchant, a. qui dessèche.

Desséchement, sm. action de

Dessécher, va. rendre sec.

Dessein, sm. intention; projet; plan; — *à dessein.* ad. tout exprès.

Desseller, va. ôter la selle. [*fa.*

Desserre, sf. (dur à la), avare.

Desserrer, va. lâcher ce qui est serré. [serrer.

Desserroir, sm. outil pour des-

Dessert, sm. fruit à servir sur la table; le moment où on les sert.

Desserte, sf. mets desservis; service d'une cure. [re.

Dessertir, va. ôter la sertissu-

Desservant, sm. qui dessert une église.

Desservir, va. ôter les mets; nuire; remplir les fonctions de curé. [dessèche.

Dessicatif, ve, Dessicant, a. qui

Dessication, sf. desséchement. *chim.* [*p. us. fig.* détromper.

Dessiller, va. ouvrir les yeux.

Dessin, sm. représentation au crayon; plan; art de dessiner.

Dessinateur, sm. qui dessine.

Dessiner, va. faire un dessin.

Dessoler, va. arracher la sole; changer l'ordre des cultures.

Dessouder, va. défaire la soudure.

Dessous, ad. (*de*) sous. sm. partie inférieure; desavantage; au-dessous, loc. adv. plus bas.

Dessus, ad. (*de*) sur. sm. partie supérieure; avantage; partie opposée à la basse. *mus.* au-dessus, loc. adv. plus haut.

Destin, sm. fatalité; sort.

Destinataire, s. celui ou celle à qui une lettre est adressée.

Destination, sf. emploi déterminé.

Destinée, sf. destin; vie. [nation.

Destiner, vn. *et* p. fixer la desti-

Destituable, a. qu'on peut destituer. [d'emploi.

Destitué, a. dépourvu; mis hors

Destituer, va. ôter l'emploi.

Destitution, sf. privation d'emploi.

Destrier, sm. cheval de main.

Destructeur, trice, s. qui détruit.

Destructibilité, sf. qualité de ce qui peut être détruit.

Destructif, ve, a. qui détruit.

Destruction, sf. ruine totale.

Désuétude, sf. (*su*) non usage.

Désunion, sf. defaut d'union.

Désunir, va. et p. disjoindre; rompre l'union.

Détachement, sm. dégagement; troupe de soldats.

Détacher, va. dégager; défaire; enlever une tache.

Détail, sm. circonstance. *En détail.* loc. ad. par petites quantités.

Détaillant, s. *et* a. m. qui vend en détail.

Détailler, va. narrer; vendre en détail. [tail. *v.*

Détailleur, sm. marchand en dé-

Détailliste, s. qui aime les détails.

Détalage, sm. act. de [*fam.*

Détaler, va. ôter l'étalage; *fuir.*

Détalinguer, va. ôter le câble de l'ancre. [NON.

Détaper, va. déboucher un ca-

Déteindre, va. ôter la couleur.

Dételer, va. détacher les chevaux. [rand.

Détendoir, sm. instr. de tisse-

Détendre, va. relâcher ce qui est tendu. [ner.

Détenir, va. retenir; emprison-

Détente, sf. ressort de fusil.

Détenteur, trice, s. qui retient.

Détentillon, sm. détente levée par la roue des minutes. *horl.*

Détention, sf. saisie ; captivité.

Détenu, sm. prisonnier.

Détergent, a. syn. de détersif.

Déterger, va. nettoyer. *méd.*

Détérioration, sf. action de

Détériorer, va. dégrader; gâter.

Déterminant, a. qui détermine.

Déterminatif, ve, a. qui détermine. *gra.*

Détermination, sf. résolution.

Déterminé, a. *et* s. hardi, résolu.

Déterminément, ad. résolûment

Déterminer, va. décider, résoudre. [couvrir.

Déterrer, va. exhumer. *fig.* dé-

Déterreur, sm. qui déterre. *fa.*

Détersif, ve, a. qui nettoie. *méd.*

Détestable, a. exécrable.

Détestablement, ad. très-mal.

Détestation, sf. haine, horreur.

Détester, va. avoir en horreur.

Détirer, va. étendre en tirant.

Détiser, va. ôter les tisons du feu.

Détisser, va. défaire un tissu.

Détonation, sf. act. de

Détoner, va. s'enflammer avec bruit.

Détonner, vn. sortir du ton.

Détordre, va. défaire ce qui est tordu. [force.

Détorquer, va. donner un sens

Détors, a. détordu.

Détorse, sf. *V.* Entorse.

Détortiller, va. défaire ce qui est tortillé.

Détouper, va. ôter l'étoupe.

Détour, sm. sinuosité. *fig.* subtilité.

Détourné, e, a. écarté; indirect.

Détournement, sm. action de détourner, de soustraire.

Détourner, va. écarter; changer le cours ; soustraire. vn. *et* p. quitter le droit chemin.

Détracter, vn. *et* a. médire.

Détracteur, sm. médisant.

Détraction, sf. médisance.

Détranger, va. chasser les bêtes nuisibles.

Détransposer, va. remettre à sa place ce qui est transposé. *imp.* [ranger.

Détraquer, va. dérégler; dé-

Detrempe, sf. couleur délayée.

Détremper, va. délayer ; ôter la trempe.

Détresse, sf. danger ; grand besoin ; vive angoisse.

Détresser, va. défaire une tresse.

Détriment, sm. préjudice.

Détripler, va. réduire ce qui était triple. [meule.

Détriter, va. passer sous la

Détritus, sm. (s) amas de débris. *hist. nat.*

Détroit, sm. bras de mer. [reur.

Détromper, va. *et* p. tirer d'er-

Détrônement, sm. action de

Détrôner, va. déposséder du trône.

Détrousser, va. défaire ce qui est troussé. *fig.* voler par la force.

Détrousseur, sm. voleur. *v.*

Détruire, va. démolir, renver-

Dette, sf. ce qu'on doit. [ser.

Deuil, sm. affliction ; habits funèbres. [saint.

Deutéro-canonique, a. (livre)

Deutéronome, sm. livre de la Bible.

Deutéropathie, sf. affection causée par une autre.

Deux, a. numér. ; sm. unité double.

Deuxième, a. nombre ord. ; second. [lieu.

Deuxièmement, ad. en deuxième

Dévaler, va. *et* n. descendre. *v.*

Dévaliser, va. voler; dépouiller.

Devancer, va. gagner le devant.

Devancier, ère, s. prédécesseur. pl. m. aïeux.

Devant, prép. de lieu. sm. partie antérieure; au-devant, ad. au-devant de, loc. prépositive, à la rencontre de. ci-devant, loc. adv. précédemment, autrefois.

Devantier, sm. tablier. *pop.*

Devantière, sf. sorte de long tablier. [tique.

Devanture, sf. devant de bou-

Dévastateur, trice, s. *et* a. qui dévaste.

Dévastation, sf. ruine d'un pays.

Dévaster, va. ravager; ruiner.

Développable, a. qui peut être développé.

Développée, sf. sorte de courbe.

Développement, sm. action de

Développer, va. ôter l'enveloppe; étendre. *fig.* expliquer.

Devenir, vn. changer de man. d'être. [effronté.

Dévergondage, sm. libertinage

Dévergondé, a. sans honte. *fa.*

Dévergonder (se), vp. perdre toute pudeur.

Deverguer, va. ôter les vergues.

Deverrouiller, va. tirer les verrous.

Devers, prép. de lieu. vers. *v. Par devers,* marque possession.

Devers, sm. pente. a. surplomb.

Déverser, va. pencher; répandre. [moulin.

Déversoir, sm. décharge d'un

Dévêtir (se), vp. se dépouiller.

Dévêtissement, sm. démission.

Déviation, sf. action de dévier.

Dévidage, sm. action de

Dévider, va. mettre en écheveau

Dévideur, euse, s. qui dévide.

Dévidoir, sm. inst. pour dévider. [route.

Dévier, vn. se détourner de la

Devin, — cresse, s. qui prédit.

Devin, sm. espèce de boa.

Deviner, va. prédire; découvrir.

Devineur, sm. devin. *fa.*

Devis, sm. propos; *v.* état d'architecture.

Dévisser, va. ôter des vis.

Dévisager, va. défigurer.

Devise, sf. allégorie; sentence.

Deviser, vn. converser. *fa.*

Dévoiement, sm. (*oi*) flux de ventre.

Dévoilement, sm. action de

Dévoiler, va. ôter la voile. *fig.* découvrir ce qui est caché.

Devoir, vn. être dans l'obligation de. sm. obligation imposée; travail d'un écolier.

Dévole, sf. t. de jeu.

Dévolu, a. échu par droit. sm. bénéfice. *fig.* choix.

Dévolutaire, sm. qui a un dévolu. [juge supérieur.

Dévolutif, ve, a. (appel) à un

Dévolution, sf. droit dévolu.

Dévorant, a. qui dévore.

Dévorer, va. déchirer avec les dents; manger avidement. *fig.* consumer; lire vite, etc.

Dévot, a. *et* s. pieux.

Dévotement, ad. avec dévotion.

Dévotion, sf. piété; *fig.* dévouement. pl. communion.

Dévoué, e, a. plein de

Dévouement, sm. (*ou*) soumission.

Dévouer, va. consacrer; donner sans réserve.

Dévoyer, va. *et* p. dévier; causer le dévoiement.

Dextérité, sf. adresse des mains.

Dextre, sf. main droite. [fa.

Dextrement, ad. avec dextérité.

Dextrine, sf. matière gommeuse de certains sucs végétaux.

Dextrochère, sm. bras droit.

Dey, sm. titre des anciens souverains d'Alger.

Dia! à gauche, cri de charretier.

Diabète, sm. flux d'urine.

Diabétique, a. qui a le diabète.

Diable, sm. démon; esprit malin.

Diablement, ad. excessivement.

Diablerie, sf. sortilège.

Diablesse, sf. femme méchante.

Diablezot, exclam. fam.

Diablotin, sm. petit diable. pl. bonbons. [chant.

Diabolique, a. du diable; mé-

Diaboliquement, ad. par une méchanceté diabolique.

Diabrose, sf. corrosion des os.

Diabrotique, a. qui cause la diabrose.

Diacausie, sf. échauffement.

Diachylon, sm. emplâtre.

Diacode, sm. sirop de pavot.

Diaconal, a. qui appartient au diacre. [sacré.

Diaconat, sm. deuxième ordre

Diaconesse, sf. veuve ou fille destinée à un ministère ecclésiastique dans l'ancienne église.

Diacoustique, sf. théorie de la réfraction des sons.

Diacre, sm. promu au diaconat.

Diacré, a. qui ne dure qu'un jour.

Diadelphie, sf. classe de plantes.

Diadème, sm. bandeau royal.

Diagnostic, sm. distinction des maladies. [fait distinguer.

Diagnostique, a. (signe) qui les

Diagonal, e, a. et sf. (ligne) d'un angle à l'angle opposé.

Diagonalement, ad. en diagonale. [métrique.

Diagramme, sm. figure géo-

Dialecte, sm. langage particu-

Dialecticien, sm. logicien. [lier.

Dialectique, sf. logique. [cien.

Dialectiquement, ad. en logi-

Dialogique, a. en dialogue. [gue.

Dialogisme, sm. art du dialo-

Dialogiste, sm. qui fait un

Dialogue, sm. conversation.

Dialoguer, va. mettre en dialogue. [logues.

Dialogueur, sm auteur de dia-

Dialyse, sf. solution de continuité. chir.

Diamant, sm. pierre précieuse.

Diamantaire, sm. lapidaire.

Diamanter, va. couvrir de diamants.

Diamétral, a. du diamètre.

Diamétralement, ad. directement, tout à fait opposé.

Diamètre, sm. ligne qui coupe le cercle en deux.

Diandrie, sf. classe de plantes.

Diane, sf. déesse de la chasse ; batterie de tambour.

Diantre, sm. et interj. diable! fa.

Diapalme, sm. onguent dessicatif.

Diapasme, sm. parfum.

Diapason, sm. étendue des sons.

Diapédèse, sf. sueur de sang.

Diaphane, a. transparent.

Diaphanéité, sf. transparence.

Diaphorèse, sf. légère transpiration.

Diaphorétique, a. sudorifique.

Diaphragme, sm. muscle de la poitrine. [phragme.

Diaphragmatique, a. du dia-

Diapré, a. varié de couleurs.

Diaprée, sf. prune violette.

Diaprer, va. rendre diapré.

Diaprure, sf. état de ce qui est diapré.

Diaprun, sm. sorte d'opiat.

Diaprure, sf. variété de couleurs.

Diarrhée, sf. flux de ventre.

Diascordium, sm. (om) opiat.

Diascostique, sf. médecine préservative.

Diastase, sf. luxation.

Diastole, sf. dilatation du cœur.

Diastyle, sm. sorte d'édifice.

Diatessaron, sm. quarte. méd.

remède. [culière. méd.

Diathèse, sf. disposition parti-

Diatonique, a. qui procède de la gamme. [gam.

Diatoniquement, ad. suivant la

Diatragacanthe, sm. poudre adoucissante.

Diatribe, sf. critique amère.

Dicacité, sf. raillerie.

Dichorée, sm. (co) pied de vers grec. [ne voit que la moitié.

Dichotome, a. (lune) dont on

Dichotomie, sf. état dichotome.

Dicline, a. dont les sexes sont séparés. bot. [bot.

Dicotyledone, a. à deux lobes.

Dictame, sm. espèce de baume.

Dictamen, sm. (en) sentiment de la conscience.

Dictateur, sm. magistrat suprême.

Dictatorial, a. qui a rapport à la Dictature.

Dictature, sf. dignité du dictateur.

Dictée, sf. ce qu'on dicte.

Dicter, va. prononcer pour faire écrire. *fig.* inspirer; prescrire.

Diction, sf. élocution.

Dictionnaire, sm. vocabulaire.

Dictionnariste, sm. auteur de dictionnaires.

Dicton, sm. proverbe.

Dictum, sm. (*om*) dispositif d'un arrêt. [l'instruction.

Didactique, s. *et* a. propre à

Didactiquement, ad. d'une man. didactique.

Didactyle, a. qui a deux doigts.

Dideau, sm. filet pour barrer les rivières.

Didelphe, a. se dit des anim. à poche, comme les marsupiaux

Didyme, a. formé de deux parties. *bot.*

Didynamie, sf. classe de végétaux. [thongue.

Diérèse, sf. division de diph-

Dierétique, a. propre à diviser.

Dièse, sm. marque pour hausser la note.

Dièser, va. marquer d'un dièse.

Diète, sf. régime; assemblée des états. [diète.

Diététique, a. *et* sf. relatif à la

Diétine, sf. diète particulière.

Dieu, sm. être suprême; divinité. [diffame.

Diffamant, — matoire, a. qui

Diffamateur, sm. celui qui diffame.

Diffamation, sf. act. de [nier.

Diffamer, va. décrier, calom-

Différemment, ad. d'une man. différente.

Différence, sf. dissemblance.

Différencier, va. distinguer.

Différend, sm. débat.

Différent, a. divers; dissemblable.

Différentiel, le, a. *et* s. (*ci*) (quantité) infiniment petite.

Différentier, va. prendre l'accroissement infiniment petit. *math.* [different.

Différer, va. retarder. vn. être

Difficile, a. malaisé.

Difficilement, ad. avec

Difficulté, sf. ce qui rend difficile; contestation. *Sans difficulté*, loc. ad. sans doute.

Difficultueusement, adv. avec difficulté.

Difficultueux, se, a. qui fait des difficultés. [*pr.* et au *fig.*

Difforme, a. laid; mal fait. au

Difformer, va. ôter la forme.

Difformité, sf. état de ce qui est difforme. [mière.

Diffraction, sf. inflexion de la lu-

Diffus, a. prolixe. [diffuse.

Diffusément, ad. d'une man.

Diffusible, a. qui se répand avec rapidité.

Diffusif, ive, a. épars, divisé.

Diffusion, sf. act. de s'étendre.

Digastrique, a. (muscle) à deux ventres.

Digérer, va. faire la digestion.

Digeste, sm. recueil de décisions romaines. [cuire.

Digesteur, sm. vase pour faire

Digestif, ve, a. qui fait digérer.

Digestion, sf. (*ti*) coction dans l'estomac.

Digital, e, a. des doigts.

Digitale, sf. plante.

Digitation, sf. faisceau des muscles; découpure des feuilles digitées.

Digité, a. en forme de doigt.

Digitigrade, a. qui marche sur les doigts; sm. pl. fam. de mamm.

Digne, a. qui mérite. [gne.

Dignement, ad. d'une man. di-

Dignitaire, sm. qui a une

Dignité, sf. mérite; charge élevée.

Digression, sf. ce qui est hors du sujet. [eaux. *fig.* obstacle.

Digue, sf. rempart contre les

Diguement, sm. ensemble de digues.

Dilambe, sm. pied de vers grec ou latin composé de deux iambes.

Dilacération, sf. action de

Dilacérer, va. déchirer. [pide.

Dilapidateur, trice, a. qui dila-

Dilapidation, sf. dépense désordonnée. [ment.

Dilapider, va. dépenser follement.

Dilatabilité, sf. qualité de ce qui est [té.

Dilatable, a. qui peut être dilaté.

Dilatant, sm. corps qui sert à dilater. chir.

Dilatateur, ou Dilatatoire, sm. inst. pour dilater. chir.

Dilatation, sf. act. de

Dilater, va. et p. étendre, élargir. [ger. pal.

Dilatoire, a. qui tend à prolon-

Dilayer, va. retarder; remettre. v.

Dilection, sf. amour; charité.

Dilemme, sm. argument double.

Dilettante, au pl. tanti, s. passionné pour la musique.

Dilettantisme, sm. passion du dilettante. [tement.

Diligemment, ad. (ja) promptement.

Diligence, sf. célérité; poursuite; recherche exacte; voiture publique.

Diligent, a. prompt; laborieux.

Diligenter, va. n. et p. hâter.

Dilucidation, sf. action de

Dilucider, va. éclaircir, expliquer.

Diluer, va. délayer, faire une

Dilution, sf. act. d'étendre d'eau une dissolution.

Diluvien, ne, a. du déluge.

Dimanche, sm. premier jour de la semaine.

Dime, sf. tribut du dixième des produits de la terre.

Dimension, sf. étendue; mesure pour le succès.

Dimer, va. lever la dime.

Dimètre, a. sm. vers —, de deux mesures. [dimes.

Dimeur, sm. celui qui reçoit les

Diminuer, va. et n. amoindrir.

Diminutif, ve, a. et sm. qui diminue. [drissement.

Diminution, sf. rabais; amoin-

Dimissoire, sm. pouvoir d'un évêque.

Dimissorial, a. de dimissoire.

Dinanderie, sf. ustensiles de cuivre jaune. [dinanderie.

Dinandier, sm. marchand de

Dinatoire, a. (déjeuner) qui tient lieu de dîner.

Dinde, sf. poule-d'Inde.

Dindon, sm. coq-d'Inde. fig. homme stupide.

Dindonneau, sm. petit dindon.

Dindonnier, ière, s. qui garde les dindons.

Dinée, sf. le dîner en voyage.

Diner, vn. prendre le dîner; — ou Diné, sm. repas du milieu du jour.

Dinette, sf. petit dîner. enf.

Dineur, sm. qui dîne copieusement.

Diocésain, a. du diocèse. [ché.

Diocèse, sm. étendue d'un évê-

Dionée, sf. plante.

Dionysiaques, sf. pl. fêtes de Bacchus.

Dioptrique, sf. traité de la réfraction.

Diorama, sm. sorte de panorama

Dipétalé, e, a. à deux pétales.

Diphthongue, sf. deux sons réunis en une syllabe.

Diphylle, a. à deux feuilles.

Diplomate, sm. qui sait la

Diplomatie, sf. (cic) science des intérêts des états.

Diplomatique, sf. connaissance des diplômes. a. de diplomate.

Diplomatiquement, adv. d'une man. diplomatique.

Diplôme, sm. charte; acte public; titre.

Dipode, sm. à deux pieds.

Dipsacus, sm. genre de plante qui donne le cardère à foulons.

Diptère, sm. édifice à deux rangs de colonnes. a. insecte à deux ailes nues.

Diptérygien, ne, a. à deux nageoires; sm. pl. classe de poissons.

Diptyque, sm. pl. registre formé de plusieurs tablettes d'ivoire, etc. ant.

Dire, va. exprimer. vp. prétendre. sm. ce qu'on avance. pal. au dire de, selon.

Direct, a. (ec) qui va droit.

Directement, ad. en ligne directe.

Directeur, trice, s. qui dirige; membre du Directoire.|dance

Direction, sf. conduite; ten-

Directoire, sm. ordre d'office; tribunal. — exécutif, gouvernement.

Directorial, a. du Directoire.

Diriger, va. conduire; tourner

Dirimant, a. qui rend nul. |vers.

Dis, particule qui, jointe à certains mots, leur donne un sens négatif. |évaporation.

Discale, sf. déch et produit par

Discernement, sm. act. de

Discerner, v. distinguer.

Disciple, sm. écolier; sectateur.

Disciplinable, a. docile.

Disciplinaire, a. qui concerne la

Discipline, sf. règlement; fouet.

Discipliné, a. tenu dans l'ordre.

Discipliner, va. régler; fouetter.

Discobole, sm. qui lançait le disque.

Discoïde, a. en forme de disque.

Discolore, a. qui a deux couleurs.

Discontinuation, sf. action de

Discontinuer, va. et n. cesser.

Disconvenance, sf. disproportion. |ber d'accord.

Disconvenir, vn. ne pas tom-

Discord, a. discordant. sm. discorde. v.

Discordance, sf. état

Discordant, a. non d'accord.

Discorde, sf. dissension; déesse.

Discorder, vn. être discordant. mus.

Discoureur, se, s. grand parleur.

Discourir, vn. parler longuement.

Discours, sm. assemblage de paroles.

Discourtois, a. sans courtoisie. v.

Discrédit, sm. perte de crédit.

Discrédité, a. en discrédit.

Discréditer, va. nuire au crédit.

Discret, ète, a. prudent; retenu dans les paroles et les act.; séparé. math.

Discrètement, ad. avec

Discrétion, sf. circonspection. A discrétion, ad. à volonté.

Discrétionnaire, a. (pouvoir) faculté donnée au président d'une cour d'assises.

Discrétoire, sm. lieu d'assemblée dans les couvents.

Disculpation, sf. action de

Disculper, va. et p. justifier.

Discursif, ve, a. qui tire une proposition d'une autre. log.

Discussif, ve, a. qui résout les humeurs. [testation.

Discussion, sf. examen; con-

Discuter, va. examiner; faire vendre. pal.

Disert, a. qui parle facilement.

Disertement, ad. d'une man. diserte. [saire.

Disette, sf. manque du néces-

Disetteux, se, a. pauvre. v.

Diseur, euse, s. qui dit. fa.

Disgrâce, sf. défaveur; malheur. |grâces.

Disgracier, va. priver de ses

Disgracieusement, ad. d'une man. disgracieuse. [ble.

Disgracieux, euse, a. désagréa-

Disgrégation, sf dispersion.

Disharmonie, sf. désaccord, dissentiment.

Disjoindre, va. séparer. [opt.

Disjoint, a. degré. t. de mus.

Disjonctif, ve, a. qui sépare. gra.

Disjonction, sf. séparation.

Dislocation, sf. déboîtement d'un os. [ter.

Disloquer, va. démettre, déboi-

Disparaissant, e, a. qui disparait.

Disparaître, vn. cesser de paraître.

Disparat, sf. *et* a. manque de rapport.

Disparité, sf. différence.

Disparition, sf. action de disparaître.

Dispendieux, se, a. très-coûteux.

Dispensaire, sm. pharmacopée.

Dispensateur, trice, s. qui distribue.

Dispensation, sf. distribution.

Dispense, sf. exemption ; permission. [tribuer.

Dispenser, va. exempter ; dis-

Disperser, va. répandre ; dissiper. [ser.

Dispersion, sf. act. de disper-

Dispondée, sm. double spondée.

Disponibilité, sf. qualité, état d'un militaire qui est disponible. [poser.

Disponible, a. dont on peut dis-

Dispos, a. agile.

Disposant, e, a. s. qui dispose par testament.

Disposer, va. n. *et* p. préparer ; arranger ; aliéner.

Dispositif, ve, a. qui dispose. sm. prononcé d'une sentence.

Disposition, sf. arrangement ; act. de disposer ; aptitude.

Disproportion, sf. inégalité.

Disproportionné, a. sans proportion. [me sens.

Disproportionnément, adv. mê-

Disproportionner, va. ôter les proportions. [disputé.

Disputable, a. qui peut être

Disputailler, vn. disputer souvent pour des riens. *fa.*

Dispute, sf. débat ; contestation. [égaler.

Disputer, vn. *et* p. contester ;

Disputeur, sm. qui dispute.

Disque, sm. palet. *ant. astr.*

Disquisition, sf. examen. *did.*

Dissecteur, sm. celui qui dissèque.

Dissection, sf. act. de disséquer.

Dissemblable, a. différent.

Dissemblablement, ad. avec

Dissemblance, sf. différence.

Dissémination, sf. act. de

Disséminer, va. semer ; répandre çà et là. [relle.

Dissension, sf. discorde ; que-

Dissentiment, sm. opinion contraire. [corps.

Disséquer, va. anatomiser un

Disséqueur, sm. celui qui dissèque.

Dissertateur, sm. qui disserte.

Dissertatif, ive, a. de la

Dissertation, sf. examen ; discussion. [tation.

Disserter, vn. faire une disser-

Dissidence, sf. scission.

Dissident, sm. sectaire. [ture.

Dissimilaire, a. d'une autre na-

Dissimilitude, sf. différence.

Dissimulateur, sm. qui dissimule. [muler.

Dissimulation, sf. act. de dissi-

Dissimulé, a. *et* s. artificieux.

Dissimuler, va. n. *et* p. cacher sa pensée.

Dissipateur, trice, s. qui dissipe.

Dissipation, sf. act. de dissiper.

Dissipé, a. livré à ses plaisirs.

Dissiper, va. disperser ; distraire ; détruire. [cieux.

Dissolu, a. débauché, licen-

Dissoluble, a. qui peut se dissoudre. [ment.

Dissolument, ad. licencieuse-

Dissolutif, ive, a. dissolvant. *méd.*

Dissolution, sf. act. de dissoudre ; dérèglement de mœurs.

Dissolvant, a. qui dissout. *chim.*

Dissonance, sf. faux accord. *mus.* [cord.

Dissonant, a. qui n'est pas d'ac-

Dissoner, vn. former dissonance

Dissoudre, va. *et* p. décomposer ; rompre. [dessein.

Dissuader, va. détourner d'un

Dissuasion, sf. act. de dissuader.

Dissyllabe, a. *et* s. mot de deux syllabes.

Dissyllabique, a. (vers) dont tous les mots sont des dissyllabes. [rence.

Distance, sf. intervalle ; diffé-

Distant, a. éloigné.

Distendre, va. étendre fort.

Distension, sf. tension violente.

Distichiase, sf. maladie des paupières. [t:llé.

Distillable, a. qui peut être dis-

Distillateur, sm. (l) qui distille.

Distillation, sf. act. de distiller.

Distillatoire, a. de la distillation.

Distiller, va. extraire le suc,
l'esprit, avec l'alambic. vn.
couler. [tille.

Distillerie, sf. lieu où l'on dis-

Distinct, a. (inkt) différent;
clair.

Distinctement, ad. clairement.

Distinctif. ve, a. qui distingue.

Distinction, sf. différence; é-
gard, mérite; éclat de naissance. [périeur.

Distingué, e, a. remarquable, su-

Distinguer, va. discerner; différencier. vp. se faire remarquer. [un sens.

Distique, sm. deux vers formant

Distors, e, a. qui est de travers.

Distorsion, sf. contorsion.

Distraction, sf. inapplication;
démembrement; amusement.

Distraire, va. et p. séparer;
rendre distrait; amuser.

Distrait, a. inattentif.

Distrayant, e, a. qui distrait.

Distribuer, va. partager; disposer. [tribue.

Distributeur, trice, s. qui dis-

Distributif, ve, a. qui distribue.

Distribution, sf. act. de distribuer.

Distributivement, ad. m. sens.

District, sm. (ik) juridiction.

Dit, sm. bon mot. a. surnommé.

Dithyrambe, sm. ode à Bacchus. [be.

Dithyrambique, a. du dithyram-

Dito, a. i. le même. t. de com.

Diton, sm. intervalle de deux
tons. mus.

Diurétique, a. et s. apéritif.

Diurnal, sm. livre de prières.

Diurne, a. d'un jour.

Divagation, sf. action de

Divaguer, vn. s'écarter de la
question.

Divan, sm. conseil du grand-
seigneur; canapé oriental.

Divarication, sf. act. d'ouvrir.
chir.

Divariqué, e, a. à rameaux ouverts. [plaie.

Divariquer, va. élargir une

Divergence, sf. état divergent.

Divergent, a. qui s'écarte.

Diverger, vn. lignes ou rayons
qui vont en s'écartant. t. de
géom. et d'opt.

Divers, a. différent. pl. plusieurs

Diversement, ad. différemment.

Diversifiable, a. qui peut se

Diversifier, va. varier.

Diversion, sf. act. de détourner.

Diversité, sf. variété.

Divertir, va. et p. distraire; récréer.

Divertissant, a. qui réjouit.

Divertissement, sm. act. de divertir. [ser.

Dividende, sm. nombre à divi-

Divin, a. de Dieu. fig. excellent.

Divination, sf. art de deviner.

Divinatoire, a. de la divination.

Divinement, ad. d'une man. divine. [divin.

Diviniser, va. reconnaître pour

Divinité, sf. essence divine;
Dieu.

Divis, a. opposé à indivis. jur.

Diviser, va. partager; désunir.

Diviseur, sm. nombre qui divise. [est divisible.

Divisibilité, sf. qualité de ce qui

Divisible, a. qu'on peut diviser.

Divisif, ive, a. qui divise, qui
sert à diviser.

Division, sf. partage; partie
principale d'un corps d'armée; règle d'arith.; fig. discorde. t. d'adminis. de bot.
et d'imp.

Divisionnaire, am. de division.

Divorce, sm. rupture de mariage.

Divorcé, e, a. s. qui a divorcé.

Divorcer, vn. faire divorce.

Divulgateur, trice, s. qui divulgue.

Divulgation, sf. action de

Divulguer, va. publier.

Divulsion, sf. déchirement.

Dix, a. num. (pr. *di* devant une cons.; *diz* devant une voy., et *dice* à la fin des phrases) deux fois cinq. sm. chiffre qui l'exprime.

Dix-huit (in-), sm. format de dix-huit feuillets.

Dixième, a. ord. sm. (*zi*) dixième partie. [lieu.

Dixièmement, ad. en dixième

Dizain, sm. pièce de dix vers; chapelet.

Dizaine, sf. total de dix.

Dizeau, sm. tas de dix gerbes.

Dizenier, sm. chef de dix personnes.

D-la-ré, ton de ré. *mus. v.*

Do, sm. nom donné à la note ut.

Docile, a. facile à gouverner.

Docilement, ad. avec

Docilité, sf. disposition à obéir.

Docimastique *ou* — *sic*, sf. art d'essayer en petit les mines.

Dock, sm. bassin pour les vaisseaux, entrepôt.

Docte, a. *et* sm. savant.

Doctement, ad. d'une man. docte

Docteur, sm. promu au doctorat; savant.

Doctoral, a. de docteur. *fig.* suffisant, tranchant.

Doctoralement, adv. d'une man. doctorale.

Doctorat, sm. degré de docteur.

Doctorerie, sf. acte en théologie.

Doctrinaire, sm. prêtre de la doctrine chrétienne; partisan de la doctrine. [théol.

Doctrinal, a. (jugement). t. de

Doctrine, sf. savoir; enseignement; opinion politique.

Document, sm. renseignement.

Dodécaèdre, sm. corps à douze faces. [côtés.

Dodécagone, sm. figure à douze

Dodécagynie, sf. ordre de plantes.

Dodécandrie, sf. classe de plantes dont la fleur a douze étamines. *bot.* [*fa*.

Dodiner (se), vp. se dorloter.

Dodo, sm. faire dormir. *enf.*

Dodu, a. gras; potelé. *fa.*

Dogaresse, sf. femme du doge.

Dogat, sm. qualité de doge.

Doge, sm. titre que portaient les chefs des républiques de Gênes et de Venise.

Dogmatique, a. qui regarde le dogme; sentencieux.

Dogmatiquement, ad. d'une man. dogmatique. [régenter.

Dogmatiser, vn. endoctriner;

Dogmatiseur, — *liste*, sm. qui dogmatise.

Dogmatisme, sm. disposition à croire, à affirmer.

Dogme, sm. point de doctrine.

Dogre, sm. bâtiment de commerce.

Dogue, sm. gros chien. [merce.

Doguin, petit dogue.

Doigt, sm. (*doi*) partie de la main; mesure.

Doigté, sm. art de

Doigter, vn. promener les doigts sur un instrument pour en tirer des sons. sm. man. de doigter. [doigt.

Doigtier, sm. ce qui couvre le

Doitée, sf. petite quantité de fil.

Doit-et-avoir, sm. le passif et l'actif.

Dol, sm. fraude. *jur.* [l'actif.

Dolce, ad. t. de *mus.*

Doléance, sf. plainte. *fa.*

Dolemment, ad. (*la*) d'une man. dolente.

Dolent, a. triste. *fa.* [loire.

Doler, va. aplanir avec la doloire.

Doliman, sm. habit turc, au théâtre. [Unis.

Dollar, sm. monnaie des États-

Dolman, sm. veste de hussard.

Dolmen, sm. pierre druidique.

Doloire, sf. instrument de tonnelier. t. de *bla.* [neur.

Dom *ou* Don, sm. titre d'hon-

Domaine, sm. bien-fonds.

Domanial, pl. *aux.* a. du domaine de l'État.

Dôme, sm. voûte demi-sphéri-
que.

Dômerie, sf. titre d'abbaye.

Domesticité, sf. état de

Domestique, a. de la maison. s.
serviteur, servante. [tique.

Domestiquement, ad. en domes-

Domicile, sm. demeure; logis.

Domiciliaire, af. (visite) faite
dans le domicile.

Domicilié, e, a. qui a domicile.

Domicilier (se), vp. fixer sa demeure.

Dominant, a. qui domine. sf. t.
de mus.

Dominateur, trice, s. qui domine

Domination, sf. puissance.

Dominer, vn. et a. commander.
fig. être au-dessus de.

Dominicain, sm. rel gieux.

Dominical, a. du Seigneur; du
dimanche. sf. sermon.

Domino, sm. habit de bal; jeu.

Dominoterie, sf. papiers colorés.

Dominotier, sm. marchand de
dominoterie.

Dommage, sm. perte; préjudice.

Dommageable, a. préjudiciable.

Domptable, a. qu'on peut dompter. [jettir.

Dompter ou Domter, va. assu-

Dompteur, sm. qui dompte.

Dompte-venin, sm. V. Asclé-
pias. [tage.

Don, sm. présent; talent; avan-

Donataire, s. à qui on fait donation.

Donateur, trice, s. qui fait

Donation, sf. don par acte public. [schismatiques.

Donatiste, sm. nom d'anciens

Donc, conj. (c muet devant une
consonne) ainsi.

Dondon, sf. femme qui joint la
fraîcheur à l'embonpoint. fa.

Dongris, sm. toile de coton des
Indes.

Donillage, sm. mauvaise fabrication des étoffes de l'Inde.

Donjon, sm. tour d'un château.

Donjonné, a. avec tourelle. bla.

Donnant, a. qui aime à donner.

Donne, sf. distribut. des cartes.
jeu. [lité.

Donnée, sf. aperçu, probabi-

Données, sf. pl. t. de math.

Donner, va. n. et p. faire don;
présenter; avoir vue; heurter.

Donneur, euse, s. qui donne. fa.

Dont, a. conj. de qui, duquel.

Donzelle, sf. fille de mœurs
suspectes; poisson de mer.

Dorade, sf. poisson; constellation.

Doradille, sf. esp. de fougère.

Dorage, sm. act. de dorer.

Doré, e, a. de couleur d'or.

Dorénavant, ad. à l'avenir.

Dorer, va. enduire, couvrir d'or.

Doreur, euse, s. qui dore.

Dorien, a. mode de mus. anc.;
dialecte.

Dorique a. ordre d'architect.;
dialecte.

Dorloter, va. et p. délicater.

Dormant, a. qui dort; fixe; sm.
châssis. [voiture.

Dormeur, euse, s. qui dort. f.

Dormir, vn. être dans le sommeil. sm. le sommeil. [mir.

Dormitif, ve, a. qui fait dor-

Doroir, sm. brosse pour dorer
la pâte.

Doronic, sm. genre de plantes.

Dorsal, a. (muscle) du dos.

Dortoir, sm. gr. pièce pour cou-

Dorure, sf. art. de dorer. [cher.

Dos, sm. partie postérieure du
corps. Dos-d'âne, double talus

Dose, sf. quantité prescrite.

Doser, va. regler la dose. méd.

Dossier, sm. dos de fauteuil;
liasse.

Dossière, sf. partie du harnais.

Dot, sf. (t) bien apporté par une
fille qui se marie ou prend le
voile.

Dotal, a. de la dot. pl. aux.

Dotation, sf. act. de

Doter, va. donner une dot.

Douaire, s.m. biens assurés à
une femme en cas de veuvage.

Douairier, ère, s. qui jouit du
douaire.

Douane, sf. droit sur les marchandises; lieu où il se paye.
Douaner, va. plomber pour la
douane. |douane.
Douanier, sm. commis de la
Doublage, sm. second bordage.
mar.
Double, a. *et* s. qui vaut, pèse
ou contient deux fois autant.
fig. traître; remplaçant; *anc.*
mon.
Doublé, sm. objet recouvert
d'une plaque d'or ou d'argent;
t. de billard.
Doubleau (arc), sm. voûte.
Double-croche, sf. note valant
la moitié d'une croche.
Double-main, sf. mécanisme du
clavier des nouvelles orgues.
Doublement, ad. en deux ma-
nières. sm. action de
Doubler, va. mettre le double,
mettre en doublure. |de jeu.
Doublet, sm. pierre fausse; t.
Doublette, sf. l'un des jeux de
l'orgue. |qui double la laine.
Doubleur, euse, s. celui, celle
Doublon, sm. monnaie; faute
d'imprimerie.
Doublure, sf. ce qui double.
Douce-amère, sf. esp. de sola-
num. |fade.
Douceâtre, a. d'une douceur
Doucement, ad. *et* interj d'une
manière douce.
Doucereux, se, a. *et* sm. fade.
Doucet, ette, a. *et* s. diminutif
de doux. |fam.
Doucettement, ad. doucement.
Douceur, sf. qualité de ce qui
est doux; profits. pl. cajoleries.
Douche, sf. effusion d'eau. *méd*.
Doncher, va. donner la douche.
Douci, sm. poli des glaces.
Doucin, sm. eau douce mêlée
d'eau de mer; esp. de pom-
mier.
Doucine, sf. moulure ondoyante
Doucir, va. donner le poli à une
glace.
Doué, e, a. orné, pourvu.
Douelle, sf. courbure. arch.

Douer, va. assigner un douaire
avantager. *jur*. orner. |fer-
Douille, sf. manche creux en
Douillet, te, a. *et* s. tendre et
délicat. sf. robe ouatée.
Douillettement, ad. d'une man.
douillette. |d'esprit.
Douleur, sf. mal de corps ou
Douloir (se), vp. se plaindre. v.
Douloureusement, ad. avec dou-
leur. |de la douleur.
Douloureux, se, a. qui cause
Doute, sm. incertitude. *Sans*
doute, ad. assurément.
Douter, vn. être en doute. vp.
soupçonner.
Douteusement, ad. avec doute.
Douteux, se, a. incertain.
Douvain, sm. bois à douves.
Douve, sf. planche d'un ton-
neau. t. de *bot*.
Douvelle, sf. petite douve.
Doux, Douce, a. ce qui flatte
agréablement les sens et l'es-
prit. fig. humeur agréable et
paisible, etc. *Tout-doux*, ad.
doucement. |vers.
Douzain, sm. stance de douze.
Douzaine, sf. nombre de douze.
Douze, a. num sm. dix plus
deux; in-douze, sm. format
en douze feuillets.
Douzième, a. nombre ordinal,
de douze; douzième partie.
Douzièmement, ad en douzième
lieu.
Doxologie, sf. dernière strophe
d'une hymne d'église.
Doyen, sm. le plus ancien d'un
corps. |poire.
Doyenné, sm. dignité du doyen;
Doyenne, sf. la plus âgée; su-
périeure de certains chapitres.
Drachme, sf. (*ag*) mon. anc.;
poids. |barbare.
Draconien, ne, a. d'une rigueur
Dragage, sm. act. de draguer.
Dragée, sf. amande couverte de
sucre; menu-plomb pour la
chasse.
Drageoir, sm. boîte à dragées.
Drageon, sm. bouture.

Drageonner, vn. pousser des drageons.

Dragon, sm. monstre fabul.; tache de la prunelle; cavalier. [une guerre de religion.

Dragonnade, sf. nom donne à

Dragonne, sf. nœud d'épée.

Dragonné, a. à queue de dragon. *bla.* [tes.

Dragonnier, sm. genre de plan-

Drague, sf. pelle recourbée pour tirer le sable des rivières; orge pour la bière.

Draguer, va. même sens.

Dragueur, a. *et* sm. bateau pour draguer.

Drainage, sm. procédé pour assainir les terres au moyen de rigoles couvertes. [drainage.

Drainer, va. assainir par le

Dramatique, a. du théâtre. sm. genre théâtral.

Dramatiquement, adv. d'une man. dramatique. [le théâtre.

Dramatiste, sm. auteur pour

Dramaturge, s. des deux genr. auteur de drames. [théâtre.

Drame, sm. poëme pour le

Drap, sm. étoffe de laine; toile de lit.

Drapé, a. épais, duveteux.

Drapeau, sm. haillon; étendard; enseigne d'infanterie. pl. maillot.

Draper, va. *et* n. couvrir de deuil; habiller; railler. *fa.*

Draperie, sf. comm. et fabr. de draps; étoffes agencées.

Drapier, sf. march. ou fabric. de draps. [violent.

Drastique, a. *et* sm. (purgatif)

Drèche, sf. marc d'orge. *brass.*

Dréger, va. séparer le grain du lin.

Dresser, va. n. *et* p. lever; ériger; aplanir; composer; façonner, etc. [vaisselle.

Dressoir, sm. buffet pour la

Drill, sm. instr. pour semer; esp. de grand singe. [chiffon.

Drille, sm. bon compagnon. f.

Driller, vn. courir. *bas.*

Drisse, sf. cordage pour élever. *mar.* [tin.

Drogman, sm. interprète levantin.

Drogue, sf. épicerie. *méd. teint.*

Droguer, va. *et* p. medicamenter. [drogues.

Droguerie, sf. toute sorte de

Droguet, sm. étoffe de laine.

Droguier, sm. collection de drogues. [drogues.

Droguiste, sm. marchand de

Droit, a. non courbé; debout; opposé à gauche. *fig.* équitable. sm. justice; loi; taxe. ad. directement. *Droite,* sf. la main droite. *A droite,* loc. ad. du côté droit.

Droitement, ad. équitablement.

Droitier, ière, sm. qui emploie la main droite.

Droiture, sf. équité. *En droiture.* loc. ad. directement.

Drôle, a. plaisant; rusé. sm. coquin.

Drôlement, ad. d'une man. drôle.

Drôlerie, sf. chose drôle. *fa.*

Drôlesse, sf. femme perdue. *fa.*

Dromadaire, sm. sorte de cha-

Drome, sf. faisceau. [meau.

Dru, a. fort. *fig.* vif. ad. épais.

Druide, sm. prêtre celte.

Druidesse, sf. prêtresse.

Druidique, a. des druides.

Druidisme, sm. culte druidique.

Drupe, sm. genre de fruits.

Dryade, sf. nymphe des bois; plante.

Du, art. composé. pour *de le.*

Dû, sm. ce qui est dû; devoir.

Dualisme, sm. système philosophique qui admet deux principes. [liste.

Dualiste, sm. partisan du dua-

Dualité, sf. qualité de ce qui est double.

Dubitatif, ve, a. qui exprime le doute. [*rhét.*

Dubitation, sf. doute feint.

Dubitativement, adv. avec doute

Duc, Duchesse, s. dignité. m. oiseau. f. lit de repos.

Ducal, a. de duc.

Ducat, Ducaton, sm. monnaie.

Duché, sm. seigneurie ducale.

Duché-pairie, sf. titre de duc et pair. [marteau.

Ductile, a. qui s'étend sous le

Ductilité, sf. propriété ductile.

Duègne, sf. gouvernante.

Duel, sm. combat d'homme à homme.

Duelliste, s. qui se bat en duel.

Duire, vn. plaire. v. et fa.

Dulcification, sf. act. de

Dulcifier, va. tempérer un acide.

Dulcinée, sf. la maîtresse d'un homme sur la passion duquel on plaisante. fa. [saints.

Dulie, sf. (culte de) rendu aux

Dûment, ad. convenablement.

Dunalme, sm. fête chez les Turcs.

Dune, sf. colline de sable le long de la mer. [pe.

Dunette, sf. le haut de la pou-

Duo, sm. i. morc. de musique exécuté à deux. [par douze.

Duodécimal, e, a. qui procède

Duodenum, sm. (om) intestin.

Duodi, sm. deuxième jour de la décade.

Dupe, sf. qui est trompé ; jeu.

Duper, va. tromper.

Duperie, sf. tromperie.

Dupeur, sm. trompeur. p. us.

Duplicata, sm. double d'un acte. [métrique.

Duplication, sf. opération géo-

Duplicature, sf. partie double.

Duplicité, sf. état de ce qui est double. fig. mauvaise foi.

Duplique, sf. réponse à une ré- plique. [plique.

Dupliquer, vn. faire une du-

Dupondius, sm. (s) monnaie. t. d'ant. [dont.

Duquel, De laquelle, pr. relat.

Dur, a. ferme ; fig. rude, inhu- main, etc.; (vie) pénible; (vin) âpre ; (style) peu coulant.

Durable, a. qui doit durer.

Durablement, adv. d'une man. durable.

Duracine. sf. espèce de pêche.

Durant, prép. pendant. [nir dur.

Durcir, va. et n. rendre, deve-

Durcissement, sm. état durci.

Dure, sf. (coucher sur la), à terre. [dure.

Durée, sf. temps qu'une chose

Durement, ad. avec dureté.

Dure-mère, sf. membre du cerveau.

Durer, vn. continuer d'être.

Duret, a. un peu dur.

Dureté, sf. qualité dure. pl. paroles dures.

Durillon, sm. petit calus.

Duriuscule, a. pouls un peu dur.

Duumvir, sm. (om) magistr. rom. ant. [umvir.

Duumvirat, sm. charge du du-

Duvet, sm. menue plume. fig. premier poil. [vet.

Duveteux, se, a. qui a du du-

Dynamique, sf. science du mou- vement.

Dynamomètre, sm. instr. qui sert à mesurer les forces. phys.

Dynaste, sm. petit souverain. ant.

Dynastie, sf. succession de rois.

Dyscrasie, sf. mauvais tempé- rament.

Dysopsie, sf. faiblesse de la vue.

Dyspepsie, sf. difficulté de digé- rer. [rer.

Dyspnée, sf. difficulté de respi-

Dyssenterie, sf. sorte de diar- rhée. [terie.

Dyssentérique, a. de la dyssen-

Dysurie, sf. difficulté d'uriner.

E

E, sm. i. (é) cinquième lettre de l'alphabet ; deuxième voyelle.

E, es ou ex, particules qui, jointes à certains mots, expri- ment une idée de séparation, de sortie ou de privation.

Eau, sf. élément liquide; pluie; mer ; riv. ; sueur; urines; liqueur artific.; brillant des pierreries. — *bénite de cour;* vaine promesse.—*forte,* acide nitrique. — *de-vie*, liqueur spiritueuse.

Eaux-et-forêts, sf. pl. juridiction des bois et des rivières.

Ebahir (s'), vp. s'étonner. *v.*

Ebahissement, sm. étonnement.

Ebarber, va. ôter les inégalités.

Ebarboir, sm. outil pour ébarber. [ébarbant.

Ebarbure, sf. ce qu'on ôte en

Ebardoir, sm. grattoir à quatre côtés. [temps.

Ebat, — ttement, sm. passe-

Ebattre (s'), vp. se divertir. *v.*

Ebaubi, a. étonné. *pop.*

Ebauche, sf. esquisse

Ebaucher, va. faire l'ébauche.

Ebauchoir, sm. outil de sculpteur.

Ebaudir (s'), vp. se réjouir. *v.*

Ebaudissement, sm. act. de s'ébaudir. *v.*

Ebbe, sm. reflux de la mer.

Ebène, sf. bois de l'ébénier.

Ebener, va. colorer en noir.

Ebénier, sm. arbre à bois noir.

Ebéniste. sm. qui travaille en bois précieux.

Ebénisterie, sf. métier d'ébéniste. [d'éclat au *pr.* et au *fig.*

Eblouir, va. aveugler par trop

Eblouissant, a. qui éblouit.

Eblouissement, sm. état de l'œil ébloui.

Eborgner, va. rendre borgne.

Ebouillir, vn. diminuer en bouillant.

Eboulement, sm. act. d'

Ebouler, vn. *et* p. tomber en s'affaissant.

Eboulis, sm. chose éboulée.

Ebourgeonnement, sm. act. d'

Ebourgeonner, va. ôter les bourgeons. [naire, imprevu.

Ebouriffant, e, a. extraordi-

Ebouriffé, a. échevelé *fa.*

Ebouriffer, va. mettre les cheveux en désordre; *fig.* surprendre, interdire.

Ebousiner, va. ôter le bousin d'une pierre. [la braise.

Ebraisoir, sm. pelle pour tirer

Ebranchement, sm. action d'

Ebrancher, va. ôter les branches.

Ebranlement, sm. secousse.

Ebranler, va. donner des secousses. *fig.* émouvoir. vp. se mouvoir. *mil.*

Ebrasement, sm. act. d'

Ebraser, va. élargir la baie d'une porte, etc. *arch.*

Ebrécher, va. faire une brèche.

Ebrener, va. nettoyer un enfant.

Ebrouement, sm. action d'

Ebrouer, va. laver. vp. ronfler (se dit du cheval).

Ebruiter, va. *et* p. divulguer.

Ebuard, sm. sorte de coin pour fendre.

Ebullition. sf. action de bouillir; élevures sur la peau

Eburné, e, a. qui ress. à l'ivoire.

Ecacher, va. écraser. *fa.*

Ecaillage, sm. act. d'écailler, de s'écailler.

Ecaille, sf. ce qui couvre les poissons, testacés, etc. [tres.

Ecailler, ère, s. marchand d'hui-

Ecailler, va. ôter l'écaille. vp. tomber par écailles.

Ecailleux, se, a. qui se lève par écailles. [caille.

Ecaillure, sf. parcelle en é-

Ecale, sf. coque de l'œuf et de quelques fruits.

Ecaler, va. ôter l'écale.

Ecarbouiller, va. écraser.

Ecarlate, sf. couleur, étoffe rouge.

Ecarquillement, sm. act. d'

Ecarquiller, va. écarter; ouvrir. *fa.*

Ecart, sm. act. de s'écarter; t. de jeu. *A l'écart*, loc. ad. à part.

Ecarté, sm. jeu de cartes.

Ecarté, e, a. éloigné, isolé.

Ecartelé, a. divisé en quatre. *bla.*

Ecartèlement, sm. act. d'

Ecarteler, va. mettre un crimi-nel en quartiers.

Ecartelure, sf. division de l'écu en quatre. *bla.*

Ecartement, sm. disjonction.

Ecarter, va. *et* p. éloigner ; é-parpiller.

Ecbolique, a. qui fait avorter.

Ecce-homo, sm. (*cé*) tableau de J.-C.

Ecchymose , sf. (*ki*), épanche-ment de sang sous la peau.

Ecclésiaste , sm. livre de la Bible.

Ecclésiastique, a. *et* sm. de l'E-glise ; membre du clergé ; livre de la Bible. [clésiastique.

Ecclésiastiquement , ad. en ec-

Eccoprotique, a. *et* sm. (purga-tif) doux et léger.

Eccrinologie, sf. partie de la méd. qui traite des sécrétions.

Ecervelé , a. esprit léger, éva-poré.

Echafaud , sm. élévation en charpente pour porter des ou-vriers, des spectateurs, ou pour supplicier.

Echafaudage, sm. act. d'

Echafauder , vn. dresser des échafauds pour bâtir; se prend

Echalas, sm. étai de cep. [au *fig.*

Echalassement, sm. act. d'

Echalasser, va. garnir d'écha-las. [ches.

Echalier, sm. clôture de bran-

Echalote, sf. sorte d'ail.

Echampeau, sm. ligne où l'on attache l'hameçon pour pê-cher la morue.

Echampir, va. détacher du fond. *peint.* [sant.

Echancrer, va. évider en crois-

Echancrure, sf. act. d'échancrer.

Echange, sm. troc. [échangé.

Echangeable , a. qui peut être

Echangeage, sm. act. d'

Echanger, va. troquer ; mouil-ler le linge. [change. *pat.*

Echangiste, sm. qui fait un é-

Echanson, sm. off. qui sert à boire.

Echansonnerie , sf. les échan-sons.

Echantillon , sm. petite portion d'une chose pour la faire con-naître. [poids, etc.

Echantillonner , va. vérifier un

Echanvrer, va. ôter les grosses chenevottes.

Echappade, sf. t. de graveur.

Echappatoire, sf. subterfuge. *fa.*

Echappé, e, a. qui s'est échappé. *fig.* inconsidéré.

Echappée, sf. act. imprudente; t. *d'arch.* et de *peint.*

Echappement, sm. t. d'horlo-gerie et *d'arch.*

Echapper, va. n. *et* p. éviter ; s'évader. *fig.* s'oublier.

Echarde, sf. épine dans la chair.

Echardonnage, sm. action d'

Echardonner, va. ôter les char-dons.

Echarner, va. ôter la chair du cuir. [charner.

Echarnoir, sm. outil pour é-

Echarnure, sf. act. d'écharner.

Echarpe, sf. étoffe en baudrier ou en ceinture. [blessure.

Echarper, va. faire une grande

Echarpiller, va. voler, piller.

Echarsement, ad. d'une manière chiche. *v.*

Echasse, sf. règle; bâtons à étrier pour marcher.

Echassier, sm. ordre d'oiseaux.

Echauboulé, a. qui a des

Echaubouloures, sf. pl. élevures.

Echaudé, sm. pâtisserie.

Echauder, va. *et* p. mouiller d'eau chaude. [der.

Echaudoir, sm. vase pour échau-

Echauffaison , sf. ébullition du sang.

Echauffant , a. qui échauffe.

Echauffé, sm. odeur causée par une chaleur trop forte.

Echauffement, sm. action d'

Echauffer , va. *et* p. rendre chaud. [manquée. *fa*

Echauffourée , sf. entreprise

Echauffure, sf. échaubouloure.

Echauguette, sf. guérite.

Echaux, sm. fosse pour recevoir les eaux des prés, des forêts.

Echéable, a. qui doit échoir.

Echeance, sf. terme de payement.

Echec, sm. t. de jeu. perte. *mil.* pl. (*c* muet) jeu; ses pièces.

Echelette, sf. petite échelle.

Echelle, sf. machine pour monter ou descendre; mesure géographique; port du Levant.

Echelon, sm. degré d'échelle.

Echelonner, va. *et* p. ranger en échelons. t. *milit*

Echenal, sm. gouttière de bois.

Echenillage, sm. action d'

Echeniller, va. ôter les chenilles. [écheniller.

Echenilloir, sm. instr. pour

Echenilleur, sm. qui échenille; esp. de passereau.

Echeno, sm. bassin de fondeur.

Echeveau, sm. fil replié en plusieurs tours. [épars.

Echevelé, a. qui a les cheveux

Echevin, sm. anc. off. munic.

Echevinage, sm. charge d'échevin. [des édentés.

Echidné, sm. animal de la fam.

Echiffre, sm. mur d'escalier.

Echine, sf. épine du dos; ove. *arch.* [porc.

Echinée, sf. morc. du dos d'un

Echiner, va. rompre l'échine; s' —, vp. se fatiguer. *fam.*

Echinoderme, a. à peau hérissée de pointes; sm. pl. classe d'animaux rayonnés.

Echiqueté, a. rangé en

Echiquier, sm. table pour les échecs; cour, juridiction; filet carré. [nymphe.

Echo, sm. (*co*) son réfléchi; f.

Echoir, vn. arriver par le sort.

Echomètre, sm. règle pour mesurer la durée des sons.

Echométrie, sf. art de produire les échos.

Echoppe, sf. boutique en appentis; sorte de burin.

Echopper, va. travailler avec l'échoppe.

Echouage, sm. t. de *mar.*

Echouement, sm. act. d'

Echouer, va. n. *et* p. donner sur un écueil.

Ecimer, va. étêter un arbre.

Eclaboussement, sm. act. d'

Eclabousser, va. faire jaillir la boue. [jaillit.

Eclaboussure, sf. boue qui rejaillit.

Eclair, sm. état subit de lumière.

Eclairage, sm. act. d'éclairer.

Eclaircie, sf. endroit clair d'un ciel brumeux. *mar.* clairière.

Eclaircir, va. rendre clair; diminuer.

Eclaircissement, sm. explication

Eclaire, sf. la chelidoine, plante.

Eclairé, a. lumineux; très-instruit.

Eclairer, v. imp. faire des éclairs. va. illuminer. *fig.* instruire; épier. vn. donner de la lumière. [découverte.

Eclaireur, sm. celui qui va à la

Eclanche, sf. gigot.

Eclat, sm. morceau brisé; gloire; bruit; lueur. [de l'éclat.

Eclatant, a. qui éclate; qui a

Eclatement, sm. act. d'

Eclater, vn. *et* p. se rompre; briller; faire grand bruit.

Eclectique, a. sans système.

Eclectisme, sm. philosophie éclectique.

Eclipse, sf. interposition d'un astre. *fig.* disparition.

Eclipser, va. *et* p. couvrir. *fig.* obscurcir; effacer; disparaître.

Ecliptique, sf. route du soleil. a. qui a rapport aux éclipses.

Eclisse, sf. ais pour les fractures des os.

Eclisser, va. mettre des éclisses.

Eclopé, a. qui marche avec peine. *fa.*

Eclore, vn. sortir de la coque; s'épanouir; paraître.

Eclosion, sf. act. d'éclore.

Ecluse, sf. porte de canal.

Eclusée, sf. l'eau d'une écluse lâchée. [écluse.

Eclusier, sm. qui gouverne une

Ecobuage, sm. act. d'écobuer.

Ecobue, sf. pioche en houe.

Ecobuer, va. enlever l'herbe avec l'écobue. [san.

Ecofrai, sm. grosse table d'arti-

Ecoinçon, sm. pierre d'encoi-gnure. [logie.

Ecolâtre, sm. professeur de théo-

Ecole, sf. lieu d'étude; secte; manière d'un peintre; faute.

Ecolier, s. étudiant; peu habile.

Ecolleter, va. élargir une pièce d'orfévrerie.

Econduire, va. éloigner; refuser

Economat, sm. charge d' [seur.

Econome, a. ménager. s. régis-

Economie, sf. ordre; épargne; administration. fig. harmonie

Economique, a. et s. de l'éco-nomie. [nomie.

Economiquement, ad. avec éco-

Economiser, va. ménager.

Economiste, sm. qui s'occupe d'économie politique et d'ad-ministration. [der l'eau.

Ecope, sf. pelle creuse pour vi-

Ecoperche, sf. machine pour lever les fardeaux.

Ecorce, sf. enveloppe des végé-taux ligneux. fig. apparence.

Ecorcement, sm. act. d'

Ecorcer, va. ôter l'écorce. [peint.

Ecorché, sm. figure sans peau.

Ecorcher, va. ôter la peau.

Ecorcherie, sf. lieu où l'on é-corche.

Ecorcheur, sm. qui écorche.

Ecorchure, sf. enlèvement de peau.

Ecorcier, sm. magasin d'écorces.

Ecorner, va. rompre la corne, l'angle.

Ecornifler, va. chercher des re-pas. [nifler.

Ecorniflerie, sf. action d'écor-

Ecornifleur, euse, s. parasite.

Ecornure, sf. éclat d'un angle.

Ecossais, sm. étoffe à carreaux.

Ecosser, va. tirer de la cosse.

Ecosseur, euse, s. qui écosse.

Ecot, sm. quote-part de repas.

Ecouaner, va. réduire la mon-naie au poids prescrit.

Ecouer, va. couper la queue.

Ecoufle, sf. le milan; cerf-vo-lant.

Ecoulement, sm. action d'

Ecouler, vn. et p. couler de-hors; passer.

Ecoupe, sf. balai de navire.

Ecourgeon, sm. orge carré.

Ecourter, va. couper court.

Ecoutant, a. (avocat) qui ne plaide pas.

Ecoute, sf. lieu où l'on écoute. af. compagne de parloir; t. de mar.

Ecouter, va. ouïr; croire. vp. prendre un soin puéril de sa santé.

Ecoute-s'il-pleut, sm. moulin qui ne va que par des écluses.

Ecouteur, sm. (aux portes) cu-rieux.

Ecouteux, sm. (cheval) distrait.

Ecoutille, sf. trappe du tillac.

Ecouvillon, sm. outil pour

Ecouvillonner, va. nettoyer le four, le canon. [lage.

Ecraignes, sf. pl. veillée de vil-

Ecran, sm. meuble pour garan-tir de l'ardeur du feu.

Ecrasant, e, a. qui écrase.

Ecrasé, a. trop aplati.

Ecrasement, sm. action d'

Ecraser, va. aplatir et briser; vaincre.

Ecrémage, sm. action d'

Ecrémer, va. ôter la crème.

Ecrénage, sm. act. d'

Ecréner, va. évider une lettre. fond. [ner.

Ecrenoir, sm. outil pour écré-

Ecrêter, va. enlever la crête. mil. [du Zodiaque.

Ecrevisse, sf. crustacé; signe

Ecrier (s'), vp. faire une excla-mation.

Ecrille, sf. clôture d'étang.

Ecrin, sm. coffret à pierreries.

Ecrire, va. et n. tracer des letires; composer un ouvrage d'esprit. [vention; livre.

Écrit, sm. ce qui est écrit; con-

Ecriteau, sm. inscription ; avis.

Ecritoire, sf. ust. pour écrire.

Ecriture, sf. caractère écrit ; manière de les former; la Bible. [et mal.

Ecrivailler, va. écrire beaucoup

Ecrivaillerie, sf. manie d'écrire.

Ecrivailleur, — vassier, sm. mauvais auteur. fa.

Ecrivain, sm. qui écrit; auteur.

Ecrou, sm. trou de la vis; action d'écrouer. [des.

Ecrouelles, sf. pl. humeurs froi-

Ecrouer, va. inscrire un prisonnier.

Ecrouir, va. battre un métal à froid. [crouir.

Ecrouissement, sm. action d'é-

Ecroulement, sm. act. d'

Ecrouler (s'), vp. s'ébouler.

Ecroûter, va. ôter la croûte.

Ecru, a. (fil, soie) non lavés.

Ecthymose, sf. agitation du sang

Ectropion, sm. eraillement des paupières. méd.

Ectype, sf. copie d'inscript. ; empreinte d'une médaille.

Ecu, sm. bouclier ; armoiries; monnaie.

Ecubier, sm. trou à la poupe.

Ecueil, sm. (ékeuil). roc en mer. fig. chose dangereuse pour la vertu, la fortune, etc.

Ecuelle, sf. sorte de vase.

Ecuellée, sf. plein une écuelle.

Ecuisser, va. rompre un arbre.

Eculer, va. et p. (un soulier); plier le quartier.

Ecumant, a. qui écume.

Ecume, sf. mousse de liquide.

Ecumer, va. et n. jeter de l'écume, l'ôter.

Ecumeur, sm. (de mer), pirate.

Ecumeux, se, a. plein d'écume.

Ecumoire, sf. ust. pour écumer.

Ecurage, sm. action d'

Ecurer, va. nettoyer la vaisselle.

Ecureuil, sm. quadrupède.

Ecureur, euse, s. qui écure.

Ecurie, sf. logement des chevaux. [d'enter.

Ecusson, sm. écu. bla. man.

Ecussonner, va. greffer en écusson. [fer.

Ecussonnoir, sm. outil pour gref-

Ecuyer, sm. titre; qui dresse les chevaux. — tranchant, qui découpe à table bon —, bon caval er.

Ecuyère, sf. femme qui monte à cheval. bottes-à l' —, pour monter à cheval.

Edda, sf. mythologie du Nord.

Eden, sm. (en) paradis terrestre.

Edenté, a. qui n'a plus de dents.

Edenter, va. rompre les dents.

Edicter, va. rendre un édit, statuer. v.

Edifiant, a. qui porte à la vertu.

Edificateur, sm. qui fait un édifice.

Edification, sf. act. d'édifier.

Edifice, sm. bâtiment public.

Edifié, e, bâti ; fig. touché.

Edifier, va. bâtir. fig. porter à la vertu. [ant.

Edile, sm. magistrat romain.

Edilité, sf. charge d'édile.

Edit, sm. loi ; ordonnance.

Editeur, sm. qui publie un livre.

Edition, sf. publication d'un livre.

Edredon, sm. duvet d'oiseaux.

Education, sf. act. d'instruire; résultat de cette action.

Edulcoration, sf. act. d'

Edulcorer, va. adoucir. chim.

Eduquer, va. instruire. pop.

Efaufiler, va. tirer le fil d'une étoffe.

Effaçable, a. qu'on peut effacer.

Effacer, va. rayer. fig. surpasser.

Effaçure, sf. rature.

Effaner, va. effeuiller les blés.

Effanures, sf. pl. ce qu'on retire des plantes effanées.

Effarer, va. et p. troubler quelqu'un.

Effaroucher, va. et p. effrayer.

Effectif, ve, a. réel; qui effectue.

Effectivement, ad. réellement.

Effectuer, va. exécuter.

Efféminer, sf. action d'efféminer.

Efféminé, a. *et* s. amolli.

Efféminer, va. rendre faible.

Effendi, sm. (*in*) homme de loi chez les Turcs.

Effervescence, sf. ébullition. *fig.* émotion.

Effervescent, a. qui est en effervescence. *pr. et fig.*

Effet, sm. résultat ; exécution ; apparence ; lettre de change. au pl. portion du bien d'un particulier ; billet. *En effet,* ad. réellement.

Effeuillaison, sf. act. d'

Effeuiller, va. dépouiller de feuilles. [fet.

Efficace, a. qui produit son effet.

Efficacement, ad. avec [ficace.

Efficacité, — *cace*, sf. vertu efficace.

Efficient, a. (cause) qui produit.

Effigie, sf. figure d'une personne. [gie.

Effigier, va. exécuter en effigie.

Effilé, sm. linge effilé. a. menu.

Effiler, va. défaire un tissu fil à fil.

Effilocher, va. détruire la toile et le tissu des chiffons. [soie.

Effiloquer, va. effiler de la

Effiloques, sf. pl. brins de soie.

Effilure, sf. fils ôtés d'un tissu.

Efflanquer, va. rendre maigre.

Effleurage, sm. apprêt des peaux.

Effleurer, va. ôter la superficie ; toucher légèrement.

Effleurir, vn. tomber en efflorescence. [peau effleurée.

Effleurure, sf. rognure d'une

Efflorescence, sf. résolution d'un minéral en forme de farine, de moisissure, etc.

Efflorescent, a. qui tombe en efflorescence. [nation. *phys.*

Effluence, sf. Effluve. m. émanation.

Effluent, a. d'émanation.

Effondrement, sm. act. d'

Effondrer, va. fouiller ; enfoncer

Effondrilles, sf. pl. sédiment.

Efforcer (s'), vp. employer toutes ses forces, toute son industrie ; tâcher de. [cant.

Effort, sm. act. faite en s'efforçant.

Effraction, sf. fracture pour voler.

Effraie, sf. oiseau nocturne.

Effrayant, a. qui effraye.

Effrayer, va. *et* p. donner, avoir de la frayeur.

Effréné, a. sans frein.

Effrénement, sm. absence de tout frein.

Effritement, sm. action d'

Effriter, va. épuiser une terre.

Effroi, sm. épouvante.

Effronté, a. *et* s. impudent.

Effrontément, ad. impudemment

Effronterie, sf. impudence.

Effroyable, a. épouvantable ; très-difforme ; excessif.

Effroyablement, ad. d'un man. effroyable.

Effruiter, va. ôter le fruit.

Effusion, sf. épanchement.

Efourceau, sm. charrette.

Egagropile, sf. boule de poil dans la panse des animaux ruminants.

Egal, a. de même rang ; qualité ou quantité ; uniforme ; tranquille ; indifférent.

Egalement, sm. égalisation. *jur.* ad. d'une man. egale ; autant ; pareillement.

Egaler, va. n. *et* p. rendre, être égal. [les lots.

Egalisation, sf. act. d'égaliser

Egaliser, va. rendre égal, uni.

Egalité, sf. partie ; droits égaux ; uniformité.

Egard, sm. déférence. *à l'égard.* loc. ad. par rapport.

Egardée, a. (étoffe) visitée. *com.*

Egarement, sm. écart de son chemin. *fig.* écart d'esprit ou de conduite. [min.

Egarer, va. détourner du chemin

Egayer, va. rendre gai ; s' —, vp. se réjouir.

Egide, sf. bouclier de Pallas. *fig.* défense.

Egilops, sm. (ops) ulcère à l'œil.

Eglantier, sm. rosier sauvage.

Eglantine, sf. fleur de l'eglantier; prix des jeux floraux, à Toulouse.

Eglise, sf. les chrétiens; temple.

Eglogiste, a. et s. qui compose une

Eglogue, sf. poëme champetre.

Egoïser, vn. trop parler de soi.

Egoïsme, sm. amour de soi.

Egoïste, s. qui a de l'egoïsme.

Egorger, va. couper la gorge; tuer.

Egorgeur, sm. qui égorge.

Egosiller, vp. se faire mal à la gorge en criant. [ler de soi.

Egotisme, sm. habitude de par-

Egout, sm. chute des eaux; cloaque. [s'écouler peu à peu.

Egoutter, vn. faire écouler; vp.

Egouttier, sm. celui qui cure les egouts.

Egouttoir, sm. ais pour faire égoutter. [liqueur. fa.

Egoutture, sf. très-petit reste de

Egrappage, sm. act. d'

Egrapper, va. ôter la grappe.

Egratigner, va. déchirer légèrement la peau. [tigne.

Egratigneur, euse, s. qui egra-

Egratignure, sf. action d'egratigner.

Egravillonner, va. t. de jard.

Egrener, va. et p. ôter le grain de l'épi.

Egrenoire, sf. petite cage.

Egrillard, s. et a. vif; éveillé. fa.

Egrisée, sf. poudre de diamant.

Egriser, va. debrutir le diamant

Egrisoir, sm. inst. pour egriser.

Egrugeoir, sm. ustensile pour

Egruger, va. pulvériser le sel.

Egueulement, sm. alteration à la bouche des pièces d'artillerie.

Egueuler, va. casser le goulot.

Egyptien, ne, a. s. de l'Egypte.

Eh ! interj. de surprise.

Ehonté, a. sans honte.

Ehouper, va. écimer un arbre.

Eider, sm. canard qui donne l'édredon.

Ejaculateur, am. qui sert, qui contribue à l'éjaculation. anat

Ejaculation, sf. emission de la semence; prière fervente.

Ejaculer, va. lancer hors de soi.

Elaboration, sf. act. d' [phys.

Elaborer, va. et p. préparer.

Elagage, sm. act. d' [bre.

Elaguer, va. ébrancher un ar-

Elagueur, sm. qui elague.

Elan, sm. quadrupède; mouvement subit.

Elancé, a. effilé; mince.

Elancement, sm. douleur subite; act. de s'

Elancer, vn. produire des élancements. vp. se lancer.

Elargir, va. n. et p. rendre, devenir large; mettre hors de prison. [gir.

Elargissement, sm. act. d'elar-

Elargissure, sf. largeur ajoutée.

Elasticité, sf. qualité de ce qui est élastique.

Elastique, a. qui a du ressort.

Elbeuf, sm. drap fabriqué à Elbeuf.

Electeur, trice, s. qui élit.

Electif, ve, a. qui se fait par

Election, sf. action d'elire; tribunal

Electoral, a. (corps) d'électeurs.

Electorat, sm. qualité d'électeur

Electricité, sf. propriété des corps qui étant frottes en attirent un en repoussent d'autres; fluide auquel sont dus ces phénomènes.

Electrique, a. de l'électricité.

Electrisable, a. qu'on peut electriser.

Electrisation, sf. act. d'électriser; état de ce qui est électrisé.

Electriser, va. imprégner de fluide électrique. fig. exciter vivement.

Electro-magnétisme, sm. ensemble des phénomènes magnetiques produits par l'électricité. [lectricité.

Electromètre, sm. mesure de l'é-

Electromoteur, trice. a. qui dé-
veloppe l'électricité.

Electrophore, sm. instr. qui
porte l'électricité.

Electuaire, sm. opiat.

Elégamment, ad. avec élégance.

Elégance, sf. choix de mots ;
grâce.

Elégant, a. qui a de la grâce.

Elégiaque, a. de l'élegie.

Elégie, sf. poëme triste et tendre

Elégir, va. diminuer. men.

Elément, sm. corps simple. pl.
principes.

Elémentaire, a. des éléments.

Eléphant, sm. grand quadrupède. [lepre.

Eléphanthiasis, sf. (s sorte de

Eléphantin, e, a. de l'éléphant;
livre —, recueil des édits du
sénat. ant.

Elévateur, a. et sm. se dit des
muscles qui élèvent. anat.

Elévation, sf. exhaussement ;
act. de s'élever au pr. et au
fig.; moment de la messe où
le prêtre lève l'hostie ; dessin
d'une façade. arch. [gie.

Elévatoire, sm. instr. de chirur-

Elève, s. disciple ; sf. act. d'é-
lever les chevaux, le bétail,
etc. [nent.

Elevé, e, a. haut. fig. noble; émi-

Elever, va. hausser; bâtir; nourrir ; instruire. vp. se porter
plus haut. v. imp. survenir.

Eleveur, sm. celui qui élève
des bestiaux.

Elevure, sf. petite bube.

Elider, va. et p. faire, souffrir
l'élision.

Eligibilité, sf. qualité d'

Eligible, a. qui peut être élu.

Elimer, vp. s'user.

Elimination, sf. act. d'

Eliminer, va. expulser.

Elire, va. choisir ; nommer.

Elision, sf. suppression de lettre

Elite, sf. ce qu'il y a de mieux.

Elixir, sm. liqueur spiritueuse.

Elle, pr. pers. f. de la troisième
personne.

Ellébore, sm. plante médicinale.

Elléborine, sf. genre de plante.

Ellipse, sf. retranchement de
mots ; courbe ovale.

Ellipsoïde, sm. t. de géom.

Ellipticité, sf. t. de géom.

Elliptique, a. de l'ellipse.

Elliptiquement, ad. par ellipse.
gram. [re.

Elme (saint), (feu) sm. météo-

Elocution , sf. man. de s'exprimer. rhét. [que.

Eloge, sm. louange ; panégyri-

Elogier, va. faire l'éloge de.

Elogieux , euse, a. rempli d'é-
loges.

Eloignement, sm. act. d'éloigner ; aversion ; dist. de lieu
ou de temps. [senter.

Eloigner, va. séparer. vp. s'ab-

Elongation, sf. t. d'astron.

Eloquemment, ad. (ca) avec

Eloquence, sf. art de bien dire.

Eloquent, a. qui a de l'éloquence.

Elu, sm. prédestiné ; a. choisi.

Elucidation, sf. art d' [cide.

Elucider, va. rendre clair. lu-

Elucubration, sf. ouvrage travaillé ; veilles laborieuses.

Eluder, va. éviter avec adresse.

Elysée, sm. séjour des hommes
vertueux après leur mort.

Elyséen, a. d'Elysée. [mythol.

Elysiens, sm. pl. (champs) t. de

Elytre, sm. ou f. ailes coriaces
de certains insectes.

Email, sm. composition de verre,
etc. pl. émaux ; couleurs. bla.

Emailler, va. orner d'émail, de
fleurs.

Emailleur, sm. qui émaille.

Emaillure, sf. art de l'émailleur.

Emanation, sf. ce qui émane.

Emancipation , sf. action qui
émancipe.

Emanciper, va. mettre hors de
tutelle. vp. prendre trop de
licence.

Emaner, vn. tirer son origine.

Emargement, sm. act. d'

Emarger, va. porter en marge.

Embabouiner, va. amadouer. *fa.*

Emballage, sm. action d'

Emballer, va. faire un ballot.

Emballeur, sm. qui emballe.

Embanqué, e, a. se dit d'un vaisseau entré sur un banc.

Embarcadère, sm. lieu d'embarquement et de débarquement.

Embarcation, sf. barque, chaloupe, etc.

Embargo, sm. défense de sortir du port.   [ril.

Embariller, va. mettre en baril.

Embarquement, sm. action d'

Embarquer, va. *et* p. mettre dans une embarcation, un navire, etc. *fig.* s'engager dans une entreprise. [d'esprit.

Embarras, sm. obstacle; peine

Embarrassant, a. qui embarrasse.   [de l'embarras.

Embarrasser, va. *et* p. causer

Embarrer, va. enfermer avec des barres.

Embasement, sm. base. *arch.*

Embastiller, va. mettre dans une bastille, une prison. *fa.*

Embatage, sm. action d'embattre.   [bât.

Embâter, va. faire, mettre le

Embâtonner, va. armer d'un bâton. *fa.*

Embattre, va. cercler une roue.

Embauchage, sm. action d'

Embaucher, va. engager un ouvrier; enrôler par adresse.

Embaucheur, sm. qui embauche.   [gir les bottes.

Embauchoir, sm. inst. pour élar-

Embaumement, sm. action d'

Embaumer, va. remplir d'aromates pour préserver de la corruption; parfumer.

Embaumeur, euse, s. qui embaume.

Embéguiner, va. *et* p. mettre un béguin. *fig.* s'entêter. *fa.*

Embellie, sf. beau temps après un mauvais. *mar.*

Embellir, va. n. *et* p. orner; rendre, devenir beau.

Embellissant, e, a. qui embellit.

Embellissement, sm. action d'embellir.

Emberlificoter (s'), vp. s'embarrasser dans. *pop.*

Emberlucoquer (s'), vp. se préoccuper d'une opinion. *très-fa.*

Embesogné, a. affairé. *fa. pop.*

Emblaver, va. semer en blé.

Emblavure, sf. terre semée en blé.   [fort.

Emblée (d'), ad. du premier ef-

Emblématique, a. de l'

Emblème, sm. figure symbolique.   [lence. v.

Embler, va. ravir avec vio-

Emboire (s'), vp. s'imbiber. *peint.*

Emboiser, va. amadouer. *pop.*

Emboiseur, euse, s. qui emboise

Emboîtement, sm. Emboîture. sf. action d'

Emboîter, va. *et* p. enchâsser une chose dans une autre.

Embolisme, sm. intercalation.

Embolismique, a. intercalaire.

Embonpoint, sm. bon état du corps.   [dure à un tableau.

Emborder, va. mettre une bor-

Embossage, sm. act. d'

Embosser, va. amarrer d'une certaine man. *mar.*

Embouché, e, a. *mal* —, qui parle grossièrement.

Emboucher, va. mettre à la bouche. — *un cheval,* lui donner le mors qui lui convient. vp. se dit d'une rivière qui se jette dans une autre.

Embouchoir, sm. embouchure du cor.

Embouchure, sf. ce qu'on embouche; bouche de fleuve, de rivière.   [pop.

Embouer, va. salir de boue.

Embouquement, sm. entrée d'un détroit, d'un canal.

Embouquer, vn. entrer dans un détroit, dans un canal.

Embourber, va. *et* p. mettre dans la boue. *fig.* engager dans une mauvaise affaire.

Embourrer, va. garnir de bourre.

Embourrure, sf. action d'embourrer; ce qui sert à embourrer.

Embourser, va. mettre en bourse

Emboutir, va. revêtir de plomb. *arch.*

Embranchement, sm. réunion de tuyaux, de chemins, etc.

Embrancher, va. faire un embranchement; s' —, vp. former embranchement.

Embrasement, sm. grand incendie

Embraser, va. mettre en feu.

Embrassade, sf. act. de s'embrasser.

Embrasse, sf. ganse, etc., pour tenir des rideaux drapés.

Embrassement, sm. action d'

Embrasser, va. serrer dans ses bras; ceindre; environner; contenir. — *une profession,* s'y adonner. — *un parti,* le soutenir.

Embrassure, sf. bande de fer autour d'une poutre.

Embrasure, sf. baie d'une porte, d'une fenêtre; ouverture dans un mur pour le canon.

Embrigadement, sm. action d'

Embrigader, va. former une brigade.

Embrochement, sm. action d'

Embrocher, va. mettre en broche

Embrouillement, sm. action d'

Embrouiller, va. et p. mettre de l'embarras, de la confusion

Embrumé, a. chargé de brouillard.

Embrunir, va. rendre brun.

Embryologie, sf. science de l'embryon. — *tomie,* anat. du fœtus.

Embryon, sm. fœtus.

Embûche, sf. ruse pour nuire.

Embuscade, sf. embûche à couvert. [en embuscade.

Embusquer (s'), vp. se mettre

Emender, va. corriger. *pal.*

Emeraude, sf. pierre précieuse verte. [verse. *phys.*

Emergent, a. (rayon) qui tra-

Emeri, sm. pierre dure.

Emérillon, sm. oiseau de proie; sorte de croc. *mar.*

Emérillonné, a. gai, éveillé. *fa.*

Emérite, a. ancien; retraité; pensionné. [tre. *ast.*

Emersion, sf. act. de reparaî-

Emerveillement, sm. étonnement.

Emerveiller, va. et p. étonner.

Emétique, a. et sm. vomitif.

Emétiser, va. administrer l'émétique.

Emettre, va. produire; publier.

Emeute, sf. sédition populaire.

Emeutier, sm. agent d'émeute.

Emier, va. mettre en miettes.

Emietter, va. émier du pain.

Emigrant, a. et s. qui émigre.

Emigration, sf. act. d'émigrer.

Emigré, a. et s. qui a émigré.

Emigrer, vn. abandonner son pays.

Emigrette, sf. jeu d'enfant.

Emincer, va. couper en tranches minces.

Eminemment, ad. (*na*) par excellence. [titre.

Eminence, sf. petite hauteur;

Eminent, a. élevé. *fig.* excellent. [titre.

Eminentissime, a. très-éminent;

Emir, sm. descendant de Mahomet.

Emissaire, sm. envoyé secret.

Emission, sf. action d'émettre.

Emmagasinage, sm. action d'

Emmagasiner, va. (*an*) mettre en magasin.

Emmaillotage, sm. action, manière d' [maillot.

Emmaillotter, va. mettre en

Emmanchement, sm. action d'

Emmancher, va. mettre un manche; endosser un vêtement. [che.

Emmancheur, sm. qui emman-

Emmanchure, sf. se dit des ouvertures où l'on adapte les manches d'un vêtement.

Emmannequiner, va. mettre un arbuste dans un mannequin. *jar.*

Emmantelé, e, a. enveloppé d'un manteau; couvert; fortifié

Emmariner, va. équiper un navire.

Emmêler, va. brouiller.

Emménagement, sm. act. d'

Emménager, vn. ranger ses meubles dans un nouveau logement. [lieu.

Emmener, va. mener hors d'un

Emmenotter, va. mettre les menottes. [meule.

Emmeuler, va. mettre en

Emmieller, va. enduire de miel.

Emmiellure, sf. sorte de cataplasme. *vétér.*

Emmitoufler, va. envelopper chaudement. *fa.* [men.

Emmortaiser, va. assembler.

Emmotte, a. arbre entouré d'une motte de terre. [selière.

Emmuseler, va. mettre une mu-

Emmusquer, va. parfumer de musc.

Emoi, sm. émotion. [méd.

Emollient, a. et s. qui amollit.

Emolument, sm. profit, salaire.

Emolumenter, vn. gagner. [teur

Emonctoire, sm. organe excré-

Emondage, sm. action d'

Emonder, va. couper les [flues.

Emondes, sf. pl. branches super-

Emondeur, sm. qui émonde.

Emotion, sf. agitation.

Emotter, va. briser les mottes.

Emoucher, va. chasser les mouches.

Emouchet, sm. oiseau de proie.

Emouchette, sf. caparaçon.

Emouchoir, sm. ust. pour émoucher.

Emoudre, va. aiguiser.

Emouleur, sm. qui émoud.

Emousser, va. ôter la pointe, le tranchant, la mousse. *fig.* perdre la vivacité, gaieté. *fa.*

Emoustiller, va. exciter à la

Emouvoir, va. et p. mettre en mouvement; exciter les passions; attendrir.

Empaillage, sm. action ou art d'empailler les animaux.

Empailler, va. garnir de paille; préparer les animaux morts pour leur conserver l'apparence de la vie.

Empailleur, sm. qui empaille.

Empalement, sm. action d'

Empaler, va. enfoncer un pal ou pieu dans le fondement.

Empan, sm. mesure. [panache.

Empanacher, va. garnir d'un

Empanner, va. mettre en panne.

Empanon, sm. chevron. *charp.*

Empaqueter, va. mettre en paquet. [venir parent.

Emparenter (s'), vp. être ou de-

Emparer (s'), vp. envahir.

Empatement, sm. pied; base. *arch.*

Empâtement, sm. état pâteux.

Empâter, va. remplir de pâte; rendre pâteux; engraisser.

Empaumer, va. recevoir la balle. *fig.* s'emparer de l'esprit de quelqu'un. *fa.* [du cerf.

Empaumure, sf. haut de la tête

Empeau, sm. greffe en couronne

Empêchement, sm. obstacle.

Empêcher, va. s'opposer; embarrasser, vp. s'abstenir de.

Empeigne, sf. dessus du soulier

Empennelle, sf. petite ancre.

Empenner, va. garnir de plumes.

Empereur, sm. chef d'empire.

Empesage, sm. action d'empeser.

Empesé, e, a. *fig.* affecté, guindé.

Empeser, va. mettre de l'empois.

Empeseur, euse, s. qui empèse.

Empester, va. infecter de peste; *fig.* infecter de mauvaise odeur.

Empêtrer, va. embarrasser.

Emphase, sf. pompe affectée dans le style ou dans la prononciation.

Emphatique, a. plein d'emphase

Emphatiquement, ad. avec emphase. [les pores.

Emphractique, sm. a qui bouche

Emphysème, sm. tumeur formée d'air.

Emphytéose, sf. long bail.

Emphytéote, s. jouissant d'emphytéose. [téose.

Emphytéotique, a. d'emphy-

Empierrement, sm. lit de pierres ; action d'

Empierrer, va. garnir de pierres

Empiétement, sm. action d'

Empiéter, va. usurper.[ger. fa.

Empiffrer, va. faire trop man-

Empilement, sm. action d'

Empiler, va. mettre en pile.

Empire, sm. autorité ; monarchie. fig. domination (sur les passions) ; ascendant.

Empirer, va. et n. rendre, devenir pire.

Empirique, a. et sm. médecin sans théorie ; charlatan.

Empirisme, sm. médecine empirique. [rain.

Emplacement, sm. place ; ter-

Emplâtre, sm. onguent étendu. fig. personne infirme. fa.

Emplastique, a. de l'emplâtre.

Emplette, sf. achat de marchandises.

Emplir, va. et p. rendre plein.

Emploi, sm. usage ; fonction.

Employé, sm. commis de bureau

Employer, va. mettre en usage ; occuper.

Emplumer, va. garnir de plumes. [che.

Empocher, va. mettre en po-

Empoignement, sm. action d'

Empoigner, va. serrer avec la main.

Empois, sm. colle d'amidon.

Empoisonnement, sm. act. d'

Empoisonner, va. donner du poison ; fig. troubler, corrompre ; vn. répandre une odeur infecte.

Empoisonneur, euse, s. qui empoisonne.

Empoisser, va. poisser.

Empoissonnement, sm. act. d'

Empoissonner, va. peupler de poissons.

Emporétique, a. qui sert à filtrer les liqueurs.

Emporté, a. et s. colérique ; violent. [lère.

Emportement, sm. accès de co-

Emporte-pièce, sm. instr. pour découper. fig. satirique.

Emporter, va. enlever ; exceller ; prévaloir. vp. se fâcher.

Empoter, va. mettre en pot.

Empourprer, va. colorer de rouge.

Empreindre, va. faire une

Empreinte, sf. impression ; figure imprimée.

Empressé, a. et s. zélé ; affairé.

Empressement, sm. zèle.

Empresser (s'), vp. agir avec ardeur.

Emprisonnement, sm. action d'

Emprisonner, va. mettre en prison.

Emprunt, sm. act. d'emprunter.

Emprunté, a. faux ; contraint.

Emprunter, va. demander et recevoir un prêt. [prunte.

Emprunteur, euse, s. qui em-

Emption, sf. achat. jur.

Emptoïque, a. qui crache le sang.

Empuantir, va. répandre une mauvaise odeur. [teur.

Empuantissement, sm. puan-

Empyème, sm. amas de pus dans la poitrine. méd.

Empyrée, a. et sm. le ciel.

Empyreumatique, a. d'empyreume.

Empyreume, sm. odeur de brûlé

Emulateur, trice, s. qui excite l'

Emulation, sf. désir d'égaler.

Emule, s. concurrent.

Emulgent, a. qui porte le sang aux reins.

Emulsif, ive, a. et sm. graine ou semence dont on peut tirer de l'huile par expression.

Emulsion, sf. potion rafraîchissante. [pharm.

Emulsionner, va. rafraîchir.

En, prep. dans. pron. de là ; de cela.

Enamourer, va. et pr. rendre amoureux.

Encâblure, sf. long. de cent vingt brasses.

Encadrement, sm. action d'

Encadrer, va. mettre dans un cadre.

Encager, va. mettre en cage.

Encaissé, e, a. se dit d'une rivière, etc., à bords escarpés.

Encaissement, sm. action d'

Encaisser, va. mettre en caisse.

Encan, sm. vente à l'enchère.

Encanailler (s'), vp. hanter la canaille. [capuchon.

Encapuchonner, vp. mettre un

Encaquement, sm. action d'

Encaquer, va. mettre en caque.

Encaqueur, euse, s. celui, celle qui encaque. [ton. t. d'imp.

Encarter, va. mettre un car-

Encasteler (s'), vp. t. de vétér.

Encastelure, sf. douleur dans les pieds de devant du cheval.

Encastillage, sm. partie du navire hors de l'eau. mar.

Encastrement, sm. action d'

Encastrer, va. enchâsser.

Encaustique, a. et sf. (peinture) avec la cire; enduit fait avec la cire.

Encavement, sm. action d'

Encaver, va. mettre en cave.

Encaveur, sm. qui encave.

Enceindre, va. entourer.

Enceinte, a.f. (femme) grosse. sf. circuit; clôture; salle.

Encénies, sf. pl. fêtes chez les Juifs. [que. fig. louange.

Encens, sm. résine aromati-

Encensement, sm. action d'

Encenser, va. donner de l'encens. fig. flatter.

Encenseur, sm. louangeur.

Encensoir, sm. inst. pour encenser.

Encéphale, a. (ver) dans la tête. sm. le cerveau et ses dépendances. [à l'encéphale

Encéphalique, a. qui a rapport

Encéphalite, sf. inflammation du cerveau.

Enchaînement, sm. liaison.

Enchaîner, va. attacher avec une chaîne. fig. captiver, séduire. [techn.

Enchaînure, sf. enchaînement.

Enchantelage, sm. action d'

Enchanteler, va. ranger dans un chantier ou sur des chantiers. [veilleux.

Enchanté, e, a. charmé; mer-

Enchantement, sm. action d'

Enchanter, va. ensorceler; charmer; ravir.

Enchanteur, resse, a. et s, qui enchante. au pr. et au fig.

Enchaper, va. renfermer un baril dans un autre. [chaperon.

Enchaperonner, va. couvrir d'un

Enchâsser, va. faire entrer; encastrer. fig. faire entrer dans un discours, etc. [ser.

Enchâssure, sf. act. d'enchâs-

Enchausser, va. t. de jard.

Enchère, sf. offre supérieure pour acheter. Folle-enchère, offre dépassant la valeur.

Enchérir, va. mettre une enchère. vn. devenir plus cher. fig. surpasser. [prix.

Enchérissement, sm. hausse de

Enchérisseur, sm. qui met enchère. [tayer une maison.

Enchevalement, sm. man. d'é-

Enchevauchure, sf. jonction.

Enchevêtrer, va. mettre un licou. vp. s'embarrasser.

Enchevêtrure, sf. t. de charp et de vétér. [nasal.

Enchifrenement, sm. catarrhe

Enchifrener, va. causer un rhume. [de sang.

Enchymose, sf. (ki) extravasion

Enclave, sf. limites; terre enclavée.

Enclavement, sm. action d'

Enclaver, va. enfermer l'un dans l'autre.

Enclin, a. porté à quelque chose

Enclitique, sf. réunion de deux mots. [mer dans un cloître.

Encloîtrer, va. et pr. s'enfer-

Enclore, va. clore de murs; enclaver. [clos.

Enclos, sm. enceinte; espace

Enclouer, va. *et p.* enfoncer un clou. t. d'artillerie et de manège.

Enclouure, sf. mal d'un cheval encloué. *fig.* obstacle.

Enclume, sf. masse de fer sur laquelle on bat les métaux.

Enclumeau *ou* Enclumot, sm. petite enclume. [sabotier.

Encoche, sf. entaille; établi de

Encochement, sm. action d'

Encocher, va. faire une encoche; mettre la corde de l'arc dans la coche d'une flèche.

Encoffrer, va. serrer dans un coffre.

Encoignure, sf. (*ko*) angle de deux murs; petit meuble.

Encollage, sm. action d'

Encoller, va. enduire de colle.

Encolure, sf. partie du cheval, de la tête aux épaules. *fig.* air de l'homme.

Encombre, sf. embarras.

Encombrement, sm. action d'

Encombrer, va. embarrasser.

Encontre, sf. aventure. *v. A l'encontre,* ad. contre. *fa.*

Encorbellement, sm. saillie portant à faux. *arch.*

Encore, ad. de temps, de nouveau, de plus. *Encore que* conj. quoique.

Encorné, a. qui a des cornes. *fa.*

Encourageant, a. qui encourage

Encouragement, sm. ce qui encourage.⁴

Encourager, va. donner du courage; exciter; favoriser.

Encourir, va. attirer sur soi; mériter.

Encrasser, va. rendre crasseux. vp. se mésallier.

Encre, sf. liqueur pour écrire, composition pour imprimer.

Encrer, va. enduire d'encre. *imp.*

Encrier, sm. vase pour l'encre.

Encroué, a. arbre embarrassé dans les branches d'un autre.

Encroûté, e, a. rempli de préjugés. [d'une croûte.

Encroûter, va. *et p.* couvrir

Encuirasser (s'), vp. se couvrir d'une cuirasse, *au pr. et au fig.*

Encuvage, sm. action d'

Encuver, va. mettre en cuve.

Encyclique, a. circulaire. sf. lettre du pape.

Encyclopédie, sf. enchaînement de toutes les sciences; grand recueil.

Encyclopédique, a. de l'encyclopédie.

Encyclopédiste, sm. collaborateur de l'encyclopédie.

Endémique, a. particulier à un peuple.

Endenté, a. garni de dents.

Endetter, va. charger de dettes. vp. en faire.

Endêvé, a. *et s.* entêté. *pop.*

Endêver, vn. avoir grand dépit. *pop.* [ragé.

Endiablé, a. *et s.* furieux; enragé.

Endiabler, vn. endêver.

Endiguement, sm. act. de construire une digue.

Endimancher (s'), vp. mettre ses beaux habits.

Endive, sf. plante.

Endocarpe, sm. membrane qui forme les loges des graines.

Endoctriner, va. instruire. *fa.*

Endolori, a. qui ressent de la douleur.

Endommager, va. détériorer.

Endormant, e, a. qui endort.

Endormeur, sm. enjôleur. *fa.*

Endormi, a. lent; engourdi.

Endormir, va. faire dormir; amuser pour tromper. vp. commencer à dormir; *fig.* rester inactif.

Endosse, sf. la peine d'une chose. *fa.*

Endossement, Endos, sm. signature au dos d'un acte.

Endosser, va. mettre sur son dos; signer au dos; se rendre responsable. [un acte.

Endosseur, sm. qui endosse

Endroit, sm. place; beau côté; lieu natal. *pop.* [duit.

Enduire, va. couvrir d'un en-

Enduit, sm. couche de chaux, de peinture, etc.

Endurant, a. patient.

Endurcir, va. et p. rendre, devenir dur. [cmar.

Endurcissement, sm. dureté de

Endurer, va. supporter ; patiemment.

Energie, sf. force d'esprit [gie.

Energique, a. qui a de l'ener-

Energiquement, ad. avec énergie.

Energumène, s. possédé du démon. fig. qui se livre à des passions violentes.

Enervation, sf. abattement des forces ; faiblesse morale.

Enerver, va. affaiblir.

Enfaiteau, sm. tuile faitière.

Enfaitement, sm. table de plomb.

Enfaiter, va. couvrir le faite.

Enfance, sf. premier âge de l'homme, puérilité. fig. commencement.

Enfant, a. et s. jeune; fils; fille.

Enfantement, sm. action d'

Enfanter, va. accoucher. [tine.

Enfantillage, sm. man. enfan-

Enfantin, a. d'enfant. [rine.

Enfariner, va. poudrer de fa-

Enfer, sm. (ér) lieu où sont punis les damnés, les demons.

Enfermer, va. mettre en un lieu qui ferme; reclure; clore; contenir.

Enferrer, va. percer avec un fer. vp. se jeter sur le fer. fig. se nuire inconsidérément

Enfiévrer, va. donner la fièvre.

Enfilade, sf. suite de chambres.

Enfiler, va. passer un fil par un trou; traverser. vp. s'enferrer.

Enfin, ad. après tout ; bref.

Enflammer, va. mettre en feu. fig. échauffer. [corde.

Enflèchures, sf. pl échelles de

Enflement, sm. action d'enfler; son effet.

Enfler, va. n. et p. remplir de vent; fig. enorgueillir.

Enflure, sf. tumeur, gonflement ; style ampoulé.

Enfonçage, sm. act. de mettre un fond à un tonneau ; son effet.

Enfoncement, sm. fond; act. d'

Enfoncer, va. p. et n. mettre; aller ; pousser au fond; rompre.

Enfonceur, sm. d' portes ouvertes fanfaron. prov. [ler.

Enfonçoir, sm. outil pour fou-

Enfonçure, sf. pieces du fond.

Enforcir, va. n. et p. rendre, devenir fort.

Enfouir, vn. cacher en terre ; dérober à la vue. [fouir.

Enfouissement, sm. act. d'en-

Enfouisseur, euse, s. qui enfouit.

Enfourchement, sm. sorte de greffe ; assemblage de chevrons sur un faite. arch.

Enfourcher, va. monter à cheval fa.

Enfourner, va. mettre au four. fig. et fa. commencer une affaire.

Enfourneur, sm. qui enfourne.

Enfreindre, va. violer (la loi).

Enfuir (s'), vp. fuir d'un lieu; s'écouler.

Enfumer, va. noircir ou incommoder par la fumée.

Engagé, sm. soldat nouvellement engagé.

Engageant, a. insinuant.

Engageantes, sf. pl. ancienne parure de femme.

Engagement, sm. action d'engager ; combat.

Engager, va. mettre en gage ; déterminer; enrôler. vp. s'obliger. [mier.

Engagiste, sm. sorte de fer-

Engainer, va. mettre dans une gaine.

Enganter (s'), vp. s'engouer. fam. [triloque.

Engastrymisme, sm. art du ven-

Engaver, va. se dit des pigeons qui donnent à manger à leurs petits

Engeance, sf. race.

Engeancer, va. embarrasser. *fa.*

Engelure, sf. enflure par le froid.

Engendrer, va. produire son semblable; produire quelque chose. [ger. *v.* et *fa.*

Enger, va. embarrasser, char-

Engerber, va. mettre en gerbe.

Engin, sm. industrie, *v.* machine; filet.

Englober, va. former un tout.

Engloutir, va. *et* p. avaler gloutonnement; jeter dans un gouffre, absorber; *fig.* consumer, dissiper.

Engluer, va. enduire de glu.

Engoncer, va. contraindre la taille.

Engorgement, sm. embarras dans un tuyau, un canal.

Engorger, va. empêcher l'écoulement.

Engouement, sm. état engoué.

Engouer, va. embarrasser le gosier. vp. s'enthousiasmer.

Engouffrer (s'), vp. se perdre dans une ouverture.

Engourdir, va. rendre comme perclus. [gourdi.

Engourdissement, sm. état en-

Engrais, sm. pâturage; fumier.

Engraissement, sm. act. d'engraisser, de rendre gras.

Engraisser, va. n. *et* p. rendre, devenir gras. [ge.

Engranger, va. mettre en gran-

Engravement, sm. état engravé.

Engraver, va. *et* p. engager un bateau dans le sable.

Engrêlé, a. dentelé. *bla.*

Engrêler, va. mettre une engrêlure. [telle.

Engrêlure, sf. point de den-

Engrenage, sm. — *nure*, f. action d'

Engrener, vn. *et* p. se dit des roues dont les dents s'emboîtent. va. remplir la trémie.

Engri, sm. esp. de léopard.

Engrumeler, vp. se mettre en grumeaux.

Enguenillé, e, a. couvert de guenilles.

Enhardir, va. *et* p. (h asp.) rendre hardi. [mus.

Enharmonique, a. (an-har) t. de

Enharnachement, sm. act. d'

Enharnacher, va. (h asp.) harnacher.

Enherber, va. mettre en herbe.

Enhuché, e, a. navire —, trop élevé sur l'eau.

Enhydre, sm. serpent d'eau.

Énigmatique, a. d'énigme.

Énigmatiquement, ad. d'une man. énigmatique. [nigme.

Énigmatiser, vn. parler en é-

Énigme, sf. définition obscure.

Enivrant, a. (an-ni) qui enivre.

Enivrement, sm. ivresse au *fig.*

Enivrer, va. rendre ivre.

Enjambée, sf. espace qu'on enjambe. [porte sur deux vers.

Enjambement, sm. sens qui

Enjamber, va. *et* n. faire un grand pas. [liés. *man.*

Enjarreté, e, a. qui a les pieds

Enjaveler, va. mettre en javelle.

Enjeu, sm. mise au jeu.

Enjoindre, va. ordonner.

Enjôler, va. séduire. *fa.*

Enjôleur, euse, s. qui enjôle.

Enjolivement, sm. ce qui sert à

Enjoliver, va. rendre joli.

Enjoliveur, sm. qui pare, qui enjolive. [ments.

Enjolivure, sf. petits enjolive-

Enjoué, a. gai, qui a de l'

Enjouement, sm. gaieté douce.

Enkysté, a. enfermé dans un kyste.

Enlacement, sm. action d'enlacer; effet de cette action.

Enlacer, va. passer des cordons, des lacets, l'un dans l'autre. *fig.* surprendre.

Enlaçure, sf. trou pour enlacer.

Enlaidir, va. *et* n. rendre, devenir laid. [laidir.

Enlaidissement, sm. act. d'en-

Enlèvement, sm. action d'

Enlever, va. lever en haut; emmener par force; ravir, trans-

12

porter, charmer ; s' — , vp.,
s'emporter.

Enlier, va. joindre les pierres.

Enligner, va. mettre en ligne.

Enluminer, va. colorier une
gravure. [mine.

Enlumineur, euse, s. qui enlu-

Enluminure, sf. art d'enluminer ; ornement recherché.

Ennéagone, sm. figure à neuf
côtés.

Ennéandrie, Ennéagynie, sf.
classes de plantes dont les
fleurs ont neuf étamines ou
neuf pistils.

Ennemi (ènn), a. et s. qui
hait; contraire.

Ennoblir, va. rendre plus noble.

Ennui, sm. langueur d'esprit ;
souci. [nui.

Ennuyant, a. qui cause de l'en-

Ennuyer, va. et p. causer, sentir de l'ennui. [nui.

Ennuyeusement, ad. avec en-

Ennuyeux, se, a. et s. qui en-
nuie.

Enoncé, sm. chose énoncée.

Enoncer, va. et p. exprimer sa
pensée.

Enonciatif, tive, a. qui énonce.

Enonciation, sf. act., man. d'é-
noncer.

Enorgueillir, va. et p. (annor),
rendre, devenir orgueilleux.

Enorme, a. démesuré, excessif.

Enormément, ad. excessivement.

Enormité, sf. excès de grandeur ou de grosseur; fig. gravité ; atrocité. [d'une étoffe.

Enouer, va. ôter les nœuds

Enquérant, a. trop curieux. fa.

Enquérir (s'), vp. s'informer.

Enquête, sf. recherche judiciaire.

Enquêter (s', vp. s'enquérir.

Enquêteur, sm. juge pour les
enquêtes.

Enracinement, sm. action d'

Enraciner, vn. et p. prendre
racine. [gueux.

Enragé, a. qui a la rage. s. fou-

Enrageant, a. qui fait

Enrager, vn. être saisi de rage;
endéver. fa.

Enrayement, sm. action d'

Enrayer, va. et n. garnir une
roue de rais; l'arrêter. [rayer.

Enrayure, sf. ce qui sert à en-

Enrégimenter, va. former un
régiment.

Enregistrement, sm. action d'

Enregistrer, va. inscrire sur un
registre.

Enregistreur, sm. qui enregistre

Enrhumer, va. et p. causer,
gagner un rhume.

Enrichir, va. et p. rendre,
devenir riche.

Enrichissement, sm. ornement.

Enrôlement, sm. action d'

Enrôler, va. mettre sur le rôle.
vp. se faire soldat.

Enrôleur, sm. qui enrôle.

Enrouement, sm. état de celui
qui est enroué.

Enrouer, va. et p. rendre la
voix rauque. [rouillé.

Enrouiller, va. et p. rendre

Enroulement, sm. ornement en
spirale.

Enrouler (s'), va. et p. rouler
plusieurs fois une chose autour d'une autre ou sur elle-
même. [bans.

Enrubanner, va. orner de ru-

Enrue, sf. sillon fort large.

Ensablement, sm. amas de sable

Ensabler, va. et p. échouer sur
le sable. [sac.

Ensacher, va. mettre dans un

Ensaisinement, sm. acte par
lequel on ensaisine.

Ensaisiner, va. mettre en possession. pal. [sang.

Ensanglanter, va. souiller de

Enseigne, sf. indice ; tableau à
la porte d'un marchand ; drapeau d'infanterie. m. porte-
drapeau ; off. de marine.

Enseignement, sm. instruction,
action d' [quer.

Enseigner, va. instruire ; indi-

Ensellé, a. (cheval) à dos creux.

Ensemble, ad. l'un avec l'autre. sm. résultat de l'union des parties ; harmonie.

Ensemencement, sm. action d'

Ensemencer, va. semer.

Enserrer, va. enfermer; mettre dans une serre.

Enseuillement, sm. appui d'une fenêtre. [mort.

Ensevelir, va. envelopper un

Ensevelissement, sm. action d'ensevelir. [sevelit.

Ensevelisseur, eu-e, s. qui en-

Ensiforme, a. en forme d'épée. bot.

Ensorceler, va. jeter un sort.

Ensorceleur, sm. qui ensorcelle. [sorceler.

Ensorcellement, sm. act. d'en-

Ensoufrer, va. soufrer.

Ensoufroir, sm. lieu où l'on ensoufre.

Ensuifer, va. enduire de suif.

Ensuite, ad. après, ensuite de. prép. par suite. [dériver.

Ensuivre (s'), v. imp. suivre ; dériver. [le toit. arch.

Entablement, sm. saillie sous

Entabler, vp t. de man. [ler.

Entacher, va. infecter, souil-

Entaille, Entaillure, sf. coupure.

Entailler, va. creuser le bois.

Entame, sf. premier morceau d'un pain.

Entamer, va. faire une incision, ôter une partie; commencer. [tame.

Entamure, sf. déchirure; en-

En tant que, conj. comme.

Entassement, sm. amas entassé.

Entasser, va. mettre en tas.

Ente, sf. greffe ; manche dé pinceau.

Entement, sm. act. d'enter.

Entéléchie, sf. perfection.

Entendement, sm. intelligence; juge.

Entendeur, sm. qui entend bien.

Entendre, va. n. et p. ouïr ; comprendre ; vouloir ; être d'intelligence avec.

Entendu, a. habile. Bien entendu, ad. sans doute ; avec la condition. [telligence.

Entente, sf. interprétation ; in-

Enter, va. greffer ; emboîter.

Entérinement, sm. action d'

Entériner, va. ratifier légalement. [intestins.

Entérite, sf. inflammation des

Entérologie, sf. traité des intestins.

Enterrement, sm. inhumation.

Enterrer, va. enfouir; inhumer.

En-tête, sm. ce qui est en tête d'une lettre, d'un écrit.

Enteté, a. et s. opiniâtre.

Entêtement, sm. obstination.

Entêter, va. n. et p. porter à la tête ; préoccuper ; s'opiniâtrer.

Enthousiasme, sm. exaltation de l'âme ; admiration outrée.

Enthousiasmer, va. et p. ravir d'admiration. [teur outré.

Enthousiaste, a. et s. admira-

Enthymème, sm. argument. log.

Entiché, e, a. opiniâtrement attaché à.

Enticher, va. et p. commencer à gâter. fig. s'enteter d'une opinion.

Entier, s. et a. complet, entêté ; formé d'unités. sm. chose entière ; nombre entier. En entier, loc. adv. en totalité.

Entièrement, ad. totalement.

Entité, sf. l'être ; l'essence.

Entoilage, sm. réseau à dentelle ; action d'entoiler ; résultat de cette action.

Entoiler, va. mettre sur toile.

Entomologie, sf. science des insectes. [logie.

Entomologique, a. de l'entomo-

Entomologiste, sm. versé dans l'entomologie.

Entonner, va. verser dans un tonneau ; chanter le commencement d'un air.

Entonnoir, sm. ustensile pour entonner. [d'une articulation.

Entorse, sf. extension violente

Entortillement, sm. action d'

Entortiller, va. et p. envelopper en tortillant; se tortiller autour.

Entour, sm. circuit ; pl. environs; société ordinaire.

Entour (à l'). V. Alentour.

Entourage, sm. ce qui entoure.

Entourer, va. environner.

Entournure, sf. échancrure d'une manche à l'aisselle.

Entr'accorder (s'), vr. s'accorder réciproquement.

Entr'accuser (s'), vr. s'accuser réciproquement.

Entr'acte, sm. intervalle des actes. [proquement.

Entr'aider (s'), vr. s'aider réci-

Entrailles, sf. pl. intestins ; fig. affection.

Entr'aimer (s'), vr. s'aimer réciproquement. [nicative.

Entrain, sm. gaieté commu-

Entraînable, a. facile à entraîner.

Entraînant, a. qui entraîne.

Entraînement, sm. état de ce qui est entraîné ; action d'

Entraîner, va. traîner avec soi.

Entrait, sm. poutre.

Entrant, a. insinuant. p. us.

Entr'appeler (s'), vr. s'appeler réciproquement. [traves.

Entraver, va. mettre des en-

Entr'avertir (s'), vr. s'avertir réc. [man. fig. obstacles.

Entraves, sf. pl. liens aux pieds

Entre, prep. de lieu. au milieu, parmi. dans, en.

Entrebâillé, a. entr'ouvert.

Entrebâiller, va. entr'ouvrir.

Entrechat, sm. pas de danse.

Entre-choquer (s'), vr. se choquer réciproquement.

Entre-colonne, — ment, sm. espace qui sépare les colonnes.

Entre-côte, sm. viande d'entre-les côtes. [voûtes.

Entre-coupe, sf. esp. entre deux

Entre-couper, va. couper en divers endroits.

Entre-croiser (s'), vr. se croiser réciproquement.

Entre-déchirer (s'), vr. se déchirer réciproquement.

Entre-détruire (s'), vr. se détruire réciproquement.

Entre-deux, sm. ce qui est entre deux choses.

Entre-dévorer (s'), vr. se dévorer réciproquement.

Entre-donner (s'), vr. se donner mutuellement.

Entrée, sf. lieu par où l'on entre; action d'entrer ; droits ; réception solennelle; mets ; D'entrée de jeu, loc. ad. d'abord. v. [rant ce temps.

Entrefaites, sf. pl. (sur ces) du-

Entre-frapper (s'), vr. se frapper réciproquement.

Entregent, sm. adresse. fa.

Entr'égorger (s'), vr. s'égorger l'un l'autre.

Entre-heurter (s'), vp. se heurter réciproquement.

Entrelacement, sm. état de choses entrelacées.

Entre-lacer, va. enlacer l'un dans l'autre.

Entrelacs, sm. pl. (lá) chiffres enlacés.

Entrelardé, e, a. mêlé de gras et de maigre.

Entrelarder, va. piquer de lard.

Entre-ligne, sm. V. Interligne.

Entre-luire, vn. luire à demi.

Entre-manger (s'), vr. se manger réciproquement.

Entremêler, va. mêler parmi.

Entre-mesurer (s'), vr. se mesurer réciproquement.

Entremets, sm. ce qu'on sert avant le fruit.

Entremetteur, euse, s. qui s'entremet; femme intrigante.

Entremettre (s'), vp. s'employer pour.

Entreprise, sf. médiation.

Entre-nœud, sm. espace entre deux nœuds. bot.

Entre-nuire (s'), vr. se nuire l'un à l'autre.

Entre-parler (s'), vr. se parler réciproquement.

Entrepas, sm. sorte d'allure. man. [réciproquement.

Entre-percer (s'), vr. se percer

Entre-pont, sm. étage qui sépare deux ponts. mar.

Entreposer, va. déposer. com.

Entreposeur, sm. commis à l'entrepôt.

Entrepositaire, sm. qui a des marchandises dans un entrepôt.

Entrepôt, sm. lieu de dépôt.

Entre-pousser (s'), vr. se pousser réciproq. [prend; hardi.

Entreprenant, a. qui entre-

Entreprendre, va. et n. commencer; se charger de l'exécution de; attaquer; railler; usurper. [prend.

Entrepreneur, sm. qui entre-

Entrepris, a. embarrassé; perclus. [prend.

Entreprise, sf. ce qu'on entre-

Entrequereller (s'), vr. se quereller l'un l'autre. [dedans.

Entrer, vn. passer du dehors au

Entre-regarder (s'), vr. se regarder mutuellement.

Entre-répondre (s'), vr. se répondre réciproquement.

Entre-saluer (s'), vr. se saluer réciproquement.

Entre-secourir (s'), vr. se secourir réciproquement.

Entresol, sm. étage pris sur un autre.

Entre-suivre (s'), vr. aller de suite. [de grav.

Entretaille, sf. pas de danse. t.

Entre-tailler (s'), vr. se heurter les jambes en marchant.

Entretaillure, sf. blessure en s'entretaillant. man.

Entre-temps, sm. intervalle.

Entretènement, sm. entretien. pal. [tient.

Entreteneur, sm. qui entre-

Entretenir, va. n. et p. tenir en état; faire subsister; parler avec quelqu'un; se conserver. [tenir.

Entretien, sm. action d'entre-

Entretoile, sf. ornement de dentelle. [pente.

Entretoise, sf. pièce de char-

Entre-toucher (s'), vr. se toucher mutuellement.

Entre-tuer (s'), vr. se tuer l'un l'autre. [mutuellement.

Entre-visiter (s'), vr. se visiter

Entrevoir, va. voir un peu. vp. se visiter.

Entrevous, sm. t. d'arch.

Entrevue, sf. rencontre concertée. [mutuellement.

Entr'obliger (s'), vr. s'obliger

Entr'ouverture, sf. incommodité d'un cheval.

Entr'ouvrir, va. ouvrir un peu.

Enture, sf. place d'une ente; pl. échelons.

Enumérateur, sm. celui qui fait une énumération.

Enumératif, ve, a. qui énumère.

Enumération, sf. dénombrement.

Enumérer, va. dénombrer.

Envahir, va. usurper. [vahir.

Envahissement, sm. act. d'en-

Envahisseur, sm. celui qui envahit.

Envaser (s'), vp. se remplir de boue, de vase, etc.

Enveloppe, sf. ce qui enveloppe

Enveloppement, sm. action d'

Envelopper, va. entourer; comprendre dans. fig. déguiser; cacher.

Envenimer, va. infecter de venin. fig. interpréter odieusement.

Enverger, va. garnir d'osier.

Enverguer, va. attacher les voiles aux vergues.

Envergure, sf. (ju) manière d'enverguer; étendue des ailes

Envers, prép. à l'égard, sm. le côté le moins beau d'une étoffe. A l'envers, ad. en sens contraire.

Envi (à l'), ad. avec émulation.

Enviable, a. digne d'

Envie, sf. jalousie; désir; marque sur le corps humain; petits filets de la peau autour des ongles. |sirer.|

Envier, va. porter envie; dé-
Envieux, se, a.s. qui envie.
Enviné, e, a. qui sent le vin.
Environ, ad. à peu près. sm. pl. lieux voisins.   [ronne.
Environnant, e, a. qui envi-
Environner, va. entourer.
Envisager, va regarder en face. fig. considérer en esprit.
Envoi, sm. act. d'envoyer; ce qui est envoyé.   [serr.
Envoiler (s'), vp. se courber.
Envoisiné, a. qui a des voisins.
Envoler (s'), vp. fuir en volant.
Envoûter, va. t. de magie.
Envoyé, sm. ministre député.
Envoyer, va. faire aller; faire porter.
Eolien, Eolique, a. dialecte grec
Eolienne, af. harpe —, que le vent fait résonner.
Eolipyle, sm. instr. de physiq.
Epacte, sf. addit. à l'année lunaire.   [poit.
Epagneul, sm. chien à long
Epais, a. qui a de l'épaisseur; grossier; serré. sm. epaisseur
Epaisseur, sf. profondeur d'un solide.
Epaissir, va. et p. rendre, devenir épais.   [tion.
Epaississement, sm. condensa-
Epamprement, sm. action d'
Epamprer, va ôter les pampres.
Epanchement, sm. effusion.
Epancher, va. et p. répandre. fig. se confier.
Epandre, va. et p. éparpiller.
Epanorthose, sf. rétractation feinte rhét.
Epanouir, va. (la rate) réjouir. fa. vp. s'ouvrir, se dit des fleurs.   [s'epanouir.
Epanouissement, sm. action de
Eparcet, sm. sorte de foin.
Eparer (s'), vp. ruer. man.
Epargnant, a. qui use d'
Epargne, sf. économie; caisse d' —, établissement pour recueillir les épargnes.

Eparguer, va. ménager. vp. s'éviter.
Eparpillement, sm. action d'
Eparpiller, va. jeter çà et là.
Epars, a. dispersé.
Epart, sm. esp. de jonc.
Eparvin, sm. tumeur. man.
Epaté, a. (verre) à pied cassé; (n z) camus.
Epater, va. et pr. rompre le pied
Epaulard, sm. grand mammifère marin.
Epaule, sf. partie du corps.
Epaulée, sf. effort de l'épaule.
Epaulement, sm. rempart de terre. |fig. aider.
Epauler, va. disloquer l'épaule.
Epaulette, sf. partie du vetement qui couvre l'épaule; sorte de frange sur l'épaule.
Epaulière, sf. armure de l'épaule.
Epave, a. (chose) égarée.
Epeautre, sm. sorte de blé.
Epée, sf. arme offensive. fig. l'état militaire.
Epeiche, sf. esp de pie.
Epeler, va. assembler les lettres
Epellation, sf. act. d'épeler.
Epenthèse, sf. addition d'une lettre ou d'une syllabe. gra.
Epenthétique, a. qui est ajouté par épenthèse.   [sion.
Eperdu, a. troublé par une passion.
Eperdument, ad. violemment.
Eperlan, sm. petit poisson.
Eperon, sm. branche de métal terminée par une molette pour exciter le cheval; ergot; proue d'une galère; sorte de fortification, etc.
Eperonné, a. qui a des éperons. sm. poisson.   [peron.
Eperonner, va. piquer de l'é-
Eperonnerie, sf. fabrique, commerce d'éperons, de harnais, etc.   [perons.
Eperonnier, sm. marchand d'é-
Epervier, sm. oiseau; filet.
Epervière, sf. genre de plantes.
Ephèdre, sm. athlète sans antagoniste.

Ephélide, sf. tache de rousseur.

Ephémère, a. qui ne dure qu'un jour. [tron. et chronol.]

Ephémérides, sf. pl. tables as-

Ephestrie, sf. sorte d'habit grec. |grecs.

Ephètes, sm. pl. magistrats

Ephod, sm. ceinture des prêtres hébreux.

Ephores, sm. pl. juges à Sparte.

Epi, sm. tête du blé ; fleurs en épi.

Epiale, a. et sf. sorte de fièvre.

Epicarpe, sm. épiderme du fruit

Epicaule, a. qui croît sur la tige des plantes.

Epice, sf. drogue aromatique. pl. bonbons. v. droit aux juges. [deux sexes.]

Epicène, a. (mot) commun aux

Epicer, va. assaisonner.

Epicerie, sf. commerce d'épices.

Epichérème, sm. (épiké) syllogisme. |ces.

Epicier, sm. marchand d'épi-

Epicrâne, sm. V. Péricrâne.

Epicurien, sm. sectateur d'Epicure. fig. voluptueux.

Epicurisme, sm. système d'Epicure ; fig. vie voluptueuse.

Epicycle, sm. petit cercle ayant son centre sur la circonférence d'un plus grand. |géom.]

Epicycloïde, sf. ligne courbe.

Epidémie, sf. maladie générale.

Epidémique, a. de l'épidémie.

Epidémiquement, adv. d'une man. épidémique.

Epiderme, sm. première peau.

Epier, vn. monter en épi. va. observer secrètement les actions d'autrui.

Epierrement, sm. action d'

Epierrer, va. ôter les pierres.

Epieu, sm. gros bâton armé d'un fer. [tomac.]

Epigastre, sm. région de l'es-

Epigastrique, a. de l'épigastre.

Epiglotte, sf. fibre-cartilage qui recouvre la glotte.

Epigrammatique, a. de l'épigramme.

Epigrammatiser, vn. faire des épigrammes. [épigrammes.]

Epigrammatiste, sm. qui fait des

Epigramme, sf. poésie ; trait mordant. [vise.]

Epigraphe, sf. inscription, de-

Epilatoire, a. qui sert à épiler.

Epilepsie, sf. mal caduc.

Epileptique, a. de l'épilepsie.

Epiler, va. ôter le poil.

Epillet, sm. t. de bot.

Epilogue, sm. conclusion d'un poëme.

Epiloguer, va. et n. censurer. fa.

Epilogueur, sm. qui épilogue.

Epinards, sm. pl. plante potagère.

Epine, sf. arbrisseau ; piquant ; vertèbres. fig. obstacle. — vinette, plante.

Epinette, sf. inst. de musique.

Epineux, se, a. à épines. fig. difficile.

Epingare, sm. petit canon.

Epingle, sf. pointe de laiton. pl. présent.

Epinglette, sf. aiguille pour déboucher la lumière du fusil.

Epinglier, sm. marchand d'épingles. [l'épine du dos.]

Epinière, af. qui appartient à

Epiniers, sf. pl. bois fourrés d'épines. [poisson.]

Epiloche, sf. café perlé ; petit

Epiphanie, sf. ou les Rois, fête chrétienne.

Epiphonème, sm. exclamation.

Epiplérose, sf. embonpoint excessif.

Epiploïque, a. de l'

Epiploon, sm. membrane des intestins. [une act. héroïque.]

Epique, a. (poëme) qui raconte

Episcopal, a. d'évêque. pl. aux. sm. partisan de l'épiscopat.

Episcopat, sm. dignité d'évêque. [litt.]

Episode, sm. action incidente.

Episodique, a. de l'épisode.

Epispastique, a. qui attire l'humeur. [cordes.]

Episser, va. entrelacer deux

Épissoir, sm. inst. pour épisser.

Épissure, sf. entrelacement de deux bouts de corde.

Épistolaire, a. de l'épître. sm. pl. auteurs dont on a recueilli les lettres.

Épistolographe, sm. nom des écrivains anciens qui ont laissé des recueils de lettres.

Épistyle, sf. architrave. [beau.

Épitaphe, sf. inscript. de tom-

Épitase, sf. partie du poëme dramatique qui suit l'expo-

Épite, petite cheville. [sition.

Épithalame, sm. poëme sur un mariage.

Épithème, sm. topique.

Épithète, sf. adjectif. [tes.

Épithétique, a. rempli d'épithè-

Épitoge, sf. sorte de surtout.

Épitome, sm. abrégé d'un livre.

Épitre, sf. lettre missive; discours en vers; partie de la messe qui précède l'évangile.

Épitrope, sm. arbitre. f. figure de rhétorique ; concession.

Épizootie, sf. (tie) contagion sur les animaux.

Épizootique, a. de l'épizootie.

Éploré, a. en pleurs. [dues.

Éployé, a. qui a les ailes éten-

Épluchement, sm. action d'

Éplucher, va. trier; examiner.

Éplucheur, euse, s. qui épluche.

Épluchoir, sm. couteau pour éplucher.

Épluchure, sf. ordure ôtée.

Épode, sf. troisième part. d'un chant grec. [hanché.

Épointé, a. (cheval, chien) dé-

Épointer, va. ôter la pointe.

Épois, sm. pl. cors du cerf.

Éponge, sf. sorte de polypier léger et poreux.

Éponger, va. nettoyer.

Éponyme, a. et sm. celui des neuf archontes d'Athènes, qui donnait son nom à l'année.

Épopée, sf. genre de poëme épique.

Époque, sf. point fixe de l'histoire ; date; moment.

Époudrer, va. ôter la poudre des hardes.

Époeffé, a. haletant. fa.

Épouffer (s'), vp. s'enfuir. pop.

Épouiller, va. ôter les poux.

Époumoner, va. fatiguer les poumons.

Épousailles, sf. pl. mariage.

Épousée, sf. celle qu'on vient d'épouser.

Épouser, va. et r. prendre en mariage. fig. s'attacher à.

Épouseur, sm. qui veut se marier. fa.

Époussetage, sm. action d'

Épousseter, va. ôter la poussière.

Époussetoir, sm. pinceau doux.

Époussette, sf. vergette. v.

Épouvantable, a. effrayant ; excessif.

Épouvantablement, ad. m. s.

Épouvantail. sm. pl. ails, haillons pour effrayer les oiseaux.

Épouvante, sf. terreur.

Épouvantement, sm. act. d'

Épouvanter, va. effrayer à l'excès. [riage.

Époux, se, s. conjoint par ma-

Épreindre, va. exprimer le suc.

Épreinte, sf. envie fausse et douloureuse d'aller à la garde-robe. [ner.

Éprendre (s'), vp. se passion-

Épreuve, sf. essai ; t. d'imprimerie; malheur.

Épris, e, a. passionné. [tir.

Éprouver, va. essayer ; ressen-

Éprouvette, sf. sonde de chir. machine pour éprouver la poudre. [magnésie.

Epsom (sel d'), sm. sulfate de

Épucer, va. ôter les puces.

Épuisable, a. qu'on peut épuiser

Épuisement, sm. act. d'épuiser; son effet ; perte de forces.

Épuiser, va. tarir ; consommer. p. s'affaiblir.

Épulide ou Épulie, sf. excroissance de chair sur les gencives. [ant.

Épulons, sm. pl. prêtres de Rome

Epuratif, ive, a. qui épure.

Epuration, sf. act. d'épurer.

Epure, sf. dessin en gr. d'un édifice. [pur.

Epurer, va. rendre, devenir

Epurge, sf. sorte de tithymale.

Equarrir, va. tailler à angles droits.

Equarrissage, sm. état équarri.

Equarrissement, sm. action d'équarrir.

Equarrisseur, sm. celui qui fait métier de tuer et d'écorcher les bêtes de somme.

Equarrissoir, sm. outil pour équarrir. [la sphère.

Equateur, sm. (coua) cercle de

Equation, sf. (coua) t. d'ast. et d'alg. [quateur.

Equatorial, e, a. (coua) de l'é-

Equerre, sf. instrument pour tracer un angle droit.

Equestre, a. (cués) (statue) à cheval ; (ordre) de chevaliers.

Equiangle, a. (cui) à angles égaux.

Equidifférent, e, a. dont la différence est égale. [éloigné.

Equidistant, a. (cui) également

Equilatéral, a. (cui) à côtés égaux. [côtés égaux.

Equilatère, a. (cui) (figure) à

Equilibre, sm. égalité de poids.

Equilibrer, va. mettre en équilibre.

Equimultiple, a. (cui) t. d'arit.

Equinoxe, sm. temps où les jours sont égaux aux nuits.

Equinoxial, a. de l'équinoxe.

Equipage, sm. train ; suite ; carrosse, etc. gens d'un vaisseau.

Equipe, sf. convoi de bateaux.

Equipée, sf. action indiscrète.

Equipement, sm. act. d'équiper ; ensemble des objets nécessaires à un soldat.

Equiper, va. et p. pourvoir un individu, un navire des choses nécessaires ; s'accoutrer.

Equipollence, sf. égalité de valeur.

Equipollent, a. et sm. qui vaut autant. A l'équipollent. ad. à proportion. [tant.

Equipoller, va. et n. valoir au-

Equipondérance, sf. égalité de pesanteur. [poids.

Equipondérant, e, a. de même

Equitable, a. qui a de l'équité.

Equitablement, ad. avec équité.

Equitation, sf. (cui) art du cavalier.

Equité, sf. justice, droiture.

Equivalent, a. et sm. qui équivaut. [valeur.

Equivaloir, vn. être de même

Equivoque, a. et sf. à double sens.

Equivoquer, vn. user d'équivoque. vp. dire un mot pour un autre. fa.

Erable, sm. arbre forestier.

Eradicatif, ve, a. qui ôte la racine du mal. [ciner.

Eradication, sf. act. de déra-

Erafler, va. effleurer la peau.

Eraflure, sf. légère écorchure.

Eraillé, a. (œil) à filets rouges.

Eraillement, sm. renversement de la paupière.

Erailler, va. (une étoffe) l'effiler, en relâcher le tissu.

Eraillure, sf. chose éraillée.

Erater, va. ôter la rate.

Ere, sf. point fixe pour compter les années.

Erèbe, sm. enfer, t. de myth.

Erecteur, sm. et a. (muscle) qui élève. [lever.

Erection, sf. act. d'ériger, d'é-

Ereinter, va. fouler les reins.

Erémitique, a. (vie) d'ermite.

Erésipèle, V. Erysipèle, etc.

Eréthisme, sm. irritation des fibres. [d'un argument.

Ergo, sm. donc ; conclusion

Ergot, sm. ongle d'animaux ; maladie du blé.

Ergoté, a. qui a des ergots.

Ergoter, vn. pointiller ; chicaner. fa.

Ergoterie, sf. chicane. fa.

Ergoteur, sm. pointilleux. fa.

Ergotisme, sm. manie d'ergoter

Ericiné, e, a. qui ress. à la bruyère. sf. pl. fam. de plantes

Eridan, sm. constellation.

Eriger, va. élever un monument. vp s'attribuer un droit

Erigne, sf. inst. de chirurgie.

Ermitage, sm. habitation d'

Ermite, sm. qui vit dans un désert. [bord denticulé. bot.

Erode, e, a. rongé, déchiré, à

Erosion, sf. act. de l'acide qui ronge.

Erotique, a. d'amour.   [reux.

Erotomanie, sf. délire amou-

Erpétologie, sf. science des reptiles.   [l'erreur.

Errant, a. vagabond. fig. dans

Errata, sm. liste des fautes.

Erratique, a. (fièvre) irrégulière

Erratum, sm. indication d'une faute d'impression.

Erre, sf train; allure. pl. traces du cerf.

Errements, sm. pl. erres. [per.

Errer, vn. vaguer. fig. se trom-

Erreur, sf. fausse opinion; méprise; faute.   [reurs.

Erroné, a. qui contient des er-

Ers, sm. genre de plantes légumineuses.

Erse, a. (langue) des anciens Scandinaves.   [plante.

Erucago ou Erucague, sf.

Eructation, sf. éruption de gaz par la bouche. méd.

Erudit, a. et s. savant.

Erudition, sf. vaste savoir.

Erugineux, se, a. verdâtre. méd.

Eruption, sf. évacuation subite; sortie de boutons.

Eruptive, adj. f. (maladie) avec éruption.

Erysipélateux, se, a. d'érysipèle.

Erysipèle, sm. inflammat. cutanée.   [arts.

Es, prép. dans les; maître es-

Esbrouffe, sf. vanité; embarras. pop.   [de l'embarras.

Esbrouffer, va. se moquer; faire

Esbrouffeur, euse, s. qui fait de l'esbrouffe.

Escabeau, sm. — belle, sf. siège de bois sans dossier.

Escache, sm. mors ovale.

Escadre, sf. flotte de guerre.

Escadrille, sf. petite escadre.

Escadron, sm. corps de cavalerie.   [escadron.

Escadronner, vn. se mettre en

Escalade, sf. action d'   [échelle.

Escalader, va. monter à l'échelle.

Escale, sf. (faire), mouiller.

Escalier, sm. partie du bâtiment, composée de degrés, pour monter et descendre.

Escalin, sm. monnaie.

Escamotage, sm. act. d'

Escamoter, va. faire disparaitre subitement.

Escamoteur, sm. qui escamote.

Escamper, vn. s'enfuir. pop.

Escampette, sf. (prendre la poudre d') s'enfuir. pop.

Escapade, sf. échappée. fa.

Escape, sf. fût de la colonne.

Escarbillard, a. et s. gai, éveillé.

Escarbot, sm. scarabée.

Escarboucle, sf. rubis.   [fa.

Escarcelle, sf. grande bourse.

Escargot, sm. limaçon.

Escarmouche, sf. combat de partis. milit.

Escarmoucher, vn. et p. sens du substantif.   [carmouche.

Escarmoucheur, sm. qui es-

Escarole, sf. plante potagère.

Escarotiques, sm. pl. caustiques

Escarpe, sf. pente de fosse du côté de la place.

Escarpé, a. à pente rapide.

Escarpement, sm. pente. fortif.

Escarper, va. couper droit de haut en bas un rocher, un fossé.   [torture.

Escarpin, sm. soulier léger. pl.

Escarpolette, sf. siège pour se balancer.

Escarre, sf. croûte de plaie. fig. ouverture avec fracas.

Escaveçade, sf. secousse du caveçon.

Eschillon, sm. trombe marine.

Escient, sm. à son escient,

sciemment ; *à bon escient,* tout de bon. *v.*

Esclaire, sm. oiseau de proie.

Esclandre, sm. accident bruyant.

Esclavage, sm. état d'esclave.

Esclave, s. *et* a. qui a perdu sa liberté.

Escobarder, vn. tromper. *fa.*

Escobarderie, sf. subterfuge.

Escogriffe, sm. qui prend sans demander ; homme grand et mal bâti.

Escompte, sm. remise pour un payement fait avant l'échéance.

Escompter, va. faire l'escompte.

Escompteur, sm. qui escompte.

Escope, sf. sorte de pelle creuse.

Escopette, sf. sorte de carabine.

Escopetterie, sf. décharge de fusils.

Escorte, sf. gens qui escortent.

Escorter, va. accompagner pour protéger.

Escot, sm. étoffe de laine.

Escouade, sf. détachement militaire. [roies.

Escourgée, sf. fouet de cour-

Escourgeon, sm. esp. d'orge.

Escousse, sf. action pour mieux s'élancer. *fa.*

Escrime, sf. art d'

Escrimer, vn. *et* p. faire des armes ; faire tous ses efforts pour.

Escrimeur, sm. qui escrime.

Escroc, sm. fripon. [berie.

Escroquer, va. voler par four-

Escroquerie, sf. act. d'escroc.

Escroqueur, euse, s. qui escroque.

Esculape, sm. médecin. *fa.*

E-si-mi, t. de mus. le ton de mi.

Esotérique, a. secret, réservé aux initiés.

Espace, sm. étendue de lieu, de temps. sf. ce qui sert à espacer les mots. *imp.* [corps.

Espacement, sm. distance des

Espacer, va. mettre de l'intervalle.

Espadon, sm. large épée ; poisson.

Espadonner, vn. se servir de l'espadon. [rure de fenêtre.

Espagnolette, sf. ratine ; fer-

Espalier, sm. premier rameur de galère ; arbre contre un mur. [navire.

Espalmer, va. goudronner un

Espardille, sf. soulier de corde.

Espars, sm. pl. longs mâtereaux de sapin.

Espèce, sf. division du genre ; qualité ; sorte. pl. argent monnayé ; apparence du pain et du vin après la consécration.

Espérance, sf. attente et désir.

Espérer, va. *et* n. avoir espérance.

Espiègle, a. *et* s. subtil ; éveillé.

Espièglerie, sf. malice d'espiègle. [vasé.

Espingole, sf. fusil à canon é-

Espion, sm. qui fait métier d'épier.

Espionnage, sm. action d'

Espionner, va. servir d'espion.

Esplanade, sf. lieu aplani.*fort.*

Espoir, sm. espérance.

Espouton, sm. demi-pique d'infanterie.

Espringale, sf. esp. de fronde.

Esprit, sm. être incorporel ; ange ; revenant ; âme de l'homme ; ses facultés ; facilité de conception ; vivacité d'imagination ; caractère ; essence ; fluide subtil. *chim.* le *saint* — troisième personne de la Trinité. — *foliet,* lutin. — *fort,* incrédule.

Esquicher, vn. *et* p. t. du jeu de reversi. *fig.* éviter de dire son avis.

Esquif, sm. petit canot.

Esquille, sf. éclat d'os fracturé.

Esquinancie, sf. inflamm. de gorge.

Esquine, sf. reins. *man.* [fa.

E-quipot, sm. esp. de tirelire.

Esquisse, sf. ébauche.

Esquisser, va. faire une esquisse

Esquiver, va. *et* n. éviter adroitement. vp. s'enfuir subtilement. *fa.*

Essai , sm. expérience ; première production ; épreuve ; échantillon. [abeilles.

Essaim, sm. volée de jeunes

Essaimer, vn. produire un essaim. [lessive.

Essanger, va. mouiller avec la

Essart, sm. terre défrichée.

Essartement, sm. action d'

Essarter, va. arracher les épines. [faire l'essai.

Essayer, va. n. *et* p. éprouver,

Essayeur, sm. qui essaye les monnaies.

Esse, sf. cheville; crochet en S.

Essence, sf. nature d'une chose; huile volatile. [juifs.

Esséniens, sm. pl. philosophes

Essentiel, le, a. *(ci)* de l'essence; nécessaire. sm. le principal.

Essentiellement, ad. d'une man. essentielle. [che.

Essette, sf. marteau à large tran-

Essieu, sm. pièce qui traverse le moyeu des roues.

Essimer, va. amaigrir un oiseau. *fauc.* [but hardi.

Essor, sm. vol fort haut. *fig.* dé-

Essorer, va. sécher à l'air. vp. prendre l'essor. [reilles.

Essoriller, va. couper les o-

Essoucher , va. arracher les souches. [lui qui est essoufflé.

Essoufflement, sm. état de ce-

Essouffler, va. mettre hors d'haleine. [cher.

Essui , sm. lieu pour faire sé-

Essuie-main, sm. linge pour essuyer les mains.

Essuyer, va. ôter la poussière ; sécher. *fig.* être exposé à endurer. [rient.

Est, sm. (t) le Levant, l'O-

Estacade, sf. digue de pieux.

Estafette, sf. courrier d'une poste

Estafier, sm. valet; souteneur.

Estafilade , sf. balafre ; coupure. *fa.*

Estafilader, va. faire une estafilade. *pop.*

Estame, sf. tricot de laine.

Estamet, sm. étoffe de laine.

Estaminet, sm. tabagie.

Estampe, sf. image imprimée ; outil pour estamper. [preinte.

Estamper, va. faire une em-

Estampeur, sm. qui estampe.

Estampille, sf. marque apposée par impression ; instr. pour la faire. [tampille.

Estampiller, va. mettre l'es-

Estan, sm. bois sur pied. [tice.

Ester , vn. comparaître en jus-

Estère, sf. lit ; natte de jonc.

Esterlet, sm. oiseau aquatique.

Esterlin, sm. poids de vingt-huit grains et demi.

Esthétique , sf. science des caractères du beau.

Estimable, a. digne d'estime.

Estimateur , sm. qui prise une chose.

Estimatif, am. (devis), procès-verbal d'estimation.

Estimation, sf. évaluation.

Estime, sf. cas que l'on fait d'une personne; calcul du sillage. *mar.* [croire.

Estimer , va. priser ; évaluer ;

Estival, a. d'été.

Estivation , sf. état de la corolle avant son développement.

Estive, sf. contre-poids donné à un navire.

Estoc, sm. longue épée anc. ; pointe d'épée. *Brin-d'estoc,* bâton ferré.

Estocade, sf. coup d'épée.

Estocader, va. porter des estocades.

Estomac, sm. *(ma)* viscère pour digérer ; partie extér. qui y répond. [fa.

Estomaquer (s'), vp. s'offenser.

Estompe, sf. peau roulée pour

Estomper, va. étendre le trait d'un dessin.

Estouffade *ou* Étouffade, sf. man. d'accommoder les viandes.

Estrade, sf. chemin. v. lieu élevé d'un plancher.

Estragon, sm. herbe odoriférante. [tranchant de l'épée.

Estramaçon, sm. anc. épée; le

Estramaçonner, va. frapper du tranchant. *fa.* [tence.

Estrapade, sf. supplice; po-

Estrapader, va. donner l'estrapade.

Estrapasser, va. excéder. *man.*

Estropier, va. ôter l'usage d'un membre; altérer un mot, une pensée.

Esturgeon, sm. poisson de mer.

Esule, sf. plante laiteuse.

Et, conj. copulative. (*t* muet).

Etable, sf. logement des bestiaux.

Etabler, va. mettre à l'étable.

Etabli, sm. table d'artisan.

Etablir, va. fixer; rendre stable; donner un état; créer; s' — vp. se fixer; se marier.

Etablissement, sm. act. d'établir; siége d'une industrie.

Etage, sm. espace entre deux planchers. *fig.* rang.

Etager, va. couper les cheveux par étages.

Etagère, sf. meuble à tablettes.

Etai, sm. pièce de bois pour soutenir. [son effet.

Etaiement, sm. act. d'étayer,

Etaim, sm. laine fine,

Etain, sm. métal blanc.

Etal, sm. pl. *aux.* table, boutique de boucher.

Etalage, sm. act. d'étaler; marchandises étalées. *fig.* ostentation.

Etalagiste, a. *et* sm. qui étale de la marchandise dans les rues, etc.

Etaler, va. exposer en vente; déployer; *fig.* montrer avec ostentation. s' —, vp. tomber de son haut. *pop.* se pavaner.

Etalier, sm. qui a un étal.

Etalinguer, va. amarrer l'ancre.

Etalon, sm. cheval entier; modèle de poids, de mesure.

Etalonnement, — *nage*, sm. action d'

Etalonner, va. imprimer une marque sur un poids ou une mesure; couvrir une jument.

Etalonneur, sm. officier qui étalonne.

Etamage, sm. action d'étamer.

Etambot, sm. étai du gouvernail.

Etamer, va. enduire d'étain.

Etameur, sm. qui étame.

Etamine, sf. passoire de tissu; étoffe; organe mâle de la plante.

Etaminé, e, a. muni d'étamines.

Etaminier, sm. qui fait de l'étamine. [cheval.

Etamper, va. percer un fer de

Etamoir, sm. outil pour souder.

Etamure, sf. étain pour étamer.

Etanchement, sm. action d'

Etancher, va. arrêter l'écoulement; apaiser, en parlant de

Etançon, sm. étai. [la soif.

Etançonner, va. étayer.

Etanfiche, sf. hauteur de plusieurs lits de pierre dans une carrière.

Etang, sm. (*an*) amas d'eau sans cours.

Etangue, sf. tenailles. *monn.*

Etant, sm. bois sur pied.

Etape, sf. dépôt de marchandises; vivres militaires. [tape.

Etapier, sm. qui distribue l'é-

Etat, sm. situation; condition; pays; gouvernement; liste; train; mémoire, inventaire; dépense. pl. assemblée politique. *Etat-major*, principaux offic. [pour serrer.

Etau, sm. instr. de serrurier

Etayement, sm. action d' [étais.

Etayer, va. appuyer avec des

Et cœtera, sm. i. (*cicé*) et autres.

Eté, sm. saison la plus chaude.

Eteignoir, sm. instr. pour éteindre une lumière.

Eteindre va. étouffer le feu; *fig.* abolir; s' — vp. cesser de brûler, de luire; finir, mourir.

Etendage, sm. cordes, perches pour étendre.

Etendard, sm. enseigne de cavalerie ; drapeau.   [dre.

Etendoir, sm. instr. pour étendre.

Etendre, va. allonger; déployer; agrandir ; renverser ; s' —, . vp. se coucher en long.

Etendue, sf. dimension ; superficie, grandeur.

Eternel, le, a. sans commencement et sans fin. sm. Dieu.

Eternellement, ad. sans cesse.

Eterniser, va. rendre éternel ; faire durer longtemps.

Eternité, sf. durée sans commencement ni fin.

Eternuer, vn. faire un

Eternument, sm. mouvement subit et convulsif des muscles du nez.

Eternueur, euse, s. qui éternue.

Eté ies, sm. pl. ou mieux Etésiens, sm. pl. (vents) réguliers.

Etêtement, sm. action d'

Etêter, va. couper la tête d'un arbre.   [me.

Eteuf, sm. (teu) balle de paume.

Eteule, sf. chaume sur pied.

Ether, sm. (tér) fluide subtil ; liqueur volatile.

Ethéré, a. de l'éther.

Ethérisation, sf. action d'

Ethériser, va. priver momentanément quelqu'un de la sensibilité au moyen de l'éther.

Ethiops, sm. (s) mercure et

Ethique, sf. morale.   [camfre.

Ethmoïdal, a. de l'   [ne.

Ethmoïde, a. et sm. os du crâ-

Ethnarchie, sf. dignité d'ethnarque. [d'une province ant.

Ethnarque , sm. commandant

Ethnique, a. païen.

Ethnographe, sm. qui s'occupe d'

Ethnographie , sf. description des divers peuples.

Ethnographique, a. de l'ethnographie.

Ethologie, sf. traité des mœurs.

Etiage, sm. le plus grand abaissement des eaux d'une rivière.

Etier, sm. canal qui conduit l'eau de la mer dans les marais salants.

Etincelant, a. qui étincelle.

Etincelé, a. semé d'étincelles. bla.   [de lumière.

Etinceler, vn. jeter des éclats

Etincelle, sf. parcelle de feu. fig. saillie.   [celant.

Etincellement, sm. état étin-

Etiolement, sm. état étiolé.

Etioler (s'), vp. s'affaiblir faute d'air.   [méd.

Etiologie, sf. traité des causes.

Etique, a. attaqué d'étisie ; maigre.

Etiqueter, va. mettre une

Etiquette, sf. écriteau ; cérémonial.   [ter, etc.

Etirage, sm. action d'étirer le

Etirer, va. étendre, allonger.

Etisie, sf. phthisie.

Etoffe, sf. tissu de laine , soie, etc. fig. disposition naturelle.

Etoffé, a. bien vêtu, garni. fa.

Etoffer, va. mettre assez d'étoffe.   [félure.

Etoile, sf. astre ; astérisque ;

Etoilé, a. semé d'étoiles; fêlé en étoile.   [toile.

Etoiler (s'), vp. se fêler en é-

Etole, sf. ornement de prêtre.

Etonnamment, ad. d'une man. étonnante.

Etonnant, a. qui étonne.

Etonnement, sm. surprise ; admiration.

Etonner, va. surprendre ; ébranler. vp. être étonné.

Etouffant, a. qui étouffe.

Etouffement , sm. difficulté de respirer.

Etouffer, va. et n. suffoquer ; fig. cacher ; détruire.   [boa.

Etouffeur, sm. nom donné au

Etouffoir, sm. ust. pour étouffer la braise.

Etoupe, sf. rebut de filasse.

Etouper, va. mettre de l'étoupe.

Etoupière, sf. toile d'étoupe.

Etoupille, sf. mèche roulée dans la poudre.

Etoupillon, sm. mèche d'étoupe suivée.

Etourderie, sf. action d'

Etourdi, a. et s. inconsidéré.

Etourdiment, ad. avec étourderie.

Etourdir, va. troubler les sens; importuner. fig. étonner. vp. se distraire.

Etourdissant, a. qui étourdit.

Etourdissement, sm. trouble; vertige.

Etourneau, sm. oiseau; jeune homme présomptueux.

Etrange, a. contre l'usage.

Etrangement, ad. d'une man. étrange.

Etranger, a. et s. d'une autre nation; sans rapport, etc.

Etranger, va. chasser d'un lieu, vp. s'éloigner. vén.

Etrangeté, sf. caractère de ce qui est étrange. [ment.

Etranglement, sm. resserre-

Etranglé, e, a. trop étroit.

Etrangler, va. tuer en serrant ou bouchant le gosier.

Etranguillon, sm. esquinancie des chevaux. [me.

Etrape, sf. faucille pour le chau-

Etraper, va. couper le chaume.

Etraquer, va. suivre à la trace. vén.

Etrave, sf. proue de navire.

Etre, v. auxil. exister; subsister; faire partie; appartenir. sm. ce qui est; existence. pl. localités, etc.

Etrécir, va. et n. rendre, devenir étroit. [cir.

Etrécissement, sm. act. d'étré-

Etreindre, va. serrer fort en liant; embrasser.

Etreinte, sf. action d'étreindre.

Etrenne, sf. présent au premier de l'an; premier usage que l'on fait d'une chose; premier argent que reçoit un marchand dans la journée.

Etrenner, va. donner ou recevoir des étrennes.

Etrésillon, sm. arc-boutant.

Etrésillonner, va. mettre des étrésillons. [la selle.

Etrier, sm. sorte d'anneau à

Etrille, sf. inst. pour étriller les chevaux.

Etriller, va. frotter avec l'étrille; battre; faire payer trop cher.

Etriper, va. ôter les tripes.

Etriqué, a. (habit) sans ampl ur. fa.

Etriquer, va. rapetisser. fa.

Etrivière, sf. courroie de l'étrier. pl. fouet.

Etroit, a. qui a peu de largeur; borné; intime. A l'étroit, ad. resserré.

Etroitement, ad. à l'étroit.

Etron, sm. matière fécale. bas.

Etronçonner, va. étêter (un arbre.) [teux.

Etruffé, a. chien devenu boi-

Etruffure, sf. état, mal du chien étruffé.

Etude, sf. act. d'étudier; essai de peintre; bureau de notaire, d'avoué; connaissances acquises.

Etudiant, sm. qui étudie.

Etudie, a. fait avec soin; affecté.

Etudier, va. appliquer son esprit pour apprendre; méditer; examiner avec soin pour connaître. vp. s'appliquer.

Etudiole, sf. buffet à tiroir pour les papiers.

Etui, sm. boîte pour porter, conserver; petit meuble de poche pour les aiguilles, les épingles.

Etuve, sf. lieu échauffé pour faire suer ou sécher.

Etuvée, sf. sorte de ragoût.

Etuvement, sm. action d'

Etuver, va. laver doucement (une plaie). [tuves.

Etuviste, sm. qui tient des é-

Etymologie, sf. origine d'un mot.

Etymologique, a. de l'étymologie

Etymologiquement, adv. d'une man. étymologique.

Etymologiste, sm. qui s'occupe des étymologies.

Eucharistie, sf. (ca) sacrement.

Eucharistique, a. de l'eucharistie.

Eucologe, sm. livre de prières.

Eucrasie, sf. bon tempérament.

Eudiomètre, sm. instr. de phys.

Eudiométrie, sf. art d'analyser l'air. [métrie.

Eudiométrique, a. de l'eudio-

Eufraise, sf. plante.

Eulogies, sf. pl. choses bénites.

Euménides, sf. pl. furies.

Eunuque, sm. homme mutilé.

Eupatoire, sf. plante médicin.

Euphémique, a. de l'

Euphémisme, sm. adoucissement d'expression.

Euphonie, sf. douceur de son.

Euphonique, a. de l'euphonie.

Euphorbe, sm. plante âcre et laiteuse.

Européen, ne, a. et s. d'Europe.

Eurythmie, sf. belle proportion. [sier.

Eustache, sm. couteau gros-

Eux, pl. m. du pronom pers. lui.

Evacuant, e, a. qui évacue. [cuer.

Evacuatif, ive, a. qui fait éva-

Evacuation, sf. action d'

Evacuer, va. et n. vider; sortir.

Evader (s'), vp. s'échapper furtivement.

Evagation, sf. distraction.

Evaluer (s'), vp. s'émanciper. fa.

Evaluation, sf. action d'

Evaluer, va. apprécier la valeur.

Evangélique, a. selon l'Evangile

Evangéliquement, ad. d'une man. évangélique.

Evangéliser, va. et n. prêcher l'Evangile.

Evangéliste, sm. chacun des quatre auteurs de l'Evangile.

Evangile, sm. loi de Jesus-Christ; livre qui la contient.

Evanouir (s'), vp. tomber en défaillance; disparaître.

Evanouissement, sm. défaillance. [porer.

Evaporation, sf. act. de s'éva-

Evapore, a. et s. fig. étourdi.

Evaporer (s'), vp. se résoudre en vapeurs. va. dissiper en donnant cours.

Evasé, e, a. à large ouverture.

Evasement, sm. état évasé.

Evaser, va. élargir l'ouverture.

Evasif, ve, a. qui sert à éluder.

Evasion, sf. act. de s'évader.

Evasivement, adv. d'une man. évasive. [vase.

Evasure, sf. ouverture d'un

Evêché, sm. diocèse d'évêque.

Eveil, sm. avis intéressant; alerte. [attentif.

Eveillé, a. et s. vif; espiègle;

Eveiller, va. tirer du sommeil. vp. cesser de dormir.

Evénement, sm. issue d'une chose; fait; aventure.

Event, sm. altération dans le goût des comestibles; conduit pour l'air. fond. pl. ouïes.

Eventail, sm. ust. pour s'éventer. [d'éventails.

Eventailliste, sm. marchand

Eventaire, sm. plateau d'osier des marchandes ambulantes.

Eventé, a. et s. évaporé.

Eventement, sm. act. d'

Eventer, va. donner de l'air.— un secret, le découvrir. — la mine, faire échouer. s' — vp. se corrompre.

Eventoir, sm. éventail pour allumer. [ventre.

Eventrer, va. et p. fendre le

Eventualité, sf. caractère de ce qui est éventuel.

Eventuel, le, a. fondé sur un événement.

Eventuellement, ad. par événement. [ordre.

Evêque, sm. prélat du premier

Eversif, ive, a. qui renverse.

Eversion, sf. ruine d'un état.

Evertuer (s'), vp. s'efforcer de faire une chose.

Eviction, sf. act. d'évincer.

Evidemment , ad. (da) avec
Evidence, sf. qualité de ce qui
est
Evident, a. manifeste ; clair.
Evider, va. ôter l'empois ; é-
chancrer ; canneler.
Evidoir, sm. sorte d'outil.
Evier, sm. égout de cuisine.
Evincer, va. déposséder. jur.
Evitable, a. qu'on peut éviter.
Evitée, sf. largeur d'une ri-
vière, d'un canal.
Eviter, va. et p. fuir ; esquiver.
Evocable, a.qu'on peut évoquer.
Evocation, sf. act. d'évoquer.
Evocatoire , a. qui sert à évo-
quer pal.
Evolution, sf. mouvement de
troupes.
Evoquer, va. appeler. [chir.
Evulsion, sf. act. d'arracher.
Ex, prép. ci-devant ; qui a été.
Ex-abrupto, loc. adv. latine,
signifie tout à coup.
Exacerbation, sf. synonyme de
paroxysme.
Exact, a. (t', soigneux ; régulier.
Exactement, ad. avec exacti-
tude. [tions.
Exacteur, sm. qui fait des exac-
Exaction, sf. act. d'exiger plus
qu'il n'est dû.
Exactitude, sf. soin ; justesse.
Exagérateur, sm. qui exagère.
Exagératif, ve, a. d'exagération.
Exagération, sf. act. d'exagérer.
Exagéré, s. et a. enthousiaste.
Exagérer , va. outrer ce qu'on
dit ; grossir ; amplifier.
Exaltation , sf. élévation (du
pape). fig. exagération dans
les sentiments.
Exalté, e, a. s. trop ardent.
Exalter, va. vanter , animer.
fig. échauffer jusqu'à l'en-
thousiasme.
Examen, sm. (en) recherche ;
questions pour juger du sa-
voir de quelqu'un.
Examinateur, sm. qui examine.
Examiner, va. faire l'examen.
s' — , vp. se consulter.

Exanthème, sm. éruption à la
peau. [de l'exarque.
Exarchat, sm. (ca) territoire
Exarque, sm. commandant en
Italie. ant.
Exaspération, sf. action d'
Exasperer, va. irriter à l'excès.
Exaucement, sm. action d'
Exaucer, va. accorder la de-
mande.
Excavation, sf. act. de creuser ;
creux dans un terrain.
Excaver , va. faire une exca-
vation.
Excédant, a. et sm. qui excède.
Excéder, va. et p. outre-pas-
ser ; traiter avec excès ; fa-
tiguer. [man. excellente.
Excellemment, ad. (la) d'une
Excellence, sf. perfection ; ti-
tre. Par excellence. ad. ex-
cellemment.
Excellent, a. très-bon; exquis.
Excellentissime, a. très-excel-
lent. fa. titre d'honneur.
Exceller, vn. surpasser en per-
fection.
Excentricité, sf. distance entre
le centre et le foyer d'une
ellipse. fig. originalité.
Excentrique , a. se dit des cer-
cles engagés l'un dans l'autre,
et dont les centres sont dif-
férents. fig. original , bi-
zarre.
Excepté, prép. à la réserve.
Excepter, va. ne pas compren-
dre dans.
Exception, sf. act. d'excepter.
A l'exception, prép. excepter.
Exceptionnel, le, a. d'exception.
Exceptionnellement, adv. m.s.
Excès, sm. excédant ; dérégle-
ment ; outrage. A l'excès, loc.
ad. outre-mesure. [règle.
Excessif , ve, a. qui excède la
Excessivement, ad. avec excès.
Exciper, va. alléguer une ex-
ception. pal. [tion.
Excipient, sm. base d'une po-
Excise, sf. V. Accise.
Excision, sf. opération. chir.

13

Excitant, a. propre à exciter.

Excitateur, instrument de *phys.*

Excitatif, ve, a. qui excite.

Excitation, sf. état de ce qui est excité; action d'exciter.

Excitement, sm. effet de l'excitation. [mcr.

Exciter, va. provoquer; ani-

Exclamatif, ive, a. qui marque l'

Exclamation, sf. cri d'admiration, de joie, de fureur, etc.

Exclamer, va. et pr. faire une exclamation.

Exclure, va. écarter; expulser.

Exclusif, ve, a. et sm. qui exclut.

Exclusion, sf. act. d'exclure.

Exclusivement, ad. en excluant

Excommunication, sf. censure par laquelle on excommunie.

Excommunié, a. et s. exclu de l'église. [de l'église.

Excommunier, va. retrancher

Excoriation, sf. écorchure.

Excorier, va. écorcher la peau.

Excortication, sf. action d'ôter l'écorce. [corps.

Excrément, sm. ce qui sort du

Excrémenteux,—titiel, le, *ciel* a. qui tient de l'excrément.

Excrétion, sf. sortie des humeurs. [l'excrétion.

Excrétoire, — teur, a. pour

Excroissance, sf. tumeur.

Excursion, sf. irruption; digression.

Excusable, a. digne d'excuse.

Excusation, sf. refus de tutelle.

Excuse, sf. raison pour se disculper.

Excuser, va. et p. disculper; admettre les excuses.

Excussion, sf. secousse. *méd.*

Exéat, sm. (t) permission de sortir.

Exécrable, a. horrible; détestable. [exécrable.

Exécrablement, ad. d'une man.

Exécration, sf. horreur; blasphème.

Exécrer, va. détester. *p. us.*

Exécutable, a. qui peut être exécuté.

Exécutant, sm. musicien qui exécute sa partie.

Exécuter, va. effectuer, saisir les meubles; punir de mort. vp. faire un sacrifice.

Exécuteur, trice, s. qui exécute. m. bourreau.

Exécutif, ve, a. qui fait exécuter.

Exécution, sf. act. d'exécuter; supplice.

Exécutoire, a. et sm. qui donne pouvoir d'exécuter. *pra.*

Exégèse, sf. explication, interprétation. *did.*

Exégétique, a. qui sert à expliquer, interpréter.

Exemplaire, a. d'exemple. sm. copie imprimée.

Exemplairement, ad. d'une man. exemplaire.

Exemple, sm. modèle; chose pareille, et f. modèle d'écriture. *Par exemple,* loc. ad. pour citer un exemple.

Exempt, a. (p muet) dispensé; préservé. sm. officier de police.

Exempter, va. dispenser. [lice.

Exemption, sf. (zanp) action d'exempter.

Exequatur, sm. (koua) ordre ou permission d'exécuter, de résider.

Exercer, va. et instruire, pratiquer; mettre en action, s' — vp. s'appliquer à.

Exercice, sm. action d'exercer, pratique; gymnastique; thèses; fonctions d'un emploi; évolutions militaires.

Exérèse, sf. extirpation chirurgicale d'un corps étranger.

Exergue, sm. espace au bas d'une médaille.

Exfoliatif, ve, a. pour l'

Exfoliation, sf. action d'

Exfolier (s'), vp. s'enlever par feuillets.

Exhalaison, sf. ce qui s'exhale.

Exhalant, a. et sm. se dit des vaisseaux qui servent à l'

Exhalation, sf. action d'

Exhaler, va. pousser des va-

peurs. *fig.* dissiper, en la ma-
nifestant, sa douleur, sa co-
lère, etc. vp. s'évaporer. *arch.*
Exhaussement, sm. élévation.
Exhausser, va. élever plus haut
Exhérédation , sf. act. de dés-
hériter.
Exhéréder, va. déshériter.
Exhiber, va. montrer en justice.
Exhibition, sf. act. d'exhiber.
Exhilarant, e, a. qui porte à la
gaieté, à la joie.
Exhortation, sf. discours pour
Exhorter, va. exciter au bien.
Exhumation, sf. action d'
Exhumer, va. déterrer un mort.
Exigeant, a. qui exige trop.
Exigence, sf. besoin. [dre à.
Exiger, va. demander; astrein-
Exigibilité, sf. car. de ce qui est
Exigible, a. qu'on peut exiger.
Exigu, ë, a. petit; modique. *fa.*
Exiguïté, sf. petitesse; modicité.
Exil, sm. bannissement.
Exilé, a. *et* s. envoyé en exil.
Exiler , va. bannir. vp. s'é-
loigner.
Exilité, sf. petitesse. [existe.
Existence , sf. état de ce qui
Exister, vn. être actuellement.
Exode, sm. deuxième livre du
Pentateuque. [*jur.*
Exoine, sf. excuse d'absence.
Exorable, a. qui se laisse fléchir.
Exorbitamment, ad. avec excès.
Exorbitant, a. excessif.
Exorciser, va. chasser le démon.
Exorcisme, sm. act. d'exorciser.
Exorciste, sm. qui exorcise.
Exorde, sm. première partie
d'un discours. [sense.
Exostose, sf. excroissance os-
Exotérique, a. extérieur; public.
Exotique, a. étranger. [dilater.
Expansibilité, sf. faculté de se
Expansible, a. qui peut s'étendre
Expansif, ve, a. qui s'épanche.
Expansion, sf. act. de se dilater ;
fig. expansion.
Expatriation, sf. action de
Expatrier (s'), vp. abandonner sa
patrie, va. forcer à s'expatrier.

Expectant, a. qui attend.
Expectatif, ve, a. qui donne droit
d'attendre. [vivance.
Expectative, sf. espérance ; sur-
Expectorant , a. qui fait expectorer.
Expectoration, sf. action d'
Expectorer, va. cracher les humeurs.
Expédient, sm. moyen de terminer. a. convenable.
Expédier , va. finir promptement. — *quelqu'un*, finir l'affaire qui le regarde, le tuer :
— *un courrier*, le dépêcher,
— *des marchandises*, les envoyer.
Expéditeur , sm. celui qui fait
un envoi de marchandises.
Expéditif, ve, a. qui expédie
promptement.
Expédition, sf. act. d'expédier ;
entreprise; copie. pl. dépêches
Expéditionnaire, a. *et* sm. copiste chargé d'une expédition
militaire.
Expérience, sf. épreuve ; connaissance acquise par un
long usage.
Expérimental, a. d'expérience.
Expérimentateur, trice, s. qui
fait des expériences.
Expérimentation, sf. action
d'expérimenter. [périence.
Expérimenté , a. qui a de l'ex-
Expérimenter , va. éprouver;
faire l'expérience de.
Expert, a. *et* sm. versé dans un
art ; examinateur nommé
pour faire une
Expertise, sf. visite, rapports
des experts. [pertise.
Expertiser, va. faire une ex-
Expiation, sf. act. d'expier.
Expiatoire, a. qui expie.
Expier, va. réparer une faute.
Expirant, a. qui expire, qui est
près d'expirer.
Expirateur, am. (muscle) qui
contribue à l'expiration.
Expiration, sf. échéance ; fin
d'un temps fixe ; action de

Expirer, vn. mourir, finir. a. rendre l'air. [au sens.

Explétif, ve, a. (mot) inutile

Explicable, a. qui peut être expliqué. [pliquer.

Explicateur, sm. chargé d'ex-

Explicatif, ve, a. qui explique.

Explication, sf. discours qui explique; éclaircissement.

Explicite, a. clair; formel.

Explicitement, ad. en termes formels.

Expliquer, va. éclaircir; interpréter, vp. s'énoncer.

Exploit, sm. action de guerre mémorable; assignation judiciaire. [ploiter.

Exploitable, a. qu'on peut exploiter.

Exploitant, a. (huissier) qui exploite.

Exploitation, sf. action d'

Exploiter, va. et n. faire des exploits; cultiver; faire valoir; fouiller; spéculer sur.

Explorateur, sm. qui va à la découverte; espion.

Exploration, sf. action d'

Explorer, va. examiner, visiter.

Explosion, sf. mouvement subit avec détonation. — se dit au fig. des passions.

Expoliation, sf. spoliation. jur.

Exponentiel, elle, a. qui a un exposant. math.

Exportateur, s. qui exporte.

Exportation, sf. action d'

Exporter, va. transporter des marchandises hors d'un pays.

Exposant, a. et s. qui expose un fait; qui expose des objets. t. d'algèbre.

Exposé, sm. ce qui est déduit dans une requête.

Exposer, va. mettre en vue; déduire; placer; faire connaitre; mettre en péril; abandonner. vp. se hasarder

Exposition, sf. act. d'exposer; réunion de choses composées; récit.

Exprès, a. formel, sm. messager. ad. à dessein.

Expressément, ad. en termes exprès.

Expressif, ve, a. énergique; qui a de l'

Expression, sf. act. man. d'exprimer; terme; parole.

Exprimable, a. qui peut être dit.

Exprimer, va. et p. tirer le suc en pressant; rendre sa pensée

Ex-professo, ad. V. Professo (ex.)

Expropriation, sf. exclusion de la propriété. [propriété.

Exproprier, va. exclure de la

Expulser, va. chasser; déposséder. [méd.

Expulsif, ve, a. qui expulse.

Expulsion, sf. act. d'expulser.

Expurgatoire, a. (index) de livres défendus.

Exquis, a. excellent; recherché.

Exsiccation, sf. desséchement.

Exsuccion, sf. action de sucer.

Exsudation, sf. action de suer.

Exsuder, vn. sortir en man. de sueur. [de pal. v.

Extant, a. qui est en nature. t.

Extase, sf. ravissement d'esprit fig. admiration.

Extasié, e, a. en extase.

Extasier (s'), vp. être ravi en extase.

Extatique, a. causé par l'extase.

Extenseur, a. et sm. (muscle) qui étend.

Extensibilité, sf. qualité

Extensible, a. qui peut s'étendre

Extensif, ive, a. qui étend.

Extension, sf. action de ce qui s'étend. [ment.

Exténuation, sf. affaiblisse-

Exténuer, va. affaiblir.

Extérieur, a. qui est au dehors. sm. le dehors; apparence.

Extérieurement, ad. à l'extérieur

Exterminateur, a. et s. qui extermine.

Extermination, sf. action d'

Exterminer, va. tuer; détruire entièrement.

Externat, sm. école où l'on ne reçoit que des élèves externes

Externe, a. et sm. du dehors; élève non pensionnaire.

Extinctif, ive, a. qui éteint.

Extinction, sf. act. d'éteindre.

Extirpateur, sm. qui extirpe.

Extirpation, sf. action d'

Extirper, va. déraciner. fig. détruire totalement. [force.

Extorquer, va. obtenir par

Extorsion, sf. act. d'extorquer.

Extra, sm. ce que l'on fait en dehors de ses habitudes.

Extractif, ve, a. qui extrait. gra. sm. extrait chimique.

Extraction, sf. act. d'extraire; origine. [sonniers.

Extradition, sf. remise de pri-

Extrados, sm. surface convexe et extérieure d'une voûte.

Extradosse, a. (voûte). t. d'arch.

Extraire, va. faire une extraction ou un extrait.

Extrait, s n. ce qu'on tire d'une substance, d'un livre; un numéro à la loterie. [mes.

Extrajudiaire, a. hors des for-

Extrajudiairement, ad. m. s.

Extra-muros, adv. hors les murs.

Extraordinaire, a. et s. non ordinaire, rare; singulier.

Extraordinairement, ad. d'une façon extraordinaire.

Extravagamment, ad. follement.

Extravagance, sf. folie; bizarrerie.

Extravagant, a. et s. fou; bizarre. [tutions papales.

Extravagantes, sf. pl. consti-

Ex'ravaguer, vn. agir, parler sans raison.

Extravasation, sf. action d'

Extravaser (s'), vp. s'épancher.

Extrême, a. excessif. sm. l'opposé; ce qui finit. [ment.

Extrême-onction, sf. sacre-

Extrêmement, ad. au dernier point.

Extremis (in), loc. ad. à l'article de la mort. t. de jur.

Extrémité, sf. bout; fin; excès; derniers moments; pl. les pieds et les mains.

Extrinsèque, a. externe.

Exubérance, sf. surabondance.

Exubérant, a. surabondant.

Exulcératif, ve, a. qui fait des ulcères.

Exulcération, sf. action d'

Exulcérer, va. causer des ulcères

Exutoire, sm. ulcération produite par l'art.

Ex-voto, sm. offrande placée dans une église pour acquiter un vœu.

F

F, sf. (éfe) ou m. (fe) sixième lettre de l'alphabet, quatrième consonne.

Fa, sm. note de musique.

Fabagelle sf. plante légumineuse.

Fable, sf. fiction; mythologie; contexture d'un poëme, d'un roman; fausseté. [vers.

Fabliau, sm. ancien conte en

Fablier, sm. recueil de fables.

Fabricant, sm. qui fabrique.

Fabricateur, sm. qui fabrique (en mauvaise part). [quer.

Fabrication, sf. act. de fabri-

Fabricien, — cier, sm. marguillier.

Fabrique, sf. construction d'un édifice; façon; manufacture; revenus d'église. pl. édifices; ruines d'architecture. peint.

Fabriquer, va. faire un ouvrage. fig. inventer.

Fabuleusement, ad. d'une man. fabuleuse. [ble; controuvé.

Fabuleux, se, a. feint; de la fa-

Fabuliste, sm. qui écrit des fables.

Façade, sf. face d'un édifice.

Face, sf. visage; superficie; façade; situation. Face à face, ad. vis-à-vis.

Facé, e, a. qui a une bonne ou une mauvaise physionomie. fa

Facer, va. t. du jeu de la bas-
sette.
Facétie, sf. (cie) plaisanterie.
Facétieusement, ad. plaisam-
ment.
Facétieux, se, a. plaisant.
Facette, sf. petite face.
Facetter, va. tailler à facettes.
Fâcher, va. et p. causer de la
colère, du déplaisir.
Fâcherie, sf. chagrin; bouderie.
Fâcheusement, ad. d'une man.
fâcheuse. [m. importun.
Fâcheux, se, a. qui chagrine. s.
Facial, a. de la face.
Faciende, sf. cabale. fa.
Facies, sm. physionomie.
Facile, a. aisé; complaisant.
Facilement, ad. avec facilité.
Facilité, sf. manière aisée; in-
dulgence. pl. délais pour
payer.
Faciliter, va. rendre facile.
Façon, sf. manière; main-
d'œuvre, ou prix; travail;
maintien; cérémonies,etc. De
façon que, ad. de man. que.
Faconde, sf. éloquence. v.
Façonné, e, a. étoffe—à dessins.
Façonner, va. donner la façon.
fig. former l'esprit, etc. vn.
faire des façons. [façons.
Façonnier, ère, a. qui fait des
Fac-simile, sm. imitation par-
faite.
Factage, sm. entremise d'un
facteur; ce qu'on lui paye.
Facteur, sm. faiseur (d'instr.
de mus.); préposé; porteur de
lettres. t. d'arith.
Factice, a. fait par art. fig. faux.
Factieux, se, a. et s. (ci) sédi-
tieux.
Faction, sf. guet; parti. [nelle.
Factionnaire, sm. qui fait senti-
Factorerie, sf. bureau de com-
merce europ. aux Indes.
Factotum ou — ton, sm. qui se
mêle de tout.[pour un procès.
Factum, sm. (om) mémoire
Facture, sf. note de marchan-
dises vendues : façon.

Facultatif, ve, a. qui donne la
Faculté, sf. puissance; moyen;
propriété naturelle; corps
des professeurs de certaines
sciences; moyens pécuniaires.
au pl. talents.
Fadaise, sf. bagatelle.
Fadasse, a. très-fade.
Fade, a. insipide; sans goût.
Fadement, ad. d'une man. fade.
Fadeur, sf qualité de ce qui
est fade; louange fade.
Fagot, sm. faisceau de menu
bois; sornette. fa.
Fagotage, sm. action de
Fagoter, va. mettre en fagots;
mal arranger; mal habiller.
Fagoteur, sm. qui fait des fa-
gots; mauvais ouvrier.
F. gotin, sm. singe habillé.
Fagoue, sf. glande, ris de veau.
Faguenas, sm. odeur fade. fa.
Faible, a. sans force; trop in-
dulgent, sm. défaut; partie
faible.
Faiblement, ad. avec faiblesse.
Faiblesse, sf. manque de force;
défaillance; faute. [céder.
Faiblir, vn. perdre sa force;
Faïence, sf. sorte de poterie.
Faïencé, a. qui imite la faïence.
Faïencerie, sf com. de faïence.
Faïencier, sm. marchand de
faïence
Faille, sf. filet; étoffe de soie;
fente, fissure dans une mine.
Failli, sm. qui a fait faillite.
Faillibilité, sf. possibilité de
faillir.
Faillible, a. exposé à l'erreur.
Faillir, vn. agir contre le de-
voir; se tromper; faire faillite;
être sur le point de... [ment.
Faillite, sf. cessation de paye-
Faim, sf. besoin et désir de
manger. fig. avidité.
Faim-valle, sf. épilepsie du che-
val. fig. grand appétit.
Faîne, sf. fruit du hêtre.
Fainéant, a. et s. paresseux.
Fainéanter, va. et n. ne vou-
loir rien faire. fa.

Fainéantise, sf. vice de fainéant

Faire , va. créer , fabriquer, exécuter , causer, agir. vp. s'habituer. imp *il fait du vent* ; sm. man. de faire. *arts*. [fait.

Faisable , a. (fe) qui peut être

Faisan, sm. oiseau. *Poule faisane*, sa femelle.

Faisances, sf. pl. ce qu'un fermier fournit.

Faisandeau , sm. jeune faisan.

Faisander, vp. acquérir du fumet. [ve des faisans.

Faisanderie, sf. lieu où l'on élè-

Faisandier , sm. qui élève des faisans.

Faisceau, sm. amas de choses liées. pl. hache entourée de verges. *ant*.

Faiseur, euse, s. (fe) qui

Fait, sm. action ; ce qu'on fait ou qu'on a fait; ce qui convient ; a. (homme) dans l'âge mûr; habitué. *De fait*, ad. en effet.

Faîtage, sm. pièce de charp.; table de plomb au sommet d'un toit.

Faîte, sm. sommet d'édifice, etc.

Faîtière, sf. tuile creuse sur le

Faix, sm. fardeau. [faîte.

Fakir, sm. V. Faquir.

Falaise, sf. côte escarpée.

Falaiser, vn. se briser sur une falaise, se dit de la mer.

Falarique, sf. arme antique.

Falbala , sm. bande d'étoffe plissée.

Falciforme, a. en forme de faux.

Fallacieusement, ad. avec fausseté.

Fallacieux, se, a. trompeur. v.

Falloir, v. imp. être de nécessité ; *s'en* — manquer.

Falot, sm. lanterne. a. plaisant.

Falourde, sf. fagot de gros bois.

Falsificateur, sm. qui falsifie.

Falsification, sf. action de

Falsifier, va. contrefaire; altérer

Faltranck, sm. vulner. de Suisse

Falun, sm. couches de coquilles.

Falunage, sm. action de

Faluner, va. répandre du falun sur une terre pour l'amender. *

Falunières, sf. pl. d'où l'on tire le falun pour engrais.

Famé (bien mal), a. qui a bonne ou mauvaise réputation.

Famélique , a. et s. pressé par la faim. [rablement. *pop.*

Fameusement , adv. considé-

Fameux, se , a. renommé, célèbre.

Familiariser (se), vp. se rendre familier ; s'accoutumer.

Familiarité, sf. man. familière.

Familier, ère, a. qui vit librement avec ; devenu facile par la pratique; libre , peu respectueux. sm. officier de l'inquisition. [familière.

Familièrement, ad. d'une man.

Famille, sf. tous ceux d'un même sang ; race ; lignée ; classe d'animaux, plantes, etc.

Famine, sf. disette de vivres.

Fanage, sm. act. de faner le foin

Fanaison, sf. temps de faner.

Fanal, sm. lanterne au mât ; phare. [tion, etc.

Fanatique, a. et s. fou par dévo-

Fanatiser, va. rendre fanatique.

Fanatisme, sm. zèle du fanatique.

Fanchon, sf. petit fichu que l'on porte sur la tête. [gnole.

Fandango , sm. danse espa-

Fane, sf. feuille de la plante.

Faner, va. et p. étaler l'herbe; flétrir.

Faneur, euse, s. qui fane le foin.

Fanfan, sm. petit enfant. t. *enf.*

Fanfare, sf. air en réjouissance.

Fanfaron , s. et a. qui fait le brave.

Fanfaronnade, sf. vanterie.

Fanfaronnerie, sf. man. du fanfaron. [vole.

Fanfreluche, sf. ornement fri-

Fange, sf. crotte. *fig.* bassesse.

Fangeux, se, a. plein de fange.

Fanon, sm. gorge de bœuf;

barbe de baleine; manipule que les prêtres portent au bras. pl. les deux pendants de la mitre d'un évêque ; appareil de chirurgie.

Fantaisie , sf. imagination ; idée; caprice.

Fantasia , sf. course effrénée des Arabes sur leurs chevaux.

Fantasmagorie , sf. art de faire apparaître des fantômes.

Fantasmagorique, a. qui appartient à la fanta-magorie.

Fantasque, a. bizarre.

Fantasquement, ad. d'une man. fantasque.

Fantassin , sm. soldat à pied.

Fantastique, a. chimérique.

Fantastiquement, adv. d'une man. fantastique.

Fantoccini, sm. pl. (totchini) marionnettes.

Fantôme, sm. spectre; fig. chimère ; vaine image.

Fanum, sm. (nomme) espèce de temples ou de monuments élevés par les païens.

Faon, sm.(fan) petit d'une biche.

Faquin, sm. gueux; mannequin.

Faquinerie , sf. act. de faquin.

Faquir, sm. religieux mahométan. [provençale.

Farandole, sf. sorte de danse

Farce, sf. hachis; bouffonnerie.

Farceur, sm. bouffou.

Farcin, sm. gale des chevaux.

Farcineux, se, a. et s. qui a le farcin.

Farcir, va. remplir de farce.

Farcissure, sf. act. de farcir un mets.

Fard , sm. composition pour embellir la peau. fig. faux ornement.

Fardeau, sm. charge, poids.

Farder, va. mettre du fard ; fig. déguiser; donner un faux lustre. [marchandise.

Fardeur, sm. celui qui pare sa

Fardier, sm. voiture pour le transport des blocs de pierres travaillées.

Farfadet, sm. lutin; écervelé.

Farfouiller, va. et n. fouiller en brouillant. fa.

Faribole, sf. chose frivole. fa.

Farinacé, e, a. de la nature de la farine.

Farine, sf. grain réduit en poudre. [farine.

Fariner , va. soupoudrer de

Farinet, sm. dé à jouer.

Farineux, se, a. blanc de farine; syn de farinacé. [rine.

Farinier, sm. marchand de fa-

Farinière, sf. coffre à farine.

Far-niente, sm. douce oisiveté.

Farouche, a. sauvage, rude.

Farrago , sm. (rr) amas de différentes espèces de grains. fig. et fa mélange confus de choses disparates.

Fart ing sm. monnaie anglaise

Fasce, sf. bande du milieu de l'écu. bla.

Fascié, a. marqué de bandes. hist. nat.

Fascinage, sm. ouvrage de fascines. [fascine.

Fascination , sf. charme qui

Fascine, sf. fagot de branches.

Fasciner, va. ensorceler. fig. éblouir.

Faséole, sf. sorte de haricot.

Fassion, sf. la mode, le beau monde.

Fashionnable, sm. un élégant maniéré. [qui bat.

Fasier, vn. se dit d'une voile

Faste, sm. ostentation. pl. anc. calendrier romain; registres publics de belles actions.

Fastidieusement,ad. avec ennui

Fastidieux, se, a. ennuyeux.

Fastueusement, ad. avec faste.

Fastueux, se, a. qui a du faste.

Fat, s et a.m (t, impertinent; prétentieux.

Fatal, a. sans pl. m. funeste.

Fatalement, ad. par fatalité.

Fatalisme, sm. doctrine du fataliste. [lin.

Fataliste, sm. qui croit au des-

Fatalité, sf. hasard ; malheur.

Fatidique, a. qui déclare l'ordre du destin.

Fatigant, a. qui fatigue.

Fatigue, sf. travail; lassitude.

Fatigué, a. sans fraîcheur, qui annonce la fatigue.

Fatiguer, va. et n. lasser; importuner.

Fatras, sm. amas confus.

Fatuaire, sm. enthousiaste qui, se disant inspiré, annonçait les choses futures.

Fatuité, sf. impertinence.

Faubourg, sm. (bour) portion d'une ville hors de son enceinte.

Faubourien, ne, a. s. de faubourg; habitant d'un faubourg.

Fauchage, sm. act. de faucher.

Fauchaison, sf. temps de faucher. [ge.

Fauche, sf. produit du fauchage.

Fauchée, sf. ce qu'on fauche en un jour. [faux. vn. t. de man.

Faucher, va. couper avec la

Fauchet, sm. râteau des faneurs.

Faucheur, sm. qui fauche.

Faucheux, sm. sorte d'araignée.

Faucille, sf. inst. pour scier les blés.

Faucillon, sm. petite faucille.

Faucon, sm. oiseau de proie.

Fauconneau, sm. petite pièce d'artillerie.

Fauconnerie, sf. art du fauconnier; lieu où l'on nourrit les oiseaux de proie.

Fauconnier, sm. qui dresse et gouverne les oiseaux de proie.

Fauconnière, sf. sorte de gibecière.

Faufiler, va. coudre à longs points. vp. se lier avec quelqu'un. fa.

Faune, sm. dieu champêtre.

Faussaire, sm. qui fait de faux actes. [ceinte. fortif.

Fausse-braie, sf. deuxième enceinte.

Fausse-couche, sf. accouchement avant terme. [rité.

Faussement, ad. contre la vé-

Fausser, va. courber. fig. enfreindre.

Fausset, sm. brochette pour boucher un tonneau; dessus aigre. mus. [est faux.

Fausseté, sf. qualité de ce qui

Faussure, sf. courbure d'une cloche.

Faute, sf. manquement; manque. Sans faute. adv. sans faillir; avec exactitude.

Fauteuil, sm. chaise à bras; fig. présidence.

Fauteur, trice, a. complice.

Fautif, ve, a. sujet à faillir; erroné.

Fauve, a. roussâtre. sm. bêtes fauves, les cerfs, daims, etc.

Fauvette, sf. petit oiseau.

Faux, sf. inst. pour faucher.

Faux, Fausse, a. et sm. contraire au vrai; contrefait; altéré; discordant. A faux. ad. injustement; non d'aplomb.

Faux-frais, sm. pl. menues dépenses

Faux-frère, sm. traître.

Faux-fuyant, sm. endroit détourné. fig. ruse, mensonge adroit.

Faux-jour, sm. clarté indirecte

Faux-monnayeur, sm. celui qui fait de la fausse monnaie.

Faux-pas, sm. pas mal assuré. fig. faute.

Faux-pli, sm. pli déplacé.

Faux-saunage, sm. vente du sel en fraude.

Faux-saunier, sm. qui fait le faux-saunage. [trompeuse.

Faux-semblant, sm. apparence

Faux-titre, sm. premier titre d'un livre.

Faveur, sf. grâce; bienfait; protection; ruban étroit. pl. témoignage d'amour donné par une femme. A la faveur, ad. par le moyen de

Favorable, a. propice; avantageux.

Favorablement, ad. d'une man. favorable.

Favori, te, a. *et* s. qui plaît le plus; qui a les bonnes grâces.

Favoris, sm. pl. barbe le long des joues.

Favoriser, va. traiter favorablement.

Féage, sm. tenure en fief.

Féal, pl. *féaux*, a. fidèle. *v.*

Febricitant, a. *et* s. qui a la fièvre. [la fièvre.

Fébrifuge, sm. *et* a. qui chasse

Fébrile, a. de la fièvre.

Fécule, af. (matière), gros excrements.

Fèces, sf. pl. lie. [romain.

Fécial, — *ciaux*, sm. prêtre

Fécond, a. productif; fertile.

Fécondant, a. qui féconde.

Fécondation, sf. action de

Féconder, va. rendre fécond.

Fécondité, sf. qualité productive.

Fécule, sf. substance farineuse.

Féculence, sf. sédiment d'une liqueur.

Féculent, a. chargé de lie.

Féculerie,sf. fabrique de fécule.

Fédéral, e, pl. *aux*. a. qui a rapport à une fédération.

Fédéraliser, va. faire une fédération. [déral.

Fédéralisme, sm. système fédéral.

Fédéraliste, sm. partisan du fédéralisme. [ration.

Fédératif, ve,—ral, a. de fédé-

Fédération, sf. alliance politique. [ration.

Fédéré,a. *et* sm. allié par fédé-

Fée, sf. divinité imaginaire.

Féerie, sf. art des fees; spectacle ravissant. [rie.

Féerique, a. qui tient de la fée-

Feindre, va. simuler; controuver. vn. dissimuler; hésiter; boiter.

Feinte, sf. dissimulation.

Feintise, sf. feinte. *v.*

Feld-maréchal, sm. maréchal de camp, en Allemagne.

Feld-spath, sm.sorte de granit.

Fêle, sf. canne pour souffler verre.

Fêlé, a. légèrement fendu. *f* tête —, un peu folle.

Fêler, va. fendre un verre, etc.

Félicitation, sf. act. de féliciter.

Félicité, sf. état heureux.

Féliciter, va. complimenter. se —, vp. s'applaudir.

Félin, e, a. qui tient du chat.

Félon, a. traître; rebelle.

Félonie, sf. action de félon.

Felouque,sf. bâtiment à rames.

Fêlure, sf. fente d'une chose fêlée. [produit les petits.

Femelle, sf. *et* a. animal qui

Féminin, a. *et* sm. de la femelle. t. de *gra*.

Féminiser, va. rendre efféminé; donner le genre féminin. *gra*.

Femme, sf. (*fame*) compagne de l'homme; épouse.

Femmelette, sf. (*fa*) femme faible d'esprit et de caractère.*fa*.

Fémoral, e, pl. *aux*, a. de la cuisse.

Fémur, sm. os de la cuisse.

Fenaison, sf. act. de couper le foin; temps où il a lieu.

Fendant, sm. coup du tranchant de l'épée. *faire le* —, le fanfaron.

Fendeur, se, s. qui fend.

Fendillé, a. qui a des crevasses.

Fendiller (se), vp. se couvrir de felures.

Fendoir, sm. instr. pour fendre.

Fendre, va. couper, diviser en long; séparer par force. vp. s'entr'ouvrir. [d'hist. nat.

Fenestré, a. percé à jour. t.

Fenêtrage, sm. les fenêtres.

Fenêtre, sf. ouverture pour le jour. [tres.

Fenêtrer, va. percer des fenê-

Fenil, sm. où l'on serre le foin.

Fenouil,sm.plante aromatique.

Fenouillet, *ou* — llette, sf. eau de fenouil. sm. pomme.

Fente, sf. ouverture en long; pl. gerçures. [tenir. *maç*.

Fenton, sm. ferrure pour sou-

Fenu grec,sm.plante officinale

Féodal, a. pl. *aux*, des fiefs.
Féodalement, ad. par droit de fief.
Féodalité, sf. qualité de fief.
Fer, sm. (*ér*) métal; outil; arme aiguë ou tranchante. pl. chaînes. *fig.* captivité.
Fer-à-cheval, sm. table, escalier, ouvrage en demi-cercle.
Fer-blanc, sm. fer en lame étamé.
Ferblanterie, sf. commerce du
Ferblantier, sm. ouv. en fer-bl.
Fer-chaud, sm. mal de gorge.
Fer-de-cheval *ou* Fer, sm. fer qui garnit le pied du cheval.
Féret d'Espagne, sm. hématite.
Férial, a. de férie.
Férie, sf. jour de la semaine.
Férié, a. m. se dit des jours consacrés au culte.
Férir, va. frapper. *v. Sans coup férir*, sans en venir aux mains.
Ferler, va. plier les voiles.
Fermage, sm. loyer d'une ferme
Fermant, a. qui ferme.
Ferme, a. qui tient fixement; solide. *fig.* fort; constant; inébranlable. ad. fortement. interj. courage !
Ferme, sf. bien de campagne donné à loyer; rente; droit, etc.
Fermement, ad. avec fermeté.
Ferment, sm. levain. {menter.
Fermentatif, ve, a. qui peut fer-
Fermentation, sf. action de
Fermenter, vn. s'agiter par le ferment. {fermentation.
Fermentescible, a. disposé à la
Fermer, va. ne pas laisser ouvert. vn. être clos.
Fermeté, sf. état de ce qui est ferme. *fig.* énergie; courage.
Fermeture, sf. ce qui ferme.
Fermier, ière, s. qui prend à ferme. {outil de menuisier.
Fermoir, sm. agrafe d'un livre;
Féroce, a. cruel; dur; farouche.
Férocité, sf. caractère féroce.
Ferrage, sm. act. de ferrer un cheval. etc.

Ferraille, sf. morceau de vieux fer. {d'épées; brétailler.
Ferrailler, vn. faire un cliquetis
Ferrailleur, sm. brétailleur; marchand de ferraille.
Ferrant, am. (maréchal) qui ferre.
Ferré, a. garni de fer. *fig.* trèshabile. (chemin) de cailloux; (eau) chargée de fer.
Ferrement, sm. act. de ferrer les galériens; outil, garniture de fer.
Ferrer, va. garnir de fer; mettre des fers au cheval.
Ferret, sm. fer d'aiguillette.
Ferreur, sm. qui ferre.
Ferrière, sf. sac de maréchal.
Ferronnerie, sf. gros ouvrage de fer. {ferronnerie.
Ferronnier, s. marchand de
Ferrugineux, se, a. qui contient du fer.
Ferrure, sf. garniture de fer; act. de ferrer les chevaux.
Fertile, a. fécond; productif.
Fertilement, ad. avec fertilité.
Fertilisation, sf. action de
Fertiliser, va. rendre fertile.
Fertilité, sf. qualité de ce qui est fertile.
Férule, sf. palette pour frapper; plante. *fig.* dépendance.
Fervemment, ad. (*va*) avec ferveur.
Fervent, a. qui a de la ferveur.
Ferveur, sf. ardeur; zèle de piété.
Fesse, sf. partie charnue du derrière.
Fesse-cahier, sm. copiste. *fa.*
Fessée, sf. coups sur les fesses. *fa.*
Fesse-mathieu, sm. usurier. *fa.*
Fesser, va. fouetter. *fa.*
Fesseur, euse, s. qui fouette. *fa.*
Fessier, ère, a. t. d'anat. sm. les fesses.
Festin, sm. banquet.
Festiner, vn. faire festin. {cale.
Festival, sm. grande fête musi-
Feston, sm. faisceau de branches; ornement d'archit.

Festonner, va. broder, découper en feston.

Festoyer. V. Fêtoyer.

Fête, sf. jour consacré au culte; réjouissance publ que ou particulière. faire —, bon accueil. [crement.

Fête-Dieu, sf. fête du Saint-Sacrement.

Fêter, va. faire fête; accueillir.

Fetfa, sm. mandement du muphti.

Fétiche, sm. idole des nègres.

Fétichisme, sm. culte des fétiches.

Fétide, a. infect. [tiches.

Fétidité, sf. mauvaise odeur.

Fêtoyer, va. bien accueillir. fa.

Fétu, sm. brin de paille. fig. chose de rien.

Feu, sm. chaleur et lumière qui se dégagent des corps qui brûlent; ustensile de cheminée, de ménage. fig. ardeur; inflammation. Feu-follet,—St.-Elme, météores. Feu St.-Antoine, érysipèle, etc.

Feu, feue, a. sans pl. décédé récemment (toujours masc. devant l'art. ou le pron.)

Feudataire, s. vassal.

Feudiste, s. et a. versé dans la matière des fiefs.

Feuillage, sm. les feuilles d'un arbre; leur représentation.

Feuillaison, sf. pousse des feuilles.

Feuillant, tine, s. religieux, religieuse de l'ordre de Saint-Bernard. [tisserie.

Feuillantine, sf. sorte de pâtisserie.

Feuillard, sm. branche de châtaignier ou de saule, fendue en deux.

Feuille, sf. partie de la plante; pétale; lame mince de métal; carré de papier. — périodique, journal.

Feuille, a. garni de feuilles.

Feuillée, sf. abri de feuillage.

Feuille-morte, a. couleur de feuille sèche.

Feuiller, vn. représenter le feuillage. peint. sm. man. de feuiller

Feuillet, sm. partie d'une feuille de papier qui contient deux pages; planche légère. men.

Feuilletage, sm. pâtisserie.

Feuilleter, va. tourner les feuillets; manière de préparer la pâte.

Feuilleton, sm. petite feuille.

Feuilletoniste, sm. qui écrit des feuilletons.

Feuillette, sf. petit tonneau.

Feuillir, vn. se couvrir de feuilles.

Feuillu, a. plein de feuilles.

Feuillure, sf. sorte d'entaillure. men.

Feurre, sm. paille de blé.

Feurs, sm. pl. frais de culture.

Feutier, sm. qui entretient le feu.

Feutrage, sm. act. de feutrer.

Feutre, sm. étoffe foulée; chapeau; bourre.

Feutrer, va. remplir de bourre; façonner le poil. chap.

Feutrier, sm. ouvrier qui prépare le feutre.

Fève, sf. légume.

Féverole, sf. petite fève.

Février, sm. deuxième mois de l'année.

Fi! int. de mépris. [l'année.

Fiacre, sm. carrosse de place.

Fiançailles, sf. pl. promesse de mariage en présence de témoins.

Fiancé, s. qui a fiancé. [moins.

Fiancer, va. promettre mariage.

Fiasco, sm. mesure d'Italie pour les liquides. fig. faire —, échouer.

Fiat! interj. soit. [ou végétal.

Fibre, sf. filament musculaire

Fibreux, se, a. qui a des fibres.

Fibrille, sf. (l) petite fibre.

Fibrine, sf. substance animale.

Fic, sm. excroissance ou tumeur charnue.

Ficaire, sf. esp. de renoncule.

Ficeler, va. lier avec de la

Ficelle sf. petite corde.

Ficellier, sm. dévidoir pour la ficelle.

Fichant, a. (feu) d'un bastion à l'autre.

Fiche, sf. cheville; marque au jeu; outil de maçon.

Fiché, a. fixé; t. de blason.

Ficher, va. faire entrer par la pointe. se —, vp. se moquer de. pop. [trac.

Fichet, sm. marque au tric-

Fichoir, sm. agrafe de bois.

Fichu, sm. mal fait. bas. sm. mouchoir de cou.

Ficoïde, sm. genre de plantes.

Fictif, ve, a. feint; supposé.

Fiction, sf. invention.

Fictivement, ad. par fiction.

Fidéicommis, sm. legs en dépôt.

Fidéicommissaire, s. et a. t. de jur.

Fidéjusseur, sm. caution. pal.

Fidéjussion, sf. cautionnement.

Fidèle, a. et s. qui garde sa foi; qui professe la vraie religion; exact. [dèle.

Fidèlement, ad. d'une man. fi-

Fidélité, sf. foi; exactitude; loyauté. [saire.

Fiduciaire, sm. fidéicommis-

Fiduciel, a. t. d'horl.

Fief, sm. domaine noble.

Fieffé, a. à l'excès.

Fieffer, va. donner en fief.

Fiel, sm. bile. fig. haine, animosité.

Fiente, sf. excrément de bête.

Fienter, vn. jeter sa fiente.

Fienteux, euse, a. plein de fiente. [fidélité.

Fier, va. et p. commettre à la

Fier, ère, a. (ér) hautain; altier; grand; hardi; élevé.

Fier-à-bras, sm. fanfaron. fa.

Fièrement, ad. d'une man. fière; beaucoup. pop.

Fierte, sf. châsse d'un saint.

Fierté, sf. caractère de ce qui est fier.

Fièvre, sf. mouvement déréglé du sang. fig. émotion violente.

Fiévreux, se, a. qui cause la fièvre.

Fifre, sm. sorte de flûte; celui qui en joue.

Figement, sm. act. de se

Figer, va. et p. coaguler.

Fignoler, vn. raffiner. pop.

Figue, sf. fruit du figuier.

Figuerie, sf. lieu planté de figuiers.

Figuier, sm. arbre fruitier.

Figurant s. danseur qui figure.

Figuratif, ve, a. qui donne la figure.

Figurativement, ad. figurément.

Figure, sf. forme extérieure; représentation; visage; tour de mots ou de pensées.

Figure, a. (style) métaphorique. (pierres) à figures naturelles.

Figurément, ad. d'une man. figurée.

Figurer, va. représenter. n. faire figure. p. s'imaginer.

Figurine, sf. petite figure.

Figurisme, sm. opinion de ceux qui regardent les évènements de l'Ancien Testament comme des figures de ceux du Nouveau.

Figuriste, sm. sectaire; ouvrier qui coule des figures en plâtre

Fil, sm. brin délié de lin, de soie, de métal; tranchant d'instrument; cours de l'eau; suite d'un discours, d'une affaire, etc. — d'archal, fil de laiton.

Filage, sm. manière de filer.

Filagramme, sm. figure dans le papier.

Filament, sm. filet délié.

Filamenteux, se, a. à filaments.

Filandière, sf. femme dont le métier est de filer; a. les Parques.

Filandres, sf. pl. fils blancs en l'air; fibres de la viande.

Filandreux, se, a. plein de filandres.

Filant, a. qui file, qui coule.

Filasse, sf. filaments du lin, etc.

Filassier, ière, s. marchand de filasse.

Filateur, sm. chef de filature.

Filature, sf. lieu où l'on file.

File, sf. suite, rangée de personnes ou de choses. *Demi-file*, moitié de la file. *mil.*

Filé, sm. or ou argent tiré à la filière.

Filer, va. *et* n. faire du fil; lâcher (le câble); aller l'un après l'autre; couler; s'esquiver. *fa.* [chan're.]

Filerie, sf. lieu où se file le

Filet, sm. fil délié, fil de la langue, des plantes; rets; petite quantité; partie charnue le long de l'épine du dos (du bœuf). *fig.* petite quantité d'eau, de vinaigre. pl. pièges.

Fileur, euse, s. qui file.

Filial, a. du devoir de l'enfant.

Filialement, ad. d'une man. filiale.

Filiation, sf. descendance.

Filicule, sf. esp. de capillaire.

Filière, sf. instr. pour filer les métaux; veine de métal. *fig.* longue épreuve.

Filiforme, a. en forme de fil.

Filigrane, sm. ouvrage d'orfèvrerie. [*mar.*]

Filin, sm. sorte de cordage.

Filipendule, sf. plante; espèce de spirée.

Fille, sf. personne du sexe féminin (par rapport au père et à la mère); femme non mariée; servante.

Fillette, sf. petite fille. *fa.*

Filleul, e, s. enfant qu'on tient sur les fonts baptismaux.

Filoche, sf. sorte de tissu de soie ou de fil; câble de moulin.

Filon, sm. veine métallique.

Filoselle, sf. grosse soie. [loute.]

Filou, sm. filous au pl. qui fi-

Filoutage, sm. métier de filou.

Filouter, va. *et* n. voler avec adresse.

Filouterie, sf. act. de filou.

Fils, sm. (*fis*) enfant mâle (par rapport à son père ou à sa mère.)

Filtrant, a. qui sert à filtrer. v. Philtre.

Filtration, sf. act. de filtrer.

Filtre, sm. ce qui sert à filtrer.

Filtrer, va. n. *et* p. clarifier un liquide en le passant. [filé.]

Filure, sf. état de ce qui est

Fin, sf. terme; mort; but. *A la fin*, ad. enfin. a. délié; excellent; subtil; rusé; habile; menu. sm. le principal.

Finage, sm. étendue d'une juridiction paroissiale.

Final, a. sans pl. m. qui finit. sf. dernière syllabe.

Finale, sm. morceau d'ensemble. t. de *mus.*

Finalement, ad. à la fin.

Finance, sf. argent comptant. *fa.* prix d'une charge. pl. trésor public. [bourser. *fa.*]

Financer, va. *et* n. payer; dé-

Financier, ère, a. relatif aux finances. [finances.]

Financier, s. qui est dans les

Financière, sf. écriture en lettres rondes.

Finasser, vn. user de finesse. *fa.*

Finasserie, sf. petite finesse. *fa.*

Finasseur, se, s. qui finasse. *fa.*

Finaud, a. *et* s. rusé. *fa.*

Finement, ad. avec finesse.

Finesse, sf. qualité de ce qui est fin, rusé.

Finet, te, a. s. rusé. *fa.*

Finette, sf. étoffe de laine ou de coton. [fection.]

Fini, a. limité; parfait. sm. per-

Finir, va. *et* n. achever; cesser; mourir. [verre.]

Fiole, sf. petite bouteille de

Fioritures, sf. pl. ornements. t. de *mus.*

Firmament, sm. le ciel.

Firman, sm. ordre du grand-seigneur.

Fisc, sm. trésor public.

Fiscal, e, pl. *aux*, a. du fisc.

Fiscalité sf. système des lois relatives au fisc.

Fissipède, a. qui a des doigts aux pieds.

Fissirostre, a. qui a le bec fendu. sm. pl. fam. d'oiseaux.   [fente.

Fissure, sf. divisions en lobes;

Fistule, sf. sorte d'ulcère.

Fistuleux, se, a. de la fistule.

Fixatif, ive, a. qui fixe, détermine.

Fixation, sf. action de fixer.

Fixe, a. invariable, immobile, certain, déterminé.   [fixe.

Fixement, ad. d'une manière

Fixer, va. arrêter; déterminer; rendre constant. se —, vp. s'établir.

Fixité, sf. état de ce qui est fixe.   [fibres.

Flaccidité, sf. relâchement des

Flache, sf. pavé enfoncé ou brisé par une roue; trou dans le bois, sous l'écorce.

Flacheux, se, a. plein de flaches.

Flacon, sm. sorte de bouteille.

Flagellants, sm. pl. sectaires.

Flagellation, sf. action de

Flageller, va. fouetter.

Flageoler, vn. trembler, se dit des jambes du cheval.

Flageolet, sm. inst. de mus. à vent.   [ment fa.

Flagorner, vn. flatter bassement

Flagornerie, sf. flatterie basse. fa.   [flagorne.

Flagorneur, euse, a. et s. qui

Flagrant, e, a. en — délit, pris sur le fait.

Flair, sm. odorat du chien.

Flairer, va. sentir par l'odorat.

Flaireur, sm. (de table), parasite. fa.   [mande.

Flamand, sm. la langue flamande

Flamant, sm. oiseau de l'ordre des échassiers.   [flamme.

Flambant, a. qui jette de la

Flambart, sm. charbon à demi consumé; feu follet; petite chaloupe; luron.

Flambe, sf. iris des marais.

Flambé, a. perdu; ruiné. fa.

Flambeau, sm. bougie; chandelier. fig. lumière.

Flamber, va. passer sur le feu. vn. jeter de la flamme.

Flamberge, sf. épée. v.

Flamboyant, a. qui flamboie. pl. (contours) souples. t. de

Flamboyer, vn. briller.   [peint.

Flamine, sm. prêtre romain.

Flamme, sf. partie subtile du feu; banderolle de mât; inst. de vétérinaire. fig. et poét. passion de l'amour. pl. tourments de l'enfer.

Flammé, e, a. en forme de flamme.   [flammée.

Flammèche, sf. parcelle en

Flan, sm. tarte; métal taillé en rond. mon.

Flanc, sm. côté. pl. ventre.[me.

Flanconade, sf. botte. t. d'escri-

Flandrin, sm. dégingandé. fa.

Flanelle, sf. étoffe de laine.

Flâner, vn. niaiser. fa.

Flânerie, sf. action de flâner.

Flâneur, euse, s. qui flâne.

Flanquant, a. t. de fortif.

Flanqué, a. accolé. bla.

Flanquement, sm. act. de flanquer, ou le résultat de cette action.

Flanquer, va. défendre. fortif. donner. pop. se —, vp. se mettre. pop.

Flaque, sf. petite mare.

Flaquée, sf. liquide jeté brusquement à quelqu'un. fa. on dit dans le m. s.   [liquide.

Flaquer, va. jeter avec force un

Flasque, a. mou et sans force; sm. chacune des deux pièces principales d'un affût.

Flâtrer, va. appliquer un fer chaud pour la rage.

Flatter, va. n. louer à l'excès; peindre en beau; excuser; cajoler; faire espérer. se —, vp. se persuader.

Flatterie, sf. louange outrée.

Flatteur, se, a. et s. qui flatte.

Flatteusement, ad. d'une man. flatteuse.

Flatueux, se, a. venteux. méd.

Flatuosité, sf. vents dans le corps

Flavescent, e, a. qui jaunit.

Fléau , sm. instrument pour battre le blé; verge de balance; *fig.* châtiment du Ciel ; celui qui en est l'instrument.

Flèche, sf. trait qui se décoche; aiguille de clocher; partie d'une voiture qui joint le train de derrière à celui de devant ; constellation.

Fléchir, va. *et* n. ployer; attendrir.

Fléchissable, a. qu'on peut fléchir. [chir.

Fléchissement, sm. act. de fléchir.

Fléchisseur, s. *et* a. m. (muscle) qui sert à la flexion.

Flegmatique, a. pituiteux. *fig.* froid ; difficile à émouvoir.

Flegme, sm. pituite. *fig.* sangfroid ; calme.

Flegmon, sm. sorte de tumeur.

Flegmoneux, se, a. du flegmon.

Flétrir, va. *et* p. ôter la fraicheur; ternir. *fig.* de honorer; diffamer. [déshonore.

Flétrissant, a. qui flétrit, qui

Flétrissure, sf. état de ce qui est flétri ; peine juridique de l'application d'un fer chaud ; marque qui en résulte.

Fleur, sf. partie d'une plante où s'opère la fécondation; velouté d'un fruit. *fig.* fraicheur; éclat; ornement; élite. *A fleur*, loc. ad. au niveau. [fleurs.

Fleuraison, sf. formation des

Fleur-de-lis, sf. ornement des anc. armoiries de France ; constellation. [fleurs-de-lis.

Fleurdeliser , va. couvrir de

Fleuré, Fleureté, Fleuronné, a. bordé de fleurs. *bla.*

Fleurer, vn. exhaler une odeur.

Fleuret , sm. filoselle ; épée d'escrime.

Fleurette, sf. petite fleur; cajolerie; galanterie. [orné.

Fleuri , a. en fleurs. *fig.* frais ;

Fleurir , vn. être en fleur ; prospérer.

Fleurissant, a. qui pousse des fleurs. V. Florissant.

Fleuriste, sm. qui cultive ou qui imite les fleurs.

Fleuron, sm. vignette ; ornement d'architecture ; fleurs réunies. *fig.* prérogative.

Fleuronné, e, a. composé de fleurons. *bot.*

Fleuve, sm. rivière qui se jette dans la mer.

Flexibilité, sf. qualité de ce qui est

Flexible, a. souple, aisé. au *pr.* et au *fig.* [fléchi.

Flexion, sf. état de ce qui est

Flexueux, euse, a. qui fléchit. *bot.*

Flexuosité, sf. état de ce qui est flexueux. [rique.

Flibustier, sm. pirate en Amé-

Flic-flac, onomatopée exprimant le bruit de plusieurs coups de fouet ou soufflets.

Flic flac, sm. sorte de pas. *danse.*

Flint-glass, sm. sorte de verre, de cristal.

Floche, a. velouté, velu.

Flocon, sm. petite touffe.

Floconneux, se, a. qui ressemble à des flocons.

Flonflon, sm. refrain. *fa.*

Floraison, sf. fleuraison.

Floral, e, a. de la fleur.

Florales, sf pl fetes de Flore.

Floraux , am. pl. (jeux) en l'honneur de Flore ; académie à Toulouse. [pays.

Flore, sf. traité des fleurs d'un

Floréal , sm. huitième mois de l'année républicaine.

Florence, sm. taffetas léger.

Florencé, a. terminé en fleurs de lis. *bla.*

Florentine, sf. satin façonné.

Florès (faire), va. faire grande dépense.

Florin , sm. monnaie réelle et monnaie de compte en usage dans plusieurs pays.

Florissant, a. en prospérité, en honneur, en vogue. [plante.

Flosculeuse , a. *et* s. genre de

Flot, sm. eau agitée ; flux et re-
flux. *fig.* pl. foule.
Flottable, a. où l'on peut flotter.
Flottage, sm. conduite du bois
flotté.   [seau à fleur d'eau.
Flottaison, sf. partie du vais-
Flottant, a. qui flotte ; irrésolu.
Flotte, sf. vaisseaux réunis.
Flotté, a. (bois) venu en flottant
Flottement , sm. ondulation.
mil.
Flotter ; vn. être porté sur
l'eau ; être agité, irrésolu. v.
a. (du bois), l'abandonner au
courant.   [trains de bois.
Flotteur , sm. qui fait des
Flottille, sf. petite flotte.
Flou, ad. (peindre) d'une man.
tendre.
Flouer, va. voler, duper. *pop.*
Floueur, euse, s. qui floue.
Fluant, a. *papier* —, mal collé.
Fluate, sm. sel formé d'acide
fluorique et d'un oxyde.
Fluctuation , sf. mouvement
d'un fluide. *fig.* des opinions,
des fonds.
Fluctueux, se, a. agité de mou-
vements contraires.
Fluer, vn. couler.
Fluet, ette, a. mince, délicat.
Fleurs blanches, sf. pl. ma-
ladie.
Fluide, sm. corps dont les par-
ties cèdent à la moindre force.
a. qui coule aisément ; non
solide.
Fluidité, sf. qualité fluide.
Fluor, sm. gaz, corps simple.
Fluorique, a. sorte d'acide. [loris
Fluors, sm. pl. cristaux ; co-
Flûte, sf. inst. de mus. à vent ;
sorte de navire.
Flûté, a. (voix) douce.
Flûteau, sm. flûte grossière.
Flûter, vn. jouer de la flûte ;
boire. *pop.*   [flûte.
Flûteur, se, s. qui joue de la
Flûtiste, sm. qui joue de la
flûte.
Fluvial, a. qui appartient aux
fleuves, aux rivières.

Fluviatile, a. d'eau douce.
Flux , sm. (*x* muet) mouvement réglé de la mer ; débordement de sang ou d'humeurs
fig. vicissitudes.
Fluxion, sf. écoulement d'humeurs sur quelque partie du
corps ; enflure qui en résulte;
t. de *math.*
Fluxionnaire , a. sujet aux fluxions.   [pêche.
Foène , sf. trident pour la
Fœtus, sm. (*s*) embryon dans
la matrice.
Foi, sf. dogme ; religion ; croyance ; probité ; confiance ;
fidélité. *De bonne foi*, ad. sin-
Foie, sm. viscère.   [cèrement.
Foin, sm. graminée. int. fi ! *pop.*
Foire, sf. marché public; cours
de ventre. *pop.*   [bas.
Foirer, vn. avoir la diarrhée.
Foireux, se, a. *et* s. qui a la
diarrhée. *bas.*
Fois, sf. désigne le nombre. *A
la fois*, ad. en même temps.
Foison , sf. sans article ni pl.
abondance. *A foison*, ad. a-
bondamment.   [plier.
Foisonner, vn abonder; multi-
Fol *ou* Fou, Folle, a. *et* s. fous,
pl. qui a perdu l'esprit ; ba-
din ; bouffon ; imprudent. sm.
pièce des échecs.
Folâtre, a. badin.   [folâtre.
Folâtrement, adv. d'une man.
Folâtrer, vn. badiner.
Folâtrerie, sf. badinage.   [les.
Foliacé, a. de la nature des feuil-
Folichon, ne, a. *et* s. folâtre.
Folichonner, vn. folâtrer.
Folie, sf. démence ; propos gais;
passion ; imprudence. pl. ex-
cès. *A la folie*. loc. ad. éper-
dument.
Folié, a. réduit en feuilles. *chim.*
Folio, sm. numéro d'une page.
In - folio, format en deux
feuillets.
Folioles, sf. pl. petites feuilles.
Folioter , va. mettre les folios.
Follement, ad. d'une man. folle.

14

Follet, a. un peu fou. *Poil fol-
let*, duvet. *Esprit —*, sm.
lutin. [journaux. *mép.*
Folliculaire, a. *et* s. auteur de
Follicule, sf. enveloppe des
graines.
Folliculeux, se, a. de follicule.
Fomentation, sf. remède exte-
rieur.
Fomenter, va. appliquer une
fomentation. *fig.* entretenir.
Foncé, a. riche *fa.* habile; (couleur) chargée.
Foncer, va. mettre un fond. vn.
fondre sur; faire les fonds;
rembourser.
Foncet, sm. a. grand bateau.
Foncier, a. qui concerne un
fonds de terre.
Foncière, sf. lit d'ardoises.
Foncièrement, ad. à fond.
Fonction, sf. act. de remplir
son devoir; act. des viscères.
Fonctionnaire, sm. qui exerce
une charge.
Fonctionner, vn. faire sa fonction; agir. t. *d'arts.*
Fond, sm. l'endroit le plus bas
d'une chose creuse; derriere;
champ de tableau; la chose
essentielle; base. *A fond*, ad.
jusqu'au fond. *Au fond*, ad.
dans le principal.
Fondamental, a. qui sert de
fondement. [cipe.
Fondamentalement, ad. en prin-
Fondant, a. qui se fond. sm.
qui sert à fondre.
Fondateur, trice, s. qui fonde
un établissement.
Fondation, sf. act. de fonder;
fondements; fonds legués
pour une œuvre utile.
Fondé, e, a. juste, égitime. sm.
(*de pouvoir*, qui a pouvoir
d'agir pour un autre. *pal.*
Fondement, sm. maçonnerie
pour fonder; anus. *fig.* base;
cause.
Fonder, va. commencer à bâtir; établir; appuyer. vp.
faire fonds.

Fonderie, sf. art de fondre,
lieu où l'on fond. [taux.
Fondeur, sm. qui fond les mé-
Fondis, sm. abîme sous un é-
difice. [le suif.
Fondoir, sm. lieu où l'on fond
Fondre, va. n. *et* p. liquéfier.
fig. mêler ensemble. — *sur.*
se lancer sur. [cageux.
Fondrière, sf. terrain maré-
Fonds, sm. sol d'un champ;
argent placé; marchandises.
fig. ce qu'on possède en ca-
pacité, en savoir, en vertu.
Biens —, immubles. [fauts.
Fondu, am. *cheval —*, jeu d'en-
Fondue, sf. sorte de mets.
Fongible, a. qui se pèse, se me-
sure. *jur.* [fongus.
Fongosité, sf. synonyme de
Fongueux, se, a. de la nat. du
Fongus, sm. (s) excroissance
molle.
Fontaine, sf. eau sortant de
terre; edifice; vase pour l'eau.
Fontainier, sm. qui a soin des
fontaines. [crâne.
Fontanelle, sf. ouverture au
Fontange, sf. nœud de ruban.
Fonte, sf. act. de fondre; mé-
tal fondu; assortiment d'un
caractère. [ficiel.
Fonticule, sm. petit ulcère arti-
Fonts, sm. pl. vaisseau pour
baptiser.
For, sm. tribunal. p. us. *For
intérieur*, conscience.
Forage, sm. action de forer;
droit seigneurial qui se levait
sur le vin.
Forain, a. *et* s. du dehors.
Forban, sm. pirate.
Forçage, sm. excédant du
poids. *mon.*
Forçat, sm. galérien.
Force, sf. vigueur; puissance;
solidité; contrainte; énergie;
courage. au pl. troupes; grands
ciseaux. ad. beaucoup.
Forcé, a. qui n'est pas naturel.
Forcément, ad. par force.
Forcené, a. *et* s. furieux.

Forceps, sm. (s) instr. de chirurgie.

Forcer, va. contraindre; violenter; excéder; prendre par force; rompre. *A force de*, loc. ad. en insistant. *A toute force*, absolument.

Forcière, sf. petit étang.

Forclore, va. exclure. *pal.*

Forclusion, sf. exclusion judiciaire.

Forer, va. percer. t. d'arts.

Forestier, a. des forêts. sm. offic. des forêts.

Foret, sm. inst. pour forer.

Forêt, sf. terre couverte de bois.

Forfaire, vn. prévariquer.

Forfait, sm. crime; marché à prix fixe.

Forfaiture, sf. prévarication.

Forfanterie, sf. hâblerie.

Forge, sf. lieu où l'on forge le fer; fourneau, boutique de forgeron.

Forgeable, a. qui peut se forger.

Forger, va. travailler le fer; *fig.* inventer. vp. se former des idées.   [aux forges.

Forgeron, sm. qui travaille

Forgeur, sm. qui forge. *fig.* qui controuve.

Forjeter, vn. être hors d'alignement.   [gîte.

Forlancer, va. faire sortir du

Forligner, vn. dégénérer. v.

Forlonger, vn. *et* p. fuir au loin. *chas.*

Formaliser (se), vp. s'offenser.

Formaliste, s attaché aux formes

Formalité, sf. formule de droit. pl. étiquette; convenances.

Format, sm. dimension d'un livre.

Formation, sf. act. de former.

Forme, sf. ce qui détermine la matière à être telle ou telle chose; figure exter.; modèle; man. d'être; formalités; châssis d'imprimerie.

Formel, le, a. exprès; précis.

Formellement, ad. précisément.

Former, va. *et* p. donner l'être et la forme; instruire; produire; façonner.   [fourmi.

Formicaire, a. qui ress. à une

Formicant, am. (pouls) faible et fréquent.

Formication, sf. picotement.

Formidable, a. à craindre.

Formier, sm. fabricant et marchand de formes de souliers.

Formique, a. (acide) des fourmis.   [mue. vén.

Formuer, va. faire passer la

Formulaire, sm. livre de formules.

Formulation, sf. action de formuler; résultat de cette action.

Formule, sf. modèle d'acte; ordonnance de médecine; terme de mathématiques.

Formuler, vn. rédiger une ordonnance. *méd.*

Fornicateur, trice, s. qui fornique.   [chair.

Fornication, sf. péché de la

Forniquer, vn. commettre la fornication. *p. us.*   [chas.

Forpaître, vn. paître au loin.

Fors, prép. hormis. *v.*

Forsenant, a. se dit d'un chien courant qui a beaucoup d'ardeur.

Fort, sm. l'endroit le plus fort d'une chose; ce en quoi on excelle; le plus haut degré; forteresse. a. vigoureux; âcre; solide; violent; énergique. ad. beaucoup; très.

Fortement, ad. avec force.

Forte-piano, sm. i. *V.* Piano.

Forteresse, sf. lieu fortifié.

Fortifiant, a. qui fortifie.

Fortificateur, sm. ingénieur qui fortifie.

Fortification, sf. action de

Fortifier, va. *et* p. rendre fort; s'affermir.

Fortin, sm. petit fort.

Fortiori (à), loc. adv. à plus forte raison.   [chas.

Fortraire, vn. éviter les relais.

Fortrait, a. (cheval) excédé de fatigue.

Fortraiture, sf. état fortrait.

Fortuit, a. qui arrive par hasard. [tuit.

Fortuitement, ad. par cas fortuit.

Fortune, sf. hasard; situation heureuse ou malheureuse; richesse; deesse. *Bonne —*, les bonnes grâces d'une femme.

Fort. né, a. heureux; riche.

Forum , sm. (om) place publique. *ant.* [forct.

Forure , sf. trou fait avec un

Fosse, sf. creux en terre; creux pour enterrer un cadavre. *Basse-fosse*, sf. cachot.

Fossé, sm. fosse en long.

Fossette, sf. petite fosse; petit creux au menton ou à la joue.

Fossile, a. *et* s. minéral.

Fossoyage, sm. action de

Fossoyer, va. clore de fossés.

Fossoyeur, sm. qui fait des fosses pour enterrer.

Fou, a. *V.* Fol, sm. oiseau.

Fouace, sf. sorte de galette.

Fouage, sm. droit seigneurial.

Fouaille, sf. curée. *vén.*

Fouailler, va. fouetter souvent; échouer. *fa.*

Foudre, sf. *et* m. fluide électrique qui sort de la nue avec détonation. m. grand tonneau. *Foudre de guerre, d'éloquence* , grand général, grand orateur. [foudroyé.

Foudroiement, sm. act. d'etre

Foudroyant, a. qui foudroie.

Foudroyante, sf. sorte de fusée.

Foudroyer, va. frapper de la foudre; canonner; vn. *fig.* tonner.

Fouée, sf. chasse nocturne.

Fouet , sm. cordelette pour fouetter; coups de verges pour châtier. [fouet ; battre.

Fouetter, va. *et* n. donner le

Fouetteur, sm. qui fouette.

Fougade — *gasse*, sf. sorte de petite mine.

Fougeraie , sf. lieu où croît la

Fougère, sf. plante.

Fougon, sm. cuisine de navire.

Fougue, sf. mouvement violent avec colere. *fig* ardeur, artimon. [fougue.

Fougueux , se, a. qui entre en

Fouille , sf action de fouiller.

Fouille-au-pot , sm. marmiton.

Fouiller, va. *et* n. creuser pour chercher; chercher dans les poches. [sion.

Fouillis, sm. désordre, confu-

Fouine, sf. petit quadrupède.

Fouir, va. creuser la terre.

Fouissement, sm. act. de fouir.

Foulage, sm. act. de fouler; résultat de cette action.

Foulant, a. qui foule. [peinte.

Foulard , sm. étoffe de soie

Foule, sf. presse ; multitude de personnes; oppression; act. de fouler. *En foule*, ad. en grand nombre.

Foulées, sf. pl. traces. *chas.*

Fouler , va. presser ; apprêter. *fig.* opprimer; blesser.

Foulerie, sf. lieu où l'on foule les draps.

Fouleur, sm. celui qui foule.

Fouloir , sm. inst. avec lequel on foule.

Foulon, sm qui foule les draps.

Foulque, sf. poule d'eau.

Foulure, sf. contusion.

Four, sm. lieu voûté pour cuire le pain. [fourberie.

Fourbe, a. *et* s. trompeur. sf.

Fourber , va. tromper d'une man. basse et odieuse.

Fourberie, sf. tromperie.

Fourbir, va. polir (le fer).

Fourbisseur, sm. qui monte les épées.

Fourbissure, sf. action de fourbir ; polissure.

Fourbu, a. (cheval) qui perd l'usage des jambes.

Fourbure, sf. cette maladie.

Fourche, sf. ust. à deux ou trois branches. pl. (patibulaires), gibet.

Fourcher, vn. *et* p. se diviser en fourche.

Fourchette, sf. inst. de table ; instr. de chir.; partie du pied du cheval.

Fourchon, sm. une des pointes d'une fourche ou d'une fourchette.

Fourchu, e, a. en fourche.

Fourgon, sm. chariot ; instr. pour remuer le feu.   [etc.

Fourgonner, va. remuer le feu,

Fourmi, sf. Fourmi-lion, m. insectes.

Fourmilier, sm. nom d'un quadrupède et de divers oiseaux qui se nourrissent de fourmis.

Fourmilière, sf. gîte des fourmis. fig. multitude.

Fourmillement, sm. picotement

Fourmiller, vn. abonder; picoter.

Fournage, sm. ce que l'on paye au fournier pour la cuisson du pain.   [feu ardent.

Fournaise, sf. grand four. fig.

Fourneau, sm. vase pour mettre le feu ; fougasse ; godet d'une pipe.

Fournée, sf. contenu d'un four.

Fourni, e, a. touffu, épais, garni.   [four public.

Fournier, ère, s. qui tient un

Fournil, sm. (ni) lieu où est le four.

Fourniment, sm. étui à poudre ; partie de l'équipement d'un soldat.   [garnir.

Fournir, va. et n. pourvoir ;

Fournissement, sm. fonds de chaque associé.

Fournisseur, sm. qui fournit des marchandises.

Fourniture, sf. provision ; ce qui est fourni ; menues herbes pour la salade.

Fourrage, sm. herbe pour le bétail, etc.

Fourrager, vn. amasser du fourrage. va. ravager.

Fourragère, af. plante —, qui sert de fourrage. [fourrage.

Fourrageur, sm. qui va au

Fourré, a. rempli; inséré dans;

placé hors de propos. Bois —, rempli de broussailles. Vêtement —, garni de fourrures. Langue —, langue apprêtée, etc.

Fourreau, sm. gaine; robe.

Fourrer, va. et p. garnir chaudement ; introduire, s'immiscer. fa.

Fourreur, sm. pelletier.

Fourrier, sm. sous-officier.

Fourrière, sf. lieu où se met le bois; détention de bestiaux.

Fourrure, sf. peau à poil pour fourrer.

Fourvoiement, sm. action de

Fourvoyer, va. et p. égarer.

Fouteau, sm. nom vulgaire du hêtre.   [hêtres.

Foutelaie, sf. lieu planté de

Foyer, sm. âtre; chauffoir ; siége principal ; salon d'un théâtre ; lieu où convergent les rayons. phys. centre d'activité. pl. domicile.

Frac, sm. habit d'homme.

Fracas, sm. grand bruit, au pr. et au fig.

Fracasser, va. rompre.

Fraction, sf. act. de rompre; partie de l'unité.

Fractionnaire, a. des fractions.

Fractionner, va. réduire en fractions.

Fracture, sf. rupture avec effort.

Fracturé, a. (os) où il y a fracture.   [ture.

Fracturer, va. faire une fracture

Fragile, a. aisé à se détruire. fig. sujet à tomber en faute.

Fragilité, sf. qualité de ce qui est fragile; faiblesse.

Fragment, sm. morceau.

Frai, sm. act. de frayer ; altération des monnaies par le frottement.

Fraîchement, ad. avec fraîcheur.

Fraîcheur, sf. frais ; froidure ; douleur; fig. éclat agréable du teint, des couleurs, etc.

Fraîchir, vn. venter fort. mar.

Frairie, sf. divertissement. fa

Frais, Fraiche, a. qui tempère la chaleur : récent; non salé. ad. fraichement. sm. fraicheur. pl. dépenses ; dépens.

Fraise, sf. fruit ; collet plissé ; boyaux de veau; rang de pieux. *fort.*

Fraisement, sm. pieux autour des piles d'un pont.

Fraiser, va. plisser en fraise; garnir de pieux.

Fraisette, sf. petite fraise.

Fraisier, sf. plante.

Fraisil, sm. (zi) cendre du charbon de terre.

Framboise, sf. fruit.

Framboiser, va. mettre du jus de framboise.

Framboisier, sm. arbrisseau.

Framée, sf. arme des anciens Germains, des anciens Francs

Franc, che, a. libre ; exempt de charges ; sincère. sm. pièce de vingt sous. ad. sans biaiser

Franc, anque, s. nom générique des Européens qui habitent le Levant; af. (langue), jargon du Levant.

Français, a. *et* s. de France. s. m. langue. ad. (parler) clairement.

Franc-alleu. *V.* Alleu. [lice.

Franc-archer, sm. ancienne milice

Francatu, sm. sorte de pomme.

Franc-fief, sm. fief libre. [chise.

Franchement, ad. avec franchise

Franchipanier, sm. arbuste.

Franchir, va. sauter par-dessus; passer au-delà ; surmonter. [cérite.

Franchise, sf. exemption ; sincérité

Francisation, sf. acte qui constate qu'un navire est français. t. de *jur. com.*

Franciscain, sm. religieux de l'ordre de saint François d'Assise.

Franciser, va. donner une terminaison française, un air français.

Francisque, sf. sorte de hache d'armes des anc. Francs.

Franc-maçon, sm. membre de la [secrète.

Franc-maçonnerie, sf. société

Franco, ad. sans frais. *com.*

Francolin, sm. oiseau.

Franc-parler, sm. liberté de dire ce qu'on pense.

Franc-quartier, sm. premier quartier de l'écu. *bla.*

Franc-réal, sm. sorte de poire.

Franc-tenancier, sm. t. de pratique. [corps légers.

Franc-tireur, sm. soldat de

Frange, sf. tissu effilé.

Frangé, e, a. découpé.

Franger, va. garnir de franges.

Franger, — gier, sm. fabric. et marchand de franges.

Frangible, a. susceptible d'être rompu. [fum.

Frangipane, sf. pâtisserie; par-

Franque, a. *et* s. *V.* Franc.

Franquette (à la bonne), ad. franchement, ingénûment. *fa.*

Frappant, a. qui fait impression

Frappe, sf. empreinte. *mon. imp.*

Frappé, sm. mouvement pour battre la mesure. [bien fait.

Frappé, e, a. ravi, charmé,

Frappement, sm. action de

Frapper, va. *et* n. donner un coup ; imprimer la monnaie; faire impression. sm. battre la mesure.

Frappeur, euse, s. qui frappe. *fa.*

Frasque, sf. action extravagante.

Frater, sm. (êr) garçon chirurgien ; barbier des soldats.

Fraternel, a. de frère. [fam.

Fraternellement, ad. en frère.

Fraterniser, vn. vivre en frères, contracter une union politique. [nelle.

Fraternité, sf. union frater-

Fratricide, sm. meurtre ; meurtrier de son frère, de sa sœur.

Fraude, sf. tromperie ; contrebande. [par fraude.

Frauder, va. tromper ; frustrer

Fraudeur, euse, s. qui fraude.

Frauduleusement, ad. avec fraude.

Frauduleux, se, a. fait avec fraude.

Fraxinelle, sf. plante.

Frayer, va. tracer une route. au *pr.* et au *fig.* vn. s'user. *mon.* engendrer, se dit des poissons; s'accorder.

Frayeur, sf. crainte vive.

Fredaine, sf. trait de libertinage

Fredon, sm. roulade. *mus.*

Fredonnement, sm. action de

Fredonner, va. chanter à de-mi voix. [seau.

Frégate, sf. navire léger; oi-

Frein, sm. mors; ce qui bride.

Frelampier, sm. qui n'est bon à rien. t. de *mép. pop.* et *v.*

Frelater, va. falsifier le vin.

Frelaterie, sf. act. de frelater.

Frelateur, sm. celui qui frelate.

Frêle, a. fragile; mince; faible. sf. demoiselle.

Frelon, sm. grosse mouche; guêpe. [soie.

Freluche, sf. petite houppe de

Freluquet, sm. damoiseau.

Frémir, vn. trembler par un mouvement de crainte ou d'horreur.

Frémissant, a. qui frémit.

Frémissement, sm. émotion, agitation, bruissement.

Frêne, sm. arbre. [aveugle.

Frénésie, sf. fureur, passion

Frénétique, a. *et* sm. atteint de frénésie. [vent.

Fréquemment, ad. (*ca*) sou-

Fréquence, sf. réitération ré-pétée.

Fréquent, a. qui arrive sou-vent. *pouls —*, agité.

Fréquentatif, ve, a. qui marque fréquence. [quenter.

Fréquentation, sf. act. de fré-

Fréquenté, e, a. hanté. [vent.

Fréquenter, va. *et* n. voir sou-

Frère, sm. né d'un même père, etc. religieux non prêtre. — *de lait*, qui a la même nour-rice.

Fresaie, sf. oiseau nocturne.

Fresque, sf. peinture sur le mur.

Fressure, sf. parties intérieu-res de quelques animaux, tel les que le cœur, le poumon, etc

Fret, sm. (*ét*) louage d'un vais seau; prix de ce louage; car-gaison.

Frètement, sm. action de

Fréter, va. louer un vaisseau; le charger, l'équiper.

Fréteur, sm. qui frète.

Frétillant, a. qui frétille.

Frétillement, sm. act. de [*fa*

Frétiller, vn. s'agiter vivement.

Fretin, sm. menu poisson. *fig.* chose de rebut.

Frette, sf. lien du moyeu.

Fretté, a. t. de *bla.*

Fretter, va. mettre une frette.

Freux, sm. oiseau.

Friabilité, sf. qualité de ce qui est

Friable, a. aisé à pulvériser.

Friand, a. *et* s. qui aime la chère fine; avide; (mets) dé-licat.

Friandise, sf. goût de friand pl. choses délicates à manger.

Fricandeau, sm. viande lardée.

Fricassée, sf. viande fricassée; anc. danse.

Fricasser, va. cuire en mor ceaux. [fricassées.

Fricasseur, sm. qui fait des

Friche, sf. terre inculte. *en friche.* loc. adv. sans culture

Fricot, sm. mets, ragoût. *fa.*

Fricoter, vn. faire bombance. *fa*

Fricoteur, euse, s. qui aime à fricoter. *fa.* [corps.

Friction, sf. frottement du

Frictionner, va. faire une fric-tion.

Frigidité, sf. impuissance. *pal*

Frigorifique, a. qui cause le froid. [froid

Frileux, se, a. très-sensible au

Frimaire, sm. troisième mois de l'année républicaine.

Frimas, sm. grésil; brouillard froid.

Frime, sf. semblant. *pop.*

Fringale, sf. faim subite. *fa.*

Fringant, a. fort éveillé; très-vif.

Fringuer, vn. sautiller en dansant. *fig.* se parer, briller. v.

Frion, sm. fer au côté de la charrue.

Friper, va. chiffonner; consumer en bombances. *pop.*

Friperie, sf. com. de vieilles hardes. [vais cuisinier. *bas.*

Fripe-sauce, sm. goinfre; mau-

Fripier, sm. march. de vieux habits. [coquet; èvelle.

Fripon, a. *et* s. voleur adroit;

Friponneau, sm. dim. de fripon. *fa.*

Friponner, va. escroquer.

Friponnerie, sf. act. de fripon.

Friquet, sm. moineau. [friture.

Frire, va *et* n. cuire dans la

Frise, sf. bande sous la corniche; étoffe de laine; sorte de toile; t. de *fort.*

Frisé, a. crépu.

Friser, va. creper; frôler. vn. être frisé; doubler. *imp.*

Friseur, s. qui frise les cheveux.

Frisoir, sm. pince à friser.

Frisotter, va. friser souvent.

Frisquette, sf. châssis de la presse. *imp.*

Frisson, sm. tremblement. [son.

Frissonnement, sm. léger fris-

Frissonner, vn. avoir le frisson.

Frisure, sf. façon de friser.

Fritillaire, sf. plante liliacée.

Fritte, sf. matière; cuisson du

Fritter, va. faire la fritte. [verre.

Friture, sf. act. et man. de frire; poisson frit.

Frivole, a. vain; léger.

Frivolement, adv. d'une man. frivole.

Frivolité, sf. caractère frivole.

Froc, sm. habit monacal. *fig.* la profession monastique.

Frocard, sm. moine. t. de *mép.* et *fa.*

Froid, sm. l'opposé du chaud. *fig.* indifférence, a. sans chaleur. *fig.* impassible; serieux. A *froid.* ad. sans feu.

Froidement, ad. d'une manière froide.

Froideur, sf. qualité de ce qui est froid; indifférence.

Froidir, vn. V. Refroidir. [ver.

Froidure, sf. froid de l'air; hi-

Froidureux, euse, a. sujet à avoir froid. v. et *fa.*

Froissement, sm. action de froisser; son résultat.

Froisser, va. meurtrir; chiffonner. *fig.* heurter, choquer.

Froissure, sf. état froissé.

Frôlement, sm. action de

Frôler, va. toucher légèrement en passant.

Fromage, sm. lait caillé égoutté

Fromager, s. fabr. de fromage. sm. vase pour égoutter; genre d'arbres. [fait le fromage.

Fromagerie, sf. lieu où l'on

Fromageux, euse, a. qui tient du fromage.

Froment, sm. sorte de blé.

Fromentacé, a. du froment.

Fromental, sm. esp. d'avoine.

Fromenteau, sm. variété de raisin.

Fronce, sf. pli défectueux du papier, des cartes; plis faits à dessein sur une étoffe.

Froncement, sm. action de

Froncer, va. plisser; rider le front.

Fronde, sf. ust. pour lancer des pierres; faction sous Louis XIV

Fronder, va. *et* n. jeter avec une fronde; blâmer le gouvernement. [tieux.

Frondeur, sm. qui fronde; fac-

Front, sm. le haut du visage; rangée. *fig.* audace; impudence. De *front,* ad. par-devant; côte à côe.

Frontal, a. du front.

Fronteau, sm. bandeau sur le front d'un cheval. [limitrophe

Frontière, sf. limites d'état. a.

Frontignan, sm. vin récolté à Frontignan.

Frontispice, sm. face d'édifice; titre de livre.

Fronton, sm. ornement d'architecture.

Frottage, sm. travail du frotteur.

Frottement, sm. action de

Frotter, va. toucher en passant à plusieurs reprises ; nettoyer ; oindre ; battre. *fa.* vp. s'attaquer à quelqu'un. *fa.*

Frotteur, euse, s. qui frotte.

Frottoir, sm. linge, etc., pour frotter.

Frouer, vn. faire une esp. de sifflement. t. de *chas.*

Fructidor, sm. douzième mois de l'année républicaine.

Fructifère, a. qui porte du fruit.

Fructification, sf. formation du fruit.

Fructifier, vn. rapporter du fruit; donner un bon résultat.

Fructiforme, a. en forme de fruit

Fructueusement, ad. avec fruit.

Fructueux, se, a. qui produit du fruit. *fig.* utile. [simple.

Frugal, a. sans pl. sobre ;

Frugalement, ad. avec [mie.

Frugalité, sf. sobriété ; économie.

Frugivore, a. qui vit de végétaux; sm. pl. fam. d'oiseaux.

Fruit, sm. production végétale; dessert. *fig.* profit ; enfant dans le sein de sa mère. pl. revenus. [fruits.

Fruitage, sm. toute sorte de

Fruité, a. t. de *bla.*

Fruiterie, sf. lieu où l'on garde le fruit; comm. du fruitier.

Fruitier, a. qui rapporte du fruit. s. marchand de fruits et de légumes ; m. fruiterie.

Frusquin, sm. avoir. *pop.*

Fruste, a. (médaille) effacée.

Frustratoire, a. fait pour frustrer ; sm. vin sucré et épicé.

Frustrer, va. priver d'une chose

Fucus, sm. plante marine.

Fugace, a. de courte durée.

Fugacité, sf. qualité de ce qui est fugace.

Fugitif, ve, a. *et* s. qui fuit ; léger ; poésie —, légère.

Fugue, sf. répétition de motif. *mus.* *fig.* échappée , fuite.

Fuie, sf. esp. de petit colombier.

Fuir, vn. courir pour se sauver. va. éviter.

Fuite, sf. act. de fuir. [pelle.

Fulguration, sf. éclair de la cou-

Fuligineux, se, a. chargé de suie.

Fuliginosité, sf. qualité de ce qui est fuligineux.

Fulminant, a. qui fulmine, qui éclate avec bruit. *fig.* menaçant.

Fulmination , sf. action de

Fulminer, va. publier une sentence d'excommunication. n. s'emporter ; faire une explosion. [mée.

Fumage, sf. exposition à la fu-

Fumant, a. qui fume.

Fumé, sm. épreuve d'un poinçon; empreinte. t. de *gra.*

Fumée, sf. vapeur tirée par le feu. *fig.* vanité, chimère. pl. vapeurs au cerveau.

Fumer, vn. jeter de la fumée. va. exposer à la fumée; prendre du tabac en fumée; épandre du fumier.

Fumeron, sm. charbon qui fume

Fumet, sm. vapeur agréable du vin, des mets.

Fumeterre, sf. plante. [bac.

Fumeur, sm. qui fume du ta-

Fumeux, se, a. capiteux.

Fumier, sm. paille mêlée de fiente; tout ce qui sert d'engrais. *fig.* chose vile, méprisable.

Fumigation, sf. act. de fumiger.

Fumigatoire, a. propre à [peurs.

Fumiger, va. exposer aux va-

Fumiste, sm. celui dont le métier est d'empêcher les cheminées de fumer. [la fumée.

Fumivore, a. *et* s. qui absorbe

Funambule, s. danseur de corde

Funèbre, a. des funérailles; lugubre, triste.

Funérailles, sf. pl. obsèques.

Funéraire, a. des funérailles.

Funeste, a. malheureux.

Funestement, ad. d'une man. funeste.
Funin, sm. cordage de vaisseau.
Fur (au ou à) et à mesure. ad. à mesure que.
Furet, sm. quadrupède. fig. curieux qui découvre tout.
Fureter, vn. chasser au furet. fig. fouiller.
Fureteur, sm. qui furète.
Fureur, sf. manie ; colère ; frénésie ; passion.
Furibond, sm. et a. furieux.
Furie, sf. colère ; passion ; divinité infernale. fig. femme très-méchante.
Furieusement, ad. à l'excès.
Furieux, se, a. et s. en furie, excessif.
Furin, sm. pleine mer. mar.
Furolles, sf. pl. exhalaisons inflammables. [neur.
Furoncle, sm. flegmon, clou, tu-
Furtif, ve, a. fait en cachette.
Furtivement, ad. à la derobée.
Fusain, sm. arbrisseau ; sorte de crayon.
Fusarolle, sf. ornement d'arch.
Fuseau, sm. inst. pour filer.
Fusée, sf. fil sur le fuseau ; pièce d'artifice ; t. d'horlog. af. (chaux) éteinte.
Fuselé, a. en fuseau. bla. arch.
Fuser, vn. s'étendre phys.
Fusibilité, sf. qualité de ce qui est
Fusible, a. qui peut se fondre.

Fusiforme, a. qui a la forme d'un fuseau. bot. [quet.
Fusil, sm. (zi) arme à feu ; bri-
Fusilier, sm. soldat armé d'un fusil. [de fusil.
Fusillade, sf. plusieurs coups
Fusiller, va. tuer à coups de fu-
Fusillette, sf. petite fusée. [sil.
Fusion, sf. fonte ; liquéfaction. fig. alliance ; mélange.
Fusionniste, s. a. qui tient à un système de fusion.
Fuste, sf. sorte de petit navire.
Fustet, sm. arbre à bois jaune.
Fustigation, sf. action de
Fustiger, va. battre à coups de baguettes, de verges.
Fût, sm. bois de fusil ; partie de la colonne entre la base et le chapiteau ; tonneau.
Futaie, sf. bois de grands arbres
Futaille, sf. tonneau ; grande quantité de tonneaux.
Futaine, sf. étoffe de coton.
Fûté, a. rusé ; fin.
Futée, sf. sorte de mastic.
Fut-fa, la note fa. mus.
Futile, a. frivole.
Futilité, sf. frivolité, bagatelle.
Futur, a. qui est à venir, qui sera. s. celui, celle qu'on doit épouser ; temps à venir. t. de gra. [liver.
Futurition, sf. ce qui doit ar-
Fuyant, a. qui fuit, qui se perd dans le lointain. peint. [fuit.
Fuyard, a. qui fuit, sm. qui s'en-

G

G, sm. (gé ou gue), 7e lettre, 5e consonne.
Gabare, sf. bateau ; filet.
Gabarit, sm. modèle de vaisseau.
Gabarier, sm. conduct. de gabare
Gabegie, sf. intrigue. pop.
Gabelage, sm. action de
Gabeler, va. faire sécher le sel.
Gabeleur, sm. employé de
Gabelle, sf. impôt sur le sel.
Gabelou, sm. commis de l'octroi. pop.

Gabie, sf. petite hune. mar.
Gabier, sm. matelot qui fait le quart. [terre. mil.
Gabion, sm. panier plein de
Gabionnade, sf. ouvrage de gabions.
Gabionner, va. couvrir de gabions. [pène.
Gâche, sf. pièce qui reçoit le
Gâcher, va. delayer ; vendre à vil prix. fa. [de fusil.
Gâchette, sf. pièce de serrure.

Gâcheur, euse, s. qui gâche; qui travaille mal, sans goût, au rabais. [mépris.

Gâcheux, se, a. bourbeux; t. de

Gâchis, sm. saleté causée par de l'eau. *fig.* affaire embrouillée.

Gade, sm. genre de poissons.

Gadouard, sm. vidangeur.

Gadoue, sf. matière fécale tirée d'une fosse. [croc.

Gaffe, sf. perche armée d'un

Gaffer, va. accrocher avec la gaffe.

Gage, sm. nantissement; preuve; assurance. pl. salaire.

Gager, va. *et* n. parier; donner des gages. [vilégiée.

Gagerie (saisie), sf. saisie privi-

Gageur, euse, s. qui gage sou-

Gageure, sf. (*ju*) pari. [vent.

Gagiste, sm. salarié non domestique.

Gagnable, a. qu'on peut gagner.

Gagnage, sm. pâtis.

Gagnant, a. qui gagne.

Gagne-denier, sm. porte-faix. — *pain*, métier. — *petit*, rémouleur.

Gagner, va. *et* n. tirer profit; acquérir; vaincre au jeu; (une maladie) en être atteint; (le vent), en prendre le dessus. vn. se former, s'améliorer. [joie. ad. gaiement.

Gai, a. joyeux, qui porte à la

Gaïac, sm. arbre d'Amérique.

Gaîment, ad. (*gai*) avec

Gaîté sf. (*gai*) joie, vivacité.

Gaillard, a. *et* s. sain; dispos; (propos) licencieux; (vent) froid; gai. sm. élévation sur le tillac. *mar.* f. danse. v. caractère d'imp. [hardiment.

Gaillardement, ad. gaîement;

Gaillardise, sf gaîté gaillarde.

Gaillette, sf. charbon de terre de moyenne grosseur.

Gain, sm. profit; succès. [bot.

Gaîne, sf. étui; t. d'arch. et de

Gaînerie, sf. ouvr. du [arbre.

Gaînier, sm. march. de gaines;

Gala, sm. festin; réjouissance.

Galamment, ad. d'une manière galante.

Galande, sf. esp. d'amandier.

Galant, e, s. *et* a. probe; civil; amoureux; agréable. *Femme* —, qui a des intrigues d'amour.

Galanterie, sf. soins empressés auprès des femmes; agrément petit cadeau.

Galantin, sm. galant ridicule.

Galantine, sf. sorte de mets.

Galantiser, va. faire le galantin.

Galaxie, sf. voie lactée. pl. fêtes. *ant.* [gomme.

Galbanum, sm. (*om*) plante;

Galbe, sm. ornement d'architect.; contour.

Gale, sf. maladie de peau; maladie des végétaux.

Galéace, sf. grande galère.

Galée, sf. ais à rebord. *imp.*

Galéga, sm. genre de plantes.

Galène, sf. mine de plomb.

Galénique, a. de Galien. *méd.*

Galénisme, sm. doctrine de Galien. [de Galien.

Galéniste, a. *et* sm. sectateur

Galéopithèque, sm. petit mamm. carnassier.

Galéopsis, sm. (*s*) nom de plusieurs espèces de plantes.

Galère, sf. bâtiment à rames. pl. peine afflictive.

Galerie, sf. chambre longue; route souterraine; collection. *fig.* personnes qui regardent jouer.

Galérien, sm. mis aux galères.

Galerne, sf. vent du nord-ouest.

Galet, sm. caillou plat; jeu de palet.

Galetas, sm. logement pauvre.

Galette, sf. gâteau plat. [gale.

Galeux, se, a. *et* s. qui a la

Galhauban, sm. long cordage.

Galimafrée, sf. fricassée de restes de viandes. *pop.*

Galimatias, sm. discours confus.

Galion, sm. grand navire espagnol.

Galiote, sf. galère ; bateau.

Galipot, sm. résine du pin.

Galle, sf. excroissance végétale.

Gallican, a. qui concerne l'église de France. [çais.

Gallicisme, sm. idiotisme fran-

Gallinacées, sf. pl. genre de poules.

Gallique , a. (acide) de la noix de galle ; gaulois.

Galoche, sf. sorte de chaussure.

Galon, sm. tissu en forme de rubans de soie, d'or, etc.

Galonner, va. orner de galons.

Galonnier, sm. fabric. de galons

Galop , sm. (lo) allure rap. du cheval ; danse.

Galopade, sf. action de [galop.

Galoper, vn. aller ; mettre au

Galopin, sm. petit commissionnaire ; espiègle ; polisson.

Galoubet, sm. flûte à 3 trous.

Galuchat , sm. peau d'une espèce de raie.

Galvanique, a. qui a rapport au galvanisme.

Galvaniser, va. soumettre à l'action galvanique.[dérable.

Galvanisme, sm. fluide impon-

Galvano-magnétisme, sm. combinaison des effets galvaniques avec les effets magnétiques.

Galvanoplastie, sf. procédé pour dorer, argenter, cuivrer, etc , au moyen d'un courant galvanique.

Galvauder, va. maltraiter de paroles. fa. [dence.

Gambade , sf. saut sans ca-

Gambader , va. faire des gambades. [bes. fa.

Gambiller, vn. remuer les jam-

Gambit, sm. t. du jeu d'échecs.

Gamelle, sf. écuelle de bois.

Gamin, sm. petit garçon qui joue dans les rues. pop.

Gaminer, vn. faire le gamin.

Gaminerie, sf. tour de gamin.

Gamme , sf. table de notes de musique.

Ganache, sf. mâchoire inférieure du cheval. fig. personne sans esprit, sans talent. fa.

Ganer, vn. t. de jeu de cartes.

Ganglion, sm. nœud de nerfs.

Gangrène, sf. (can) mortification. chir. [grène.

Gangrené , e, a. où est la gan-

Gangrener (se), vp. se corrompre. [grène.

Gangréneux , se, a. de la gan-

Gangue, sf. substance pierreuse qui adhère au filon.

Ganivet, sm. instr. de chir.

Gano, sm. t. de jeu de cartes.

Ganse, sf. cordonnet de soie, etc.

Gant, sm. partie de l'habillement qui couvre la main.

Gantelée , sf. esp. de campanule. bot. [fer ; bandage.

Gantelet , sm. gant revêtu de

Ganter, va. n. et p. mettre des gants.

Ganterie, sf. fabr. de gants.

Gantier, s. march. et fabr. de gants.

Garance , sf. plante tinctoriale.

Garancer, va. teindre en garance. [la garance.

Garancière, sf. champ où croît

Garant, s. caution ; autorité. le fém. ne s'emploie qu'en style diplomat.

Garantie, sf. obligation de

Garantir , va. et p. se rendre garant ; affirmer ; préserver.

Garbure, sf. potage de pain, choux, etc.[ou de fil de caret.

Garcette, sf. tresse de bitord

Garçon, sm. enfant mâle ; célibataire ; ouvrier ; valet ; serviteur dans un bureau.

Garçonnière, sf. jeune fille qui hante les garçons. pop.

Garde, sf. action de se tenir en observation ; guet ; action de garder ; ceux qui gardent ; troupe d'élite ; man de tenir une épée ; partie d'une épée qui couvre la main ; garniture ; femme qui soigne les malades. sm. homme armé qui garde.

Garde-bois, — *champêtre.* — *chasse,* — *côte,* — *magasin,* sm. qui garde les bois, les champs, etc.

Garde-bourgeoise, — *noble,* sf. droits usufruitiers des veufs sur les biens de leurs enfants.

Garde-boutique, sm. ce qui ne se vend point.

Garde des sceaux, sm. qui a les sceaux de l'état.

Garde du corps, sm. qui garde un prince. [du feu.

Garde-feu, sm. grille autour

Garde-fou, sm. balustrade des ponts.

Garde-main, sm. papier que l'on met sous la main en écrivant. [malade.

Garde-malade, s. qui a soin d'un

Garde - manche, sm. fausse manche.

Garde-manger, sm. lieu pour garder les aliments. [miral.

Garde-marine, sm. garde de l'a-

Garde-marteau, sm. officier des eaux et forêts.

Garde-meuble, sm. lieu pour serrer les meubles.

Garde-note, sm. titre des notaires.

Garde-pêche, sm. qui est chargé de la police de la pêche.

Garder, vn. conserver, retenir, veiller à la sûreté, à la conservation ; garantir. vp. se préserver.

Garde-robe, sf. où l'on serre les hardes ; lieux d'aisances.

Gardeur, euse, s. qui garde les bestiaux.

Garde-vue, sm. sorte de visière.

Gardien, ienne, s. qui est commis à la garde. m. supérieur de couvent.

Gardon, sm. poisson blanc.

Gare! interj. pour avertir ou menacer. *fa,* sf. abri des bateaux ; station d'un chemin de fer.

Garenne, sf. bois où l'on entretient des lapins sauvages.

Garennier, sm. qui a soin d'une garenne.

Garer (se), vp. se préserver ; amarrer dans une gare.

Gargariser (se), vp. se laver le gosier.

Gargarisme, sm. action de gargariser ; liqueur pour se gargariser. [pre.

Gargotage, sm. repas malpro-

Gargote, sf. petit cabaret.

Gargoter, vn. hanter les gargotes. [gote.

Gargotier, ière, s. qui tient gar-

Gargouillade, sf. pas de danse.

Gargouille, sf. endroit de la gouttière par où l'eau tombe.

Gargouillement, sm. bruit d'un liquide dans une cavité du corps. [l'eau. *pop.*

Gargouiller, vn. barboter dans

Gargouillis, sm. bruit d'une gargouille.

Gargousse, sf. charge de canon.

Gargoussière, sf. gibecière pour les gargousses. [culte.

Garigue, sf. lande, terre in-

Garnement, sm. vaurien. *fa.*

Garni, e, a. fourni ; sm. logement meublé.

Garnir, va. pourvoir ; doubler. p. se munir.

Garnisaire, sm. homme en garnison chez un débiteur.

Garnison, sf. garde d'une place militaire. [orne.

Garniture, sf. ce qui garnit,

Garou ou lauréole, sm. arbrisseau. [bâton pour serrer.

Garrot, sm. le haut du cheval ;

Garrotter, va. lier fortement.

Gars, sm garçon. *fa.*

Garus, sm. (s) élixir stomachique. [fanfaron ; hâbleur.

Gascon, a. *et* s. de Gascogne ;

Gasconisme, sm. locution gasconne.

Gasconnade, sf. fanfaronnade.

Gasconner, vn. parler avec l'accent gascon ; dire des gasconnades. *pop.* dans la dernière acception.

Gaspillage, sm. action de
Gaspiller, va. dissiper; gâter. *fa*.
Gaspilleur, euse, s. qui gaspille.
Gaster, sm. (*er*) l'estomac.
Gastéropode, a. qui marche sur le ventre. sm. pl. classe de mollusques.
Gastralgie, sf. doul. d'estomac.
Gastrique, a. de l'estomac. [mac.
Gastrite, sf. inflam. de l'esto-
Gastronome, s. qui pratique la
Gastronomie, sf. science de la bonne chère.
Gastronomique, a. de la gastro- nomie. [ventre.
Gastrotomie, sf. incision au
Gâté, e, a. pourri. *fig* pour qui on a trop d'indulgence.
Gâteau, sm. sorte de pâtisserie.
Gâte-métier, sm. qui vend a vil prix. *fa*. [vain.
Gâte-papier, sm. mauvais écri-
Gâte-pâte, sm. mauvais bou- langer, ou mauvais pâtissier.
Gâter, va. *et* p. endommager, salir; être trop indulgent; corrompre. [snier.
Gâte-sauce, sm. mauvais cui-
Gattilier, sm. genre de plantes.
Gauche, a. opposé à droit; mal fait, maladroit. sf. le côté gauche. *A gauche*, ad. du côté gauche; de travers. [gauche.
Gauchement, ad. d'une man.
Gaucher, a. *et* s. qui se sert de la main gauche au lieu de la droite. [sonne gauche.
Gaucherie, sf. action d'une per-
Gauchir, vn. se détourner pour éviter un coup; se dit de l'a- cier qui se déforme à la trem- pe. *fig*. biaiser. [gauchir.
Gauchissement, sm. action de
Gaude, sf. plante employée dans la teinture; bouillie de maïs.
Gaudir (se), vp. se réjouir. *v*.
Gaudriole, sf. propos gai et un peu libre. *fa*.
Gaufrage, sm. act. de gaufrer.
Gaufre, sf. rayon de miel; pâ- tisserie. [res sur une étoffe.
Gaufrer, va. imprimer des figu-

Gaufreur, sm. qui gaufre.
Gaufrier, sm. celui qui fait et vend des gaufres; ustens. pour les cuirs. [frer.
Gaufroir, sm. instr. pour gau-
Gaufrure, sf. empreinte gaufrée.
Gaulage, sm. act. de gauler.
Gaule, sf. perche; houssine.
Gauler, va. battre avec une gaule. [vingt ans.
Gauli, sm. orme d'un taillis de
Gaulois, a. *et* s. des Gaules. *fig*. sincère. sm. vieux français.
Gaupe, sf. femme malpropre. *très-fa*.
Gausse, sf. menterie. *pop* [pop.
Gausser (se), vp. se moquer.
Gausserie, sf. raillerie. *pop*.
Gausseur, euse, s. *et* a. railleur.
Gavache, sm. homme sans hon- neur.
Gave, sm. petit courant d'eau.
Gavotte, sf. danse gaie; air de cette danse.
Gaz, sm. fluide aériforme.
Gaze, sf. étoffe très-claire; voile.
Gazéifiable, a. qui peut être gazéifié. [en gaz.
Gazéifier, va. *et* p. transformer
Gazéiforme, a. qui est à l'état de gaz.
Gazelle, sf. bête fauve.
Gazer, va. couvrir d'une gaze; adoucir les expressions trop libres. [zette.
Gazetier, sm. qui fait la ga-
Gazetin, sm. petite gazette.
Gazette, sf. feuille qui contient les nouvelles. *fig*. bavard in- discret. [gaz.
Gazeux, se, a. de la nature du
Gazier, sm. ouvrier en gaze.
Gazomètre, sm. inst. pour me- surer le gaz; appareil pour le préparer. [d'herbe.
Gazon, sm. terre couverte
Gazonnement, sm. action de
Gazonner, va. garnir de gazon.
Gazonneux, euse, a. qui forme gazon.
Gazouillement, sm. chant des oiseaux; murmure des ruis- seaux.

Gazouiller, vn. faire un gazouillement.

Gazouillis, sm. gazouillement. v.

Geai, sm. oiseau.

Géant, s. personne d'une grandeur colossale.

Gehenne, sm. enfer.

Geindre, vn. gémir. *fa* sm. garçon boulanger qui pétrit.

Gélatine, sf. substance animale en gelée. *chim.*   [poisson.

Gélatineux, se, a. en gelée. sm.

Gelée, sf. froid qui glace ; suc ; jus glacé.

Geler, va. n. p. *et* imp. glacer ; avoir très-froid.

Gélide, a. qui se gèle aisément.

Gélif, sm. (arbre), fendu par les gelées.

Géline, sf. poule. v.   [sauvage.

Gélinotte, sf. sorte de poule

Gélivure, sf. fente ou gerçure des arbres.   [diaque.

Gémeaux, sm. pl. signe du zo-

Géminé, a. réitéré. *pal.* double. *bot.*   [par des sons plaintifs.

Gémir, vn. exprimer sa peine

Gémissant, a. qui gémit.

Gémissement, sm. plainte douloureuse.   [geonner.

Gemmation, sf. act. de bour-

Gemme , a. (sel) qui se tire des mines.   [plice à Rome. *ant.*

Gémonies , sf. pl. lieu de sup-

Génal, a. des joues. *anat.*

Génant, a. qui gêne. [les dents.

Gencive, sf. chair qui entoure

Gendarme, sm. soldat de police. pl. bluettes qui sortent du feu ; taches de diamants, etc.

Gendarmer (se), vp. se fâcher. *fa.*   [darmes.

Gendarmerie, sf. corps de gen-

Gendre, sm. qui a épousé la fille de quelqu'un.   [nible.

Gène, sf. torture ; situation pé-

Généalogie, sf. suite d'aïeux.

Généalogique, de la généalogie

Généalogiste , sm. qui fait des généalogies.

Gener, va. incommoder, contraindre. *fig.* embarrasser.

Général, a. universel. sm. chef militaire, religieux ; le grand nombre. *En général*, ad. ordinairement. sf. batterie de tambour ; femme d'un général.   [néral.

Généralat, sm. dignité de gé-

Généralement, ad. universellement.

Généralisation, sf. action de

Généraliser, va rendre général ; étendre une hypothèse. [chef

Généralissime , sm. général en

Généralité, sf. qualité de ce qui est général ; juridiction des anciens trésoriers de France. pl. discours vagues.

Générateur, trice, s. qui engendre ; chaudière.

Génératif, ve, a. de la

Génération, sf. act. d'engendrer ; chose engendrée ; postérité ; filiation ; production.

Généreusement, ad. avec générosité.

Généreux, se, a. magnanime ; libéral ; bienfaisant.

Générique, a. du genre.

Générosité, sf. libéralité ; magnanimité.   [Bible.

Genèse, sf. premier livre de la

Genestrolle, sf. esp. de genêt.

Genet, sm. cheval d'Espagne entier.

Genêt, sm. arbuste légumineux.

Genette, sf. quadrupède. *A la genette*, ad. avec des étriers courts.   [nièvre.

Genevrette, sf. boisson de ge-

Genévrier , *ou* Genièvre, sm. arbrisseau.   [nou, l'angle.

Géniculé, e, a. formant le ge-

Génie, sm. esprit ; démon ; talent transcendant ; art de fortifier ; ascendant ; inclination ; faculté d'inventer.

Genièvre, sm. arbuste ; fruit ; liqueur.

Génisse , sf. jeune vache.

Génital, a. qui sert à la génération.   [noms. *gra.*

Génitif, sm. deuxième cas des

Génovéfain, sm. chanoine reg. de Sainte-Geneviève.

Genou, sm. jonction de la cuisse avec la jambe; boule emboîtée de manière à tourner en tous sens. *méc. A genoux*, ad. sur les genoux.

Genouillé, *e*. a. fléchi en genou. *bot.* [le genou.

Genouillère, sf. ce qui couvre

Genre, sm. ce qui renferme plusieurs espèces; manière; classe; sorte; style; t.de gram.

Gens, s. pl. nations; personnes; domestiques; (il est fem. après l'adj. et masc. avant.)

Gent, sf. nation, race. *fa.*

Gent, e, a. joli, bien fait. *v.*

Gentiane, sf. (*ci*) plante.

Gentil, ille, a. (*ti. l* muet au masc.), joli, mignon; gracieux.

Gentil, a. *et* sm. païen; idolâtre.

Gentilhomme. sm. (*l* muet; au pl. *Gentilshommes*) noble.

Gentilommerie, sf. qualité de gentilhomme. *fa.*

Gentilhommière, sf. petite maison de gentilhomme. *fa.*

Gentilité, sf. les païens.

Gentillâtre, sm. petit gentilhomme. *iro.*

Gentillesse, sf. grâce; agrément. pl. tours agréables.

Gentillet, te, a. assez gentil.

Gentiment, ad. joliment. *fa.*

Génuflexion, sf. act. de fléchir le genou.

Géocyclique, sm. machine qui représente le cours de la terre

Géode, sf. pierre caverneuse renfermant un corps mobile.

Géodésie, sf. art de mesurer la terre.

Géodésique, a. de la géodésie.

Géognosie, sf. syno. de géologie.

Géographe, sm. qui sait la

Géographie, sf. description de la terre. [phie.

Géographique, a. de la géogra-

Géographiquement, ad. selon la géographie.

Géolage, sm. droit dû au geô-

Geôle, sf. prison. [lier.

Geôlier, s. gardien de prison.

Géologie, sf. hist. nat du globe terrestre.

Géologique, a. de la géologie.

Géologue, sm. qui s'occupe de géologie. [nation.

Géomancie, sf. sorte de divi-

Géomancien, s. esp. de devin.

Géométral, a. dont toutes les lignes sont développées.

Géométralement, ad. d'une man. géométrale.

Géomètre, sm. qui sait la

Géométrie, sf. science des mesures. [trie.

Géométrique, a. de la géomé-

Géométriquement, ad. d'une man. géométrique. [terre.

Géophage, a. qui mange de la

Géorgiques, sf. pl. ouvrage sur l'agriculture. [rant.

Gérance, sf. fonctions de gé-

Géranium, sm. (*om*) plante.

Gérant, a. *et* s. qui gère. |mage.

Gérardmer, sm. sorte de fro-

Gerbe, sf. faisceau de blé coupé.

Gerbée, sf. botte de paille où il reste encore des grains.

Gerber, va. mettre en gerbe.

Gerboise, sf. quadrupède.

Gerce, sf. insecte rongeur.

Gercer, va. n. *et* p. faire des gerçures.

Gerçure, sf. petite crevasse.

Gérer, va. administrer; régir.

Gerfaut, sm. esp. de faucon.

Germain, a. (cousin) issu de frère; (frère) de père et de mère. *pal.* sm. pl. ancien nom des Allemands.

Germandrée, sf. plante.

Germanique, a. des Allemands.

Germanisme, sm. idiotisme allemand.

Germe, sm. embryon de graine, d'œuf. *fig.* semence; cause.

Germer, vn. pousser le germe.

Germinal, sm. septième mois de l'année républicaine. [mer.

Germination, sf. action de ger

ermoir, sm. lieu où l'on met germer le grain pour la bière.

erondif, sm. participe. gra.

erzeau, sm. mauvaise herbe.

ésier, sm. deuxième ventricule des oiseaux.

ésir, vn. V. Gît. [mineuses.

esse, sf. genre de plantes légu-estation, sf. temps de la portée des femelles ; exercice gymnastique. ant

este, sm. action du corps. pl. belles actions. vx. [cule.

esticulateur, sm. qui gesti-esticulation, sf. action de esticuler, vn. faire trop de gestes en parlant. [rer.

estion, sf. (ti) action de gé-ibbeux, se, a. bossu. méd.[ge.

ibbon, sm. sorte de grand sin-ibbosité, sf. bosse.

ibecière, sf. sac de chasseur, d'escamoteur.

ibelet, sm. petit foret. [talie.

ibelins, sm. pl. anc. faction d'I-ibelotte, sf. fricassée.

iberne, sf. boîte aux cartouches. [dre.

ibet, sm. potence pour pen-ibier, sm. animaux pris à la chasse et bons à manger ; —, de potence, malfaiteur.

iboulée, sf. ondée de pluie, etc.

iboyer, vn. chasser du gibier.

iboyeur, sm. qui chasse beaucoup.

iboyeux, se, a. abondant en ifle, sf. tape sur la joue [gibier.

ifler, va. donner une gifle.

igantesque, a. et sm. de géant.

igantomachie, sf. combat des géants.

igot, sm. cuisse de mouton. pl. jambes de derrière du cheval. [forts.

igotté, a. qui a les membres igotter, vn. remuer les jambes. fa. [air de danse.

igue, sf. jambe ; gigot. pop.

ilet, sm. veste courte.

ille, sm. (l) personnage niais du théâtre de la Foire.

Gimblette, sf. petite pâtisserie.

Gingas, sm. toile de fil à carreaux. [tes aromatiques.

Gingembre, Ginseng, sm. plan-Ginguer, va. ruer.

Ginguet, te, a. vin faible ; court. sm. petit vin.

Giorno (à), loc. adv. se dit d'un éclairage très-brillant.

Girafe, sf. quadrupède.

Girande, sf. faisceau de jets d'eau, de fusées. [delier.

Girandole, sf. girande, chan-Girasol, sm. (çol) pierre préc.

Giraumont, sm. sorte de citrouille.

Girofle, sm. fleur du giroflier.

Giroflée, sf. plante des jardins.

Giroflier, sm. arbre exotique.

Giron, sm. espace de la ceinture aux genoux ; triangle dans le blason ; fig. — de l'Eglise, le sein de l'Eglise.

Gironné, a. t. de bla.

Girouette, sf. banderole mobile qui tourne au vent. fig. personne changeante.

Gisant, a. couché, étendu.

Gisement, sm. (des côtes) situation. mar. couches de terre.

Gît, troisième pers. du vn. gésir ou gir, qui est inusité : nous gisons, ils gisent, il gisait. — Ci-gît, formule d'épitaphe : ici est.

Gîte, sm. lieu où l'on couche ; abri ; retraite du lièvre ; bas de la cuisse du bœuf.

Gîter, vn. demeurer. pop.

Givre, sm. frimas ; sf. couleuvre à queue ondée. bla

Glabre, a. sans poil, sans duvet. bot.

Glaçant, a. qui glace. [vet. bot.

Glace, sf. eau durcie par la gelée ; liqueur ou fruit glacé ; plaque de cristal. fig. air de froideur. [cé, luisant.

Glacé, sm. état de ce qui est gla-Glacé, a. lustré, uni.

Glacer, va. n. et p. congeler, causer un froid très-vif ;

15

couvrir d'un enduit brillant ; lustrer ; *fig.* déconcerter, effrayer.

Glacerie, sf. fabrique de glaces.

Glaceux, se, a. glacé. t. de joail.

Glacial, a. sans pl. m. glacé ; qui glace. au *pr.* et au *fig.*

Glacier, sm. marchand de glaces ; montagne de glaces.

Glacière, sf. lieu pour conserver la glace. *fig.* salle trèsfroide.

Glacis, sm. talus. t. de *peint.*

Glaçon, sm. morceau de glace.

Gladiateur, sm. qui combat sur l'arène. *ant.*

Gladié, e, a. en forme de glaive.

Glaïeul, sm. plante.

Glaire, sf. humeur visqueuse ; blanc d'œuf. [rel.]

Glairer, va. frotter de glaires.

Glaireux, se, a. plein de glaires.

Glaise, a. et sf. (terre) grasse.

Glaiser, va. enduire de glaise.

Glaiseux, se, a. de la glaise.

Glaisière, sf. lieu d'où l'on tire la glaise.

Glaive, sm. épée tranchante ; *fig.* guerre ; pouvoir.

Glanage, sm. action de glaner.

Gland, sm. fruit de chêne ; ornement de passementerie.

Glande, sf. partie molle ; tumeur. [fiées.]

Glandé, a. qui a les glandes enGlandée, sf. récolte de glands.

Glandivore, a. qui vit de glands.

Glandulaire, a. syn. de glandu-

Glandule, sf. petite glande. [leux.]

Glanduleux, se, a. qui a des glandes.

Glane, sf. poignée d'épis.

Glaner, va. et n. ramasser les épis après la moisson.

Glaneur, se, sf. qui glane.

Glanure, sf. ce qu'on glane.

Glapir, vn. crier, se dit des renards et de l'aboi aigre des petits chiens.

Glapissant, a. qui glapit.

Glapissement, sm. cri en glapissant. *fig.* cri aigu.

Glas, sm. son funèbre de cloche.

Glauber (sel de), sm. sulfate de soude.

Glaucome, sm. mal d'yeux.

Glauque, a. vert blanchâtre.

Glèbe, sf. terre ; fonds.

Glène, sf. cavité d'un os.

Glénoïdal, a. de la glène.

Glénoïde, a. et sf. (cavité) de l'omoplate.

Glette, sf. litharge. [lontaire.]

Glissade, sf. glissement involontaire.

Glissant, a. sur quoi l'on glisse.

Glissé, sm. pas de danse.

Glissement, sm. action de

Glisser, vn. couler sur un corps uni. va. et p. mettre adroitement en un lieu. *fig.* s'insinuer dans les esprits ; passer légèrement sur.

Glisseur, sm. celui qui glisse sur la glace. [ser.]

Glissoire, sf. chemin pour glis-

Globe, sm. corps sphérique ; la terre. [globe.]

Globeux, euse, a. arrondi en

Globulaire, sf. plante.

Globule, sm. petit globe.

Globuleux, se, a. composé de globules.

Gloire, sf. honneur ; éclat ; renommée ; splendeur ; vanité ; auréole. pl. divinités. *peint.*

Gloria, sm. café mêlé d'eau-devie ; verset qui termine les psaumes. [villon.]

Gloriet e, sf. maisonnette ; pa-

Glorieusement, ad. avec gloire.

Glorieux, se, a. qui a de la gloire ; et s. orgueilleux ; vaniteux. [gloire céleste.]

Glorification, sf. élévation à la

Glorifier, va. (Dieu) lui rendre gloire. vp. faire gloire.

Gloriole, sf. petite vanité.

Glose, sf. commentaire ; paraphrase. [tiquer.]

Gloser, va. expliquer. n. cri-

Gloseur, euse, s. qui critique.

Glossaire, sm. dictionn. de vieux mots.

Glossalgie, sf. mal à la langue.

ossateur, sm. qui glose.

ossite, sf. inflammation de la langue. [langue.

ossologie, sf. traité sur la

ossopètre, sm. dent de poisson pétrifiée.

otte, sf. fente du larynx.

ouglou, sm. bruit d'un liquide versé d'un goulot.

ouglouter, vn. exprimer le cri du dindon.

oussement, sm. action de

ousser, vn. crier, se dit de la

outeron, sm. plante. [poule.

outon, a. et s. gourmand. sm. quadrupède. [dité.

outonnement, ad. avec avi-

outonnerie, sf. vice du glou-

lu, sf. matière visqueuse. [ton.

luant, a. visqueux. [glu.

luau, sm. branche frottée de

lucine, sf. sorte de terre.

lucose, sf. sucre de raisin.

lucynium ou Glicyum, sm. métal, un des corps simples.

luer, va. rendre gluant.

lui, sm. paille de seigle pour couvrir les toits.

lume, sf. balle des graminées.

luten, sm. (en) ciment naturel; pâte élastique.

lutinant-natif, a. et sm. V. Agglutinant. [queux.

lutineux, se, a. gluant; vis-

lutinosité, sf. état de ce qui est visqueux.

lyconien, — nique, a. sorte de vers grec ou latin.

lyphe, sm. ornement d'architecture.

lyptique, sf. art de graver en pierres fines.

nome, sm. génie, [gnome.

nomide, sf. femelle d'un

nomique, a. sentencieux.

nomon, sm. aiguille de cadran solaire. [cadrans solaires.

nomonique, sf. art de faire les

nostiques, sm. pl. secte.

o (tout de), ad. librement; sans obstacle. pop.

obbe, sf. bol pour empoisonner

Gobelet, sm. vase pour boire, pour escamoter.

Gobeleterie, sf. fabrique de gobelets. [des gobelets.

Gobeletier, sm. qui fait; vend

Gobelins, sm. pl. nom d'une célèbre manufacture de tapisseries et de teinture, à Paris

Gobelotter, vn. buvotter. fa.

Gobe-mouche, sm. lézard; oiseau; homme qui niaise; crédule. fa.

Gober, va. avaler avidement; croire légèrement; saisir. fa.

Goberger (se), vp. se moquer; se divertir; prendre ses aises.

Goberges, sf. pl. ais posés en travers d'un bois de lit.

Gobet, sm. morceau qu'on gobe. fa. [maç

Gobeter, va. garnir les joints.

Gobeur, euse, s. qui gobe.

Gobin, sm. bossu. fa. [pop.

Godailler, vn. boire avec excès.

Godailleur, euse, s. qui godaille. pop.

Godelureau, sm. dameret.

Godenot, sm. marionnette d'escamoteur.

Goder, vn. faire de faux plis.

Godet, sm. petit vase sans pied ni anse.

Godiche, s. et a. niais. pop. [etc.

Godiveau, sm. pâté de hachis.

Godron, sm. plis ronds; moulure. [drons.

Godronner, va. orner de go-

Godure, sf. faux plis.

Goéland, sm. oiseau de mer.

Goélette, sf. bâtiment à deux voiles.

Goémon, sm. plante marine.

Goétie, sf. (cic) esp. de magie.

Goffe, a. mal fait, maladroit. vx. et fa.

Gogo (à), ad. dans l'abondance. fa. [mauvais plaisant. fa.

Goguenard, a. et s. railleur;

Goguenarder, va. railler. fa.

Goguenarderie, sf. raillerie. fa.

Goguettes, sf. pl. propos joyeux. en —, un peu ivre.

Goinfre, sm. goulu ; gourmand. pop. [ment. pop.

Goinfrer , va. manger avide-

Goinfrerie, sf. gourmandise p.

Goitre, sm. tumeur à la gorge.

Goitreux, se, a. de la nature du goitre. [avance dans les terres

Golfe, sm. portion de mer qui

Gommage, sm. action de gommer.

Gomme, sf. suc qui découle de certains arbres.—gutte,— résine, gomme [me.

Gommer, va. enduire de gom-

Gommeux, se, a. qui jette de la gomme; qui tient de la nature de la gomme.

Gommier , sm. arbre qui produit la gomme. [lation. anat.

Gomphose, sf. sorte d'articu-

Gonagre, sf. goutte aux genoux.

Gond, sm. (gon) fer sur lequel tourne la penture.

Gondole, sf. bateau; vase à boire; sorte de voiture.

Gondolier, sm. conducteur de gondole.

Gonfalon, — fanon , sm. bannière d'église ; ancien étendard.

Gonfalonnier, sm. qui portait le gonfalon; chef de quelques anc. républiques d'Italie.

Gonflement, sm. enflure.

Gonfler, va. n et p. enfler.

Gonin (maître) , sm. fripon adroit. fa.

Goniomètre , sm. instrument pour mesurer les angles.

Goniométrie, sf. art de mesurer les angles.

Gonorrhée, sf. maladie.

Gord, sm. pêcherie de rivière.

Gordien , am. (nœud) diffic. à dénouer. [lai.

Goret, sm. petit porc. fa. ba-

Gorge, sf. gosier; sein ; passage resserré ; détroi ; sorte de moulure; gorges chaudes, plaisanteries. [leur.

Gorge-de-pigeon, sm. et a. cou-

Gorgé, a. t. de bla.

Gorgée, sf. plein la gorge.

Gorger, va. soûler. fig. combler.

Gorgerette, sf. collerette. v.

Gorgerin , sm. armure de la gorge. [lypier.

Gorgone, sf. être fabuleux; po-

Gosier , sm. intérieur du cou; voix. [fam. des malvacées.

Gossampin, sm. gr. arbre de la

Gothique, a. et s. des Goths ; trop ancien; a. sf. sorte d'écriture. [du Nord.

Goths, sm. pl. anciens peuples

Gouache, Gouasse, sf détrempe.

Gouailler, va. railler. pop.

Gouaillerie, sf. raillerie. pop.

Gouailleur, euse, a. qui gouaille. pop. [fater.

Goudron, sm. poix pour cal-

Goudronnage, sm. action de

Goudronner, va. enduire de goudron.

Goudronnerie, sf. atelier où l'on prépare le goudron.

Goudre , sm. trou profond ; abîme. fig. grande perte.

Gouge , sf. ciseau à biseau concave.

Goujat, sm. valet de soldat , de maçon. fig. homme grossier.

Goujon, sm. poisson : cheville de fer. [bas.

Goulée , sf. grosse bouchée.

Goulet, sm. entrée étroite d'un port. [propre. pop.

Gouliafre, a. et s. glouton mal-

Goulot, sm. cou étroit d'un vase.

Goulotte, sf. rigole.

Goulu, a. et sm. glouton.

Goulûment, ad. avec avidité.

Goupille, sf. petite cheville.

Goupiller, va. mettre des goupilles.

Goupillon, sm. brosse à manche; aspersoir pour l'eau bénite.

Goupillonner, va. nettoyer avec un goupillon.

Gour, sm. mare.

Gourd, e, a, perclus par le froid.

Gourde, sf. calebasse; monnaie.

Gourdin, sm. gros bâton court.

Goure, sf. drogue falsifiée.

urer , va. tromper dans une vente ou échange. *pop.* [ue.

ureur, sm. qui falsifie, trom-

urgandine, sf. coureuse. *fa.*

urgane, sf. petite fève.

urgouran, sm. étoffe de soie.

urmade, sf. coup de poing.

urmand , a. *et* s. qui mange avec excès. [durement.

urmander , va. réprimander

urmandise, sf. vice du gour-

urme, sf. maladie. [mand.

urmé, e, grave, guindé.

urmer, va. mettre la gour-mette; battre à coups de poing

urmet, sm. qui se connaît aux bons vins , aux mets dé-licats.

urmette, sf. chainette. *man.*

ussaut, sm. *et* a. (cheval, oiseau) fort.

usse, sf. ou cosse; enveloppe des graines dans les plantes légumineuses.

usset, sm. creux de l'aisselle; toile à la partie d'une man-che, sous l'aisselle; poche; console. *men.*

ût, sm. sens des saveurs; sa-veur ; discernement ; pen-chant; manière ; élégance.

uter, va. discerner les sa-veurs ; *fig.* essayer; approu-ver; vn. manger entre le di-ner et le souper, et sm. ce repas.

utte, sf. petite partie d'un liquide ; maladie. *goutte-à-goutte.* ad. une goutte après l'autre. ne voir —, ne voir point.

uttelette, sf. petite goutte.

utteux, se, a. *et* s. sujet à la goutte. [pluie.

uttière , sf. canal pour la

uvernail, sm. assemblage de planches à l'arrière d'un na-vire, pour le gouverner.

uvernante , sf. femme de gouverneur, ou qui gouverne.

uverne, sf. ce qui doit servir de règle de conduite.

Gouvernement , sm. man. de gouverner; lois, constitution d'un état; autorité; ceux qui gouvernent ; ville, province, sous un gouverneur parti-culier. [du gouvernement.

Gouvernemental, e, a. pl. *aux,*

Gouverner, va. *et* n. régir ; di-riger. vp. se conduire.

Gouverneur, sm. qui gouverne; précepteur.

Goyave, sf. fruit du [exotiq.

Goyavier, sm. arbre fruitier

Grabat, sm. méchant lit.

Grabataire, a. toujours alité ; sectaire. [dre. *fa.*

Grabuge, sm. querelle ; désor-

Grâce, sf. secours divin ; fa-veur; agrément ; crédit; ai-sance ; titre d'honneur; par-don ; titre. pl. remerciment à Dieu après le repas ; dées-ses. *De grâce,* ad. par bonté.

Graciable, a. remissible.

Gracier, va. faire grâce à un criminel. [nière gracieuse.

Gracieusement , ad. d'une ma-

Gracieuser, va. bien accueillir. *p. us.*

Graciuseté, sf. civilité. *fa.*

Gracieux , se, plein de grâce ; doux, civil, agréable. [grèle.

Gracilité, sf. se dit d'une voix

Gradation , sf. augmentation progressive.

Grade, sm. dignité; degré d'hon-neur; mesure.

Gradé, a. qui a un grade ; ne se dit qu'en parlant des sous-officiers. [militaire.

Grader, va. conférer un titre

Gradin, sm. petit degré. pl. bancs les uns au-dessus des autres. [grès.

Graduation, sf. division en de-

Gradué, a. augmenté par degré. sm. t. de collége.

Graduel, le, a. qui va par degré. sm. livre d'église.

Graduellement, ad. par degré.

Graduer, va. diviser en degrés.

Graillement, sm. son enroué.

Grailler, vn. rappeler les chiens avec le cor.

Graillon, sm. restes de repas; goût; odeur de graisse brûlée.

Grain, sm. fruit; semence des graminées; parcelle; poids; petite averse.

Graine, sf. semence menue.

Graineterie, sf. commerce de graines. [grains.

Grainetier, sm. marchand de

Graissage, sm. act. de graisser.

Graisse, sf. substance animale huileuse et fusible.

Graisser, va. oindre.

Graisseux, se, a. de graisse.

Gramen, sm. (èn) plante.

Graminée, a. et sf. plante.

Grammaire, sf. règles du langage; livre qui les contient.

Grammairien, sm. qui sait la grammaire. [moire.

Grammatical, a. de la gram-

Grammaticalement, ad. selon la grammaire. [rien. v.

Grammatiste, sm. grammai-

Gramme, sm. nouveau poids.

Grand, a. (d muet devant une cons., prend le son du t devant une voy.) étendu dans ses dimensions; qui surpasse les autres; illustre; magnanime, excessif; important; nombreux; principal; illustre. En grand. ad. d'une man. grande. Marque aussi des degrés de parenté ascendante: grand-père, grand-oncle, grand'tante, etc.; titre de certains dignitaires, officiers. etc. Le fém. perd le e devant plusieurs mots: grand'mère, grand'peur, grand'chambre.

Grand-cordon, Grand-croix, s. m. le plus haut degré dans un ordre de chevalerie; celui qui en est décoré.

Grand-duc, sm. titre au-dessus de celui de duc; chef d'un

Grand-duché, sm. état d'un grand-duc.

Grande-duchesse, sf. femm. d'un grand-duc; celle qui possède un grand-duché. [fa

Grandelet, ette, a. un peu gran

Grandement, ad. avec grandeur beaucoup. [grand d'Espag

Grandesse, sf. qualité d'un

Grandeur, sf. grande étendue; sublimité; excellence; titre pl. dignités. [du camp

Gran l'garde, sf. garde en avan

Grandiflore, a. à grandes fleurs

Grandiose, a. grand; imposan. sublime.

Grandir, vn. devenir grand!

Grandissime, a. très-grand. [fo

Grand-maître, sm. chef d'un ordre religieux, militaire.

Grand-merci, loc. adv. pour remercier. [losophale

Grand-œuvre, sm. pierre phil

Grand'rue, sf. rue principale.

Grand-seigneur, sm. chef de l'empire ottoman. [gerbes.

Grange, sf. lieu où l'on serre les

Granit, sm. pierre dure. [nit!

Granité, e, a. qui ress. au gra

Granitelle, a. (marbre) semblable au granit.

Granitique, a. formé de granit!

Granulation, sf. opér. par la quelle on réduit les métaux en grains. sf. pl. petites tu meurs. [en graines

Granuler, va. mettre le méta

Granuleux, se, a. qui offre des granulations.

Graphie, sf. description.

Graphique, a. (description, à l'aide d'une figure.

Graphiquement, ad. d'une ma nière graphique.

Graphomètre, sm. inst. pour lever des plans.

Grappe, sf. fruits en bouquet.

Grappillage, sm. action de

Grappiller, va. et n. cueillir les restes. [pille. s

Grappilleur, euse, s. qui grap

Grappillon, sm. petite gr ppe. s

Grappin, sm. ancre à quatre becs: croc.

Grappiner; va. accrocher avec le grappin.

Gras, grasse, a. qui a beaucoup de graisse, d'embonpoint; imbu de graisse; (conte) licencieux. fa. sm. viande; graisse; endroit charnu. et ad. faire gras. [bœuf.

Gras-double, sm. estomac du

Gras-fondu, sm. maladie du cheval. [néreusement.

Grassement, ad. à son aise; gé-

Grasset, a. diminutif de gras. fa.

Grassette, sf. plante.

Grasseyement, sm. action de

Grasseyer, vn. prononcer mal les R, etc. [seye.

Grasseyeur, euse, s. qui gras-

Grassouillet, a. diminutif de grasset.

Grateron, sm. plante.

Gratification, sf. don, libéralité à titre de récompense.

Gratifier, va. favoriser par un don; attribuer à tort.

Gratin, sm. portion qui s'attache au fond du poêlon.

Gratiole (ci), sf. plante.

Gratis, ad. et sm. (s) sans frais.

Gratitude, sf. reconnaissance.

Gratte-cul, sm. fruit de l'églantier.

Gratteleux, se, a. qui a la

Grattelle, sf. petite gale.

Gratte-papier, sm. se dit par dénigrement des copistes de bureaux, des clercs d'avoué, etc. fa.

Gratter, va. frotter; ratisser.

Grattoir, sm. instrument propre à gratter le papier, etc.

Gratuit, a. fait ou donné gratis; sans motif.

Gratuité, sf. caractère gratuit.

Gratuitement, ad. gratis; sans fondement.

Grau, sm. petit canal. [gravois.

Gravatier, sm. qui enlève des

Gravatif, ve, a. qui produit un sentiment de pesanteur.

Gravats ou Gravois, sm. pl. débris de démolitions.

Grave, a. pesant; sérieux; important; accent —, qui va de gauche à droite (`).

Gravé, a. marqué de pet. vérole.

Gravelée, a. (cendre) de lie de vin, sf. lie brûlée.

Graveleux, se, a. mêlé de gravier. et s. sujet à la gravelle. fig. licencieux. [reins.

Gravelle, sf. gravier dans les

Gravelure, sf. discours obscène. fa.

Gravement, ad. avec gravité.

Graver, va. tracer au burin. fig. imprimer fortement dans son cœur ou son esprit.

Graveur, sm. artiste qui grave.

Gravier, sm. sable mêlé de cailloux. [peine.

Gravir, vn. et a. grimper avec

Gravitation, sf. action de graviter.

Gravité, sf. pesanteur; importance; qualité d'une personne sérieuse. [point.

Graviter, vn. tendre vers un

Gravure, sf. ouvrage de graveur; estampe; act. de graver.

Gré, sm. bonne volonté; goût; caprice. De gré à gré, ad. à l'amiable. Bon gré, mal gré, de gré ou de force.

Grèbe, sm. oiseau.

Grec, grecque, a. s. de Grèce; de l'Église d'Orient; qui est écrit en grec; habile, rusé, avare. sm. la langue grecque.

Gréciser, va. donner une forme grecque.

Grecque, sf. petite scie de relieur; ornement d'arch.

Gredin, a. et s. gueux. fa. sm. sorte de chien.

Gredinerie, sf. mesquinerie.

Gréement, sm. ce qui sert à

Gréer, va. équiper un vaisseau.

Gréeur, sm. celui qui fait métier de gréer.

Greffe, sm. bureau de tribunal sf. branche entée.

Greffer, va. enter un branche sur un autre arbre.

Greffeur, sm. celui qui sait greffer. [greffe.

Greffier, sm. off. qui tient un

Greffoir, sm. inst. pour greffer.

Grège, a. et sf. (soie) sortant du cocon, sm. peigne pour le lin. [dans l'eau.

Grégeois, am. (feu brûlant

Grégorien, a. (almanach) de Grégoire I ou XIII.

Grègues, sf. pl. culotte. v.

Grêle, a. menu, faible. sf. pluie congelée. fig. grande quantité

Grêlé, a. marqué de petite vérole. [grêle.

Grêler, va. et i. frapper de la

Grêlet, sm. marteau de maçon.

Grelin, sm. sorte de cordage.

Grêlon, sm. gros grain de grêle.

Grelot, sm. sonnette sphérique

Grelotter, vn. trembler de froid.

Gremial, sm. ornement ponti-

Gremil, sm. plante. [fical.

Grenache, sm. variété de raisin; vin fait avec ce raisin.

Grenade, sf. fruit; petit boulet plein de poudre. mil.

Grenadier, sm. arbre; soldat; sf. gibecière à grenades.

Grenadille, sf. ou fleur de la passion, plante du Paraguai.

Grenadin, sm. fricandeau. f. soie. [rebut de graine.

Grenaille, sf. métal en grains,

Grenailler, va. mettre en grenaille. [sa couleur.

Grenat, sm. pierre précieuse;

Grenaut, sm. poisson.

Grené, sm. multitude de petits points dans un dessin.

Greneler, va. donner du grain à un cuir.

Grener, va. réduire en grains vn. produire de la graine.

Greneterie, sf. V. Graineterie.

Grènetier, s. V. Grainetier.

Grenetis, sm. grains au bord des monnaies. [vignon.

Grenettes, sf. pl. graines d'A-

Grenier, sm. lieu où l'on serre les grains; le plus haut étage d'une maison.

Grenoir, mieux Grainoir, sm. crible pour grener la poudre.

Grenouille, sf. reptile aquatique.

Grenouillère, sf. retraite des grenouilles.

Grenouillet, sm. esp. de muguet.

Grenouillette, sf. plante; tumeur sous la langue.

Grenu, a. plein de grains.

Grès, sm. pierre; poterie.

Gréseux, euse, a. de la nature du grès.

Grésil, sm. menue grêle.

Grésillement, sm. action de

Grésiller, va. racornir. v. impers. tomber (en parlant du grésil).

G-re-sol, ancien t. de musique.

Grèserie, sf. carrière de grès; pierres, vases de grès.

Grève, sf. plage sablonneuse; faire —, se coaliser pour ne pas travailler.

Grever, va. léser; surcharger.

Grianneau, sm. jeune coq de bruyère. [grillé.

Griblette, sf. morceau de porc

Gribouillage, sm. mauvaise peinture, écriture.

Gribouille, sm. sot, niais pop.

Gribouiller, vn. faire du gribouillage.

Gribouillette, sf. jeu d'enfants

Grièche, a. (ortie) très-piquante (pie —) esp. de pie; femme criarde. fa.

Grief, ève, a. grave; énorme; fâcheux sm. tort; plainte.

Grièvement, ad. excessivement

Griéveté, sf. énormité.

Griffade, sf. coup de griffe.

Griffe, sf. ongle crochu; empreinte d'un nom; racine de certaines plantes. fig. dépendance. [griffe.

Griffer, va. prendre avec la

Griffon, sm. sorte de vautour; animal fab.; chien à poil hérissé.

Griffonnage, sm. gribouillage.

Griffonner, va. et n. écrire, dessiner mal.

Griffonneur, sm. celui qui grif-
fonne; mauvais auteur. *fa.*

Grignon, sm. croûton bien cuit.

Grignoter, vn. manger en ron-
geant; faire de petits profits.

Grignotis, sm. t. de gravure.

Grigou, sm. avare. *fa.* [gr'ller.

Gril, sm. (*gri*) ust. pour faire

Grillade, sf. viande grillée.

Grillage, sm. t. de métallurgie;
garniture de fils de fer.

Grillager, va. faire des grillages.

Grillageur, sm. qui fait des
grillages.   [*fig.*

Grille, sf. clôture de barreaux.

Griller, va. *et* n. cuire sur le
gril; fermer avec une grille.

Grillet, sm. ou Grillette, sf.
sonnette. *bla.*

Grillon, sm. insecte.

Grimaçant, a. qui grimace [sage.

Grimace, sf. contorsion du vi-

Grimacer, vn. faire des grima-
ces.   [mace; hypocrite.

Grimacier, ère, s. *et* a. qui gri-

Grimaud, sm. écolier des basses classes; mauvais écrivain.

Grime, sm. emploi de celui qui
joue les vieillards ridicules;
petit écolier.   [mesquin.

Grimelin, sm. enfant; joueur

Grimelinage, sm. jeu mesquin;
petit gain. *v. et fa.* [nement.

Grimeliner, vn. jouer mesqui-

Grimer (se), vp. au théâtre, se
peindre des rides, etc., sur
le visage. [écriture illisible.

Grimoire, sm. livre de magie;

Grimpant, a. qui grimpe.

Grimper, va. monter des pieds
et des mains.

Grimpereau, sm. oiseau.

Grimpeurs, sm. pl. ordre d'oiseaux.

Grincement, sm. action de

Grincer, va. *et* n. (les dents ou
des dents) les serrer de douleur ou de colère.

Gringolé, a. terminé en tête
de serpent. *bla.*

Gringotter, vn. fredonner.

Griot, sm. farine très-fine.

Griotte, sf. sorte de cerise; espèce de marbre.

Griottier, sm. arbre.

Grippe, sf. caprice; haine. *fa.*
rhume épidémique.

Grippé, a. s. malade de la grippe.

Grippe-sou, sm. recev. de rentes

Gripper, va. attraper. pr. se
froncer.

Gris, a. à demi ivre, *et* sm.
couleur formée de blanc et
de noir.

Grisaille, sf. peinture grise.

Grisailler, va. peindre de gris.

Grisâtre, a. tirant sur le gris.

Grise-bonne, sf. poire d'été.

Griser, va. *et* p. rendre demi-
ivre.   [ret.

Griset, sm. jeune chardonne-

Grisette, sf. étoffe grise; jeune
ouvrière.   [de l'alouette.

Grisoller, vn. se dit du chant

Grison, a. gris, s. qui grisonne;
âne. pl. peuple de la Suisse.

Grisonner, vn. prendre les che-
eux gris.

Grisou, sm. gaz inflammable
qui se dégage de certaines
espèces de houilles.

Grive, sf. oiseau du genre des
passereaux. [concussion. *fa.*

Grivelé, a. tacheté de gris. sf.

Griveler, va. *et* n. faire des
concussions.   [ler.

Grivelerie, sf. action de grive-

Griveleur, sm. concussionnaire.

Grivois, a. *et* s. gai et libre.

Grog, sm. sorte de boisson à
l'usage des marins.

Grognard, sm. qui grogne souvent. *fa.* vieux soldat.

Grognement, sm. cri du porc.

Grogner, vn. se dit du cri du
porc. *fig.* crier, gronder. *fa.*

Grogneur, — gnon, s. *et* a. qui
grogne.

Groin, sm. museau du porc.

Grommeler, vn. gronder. *fa.*

Grondement, sm. bruit sourd.

Gronder, va. gourmander. n.
marmurer; faire un bruit
sourd.

Gronderie , sf. criaillerie.

Grondeur,se,a. et s. qui gronde

Groom, sm. valet d'écurie ; petit laquais.

Gros, grosse , a. volumineux ; enflé; épais, grave, considérable; opulent; nombreux, gras. femme — enceinte. sm. poids. f. copie d'un acte ; douze douzaines. ad. beaucoup. En gros, se dit par opposition à en détail.

Gros-bec, sm. oiseau du genre des passereaux.

Gros-de-Naples, Gros-de-Tours, sm. étoffes de soie.

Groseille, sf. fruit du

Groseillier, sm. arbrisseau.

Grossesse, sf. état d'une femme enceinte.

Grosseur, sf. volume ; tumeur.

Grossier, a. s. épais; mal travaillé; commun; impoli; peu délicat.

Grossièrement, ad. avec

Grossièreté, sf. caractère de ce qui est grossier.

Grossir , va. et n. rendre, devenir gros. [grossir.

Grossissement, sm. action de

Grosso-modo, loc. adv. grossièrement, sommairement. fa.

Grossoyer , va. faire la grosse d'un acte.

Gros-temps, sm. orage. mar.

Grotesque , a. ridicule. sm. pl. figures bizarres.

Grotesquement , ad. d'une manière grotesque.

Grotte, sf. caverne.

Grouillant, a. qui grouille.

Grouillement, sm. action de

Grouiller , vn. remuer ; fourmiller. pop.

Group , sm. sac cacheté plein d'or ou d'argent. com. [nion.

Groupe, sm. assemblage, réu-

Groupé, e, a. deux à deux. arch.

Grouper , va. et n. mettre en groupe. arts.

Gruau, sm. avoine mondée.[fa.

Grue. sf. oiseau : machine : sot.

Gruerie , sf. juridiction des forêts.

Gruger, va. briser avec les dents. fig. manger le bien d'autrui.

Grugerie, sf. act. de gruger.

Grugeur, euse, s. qui a l'habitude de gruger.

Grume, sf. (bois en) en écorce.

Grumeau, sm. sang, lait caillé.

Grumeler (se), vp. se cailler.

Grumeleux , se, a. qui a des grumeaux, des inégalités.

Gruyer,a. juridiction forestière.

Gruyère, sm. fromage de Suisse.

Gué, sm. endroit de rivière qu'on passe à pied. [gué.

Guéable, a. qu'on peut passer à

Guèbres, sm. pl. restes des anciens Perses. [tinctoriale.

Guède, sf. ou Pastel, plante

Guéder , va. préparer avec la guède. [l'eau.

Gueer, va. baigner, laver dans

Guelfes, sm. pl. anc. faction d'Italie.

Guenille, sf. haillon ; chiffon.

Guenillon, sm. petite guenille.

Guenon , sf. singe femelle ; femme très-laide.

Guenuche, sf. petite guenon.

Guépard , sm. esp. de chat des Indes. [guillon.

Guêpe, sf. grosse mouche à ai-

Guépier, sm. oiseau ; nid de guêpes ; fig. sorte de piége. [pas.

Guère, Guères, ad. peu; presque

Guéret, sm. terre. pl. champs.

Guéridon,sm.petite table ronde.

Guerilla , sf. milice espagnole qui combat en partisan.

Guerillero , sm. soldat d'une guerilla.

Guérir, va. p. et n. rendre, recouvrer la santé. fig. détromper.

Guérison, sf. action de guérir.

Guérissable,a.qu'on peut guérir

Guérite, sf. loge de sentinelle.

Guerre, sf. lutte à main armée; art militaire; débat. petite —, simulacre de guerre.

Guerrier, ère, a. de la guerre. s. qui la fait.

Guerroyer, vn. faire la guerre.

Guerroyeur, sm. qui guerroie.

Guet, sm. action de guetter ; soldats qui épient. *Guet-apens*, embûche.

Guetable, a. sujet au guet.

Guêtre, sf. sorte de chaussure.

Guêtrer, va. *et* p. mettre des guêtres.

Guêtrier, s. qui fait des guêtres.

Guetter, va. épier.

Guetteur, sm. nom donné aux gardes placés le long des côtes, pour signaler les bâtiments.

Gueulard, sm. qui parle haut ; gourmand. *pop.*

Gueule, sf. bouche d'animaux ; ouverture.   [nement.

Gueule-de-loup, sf. plante d'or-

Gueulée, sf. grosse bouchée. pl. obscénités. *pop.*

Gueuler, vn. saisir avec la gueule. *chas.* crier. *pop.*

Gueules, sm. pl. rouge. *bla.*

Gueusaille, sf. canaille. *fa.*

Gueusailler, vn. faire métier de gueuser *pop.*

Gueusant, a. qui gueuse.

Gueusard, sm. gueux, coquin.

Gueuser, vn. *et* a. mendier. *fa.*

Gueuserie, sf. indigence.

Gueux, se, a. *et* s. indigent ; mendiant. sf. femme perdue ; fer fondu ; t. de billard.

Gui, sf. plante parasite.

Guichet, sm. petite porte.

Guichetier, sm. valet de geôlier.

Guide, sm. conducteur. *fig.* modèle. sf. rêne.

Guide-âne, sm. livre d'office ; ce qui sert de règle aux ignorants.

Guideau, sm. filet de pêche.

Guider, va. conduire ; diriger.

Guidon, sm. enseigne militaire ; t. de musique.

Guignard, sm. esp. de pluvier.

Guigne, sm. sorte de cerise.

Guigner, va. regarder de côté.

Guignier, sm. arbre qui porte des guignes.

Guignon, sm. malheur. *fa.*

Guildive, sf. tafia.   [la bière.

Guillage, sm. fermentation de

Guillaume, sm. sorte de rabot.

Guill. dou, sm. lieu de débauche. *pop.*   [le (»).

Guillemet, sm. double virgule.

Guillemeter, va. distinguer par des guillemets.

Guilleret, a. gai ; léger. *fa.* [neau.

Guilleri, sm. chant du moi-

Guillocher, va. faire du guillochis.   [fèvre.

Guillochis, sm. ornement d'or-

Guillotine, sf. instrument de supplice.

Guillotiner, va. trancher la tête avec la guillotine.

Guimauve, sf. sorte de mauve.

Guimbarde, sf. chariot ; instrument de musique.   [gieuse.

Guimpe, sf. vêtement de reli-

Guindage, sm. act. de guinder.

Guindant, sm. la hauteur d'un pavillon du côté où il est attaché. *mar.*

Guindé, a. affecté.   [machine.

Guinder, va. hausser par une

Guinderie, sf. gêne, contrainte.

Guinée, sf. monnaie ; mousseline.   [coton.

Guingamp, sm. sorte de toile de

Guingois, sm. travers. *de guingois*, loc. adv. de travers.

Guinguette, sf. cabaret hors la ville.

Guipure, sf. sorte de dentelle.

Guirlande, sf. couronne, feston de fleurs.

Guisarme, sf. anc. lance.

Guise, sf. manière ; façon.

Guitare, sf. instrument à six cordes.

Guitariste, s. celui ou celle qui sait jouer de la guitare.

Guitran, sm. bitume pour les navires.   [bla.

Gumène, sf. câble d'une ancre.

Gustatif, ve, a. *et* sm. (nerf) qui tient à l'organe du goût.

Gustation, sf. sensation du goût.
Gutta-percha, sf. gomme analogue au caoutchouc.
Guttural, a. du gosier. [ant.
Gymnase, sm. lieu d'exercice.
Gymnasiarque, sm. chef du gymnase. [nase.
Gymnase, sm. off. du gym-
Gymnastique, a. et sf. exercice du corps. [a. leurs jeux.
Gymnique, sf. art. des athlètes.
Gymnopedie, sf. danse religieuse des filles spartiates.
Gymnosophistes, sm. pl. anc. philosophes indiens.

Gymnosperme, a. qui appartient à la
Gymnospermie, sf. premier ordre de la didynamie. bot.
Gymnote, sm. poisson qui a la propriété d'engourdir.
Gynandrie, sf. classe de végétaux. [femmes. ant.
Gynecee, sm. retraite des
Gypaète, sm. esp. de vautour.
Gypse, sm. pierre à plâtre.
Gypseux, se, a. de la nature du gypse. [tion.
Gyromancie, sf. sor. de divina-
Gyrovague, sm. moine errant.

H

H, sf. (ache) ou m. (' he), sixième consonne de l'alphabet. Les mots où cette lettre s'aspire sont ici indiqués par un astérisque (').
'Ha! interj. de surprise.
Habeas-corpus, sm. (s) loi anglaise qui protége la liberté individuelle. [vant.
Habile, a. capable; adroit; savant.
Habilement, ad. avec
Habileté, sf. capacité. [fa.
Habilissime, a. sup. très-habile.
Habilité, sf. aptitude à succéder. pra. [jur.
Habiliter, va. rendre habile à.
Habillage, sm. t. de rôtisseur.
Habillant, e, a. qui habille bien. fa.
Habillement, sm. vêtement.
Habiller, va. n. et p. vêtir.
Habilleur, euse, s. qui habille dans les théâtres.
Habit, sm. vêtement. [ter.
Habitable, a. qu'on peut habi-
Habitacle, sm. demeure; armoire pour la boussole.
Habitant, e et sm. qui habite.
Habitation, sf. demeure; métairie. [meure.
Habiter, va. et n. faire sa de-
Habitude, sf. usage; démarche.
Habitué, sm. desservant ordinaire d'une église; celui qui

va habituellement dans un lieu. [tude.
Habituel, le, a. passé en habi-
Habituellement, ad. par habitude.
Habituer, va. et p. accoutumer.
'Hâbler, vn. mentir; exagérer.
'Hâblerie, sf. mensonge, vanterie.
'Hâbleur, se, s qui hâble. [rie.
'Hache, sf. outil tranchant.
'Hache-paille, sm. instr. pour hacher la paille.
'Hacher, va. couper en petits morceaux; faire des hachures.
'Hachereau, sm. petite cognée.
'Hachette, sf. petite hache.
'Hachis, s. viande hachée.
'Haschisch ou Haschich, sm. préparation enivrante des Orientaux.
'Hachoir, sm. table; couteau pour hacher. [et parallèles.
'Hachures, sf. pl. traits croisés
'Hagard, e, a. rude; farouche.
Hagiographe, a. (livre) saint. s. biogr. p. e de saint.
Hagiographie, sf. science de l'hagiographe.
Hagiologique, a. des saints.
'Haha, sm. ouverture au mur d'un jardin. [chiens.
'Hahe, cri pour arrêter les
'Haie, sf. clôture de branchages. fig. rangée de personnes.

Haie, cri de charretier. [toffe.

Haillon, sm. vieux lambeau d'é-

Haine, sf. inimitié, aversion.

Haineux, se, a. porté à la haine.

Haïr, va. avoir de la haine.

Haire, sf. chemise de crin.

Haïssable, a. odieux; digne d'aversion.

Halage, sm. action de haler.

Halbran, sm. jeune canard sauvage. [fauc.

Halbrené, a. en mauvais état.

Hâle, sm. sécheresse de l'air.

Haleine, sf. air aspiré et expiré par les poumons. *En haleine*, ad. en exercice. [ble.

Halenée, sf. haleine désagréa-

Halener, va. sentir l'haleine.

Haler, va. tirer un bateau; exciter. [teint.

Hâler, va. *et p.* noircir le

Haletant, a. qui halète. [ne.

Haleter, vn. être hors d'halei-

Haleur, sm. qui hale un bateau. [moteur. *méd.*

Haliteux, se, a. couvert de

Hallage, sm. droit de halle.

Hallali, sm. cri de la chasse au cerf.

Halle, sf. place de marché.

Hallebarde, sf. sorte de pique.

Hallebardier, sm. garde armé de la hallebarde.

Hallebreda, sf. se dit d'une femme grande et mal faite.

Hallier, sm. buisson; gardien, marchand de halle.

Hallucination, sf. illusion.

Halluciné, e, a. qui a des hallucinations.

Halo, sm. cercle autour des astres. [le chanvre.

Haloir, sm. lieu où l'on sèche

Halot, sm. terrier de garenne.

Halte, sf. pause des gens de guerre ou des chasseurs; *halte! halte-là!* interj. pour faire arrêter.

Hamac, sm. lit suspendu.

Hamadryade, sf. divinité des bois. *myth.*

Hameau, sm. petit village.

Hameçon, sm. crochet pour prendre le poisson. *fig.* artifice pour tromper. [meçon.

Hameçonner, v. prendre à l'ha-

Hampe, sf. bois de hallebarde, de pinceau. [rail.

Han, sm. sorte de caravensé-

Hanap, sm. grande tasse. *v.*

Hanche, sf. partie où tient la cuisse.

Hanebane, sf. nom vulgaire de la jusquiame noire. [riots.

Hangar, sm. remise de cha-

Hanneton, sm. scarabée.

Hanscrit, sm. langue savante des Indiens. V. Sanscrit.

Hanse, sf. association de plusieurs villes d'Allemagne pour le commerce. [(ville) unie.

Hanséatique ou Anséatique. a.

Hansière, sf. cordage. *mar.*

Hanter, va. *et n.* fréquenter.

Hantise, sf. fréquentation. *v.*

Happe, sf. cercle d'essieu; crampon. [fa

Happe-chair, sm. homme avide.

Happelourde, sf. pierre fausse.

Happer, va. saisir avidement. se dit du chien; attraper.

Haquenée, sf. petite jument.

Haquet, sm. charrette sans ridelles. [haquet.

Haquetier, sm. conducteur de

Harangue, sf. discours d'apparat. [blic.

Haranguer, va. parler en pu-

Harangueur, sm. qui harangue; grand parleur.

Haras, sm. lieu destiné à propager la race des chevaux.

Harassement, sm. fatigue extrême.

Harasser, va. lasser à l'excès.

Harceler, va. provoquer; fatiguer.

Harde, sf. troupe de bêtes fauves; lien. *chas.* pl. ce qui sert à l'habillement.

Harder, va. lier les chiens. *chas.*

Hardi, a. courageux; entreprenant; effronté. [impudence.

Hardiesse, sf. courage; licence;

'Hardiment, ad. avec hardiesse.

'Harem, sm. (ém) appartement des musulmanes.

'Hareng, sm. (ran) poisson de mer. [reng.

'Harengaison, sf. pêche du ha-

'Harengère, sf. poissarde. fig. femme grossière. [rengs.

Harengerie, sf. marché aux ha-

'Hargneux, se, a. querelleur.

'Haricot, sm. plante légumineuse; sa semence; ragoût.

'Haridelle, sf. cheval maigre.

Harmale, sf. plante, rue sauvage. [que composé de verres.

Harmonica, sm. inst. de musi-

Harmonie, sf. accord de sons; mesure, cadence; accord des personnes ou des choses qui concourent à un même but.

Harmonier ou Harmoniser, va. mettre en harmonie.

Harmonieusement, ad. avec harmonie. [l'harmonie.

Harmonieux, se, a. qui a de

Harmonique, a. qui produit de l'harmonie. [l'harmonie.

Harmoniquement, ad. suivant

Harmoniser (s'), vp. se mettre en harmonie. [harmonie.

Harmoniste, sm. savant en

Harmonium, sm. esp. d'orgue.

'Harnachement, sm. act. de harnacher; les harnais. [nais.

'Harnacher, va. mettre le har-

'Harnacheur, sm. fabricant de

'Harnais, sm. armure, v. équipage de cheval.

'Haro, sm. clameur pour arrêter. v.

Harpagon, sm. avare. fa.

'Harpailler (se), vp. se quereller. pop.

'Harpe, sf. inst. de musique; pierre d'attente; large pierre dans la chaîne d'un mur.

'Harpé, a. (chien) arqué en harpe. [bordage.

'Harpeau, sm. grappin pour l'a-

'Harper, va. et p. serrer avec les mains. vn. t. de man.

'Harpie, sf. monstre fabuleux;

vautour; femme acariâtre; homme avide. [harpe.

'Harpiste, s. qui sait jouer de la

'Harpon, sm. croc pour pêcher' forte pièce de fer.

'Harponner, va. se servir du harpon. [ne.

'Harponneur, sm. qui harpon-

'Hart, sf. lien d'osier; corde pour pendre.

'Hasard, sm. fortune; sort; risque. Par hasard, ad. par cas fortuit. au hasard, loc. adv. à l'aventure.

'Hasardé, e, a. qui n'est pas bien fondé. [au hasard.

'Hasarder, va. et p. exposer

'Hasardeusement, ad. avec risque. [rilleux.

'Hasardeux, se, a. hardi; pé-

'Hase, sf. femelle du lièvre.

'Hast, sm. (arme d') (t) emmanchée. (d'une pique. ant.

'Hastaire, sm. soldat armé

'Hasté, a. qui s'élargit subitement en fer de lance. bot.

'Hâte, sf. promptitude; précipitation.

'Hâter, va. et p. dépêcher.

'Hâteur, sm. officier des cuisines royales.

'Hâtier, sm. chenet de cuisine.

Hâtif, ve, a. précoce. [frais.

'Hâtille, sf. morceau de porc

'Hâtiveau, sm. sorte de poire précoce.

'Hâtivement, ad. avec hâtiveté.

'Hâtiveté, sf. précocité. jar.

'Hauban, sm. cordage des mâts.

'Haubergeon, sm. petit

'Haubert, sm. anc. cotte de mailles.

'Hausse, sf. ce qui hausse; augmentation de valeur. Hausse-col. sm. plaque d'officier.

'Haussement, sm. action de

'Hausser, va. n. et p. rendre, devenir haut; enchérir.

'Haussier, sm. celui qui joue à la hausse sur les fonds publics. [de câble.

'Haussière ou Aussière, sf. esp.

'Haut, a. élevé, excellent ; sublime ; fier ; orgueilleux. sm. élévation ; hauteur ; sommet. *Traiter du haut en bas*, avec hauteur. [cordage.

'Haut-à-bas, sm. porte-balle. *v.*

'Haut-à-haut, sm. cri de chasse pour appeler.

'Hautain, a. fier, orgueilleux.

'Hautainement, ad. avec fierté.

'Hautbois , sm. instrument à vent. [grand vaisseau.

'Haut-bord , sm. (vaisseau de)

'Haut-de-chausse, sm. culotte. pl. hauts.

'Haute-contre, sf. voix entre la taille et le dessus. pl. hautes. [prême.

'Haute-cour, sf. tribunal su-

'Haute-futaie, sf. bois dans sa hauteur. [seigneuriale.

'Haute-justice, sf. juridiction

'Haute-lice , sf. sorte de tapisserie.

'Haute-lutte (de), sf. d'autorité.

'Hautement , ad. hardiment, avec hauteur, publiquement.

'Haute-paye,sf. solde plus forte. *mil.*

'Hautesse, sf. titre de sultan.

'Haute-taille, sf. voix entre la taille et la haute-contre.

'Hauteur , sf. étendue d'un corps en élévation ; colline ; éminence. *fig.* fierté, arrogance, orgueil.

'Haut-fond, sm. t. de *mar.*

'Haut-justicier, sm. qui a haute justice.

'Haut-le-corps, sm. saut, bond.

'Haut-mal, sm. épilepsie.

'Hauturier, ère, a. se dit d'un pilote qui sait se conduire en pleine mer. ancien t. de *mar.*

'Hâve, a. pâle ; maigre. [us.

'Havir, va. n. *et* p. dessécher. *p.*

'Havre, sm. port de mer.

'Havre-sac , sm. sac de soldat, d'ouvrier.

'Hé ! interj. pour appeler.

'Heaume, sm. casque. *v.*

Hebdomadaire, a. de chaque semaine. [semainier.

Hebdomadier , sm. chanoine

Héberge, sf. t. de *palais.*

Héberger, va. loger chez soi.

Hébété, a. *et* s. stupide.

Hébéter, va. rendre stupide.

Hébraïque, a. des Hébreux.

Hébraïsant , sm. qui étudie l'hébreu.

Hébraïsme, sm. loc. hébraïq.

Hebreu, a. *et* sm. juif ; langue hébraïque. [cent bœufs.

Hécatombe , sf. sacrifice de

Hectare, sm. cent ares.

'Hectique, af. (fièvre) lente et continue.

'Hectisie , sf. état de ceux qui ont la fièvre hectique. [mes.

Hectogramme, sm. cent gram-

Hectolitre, sm. cent litres.

Hectomètre, sm. cent mètres.

Hédéré, e, a. qui ress. au lierre.

Hédérée, sf. résine de lierre.

Hégire, sf. ère turque. [grois.

Heiduque, sm. fantassin hon-

'Hein, interj. interrogative et *fa.*

Hélas ! interj. de plainte, de commisération. [mar.

'Héler, va. appeler, interroger.

Hélianthe, sm. genre de plantes. [plantes.

Hélianthème , sm. genre de

Héliaque, a. t. d'astronomie.

Héliastes, sm. pl. juges. *ant.*

Hélice, sf. ligne en vis. *arch.*

Hélicoïde , a. qui ress. à l'hé-

Hélicon, sm. le Parnasse. [lice.

Héliocentrique, a. t. d'*ast.*

Héliomètre, sm. inst. pour mesurer les astres.

Hélioscope , sf. lunette pour regarder le soleil.

Héliotrope, sm. plante. [reille.

'Hélix , sm. grand bord de l'o-

Hellanodices , sm. pl. officiers des jeux olympiques. *ant.*

Hellènes , sm. pl. synonyme de Grecs.

Hellénique, a. qui appartient à la Grèce.

Hellénisme, sm. loc. grecque.

Helléniste, sm. savant dans le grec.

Helminthe, sm. ver intestinal.

Helminthique, a. vermifuge.

Helode, a. sf. se dit des fievres qui régnent dans les marecages. [paupieres.

Hélose, sf. rebroussement des

Helvétique, a. des Suisses.

Hem! interj. pour appeler.

Hématite, sf. (pierre) sanguine.

Hématographie, sf. description du sang. [chyle en sang.

Hématose, sf. conversion du

Hematurie, sf. pissement de sang. [plantes.

Hémerocalle, sf. genre de

Hémi, t. de science, pour demi.

Hémicycle, sm. demi-cercle.

Hémine, sf. mesure, ant.

Hemiplégie, — plexie, sf. demi-paralysie. [sectes.

Hémiptères, sm. pl. genre d'in-

Hémisphère, sm. moitié du globe.

Hémisphérique, a. qui a la forme de la moitié d'une sphère.

Hémistiche, sm. moitié de vers alexandrin. [sang.

Hémoptoïque, a. qui crache du

Hemoptysie, sf. crachement de sang.

Hémorrhagie, sf. perte de sang.

Hemorroïdal, a. des

Hemorroïdes, sf. pl. flux de sang de l'anus.

Hémostatique, a. contre l'hémorrhagie. [côtés.

Hendécagone, sm. figure à onze

Hendécasyllabe, a. et s. (ss) vers de onze syllabes.

Hennir, vn. (hanir) crier (en parlant du cheval).

Hennissement, sm. action de hennir. [chim.

Hépar, sm. foie de soufre

Hepatique, a. du foie. sf. sorte d'anémone. [mation du foie

Hépatite, sf. pierre; inflam-

Hépatographie, sf. description du foie. [cordes.

Heptacorde, sf. lyre à sept

Heptaèdre, a. solide à sept faces. [sept bastions.

Heptagone, a. à sept angles, à

Heptagynie, sf. classe de plantes. [sept jours.

Heptaméron, sm. ouvrage de

Heptamètre, sm. se dit des vers de sept pieds. [tes.

Heptandrie, sf. classe de plan-

Heptarchie, sf. gouvernement de sept rois.

Héraldique, a. (art) du blason.

Heraut, sm. off. qui proclame.

Herbacé, a. (plante) non ligueuse. [bes; pré.

Herbage, sm. toute sorte d'her-

Herbager, ère, a. qui engraisse les boeufs.

Herbe, sf. plante à tiges faibles qui se fanent après la floraison

Herbeiller, vn. paître. vén.

Herber, va. exposer sur l'herbe.

Herbette, sf. herbe courte.

Herbeux, se, a. où croît l'herbe.

Herbier, sm. collection de plantes. [bes.

Herbière, sf. marchande d'her-

Herbivore, a. qui vit d'herbe.

Herborisation, sf. action d'

Herboriser, vn. chercher des plantes.

Herboriseur, sm. qui herborise.

Herboriste, sm. qui vend des simples.

Herbu, a. couvert d'herbe.

Herco-tectonique, sf. art de fortifier. [stellation.

Hercule, sm. demi-dieu; con-

Herculéen, ne, a. qui app. à un homme robuste, à un hercule.

Hère, sm. (pauvre) homme sans considération, sans mérite; sorte de jeu de cartes.

Héréditaire, a. ce dont on hérite. [cession.

Héréditairement, ad. par suc-

Hérédité, sf. héritage.

Heresiarque, sm. auteur d'

Heresie, sf. doctrine erronée. fig. toute opinion fausse.

Héréticité, sf. qualité d'une proposition.

Hérétique, a. de l'hérésie. s. son partisan.

*Hérissé, e, a. à poil droit et rude.

*Hérissement, sm. action de

*Hérisser, va. et p. dresser ; se dit des cheveux, du poil.

*Hérisson , sm. quadrupède ; roue dentelée. méc. poutre hérissée de pointes. fortif.

*Hérissonné, a. ramassé et accroupi. bla.

Héritage, sm. ce dont on hérite. [succession.

Hériter, va et n. acquérir par

Héritier, s. qui hérite. au pr. et au fig.

Hermaphrodisme, sm. qui est

Hermaphrodite , a. et sm. à deux sexes. [prête.

Herméneutique, a. qui inter-

Hermès, sm. (s) gaine portant une tête de mercure.

Hermétique, a. t. d'alch. [mé.

Hermétiquement, ad. bien fer-

Hermine , sf. quadrupède ; sa fourrure.

Herminé, a. moucheté. bla.

Herminette, sf. hache courbe.

Hermitage. V. Ermitage.

Hermite. V. Ermite. [hernies.

*Herniaire, a. qui a rapport aux

*Hernie, sf. descente de vis-

*Herniole, sf. plante. [cère.

*Hernutes , sm. pl. sectaires chrétiens que l'on nomme aussi Frères Moraves. [juifs.

Hérodiens , sm. pl. sectaires

Héroï-comique, a. qui tient de l'héroïque et du comique.

Héroïde , sf. épître d'un héros.

Héroïne, sf. femme héroïque ; principal personnage d'un poëme, d'un roman.

Héroïque, a. de héros.

Héroïquement, ad. avec

Héroïsme, sm. caractère du héros ; grandeur d'âme. [mes.

*Héron , sm. oiseau ; ses plu-

*Héronneau, sm. petit héron.

*Héronnier, a. (faucon) qui chasse au héron ; maigre. sf. nid de héron.

*Héros , sm. fils d'un dieu de la fable et d'une mortelle ; homme illustre par sa valeur, sa grandeur d'âme. fig. principal personnage d'un poëme, d'un roman.

Herpes marines, sf. pl. production de la mer.

*Hersage, sm. act. de herser.

*Herschell, sm. planète.

*Herse, sf. inst. pour herser ; grille.

*Herser, va. passer la herse dans un champ.

*Herseur, sm. qui herse.

Hersillon, sm. planche hérissée de pointes pour arrêter l'ennemi.

Hésitation ; sf. action d'

Hésiter , vn. être embarrassé de parler ou d'agir.

Hespéridé, e, a. qui ress. à l'oranger. sf. pl. fam. de plantes. [zarre.

Hétéroclite, a. irrégulier ; bi-

Hétérodoxe, a. contraire à la vraie doctrine.

Hétérodoxie, sf. opposition aux sentiments orthodoxes.

Hétérogène, a. de différente nature. [gène.

Hétérogénéité, sf. état hétéro-

Hétéroptère, a. à ailes dissemblables ; sm. pl. fam. d'insectes.

Hétérosciens, sm. pl t. de géogr.

*Hetman , sm. titre de dignité chez les Cosaques.

*Hêtre, sm. arbre forestier.

Heur, sm. bonne fortune. v.

Heure, sf. vingt-quatrième partie d'un jour ; moment convenable ; de bonne heure, loc. adv. tôt ; à cette heure, maintenant. pl. livre de prières. [heur.

Heureusement, ad. par bon-

Heureux, se , a. qui a du bonheur ; favorable ; excellent.

*Heurt , sm. choc; coup en heurtant. [les.

*Heurtement, sm. choc de voyel-

16

'Heurter , va. toucher rudement. vn. frapper. *fig.* choquer ; contrarier.

'Heurtoir, sm. marteau à la
porte pour heurter.

Hexaèdre, sm. corps à six faces ; cube. [gles.

Hexagone , a. *et* sm. à six an-

Héxaméron, sm. ouv. divisé en
six jours. [six pieds.

Hexamètre, a. sm. (vers) de

'Hexandrie , Hexagynie , sf
classe de plantes.

Hexaples, sm. pl. six versions
de la Bible.

Hexapode, a. qui a six pattes.

Hexaptère, a. qui a six ailes.

Hiatus , sm. (s) choc de deux
voyelles. *gra.*

Hibernant, e, a. se dit des animaux qui restent engourdis
pendant l'hiver.

Hibernation, sf. engourdissement des animaux hibernants

'Hibou, sm. oiseau de nuit.

'Hic, sm. la difficulté. *fa.*

Hidalgo, sm. titre en Espagne.

'Hideusement, ad. d'une man.
hideuse.

'Hideux, se, a. très-difforme.

'Hie, sf. inst. de paveur.

Hieble, sf. plante.

Hier , ad. (ier) le jour d'avant
celui où l'on est. [dination.

'Hiérarchie, sf. ordre; subor-

'Hiérarchique, a. de la hiérarchie. [hiérarchie.

'Hiérarchiquement , ad. par

'Hiératique, a. qui concerne
les choses sacrées.

Hiéroglyphe , sm. caractère
symbolique des anc. Egypt.

Hiéroglyphique , a. d'hiéroglyphe. [sacrées.

Hiérologie, sf. traité de choses

Hiéronique, a. (jeu) sacré *ant.*

Hiérophante, sm. prêtre d'E-
leusis. [me.

Hilarité , sf. joie douce et cal-

Hile , sm. cicatrice ombilicale
d'une graine. *bot.* [vaux.

Hippiatrique, sf. méd. des che-

Hippique, a. qui appart. aux
chevaux.

Hippocentaure, sm. centaure.

Hippocratique, a. d'Hippocrate.

Hippocrène , sf. fontaine du
Parnasse.

Hippodrome, sm. lice pour la
course des chevaux.

Hippogriffe, sm. cheval ailé.

Hippolithe, sf. concrétion pierreuse dans le fiel du cheval.

Hippopotame, sm. gr. quadrupède.

Hirondelle, sf. oiseau de passage. [des et épars. *bot.*

Hispide, a. couvert de poils ru-

'Hisser, va. hausser. *mar.*

Histoire, sf. narration des faits
dignes de mémoire; ouvrage
qui les contient ; description ; récit mensonger. *fa.*

Historial, a. historique. *v.*

Historien, sm qui écrit l'his-

Historier, va. enjoliver. [toire.

Historiette, sf. petite histoire.

Historiographe , sm. chargé
d'écrire l'histoire.[l'histoire.

Historique, a. qui appartient à

Historiquement, ad. d'une man.
historique. [dien.

Histrion , sm. bateleur ; comé-

Hiver , sm. (er) saison la plus
froide.

Hivernage , sm. port bien abrité. t. de *mar.* et d'*agri.*

Hivernal, a. d'hiver.

Hiverner, vn. passer l'hiver.
mil. vp. s'endurcir au froid.

Ho ! interj. d'appel, de surprise, d'admiration.

'Hobereau, sm. oiseau ; gentillâtre. [suré.

'Hoc, sm. jeu. *Être hoc*, as-

'Hoca, sm. jeu de hasard.

Hocco, sm. oiseau d'Amérique.

'Hoche, sf. entaillure.

'Hochement, sm. action de hocher la tête. [fauc.

'Hochepied, sm. oiseau; t. de

'Hochepot, sm. ragoût.

'Hochequeue, sm. oiseau.

'Hocher, va. secouer.

*Hochet, sm. jouet d'enfant au maillot.

Hogner, vn. gronder. *pop.*

Hoir, sm. héritier. *pra.*

Hoirie, sf. héritage. *pra.*

*Hola ! interj. pour appeler. ad. tout beau, assez, il suffit. sm. i. *Mettre le holà*, apaiser une querelle.   [Hollandais.

*Hollandais, sm. la langue des

*Hollander, va. dégraisser les plumes.

Holocauste , sm. sacrifice chez les Juifs ; la victime.

Holomètre , sm. instr. pour mesurer.

Holothurie, sf. mollusque.

Hom ! exclamation.   [mer.

*Homard, sm. gr. écrevisse de

Hombre, sm. jeu de cartes.

Homélie, sf. instruction chrétienne.pl.leçons du bréviaire.

Homérique, a. d'Homère.

Homicide, sm. *et* a. meurtre ; meurtrier.

Homicider, va. tuer. *v.*

Homiose, sf. coction du suc nourricier.

Hommage, sm. devoir du vassal. *fig.* soumission ; respect. pl. civilités.

Hommagé, a.tenu en hommage.

Hommager, sm. qui doit l'hommage.   [l'homme.

Hommasse , a. qui tient de

Homme, sm. animal raisonnable.   [que.

Homocentrique, a. concentri-

Homœopathe, sm. partisan de l'

Homœopathie, sf. système qui consiste à traiter une maladie en produisant des symptômes analogues à ceux de cette maladie même.

Homœopathique, a. de l'homœopathie.

Homogène, a. de même nature.

Homogénéité, sf. qualité de ce qui est homogène.

Homologation, sf. act. d'homologuer.   [géom.

Homologue, a. correspondant.

Homologuer, va. confirmer un acte juridiquement.

Homonyme , a. *et* sm. (mot) semblable à un autre pour le son, mais non pour le sens.

Homonymie, sf. qualité de ce qui est homonyme.

Homophone, a. qui a le même son quoique l'orthographe soit différente.   [nisson.

Homophonie, sf. concert à l'u-

Honchets, sm. pl. V. Jonchets.

*Hongre, am. (cheval) châtré.

*Hongrer , va. châtrer un cheval.   [le cuir de Hongrie.

Hougroyeur, sm. qui façonne

Honnête, a. *et* sm. conforme à la morale, à la bienséance ; civil ; bon.   [honnête.

Honnêtement, ad. d'une façon

Honnêteté, sf. conformité à la morale, à la vertu, à la bienséance ; civilité

Honneur , sm. estime ; vertu ; réputation ; probité (en parlant des hommes) ; pudicité en parlant des femmes) ; respect. pl. dignités ; accueil.

*Honnir , va. couvrir de honte.

Honorable, a. qui fait honneur.

Honorablement , ad. avec honneur.

Honoraire, a. qui a les honneurs d'une charge. sm. pl. rétribution des avocats, etc.

Honorer, va. rendre honneur ; faire honneur à ; s'—, vp. acquérir de l'honneur ; tirer vanité de.

Honorès (ad.) (*èsse*) loc. adv. se dit d'un titre sans fonctions et sans émoluments.

Honorifique, a. d'honneur.

*Honte, sf. confusion ; opprobre.

*Honteusement, ad. avec honte.

*Honteux, se, a. qui cause de la honte ; infâme ; timide.

Hôpital, sm. maison pour les malades.

*Hoquet, sm. sorte de mouv. convulsif.   [casaque.

*Hoqueton , sm. archer ; sa

Horaire, a. des heures.

'Horde, sf. peuplade errante.

'Horion, sm. grand coup sur la tête ou sur les épaules. *fa.*

Horizon, sm. cercle qui partage la sphère ; bornes de la vue. *fig.* étendue.

Horizontal, a. parallèle à l'horizon. |man. horizontale.

Horizontalement, ad. d'une

Horloge, sf. machine qui marque l'heure. |des horloges.

Horloger, sm. qui fait ou vend

Horlogerie, sf. art de l'horloger.

Hormis, prép. hors, excepté.

Horographie, sf. *V.* Gnomonique. [le temps.

Horométrie, sf. art de mesurer

Horoscope, sm. prédiction des événements de la vie par l'inspection des astres.

Horreur, sf. (*rr*) mouv. de l'âme avec indignation et terreur ; détestation ; énormité ; abomination.

Horrible, a. qui fait horreur ; extrême ; excessif. [horrible.

Horriblement, ad. d'une man.

Horripilation, sf. frisson.

'Hors, prép. qui marque exclusion ; excepté.

'Hors-d'œuvre, sm. pièce détachée. pl. petits plats.

'Hors-œuvre, ad. de l'angle extérieur d'un mur à l'angle extérieur d'un autre.

Hortensia, sm. bel arbrisseau du Japon.

Horticulteur, sm. celui qui s'occupe de l'horticulture.

Horticultural, e, pl. *aux*, a. de l'horticulture.

Horticulture, sf. l'art de cultiver les jardins.

Hortolage, sm. jardin potager.

Hosanna, sm. hymne de l'Eglise

Hospice, sm. asile des pauvres infirmes. [pitalité.

Hospitalier, a. qui exerce l'hos-

Hospitaliser, va. donner l'

Hospitalité, sf. action de loger les étrangers.

Hospodar, sm. prince vassal du sultan. [pour la messe.

Hostie, sf. victime. *anf.* pain

Hostile, a. d'ennemi ; contraire.

Hostilement, ad. en ennemi.

Hostilité, sf. action d'ennemi.

Hôte, esse, s. qui tient auberge ; qui loge ou est logé.

Hôtel, sm. grande maison ; maison garnie. *Hôtel de ville,* maison commune. *Hôtel-Dieu,* hôpital.

Hôtelier, sm. qui tient

Hôtellerie, sf. auberge.

'Hotte, sf. sorte de panier à bretelles qu'on porte sur le dos.

'Hottée, sf. plein une hotte.

'Hotteur, euse, s. qui porte la hotte.

'Houblon, sm. plante qui entre dans la composition de la bière. [houblon.

'Houblonner, va. mettre du

'Houblonnière, sf. champ de houblon.

'Houe, sf. inst. de vigneron.

'Houer, va. *et* n. labourer avec la houe.

'Houille, sf. charbon de terre.

'Houiller, am. (terrain) qui renferme des couches de houille.

'Houillère, sf. mine de houille.

'Houilleur, sm. ouvrier qui trava ille aux mines de houille.

'Houilleux, se, a. qui contient de la houille. *géol.* [tempête.

'Houle, sf. vague après la

'Houlette, sf. bâton de berger.

'Houleux, se, a. agité ; bouillonnant. *mar.*

'Houp. interj. sert à appeler.

'Houper, va. appeler. *chas.*

'Houppe, sf. touffe de fils, de duvet. [houppe.

'Houppé, e, a. en forme de

'Houppelande, sf. sorte de casaque. [pes.

'Houpper, va. faire des houp-

'Houppette, sf. petite houppe.

'Hourailler, vn. chasser aux hourets.

'Houraillis, sm. meute de hou-
  rets.   [nerie.
'Hourdage, sm. grosse maçon-
'Hourder, va. faire le hourdage.
'Houret, sm. mauv. chien de
  chasse.   [de Mahomet.
'Houri, sf. femme du paradis
'Hourque, sf. sorte de navire
  hollandais.
'Hourra, sm. cri de joie ou
  d'attaque imprévue.
'Hourvari, sm. cri de chasse ;
  grand bruit.
'Housé, a. mouillé ; crotté. v.
'Houseaux, sm. pl. guêtres. v.
'Houspiller, va. maltraiter.
'Houssage, sm. action de hous-
  ser.   [houx.
'Houssaie, sf. lieu où croît le
'Houssard, sm. V. Hussard.
'Housse, sf. sorte de couverture.
'Housser, va. nettoyer avec le
  houssoir.
'Houssine, sf. baguette pour
  battre.   [houssine.
'Houssiner, va. battre avec la
'Houssoir, sm. balai de houx,
  de plumes, etc.   [vert.
'Houx, sm. arbrisseau toujours
'Hoyau, sm. sorte de houe.
'Huard, sm. l'aigle de mer.
'Huche, sf. coffre pour le pain.
'Hucher, va. appeler. chas.
'Huchet, sm. cornet pour appe-
  ler de loin.
'Hue ! int. cri de charretier.
'Huée, sf. cris pour effrayer les
  bêtes. chas. cris de dérision.
'Huer, va. faire des huées.
'Huette, sf. V. Hulotte.
'Huguenot, a. calviniste. f. mar-
  mite sans pieds.
'Huguenotisme, sm. calvinisme
Hui, ad. le jour où l'on est. pra.
Huile, sf. liqueur grasse, onc-
  tueuse, tirée des végétaux.
  les saintes —, l'extrême-onc-
  tion.   [d'huile.
Huiler, va. oindre, frotter
Huilerie, sf. fabrique d'huile.
Huileux, se, a. de la nature de
  l'huile.

Huilier, sm. Huilière, sf. vase,
  burette à l'huile.
Huis, sm. porte ; à huis clos,
  portes fermées. pra.
Huisserie, sf. ouverture de
  porte. men.
Huissier, sm. officier de justice
  qui signifie les actes de jus-
  tice.
'Huit, a. num. (t muet devant
  une consonne); deux fois
  quatre. sm. (t).   [vers.
'Huitain, sm. stance de huit
'Huitaine, sf. huit jours.
'Huitième, a. ord. sm. huitième
  partie.   [lieu.
'Huitièmement, ad. en huitième
Huître, sf. testacé comestible.
Huitrier, s. oiseau.
'Hulotte, sf. hibou.   [timent.
Hum, interj. marque pressen-
Humain, a. de l'homme ; sen-
  sible à la pitié ; secourable. s.
  m. pl. les hommes. [humaine.
Humainement, ad. d'une man.
Humaniser, va. et p. rendre,
  devenir humain. [humanités.
Humaniste, sm. qui étudie les
Humanitaire, a. qui intéresse
  l'humanité entière.
Humanité, sf. nature humaine;
  bonté. pl. étude ou enseigne-
  ment des belles-lettres.
Humble, a. qui a de l'humilité.
Humblement, ad. avec humilité.
Humblot, sm. petit sabord. mar.
Humectant, a. et s. qui rafraî-
  chit.
Humectation, sf. action d'
Humecter, va. rendre humide.
'Humer, va. avaler un liquide
  en aspirant.
Huméral, a. qui a rapport à l'
Humérus, sm. (s) os du bras.
Humeur, sf. sorte de fluide des
  corps organisés ; disposition
  de l'esprit et du tempérament;
  mécontentement; suc vicié
  du corps.
Humide, a. aqueux. sm. hu-
  meur.   [mide.
Humidement, ad. en lieu hu-

Humidité, sf. état humide. pl. pituite.

Humiliant, a. qui humilie.

Humiliation, sf. action d'

Humilier, va. abaisser; mortifier.

Humilité, sf. soumission ; mo-

Humoral, a. d'humeur. [destie.

Humorisme , sm. doctrine des médecins humoristes.

Humoriste, a. capricieux. sm. galéniste.

Humour, sm. (m. angl.) gaieté spirituelle et légèrement satirique.

Humus, sm. (s' terreau. [mât.

Hune, sf. guérite au haut du

Hunier, sm. mât de hune ; sa voile. [plumes.

Huppe, sf. oiseau ; touffe de

Huppé , a. qui a une huppe ; considérable ; apparent. fa.

Hure, sf. tête de sanglier, de thon.

Hurhaut, cri du charretier.

Hurlement, sm. cri du loup ; cri de douleur. [lements.

Hurler, vn. pousser des hur-

Hurleur, sm. singe d'Amer.

Hurluberlu , a. et sm. étourdi ; brusque.

Hussard, sm. soldat d'un corps de cavalerie légère.

Hutin, sm. mutin ; débat. v.

Hutte, sf. cabane.

Hutter (se), vn. et p. faire une hutte; s'y loger. va. amarrer.

Hyacinthe, sf. pierre précieuse; jacinthe.

Hyades, sf. pl. nymphes; constellation.

Hyalin, adm. semblable au verre.

Hybride, a. né de deux espèces différentes.

Hydatide, sf. genre de vers intestinaux. méd.

Hydatisme. sm. t. de méd.

Hydragogue, a. et s. qui purge les eaux.

Hydrate , sm. nom générique des corps composés d'eau et d'un autre corps.

Hydraté, a. combiné avec l'eau.

Hydraulique, a. et sf. (art) d'élever les eaux [pent fabuleux.

Hydre, sf. serpent aquat., ser-

Hydriodique, a. composé d'iode et d'hydrogène. [scrotum.

Hydrocèle, sf. hydropisie du

Hydrocéphale , sf. hydropisie de la tête.

Hydrochlorate, sm. sel formé d'acide hydrochlorique et d'une base.

Hydrochlorique, a. acide gazeux formé de chlore et d'hydrogène.

Hydroxyle, sf. gen. de plantes.

Hydrodynamique , sf. science du mouvement des eaux.

Hydrogé, e, a. composé de terre et d'eau.

Hydrogène, a. et sm. (gaz) un des principes de l'eau.

Hydrogéné, a. combiné avec de l'hydrogène.

Hydrographe, sm. versé dans l'

Hydrographie, sf. descript. des mers. [graphie.

Hydrographique, a. d'hydro-

Hydrologie, sf. qui traite des eaux.

Hydromel, sm. breuvage fait avec de l'eau et du miel.

Hydromètre, sm. instr. pour mesurer la densité, etc., des fluides. [l'hydromètre.

Hydrométrie , sf. science de

Hydrophobe , a. attaqué de la rage. [liquides ; rage.

Hydrophobie, sf. horreur des

Hydropique, a. et s. affecté d'

Hydropisie, sf. enflure causée par un épanchement d'eau.

Hydropneumatique , a. (appareil) qui sert à recueillir le gaz. [l'eau.

Hydropote, s. qui ne boit que de

Hydroscope , s. qui devine les sources d'eau. [droscope.

Hydroscopie, sf. art de l'hy-

Hydrostatique, a. et sf. science de la pesanteur des liquides.

Hydrosulfure , sm. (ss) hydrogène sulfuré.

Hydrosulfurique, a. formé de soufre et d'hydrogène.

Hydrothorax, sm. hydropisie de poitrine. [gue.

Hydrotique, a. syn. d'hydrago-

Hydrure, sm. composé d'hydrogène et d'un autre corps simple. [l'hiver.

Hyémal, a. qui appartient à

Hyène, sf. quadrupède féroce.

Hygiène, sf. art de conserver la santé. [l'hygiène.

Hygiénique, a. qui a rapport à

Hygiéniste, sm. qui s'occupe de l'hygiène. [des.

Hygrologie, sf. science des flui-

Hygromètre, sm. inst. d'

Hygrométrie, sf. mesure de l'humidité de l'air.

Hygrométrique, a. sensible à l'humidité.

Hymen, sm. (èn) membrane, ou Hyménée, dieu; mariage.

Hyménographie, sf. descript. des membranes. [membranes

Hyménologie, sf. traité des

Hyménoptères, sm. pl. insectes à quatre ailes veinées.

Hymne, sm. poème en l'honneur de la divinité ou d'un héros. f. cantique d'église.

Hyoïde, a. et sm. (os) de la langue. [cieuse.

Hypallage, sm. inversion vi-

Hyperbate, sf. inversion.

Hyperbole, sf. exagération; section d'un cône. géom.

Hyperbolique, a. de l'hyperbole.

Hyperboliquement, ad. d'une man. hyperbolique. [Nord.

Hyperborée, — réen, ne, a. du

Hypercritique, sm. censeur ou-

Hyperdulie, sf. t. de théol. [tré.

Hypertrophie, sf. accroissement excessif méd.

Hypèthre, sm. temple découvert.

Hypnologie, sf. traité du som-

Hypnotique, a. somnifère. [meil.

Hypocondre, sm. chacune des parties latérales de la région épigastrique. fig. homme mélancolique.

Hypocondriaque, a. et s. affecté d'hypocondrie, qui souffre des hypocondres; mélancolique.

Hypocondrie, sf. sorte de maladie.

Hypocras, sm. (s) liqueur.

Hypocrisie, sf. vertu feinte.

Hypocrite, s. et a. qui a de l'hypocrisie.

Hypogastre, sm. partie inférieure du bas-ventre. [tre.

Hypogastrique, a. de l'hypogas-

Hypogée, sm. souterrain.

Hypoglosse, sm. neuvième paire de nerfs.

Hypogyne, a. sous le pistil. bot.

Hypomochlion, sm. (kli) appui d'un levier. [leux.

Hypophore, sm. ulcère fistu-

Hypostase, sf. sédiment des urines. méd. essence ou substance personnelle. théol.

Hypostatique, a. de l'hypostase.

Hypostatiquement, ad. t. de théol

Hypoténar, sm. paume de la main; plante du pied.

Hypoténuse, sf. t. de géom.

Hypothécaire, a. qui a hypothèque.

Hypothécairement, ad. par

Hypothèque, sf. droit acquis à un créancier sur les biens de son débiteur. [hypothèque.

Hypothéquer, va. donner pour

Hypothèse, sf. supposition.

Hypothétique, a. d'hypothèse.

Hypothétiquement, ad. par hypothèse. [rhét.

Hypotypose, sf. description.

Hypsométrie, sf. art de mesurer la hauteur absolue d'un lieu.

Hysope, sf. plante médicinale.

Hystérie, sf. maladie particulière aux femmes.

Hystérique, a. de la matrice.

Hystérite, sf. inflammation de la matrice. [matrice.

Hystérocèle, sf. descente de la

Hystérolithe, sf. pierre figurée.

Hysterotomie, sf. dissection de la matrice. [tion cesarienne.

Hystérotomotocie, sf. opéra-

I

J, sm. troisième voyelle, neuvième lettre de l'alphabet.

Iambe, sm. pied de vers.

Iambique, a. composé d'iambes.

Iatraleptique, s. et a. partie de la médecine qui guérit par les frictions.   [decine.

Iatrique, a. qui concerne la médecine.

Iatrochimie, sf. art de guérir par des remèdes chimiques.

Iatrochimique, a. de l'iatrochimie.

Iatrologie, sf. discours, science de la guérison des maladies.

Ibidem, ad. (em) au même endroit.

Ibis, sm. (s) sorte de cigogne.

Icelui, Icelle, pron. rel. celui dont on a parlé. v.   [pède.

Ichneumon, sm. (ik) quadru-

Ichnographie, sf. plan d'édifice.

Ichnographique, a. de l'ichnographie.   [et âcre.

Ichoreux, se. — roïde. a. séreux

Ichtyocolle, sf. colle de poisson; grand esturgeon.

Ichthyolithe, sm. (ikty), poisson pétrifié, pierre qui porte l'empreinte d'un poisson.

Ichtyologie, sf. hist. naturelle des poissons.   [logie.

Ichtyologique, a. de l'ichtyo-

Ichtyologiste, sm. versé dans l'ichtyologie.   [sons.

Ichtyophage, s. qui vit de pois-

Ici, ad. en ce lieu-ci. Ici-bas, dans ce bas monde.

Icoglan, sm. page du sérail.

Iconoclaste, — maque. sm. ennemi des images.

Iconographe, sm. versé dans l'

Iconographie, — logie. sf. description des images des monuments antiques.   [phie.

Iconographique, a. d'iconogra-

Iconolâtre, s. adorateur d'images.   [triangles.

Icosaèdre, sm. solide à vingt

Icosandrie, sf. classe de plantes.

Ictère, sm. jaunisse.

Ictérique, a. de la jaunisse.

Ide, s.t. de jeu de piquet à écrire

Idéal, a. sans pl. m. qui n'existe qu'en idée.   [ideale.

Idéalement, adv. d'une man.

Idéalisation, sf. action d'

Idéaliser, va. élever à l'idée.

Idéalisme, sm. système philosophique qui consiste à n'accorder l'existence qu'à la pensée.   [déalisme.

Idéaliste, sm. partisan de l'i-

Idée, sf. notion, image, pensée, mémoire; esquisse.

Idem, a. et s. i. (em) le même.

Identifier, va. et p. confondre deux objets.

Identique, a. le même.

Identiquement, ad. d'une man. identique.

Identité, sf. état de ce qui est identique.

Idéologie, sf. science des idées.

Idéologique, a. de l'idéologie.

Idéologue, sm. versé dans l'idéologie.

Ides, sf. pl. treizième ou quinzième jour des mois romains.

Idio-électrique, a. électrisable par le frottement.

Idiome, sm. langue; dialecte.

Idiopathie, sf. maladie primitive.

Idiopathique, a. de l'idiopathie.

Idiosyncrasie, sf. constitution particulière.

Idiot, a. et s. stupide.

Idiotisme, sm. loc. particulière; espèce d'aliénation mentale.

Idoine, a. propre à. pra.

Idolâtre, s. et a. qui adore les idoles. fig. qui aime avec passion.

Idolâtrer, vn. adorer les idoles. va. aimer avec passion.

Idolâtrie, sf. adoration des idoles. fig. amour excessif.

Idolâtrique, a. de l'idolâtrie.

Idole, sf. figure qu'on adore;
fig. objet d'une passion extrême.

Idylle, sf. sorte d'églogue.

If, sm. arbre toujours vert;
triangle servant aux illuminations.

Igname, sm. plante d'Amérique

Ignare, a. sans étude.

Igné, a. (*ig*) de feu. [feu.

Ignicole, a. (*ig*), qui adore le

Ignition, sf. (*ig*) état d'un métal incandescent.

Ignivome, a. qui vomit du feu.

Ignoble, a. bas, vil. [ignoble.

Ignoblement, ad. d'une man.

Ignominie, sf. infamie.

Ignominieusement, ad. avec ignominie.

Ignominieux,se,a. déshonorant

Ignoramment, ad. avec ignorance. [voir.

Ignorance, sf. manque de sa-

Ignorant, a. *et* s. ignare; qui ignore. [gréganiste.

Ignorantin, am. (frère) con-

Ignorer, va. ne pas connaître.

Iguane, sm. sorte de lézard.

Il, pr. m. de la troisième personne. lui.

Ile, sf. terre entourée d'eau.

Iles, sm. pl. les flancs. *Os des îles.*

Illettré, a. qui n'a point de connaissances en littérature.

Iléum ou Iléon, sm. intestin.

Iliaque, a. des îles. *méd.*

Ilion, sm. os des hanches.

Illégal, a. non légal.

Illégalement, ad. contre les lois

Illégalité, sf. caractère illégal.

Illégitime, a. non légitime.

Illégitimement, ad. avec

Illégitimité, sf. défaut de légitimité. [béral.

Illibéral, e, a. qui n'est point li-

Illicite, a. non licite. [licite.

Illicitement, ad. d'une man. il-

Illimité, a. sans limites.

Illisible, a. qu'on ne peut lire.

Illogique, a. contraire à la logique.

Illuminateur, sm. celui qui illumine.

Illuminatif, ve, a. qui éclaire.

Illumination, sf. art d'illuminer; quantité de lumières.

Illuminé, a. *et* s. visionnaire; sectaire.

Illuminer, va. *et* n. éclairer; faire des illuminations; éclairer l'âme, l'esprit.

Illuminisme, sm. opinion chimérique des illuminés.

Illusion, sf. apparence trompeuse.

Illusionner, va. causer des illusions; s'—, vp. se faire illusion.

Illusoire,a. trompeur; captieux.

Illusoirement, ad. d'une man. illusoire.

Illustration, sf. ce qui illustre; pl. gravures intercalées dans un ouvrage.

Illustre, a. célèbre; éclatant par le mérite ou les ancêtres.

Illustrer, va. rendre illustre.

Illustrissime, a. très-illustre.

Ilot, sm. petite île. [ant.

Ilote, sm. esclave à Sparte.

Ilotisme, sm. condition d'ilote. *fig.* état d'abjection.

Im, part. privative, etc. *V.* In.

Image, sf. estampe; représentation; ressemblance; idée.

Imager,sm.marchand d'images.

Imagerie, sf. com. d'images.

Imaginable, a. qu'on peut imaginer. [sible. *mat.*

Imaginaire, a. idéal; impos-

Imaginatif, ve, a. *et* s. au f. (faculté) qui imagine.

Imagination, sf. idée; esprit; action d' [figurer; croire.

Imaginer, va. inventer. vp. se

Iman, sm. prêtre turc. [Turcs.

Imaret, sm. hôpital chez les

Imbécile, a. *et* s. faible d'esprit.

Imbécilement, ad. avec

Imbécillité, sf. (*ll*) état imbécile; sottise.

Imberbe, a. sans barbe.

Imbiber, va. *et* p. mouiller.

Imbibition, sf. action d'imbiber
Imbriqué, e, a. qui est disposé comme les tuiles d'un toit
Imbroglio, sm. i. mot italien. confusion ; embrouillement.
Imbu, a. pénétré ; rempli. *fig.*
Imitable, a. qu'on peut imiter
Imitateur, trice, s. *et* a. qui imite.
Imitatif, ve, a. qui imite.
Imitation, sf. action d'imiter ; chose imitée. A l' — ad. à l'exemple. [dèle; contrefaire.
Imiter, va. prendre pour mo-
Immaculé, a. sans tache. *fig.*
Immanent, a. continu; constant. [manger.
Immangeable, a. qu'on ne peut
Immanquable, a. infaillible.
Immanquablement, ad. d'une man. immanquable. [ble.
Immarcescible, a. incorrupti-
Immatérialité, sf. état de ce qui est
Immatériel, le, a. sans matière.
immatériellement, ad. d'une manière immatérielle.
Immatriculation, Immatricule, sf. action d'
Immatriculer, va. enregistrer.
Immédiat, a. sans intermédiaire.
Immédiatement, ad. d'une man. immédiate.
Immémorial, a. très-ancien.
Immense, a. d'une grandeur infinie; très-grand; sans bornes.
Immensément, ad. sans mesure.
Immensité, sf. étendue immense
Immerger, va. plonger dans.
Immérité, e, a. qui n'est pas
Immersif, ve, a. par [mérité.
Immersion, sf. action de plonger. [fonds.
Immeuble, a. *et* sm. bien-
Imminence, sf. état de ce qui est
Imminent, a. menaçant.
Immiscer (s'), vp. prendre possession. *pal.* s'ingérer ; se mêler de.
Immixtion, sf. (ti) act. de s'immiscer. [pas; inébranlable.
Immobile, a. qui ne se meut

Immobilier, ère, a. des immeubles.
Immobilisation, sf. action d'
Immobiliser, va. convertir en immeuble. [est immobile.
Immobilité, sf. état de ce qui
Immodéré, a. violent ; excessif.
Immodérément, ad. sans modération.
Immodeste, a. sans modestie.
Immodestement, ad. avec
Immodestie, sf. manque de modestie ; action immodeste.
Immolation, sf. action d'
Immoler, va. offrir en sacrifice; tuer; perdre; s'—, vp. se dévouer.
Immonde, a. impur.
Immondice, sf. ordure. [mœurs.
Immoral, e, a. contraire aux
Immoralité, sf. état de ce qui est immoral. [immortel.
Immortaliser, va. *et* p. rendre
Immortalité, sf. qualité de ce qui est
Immortel, le, a. non sujet à la mort, à l'oubli. s. divinité. f. plante.
Immortification, sf. sensualité.
Immortifié, a. non mortifié.
Immuable, a. qui ne peut changer. [immuable.
Immuablement, ad. d'une man.
Immunité, sf. exemption.
Immutabilité, sf. qualité de ce qui est immuable. [pair.
Impair, a. nombre qui n'est pas
Impalpabilité, sf. qualité de ce qui est [senti au tact.
Impalpable, a. trop fin pour être
Impanation, sf. t. de théologie.
Impardonnable, a. qu'on ne peut pardonner. [t. de gra.
Imparfait, a. non parfait. sm.
Imparfaitement, ad. d'une man. imparfaite.
Imparisyllabique, a. t. de gra.
Imparité, sf. qualité, état de ce qui est impair.
Impartageable, a. qui ne peut être partagé. [partial.
Impartial, a. (ci) qui n'est pas

Impartialement, ad. avec

Impartialité, sf. qualité de ce qui est impartial.

Impasse, sf. cul-de-sac.

Impassibilité, sf. qualité de ce qui est [souffrir ; insensible.

Impassible, a. qui ne peut

Impassiblement, ad. d'une man. impassible. [pâte.

Impastation, sf. réduction en

Impatiemment, ad. (cia) avec

Impatience, sf. manque de patience.

Impatient, a. non patient.

Impatientant, a. qui impatiente.

Impatienter, va. et p. ôter, perdre patience.

Impatroniser (s'), vp. s'introduire pour dominer. fa.

Impayable, a. qu'on ne peut trop payer. fig. extraordinaire ; bizarre. fa.

Impeccabilité, sf. état de ce qui est [cher.

Impeccable, a. incapable de pé-

Impénétrabilité, sf. état de ce qui est

Impénétrable, a. qui ne peut être pénétré ; profond.

Impénétrablement, ad. m. s.

Impénitence, sf. état de celui qui est [le péché.

Impénitent, a. et s. endurci dans

Impense, sf. entretien. pra.

Impératif, ve, a. impérieux, sm. gra. [altier.

Impérativement, ad. d'un ton

Impératoire, sf. plante ombellifère.

Impératrice, sf. femme d'empereur ; princesse qui de son chef possède un empire.

Imperceptible, a. qui ne peut être vu. [peu.

Imperceptiblement, ad. peu à

Imperdable, a. qu'on ne peut perdre.

Imperfectibilité, sf. état de ce qui est

Imperfectible, a. qui ne peut devenir parfait.

Imperfection, sf. défaut.

Imperforation, sf. vice de conformation. méd. [vert. méd.

Imperforé, a. qui n'est pas ou-

Impérial, a. de l'empire. sf. dessus de carrosse ; fleur liliacée ; jeu.

Impérialisme, sm. opinion de l'

Impérialiste, sm. partisan d'un empereur. [nière altière.

Impérieusement, ad. d'une ma-

Impérieux, se, a. altier ; hautain. [rir.

Impérissable, a. qui ne peut pé-

Impéritie, sf. (cie) défaut d'habileté.

Imperméabilité, sf. qualité de ce qui est [à un fluide.

Imperméable, a. impénétrable

Impermutable, a. qu'on ne peut changer.

Impersonnel, a. t. de gra.

Impersonnellement, ad. t. de gra

Impertinemment, ad. (na) avec

Impertinence, sf. act. contre la politesse, la bienséance.

Impertinent, a. qui choque la bienséance. s. sot ; indiscret.

Imperturbabilité, sf. état de ce qui est [troubler ; tranquille.

Imperturbable, a. qu'on ne peut

Imperturbablement, ad. m. s.

Impétrable, a. qu'on peut impé-

Impétrant, a. qui impètre. [trer.

Impétration, sf. action d'

Impétrer, vn. obtenir. jur.

Impétueusement, ad. d'une man. impétueuse.

Impétueux, se, a. (des choses) violent, rapide. (des person.) vif, emporté. [vacité.

Impétuosité, sf. violence ; vi-

Impie, a. s. qui outrage la Divinité, la religion.

Impiété, sf. mépris pour la religion ; action, parole impie.

Impitoyable, a. sans pitié.

Impitoyablement, ad. d'une man. impitoyable.

Implacabilité, sf. qualité de ce qui est

Implacable, a. qu'on ne peut apaiser.

Implantation, sf. act. d'implanter ou de s'implanter.

Implanter, va. et p. insérer dans, planter une chose dans une autre.

Implexe, a. à péripétie. litt.

Implication, sf. contradiction ; complication.

Implicite, a. non explicite.

Implicitement, ad. d'une man. implicite. [envelopper.

Impliquer, va. comprendre ;

Implorer, va. demander avec ardeur.

Impoli, a. sans politesse.

Impoliment, ad. avec [litesse.

Impolitesse, sf. défaut de po-

Impolitique, a. contraire à la politique. [man. impolitique.

Impolitiquement, ad. d'une

Impondérabilité, sf. qualité de ce qui est

Impondérable, a. se dit des substances qu'on ne peut peser.

Impopulaire, a. qui est contraire au peuple, qui lui déplait.

Impopularité, sf. défaut de popularité. [importer.

Importable, a. que l'on peut

Importance, sf. ce qui rend considérable. D'importance, ad. très-fort.

Important, a. s. qui importe; essentiel; vaniteux. sm. ce qui importe.

Importation, sf. action d'

Importer, va. faire venir du dehors. vn. imp. être d'importance. [gant.

Importun, a. et s. fâcheux; fâti-

Importunément, ad. avec importunité.

Importuner, va. fatiguer par ses assiduités, ses questions.

Importunité, sf. action d'importuner.

Imposable, a. sujet aux impôts.

Imposant, a. qui impose du respect. [pôt.

Imposé, e, a. s. soumis à l'im-

Imposer, va. et p. mettre dessus; mettre un impôt; pres-

crire. vn. inspirer du respect; disposer les pages pour imprim. imp. En imposer, mentir. [impôt.

Imposition, sf. act. d'imposer ;

Impossibilité, sf. qualité de ce qui est [se peut.

Impossible, a. et sm. qui ne

Imposte, sf. t. d'arch. [pose.

Imposteur, a. et sm. qui en im-

Imposture, sf. action de tromper ; mensonge ; calomnie.

Impôt, sm. droit imposé.

Impotence, sf. état de celui qui est [membre.

Impotent, s. et a. privé d'un

Impraticable, a. non praticable.

Imprécation, sf. malédiction.

Imprécatoire, a. avec imprécation. [imprégné.

Imprégnable, a. qui peut être

Imprégnation, sf. (ég) act. d'

Imprégner, va. et p. charger de parties étrangères. [pris.

Imprenable, a. qui ne peut être

Imprescriptibilité, sf. qualité de ce qui est [criptible.

Imprescriptible, a. non pres-

Impression, sf. act. d'un corps sur un autre; act. d'imprimer; son effet; empreinte. fig. effet produit sur les sens ou sur l'esprit.

Impressionné, a. qui a reçu une impression.

Impressionnable, a. qui reçoit facilement les impressions.

Impressionner, va. faire impression.

Imprévoyable, a. qu'on ne peut prévoir. [prévoyance.

Imprévoyance, sf. défaut de

Imprévoyant, a. sans prévoyance.

Imprévu, a. qu'on n'a pas prévu

Imprimable, a. qu'on peut imprimer.

Imprimé, sm. écrit imprimé.

Imprimer, va. faire empreinte de lettres sur le papier, de dessins sur une étoffe; publier un ouvrage; communiquer. *fig.* laisser des traces dans l'esprit ou dans le cœur.

Imprimerie, sf. art d'imprimer; lieu où l'on imprime.

Imprimeur, sm. qui exerce l'imprimerie.

Improbabilité, sf. qualité de ce qui est

Improbable, a. non probable.

Improbablement, adv. d'une man. non probable.

Improbateur, — trice, a. *et* s. qui improuve. (prouver.

Improbation, sf. action d'im-

Improbité, sf. défaut de probité

Improductible, a. qui ne peut être produit.

Improductif, ve, a. qui ne produit pas. [méditat on.

Impromptu, sm. i. fait sans pré-

Impropre, a. (mot) qui manque de justesse. [impropre.

Improprement, ad. d'une man.

Impropriété, sf. inconvenance de terme.

Improuver va. désapprouver.

Improvisateur, trice, s. qui improvise.

Improvisation, sf. action d'

Improviser, va. *et* n. composer sur-le-champ. [ment.

Improviste (à l'), ad. subite-

Imprudemment, ad. (da) avec

Imprudence, sf. défaut de prudence. [dence.

Imprudent, a. *et* s. sans pru-

Impubère, s. qui n'est pas pubère

Impudemment, ad. (da) avec

Impudence, sf. effronterie.

Impudent, a. *et* s. effronté; insolent. [deur.

Impudeur, sf. défaut de pu-

Impudicité, sf. état de ce qui est

Impudique, a. *et* s. qui n'est pas chaste.

Impudiquement, ad. avec impudicité.

Impugner, va. disputer. *pal.*

Impuissance, sf. état de ce qui est [sans effet.

Impuissant, a. sans pouvoir;

Impulsif, ve, a. qui agit par

Impulsion, sf. mouvement communiqué. *fig.* instigation.

Impunément, ad. avec impunité.

Impuni, a. sans punition.

Impunité, sf. manque de punition.

Impur, a. qui n'est pas pur.

Impureté, sf. ce qu'il y a d'impur. *fig.* impudicité.

Imputable, a. qui peut, qui doit être attribué à ou sur.

Imputation, sf. déduction; accusation sans preuves.

Imputer, va. attribuer; déduire.

In, partic. latine qui se joint à beaucoup de mots et tantôt leur donne un sens négatif ou privatif, tantôt signifie dedans.

Inabordable, a. non abordable.

Inabordé, e, a. où l'on n'a pas encore abordé.

Inabrité, e, a. qui n'est pas abrité

Inacceptable, a. qu'on ne peut accepter.

Inaccessible, a. non accessible.

Inaccommodable, a. non susceptible d'accommodement.

Inaccordable, a. qu'on ne peut accorder. [accoster.

Inaccostable, a. qu'on ne peut

Inaccoutumé, a. inusité. [achevé

Inachevé, a. qui n'a pas été

Inactif, ve, a. sans activité.

Inaction, sf. cessation d'action.

Inactivité, sf. défaut d'activité.

Inadmissible, a. non admissible.

Inadmissibilité, sf. qualité de ce qui ne peut être admis.

Inadvertance, sf. défaut d'attention. [qui est inaliénable.

Inaliénabilité, sf. état de ce

Inaliénable, a. qui ne peut s'aliéner.

Inalliable, a. qu'on ne peut allier. [térer.

Inaltérable, a. qui ne peut s'al-

Inamissibilité, sf. état de ce qui est [perdre,

Inamissible, a. qui ne peut se

Inamovibilité, sf. état de ce qui est

Inamovible, a. qui ne peut être dest tué. [inanimés.

Inanimation, sf. état des êtres

Inanimé, a. qui manque de sentiment, de vie.

Inanité, sf. le vide d'une chose

Inanition, sf. faiblesse causée par défaut de nourriture.

Inapercevable, a. qui ne peut être aperçu. p. us.

Inaperçu, a. qui n'est pas aperçu.

Inappétence, sf défaut d'appétit.

Inapplicable, a. non applicable.

Inapplication, sf. inattention.

Inappliqué, a. sans application.

Inappréciable, a. non appréciable. [tude.

Inaptitude, sf défaut d'apti-

Inarticulé, a. non articulé.

Inattaquable, a. non attaquable.

Inattendu, a. non attendu.

Inattentif, ve, a. sans attention.

Inattention, sf. défaut d'attention.

Inaugural, a. d'inauguration.

Inauguration, sf. solennité du couronnement (d'un souverain); de la dédicace (d'un monument, etc.)

Inaugurer, va. dédier; sacrer.

Inauration, sf. act. de dorer les pilules. [calculer.

Incalculable, a. qu'on ne peut

Incamération, sf. action d'

Incamérer, va. unir une terre au domaine du pape.

Incandescence, sf. état d'un corps pénétré de feu à blanc.

Incandescent, a. en incandescence.

Incantation, sf. enchantement.

Incapable, a. non capable.

Incapacité, sf. défaut de capacité.

Incarcération, sf. action d'

Incarcérer, va. emprisonner.

Incarnadin, a. et sm. incarnat pâle. [rouge.

Incarnat, a. et sm. sorte de

Incarnatif, ve, a. et sm. qui favorise la régénération des chairs.

Incarnation, sf. act. de s'incarner.

Incarné, a. qui s'est incarné.

Incarner (s'), vp. se revêtir de chair. [folies.

Incartade, sf. brusquerie. pl.

Incendiaire, a. et s. auteur volontaire d'incendie. fig. séditieux.

Incendie, sm. grand embrasement. fig troubles séditieux; guerre civile. [cendie.

Incendié, sm. victime d'un in-

Incendier, va. consumer par le feu. [de la cire.

Incération, sf. incorporer avec

Incertain, a. et s. sans certitude.

Incertainement, ad. avec

Incertitude, sf. défaut de certitude. [sans cesse. v.

Incessamment, ad. au plus tôt;

Incessant, e, a. qui ne cesse pas.

Incessibilité, sf. qualité de ce qui est

Incessible, a. non cessible.

Incession, sf. act. de marcher.

Inceste, sm. conjonction illicite entre parents. [ceste.

Incestueusement, ad. avec in-

Incestueux, se, a. et s. souillé d'inceste. [chanter.

Inchantable, a. qu'on ne peut

Inchoatif, ve, a. qui commence. gra.

Incicatrisable, a. qui ne peut se cicatriser. [cicatrisé.

Incicatrisé, e, a. qui n'est pas

Incidemment, ad. (da) par incident.

Incidence, sf. chute. géom.

Incident, e, a. qui survient. sm. événement inattendu.

Incidentaire, sm. chicaneur.

Incidenter, vn. faire naître des incidents. [cendres.

Incinération, sf. réduction en

Incinérer, va. réduire en cendres. [pas circoncis.

Incirconcis, a. et s. qui n'est

Incirconcision, sf. fig. corruption du cœur.

Incise, sf. phrase coupée.

Inciser, va. tailler. *chir.* diviser. *méd.*

Incisif, ve, a. propre à inciser, à couper. *fig.* mordant pénétrant.

Incision, sf. taillade. [trant.

Incitabilité, sf. exercice des fonctions. *méd.* [ton. *méd.*

Incitant, a. *et* s. qui donne du

Incitatif, ve, a. propre à inciter.

Incitation, sf. instigation.

Inciter, va. exciter, pousser à.

Incivil, a. impoli ; illégal. *jur.*

Incivilement, ad. avec incivilité.

Incivilisé, a. qui n'est pas civilisé. [lité.

Incivilité, sf. manque de civi-

Incivique, a. qui n'est pas civiq.

Incivisme, sm. défaut de civisme. [sive.

Inclémence, sf. rigueur excessive

Inclément, a. qui n'a pas de clémence ; *poét. fig.* très-rigoureux.

Inclinaison, sf. état de ce qui est incliné, obliquité.

Inclinant, a. (cadran) incliné.

Inclination, sf. action de pencher ; disposition ; amour.

Incliner, va. courber ; vn. pencher d'un côté ; avoir du penchant pour ; s'—, vp se pencher. [dans un paquet. *fa.*

Inclus, a. enfermé. sf. lettre

Inclusivement, ad. y compris.

Incoercibilité, sf. état de ce qui est

Incoercible, a. non coercible.

Incognito, ad. *et* sm. i. (on mouille *gn*) sans être connu.

Incohérence, sf. défaut de liaison

Incohérent, a. sans liaison. [son.

Incoloré, a. qui n'est pas coloré.

Incombustibilité, sf. qualité de ce qui est [tible.

Incombustible, a. non combus-

Incommensurabilité, sf. état de ce qui [peut être mesuré.

Incommensurable, a. qui ne

Incommodant, e, a. qui incommode.

Incommode, a. gênant ; fâcheux.

Incommodé, a. indisposé.

Incommodément, ad. avec incommodité.

Incommoder, va. gêner ; nuire ; indisposer. [ladie.

Incommodité, sf. peine ; maladie.

Incommunicable, a. non communicable.

Incommutabilité, sf. état

Incommutable, a. qu'on ne peut déposséder.

Incommutablement, ad. m. s.

Incomparable, a. à qui rien ne se compare. [comparaison.

Incomparablement, ad. sans comparaison.

Incompatibilité, sf. état de ce qui est [ble.

Incompatible, a. non compati-

Incompétemment (*ta*), ad. sans compétence.

Incompétence, sf. état de ce qui est

Incompétent, a. non compétent.

Incomplet, è e, a. non complet. [man. incomplète.

Incomplètement, adv. d'une

Incomplexe, a. non complexe.

Incompréhensibilité, sf. état de ce qui est

Incompréhensible, a. qu'on ne peut comprendre.

Incompréhensiblement, adv. d'une man. incompréhensible

Incompressibilité, sf. qualité de ce qui est [pressible.

Incompressible, a. non com-

Inconcevable, a. non concevable. [ble.

Inconciliable, a. non concilia-

Inconduite, sf. défaut de bonne conduite.

Incongru, a. contre les règles.

Incongruité, s. faute ; action inconvenante.

Incongrûment, ad. d'une man. incongrue.

Inconnu, a. non connu.

Inconséquence, sf. défaut de conséquence ; action, discours irréfléchi. [séquent.

Inconséquent, a. *et* s. non con-

Inconsidération, sf. imprudence

Inconsidéré, a. *et* s. peu réfléchi

Inconsidérément, ad. sans considération.

Inconsistance, sf. défaut de consistance. [de consistance.

Inconsistant, e, a. qui manque

Inconsolable, a. qui ne peut se consoler.[m.au. inconsolable.

Inconsolablement, ad. d'une

Inconstamment, ad. avec

Inconstance, sf. facilité à changer. [ger.

Inconstant, a. et s. sujet à chan-

Inconstitutionnel, a. non constitutionnel.

Inconstitutionnellement, ad.m.

Incontestable, a. certain.[sens.

Incontestablement, ad. m. s.

Incontesté, a. qui n'est pas contesté. [tinence.

Incontinence, sf. défaut de con-

Incontinent, a. qui n'est pas chaste. ad. aussitôt.

Inconvenance, sf. manque de bienséance.

Inconvenant, a. sans bienséance

Inconvénient, sm. incident fâcheux; résultat désagréable.

Incorporalité, sf. qualité des êtres incorporels. [porer.

Incorporation, sf. act. d'incor-

Incorporel, le, a. qui n'a pas de corps.

Incorporer, va. et p. mêler.

Incorrect, a. qui n'est pas correct

Incorrectement, adv. d'une man. incorrecte. [rection.

Incorrection, sf. défaut de cor-

Incorrigibilité, sf. état de ce qui est [corriger.

Incorrigible, a. qui ne peut se

Incorruptibilité, sf. qualité de ce qui est [tible.

Incorruptible, a. non corrup-

Incorruption, sf. état de ce qui ne se corrompt point.

Incrasser, va. épaissir. méd.

Incrédibilité, sf. motif d'incrédulité. [pas.

Incrédule, a. et s. qui ne croit

Incrédulité, sf. répugnance à croire.

Incréé, a. qui n'a pas été créé.

Incrimination, sf. action d'

Incriminer, va. accuser d'un crime.

Incroyable, a. impossible ou difficile à croire; extraordinaire.

Incroyablement, ad. d'une manière incroyable.

Incrustation, sf. action d'

Incruster, va. ppliquer du métal, etc., sur une surface pour l'orner, s'—, vp. s'attacher à —, se couvrir d'une croûte pierreuse.

Incubation, sf. action de couver.

Incube, sf. cauchemar; sorte de démon.

Inculpation, sf. action d'

Inculper, va. accuser d'une faute. [l'esprit.

Inculquer, va. graver dans

Inculte, a. qui n'est pas cultivé.

Inculture, sf. état inculte.

Incurabilité, sf. état de ce qui est [guérir.

Incurable, a. qu'on ne peut

Incurie, sf. défaut de soin.

Incuriosité, sf. négligence de s'instruire.

Incursion, sf. course à main armée en pays ennemi.

Incurvation, sf. action de recourber; courbure. [creux.

Incuse, a. et sf. (médaille) en

Inde, sm. bleu d'indigo.

Indébrouillable, a. qu'on ne peut débrouiller.

Indécemment, ad. (ça) avec

Indécence, sf. manque de décence. [cence.

Indécent, a. contraire à la dé-

Indéchiffrable, a. non déchiffrable.

Indécis, a. non décidé; irrésolu.

Indécision, sf. irrésolution.

Indéclinabilité, sf. qualité des mots indéclinables. [pas.

Indéclinable, a. qui ne se décline

Indécomposable, a. qui ne peut être décomposé.

Indécrottable, a. qui ne peut se décrotter. fig. très-difficile. fa.

Indéfectibilité, sf. état de ce qui est [faillir.

Indéfectible, a. qui ne peut dé-

Indéfini, a. sans bornes.

Indéfiniment, ad. d'une manière indéfinie. [rait définir.

Indéfinissable, a. qu'on ne sau-

Indéhiscent, e, a. qui ne s'ouvre pas de soi-même. bot.

Indélébile, a. qui ne peut être effacé. [qui est indélébile.

Indélébilité, sf. caractère de ce

Indélibéré, a. irréfléchi.

Indélicat, a. non délicat.

Indélicatement, adv. d'une man. indélicate.

Indélicatesse, sf. manque de délicatesse. [jur.

Indemne, a. (em) dédommagé.

Indemniser, va. (am) dédommager. [gement.

Indemnité, sf. (am) dédomma-

Indémontrable, a. qu'on ne peut démontrer. log.

Indépendamment, ad. d'une manière indépendante.

Indépendance, sf. état d'une personne indépendante.

Indépendant, a. qui ne dépend de personne. sm. pl. sectaire.

Indescriptible, a. qu'on ne peut décrire.

Indestructibilité, sf. qualité de ce qui est

Indestructible, a. impérissable.

Indétermination, sf. irrésolution. [solu.

Indéterminé, a. indéfini; irré-

Indéterminément, ad. d'une manière indéterminée.

Indévot, a. et s. non dévot.

Indévotement, ad. sans dévotion

Indévotion, sf. défaut de dévotion.

Index, sm. table de livre; deuxième doigt; catalogue des livres défendus à Rome.

Indicateur, trice, a. qui indique. sm. doigt index; son muscle.

Indicatif, ve, a. qui indique. sm. t. de gra.

Indication, sf. action d'indiquer

Indice, sm. signe probable ou apparent.

Indicible, a. inexprimable.

Indiction, sf. convocation à jour fixe; période de quinze ans. [peinte.

Indienne, sf. étoffe de coton

Indifféremment, ad. (ra) avec

Indifférence, sf. froideur.

Indifférent, a. qui peut se faire également bien de différentes manières; sans importance, et s. sans attachement.

Indigence, sf. pauvreté. [pays.

Indigène, s. et a. naturel d'un

Indigent, a. et s. nécessiteux.

Indigeste, a. difficile à digérer, embrouillé, confus.

Indigestion, sf. (ti) mauvaise coction des aliments dans l'estomac.

Indignation, sf. colère qu'inspire une injustice, etc.

Indigne, a. et s. non digne; méchant; condamnable.

Indignement, ad. d'une manière indigne,

Indigner, va. et p. irriter.

Indignité, sf. qualité odieuse; outrage.

Indigo, sm. plante; couleur bleue

Indigoterie, sf. lieu où l'on fait l'indigo.

Indigotier, sm. gen. de plantes.

Indiquer, va. montrer; marquer. [rect.

Indirect, a. qui n'est pas di-

Indirectement, ad. d'une manière indirecte. [discerner.

Indiscernable, a. qu'on ne peut

Indisciplinable, a. non disciplinable. [cipline.

Indiscipline, sf. défaut de dis-

Indiscipliné, a. non discipliné.

Indiscret, ète, a. et s. sans discrétion; sans prudence; contraire à la bienséance.

Indiscrètement, ad. avec

Indiscrétion, sf. manque de discrétion.

Indiscutable, a. qui ne peut être discuté.

Indispensable, a. dont on ne peut se dispenser.

Indispensablement, ad. m. s.

Indisposé, a. un peu malade.

Indisposer, va. et p. mettre dans une disposition peu favorable; fâcher.   [position.

Indisposition, sf. mauvaise dis-

Indisputable, a. incontestable.

Indissolubilité, sf. état de ce qui est   [dissoudre.

Indissolable, a. qui ne peut se

Indissolublement, ad. m. s.

Indistinct, a. non distinct. [ment

Indistinctement, ad. confusé-

Individu, sm. être particulier.

Individualisation, sf. act. d'

Individualiser, va. considérer, présenter individuellement.

Individualisme, sm. système d'isolement.   [tue l'individu.

Individualité, sf. ce qui consti-

Individuel, le, a. de l'individu.

Individuellement, ad. par indi-

vidu.   [pra. Par — loc. ad.

Indivis, a. qui n'est pas divisé.

Indivisément, ad. par indivis. pra.

indivisibilité, sf. état de ce qui est

Indivisible, a. qu'on ne peut diviser.   [sion.

Indivisiblement, ad. sans divi-

Indivision, sf. état de ce qui est indivis. pra.

In-dix-huit, sm. livre à feuilles pliées en dix-huit feuillets.

Indocile, a. qui n'est pas docile.

Indocilité, sf. manque de do-cilité.

Indolemment, ad. (la) avec

Indolence, sf. nonchalance.

Indolent, a. nonchalant; sans douleur.   [non domptable.

Indomptable ou Indontable, a.

Indompté, a. non dompté.

In-douze, sm. livre dont les feuilles sont pliées en douze feuillets.

Indu, a. contre la règle, le devoir

Indubitable, a. assuré.

Indubitablement, ad. sans doute

Induction, sf. instigation; con-séquence; énumération.

Induire, va. exciter; inférer.

Indulgemment, ad. (ja) avec bonté.

Indulgence, sf. bonté; pardon; rémission des peines du pé-ché accordée par l'Eglise.

Indulgent, a. qui pardonne ai-sement.

Indult, sm. (f) privilége ecclés

Indultaire, sm. qui a un indult.

Indûment, a. d'une man. indue.

Induplicatif, ive, a. qui se re-plie en dedans. [ment. méd.

Induration, sf. endurcisse-

Industrie, sf. dextérité; travail; les manufactures, les arts mé-caniques en général.

Industriel, le, a. produit par l'industrie. s. qui se livre à l'industrie.   [dustrie.

Industrieusement, ad. avec in-

Industrieux, se, a. qui a de l'in-dustrie.   [diacres.

Induts, sm. pl. assistants des

Inébranlable, a. ferme; constant

Inébranlablement, ad. ferme-ment.

Inédit, a. (livre) non publié.

Ineffabilité, sf. état de ce qui est

Ineffable, a. inexprimable.

Ineffaçable, a. qu'on ne peut effacer.

Inefficace, a. sans effet.

Inefficacité, sf. manque d'effi-cacité.

Inégal, a. qui n'est point égal.

Inégalement, ad. d'une man. inégale.

Inégalité, sf. défaut d'égalité.

Inélegamment, ad. avec [gance

Inélégance, sf. manque d'élé-

Inélégant, a. non élégant.

Inéligibilité, sf. état de ce qui est

Inéligible, a. non éligible.

Inénarrable, a. qui ne peut être raconté.   [surde.

Inepte, a. sans aptitude; ab-

Ineptement, adv. d'une man. inepte.

Ineptie, sf. (cie) absurdité.

Inépuisable, a. qu'on ne peut épuiser.

Inerme, a. sans épines. bot.

Inerte, a. sans ressort. fig sans activité. [lence.

Inertie, sf. (cie) inaction, indo-

Inérudit, a. sans érudition.

Inespéré, a. qu'on n'espérait pas.

Inespérément. ad. d'une manière inespérée.

Inestimable, a. qu'on ne peut assez priser.

Inévitable, a. qu'on ne peut

Inévitablement, ad. m. s. [éviter.

Inexact, a. (t) qui n'est pas exact.

Inexactement, ad. d'une man. inexacte. [actitude.

Inexactitude, sf. manque d'ex-

Inexcusable, a. non excusable.

Inexécutable, a. non exécutable.

Inexécution, sf. défaut d'exécution. [cé.

Inexercé, a. qui n'est point exer-

Inexigible, a. qui ne peut être exigé. [personne.

Inexorabilité, sf. défaut d'une

Inexorable, a. qu'on ne peut flé-

Inexorablement, ad. m. s. [chir.

Inexpérience, sf. défaut d'expérience. [rience.

Inexpérimenté, a. sans expé-

Inexpiable, a. qu'on ne peut expier.

Inexplicable, a. non explicable.

Inexploré, e, a. qui n'a pas encore été exploré.

Inexplosible, a. qui ne peut faire explosion. méd.

Inexprimable, a. non exprimable

Inexpugnable, a. (ug) qui ne peut être forcé. [éteindre.

Inextinguible, a. qu'on ne peut

Inextricable, a. qui ne peut être démêlé.

Infaillibilité, sf. état de ce qui est [lible

Infaillible, a. certain ; non fail-

Infailliblement, ad. immanquablement.

Infaisable, a. (fe) non faisable.

Infamant, a. qui porte infamie.

Infamation, sf. note d'infamie.

Infâme, a. et s. diffamé ; indigne , honteux.

Infamie, sf. flétrissure ; action, parole infâme ; ignominie.

Infant, s titre des enfants puînés des rois d'Espagne, de Portugal et de Naples.

Infanterie, sf. fantassins.

Infanticide, sm. meurtre, meurtrier d'enfant. [fatiguer.

Infatigable , a. qu'on ne peut

Infatigablement, ad. sans se lasser. [cessive et ridicule.

Infatuation, sf. prévention ex-

Infatuer , va. et p. trop prévenir en faveur.

Infécond, a. stérile.

Infécondité, sf. stérilité.

Infect, a. puant ; corrompu.

Infecter, va. rendre infect.

Infection , sf. puanteur ; corruption.

Infélicité, sf. malheur. p. us.

Inféodation, sf. action d'

Inféoder, va. donner une terre en fief.

Inférer, va. conclure de. [sous.

Inférieur, a. et s. placé au-des-

Inférieurement, ad. au-dessous.

Infériorité, sf. rang inférieur.

Infernal, a. d'enfer. Pierre infernale, caustique.

Infernalement, adv. d'une manière infernale. [fig.

Infertile, a. stérile. au pr. et au

Infertilité, sf. stérilité.

Infestation, sf. action d'

Infester, va. piller, incommoder.

Infibulation, sf. opération chirurgicale. [tion.

Infibuler, va. faire l'infibula-

Infidèle, a. et s. déloyal ; inexact ; qui manque de fidélité ; qui n'est pas dans la vraie religion. [infidèle.

Infidèlement, ad. d'une man.

Infidélité, sf. manque de fidélité.

Infiltration , sf. action d' [pores.

Infiltrer (s'), vp. passer dans les

Infime, a. dernier ; bas.

Infini , a. et sm. sans limites ; innombrable ; très-grand.

Infiniment, ad. à l'infini. — *petits*, sm. pl. t. de *mat.*

Infinité, sf. qualité de ce qui est infini ; grand nombre.

Infinitésimal, a. calcul), *arit*

Infinitif, sm. mode du verbe. *gra.*

Infirmatif, ve, a. qui infirme.

Infirmation, sf. action d'infirmer

Infirme, a. *et* s malade ; faible.

Infirmer, va. déclarer nul. *pal.*

Infirmerie, sf. lieu pour les malades. [malades.

Infirmier, ère, s. qui soigne les

Infirmité, sf. maladie ; faiblesse.

Infixer, va. fixer dans.

Inflammabilité, sf. qualité de ce qui est [flammer.

Inflammable, a. qui peut s'en-

Inflammation, sf. act. d'enflammer.

Inflammatoire, a. qui enflamme.

Infléchir, va *et* p devier. *opti.*

Inflexibilité, sf. qualité de ce qui est

Inflexible, a. inexorable.

Inflexiblement ad. m. s. [gra.

Inflexion, sf. changement. *mus.*

Infliction, sf. action d'

Infliger, va. imposer une peine.

Inflorescence, sf. disposition particulière des fleurs, d'une plante.

Influence, sf. vertu des astres ; cause ; ascendant ; crédit.

Influencer, va. au *fig.* faire usage de son influence sur quelqu'un. [du crédit.

Influent, a. qui a de l'influence,

Influer, vn. agir par influence.

In-folio, sm. livre à feuilles pliées en deux feuillets

Informateur, trice, s. qui informe. [former.

Information, sf. action d'in-

Informe, a. mal conformé, imparfait.

Informé, sm. information *pal.*

Informer, va. n. *et* p. avertir ; faire une enquête ; s'enqué-

Infortune, sf. malheur. [rir.

Infortuné, a malheureux.

Infracteur, sm. qui a enfreint,

Infraction, sf. transgression.

Infranchissable, a. qu'on ne peut franchir. [rompu.

Infrangible, a. qui ne peut être

Infructueusement, ad. sans profit. [inutile.

Infructueux, se, a. sans fruit ;

Infus, a. donné par la nature.

Infuser, va. faire tremper.

Infusible, a. qu'on ne peut fondre ; résultat de cette opération

Infusion, sf. action d'infuser.

Infusoires, sm. pl. animalcules.

Ingambe, a. dispos ; léger. *fa.*

Ingénier (s'), vp. chercher des moyens.

Ingénieur, sm. off. du génie.

Ingénieusement, ad. d'une man. ingénieuse.

Ingénieux, a. qui a l'esprit d'invention ; qui est fait ou trouvé avec esprit.

Ingéniosité, sf. habileté ; adresse ; subtilité.

Ingénu, a. naïf ; franc.

Ingénuité, sf. naïveté, franchise

Ingénument, ad. naïvement.

Ingérer (s'), vp. s'entremettre à tort. [sans détails.

In globo, adv. en totalité ;

Ingouvernable, a. qui ne peut être gouverné.

Ingrat, a *et* s. sans reconnaissance ; *terrain, métier ingrat*, stérile, infructueux.

Ingratitude, sf. manque de reconnaissance. [d'un mélange.

Ingrédient, sm. (diain) partie

Inguérissable, a. incurable.

Inguinal, a. (*in* de l'aine.

Inhabile, a. incapable. *jur.* sans habileté. [leté.

Inhabileté, sf. manque d'habi-

Inhabilité, sf. incapacité. *jur.*

Inhabitable, a. non habitable.

Inhabité, a. où personne n'habite. [tude.

Inhabitude, sf. défaut d'habi-

Inhabituel, le, a. non habituel.

Inhalation, sf. action par laquelle les plantes s'imbibent de l'air.

Inharmonie, sf. manque d'harmonie.

Inharmonieusement, adv. sans harmonie.

Inharmonieux, se, a. même sens

Inhérence, sf. état de ce qui est

Inhérent, a. joint par nature.

Inhiber, va. prohiber *pra*.

Inhibition. sf. défense. *pra*.

Inhibitoire, a. qui prohibe.

Inhospitalier, a. non hospitalier.

Inhospitalité, sf. défaut d'hospitalité.

Inhumain, a. cruel, dur.

Inhumainement, ad. avec

Inhumanité, sf. cruauté, dureté.

Inhumation, sf. action d'

Inhumer, va. enterrer un mort.

Inimaginable, a. qui passe l'imagination. [imiter.

Inimitable, a. qu'on ne peut

Inimitié, sf. haine, aversion.

Inintelligent, e, a. sans intelligence. [sible.

Inintelligible, a. incomprehen-

Inique, a. injuste, sans équité.

Iniquement, a. d'une man. inique

Iniquité, sf. injustice criante.

Initial, a. (ci) qui commence.

Initiation, sf. action d'initier.

Initiative, sf. liberté de commencer; promptitude à agir.

Initié, s. *et* a. qui est admis.

Initier, va. admettre aux mystères. *ant*. recevoir dans une société, etc. s' —, vp. se mettre au fait de quelque chose.

Injecter, va. introduire un liquide.

Injection, sf. action d'injecter.

Injonction, sf. commandement.

Injure, sf. insulte, outrage.

Injurier, va. dire des injures.

Injurieusement, ad. avec outrage

Injurieux, se, a. d'une man. injurieuse.

Injuste, a. contraire à la justice.

Injustement, ad. d'une manière injuste.

Injustice, sf. action injuste.

Injustifiable, a. qui ne peut être justifié.

Innavigable, a. non navigable.

Inné, a. né avec nous.

Innocemment, ad. (*inoça*) avec

Innocence, sf. état innocent.

Innocent, a. non coupable; sans malice.

Innocenter, va. absoudre.

Innocuité, sf. (*nn*) qualité d'une chose qui n'est pas nuisible. *p. us*. [peut nombrer.

Innombrable, a. (*nn*) qu'on ne

Innombrablement, ad. sans nom-

Innommé, a. (*nn*) sans nom. [bre.

Innominés, a. *et* sm. pl. (os) du bassin. [nove.

Innovateur, sm. celui qui in-

Innovation, sf. action d'

Innover, va. introduire des nouveautés. [inexécution.

Inobservation, — *vance*, sf.

Inobserver, va. ne point ob-

Inoccupé, a. non occupé. [server.

In-octavo, sm. livre à feuilles pliées en huit feuillets.

Inoculateur, trice, s. qui inocule

Inoculation, sf. communication artificielle d'un virus.

Inoculer, va. communiquer. *méd*. [noculation.

Inoculiste, sm. partisan de l'i-

Inodore, a. sans odeur.

Inoffensif, ve, a. qui n'offense pas, qui ne nuit pas.

Inofficieux, se, a. qui déshérite sans cause. *jur*.

Inofficiosité, sf. qualité d'un acte inofficieux.

Inondation, sf. débordement d'eaux; multitude. [vahir.

Inonder, va. submerger. *fig*. en-

Inopiné, a. imprévu. [inopinée.

Inopinément, ad. d'une man.

Inopportun, a. qui n'est pas opportun.

Inopportunité, sf. qualité de ce qui n'est pas opportun.

Inorganique, a. non organisé.

Inouï, a. tel qu'on n'a jamais rien ouï de semblable.

Inoxydable, a. qui n'est pas sujet à s'oxyder. [ment.

In petto, loc. ital. intérieure-

In-plano, a. sm. format où la feuille imprimée ne contient qu'une page de chaque côté.

In-quarto, sm. livre dont les feuilles sont pliées en quatre feuillets. [quiétude.

Inquiet, ète, a. qui a de l'in-

Inquiétant, a. qui inquiète

Inquiéter, va. et p. rendre, devenir inquiet.

Inquiétude, sf. trouble, agitation d'esprit. pl. petites douleurs.

Inquisiteur, sm. juge ecclés.

Inquisition, sf. enquête; tribunal ecclés.

Inquisitorial, a. ombrageux, sévère, arbitraire. [saisir.

Insaisissable, a. qu'on ne peut

Insalubre, a. malsain.

Insalubrité, sf. qualité de ce qui est insalubre. [tiable.

Insatiabilité, sf. (ci) état insa-

Insatiable, a. qu'on ne peut rassasier. fig. qu'on ne peut satisfaire.

Insatiablement, ad. m. s.

Insciemment, ad. (cia) sans savoir.

Inscription, sf. mots gravés sur la pierre, etc.; action d'inscrire et son résultat; titre de rente. [t. de prat.

Inscrire, va. écrire sur. vp.

Inscrutable, a. impénétrable.

Insecte, sm. petit animal articulé. [d'insectes.

Insectivore, a.s. qui se nourrit

In-seize, sm. livre dont les feuilles sont pliées en seize feuillets.

Insensé, a. et s. fou; qui n'est pas conforme à la raison.

Insensibilité, sf. défaut de sensibilité. [au pr. et au fig.

Insensible, a. et s. non sensible.

Insensiblement, ad. peu à peu.

Inséparable, a. non séparable.

Inséparablement, ad. m. s.

Insérer, va. mettre parmi.

Insermenté, e, a. qui n'a pas prêté le serment prescrit.

Insertion, sf. action d'insérer; état de ce qui est inséré.

Insidieusement, ad. par surprise. [prendre.

Insidieux, se, a. qui tend à surprendre.

Insigne, a. signalé; sm. marque distinctive. [fiant.

Insignifiance, sf. état insigni-

Insignifiant, a. qui ne signifie rien; sans caractère.

Insinuant, a. qui s'insinue.

Insinuatif, ive, a. propre à insinuer.

Insinuation, sf. action d'

Insinuer, va. et p. introduire; enregistrer; faire entendre adroitement. [nuyeux.

Insipide, a. sans goût; ennuyeux.

Insipidement, ad. d'une man. insipide. [est insipide.

Insipidité, sf. qualité de ce qui

Insistance, sf. action d'

Insister, vn. faire insistance.

Insociabilité, sf. caractère

Insociable, a. avec qui on ne peut vivre. [soleil.

Insolation, sf. exposition au

Insolemment, ad. (la) avec

Insolence, sf. effronterie; injure. [gueilleux.

Insolent, a. et s. effronté; orgueilleux.

Insolite, a. contre l'usage.

Insolubilité, sf. qualité de ce qui est

Insoluble, a. non soluble.

Insolvabilité, sf. impuissance de payer.

Insolvable, a. qui ne peut payer.

Insomnie, sf. privation de sommeil.

Insouciamment, — cieusement, adv. avec

Insouciance, sf. état de l'

Insouciant, Insoucieux, a. et s. qui ne se soucie de rien.

Insoumis, a. non soumis.

Insoutenable, a. non soutenable.

Inspecter, va. faire l'inspection.

Inspecteur, sm. qui a [ner.

Inspection, sf. action d'exami-

Inspirateur, a. qui inspire; (muscle) qui contribue à l'inspirat.

Inspiration , sf. act. d'inspirer l'air ; conseil ; suggestion.

Inspirer, va. respirer; suggérer.

Instabilité, sf. défaut de stabilité. {stabilité.

Instable, a. qui n'a point de

Installation, sf. action d'

Installer, va. *et* p. mettre en possession.

Instamment, ad. avec [sante.

Instance, sf. sollicitation pressante.

Instant, a. pressant. sm. moment. *A l'instant* , ad. à l'heure même. [instant.

Instantané, a. qui ne dure qu'un

Instantanéité, sf. existence d'un moment.

Instar (à l'), ad. à la manière de.

Instauration, sf. établissement.

Instaurer, va. établir, mettre en ordre.

Instigateur, trice, s. qui incite.

Instigation, sf. suggestion.

Instiguer, va. exciter à.

Instillation, sf. (*ll*) action d'

Instiller, va. verser goutte à goutte.

Instinct , sm. (*tin*) sentiment naturel des animaux.

Instinctif, ve, a. de l'instinct.

Instinctivement, ad. par instinct

Instituer, va. établir ; nommer.

Institut, sm. règle ; académie. pl. ou—*tutes*. f. droit romain.

Instituteur, trice, s qui institue. précepteur ; chef d'une maison d'éducation.

Institution , sf. action d'instituer ; art d'éduquer.

Instructeur, sm. (capitaine) qui dresse les jeunes soldats ; *juge*, — magistrat chargé d'étudier un procès criminel.

Instructif, ve, a. qui instruit.

Instruction, sf. act d'instruire ; ordre, éducation ; examen d'une affaire.

Instruire, va. enseigner ; informer. [tion.

Instruit, e, a. qui a de l'instruc-

Instrument, sm. outil ; machine harmonique.

Instrumental, e, a. d'instrument.

Instrumentation, sf. man. de disposer une partie instrumentale. [tes publics. *prat*

Instrumenter, va. faire des ac-

Instrumentiste, s. celui qui se livre à la culture d'un ou de plusieurs instruments. [chr.

Insu (à l'), ad. sans qu'on le sa-

Insubordination , sf. défaut de subordination. [donné.

Insubordonné, a. non subor-

Insuccès , sm. manque de succès. [insuffisante.

Insuffisamment, ad. d'une man.

Insuffisance, sf. manque de suffisance ; incapacité.

Insuffisant, a. qui ne suffit pas.

Insufflation, sf. act. d'

Insuffler, va. introduire à l'aide du souffle. *méd*. [lle.

Insulaire, a. *et* s. habitant d'une

Insultant, a. qui insulte.

Insulte, sf. injure.

Insulter, va. *et* n. faire insulte ; attaquer. [supporter.

Insupportable, a. qu'on ne peut

Insupportablement, ad. m. s.

Insurgé, e, a. en état d'insurrection.

Insurgents, sm. pl. milice hongroise ; insurgés. [contre.

Insurger (s'), vp. se soulever

Insurmontable, a. non surmontable.

Insurrection , sf. soulèvement.

Insurrectionnel , elle , a. qui tient de l'insurrection.

Intact, a. (*t*) auquel on n'a pas touché. [toucher.

Intactile, a. qu'on ne peut pas

Intarissable, a. qui ne peut tarir.

Intégral, a. *et* sf. partie finie.

Intégralement, ad. en totalité.

Intégralité, sf. état d'une chose entière.

Intégrant, a. (partie) d'un tout.

Intégration, sf. act. d'intégrer.

Intègre, a. probe.

Intégrer, va. trouver l'intégrale

Intégrité , sf. état d'un tout complet ; probité.

Intellect, sm. (f) entendement.
Intellectif, ve, a. qui appartient à l'entendement
Intellection, sf. action de comprendre.
Intellectuel, le, a. de l'intellect.
Intelligemment, ad. m. s.
Intelligence, sf. perception nette et facile; bon accord.
Intelligent, e, a. qui comprend facilement. [prendre.
Intelligible, a. facile à comIntelligiblement, ad. m. s.
Intempérance, sf. défaut de sobriété. [pas tempérant.
Intempérant, a. et sm. qui n'est
Intempéré, a. déréglé.
Intempérie, sf. dérèglement dans l'air, etc. [temps.
Intempestif, ve, a. à contreIntempestivement, adv. d'une man. intempestive.
Intendance, sf. administration.
Intendant, s. administrateur.
Intendante, sf. femme d'un intendant. [if.
Intense, a. grand; fort; trèsIntension, sf. force; véhémence. phys. [d'activité.
Intensité, sf. degré de force,
Intensivement, ad. avec force.
Intenter, va. former, commencer
Intention, sf. volonté. [tion.
Intentionné, a. qui a une intenIntentionnel, le, a. de l'intention. [pable en intention.
Intentionnellement, adv. couIntercadence, sf. dérèglement du pouls.
Intercadent, a. (pouls) déréglé.
Intercalaire, a. (jour) ajouté.
Intercalation, sf. addition d'un jour de quatre en quatre ans.
Intercaler, va. insérer.
Intercéder, va. prier pour quelqu'un. [surprise.
Intercepter, va. arrêter par
Interception, sf. interruption.
Intercesseur, sm. qui intercède.
Intercession, sf. action d'intercéder.
Intercostal, a. entre les côtes.

Intercurrente, a. (maladie) qui survient en différents temps.
Intercutané, e, a. entre la chair et la peau.
Interdiction, sf. act. d'
Interdire, va. prohiber. fig. déconcerter. [certé.
Interdit, e, a. troublé, décenInterdit, sm. censure ecclésiastique.
Intéressant, a. qui intéresse.
Intéressé, a. et s. qui a intérêt; avide.
Intéresser, va. et p. donner, prendre intérêt.
Intérêt, sm. ce qui importe; profit; ce qui attache.
Interfolier, va. insérer des feuillets blancs entre ceux qui portent l'écriture ou l'impression. [dedans.
Intérieur, a. et sm. qui est auIntérieurement, ad. au-dedans.
Interim, sm. (im) remplacement de fonctions: par intérim, loc. adv. provisoirement.
Intérimaire, a. qui exerce par intérim.
Interjection, sf. mot qui exprime quelque mouvement de l'âme. gramm. act. d'
Interjeter, va. (appel), appeler d'un jugement. [d'imprim.
Interligne, sm. entre-ligne. f. t.
Interligner, va. espacer par des interlignes. imp. [gne.
Interlinéaire, a. dans l'interliInterlocuteur, sm. personnage de dialogue.
Interlocution, sf. et — toire, a. t. de prat. [com.
Interlope, a. et sm. fraudeur.
Interloquer, va. et p. ordonner par jugement l'instruction d'une cause. fig. embarrasser.
Intermaxillaire, a. entre les mâchoires.
Intermède, sm. divertissement d'entr'acte. [deux.
Intermédiaire, a. qui est entre
Intermédiat, a. et sm. d'entre-temps.

Interminable, a. qu'on ne peut terminer.

Intermission, sf. interruption.

Intermittence, sf. discontinuation. [reprend.

Intermittent, a. qui cesse et

Intermusculaire, a. qui est entre les muscles. *anat.*

Internat, sm. institution d'élèves internes.

Interne, a. au-dedans. sm. élève à demeure. [le nonce.

Internonce, sm. qui remplace

Interosseux, se, a. qui est entre les os. *anat.* [terpelle.

Interpellateur, trice, s. qui in-

Interpellation, sf. act. d'

Interpeller, va. sommer de répondre. [pole.

Interpolateur, sm. qui inter-

Interpolation, sf. action d'

Interpoler, va. (un mot, une phrase), les insérer dans un manuscrit.

Interposer, va. mettre entre deux, employer (l'autorité, etc.) [poser.

Interposition, sf. act. d'inter-

Interprétateur, trice, s. qui interprète.

Interprétatif, ve, a. même sens.

Interprétation, sf. explication.

Interprète, s. qui interprète.

Interpréter, va. traduire; expliquer. [de règnes.

Interrègne, sm. (rr) intervalle

Interrogant, a. (rr) point d'interrogation (?).

Interrogateur, trice, s. celui, celle qui interroge.

Interrogatif, ve, a. qui sert à interroger. [de réth.

Interrogation, sf. question; fig.

Interrogatoire, sm. questions du juge et réponses de l'accusé

Interroger, va. questionner avec autorité. [tinuer.

Interrompre, va. faire discon-

Interrompu, e, a. sans suite, sans liaison.

Interrupteur, sm. celui qui interrompt.

Interruption, sf. action d'interrompre.

Intersection, sf. point où deux lignes se coupent.

Interstice, sm. intervalle.

Intertropical, e, pl. *aux*, a. situé entre les tropiques.

Intervalle, sm. distance d'un lieu ou d'un temps à un autre.

Intervenant, s. *et* a. qui intervient. *pra.*

Intervenir, vn. entrer dans une affaire; s'intéresser; survenir.

Intervention, sf. act. d'intervenir.

Intervertir, va. changer l'ordre.

Intervertissement, sm. — *version*, act. d'intervenir; renversement. [testé. *pra.*

Intestat, a. *et* sm. qui n'a pas

Intestin, a. interne. sm. boyau.

Intestinal, a. des intestins.

Intimation, sf. act. d'intimer.

Intime, a. intérieur; profond; avec qui l'on est étroitement lié.

Intimé, s. défenseur en appel.

Intimement, ad. d'une man. intime.

Intimer, va. signifier. [time.

Intimidation, sf. act. d'intimider; son effet. [crainte.

Intimider, va. donner de la

Intimité, sf. liaison intime.

Intitulé, sm. titre d'un livre, d'un acte. [à un livre.

Intituler, va. donner un titre

Intolérable, a. qu'on ne peut tolérer.

Intolérablement, ad. m. s.

Intolérance, sf. défaut de tolérance.

Intolérant, a. qui a ce défaut.

Intolérantisme, sm. système d'intolérance. [tonner.

Intonation, sf. manière d'en-

Intrados, sf. partie concave d'une voûte.

Intraduisible, a. non traduisible. [traitable.

Intraitable, a. qui n'est pas

Intra-muros, loc. adv. dans l'enceinte de la ville.

Intransitif, a. (verbe) neutre.

In-trente-deux , sm. livre dont les feuilles sont pliées en trente-deux feuillets.

Intrepide, a. qui affronte le danger.

Intrépidement, ad. m. s.

Intrépidité, sf. fermeté dans le péril. [d'intrigues.

Intrigant, a. *et* s. qui se mele

Intrigue, sf. pratique secrète pour réussir; commerce de galanterie; nœud d'une pièce.

Intriguer, va. embarrasser vn. faire des intrigues. [réel.

Intrinsèque, a. qui est en soi;

Intrinsèquement, ad. m. s.

Introducteur, trice, s. qui introduit. [duit.

Introductif, ve, a. ce qui intro-

Introduction sf. préface; act. d'

Introduire, va. donner entrée ; mettre en usage.

Introït, sm. (*t*) prière à la messe. [phys.

Intromission , sf. introduction.

Intronisation, sf. act. d' [vêque.

Introniser, va. installer un é-

Introuvable, a. qui ne peut se trouver. [ou tuse.

Intrus, a. introduit par force

Intrusion, sf. état d'intrus.

Intuitif, ve, a. d'

Intuition, sf. vision de Dieu.

Intuitivement, ad. m. s. [phys.

Intumescence, sf. gonflement.

Intumescent, e, a. qui commence à s'enfler.

Intus-susception , sf. introduction. *phys.*

Inusité, a qui n'est pas d'usage.

Inutile, a. qui ne sert à rien.

Inutilement, ad. sans utilite.

Inutilité, sf. non utilite; chose inutile. [vaincu.

Invaincu , a. qui n'a point été

Invalide,a. *et* sm. soldat infirme; non valable.

Invalidement, ad. sans validté.

Invalider, va. rendre nul. *pra.*

Invalidité, sf. manque de validité.

Invariabilité, sf. état de ce qui est

Invariable,a.qui ne varie point.

Invariablement, ad. m. s. [vahir

Invasion, sf. irruption pour en-

Invective, sf. parole injurieuse.

Invectiver, va. dire des invectives. [vendre.

Invendable, a. qu'on ne peut

Invendu , a. qui n'est pas vendu.

Inventaire, sm. état de biens, etc.

Inventer, va. trouver par son imagination ; supposer.

Inventeur, trice, s. qui invente.

Inventif, ve, a. qui a le talent d'inventer.

Invention, sf. act. d'inventer.

Inventorier, va. faire un inventaire. [ser.

Inversable, a. qui ne peut verse,

Inverse, a. dans un ordre renversé. [gra.

Inversion , sf. transposition.

Invertebré, a. sans vertèbres.

Investigateur, trice, s. qui recherche. [exacte.

Investigation , sf. recherche

Investir, va. installer; cerner.

Investissement , sm. act. de cerner. [session.

Investiture, sf. mise en pos-

Invétéré, a. enraciné ; vicilli.

Invéterer, vn. *et* p. s'enraciner au *fig.* [vaincre.

Invincible, a. qu'on ne peut

Invinciblement, ad. m. s.

Inviolabilité , sf. qualité de ce qui est

Inviolable, a.qu'on ne viole pas.

Inviolablement, ad. d'une man. constante.

Invisibilité,sf.état de ce qui est

Invisible, a. qu'on ne peut voir.

Invisiblement, ad. sans être vu.

Invitation, sf act. d'inviter.

Invitatoire, sm. antienne à matines. [invite.

Invité, e, s. celui, celle qu'on

Inviter, va. prier d'assister ; exciter.

Invocation, sf. act. d'invoquer.

Invocatoire , a. qui contient une invocation.

Involontaire, a. sans volonté.

Involontairement, ad. s ns le vouloir. [bractées. bot.

Involucre, sm. assem blage de

Involute, e, a. roulé en dedans. bot. [barras. pal.

Involution,sf. assemblage d'em-

Invoquer,va. appeler à son aide.

Invraisemblable, a. non vraisemblable.

Invraisemblablement, ad. m.s.

Invraisemblance, sf. défaut de vraisemblance.

Invulnérable, a. non vulnérable

Iode, sm. corps simple.

Iodique, a. acide —, d'iode.

Iodure, sm. combinaison formée par l'iode. [de musique.

Ionien, a. (dialecte) grec; mode

Ionique, a. (ordre) d'architect.

Iota, sm. neuvième lettre de l'alphabet grec. loc. prov.: il n'y manque pas un iota, il n'y manque rien.

Ipécacuanha , sm. plante officinale. [fait.

Ipso-facto, loc. ad. par le seul

Irascibilité, sf. dans le sens d'

Irascible, a. qui excite; colérique.

Irato (ab), ad. d'un homme en colère; testament ab-irato.

Ire, sf. colère. v.

Iridé, e, a. semblable à l'iris; sf. pl. fam. de plantes.

Iridium, sm. métal blanc; l'un des corps simples.

Iris, sm. (s) arc-en-ciel); plante liliacée ; partie de l'œil. t. d'optique. sf. déesse ; pierre, couleur. [l'arc-en-ciel.

Irisé, a. qui a les couleurs de

Ironie, sf. raillerie fine ; figure

Ironique, a. d'ironie. [de rhét.

Ironiquement, ad. par ironie.

Iroquois, sm. peuple de l'Amérique septentrionale ; fig. homme bizarre. fa.

Irrachetable, a. qu'on ne peut racheter.

Irradiation, sf. (rr) t. d'astr.

Irradier , vn. diverger, se développer. t. de phys. et de méd. [raison.

Irraisonnable, a. non doué de

Irraisonnablement , adv. sans raison.

Irrationnel, le, a. (ci) sans rapport. math. [se réconcilier.

Irréconciliable, a. qui ne peut

Irréconciliablement, ad. m. s.

Irrécusable, a. non récusable.

Irreductibilité , sf. état de ce qui est

Irreductible, a. non réductible.

Irrefléchi , a. qui n'est pas réfléchi. [flexion.

Irreflexion, sf. manque de réflexion.

Irreformable, a. qu'on ne peut reformer.

Irrefragable, a. irrécusable.

Irrégularite, sf. manque de régularite.

Irrégulier, a. non régulier.

Irregulierement, ad. m. s.

Irreligieusement,ad.d'une manière irréligieuse.

Irreligieux, se, a. contraire à la religion. [gion.

Irreligion , sf. manque de reli-

Irreméediable, a. auquel on ne peut remédier. [mède.

Irrémédiablement, ad. sans re-

Irrémissible, a.impardonnable.

Irrémissiblement, ad. sans rémission. [réparer.

Irreparable, a. qu'on ne peut

Irréparablement, ad. m. s.

Irrepréhensible , a. irréprochable.

Irrepréhensiblement, ad. m. s.

Irreprochable,a. sans reproche.

Irreprochablement, ad. m. s.

Irresistibilite, sf. état de ce qui est

Irrésistible, a. non résistable.

Irrésistiblement, ad. m s.

Irrésolu, a. indécis; non résolu.

Irrésolument, ad. avec

Irresolution, sf. état irrésolu.

Irrespectueux,se, a. qui manque au respect.

Irrespectueusement, adv. d'une man. peu respectueuse.

Irrévéremment, ad. (ra) avec

Irrévérence, sf. manque de respect.

Irrévérent, a. contre le respect.

Irrévocabilité, sf. qualité de ce qui est   [révoquer,

Irrévocable, a. qu'on ne peut

Irrévocablement, ad. m. s.

Irrigateur, sm. instr. pour lavements.   [rigoles.

Irrigation, sf. arrosement par

Irritabilité, sf. qualité de ce qui est

Irritable, a. qui s'irrite aisément.

Irritant, a. qui casse, annule. pal qui irrite; méd.

Irritation, sf. act. de ce qui irrite; état qui résulte de cette action.

Irrité, e, a. courroucé; excité.

Irriter, va. et p. mettre en colère; exciter; augmenter; aigrir.

Irruption, sf. invasion d'ennemis.   [châtre.

Isabelle, sm. et a. jaune blan-

Isard, sm. chamois des Pyrénées.   [sier.

Isatis, sm. quadrupède carnassier.

Ischurétique, a. propre à guérir l'   [rine.

Ischurie, sf. suppression d'u-

Islamisme, sm. mahométisme.

Isocèle, a. (triangle) à deux côtés égaux.

Isochrone, a. à temps égaux.

Isochronisme, sm. égalité de durée dans les mouvements.

Isogone, a. à angles égaux.

Isolation, sf. act. d'isoler. phys.

Isolé, a. solitaire; qui ne tient à rien.   [est isolé.

Isolement, sm. état de celui qui

Isolément, ad. d'une manière isolée.

Isoler, va. et p. séparer de tout.

Isoloir, sm. sorte d'appareil qui ne conduit pas l'électricité. phys.   [tours égaux.

Isopérimètre, a. (figure) à con-

Isapleure, a. fig. qui a ses côtés égaux.

Isopode, a. à pattes semblables. sm. pl. fam. de crustacés.

Isotherme, a. de même température. phys.

Israélite, sm. Juif.

Issu, a. descendu de.

Issue, sf. sortie. fig. conclusion, expédient. pl. les dehors; extrémités et entrailles.

Isthme, sm. langue de terre entre deux mers.

Italianisme, sm. man. de parler propre à la langue italienne.   [langue italienne.

Italien, ne, a. s. d'Italie. sm.

Italique, a. et sm. caractère couché. imp.

Item, ad. (ém) de plus. sm. article de compte.

Itératif, ve, a. fait plusieurs fois. prat.   [itérative.

Itérativement, ad. d'une man.

Itinéraire, a. et sm. note des lieux où l'on passe en voyageant. a. (colonne) indicative des routes et distances; mesures —, en usage pour les routes.

Ivette, sf. plante officinale.

Ivoire, sm. dent d'éléphant.

Ivraie, sf. mauvaise herbe.

Ivre, a. troublé par le vin, et fig. par une passion.

Ivresse, sf. état de celui qui est ivre. fig. aveuglement des passions.   [vrer.

Ivrogne, a. et s. sujet à s'eni-

Ivrogner, vn. s'enivrer souvent.

Ivrognerie, sf. act. de s'enivrer.

Ivrognesse, sf. femme ivrogne.

Ixia, sf. genre de plantes.

J

J, sm. (ji ou je) dixième lettre de l'alphabet, 7e consonne.

Jà, ad. déjà. v

Jable, sm. rainure des douves.

Jabler, va. faire le jable.

Jabot, sm. poche d'oiseau; ornement de chemise.

Jaboter, va. caqueter. *fa.*

Jacasser, vn. crier. se dit de la pie.

Jacasserie, sf. bavardage. *fam.*

Jacée, sf. espèce de centaurée.

Jacent, a. sans maître. *pal.*

Jachère, sf. terre en repos.

Jacinthe, *ou* Hyacinthe, sf. plante liliacée.

Jacobée, sf. plante corymbifère. [crate.

Jacobin, sm. religieux; démo-

Jacobinisme, sm. système des jacobins.

Jacobite, sm. sectaire.

Jaconas, sm. esp. de mousseline

Jacquart, sm. sorte de métier à tisser les étoffes brochées.

Jacquerie, sf. insurrection des paysans, vers le 14e siècle.

Jactance, sf. forfanterie.

Jaculatoire, a. (oraison) fervente

Jade, sm. pierre verdâtre. | passé.

Jadis, ad. (s) autrefois; le temps

Jaguar, sm. quadrup. carnass.

Jaillir, vn. s'élancer avec impétuosité. se dit de l'eau.

Jaillissant, a. qui jaillit. [lir.

Jaillissement, sm. act. de jail-

Jais, sm. sorte de bitume; verre teint. [sur le vin.

Jalage, sm. droit seigneurial

Jalap, sm. plante officinale.

Jale, sf. grande jatte ou baquet.

Jalon, sm. bâton planté pour aligner. [jalons.

Jalonner, va. *et* n. planter des

Jalonneur, sm. homme que l'on place en guise de jalon.

Jalouser, va. avoir de la jalousie contre quelqu'un.

Jalousie, sf. chagrin du bonheur d'autrui; inquiétude, angoisses d'un époux, d'un amant soupçonneux; sorte de treillis. [jalousie.

Jaloux, se, a. *et* s. qui a de la

Jamais, ad. en aucun temps. A *jamais*, pour toujours.

Jambage, sm. ligne droite des lettres. t. d'*arch.*

Jambe, sf. partie du genou au pied; branche d'un compas.

Jambé, a. bien —, qui a la jambe bien faite. [poteaux.

Jambette, sf. petit couteau. pl.

Jambiers, sm. pl. muscles de la jambe. [de porc salé.

Jambon, sm. cuisse ou épaule

Jambonneau, sm. petit jambon.

Jan, sm. t. du jeu de trictrac.

Janissaire, sm. soldat turc.

Jansénisme, sm. doctrine de Jansénius. *fig.* morale sévère.

Janséniste, sm. sectaire.

Jante, sf. partie en bois de la circonférence d'une roue.

Jantilles, sf. pl. ais qu'on met autour d'une roue de moulin.

Janvier, sm. premier mois de l'année.

Jappement, sm. act. de

Japper, vn. crier; se dit des petits chiens.

Jaque, sf. ancien vêtement. *Jaque-de-mailles*, armure.

Jaqueline, sf. sorte de bouteille.

Jaquemart, sm. marteau d'horloge.

Jaquette, sf. habillement court.

Jaquier, sm. genre de plantes.

Jardin, sm. lieu pour cultiver des fleurs, etc.

Jardinage, sm. art du jardinier.

Jardiner, vn. travailler au jardin. *fa.*

Jardinet, sm. petit jardin.

Jardinier, ère, s. qui cultive un jardin.

Jardinière, sf. meuble pour mettre des plantes; mets de divers légumes.

Jardons, sm. pl. tumeurs. *man.*

Jargon, sm. langage corrompu.

Jargonner, va. *et* n. parler un jargon.

Jarre, sf. grand vase de grès, de cristal, etc.; mauvaise laine. [la jambe.

Jarret, sm. endroit où se plie

Jarreté, a. à jambes en dedans.

Jarreter (se), vp. mettre des jarretières. [nir les bas.

Jarretière, sf. lien pour rete-

Jars, sm. mâle de l'oie.

Jas, sm. bois de l'ancre.

Jaser, vn. babiller; causer.

Jaserie, sf. babil, caquet. fa.

Jaseron, sm. broderie; petite chaîne d'or.

Jaseur, euse, s. causeur; oiseau.

Jasmelée, sf. huile de violette blanche.

Jasmin, sm. plante. [plantes.

Jasminées, sf. pl. famille de

Jaspe, sm sorte d'agate.

Jasper, va. bigarrer en jaspe.

Jaspure, sf. act. de jasper.

Jatte, sf. vase rond, sans re-

Jattée, sf. plein une jatte. [bord.

Jauge, sf juste contenu d'un vaisseau; mesure de futaille.

Jaugeage, sm. action de

Jauger, va. mesurer avec la jauge.

Jaugeur, sm. qui jauge. [poisson.

Jaunâtre, a. tirant sur le jaune;

Jaune, a. et sm. couleur d'or.

Jaunir, va. et n. rendre, devenir jaune.

Jaunissant, a. qui jaunit.

Jaunisse, sf. sorte de maladie

Javart, sm. furoncle de cheval.

Javeau, sm. Ile de sable et de limon.

Javeler, va. mettre en javelles.

Javeleur, euse, s. qui javelle.

Javeline, sf. dard long et menu

Javelle, sf. poignée de blé scié.

Javelot, sm. sorte de dard.

Je, pron. pers. de la première personne du sing.

Je ou Rotin, sm. sonde en jonc de plombier. [du pouls.

Jectigation, sf. tressaillement

Jectisses, a. f. pl. (terres) remuées.

Jégneux, sm. gobelet à anse.

Jehovah, sm. nom hebreu de Dieu.

Jéjunum, sm. (om) deuxième intestin grêle. [deur.

Jemblet, sm. moule de fon-

Jérémiade, sf. plainte importune. [ciete de Jesus.

Jésuite, sm. religieux de la so-

Jésuitisme, sm. système de conduite des jésuites.

Jésuitique, a. de jésuite.

Jésus, sm. nom du Sauveur; sorte de papier

Jet, sm act. de jeter; drageon; liquide, lumière qui jaillit.

Jeté, sm pas de danse.

Jetée, sf. digue de pierres; chaussée.

Jeter, va. lancer; produire; pousser; faire couler. se —, vp. se précipiter.

Jeton, sm. pièce pour compter.

Jeu, sm. récréation; lieu où l'on joue; manière de tirer des accords d'un instrument; manière de représenter sur la scène; liberté des mouvements. pl. spectacles publics. ant. [la semaine.

Jeudi, sm. cinquième jour de

Jeun (à) ad. sans avoir mangé.

Jeune, a. peu âgé; cadet; propre à la jeunesse; étourdi.

Jeûne, sm. abstinence.

Jeûner, vn. faire abstinence.

Jeunesse, sf. âge entre l'enfance et l'âge viril.

Jeunet, te, a. fort jeune.

Jeûneur, euse, s. qui jeûne.

Joaillerie, sf art du [joyaux.

Joaillier, s qui fait ou vend des

Jobard, sm. niais.

Jobet, s. m. t. de fondeur. fil de fer qui tient la matrice.

Jockey, sm. jeune domestique.

Jocko, sm. sorte d'orang-outang.

Jocrisse, sm. sot, benet. pop.

Joie, sf. sentiment de plaisir; satisfaction. [proche.

Joignant, a. contigu; prép. tout

Joindre, va. et n. approcher deux choses en sorte qu'elles se touchent; ajouter; unir; allier. vp. se rencontrer.

Joint, sm. articulation; point de jonction. Joint que conj.

outre que. *Ci-joint.* a. *et* ad. avec.

Jointé, a. t. de *man.* sf. cortenu des deux mains ensemble.

Jointif, ve, a. qui est joint. *arch.*

Jointoyer, va. remplir les joints.

Jointure, sf. joint du corps.

Joli, a. qui plaît à l'œil par sa grâce et sa gentillesse.

Joli-cœur, sm. homme qui fait l'aimable. *fa.*

Joliet, te, a. diminutif de joli.

Joliment, ad. d'une man. jolie.

Joliveté, sf. babiole; gentillesse. *v.*

Jombarde, sf flûte à trois trous.

Jonc, sm. (*jon*) plante; canne; bague. |joncs.

Jonchaie, sf. lieu rempli de

Jonchée, sf. herbes dont on jonche; sorte de petit fro-

Joncher, va. parsemer. |mage.

Jonchère, sf. touffe de joncs.

Jonchets, sm. pl. petits bâtons pour jouer.

Jonction, sf. act. de joindre.

Jongler, vn. faire des tours d'adresse.

Jonglerie, sf. tours d'adresse; charlatanerie. |tan.

Jongleur, sm. bateleur; charla-

Jonque, sf. navire indien.

Jonquille, sf. plante liliacée.

Joseph, a. nom d'une sorte de papier. |fa.

Jouailler, vn. jouer à petit jeu.

Joubarbe, sf. plante grasse.

Joue, sf. partie latérale du visage. mettre en —, viser avec une arme à feu; et *fig.* convoiter. |nêtre.

Jouée, sf. épaisseur d'une fe-

Jouer, va. n. *et* p. se divertir; représenter; tromper; railler; contrefaire; se servir d'un instrument de musique.

Jouet, sm. ce qui sert à amuser les enfants. *fig.* personne dont on se joue.

Jouette, sf. trou de lapin.

Joueur, euse, a. qui joue.

Joufflu, a. *et* s. à grosses joues.

Joug, sm. (prononcez le *g*) pièce pour atteler les bœufs. *fig.* sujétion. |d'une écluse.

Jouières, sf. pl. murs à plomb

Jouir, vn. avoir l'usage, la possession d'une chose; avoir de la joie.

Jouissance, sf. act. de jouir.

Jouissant, a. qui jouit.

Joujou, sm. jouet pl. joujoux.

Jour, sm. clarté du soleil; espace de vingt-quatre heures; ouverture. *fig.* apparence; moyen. *Mettre au* —, publier. pl. la vie.

Journal, sm. relation jour par jour; feuille périodique; gazette; mesure agraire. a. (livre) registre de commerce.

Journalier, ère, a. de chaque jour; sujet à changer. s. ouvrier à la journée.

Journalisme, sm. fonction, influence du

Journaliste, sm. qui fait un journal. |jour.

Journée, sf. durée, travail d'un

Journellement, ad. tous les jours

Joute, sf. sorte de divertissement dans lequel on combat à cheval ou sur l'eau. *fig.* débat. |disputer.

Jouter, vn. faire des joutes. *fig.*

Jouteur, sm. qui joute.

Jouvence, sf. jeunesse. *v.* fontaine de—, fontaine à laquelle on supposait la faculté de rajeunir.

Jouvenceau, sm. adolescent.

Jouvencelle, sf. jeune fille. *fa.*

Jovial, a. sans pl. m. gai; joyeux. |joviale.

Jovialement, adv. d'une man.

Jovialité, sf. caractère jovial.

Joyau, sm. bijou. plus usité au

Joyeusement, ad. gaiement. [pl.

Joyeuseté, sf. plaisanterie. *fa.*

Joyeux, se, a. qui a ou qui donne la joie.

Jubé sm. tribune d'église.

Jubilaire, a. qui appartient au jubilé.

Jubilation, sf. réjouissance. fa.

Jubilé, sm. indulgence plénière accordée par le pape tous les 25 ans ; fête que les Juifs célébraient tous les 50 ans ; cinquantième anniversaire.

Jubiler, vn. se réjouir.

Jucher, vn. percher pour dormir. se dit des oiseaux. |jucher

Juchoir, Juc, sm. lieu pour

Judaïque, a. des Juifs.

Judaïser, vn. vivre en Juif.

Judaïsme, sm. religion juive.

Judas, sm. traître. fa. petite ouverture à un plancher pour voir au-dessous.

Judelle, sf. oiseau aquatique.

Judicature, sf. état de juge.

Judiciaire, a. fait en justice. sf. faculté de juger. fa.

Judiciairement, ad. en forme judiciaire.   [ment.

Judicieusement, ad. avec juge-

Judicieux, se, a. qui a du jugement.

Juge, sm. magistrat investi du droit de juger ; arbitre ; — de paix, qui concilie ou juge les causes secondaires. pl. septième livre de la Bible.

Jugé, sm. ce qui est jugé.

Jugement, sm. décision en justice ; faculté de l'âme pour juger ; avis ; opinion ; bon sens.   [tice ; penser.

Juger, va. et n. rendre la jus-

Jugulaire, a. et sf. de la gorge.

Juguler, va. étrangler. fig. ennuyer.

Juif, s. et a. qui professe le judaïsme. fig. usurier. |l'année.

Juillet, sm. septième mois de

Juin, sm. sixième mois de l'année.   [usure. fa.

Juiverie, sf. quartier des Juifs ;

Jujube, sf. fruit du

Jujubier, sm. arbre d'Italie.

Julep, sm. potion médicinale.

Julienne, sf. plante ; sorte de potage. a. de Jules-César. chro.

Jumart, sm. espèce de mulet.

Jumeau, Jumelle, pl. eaux, s. et a. né d'une même couche. sm. pl. muscles.

Jumele, a. t. de blas.

Jumelles, sf. pl. pièces de bois ou de métal parallèles ; double lorgnette.

Jument, sf. femelle du cheval.

Junon, sf. petite planète.

Junte, sf. (jon) conseil en Espagne.

Jupe, sf. vêtement de femme.

Jupiter, sm. (ér) maître des dieux de la fable ; planète ; étain. chim.

Jupon, sm. jupe de dessous.

Jurande, sf. charge de juré.

Jurat, sm. échevin à Bordeaux.

Juratoire, a. (caution) serment. pal.

Juré, sm. officier de communauté ; membre du jury. a. qui a prêté serment.

Jurement, sm. serment fait sans nécessité. pl. blasphèmes.

Jurer, va. et n. affirmer ; ratifier par serment ; blasphémer. fig. contraster trop.

Jureur, sm. qui jure sans nécessité.

Juri ou Jury, sm. commission de citoyens appelés pour constater l'existence d'un délit.

Juridiction, sf. pouvoir, ressort du juge.   [juridiction.

Juridictionnel, a. relatif à la

Juridique, a. de droit.

Juridiquement, ad. m. s. [droit.

Jurisconsulte, sm. docteur en

Jurisprudence, sf. science du droit.   [droit.

Juriste, sm. qui écrit sur le

Juron, sm. façon de jurer ; jurement.

Jus, sm. suc exprimé.   [réc.

Jusant, sm. reflux de la me-

Jusque, prép. de lieu, de temps.

Jusquiame, sf. plante narcotique.   [royal.

Jussion, sf. commandement

Justaucorps, sm. vêtement d'homme.

ste, a. équitable; exact; étroit.

sm. *et* a. religieux, vertueux.

sm. habillement de paysanne

ad. avec justesse.

stement, ad. avec justice ; précisément.

ste-milieu, sm. juste mesure entre deux choses. [titude.

stesse, sf. précision; exac-

stice, sf. vertu morale; les juges ; bon droit ; raison; juridiction.

sticiable, a. soumis à une juridiction. [ment.

sticier, va. punir corporelle-

sticier, s. *et* a. qui a droit de justice.

Justifiable, a qu'on peut justifier

Justifiant, a. qui rend juste intérieurement. *dogm.* [tifier.

Justificatif, ve, a. qui sert à jus-

Justification, sf. longueur de la ligne. *imp.* act de

Justifier, va. prouver l'innocence, la vérité. [de jus.

Juteux, se, a. qui a beaucoup

Juvénil, e, a. de la jeunesse.

Juxtaposer (se), vp. se dit des molécules qui viennent successivement se joindre à d'autres.

Juxtaposition, sf. accroissement d'un corps par addition extér. *phys.*

K

, sm. (*ca'* ou *ke*) onzième lettre de l'alphabet, huitième consonne.

abyle, sm. peuple indigène de l'Afrique septentrionale.

akatoès, sm. (*toua*) sorte de perroquet.

aléidoscope, sm. tube garni de verres, et représentant une multitude de dessins différents.

amichi, sm. grand oiseau.

andjar, sm. sorte de poignard.

anguroo, sm. quadrupède.

aolin, sm. terre à porcelaine de la Chine.

eepsake, sm. album, recueil de pièces littéraires, de gravures.

ermès, sm. (*s*) excroissance du chêne.

ermesse, sf. fête ou foire annuelle des Pays-Bas.

Khan, sm. prince tartare ou mongole; marché public en Orient. [Orient.

Kilo, sm. mille unités.

Kilogramme, — *litre*, — *metre*, — *stère*, sm. mille grammes, mille litres, mille mètres, etc.

King, sm. livre sacré chez les Chinois.

Kinine, sf. V. Quinine.

Kiosque, sm. pavillon de jardin.

Kirsch-Wasser, sm. (*Kirchevase*) eau-de-vie de cerises sauvages. [Russie.

Knout, sm. (*t*) supplice en

Kolbach, sm. bonnet de peau d'ours de certains militaires.

Kopeck, sm. monnaie de Russie.

Koran, sm. V. Alcoran. [magne.

Kreuzer, sm. monnaie d'Alle-

Kyrielle, sf. litanie; longue liste. [meurs.

Kyste, sm. vessie remplie d'hu-

Kystique, a. du kyste.

L

, sf. (*éle*) et m. (*le*) douzième lettre de l'alphabet; neuvième consonne.

a, art. *et* pron. rel. fém. de le.

sm. i. (*la*) note de musique.

à, ad. démonstration de lieu.

Là là, ad. tout beau; doucement; interj. pour arrêter, consoler. [ant.

Labarum, sm. (*om*) étendard.

Labeur, sm. travail; grand ouvrage. *imp.*

18

Labial, e, pl. als, a. qui se prononce des lèvres.

Labié, a. à fleurs à limbe découpé en lèvres. sf. pl. famille de plantes.

Laboratoire, sm. lieu où travaillent les chimistes, etc.

Laborieusement, ad. avec travail

Laborieux, se, a. qui fait, qui exige beaucoup de travail; pénible, fatigant.

Labour, sm. façon donnée en labourant. [bour.

Labourable, a. propre au labourage, sm. art. de

Labourer, va. remuer la terre.

Laboureur, sm. qui laboure.

Labre, sm. genre de poissons.

Labyrinthe, sm. lieu coupe de détours; cavité de l'oreille. fig. grand embarras. [mante.

Lac, sm. grand amas d'eau dormant.

Lacer, va. serrer avec un lacet.

Lacération, sf. act. de

Lacérer, va. déchirer.

Lacertien, ne, a. qui ress. au lezard; sm. pl. fam. de reptiles. [pour la chasse.

Lacet, sm. cordon ferré; lacs

Lâche, a. et s. non tendu; poltron sans générosité; paresseux. [honteusement.

Lâchement, ad. mollement;

Lâcher, va. diminuer la tension; laisser échapper. [basse.

Lâcheté, sf. poltronnerie; act.

Lacinié, a. en lanières. bot.

Lacis, sm. réseau. t. d'anat.

Laconique, a. concis.

Laconiquement, ad. d'une man. laconique. [laconique.

Laconisme, sm. façon de parler

Lacrymal, a. des larmes; (fistule) au coin de l'œil.

Lacrymatoire, sm. vase pour les larmes. ant. [ge.

Lacs, sm. (la) cordon délié; piè-

Lactaire, a. qui a rapport au lait. [tique.

Lactate, sm. sel de l'acide lactation, sf. act. d'allaiter un enfant.

Lacté, e, a. qui tient du lait; voie —, amas d'étoiles formant une tache blanche dans le ciel.

Lactescent, e, a. laiteux.

Lactifère, a. qui porte le lait.

Lacune, sf. vide dans un texte.

Ladre, esse, a. et s. lépreux; avare.

Ladrerie, sf. lèpre; avarice.

Lady, sf. (lédi) femme de lord.

Lagre, sf. feuille de verre.

Lague, sf. sillage. mar.

Lagune, sf. petit lac; flaque.

Lai, a. laïque, sm. sorte de poésie plaintive. v.

Laïc, a. et sm. V. Laïque.

Laiche, sf. herbe graminée.

Laid, a. désagréable à voir; contraire à la bienséance.

Laideron, sf. femme laide. fa.

Laideur, sf. état de ce qui est laid.

Laie, sf. femelle du sanglier; sentier de forêt.

Lainage, sm. marchandise de laine; façon donnée au drap.

Laine, sf. poil des moutons; vêtement de laine.

Lainer, va. donner le lainage.

Lainerie, sf. toute sorte de marchandises de laine.

Laineux, se, a. fourni de laine.

Lainier, sm. qui vend des laines. [ni religieux.

Laïque, a. et s. ni ecclésiastique,

Laird, sm. dignité ecossaise.

Lais, sm. jeune baliveau.

Laisse, sf. corde pour mener des chiens; cordon de chapeau. pl. terres laissées par la mer. [fauve.

Laissées, sf. pl. fiente de bête

Laisser, va. quitter; ne pas emporter; mettre en dépôt; céder; permettre. — aller, sm. abandon, facilité.

Lait, sm. liqueur des mamelles; suc de quelques plantes.

Laitage, sm. aliment fait de lait. [poisson.

Laite, Laitance, sf. sperme de

Laité, a. qui a de la laite.

Laiterie, sf. lieu où l'on trait, où l'on conserve, où l'on vend le lait.

Laiteron, sm. plante herbacée.

Laiteux, se, a. qui a un suc blanc.

Laitier, sm. terme de fondeur; vendeur de lait.

Laitière, sf. marchande de lait. a. (vache) qui en a beaucoup.

Laiton, sm. cuivre jaune.

Laitue, sf. plante potagère.

Laize, sf. le. p. us.

Lama, sm. prêtre au Thibet; quadrupède.

Lamanage, sm. pilotage. mar.

Lamaneur, sm. pilote-côtier.

Lamantin, sm. amphibie.

Lambeau, sm. morceau déchiré.

Lambin, a. et s. qui lambine.

Lambiner, vn. agir lentement.

Lambis, sm. coquillage.

Lambourde, sf. pièce de charp., pierre. [ments. bla.

Lambrequins, sm. pl. orne-

Lambris, sm. revêtement d'un mur à hauteur d'appui. arch.

Lambrissage, sm. action de

Lambrisser, va. couvrir de lambris. [sf. vigne sauvage.

Lambruche, ou Lambrusque,

Lame, sf. morceau de métal plat; esp. de feuillet; fer d'un inst. tranchant; vague; etc. [ou d'argent.

Lamé, a. enrichi de lames d'or

Lamellé, ou Lamelleux, se, a. garni de lames. hist. nat.

Lamellirostre, a. qui a le bec en forme de lame; sm. pl. fam. d'oiseaux.

Lamentable, a. digne de pitié; déplorable. [lamentable.

Lamentablement, ad. d'un ton

Lamentation, sf. cris plaintifs

Lamenter, va. déplorer. vp. se plaindre.

Lamie, sf. requin. pl. démons. v.

Laminage, sm. action de

Laminer, va. réduire en lame.

Laminoir, sm. machine pour laminer.

Lampadaire, sm. officier porte-flambeau; instrument qui supporte les lampes. ant.

Lampas, sm. (s) sorte d'étoffe de soie; enflure au palais du cheval.

Lampe, sf. vase à huile pour éclairer. [vin. pop.

Lampée, sf. grand verre de

Lamper, va. boire des lampées. pop.

Lamperon, sm. bec de lampe.

Lampion, sm. sorte de lampe pour les illuminations.

Lampiste, sm. ouvrier qui fait et vend des lampes.

Lamproie, sf. poisson de mer.

Lampyre, sm. insecte appelé ver luisant.

Lance, sf. arme à long bois et à fer pointu; instrument de chir., etc.

Lancéolé, a. en fer de lance. bot

Lancer, va. décider; jeter avec force. se — vp. se jeter sur.

Lancette, sf. inst. pour saigner, etc. [lance.

Lancier, sm. cavalier armé d'une

Lancinant, a. qui élance.

Landamman, sm. premier magistrat en Suisse. [ture.

Landau, ou Landaw, sm. voi-

Lande, sf. terre inculte et infertile.

Landgrave, sm. titre de quelques princes d'Allemagne.

Landgraviat, sm. état d'un landgrave.

Landier, sm. chenet de cuisine.

Landwehr, sf. population armée en Prusse.

Laneret, sm. espèce de faucon.

Langage, sm. idiome; style; man. de parler. fig. voix, cri, chant des animaux.

Lange, sm. morceau d'étoffe pour maillot.

Langoureusement, ad. avec langueur.

Langoureux, se, a. qui a de la langueur.

Langouste, sf. crustacé.

Langue, sf. organe du goût et de la parole; idiome, langage; nation. [rendre.

Langue-de-cerf, sf. V. S olo-

Langué, a. dont la langue sort. *bla.* [métal; t d'arts

Languette, sf. petite pièce de

Langueur, sf. abattement; ennui. [fumée.

Languier, sm. langue de porc

Languir, vn. être consumé peu à peu par une maladie; souffrir un supplice lent. *fig.* se dit de l'effet de l'ennui et de la lenteur. [gueur.

Languissamment, ad. avec lan-

Languissant, a. qui languit.

Lanice, sf. (bourre) de laine.

Lanier, sm. femelle du laneret.

Lanière, sf. courroie etroite.

Lanifère, a. qui porte de la laine.

Lanille, sf. étoffe de laine.

Laniste, sm. maitre de gladiateurs. *ant.* [sin. r.

Lansquenet, sm. jeu; fantas-

Lantane *ou* Lanthane, sm. un des corps simples *chim.*

Lanterne, sf. ust. pour renfermer une lumiere; tourelle ouverte par les côtés; sorte de rouage; — *magique*, instr. d'optique.

Lanterner, va. importuner; niaiser; vn. être irresolu.

Lanternerie, sf. irrésolution. *fa.*

Lanternier, s. allumeur de lanternes; qui lanterne.

Lantiponnage, sm. fadaise. *pop.*

Lantiponner, vn. dire des riens. *pop.*

Lanugineux, se, a. couvert de duvet. *bot.*

Laper, vn. boire en tirant la langue, se dit du chien.

Lapereau, sm. jeune lapin.

Lapidaire, sm. qui taille ou vend les pierres precieuses. a. (style) d'inscription.

Lapidation, sf. action de

Lapider, va. tuer à coups de pierres. [des pierres.

Lapidification, sf. formation

Lapidifier, va. t. de *chim.*

Lapidifique, a. qui forme les [pierres

Lapin, e, s. quadrupède.

Lapis *ou* Lapis-lazuli, sm. (s) pierre precieuse.

Laponide, sf. robe de peau de renne.

Laps, sm. (s) espace de temps.

Laps et relaps, a. renégat.

Laquais, sm. valet de pied.

Laque, sf. gomme. m. vernis chinois; meuble qui en est recouvert.

Laqueton, sm. diminutif de laquais. *fa.*

Laqueux, se, a. de la nature ou de la couleur de la laque.

Lararie, sm. chapelle des lares.

Larcin, sm. act. de derober; plagiat. [la baleine, etc.

Lard, sm. graisse du porc, de

Larder, va. mettre des lardons; percer; remplir. [der.

Lardoire, sf. ustensile pour larder.

Lardon, sm. morceau de lard. *fig.* et *fa.* mot piquant.

Lardonner, va. couper, lancer des lardons.

Lare, sm. dieu domestique. *ant.*

Large, a. qui a de la largeur. sm. largeur. Au —, adv. à l'aise; au loin.

Largement, ad. abondamment.

Largesse, sf. libéralité.

Largeur, sf. etendue d'une chose considérée entre ses côtés.

Largo, ad. lentement. *mus.*

Largue, a. *et* sm. haute-mer.

Larguer, va. lâcher une manœuvre.

Larigot, sm. jeu d'orgue. *Boire à tire* —, à l'excès. [sineux.

Larix, sm. le mélèze, arbre ré-

Larme, sf. eau qui sort de l'œil, goutte; suc qui découle de quelques vegetaux. — *de Job*, plante.

Larmier, sm. saillie. *arch.* pl. tempes du cheval.

Larmoiement, sm. écoulement involontaire des larmes.

Larmoyant, a. qui pleure ; qui fait pleurer.

Larmoyer, vn. pleurer.

Larron,— nesse, s. qui vole. sm. pli non rogné d'un feuillet. rel

Larronneau, sm. petit larron.

Larve, sf. premier état de l'insecte. m. pl. génies malfaisants. ant. [et méd.

Laryngé, a. du larynx. anat.

Laryngien, enne, a. syn. de laryngé. anat. [mie.

Laryngotomie. V. Bronchoto-Larynx, sm. le baut de la trachée-artère. [fa.

Las! int. hélas!

Las, se, a. lasse ; importuné ; dégoûté ; ennuyé à l'excès.

Lascif, ve, a. enclin à la luxure.

Lascivement, ad. avec

Lasciveté, sf. luxure.

Lassant, a. qui lasse.

Lasser, va. et p. affaiblir par la peine ; ennuyer.

Lassitude, sf. état de l'homme las ; dégoût ; ennui.

Laste, sm. poids de deux tonneaux. mar.

Lasting, sm. étoffe de laine.

Latanier, sm. palmier à feuilles en éventail.

Latent, e, a. caché. [côté.

Latéral, a. qui appartient au

Latéralement, ad. de côté.

Laticlave, sm. tunique. ant.

Latin, e, a. du Latium. ant. sm. langue. [minaison latine.

Latiniser, va. donner une ter-

Latinisme, sm. locution latine.

Latiniste, s. qui sait le latin.

Latinité, sf. langage latin.

Latirostre a. sm à bec plat.

Latitude, sf. dist. de l'équateur; fig. étendue, liberté d'action.

Latrie, sf. (culte de), de Dieu seul.

Latrines, sf pl. lieux privés.

Latte, sf. pièce de bois long, morceau étroit et mince.

Latter, va. garnir de lattes.

Lattis, sm. arrangement de lattes. [tion narcotique.

Laudanum, sm. (om) prépara-

Laudatif, ve. (écrit, discours) qui loue. [tines.

Laudes, sf. pl. office après ma-

Lauréat, sm. celui qui a été couronné en public.

Lauréole, sf. plante.

Laurier, sm. arbre toujours vert; symbole du triomphe.— rose, — cerise, genre d'arbustes. fig. gloire, succès.

Laurine, e, a. qui ress. au laurier. sf. pl. fam. de plantes.

Lavabo, sm. petit linge d'autel ; meuble de toilette.

Lavage, sm. act. de laver; breuvage aqueux ; opération métallurgique.

Lavanche, sf. V. Avalanche.

Lavande, Lavatère, sf. plantes.

Lavandier, sm. officier blanchi-seur du Roi.

Lavandière, sf. blanchisseuse.

Lavaret, sm. poisson.

Lavasse, sf. averse ; mauvaise boisson.

Lave, sf. matière fondue des volcans.

Lavement, sm. action de laver les autels, les pieds, le jour du Jeudi saint ; clystère.

Laver, va. n. et p. nettoyer avec un liquide ; — un dessin, l'ombrer à l'encre de la Chine. fig. justifier.

Lavette, sf. chiffon pour laver.

Laveur, se, s. qui lave.

Lavis, sm. man. de laver un dessin ; sorte de gravure.

Lavoir, sm. lieu, machine pour laver.

Lavure, sf. eau qui a lavé. [tre.

Laxatif, ve. a. qui lâche le ven-

Laxité, sf. état de ce qui est relâché.

Layetier, sm. qui fait des caisses. [maillot.

Layette, sf. coffret ; tiroir;

Lazaret, sm. lieu pour faire quarantaine.

Lazulite, sf. pierre bleue d'azur.

Lazzarone, sm. mendiant italien. (pl. lazzaroni.)

Lazzi, sm. i. jeu muet et facétieux de comédien; bouffonnerie. [tifs.

Le, La, Les, art. ou pron. relatifs.

Lé, sm. largeur d'étoffe.

Lèche, sf. tranche mince.

Léchefrite, sf. ust. de cuisine.

Lécher, va. passer la langue sur. fig. finir avec trop de soin.

Leçon, sf. instruction; chose à apprendre; réprimande.

Lecteur, trice, s. qui lit. m. professeur; un des quatre ordres mineurs.

Lecture, sf. action de lire; étude; savoir.

Lède ou Ledum, sm. plante

Légal, a. selon la loi. [gale.

Légalement, ad. d'une man. légale.

Légalisation, sf. certification d'acte. [tique.

Légaliser, va. rendre authentique.

Légalité, sf. caractère de ce qui est légal.

Légat, sm. envoyé du pape. Légat a latere (éré), légat extraordinaire. [legs.

Légataire, s. à qui on fait un

Légation, sf. charge de légat; sa demeure. [tenance. ant.

Légatoire, a. gouverné par lieu-

Lège, a. (navire) sans lest.

Légendaire, sm. auteur de légendes.

Légende, sf. vie des saints; liste; inscription autour d'une médaille.

Léger, a. qui pèse peu; agile; délicat. fig. volage. A la légère, ad. légèrement.

Légèrement, ad. avec

Légèreté, sf. qualité de ce qui est léger. fig. inconstance; imprudence.

Légiférer, vn. faire des lois.

Légion, sf. corps militaire; troupe. au fig. grand nombre. — d'honneur, ordre civil et militaire.

Légionnaire, sm. (soldat) de légion, membre de la Légion d'honneur.

Législateur, trice, s. qui fait des lois. [culte) de faire des lois.

Législatif, ve, a (pouvoir, fa-

Législation, sf. droit de faire les lois.

Législativement, adv. en suivant une marche législative.

Législature, sf. corps législatif.

Légiste, sm. jurisconsulte.

Légitimaire, a. qui appartient à la légitimité. [timer.

Légitimation, sf. act. de légi-

Légitime, a. légal; équitable. sf. biens des enfants.

Légitimement, ad. d'une manière légitime.

Légitimer, va. rendre légitime.

Légitimiste, a.s. partisan de la

Légitimité, sf. qualité de ce qui est légitime; droit héréditaire au trône.

Legs, sm. (lé) ce qui est légué.

Léguer, va. donner par testament. [potagère.

Légume, sm. gousse; herbe

Légumineux, se, a. de légume.

Lemme, sm. proposition; t. de math. de mus., etc.

Lemures, sm. pl. larves. ant.

Lendemain, sm. le jour suiv.

Lendore, sm. lent; assoupi; paresseux pop.

Lénifier, va. adoucir. méd.

Lénitif, ve, a. et sm. adoucissant. méd.

Lent, a. tardif; sans vitesse.

Lente, sf. œuf de pou.

Lentement, ad. avec

Lenteur, sf. manque d'activité.

Lenticulaire, a. en forme de lentille. [culaire.

Lenticulé, e, a. syn. de Lenti-

Lentille, sf. légume; verre convexe des deux côtés; poids du pendule. pl. rousseurs.

Lentilleux, se, a. taché de rousseurs. [pays chauds.

Lentisque, sm. arbuste des

Léonin, e, a. du lion. pl. (vers) latins. [roce.

Léopard, sm. quadrupède fé-

Lépas, sm. coquillage univalve.

Lépidoptère, sm. (insecte) à ailes écailleuses.

Lèpre, sf. maladie de la peau.

Lépreux, se, a. *et* s. qui a la lèpre.   [preux.

Léproserie, sf. hôpital des lépreux.

Lequel, Laquelle, pron. rel. qui, que, etc.

Lerot, sm. petit quadrupède.

Les, art. *et* pron. pl. de *le, la.*

Lèse, dérivé du verbe léser. N'est usité qu'en ces locutions: *Lèse-majesté, lèse-humanité,* etc.

Léser, va. faire tort.

Lésine, sf. épargne sordide.

Lésiner, va. user de lésine.

Lésinerie, sf. acte de lésine.

Lésineur, euse, s. qui lésine.

Lésion, sf. tort; dommage, blessure.

Lessivage, sm. blanchissage par la lessive.

Lessive, sf. eau de cendre pour laver; lotion.

Lessiver, va. faire la lessive.

Lest, sm. (*t*) poids au fond du navire.

Lestage, sm. action de lester.

Leste, a. léger; adroit; (propos) trop libre.

Lestement, ad. d'une man. leste.

Lester, va. garnir de lest.

Lesteur, sm. navire qui porte le lest.   [thropoph. ge. ant.

Lestrigons, sm. pl. peuple an-

Léthargie, sf. assoupissement morbifique.

Léthargique, a. de la léthargie.

Léthifère, a. qui cause la mort.

Lettre, sf. figure de l'alphabet; missive; épître; texte d'un livre. — de change, effet de commerce pl. lettres ou belles-lettres, littérature; à la lettre, adv. littéralement.

Lettré, a. *et* s. instruit; érudit.

Lettrine, sf. lettre indicative.

Leude, sm. grand vassal.

Leur, pron. pers. i. *et* a. pos.

Leur, sm. ce qui est à eux; pl. ceux qui leur sont attachés.

Leurre, sm. oiseau factice. *fauc.* appât.

Leurrer, va. attirer avec le leurre. *fig.* attirer par une espérance trompeuse.

Levain, sm. substance qui fait fermenter. *fig.* mauvais principe.   [rient.

Levant, a. qui se lève. sm. l'O-

Levantin, a. *et* s. du Levant. sf. étoffe de soie.

Levée, sf. action de lever; digue; élévation de terre; enrôlement.

Lever, va. hausser; dresser; prendre; ôter de dessus; recueillir; percevoir.—*un plan,* le tracer. — *un obstacle*, le faire cesser. vn. sortir de terre. vp. se mettre debout; sortir du lit. sm. temps où l'on se lève, où un astre se lève.

Lever Dieu, sm. inv. élévation.

Léviathan, sm. animal marin mentionné dans la Bible.

Levier, sm. bâton; barre pour soulever.

Levière, sf. corde de filet.

Levis, am. (pont-), qui se lève.

Lévite, sm. prêtre juif. f. habit.

Lévitique, sm. troisième livre de la Bible.   [suivre. *fa.*

Levrauder, va. harceler, pour-

Levraut, sm. jeune lièvre.

Lèvre, sf. bords extérieurs de la bouche; bord d'une plaie, etc.

Levrette, sf. femelle du lévrier.

Levretté, a. à taille de

Lévrier, sm. chien pour courir le lièvre.

Levron, sm. pet't lévrier.

Levure, sf. écume de la bière; t. de charcuterie.   [diction n.

Lexicographe, sm. auteur de

Lexicographie, sf. science du lexicographe.   [cographie.

Lexicographique, a. de la lexi-

Lexicologie, sf. science des mots; traité sur les mots.

Lexique, sm. *et* a. dictionnaire.

Lez, ad. à côté de. v.   [mur.
Lézard, sm. reptile. f. fente de
Lézarde, a. (mur) crevassé.
Liais, sm. sorte de pierre.
Liaison, sf. union ; ce qui lie.
Liane, sf. plante sarmenteuse.
Liant, a. souple. fig. doux ; af-
fable.
Liard, sm. petite monnaie.
Liarder, vn. boursiller; lésiner.
fa. dans les deux sens.
Liardeur, euse, s. qui liarde.
Liasse, sf. papiers liés ensemble.
Libation, sf. effusion de vin, etc.
Libelle, sm. écrit injurieux.
Libeller, va. (ell) dresser un
exploit; motiver un acte.
Libelliste, sm. auteur de libelle.
Libellule, sf. insecte nevrop-
tère.
Liber, sm. pellicule de certains
arbres.   [les morts.
Libera, sm. i. (é), prière pour
Libéral, a. qui aime à donner ;
favorable à la liberté. Arts
libéraux, auxquels l'esprit a
plus de part que le mécanis-
me.   (l) beral.
Libéralement, ad. d'une man.
Libéralisme, sm. système poli-
tique des libéraux.   [don.
Libéralité, sf. vertu libérale ;
Libérateur, trice, s. qui délivre.
Libératif, ive, a qui opère la
Libération, sf. action de
Libérer, va. et p. se décharger
d'obligation ; délivrer.
Liberté, sf. pouvoir d'agir ou
de n'agir pas; indépendance;
man. familières; facilité. pl.
franchises; immunités.
Liberticide, a. destructif de la
liberté.   [crédule.
Libertin, a. et s. déreglé ; in-
Libertinage, sm. débauche.
Libertiner, vn. être dissipé. fa.
Libidineux, se, a. dissolu ; cra-
puleux.   [vres.
Libraire, sm. marchand de li-
Librairie, sf. profession, ma-
gasin du libraire. [la lune.
Libration, sf. balancement de

Libre, a. indépendant; qui use de
la liberté ; propos licencieux.
Librement, ad. sans contrainte.
Lice, sf. lieu préparé pour les
combats, les courses, les tour-
nois; sorte de tapisseries :
haute-lice, basse-lice ;
chienne de chasse.
Licence, sf. permission, étu-
des ; liberté trop grande ;
dérèglement; —poétique, in-
correction permise aux poëtes
Licencié, sm. qui a fait sa licence.
Licenciement, sm. action de
Licencier, va. congédier. vp.
s'émanciper.   [cence.
Licencieusement, ad. avec li-
Licencieux, se, a. déréglé ; dé-
sordonné.
Licet, sm. (él) permission.
Lichen, sm. (ken) plante.
Licitation, sf. act. de liciter.
Licite, a permis par la loi.
Licitement, ad. d'une man. licite.
Liciter, va. vendre à l'enchère.
pra.
Licorne, sf. animal fabuleux ;
constellation australe. V. Nar-
val.
Licou (licol, en vers et devant
une voyelle). sm. lien à la
tete d'un cheval.
Licteur, sm. officier armé de
faisceaux ant.
Lie, sf. dépôt d'une liqueur.
Lie du peuple, populace. a.
gai. v.
Liege, sm. arbre ; son écorce.
Lien, sm. ce qui sert à lier.
fig. dépendance ; ce qui unit
les personnes entre elles;
pl. chaines, esclavage.
Lienterie, sf. sorte de dévoiement.   [lienterie.
Lienterique, a. qui tient de la
Lier, va. et p. serrer avec une
corde, etc. fig. joindre ; faire
une liaison ; projeter ; arranger; contracter.
Lierne, sf. pièce de charpente.
Lierre, sm. plante grimpante.

Liesse, sf. joie. v.

Lieu, sm. espace qu'occupe un corps; endroit; rang; famille; pays; sujet; temps convenable. pl. latrines. — *commun*, matières rebattues.

Lieue, sf. mesure itinéraire.

Lieur, sm. qui lie les gerbes.

Lieutenance, sf. grade de

Lieutenant, sm. officier qui remplace le chef. [stellation.

Lièvre, sm. quadrupède; con-

Ligament, sm. tendon qui attache. *anat*. [tortillée.

Ligamenteux, se, a. à racine

Ligature, sf. bandes pour saigner; lettres liées.

Lige, a. (hommage) plein. sf. droit de relief.

Lignage, sm. vin rouge; race.

Lignager, a. *et* sm. de même lignage.

Ligne, sf. trait simple; rangée de mots; cordeau pour tracer; ficelle ou crin pour pêcher; l'équateur; douzième du pouce; rang. *milit*.

Lignée, sf. race, descendance.

Lignette, sf. ficelle pour les filets

Ligneul, sm. fil de cordonnier.

Ligneux, se, a. de la nature du bois.

Lignifier (se), vp. se convertir en bois. [rale combustible.

Lignite, sm. substance miné-

Lignivore, sm. a. insecte —, qui ronge le bois.

Ligue, sf. union d'Etats; faction du XIVe siècle.

Liguer, va. *et* p. coaliser.

Ligueur, euse, s. factieux sous Henri IV. [fleur.

Lilas, sm. arbre; sa fleur; cou-

Liliacées, sf. pl. famille de lis.

Lilium, sm. (om) cordial.

Limace, sf. mach. hydrauliq. ou

Limaçon, Limas, sm. mollusque.

Limaille, sf. ce qu'ôte la lime d'un métal.

Limande, sf. poisson plat.

Limbe, sm. bord. pl. séjour des saints de l'Ancien Testament.

Lime, sf. citron; outil pour

Limer, va. polir avec la lime.

Limier, sm. gros chien de chasse.

Liminaire, a. préliminaire. v.

Limitatif, ve, a. qui limite.

Limitation, sf. act. de limiter.

Limite, sf. borne; ce qui sépare deux pays, etc.

Limiter, va. borner; fixer.

Limitrophe, a. sur les limites.

Limon, sm. boue; terre détrempée; sorte de citron; branche de limonière; pièce d'escalier.

Limonade, sf. boisson préparée avec le jus de limon.

Limonadier, ère, s. marchand de limonade, etc. cafetier.

Limoner, vn. *et* a. t. d'eaux et forêts.

Limoneux, se, a. bourbeux.

Limonier, sm. cheval de limon; arbre. [voiture.

Limonière, sf. brancard de

Limousin, sm. maçon qui travaille en moellon et en mortier. [limousin.

Limousinage, sm. ouvrage de

Limousine, sf. manteau de charlimpide, a. clair; net. [retier.

Limpidité, sf. qualité de ce qui est limpide.

Limure, sf. act. de limer; état d'une chose limée.

Lin, sm. plante; ses filaments.

Linaire, sf. plante officinale.

Linceul, sm. drap pour enseLinéaire, a. de lignes. [velir.

Linéament, sm. trait (du visage.)

Linge, sm. toile pour le ménage. [du linge.

Linger, ère, s. qui vend ou fait

Lingerie, sf. commerce de linge; lieu où on le serre.

Lingot, sm. métal en masse.

Lingotière, sf. moule de lingot.

Lingual, a. de la langue.

Lingue, sf. morue verte.

Linguiste, sm. celui qui écrit sur les principes et les rapports des langues.

Linguistique, sf. science du linguiste.

Linier, sm. fabricant et marchand de lin.

Limière, sf. terre semée en lin.

Liniment, sm. topique onctueux. [lin.

Linon, sm. toile très-fine de

Linot, te, s. oiseau de volière.

Linteau, sm. dessus de l'ouverture d'une porte. charp.

Lion, ne, s. quadrupède. m. signe du zodiaque. fig. homme hardi.

Lionceau, sm. petit du lion.

Lionné, a (léopard) rampant.

Lipothymie, sf. défaillance.

Lippe, sf. lèvre infer. trop grosse

Lippee, sf. bouchée; repas. fa.

Lippu, a. et s. qui a une lippe.

Liquation, sf. (koua) ressuage.

Liquéfaction, sf. (ké) action de liquéfier.

Liquéfiable, a. qu'on peut réduire en liquide.

Liquéfier, va. (ké) rendre liquide. [sorte de boisson.

Liqueur, sf. substance liquide;

Liquidateur, sm. qui préside à une liquidation.

Liquidation, sf. act. de liquider.

Liquide, a. et sm. qui coule; net et clair. [compte.]

Liquider, va. rendre clair (un

Liquidité, sf. qualité de ce qui est liquide.

Liquoreux, se, a. (vin) qui participe de la liqueur.

Liquoriste, s. celui, celle qui fait et vend des liqueurs.

Lire, va. et n. parcourir des yeux ce qui est écrit. fig. Lire dans les yeux, dans l'avenir.

Lis, sm. (s) plante, sa fleur. V. Fleur de lis.

Liserage, sm. sorte de broderie.

Liséré, sm. bordure sur une etoffe.

Liserer, va. broder en lisérage.

Liseron ou Liset, sm. plante.

Liseur, euse, s. qui lit beaucoup.

Lisible, a. facile à lire.

Lisiblement, ad. d'une man. lisible.

Lisière, sf. bord d'étoffe; limites d'un pays; cordons pour soutenir un enfant.

Lissage, sm. act. de lisser.

Lisse, a. uni et poli, sf. pièce de navire.

Lisser, va. rendre lisse.

Lissoir, sm. inst. pour lisser.

Liste, sf. catalogue de noms; — civile, somme allouée à un souverain.

Listel, sm. bande. arch. [bla.

Liston, sm. bande de la devise.

Lit, sm. meuble pour coucher; canal de fleuve; chose étendue par couche.

Litanie, sf. longue et ennuyeuse énumération. fa. au pl. prières.

Liteau, sm. gîte du loup; pl. raies au linge.

Litée, sf. réunion d'animaux dans le même gîte. [lit.

Literie, sf. ce qui compose un

Litharge, sf. oxyde de plomb.

Lithargé, a. mêlé de litharge.

Lithium, sm. un des corps simples. chim.

Lithocolle, sf. ciment des lapidaires. [en couleurs.

Lithochromie, sf. lithographie

Lithographe, s. dessinateur, imprimeur sur pierre.

Lithographie, sf. art de

Lithographier, va. dessiner et imprimer sur pierre.

Lithographique, a. de la lithographie. [de pierre.

Lithophage, a. et sm. mangeur

Lithophanie, sf. pierre, porcelaine transparente

Lithophyte, sm. madrépore.

Lithotome, sm. inst. pour la taille.

Lithotomie, sf. opération de la taille. chir.

Lithotomiste, sm. qui fait l'opération de la taille.

Lithotriptique, a. qui dissout la pierre.

Lithotriteur, sm. inst. avec lequel on broie la pierre dans la vessie. *chir.*

Lithotritie, ou mieux Lithotripsie, opération par laquelle on broie la pierre. *chir.*

Litière, sf. paille dans les écuries ; chaise couverte.

Litigant, a. qui plaide. [tion.

Litige, sm. procès ; contesta-

Litigieux, se. a. contesté. [procès.

Litispendance, sf. durée d'un

Litorne, sf. sorte de grive.

Litote, sf. figure de rhétorique.

Litre, sf. bande noire peinte autour d'une église. m. mesure de capacité.

Litron, sm. mesure.

Littéraire, a. des belles-lettres.

Littérairement, ad. sous le rapport littéraire.

Littéral, e, a. selon la lettre.

Littéralement, ad. à la lettre.

Littéralité, sf. attachement à la lettre dans une traduction.

Littérateur, sm. homme de lettres.

Littérature, sf. belles-lettres.

Littoral, a. de rivage. sm. étendue de pays le long des côtes.

Liturgie, sf. ordre et cérémonie du service divin.

Liturgique, a. de la liturgie.

Liturgiste, sm. celui qui s'occupe de la liturgie. [teau.

Liure, sf. câble ; pièce de ba-

Livarot, sm. sorte de fromage.

Livèche, sf. plante ombellifère.

Livide, a. (peau) plombée, noirâtre. [livide.

Lividité, sf. état de ce qui est

Livraison, sf. act. de livrer ; cahier d'un ouvrage.

Livre, sm. volume relié ou broché ; registre ; ouvrage d'esprit ; une des principales parties d'un ouvrage. f. poids ; franc.

Livrée, sf. habits des valets. *fig.* les domestiques eux-mêmes.

Livrer, va. *et* p. donner ; abandonner.

Livret. sm. petit livre. [donner.

Lobe, sm. pièce molle et plate. *ana.* partie d'une semence.

Lobé, e, a. partagé en lobes.

Lobelle, sf. plante des jardins.

Lobule, sm. petit lobe.

Local, a. du lieu, sm. disposition des lieux. [locale.

Localement, adv. d'une man.

Localité, sf. lieu ; circonstance locale.

Locataire, s. qui tient à louage.

Locatif, ve, a. qui regarde le locataire. [loyer.

Location, sf. act. de donner à

Locatis, sm. (s) cheval de louage. *pop.*

Loch, sm. (*lok*) inst. pour mesurer la vitesse d'un vaisseau.

Loche, sf. poisson.

Locher, va. branler, se dit d'un fer de cheval.

Lochet, sm. sorte de bêche étroite. [*méd.*

Lochies, sf. pl. flux de sang.

Locomobile, a. qu'on peut déplacer.

Locomobilité, Locomotion, sf. faculté de changer de place.

Locomoteur, trice, a. qui opère la locomotion.

Locomotif, ve, a. qui a rapport à la locomotion. [peur.

Locomotive, sf. machine à va-

Locution, sf. façon de parler.

Lods et ventes. sm. pl. droit féodal.

Lof, sm. moitié du navire partagé dans sa longueur.

Lofer, vn. venir au lof. *mar.*

Logarithme, sm. nombre arithmétique.

Logarithmique, a. du logarithme

Loge, sf. petite hutte ; réduit ; logement d'un portier ; petit cabinet dans un théâtre ; cellule pour les fous ; réunion de francs-maçons ; cavité d'un fruit.

Logeable, a. où l'on peut loger.

Logement, sm. lieu où on loge.

Loger, vn. *et* p. habiter. va. donner à loger.

Logette, sf. petite loge.

Logeur, euse, sm. qui donne à loger. [gique.

Logicien, sm. qui sait la lo-

Logie, sf. discours; traité.

Logique, sf et a. art de rai onner; conforme à la logique.

Logiquement, ad. suivant la logique.

Logis, sm. habitation; maison.

Logistique, sf. (spécieuse), algèbre.

Logographie, sf. art d'écrire aussi vite que l'on parle [me.

Logogriphe, sm. sorte d'énig-

Logomachie, sf. dispute de mots.

Loi, sf. règle; autorité; obligation de la vie civile; puissance.

Loin, ad. à grande distance; loin de, prép. au lieu de.

Lointain, a. qui est éloigné. sm. éloignement.

Loir, sm. petit quadrupède.

Loisible, a. permis.

Loisir, sm. temps disponible.

Lombaire, a. des lombes.

Lombard, sm. établissement où l'on prête sur gages.

Lombes, sm. pl. partie infér. du dos.

Lombric, sm. ver intestinal.

Lombrical, e, pl. aux, a. en forme de ver.

Long, gue, a. et sm. (lon) qui a de la longueur; tardif; lent. Se dit de l'étendue d'un corps considérée entre ses deux bouts.

Longanimité, sf. clémence; patience. [nière de cuir.

Longe, sf. échine de veau; la-

Longer, va. aller le long de.

Longévité, sf. longue durée de la vie. [rer les longueurs.

Longimétrie, sf. art de mesu-

Longipenne, a. qui a de longues ailes. sm. pl. fam. d'oiseaux.

Longirostre, a. qui a un bec long. sm. pl. fam. d'oiseaux.

Longitude, sf. distance d'un lieu au premier méridien.

Longitudinal, a. étendue en long. [gueur.

Longitudinalement, ad. en lon-

Longtemps, ad. durant un temps long.

Longue, sf. note de plainchant; syllabe longue; à la longue, loc. adv. avec le temps.

Longuement, ad. longtemps.

Longuet, a. un peu long.

Longueur, sf. étendue d'un bout à l'autre; durée; lenteur. pl. détails superflus.

Longue-vue, sf. lunette d'approche.

Looch, sm. potion pectorale.

Lopin, sm. petit morceau. pop.

Loquace, a. (coua), qui parle beaucoup.

Loquacité, sf (coua), babil.

Loque, sf. pièce, lambeau. fa.

Loquet, sm. sorte de fermeture.

Loqueteau, sm. petit loquet.

Loquette, sf. petite loque. pop.

Lord, sm. titre honorifique en Angleterre.

Lorgnade, sf. action de

Lorgner, va. regarder de côté.

Lorgnette, sf. petite lunette. [fa.

Lorgneur, euse, s. qui lorgne.

Lorgnon, sm. sorte de lorgnette

Loriot, sm. oiseau de volière.

Lors, ad. Alors. v. Lors de, prép., dans le temps de. Dès lors, des ce temps-là. Pour lors, en ce temps-là. Lorsque, conj., quand.

Los, sm. louange. v. [latère.

Losange, sf. espèce de quadri-

Losangé, a. en losange.

Lot, sm. portion; destinée; partage; partie de marchandises, gain à la

Loterie, sf. espèce de banque où les lots sont tirés au sort. fig. allaire du hasard.

Loti, e, a. partagé.

Lotier, sm. plante légumineuse.

Lotion, sf. lavage.

otir, va. faire des lots.

otissage, sm. opération métallurgique.

otissement, sm. act. de lotir.

otisseur, s. qui fait des lots.

oto, sm. jeu en forme de loterie. [tus.

otophage, sm. qui vit de lo-

tte, sf. poisson. [gyp'e.

otus ou Lotos, sm. plante d'E-

ouable, a. digno de louange.

ouablement, ad. m. s.

ouage, sm. prêt d'une chose pour un certain prix.

ouager, sm. locataire. v.

ouange, sf. éloge; discours flatteur. [ges. fa.

ouanger, va. donner des élo-

uangeur, euse, s. qui louange.

uche, a. qui a la vue de travers. fig. équivoque; trouble.

ucher, vn. regarder de travers.

uchet, sm. sorte de hoyau; petite bêche.

uer, va. et p. donner ou prendre à louage; donner des louanges. [louage.

ueur, euse, s. qui donne à

ugre, sm. bâtiment marchand

uis, s. monnaie d'or.

oup, sm. quadrupède carnassier; masque; constellation.

up-cervier, sm. V. Lynx.

mpe, sf. tumeur; verre convexe.

upeux, se, a. qui a des loupes.

up-garou, sm. loup enragé; sorcier; personne insociable.

up-marin, sm. poisson de mer

urd, a. pesant; onereux; grossier. fig. stupide.

urdaud, a. grossier et maladroit. [lourde.

urdement, ad. d'une man.

urderie, sf. faute grossière.

urdeur, sf. pesanteur. fa.

ustic, sm. mauvais plaisant.

utre, sf. quadrupède amphibie; chapeau, etc., de poil de loutre.

uvat, sm. jeune loup.

Louve, sf. femelle du loup; outil pour élever les pierres.

Louvet, a. (cheval) à poil de loup. [louve.

Louveteau, sm. petit de la

Louveter, vn. se dit d'une louve qui fait ses petits.

Louveterie, sf. équipage pour la chasse du loup [louveterie.

Louvetier, sm. officier de la

Louvoyage, sm. action de

Louvoyer. vn. aller çà et là pour mieux profiter du vent. mar.

Louvre, sm. beau palais à Paris.

Lovelace, sm. fat, débauché.

Lover, va. (un câble) le rouler.

Loyal, a. suivant la loyauté. pl. aux.

Loyalement, ad. avec loyauté.

Loyauté, sf. fidelité; probité; bonne foi.

Loyer, sm. prix du louage; salaire. [fa.

Lubie, sf. caprice extravagant.

Lubricité, sf. lasciveté excessive. [did.

Lubrifier, va. rendre glissant.

Lubrique, a. impudique.

Lubriquement, ad. m. s. [toit.

Lucarne, sf. petite fenêtre au

Lucide, a. qui jette de la lumière. fig. (moment) de raison. [lucide.

Lucidité, sf. état de ce qui est

Lucifer, sm. (er) étoile; démon.

Luciole, sf. esp. de lampyre.

Lucratif, ve, a. qui apporte du

Lucre, sm. gain; profit.

Luette, sf. sorte de glande du gosier. [gère apparence.

Lueur, sf. faible clarté. fig. lé-

Lugubre, a. funèbre.

Lugubrement, ad. m. s. [sonne.

Lui, pron. de la troisième per-

Luire, vn. éclairer; briller, au pr. et au fig. [étoile.

Luisant, a. qui luit. sm. éclat;

Lumachelle, sf. esp. de marbre.

Lumbago, sm. (lom) rhumatisme des lombes.

Lumière, sf. ce qui éclaire ; clarté ; bougie, lampe allumée ; fluide subt l. *phys ;* la vie ; le jour; petit trou à la culasse. *fig.* intelligence ; éclaircissement. [qui brûle.

Lumignon, sm. bout de meche

Luminaire, sm. cierge.

Lumineux, se, a. qui a de la lumière. *fig.* clair ; net.

Lunaire, a. de la lune. sf plante.

Lunaison, sf. durée d'une lune.

Lunatique, a. (cheval) sujet aux fluxions. *fig.* capricieux ; f n-tasque. [la semaine.

Lundi, sm. deuxième jour de

Lune, sf. satellite de la terre ; argent. *chim.*

Lunette, sf. verre qui aide la vue; demi lune. *fortif.*

Lunettier, sm. marchand et fabricant de lunettes.

Lunule, sf. croissant. *géom.*

Lupercales, sf. pl. fêtes de Pan.

Lupin, sm. plante légumineuse.

Lupulé, e, a. en croissant.

Luron, s. bon vivant. *fa.*

Lustrage, sm. act. de lustrer; son effet. [ant.

Lustrale, af. (eau) pour purifier.

Lustration, sf. act. de purifier.

Lustre, sm. brillant écl t, au *pr.* et au *fig.* girandole de cristal; espace de cinq ans.

Lustrer, va. donner le lustre.

Lustrine, sf. étoffe de soie.

Lut, sm. (t) enduit pour boucher. *chim.*

Luter, va. fermer avec du lut.

Luth, sm. (lut) inst. à cordes.

Luthéranisme, sm. secte de Luther.

Lutherie, sf. commerce du luthier. [de Luther.

Luthérien,enne,a et s.sectateur

Luthier, sm. marchand d'instruments de musique.

Lutin, sm. démon ; enfant bruyant. *fa.*

Lutin, e, a. éveillé, agaçant.

Lutiner, va. tourmenter. n. faire le lutin.

Lutrin, sm. pupitre d'église.

Lutte, sf. combat corps à corps.

Lutter, vn. combattre à la lutte. *fig.* résister.

Lutteur, sm. qui lutte. [os.

Luxation, sf. déboîtement d'un

Luxe, sm. somptuosité.

Luxer, va. et p. déboîter un os.

Luxueux, euse, a. qui a du luxe.

Luxure, sf. incontinence.

Luxuriant, e, a. qui pousse des jets trop abondants. *pr.* et *fig.*

Luxurieusement, ad. avec luxure. *p. us.*

Luxurieux, se, a. impudique.

Luzerne, sf. plante légumineuse. [lège.

Lycée, sm. académie. *ant.* col-

Lycéen, sm. a. qui fréquente un lycée.

Lycium, sm. arbrisseau.

Lycopode, sm. plante.

Lydien, a. (mode) de musique grecque. [lymphe.

Lymphatique, a. qui porte la

Lymphe, sf. humeur aqueuse.

Lynx, sm. quadrupède carnassier. [sique ; constellation.

Lyre, sf. instrument de mu-

Lyrique, a. qui se chante ; *poète* —, auteur d'odes, etc.

Lyssa, sm. rage des chiens.

M

M, sf. (*ème*) et m. (*me*) treizième lettre de l'alphabet, dixième consonne.

Ma, a. pos. f. de *Mon.*

Macadam, sm. route, rue ferrée en cailloux d'après le système de l'Anglais Mac-Adam.

Macadamisage, sm. action de

Macadamiser, va. ferrer une route, une rue à la Mac-Adam.

Macaire ou Robert Macaire, sm. fripon, escroc, beau parleur.

Macaque, sm. sorte de singe.
Macaron, sm. pâtisserie.
Macaronée, sf. vers burlesques.
Macaroni, sm. pâte de farine ; ragoût de cette pâte avec du fromage.
Macaronique, a. de macaronée.
Macaronisme, sm. genre macaronique.
Macédoine, sf. sorte de ragoût ; *fig.* ouv. de littér. où sont mêlées des pièces de différents genres. *fa.* ; t. de jeu de cartes.
Macération, sf. action de
Macérer, va. *et* p. mortifier ; tremper.
Mâche, sf. herbe potagère.
Mâchecoulis, sm. sorte de meurtrière. *fortif.*
Mâchefer, sm. (*er*) scorie du fer.
Mâchelière, a. *et* sf. (dent) molaire. [dents.
Mâcher, va. broyer avec les
Mâcheur, euse, s. qui mâche beaucoup. *pop.*
Machiavélique, a. qui tient du
Machiavélisme, sm. politique astucieuse de l'Italien Machiavel. [mâcher.
Mâchicatoire, sm. drogue à
Mâchicot, sm. chantre d'église.
Machinal, a. (mouvement) naturel, où la volonté n'a point de part.
Machinalement, ad. m. s
Machinateur, sm. qui machine.
Machination, sf. action de machiner.
Machine, sf. instrument pour mouvoir ; assemblage de res-
Machiner, va. comploter. [sorts.
Machinisme, sm. emploi des machines.
Machiniste, sm. qui fait des machines. [dents.
Mâchoire, sf. os où sont les
Mâchonner, va. mâcher avec difficulté. [sans poil.
Mâchure, sf. endroit du drap
Mâchurer, va. barbouiller de noir.

Mâcie, sf. fruit ; losange. *bla.*
Mâcis, sm. écorce intérieure de la muscade. [Mâcon.
Mâcon, sm. vin du territoire de
Maçon, sm. qui maçonne. [çon.
Maçonnage, sm. travail du maçon.
Maçonner, va. travailler à un bâtiment en pierre, plâtre, etc.
Maçonnerie, sf. ouvrage de maçon.
Maçonnique, a. qui appartient à la franc-maçonnerie.
Macouba, sm. tabac préparé avec du sucre brut.
Macre, sf. plante aquatique.
Macreuse, sf. oiseau aquatique.
Maculation, sf. action de maculer.
Maculature, sf. feuille maculée; gros pap. gris ; enveloppe.
Macule, sf. souillure ; tache.
Maculer, va. *et* n. tacher. *imp.*
Madame, sf. titre des femmes, pl. *Mesdames.*
Madapolam, sm. sorte de percale
Madéfaction, sf. act. de rendre humide. *phar.* [phar.
Madéfier, va. rendre humide.
Mademoiselle, sf. titre des filles. pl. *Mesdemoiselles.* [dère.
Madere, sm. vin récolté à Madonne, sf. image de la Vierge.
Madrague, sf. pêcherie du thon.
Madras, sm. sorte d'étoffe.
Madré, a. tacheté, *et* s. rusé. *fa*
Madrepore, sm. sorte de polypier.
Madrier, sm. ais fort épais.
Madrigal, sm. pensée galante en vers. [nord-ouest.
Maëstral, sm. (*nis*) vent du
Maëstraliser, vn. tourner à l'ouest.
Maëstro, sm. grand compositeur de musique.
Maffle, Mafflu, a. *et* s. joufflu. *fa*
Magasin, sm. lieu où l'on serre des marchandises.
Magasinage, sm. dépôt et séjour d'une marchaudise dans un magasin.
Magasinier, sm. garde-magasins.

Mage, sm. savant. *ant.* ou Mage, a. juge.

Magicien,enne,s qui professe la

Magie, sf. art prétendu de produire des effets contraires à l'ordre de la nature. *fig.* illusion produite par l'art.

Magique, a. de la magie.

Magister, sm. *(er)* maître d'école

Magistere, sm. dignité de gr. maître ; préparation médicale

Magistral, a. de maitre.

Magistralement, ad d'une façon magistrale. [tuce. de police.

Magistrat, sm. officier de justice.

Magistrature, sf. charge de magistrat. [ver à soie.

Magnan, sm. nom donné au

Magnanerie, sf. lieu où l'on élève des vers à soie.

Magnanier, sm. qui possède, qui dirige une magnanerie.

Magnanime, a. *(gna)*,qui a l'âme grande.

Magnanimement, ad. avec

Magnanimité, sf. grandeur d'âme. [logue.

Magnats, sm. pl. grands de Pologne.

Magnésie, sf. *(gné)* sorte de terre. chim. [de la magnésie.

Magnésien, ne, a. qui contient

Magnésium, sm un des corps simples. [magnétisme animal

Magnétique, a. de l'aimant ; du

Magnétiser, va. communiquer le magnétisme. [gnéise.

Magnétiseur, euse, s. qui magnétise.

Magnétisme, sm. propriete de l'aimant ; fluide magnétique animal [Vierge.

Magnificat, sm. cantique de la

Magnificence, sf. qualité de ce qui est magnifique ; somptuosité; pompe ; éclat.

Magnifique, a. somptueux.

Magnifiquement,ad. même sens.

Magnolier, sm. árbre d'Amérique.

Magot, sm. singe ; figure grotesque ; argent caché. *fa.*

Mahométan, a. *et* s. qui professe, qui concerne le

Mahométisme, sm. religion de Mahomet.

Mai, sm. cinquième mois de l'année ; arbre orné de rubans, devant une porte.

Maigre, a. sans graisse; aride. s.n. chair maigre ; poisson. ad t. d'arts.

Maigrelet, a. diminutif de maigre *fa.* [*fig.* et *fa.*

Maigrement,ad mesquinement.

Maigret, a. diminutif de maigre. *fa* [maigre.

Maigreur, sf. état d'un corps

Maigrir, vn. devenir maigre.

Mail, sm. jeu ; maillet pour jouer; allée où l'on joue.

Maille, sf. anneau de tissu; annelet de fer; ancienne monnaie ; tache sur la prunelle.

Mailler, va. faire des mailles. vn et p. avoir des taches aux plumes. *chas.*

Maillet, sm. marteau de bois.

Mailloche, sf. gros maillet en bois ; masse de fer.

Maillot, sm. enveloppe d'enfant; pantalon collant.

Maillure, sf. moucheture sur

Maimon, sm. singe. [les ailes.

Main sf. extrémité du bras divisée en doigts; instruments qui en ont la forme ; levée de cartes ; cahier de 25 feuilles. — *de justice,* sceptre terminé par une main; — *courante,* petit registre; *de longue main,* loc. adv. depuis longtemps; — *sous main,* loc. adv. secrètement.

Main-chaude, sf. sorte de jeu.

Main-d'œuvre, sf. travail de l'ouvrier.

Main-forte, sf. aide à la justice.

Mainlevée, sf. levée de saisie.

Mainmise, sf. saisie féodale.

Mainmortable, a. de

Mainmorte, sf. terre féodal.

Maint, e, a. plusieurs.

Maintenant, ad. actuellement.

Maintenir, va. *et* p. tenir en état; affirmer.

Maintenue, sf. acte qui maintient.

Maintien, sm. conservation; contenance.

Maire, sm. magistrat

Mairie, sf. charge, hôtel du maire; ses bureaux.

Mais, conj. ad. marque contrariété, exception, différence. sm. empêchement.

Maïs, sm. (s) blé de Turquie.

Maison, sf. bâtiment qu'on habite; famille; race; les domestiques; établissement de commerce; communauté, etc. — commune ou de ville, mairie.—d'arrêt, prison. Petites maisons, pl. hospices des fous. [d'une maison. fa.

Maisonnée, sf. tous les gens

Maisonnette, sf. petite maison.

Maistrance, sf. corps des premiers sous-officiers de marine.

Maître, tresse, s de qui d'autres gens sont esclaves, sujets ou serviteurs; qui commande; qui enseigne; propriétaire; reçu dans un corps de métier.

Maîtres e, sf. reçoit presque toutes les acceptions de maître; amante.

Maîtrise, sf. qualité de maître; lieu où l'on instruit les enfants de chœur.

Maîtriser, va. gouverner en maître. [titre du roi.

Majesté, sf. grandeur suprême;

Majestueusement, ad. avec grandeur. [majesté.

Majestueux, se, a. qui a de la

Majeur, a. en âge de jouir de ses droits; important; irrésistible; la plus grande partie; t. de mus., de jeu et f. de logique.

Major, sm officier militaire. État-major, corps d'officiers; Chirurgien —, chirurgien militaire.

Majorat, sm. droit d'aînesse en Espagne; immeubles inaliénables attachés à un titre de noblesse.

Majordome, sm. maître d'hôtel.

Majorité, sf. état de majeur, de major; la plus grande partie (des voix). [tre.

Majuscule, a. et sf. grande lettre.

Maki, sm. quadrup. analogue au singe.

Mal, sm. pl. Maux, contraire du bien; défaut; imperfection; vice; douleur; dommage; peine, maladie locale. ad. de mauvaise manière.

Malachite, sf. pierre verte.

Malacie, sf. appétit dépravé.

Malactique, a. et sm. médicament emollient. [en santé.

Malade, a. et s qui n'est pas

Maladie, sf. altération de la santé.

Maladif, ve, a. souvent malade.

Maladrerie, sf. léproserie.

Maladresse, sf. défaut d'adresse au pr. et au fig. [d'adresse.

Maladroit, a. et s. qui manque

Maladroitement, ad. sans adresse. [Malaga.

Malaga, sm. vin de l'île de

Malagme, sm. cataplasme. [vre.

Malaguette, sf. espèce de poi-

Malais, sm. langue de l'Inde orientale. [commode.

Malaise, sm. état fâcheux, in-

Malaisé, a difficile; peu riche.

Malaisement, ad avec peine.

Malandre, sf. crevasse au genou. rétér pl. défauts du bois. [y a des nœuds pourris.

Malandreux, se, a. (bois) où il

Malandrie, sf. sorte de lepre.

Mal-appris, a. et sm. qui n'a pas d'éducation. [temps.

Mal à propos, adv. à contre-

Malart, sm. mâle de cane sauvage. [maladroit.

Malavisé, a. et s. imprudent;

Malaxer, va. pétrir pour amollir. chim.

Malbâti, a. et s. mal fait.

Malcontent, a. mal satisfait.

19

Mâle, sm. *et* a. du même sexe que l'homme; oppose à femelle. *fig.* fort.

Malebete, sf. ère dangereux.

Malediction, sf. imprecation; souhait de mal.

Malefaim, sf. faim cruelle. *burl.*

Malefice, sm. sort prétendu jeté sur les hommes ou les animaux, et qui les fait dépérir. [lade.

Maleficié, a. languissant, malade.

Malefique, a. d'influence maligne

Malemort sf. mort funeste. *pop.*

Malencontre, sf. malheur.

Malencontreusement, ad. par malencontre. [reux. *fa.*

Malencoutreux, se, a. malheureux.

Mal-en-point, ad. en mauvais état. *fa.*

Malentendu, sm. méprise; paroles mal interpretées.

Malepeste! int. imprecation *fa.*

Mal-etre, sm. état de longueur.

Malevole, a. malveillant. *fa.* et *p. us.* [fort *fa.*

Malfacon, sf. ce qui est mal

Malfaire, vn. faire du mal.

Malfaisance, sf. disposition à faire du mal.

Malfaisant, a. qui fait du mal.

Malfait, a. qui n'est pas bien fait. [des crimes.

Malfaiteur, sm. qui commet

Malfamé, a. qui a mauvaise réputation *fa.*

Malgracieusement, ad. d'une man. malgracieuse.

Malgracieux, se, a. incivil. *fa.*

Malgré, prep. contre le gré; nonobstant. [habile.

Malhabile, a. maladroit; peu

Malhabilement, ad. avec

Malhabileté, sf. incapacité.

Malheur, sm. mauvaise fortune; desastre; accident fâcheux. — à! imprecation. [heur.

Malheureusement, ad. par mal-

Malheureux, se, a. *et* s. non heureux, miserable; fatal.

Malhonnête, s. a. non honnête.

Malhonnêtement, ad. avec

Malhonnêteté, sf. incivilité.

Malice, sf. mechanceté; espiéglerie, surtout au pl.

Malicieusement, ad. avec malice

Malicieux, se, a. *et* s. qui a de la malice.

Malignement, ad. avec

Malignité, sf. inclination au mal; qualité nuisible.

Malin, Igne, s.a. malicieux; pernicieux; rusé. [marées.

Maline, sf. temps de grandes

Malines, sf. dentelle.

Malingre, a. infirme. *fa.*

Malintentionné, a. *et* s. malveillant.

Malique, a. (acide) de pomme.

Maljuge, sm. erreur d'un juge.

Malle, sf. coffre; valise.

Malléabilité, sf. (*all.*) qualité de ce qui est

Malléable, a. qui s'étend sous le marteau. [pied.

Mallee, sf. (*all.*) cheville du

Malle-poste, sf. voiture qui transporte les depeches.

Mallette, sf. petite malle.

Mallier, sm. cheval qui porte la malle; cheval de brancard.

Malmener, va. maltraiter.

Malotru, a. *et* s. maussade; méprisable.

Mal-peigné, sm. homme malpropre et mal vêtu [cheux. *r.*

Malplaisant, a. desagréable; fâ-

Malpropre, a. sale.

Malproprement, ad. avec

Malpropreté, sf. saleté.

Malsain, a. qui n'est pas sain.

Mal-séant a. messeant.

Malsené, a. (bois de cerf, etc.) à andouillers impairs.

Mal-sonnant, a. choquant *théol.*

Malt, sm. (*t*) orge pour la biere.

Maltôte, sf. exaction.

Maltôtier, sm. qui lève une maltôte.

Maltraiter, va. traiter durement; outrager; faire tort.

Malvacées, sf. pl. genre de plantes.

Malveillance, sf. haine ; mauvaise volonté pour quelqu'un.

Malveillant, a. et s. qui veut le [mal.

Malversation, sf. act. de

Malverser, vn. abuser de ses fonctions. [Madère.

Malvoise, sf. sorte de vin de

Malvoulu, a. à qui l'on veut du mal.

Maman. sf. mère. t. enfantin.

Mamelle, sf. partie charnue du sein.

Mamelon, sm. le bout de la mamelle. fig. éminence arrondie.

Mamelonné, a. qui est couvert de mamelons. [égyptien.

Mameluk (louk), sm. cavalier

Mamillaire, a. en mamelon.

Mammaire, a. qui concerne les mamelles.

Mammifère, a. à mamelles.

Mammouth, sm. grand animal inconnu dont on rencontre les ossements en Sibérie.

Manant, sm. habitant de la campagne ; rustre.

Mancelle, sf. chaîne du collier du cheval. [neux.

Mancenillier, sm. arbre véné-

Manche, sf. vêtement du bras ; bras de mer. m. poignée d'instrument ; au jeu, partie [rue.

Mancheron, sm. bras de la charrue.

Manchette, sf. ornement du poignet d'une chemise.

Manchon, sm. fourrure pour les mains. [main ; oiseau

Manchot, sm. estropié d'une

Mandant, sm. celui qui donne pouvoir par un mandat.

Mandarin, sm. titre de dignité à la Chine.

Mandat, sm. rescrit du pape ; procuration ; ordre ; traite tirée sur un tiers.

Mandataire, sm. chargé de procuration. [nance.

Mandement, sm. ordre ; ordon-

Mander, va. faire savoir ; faire venir.

Mandibule, sf. mâchoire.

Mandille, sf. ancienne casaque de laquais. [pièce de luth.

Mandoline, Mandore, sf. es-

Mandragore, sf. plante.

Mandrin, sm. outil de serrurier et de tourneur. [ger.

Manducation, sf. action de man-

Manége, sm. exercices du cheval ; lieu de ces exercices ; machine mue par des animaux. fig. adresse, ruse. [ant.

Mânes, sm. pl. âme d'un mort.

Manganèse, sm. métal.

Manganique, a. de manganèse.

Mangeable, a. qu'on peut manger.

Mangeaille, sf. nourriture. pop.

Mangeant, a. qui mange.

Mangeoire, sf. auge de cheval, etc.

Manger, va. et p. mâcher et avaler ; détruire. sm. ce qu'on mange.

Mange-tout, sm. celui qui consume son bien en folles dépenses. fa.

Mangeur, euse, s. qui mange beaucoup. fig. prodigue.

Mangeure, sf. (ju) endroit mangé d'une étoffe.

Mangle, Mangostan, sm. arbres

Mangouste. t. h. ichneumon.

Mangue, sf. fruit du

Manguier, sm. arbre.

Maniable, a. aisé à manier.

Maniaque, a. et s. possédé de manie.

Manichéen, a. et s. sectaire.

Manichéisme, sm. doctrine de Manès.

Manie, sf. folie ; passion ; habitude bizarre ; caprice.

Maniement, sm. action de

Manier, va. tâter avec la main. fig. avoir en sa disposition. — les esprits, les gouverner adroitement.

Manière, sf. façon ; sorte ; usage ; espèce ; affectation. pl. façon d'agir. De manière que, ad. de sorte que, etc.

Maniéré, a. plein d'affectation.

Maniériste, sm. t. d'arts. peintre maniéré.

Manieur, sm. celui qui manie beaucoup. *fa.* \|nifester.

Manifestation, sf. act. de manifester.

Manifeste, a. notoire. sm. proclamation d'une puissance.

Manifestement, ad. évidemment

Manifester, va. *et* p. rendre manifeste.

Maniforme, a. qui a la forme d'une main. [crête. *fa.*

Manigance, sf. manœuvre secrète.

Manigancer, va. tramer une intrigue *fa.* [bre.

Manille, sf. t. du jeu de l'hombre.

Manioc, sm. arbrisseau

Manipulaire, sm. chef d'une compagnie *ant.* [manipule.

Manipulateur, sm. celui qui manipule.

Manipulation, sf. act. de manipuler. *chim,*

Manipule, sm. compagnie mil. *ant.* étoffe au bras; poignée d'herbes, etc. *méd.*

Manipuler, va. extraire, décomposer, mêler de substances, etc. *chim.* [te.

Manique, sf. gant de savetier.

Maniveau, sm. petit plateau d'osier.

Manivelle, sf. instrument pour faire tourner un essieu.

Manne, sf. panier *mânc*; suc mielleux du frêne; nourriture des Hebreux dans le désert.

Mannequin, sm. hotte, panier; homme de bois. *fig.* homme sans caractère.

Mannette, sf. petite manne.

Manœuvre, sm. aide-maçon. f. action de gouverner un vaisseau; mouvement de troupes. *fig.* intrigue.

Manœuvrer, vn. *et* a. faire la manœuvre.

Manœuvrier, sm. qui manœuvre.

Manoir, sm. demeure.

Manomètre, sm. instr. pour mesurer la densité de l'air.

Manouvrier, sm. ouvrier à la journée.

Manque, sm. défaut. ad. faute de

Manquement, sm. omission.

Manquer, vn. *et* a. être de moins; ne pas être à sa place; faillir; avoir faute de; négliger, offenser; ne pas trouver; laisser échapper.

Mansarde, sf. toit à comble plat; logement sous ce toit.

Mansuétude, sf. bonté.

Mante, sf. grand voile noir; habit claustral; insecte.

Manteau, sm. vêtement ample; salle de cheminée. [bla.

Mantelé, a. qui a un mantelet.

Mantelet, sm. sorte de manteau; anc. machine de guerre.

Mantelure, sf. poil d'une autre couleur au dos d'un chien.

Mantille, sf. mantelet.

Manucode, sm. oiseau de paradis

Manuel, le, a. qui se fait avec la main. sm. livre portatif.

Manuellement, ad. de la main à la main.

Manufacture, sf. fabrication de certains ouvr.; lieu où on les fabrique.

Manufacturer, va. fabriquer.

Manufacturier, sm. maitre, ouvr. d'une manufacture.

Manumission, sf. affranchissement.

Manuscrit, a. écrit à la main. sm. livre écrit à la main.

Manutention, sf. maintien; boulangerie militaire.

Mappemonde, sf. carte géographique des deux hémisphères. [ches aux jambes.

Maquereau, sm. poisson. pl. taches aux jambes.

Maquette, sf. modèle informe. *sculpt.*

Maquignon, sm. marchand de chevaux; qui les troque. *fig.* intrigant.

Maquignonnage, sm. métier de maquignon.

Maquignonner, va. intriguer pour vendre (un cheval, etc.)

Marabou, sm. espèce de cigogne des Indes; ses plumes.

Marabout, sm. prêtre turc; co-quemar.

Maraîcher, sm. cultivateur de

Marais, sm. terre abreuvée d'eau dormante; terrain planté en légumes. [méd.

Marasme, sm. consomption.

Marasque, sf. esp. de petite cerise.

Marasquin, sm. liqueur. [cruelle

Marâtre, sf. belle-mère; mère

Maraud, s. coquin; impudent.

Maraude, sf. vol fait par des soldats. [raude.

Marauder, vn. aller en ma-

Maraudeur, sm. qui maraude.

Maravédis, sm. petite monnaie d'Espagne.

Marbre, sm. pierre calcaire; par extension, pl. ouvrages en marbre.

Marbré, a. couleur de marbre.

Marbrer, va. imiter le marbre par la peinture.

Marbrerie, sf. métier de scier et de polir le marbre; emploi du marbre.

Marbreur, euse, s. qui marbre.

Marbrier, sm. qui travaille le marbre. [bre.

Marbrière, sf. carrière de mar-

Marbrure, sf. imitation du marbre.

Marc, sm. (mar) poids de huit onces; reste des fruits pressés ou bouillis.

Marcassin, sm. petit de la laie.

Marcassite, sf. sorte de pyrite.

Marcescent, e, a. qui sèche sur la tige. bot.

Marchand, s. qui vend ou achète. a. vendable; (rivière) navigable; (ville) de commerce. [tre un prix; hésiter.

Marchander, va. et n. débat-

Marchandise, sf. denrée, chose dont on fait trafic.

Marche, sf. action de marcher. fig. progression des idées dans un ouvrage; air de musique pour la marche; degré (d'escalier); etc.

Marché, sm. lieu public où l'on vend; vente; convention.

Marchepied, sm. marche pour poser les pieds; petit escalier portatif. fig. moyen de parvenir.

Marcher, vn. aller d'un lieu à un autre. fig. avancer. sm. manière de marcher.

Marcheur, euse, s. qui marche.

Marcotte, sf. branche couchée en terre pour s'enraciner.

Marcotter, va. coucher les marcottes.

Mardi, sm. troisième jour de la semaine. — gras, dernier jour du carnaval.

Mare, sf (â) eau stagnante et bourbeuse; houe de vigneron; auge pour écraser les olives.

Marécage, sm. terre bourbeuse.

Marécageux, se, a. de marécage.

Maréchal, s. qui ferre les chevaux. — de logis, sous-officier. — de camp, officier supérieur. — de France, officier de la couronne.

Maréchale, sf. femme d'un maréchal de France.

Maréchalerie, sf. art du maréchal ferrant. [gendarmerie.

Maréchaussée, sf. connétablie;

Marée, sf. flux et reflux; le poisson de mer.

Marelle, sf. jeu d'enfant. [mare.

Marer, va. labourer avec la

Mareyeur, sm. marchand de marée. [léphant.

Marfil, ou Morfil, sm. dent d'é-

Margay, sm. quadrupède carnassier.

Marge, sf. blanc autour d'une page; bord. fig. latitude pour agir.

Margelle, sf. rebord d'un puits.

Marger, va. compasser les marges.

Marginal, a. en marge; au bord.

Marginer, va. écrire sur la marge.

Margot, sf. nom donné à la pie; sm. oiseau de mer.

Margouillis, sm. gâchis, embarras.

Margrave, sm. titre de prince en Allemagne. [margrave.

Margraviat, sm. dignité de

Marguerite, sf. perle. v. et Reine-Marguerite, fleur.

Marguillerie, sf. charge de

Marguillier, sm. qui régit l'œuvre et la fabrique d'une paroisse.

Mari, sm. époux. [roisse.

Mariable, a. en état d'être marié.

Mariage, sm. union légale de l'homme et de la femme; célébration des noces.

Marié, s. qui vient d'être marié.

Marier, va. et p. unir par mariage. fig. joindre deux choses. [riages.

Marieur, se, s. qui fait des ma-

Marin, a. qui appartient à la mer. sm. homme de mer

Marinade, sf. friture de viande marinée.

Marine, sf. navigation sur mer; les marins; les navires; vue de la mer. peint.

Mariné, a. avarié; à queue de poisson. bla.

Mariner, va. assaisonner du poisson pour le conserver, des viandes pour les rendre plus tendres.

Maringouin, sm. moucheron d'Amérique. [bateaux.

Marinier, sm. qui conduit des

Marionnette, sf. petite figure mobile. [meur charmue.

Marisque, sf. grosse figue; tu-

Marital, e, a. du mari.

Maritalement, ad. en mari.

Maritime, a. de la mer; qui en est près. [tie fa.

Maritorne, sf. femme mal bâtie

Marivaudage, sm. manière d'écrire reprochée à Marivaux.

Marjolaine, sf. plante labiée.

Marjolet, sm. jeune fat. [fa.

Marmaille, sf. petits enfants.

Marmelade, sf. fruits très-cuits.

Marmite, sf. vase pour faire bouillir.

Marmiteux, se, a. et s. piteux. fa.

Marmiton, sm. valet de cuisine.

Marmonner, va. et n. murmurer.

Marmot, sm. singe; figure grotesque; petit garçon. Croquer le marmot, attendre longtemps. fa.

Marmotte, sf. quadrupède; petite fille. fa. coiffure de femme. [entre ses dents.

Marmotter, va. et n. parler

Marmouset, sm. figure grotesque; petit homme.

Marnage, sm. act. de marner.

Marne, sf. esp. de terre calcaire mêlée d'argile. [marne.

Marner, va. répandre de la

Marneux, se, a. qui est de la nature de la marne. [la marne.

Marnière, sf. lieu d'où se tire

Maronite, sm. sectaire.

Maroquin, sm. peau de chèvre apprêtée. [maroquin.

Maroquiner, va. façonner en

Maroquinerie, sf. art du

Maroquinier, sm. qui maroquine.

Marotique, a. se dit du vieux langage imité de Cl. Marot.

Marotte, sf. sceptre de la folie. fig. et fa. manie.

Maroufle, sm. fripon; rustre.

Marquant, a. qui se fait remarquer.

Marque, sf. ce qui désigne; empreinte; instrument avec lequel on la fait; tache; trace; distinction; indice; témoignage; chiffres; jeton.

Marqué, a. flétri. jur. timbré.

Marquer, va. et n. mettre une marque; spécifier; indiquer.

Marqueter, va. tacheter.

Marqueterie, sf. ouvrage d'ébéniste. [marqueterie.

Marqueteur, sm. ouvrier en

Marquette, sf. pain de cire vierge.

Marqueur, euse, s. qui marque.

Marquis, s. autrefois garde de frontière, aujourd'hui titre de dignité.

Marquisat, sm. terre de marquis.

Marquise, sf. femme d'un marquis ; sorte de tente, d'ombrelle.

Marquoir, sm. instr. de tailleur; canevas pour apprendre à marquer.

Marraine, sf. celle qui tient un enfant sur les fonts.

Marri, a. fâché. v.

Marron, sm. fruit ; boucle de cheveux; imprimé fortif; petard. a. (nègre) fugitif de la couleur du marron.

Marronnage, sm. état d'un esclave fugitif.

Marronner, va. friser en marrons. vn. murmurer sourdement. fa.   [bre.

Marronnier; — d'Inde, sm. ar-
Marrube, sm. plante labiée.

Mars, sm. (s) dieu de la guerre; planète;le fer. chim.troisième mois de l'année. pl. les menus grains semés au mois de mars.

Marseillaise, sf. chant républicain propagé par les fedérés marseillais.

Marsouin, sm. cétacé ; t. de mépris. pop. |quadrupèdes.

Marsupiaux, sm. pl. genre de
Marte. V. Martre.

Marteau, sm. outil de fer pour battre ; heurtoir de porte.

Martel, sm. marteau. v. Martel en tête, souci.

Martelage, sm. marque sur les arbres à couper.

Marteler, va. et n. battre avec le marteau. fig. donner du souci ; se—, se tourmenter.

Martelet, sm. petit marteau.

Marteleur, sm. ouvrier qui bat avec le marteau.

Martial, s. (ci) guerrier ; ferrugineux. chim. sf. pl. fêtes de Mars.

Martinet, sm. sorte d'hirondelle; chandelier; marteau de forge ; discipline de cordes.

Martin-pêcheur, oiseau aquatiq.

Martingle, sf. courroie. t. de manège, de jeu.|martinistes.

Martinisme, sm. croyance des
Martiniste, s. illuminé.

Martin-sec, sm. poire d'automne.   [rure.

Martre,sf. quadrupède ; sa four-

Martyr, e, s. qui souffre la mort pour la foi.

Martyre, sm. mort ; tourments de martyr; peine d'amour.

Martyriser, va. faire souffrir le martyre. fig. tourmenter.

Martyrologe, sm. catalogue des martyrs.

Marum, sm. (om) plante aromatique.

Maryland, sm. sorte de tabac.

Mascarade, sm. déguisem. en masque;troupe de gens masqués. |ronde.

Mascaret, sm. reflux sur la Gi-

Mascarille, sf. esp. de champignon.

Mascaron, sm. tête grotesque. arch. |genre masculin.

Masculin, a. du mâle s.m. le

Masculinité, sf. caractère de mâle.

Masque, sm. faux visage de carton ; personne masquée. fig. fausse apparence.

Masquer, va. et p. mettre un masque ; cacher ; déguiser.

Massacrante, af. (humeur) grondeuse, menaçante.

Massacre, sm. carnage ; mauvais ouvrier. fa.

Massacrer, va. tuer des hommes sans défense; gâter. fa.

Massacreur, sm. qui massacre.

Massage, sm. act. de masser.

Masse, sf. amas; corps solide, informe ; totalité; fonds d'argent; massue; t. de billard. pl. t. de peint.

Massepain,sm. sor. de pâtisserie

Masser, va. (a bref) pétrir les membres pour les assouplir; disposer les masses d'un tableau.

Massette, ou masse d'eau. sf. plante aquatique.

Massicot, sm. oxyde jaune de plomb.   [masse.

Massier, sm. off. qui portait la

Massif, ve, a. sans creux; au *pr.* et au *fig.* épais, lourd, grossier. sm. t. de maçon, de jardinier.   [lourde.

Massivement, ad. d'une man.

Massorah ou Massore, sf. critique de la Bible.

Massorètes, sm. pl. édit. de la Bible.

Massorétique, a. de la massore.

Massue, sf. sorte de bâton noueux, plus gros par un bout que par l'autre.   [colle.

Mastic, sm. sorte de gomme;

Mastication, sf act. de mâcher.

Masticatoire, sm. drogue que l'on mâche.

Mastigadour, sm. esp. de mors.

Mastiquer, va. coller avec du mastic.   [quadrupèdes.

Mastodontes, sm. pl. genre de

Mastoïde, a. en forme de mamelon.

Mastoïdien, enne, a. qui a rapport à l'apophyse mastoïde.

Masturbation, sf. action de se

Masturber, vp. abuser de soi-même.   [des.

Masulipatam, sm. toile des Indes.

Masure, sf. maison en ruine.

Mat, a. (t) sans éclat; lourd, compacte; sm. la couleur mate; t. du jeu d'échecs.

Mât, sm. (*ma*) grande pièce de bois qui porte les voiles.

Matador, sm. en Espagne, celui qui combat et tue le taureau. *fig.* homme riche. *fa.*

Mâtage, sm. placement des mâts dans un vaisseau.

Matamore, sm. fanfaron.

Matassins, sm. pl. anc. danse bouffonne; ceux qui la dansaient.

Matelas, sm. enveloppe de toile remplie de laine pour un lit; coussin piqué.

Matelasser, va. garnir de matelas.

Matelassier, ière, s. qui fait des matelas.

Matelot, sm. homme de mer qui sert à la manœuvre; vaisseau.   [matelot.

Matelotage, sm. art, salaire du

Matelote, sf. mets de poissons. *A la matelote*, ad. à la façon des matelots.

Mater, va. aux échecs, faire mat; mortifier.   [ser.

Mâter, va garnir de mâts; dres-

Mâtereau, sm. petit mât.

Matérialiser, va. n'admettre que la matière.

Matérialisme, sm. système du

Matérialiste, s. qui n'admet que la matière.   [qui est matière.

Matérialité, sf. qualité de ce

Matériaux, sm pl. ce qui sert à bâtir, à composer un ouvrage d'esprit.

Matériel, le, a. formé de matière; grossier; lourd. sm. ensemble des ustensiles, des outils d'une exploitation.

Matériellement, ad. t. didacq. même sens.

Maternel, le, a. de la mère; (langue), de son pays. [mère.

Maternellement, ad. en bonne

Maternité, sf. qualité de mère.

Mathématicien, s. qui sait les mathématiques.

Mathématique, a. des mathématiques. *fig.* exact; rigoureux.

Mathématiquement, ad. selon les règles des mathématiques.

Mathématiques, sf. pl. (science) des grandeurs.

Matière, sf. substance; excréments; sujet; occasion; cause; déjection; *en matière de*, loc. adv. en fait de.

Matin, sm. *et* ad. première partie du jour.

Mâtin, sm. gros chien.

Matinal, e, pl. als. du matin; qui se lève matin.

Mâtineau, sm. petit mâtin.

Matinée, sf. depuis le point du jour jusqu'à midi.

Mâtiner, va. se dit d'un mâtin qui couvre une chienne.

Matines, sf. pl. première partie de l'Office.

Matineux,se,a qui se lève matin

Matinier,ère,a.(étoile)du matin.

Matir, va. rendre mat. orf.

Matois, a. et sm. rusé. fa.

Matoiserie, sf. fourberie. fa.

Matou, sm. chat entier.

Matras, sm. vase de chimie.

Matricaire, sf. plante officinale.

Matrice, sf. partie où l'enfant se forme; moule; étalons des poids et mesures, etc.

Matriculaire, a. inscrit sur la

Matricule, sf. registre; liste.

Matrimonial, a. du mariage. pl. aux.

Matrone, sf. sage-femme. pal. dame. ant.

Matte, sf. subst. métallique qui n'a subi qu'une première fonte.

Maturatif, ve,—rant, a. qui fait suppurer. [rité.

Maturation, sf. degré de matu-

Mâture, sf. les mâts; art de mâter. [est mûr.

Maturité, sf. qualité de ce qui

Matutinal, e, a. du matin.

Maudire, va. faire des imprécations; réprouver.

Maudit, a.mauvais.sm.réprouvé

Maugré, ad. malgré pop.

Maugréer, vn. pester. pop.

Mausolée, sm. tombeau décoré; catafalque.

Maussade, a. désagréable; mal-fait. [grâce.

Maussadement, ad. de mauv.

Maussaderie, sf. même sens.

Mauvais, a. et s. qui n'est pas bon; au physique et au moral, incommode, nuisible, dangereux. S'emploie adverbialement: Cela sent mauvais.

Mauve, sf. plante officinale.

Mauviette, sf. sorte d'alouette.

Mauvis, sm. petite grive.

Maxillaire, a.qui appartient aux mâchoires.(sert de principe.

Maxime, sf. proposition qui

Maximum, sm. (om) le plus haut degré; taux.

Mazette, sf. mauvais cheval; joueur maladroit. [moi.

Me, pron. de la 1re personne;

Mé, particule qui, jointe à certains mots. tantôt leur donne un sens négatif, tantôt signifie mal. Devant une voyelle, mé se change en més.

Méandre, sm. sinuosités de rivière. fig. et poét.

Méat, sm. conduit. anat.

Mécanicien, sm. qui sait la

Mécanique, sf. science des lois du mouvement. a. (travail) de la main. [mécanique.

Mécaniquement, ad.d'une façon

Mécanisme, sm. structure mécanique; act. des causes mécaniques [tres et des arts.

Mécène, sm. protecteur des let-

Méchamment, ad. avec

Méchanceté, sf. penchant au mal; action méchante.

Méchant, a. et s. mauvais; qui fait du mal; sans capacité; chétif.

Mèche, sf coton de lampe, etc.; amadou; pointe pour forer.

Mécher, va. (un tonneau) le soufrer. [fig. déception.

Mécompte, sm.erreur de calcul.

Mécompter (se), vp. se tromper.

Méconique, a. se dit d'un acide extrait de l'opium.

Méconium, sm. (om) excrément d'un nouveau né; suc de pavot

Méconnaissable, a. qu'on reconnaît avec peine. [tude. v.

Méconnaissance, sf. ingrati-

Méconnaissant, a. ingrat.

Méconnaître, va. et p. ne pas reconnaître; ne pas apprécier, désavouer. se —, vp. s'oublier. [pl. factieux.

Mécontent, a. et s. non satisfait.

Mécontentement,sm. déplaisir.

Mécontenter, va. rendre mécontent. [matière de religion.

Mécréant, sm. incrédule en

Médaille, sf. pièce de métal frappée en mémoire d'une action, d'un personnage.

Médaillier, sm. cabinet de médailles. [les médailles.

Médailliste, sm. qui connaît

Médaillon, sm. grande médaille; sorte de bijou.

Médecin, sm. qui exerce la

Médecine, sf. art de guerir; potion.

Médeciner, va. donner des médecines. fa.

Médiaire, a. placé au milieu.

Médial, e, pl. aux a. s. au milieu d'un mot. gram.

Médian, a. qui est au milieu.

Médianoche, sm. repas en gras qui se fait après minuit.

Médiante, sf. tierce au-dessus de la tonique.

Médiastin, sm. cloison membraneuse de la poitrine.

Médiat, a. qui ne touche que par intermédiaire.

Médiatement, ad. m. s. [sm. jeu.

Médiateur, trice, s. conciliateur

Médiation, sf. intervention.

Médiatiser, va. faire qu'un prince, un pays en Allemagne, ne relève plus immédiatement de l'Empire.

Médical, e, a. de la médecine.

Médicament, sm. remède intérieur ou extérieur.

Médicamentaire, a. des médicaments.

Médicamenter, va. et p. administrer des médicaments.

Médicamenteux, se, a. qui a la vertu d'un médicament.

Médication, sf. mode de traitement; son résultat.

Médicinal, a. qui sert de remède.

Médimne, sm. mesure grecque.

Médiocre, a. entre le grand et le petit, le bon et le mauvais.

Médiocrement, ad. d'une façon médiocre.

Médiocrité, sf. qualité de ce qui est médiocre.

Médire, vn. dire du mal sans nécessité.

Médisance, sf. action du

Médisant, a. et s. qui médit.

Méditatif, ve, a. et s. porté à méditer. [l'esprit; écrit.

Méditation, sf. application de

Méditer, va. et n. délibérer en soi-même; former un plan.

Méditerranée, a. et sf. (mer) au milieu des terres.

Méditerranéen, ne, a. qui appartient à la Méditerranée.

Médium, sm. (om) milieu; medius, le doigt du milieu. [doc.

Médoc, sm. caillou; vin de Médullaire, a. de la moelle.

Meeting, sm. réunion populaire pour disserter sur un sujet politique.

Mi fait, sm. mauvaise act. v

Méfiance, sf. soupçon en mal.

Méfiant, a. qui se méfie.

Méfier (se), vp. ne pas se fier.

Mégarde, sf. inattention.

Mégascope, sm. instr. qui fait voir les objets en grand.

Mégère, sf. furie; femme méchante. [peaux.

Mégie, sf. man. de préparer les

Mégir, va. préparer en blanc les peaux de mouton, etc.

Mégisserie, sf. métier du

Mégissier, s. qui prép. les peaux.

Meigle, sf. sorte de pioche.

Meilleur, a. et sm. préférable; moins mauvais.

Mélancolie, sf. tristesse; habitude de la rêverie.

Mélancolique, a. et s. enclin à la mélancolie.

Mélancoliquement, ad. m. s.

Mélange, sm. résultat de choses mêlées. pl. recueil de pièces de littérature.

Mélanger, va. faire un mélange.

Mélasse, sf. résidu du sucre raffiné.

Mêlée, sf. combat. fig. et fa. bagarre; dispute.

Mêler, va. *et* p. brouiller diverses choses; unir; s'entremettre.

Mélèze, sm. arbre toujours vert.

Mélianthe, sf. plante rutacée.

Melier, sm. sorte de raisin blanc.

Mélilot, sm. plante officinale.

Mélisse, sf. plante aromatique

Mellifères, sm. pl. famille d'insectes.

Mellification, sf. action, manière de faire le miel.

Mélodie, sf. résultat harmonieux d'une suite de sons; douceur, charme de la voix.

Mélodieusement, ad. avec mélodie. [lodie.

Mélodieux, se, a. plein de mélodie.

Mélodrame, sm. drame mêlé de musique.

Mélographie, sf. art de noter.

Mélomane, s. qui a la

Mélomanie, sf. passion de la musique.

Melon, sm. plante cucurbitacée; son fruit. [tive les melons.

Melonnière, sf. lieu où l'on cultive

Mélopée, sf. déclamation notée

Méloplaste, sm. tableau représentant une portée de musiq.

Membrane, sf. enveloppe, *anat.*

Membraneux, se, a. de la membrane.

Membre, sm. chaque partie extérieure du corps, à l'exception de la tête; chacune des personnes d'un corps politique, d'une famille, d'une société; partie d'une phrase.

Membré, e, a. bien—, qui a les membres bien faits.

Membru, a. qui a les membres gros. *fa.* [men.

Membrure, sf. mesure; t. de

Même, a. qui n'est pas autre. ad. encore.

Mêmement, ad. même. *v.*

Memento, sm. i. (min) marque pour se souvenir. *fa.*

Mémoire, sf. faculté de se souvenir; réputation après la

mort. m. instruction; facture. pl. relations historiques.

Mémorable, a. digne de mémoire. [vient. *fa.*

Mémoratif, ve, a. qui se souvient.

Mémorial, sm. placet. pl. *aux.* registres de la chambre des comptes.

Menaçant, a. qui

Menace, sf. parole ou geste pour inspirer la crainte.

Menacer, va. faire des menaces.

Ménade, sf. bacchante.

Ménage, sm. gouvernement domestique; meubles; famille; économie. [nue.

Ménagement, sm. égards; retenue.

Ménager, va. *et* n. dépenser peu; procurer; préparer, traiter avec ménagements. se —, vp. se soigner.

Ménager, ère, a. *et* s. qui épargne, qui soigne le ménage.

Ménagerie, sf. loges d'animaux.

Mendiant, s. qui mendie. *Quatre mendiants*, moines; fruits secs.

Mendicité, sf. état de mendiant.

Mendier, va. demander l'aumône; rechercher bassement.

Meneau, sm. traverse de croisée.

Ménechme, sm. personne qui ressemble parfaitement à une autre.

Menée, sf. intrigue; t. de vén.

Mener, va. conduire; voiturer.

Ménestrel, sm. ancien poëte et musicien ambulant.

Ménétrier, sm. joueur d'instr. dans les campagnes.

Meneur, euse, s. qui mène; émeutier.

Méniane, sf. petite terrasse ou balcon en avant-corps. *arch.*

Ményanthe, sm. plante aquat.

Menin, sm. l'un des six gentilshommes qui accompagnaient le dauphin. [cerveau.

Méninge, sf. membrane du

Méningite, sf. inflammation des méninges.

Ménisque, sm. verre convexe. *opt.*

Ménologe, sm. calendrier grec.

Menon, sm. esp. de chèvre.

Menotte, sf. petite main. pl. fers aux mains.

Mensal, a. mensuel, de la table.

Mense, sf. table. r. revenu, etc.

Mensonge, sm. discours tromp.

Mensonger, a. faux ; trompeur.

Mensongerement , adv. d'une man. mensongère.

Menstruation, sf. flux de

Menstrue, sf. dissolv. *chim.* pl. évacuation périodique des femmes.

Menstruel, le, a. des menstrues.

Mensuel, a. qui se fait tous les mois. [mois.

Mensuellement, adv. tous les

Mensurabilité, sf. qualite de ce qui est

Mensurable, a. mesurable.

Mental, a. de l'esprit, qui se fait en esprit. alienation —, folie.

Mentalement, ad. dans son esp.

Menterie, sf. mensonge. *fa.*

Menteur, euse, a. et s. qui ment.

Menthe, sf. plante aromatique.

Mention, sf. commémoration.

Mentionner, va. faire mention. *pra.*

Mentir, vn. dire un mensonge.

Menton, sm. partie infer. du visage.

Mentonnière, sf. bande de toile qui enveloppe le menton.

Mentor, sm. (*min*) guide ; gouverneur.

Menu, a. délié ; peu gros ; peu important. ad. en petits morceaux. sm. détail d'un repas.

Menuaille, sf. petites choses.

Menuet, sm. danse grave ; son air. [rer ; petits poissons.

Menuise, sf. petit plomb à ti-

Menuiser, va et n. travailler en

Menuiserie, sf. art du

Menuisier, sm. qui travaille en bois pour l'intér. des maisons

Menus plaisirs, sm. pl. dépense d'amusement.

Méphitique, a. du [malfaisante.

Méphitisme , sm. exhalaison

Meplat, sm. indication des plans. *peint.* a plus épais que large.

Méprendre (se), vp. se tromper.

Mépris, sm. mésestime. *Avec mépris.* ad. sans égard.

Méprisable, a. digne de mépris.

Méprisant, a. qui marque du mépris. [tance.

Méprise, sf. erreur, inadver-

Mépriser, va. avoir du mépris.

Mer, sf. eau qui environne la terre. *fig.* grande quantité.

Mercantile, a. commercial. (en mauvaise part.)

Mercantilement , adv. d'une manière mercantile.

Mercelot, sm. marchand mercier ambulant.

Mercenaire, a. qui ne fait ou ne se fait que pour de l'argent ; homme aisé à corrompre.

Mercenairement, ad. m. s.

Mercerie , sf. marchandises de mercier.

Merci, sf. sans pl. miséricorde. v. sm et ad. remerciement. *fa. A la —* ad. à la discrétion.

Mercier, ère, s. marchand de fil, de ruban, etc.

Mercredi, sm. quatrième jour de la semaine.

Mercure, sm. dieu du commerce. etc. planète ; vif-argent ; entremetteur ; sorte de recueil périodique.

Mercuriale, sf. plante ; réprimande. pl. fêtes de Mercure ; prix des grains au marché.

Mercuriel, le, a. qui contient du mercure.

Mercurification, sf. action d'extraire le mercure. *alch.*

Merde, sf. excrément. *bas.*

Merde-d'oie, a. et sm. i. vert jaunâtre. [*bas.*

Merdeux, se, a. souillé de merde.

Mère, sf. femme qui a un ou plusieurs enfants ; femelle qui a des petits ; professe. *fig.* cause principale.

Méreau, sm. sorte de jeton pour prouver la présence au chœur.

Méridien, a. du midi. sm. cercle de la sphère. f. ligne dans le plan du méridien. t. de gnomonique; sommeil après dî- [ner.

Méridional, e, a. du midi.

Meringue, sf. pâtisserie légère.

Mérinos, sm. (s) mouton d'Espagne; étoffe faite avec sa [laine.

Merise, sf. fruit du

Merisier, sm. cerisier des bois.

Méritant, e, a. qui a du mérite.

Mérite, sm. bonnes qualités. pl. bonnes œuvres.

Mériter, va. et n. se rendre digne de. [pense.

Méritoire, a. digne de récom-

Méritoirement, ad. m. s.

Merlan, sm. poisson; garçon perruquier. pop.

Merle, sm. oiseau. loc. fa. Fin —, homme adroit.

Merlette, sf. oiseau sans bec. bla.

Merlin, sm. cordage; outil; massue.

Merlon, sm. partie du parapet.

Merluche, sf. morue sèche.

Mérovingiens, sm. pl. race de Mérovée, roi de France.

Merrain, sm. planchette de chêne.

Merveille, sf. chose rare ou admirable. A merveille, ad. parfaitement. [veille.

Merveilleusement, ad. à mer-

Merveilleux, se, a. admirable. sm. tout ce qui étonne; petit-maître. [mon.

Mes, pl. de l'adjectif possessif

Mésalliance, sf. mariage avec une personne de condit. infer.

Mésallier, va. et p. faire une mésalliance; déroger.

Mésange, sf. petit oiseau.

Mésarriver, vn. et imp. en arriver mal. [river.

Mésavenir, vn. et imp. mésar-

Mésaventure, sf. accident fâch.

Mésentère, sm. membrane des intestins.

Mésentérique, a. du mésentère.

Mésentérite, sf. inflammation du mésentère. [l'estime.

Mésestime, sf. privation de

Mésestimer, va. n'estimer pas.

Mésintelligence, sf. désunion; brouillerie.

Mesmérisme, sm. doctrine de Mesmer sur le magnétisme animal. [la valeur.

Mésoffrir, vn. offrir moins que

Mesquin, a. chiche; pauvre; de mauvais goût.

Mesquinement, ad. m. s.

Mesquinerie, sf épargne sordide

Message, sm. charge de dire ou de porter; communication officielle.

Messager, s qui fait un message

Messagerie, sf. emploi de messager; voiture publique.

Messaline, sf. toile d'Égypte; femme dissolue.

Messe, sf. sacrifice divin des catholiques. [séance.

Messé née, sf manque de bien-

Messéant, a. inconvenant.

Messéenne, sf. élégie.

Messeoir, vn n'être pas séant. v.

Messer, sm. (er) messire. v.

Messidor, sm. dixième mois de l'année républicaine.

Messie, sm. le Christ promis.

Messier, sm. gardien des fruits mûrs. [Monsieur.

Mes ieurs, sm. (r muet) pl. de

Messire, sm. titre d'honneur. Messire-Jean, poire.

Mestre-de-camp, sm. colonel de cavalerie. sf. première compagnie. mil. [surer.

Mesurable, a. qui peut se me-

Mesurage, sm. act. de mesurer.

Mesure, sf. règle pour mesurer. au fig précaution, moyen. t. de musique et de poésie. A mesure. ad. à proportion.

Mesuré, a. prudent; réglé.

Mesurer, va. déterminer une quantité. fig. proportionner. vp. lutter.

Mesureur, sm. qui mesure.

Mésuser, vn. abuser. [rique.
Métabole, sf. figure de rhéto-
Métacarpe, sm. deuxième par-
tie de la main. [carpe.
Métacarpien, a. sm. du méta-
Métachronisme, sm. sorte d'ana-
chronisme.
Métail, sm. composition métal-
Métairie, sf. ferme. [lique.
Métal, sm. sorte de substance
minérale. pl. aux, l'or et l'ar-
gent. bla. [rique.
Métalepse, sf. figure de rhéto-
Métalleité, sf. propriété des
métaux. [métal.
Métallifère, a. qui contient du
Métallique, a. du métal. sf. mé-
tallurgie. Science —, des mé-
taux.
Métallisation, sf. formation des
metaux; action de
Métalliser, va. donner la forme
metallique. [metaux.
Métallographie, sf. descrip. des
Métalloïde, a. s. qui ressemble
à un métal.
Métallurgie, sf. art de tirer et
de travailler les metaux.
Métallurgique, a. de la métal-
lurgie.
Métallurgiste, sm. qui s'occupe
de métallurgie. [tion.
Métamorphose, sf. transforma-
Métamorphoser, va. et p. chan-
ger de forme.
Métaphore, sf. fig. de rhétoriq.
Métaphorique, a. de la métaph.
Métaphoriquement, ad m. s.
Métaphrase, sf. traduction lit-
térale. [littéralement.
Métaphraste, sm. qui traduit
Métaphysicien, s. qui sait la
Métaphysique, a. et sf. (science)
des idées.
Métaphysiquement, ad. m. s.
Métaphysiquer, vn. parler d'une
manière abstraite.
Métaplasme, sm. altération
d'un mot.
Métastase, sf. sorte de crise.
méd. [du pied.
Métatarse, sm. deuxième partie

Métatarsien, ne, a. du méta-
tarse. [d'une lettre. gra.
Métathèse, sf. transposition
Metayer, sf. fermier. [mêlés.
Méteil, sm. froment et seigle
Metempsycose, sf. passage sup-
pose de l'âme dans un autre
corps après la mort.
Méteore, sm. phénomène at-
mosphérique.
Météori ne, a. des météores.
Météorisé, a. (ventre) enflé par
des gaz. méd. météores.
Météorologie, sf. science des
Météorologique, a. m. s.
Methode, sf. règle; usage;
or re. [thode.
Méthodique, a. qui a de la mé-
Methodiquement, ad. avec mé-
thode.
Méthodisme, sm. système du
Méthodiste, s. sectaire.
Meticuleux, se, a. craintif.
Metier, sm. profess. d'artisan;
machine. [deux espèces.
Metis, sse, (s) a. et s. né de
Métonomasie, sf. traduct. de
nom. [torique.
Métonymie, sf. figure de rhé-
Metope, sf. intervalle des tri-
glyphes. [physiognomonique
Metoposcopie, sf. divination
Mètre, sm. pied de vers, me-
sure de longueur. [tres.
Mètrer, va. mesurer par mè-
Metrete, sf. ancienne mesure.
Metrique, a. de mètre. sf. pro-
sodie. [sures.
Metrologie, sf. traité des me-
Metromane, s. qui a la
Metromanie, sf. manie de faire
des vers.
Métromètre, sm. instr. pour ré-
gler la mesure d'un air.
Métronome, sm. instr. propre
à mesurer le temps musical.
Metropole, a. et sf. (ville) prin-
cipale.
Métropolitain, e, a. archiépisco-
pal. sm. archevêque. [manger.
Mes s, sm. ce qu'on sert pour
Me table, a. qu'on peut mettre.

Metteur (en œuvre), sm. qui monte les pierreries; (en pages) qui met en pages la composition. *imp.*

Mettre, va. poser. — *au fait,* instruire. vp. s'habiller; se *mettre à quelque chose,* s'en occuper. [meubler.

Meublant, a. qui est propre à

Meuble, a. mobile. sm. ce qui meuble. [cessaires.

Meubler, va. garnir des ust. né-

Meule sf. cylindre pour broyer, pour aiguiser; pile de foin, etc.

Meulière, sf. (pierre) à meules de moulin, moellon, carrière.

Méum ou Meon, sm. plante officin. [un moulin à blé.

Meunier, ère, s. qui gouverne

Meurtre, sm. homicide; dommage.

Meurtrier, a. *et* s. qui a commis un meurtre. sf. ouverture. *fort.*

Meurtrir, va. tuer. *v.* faire une contusion; froisser.

Meurtrissure, sf. contusion.

Meute, sf. troupe de chiens de chasse.

Mévendre, va. faire une

Mévente, sf. vente à vil prix.

Mezzo-termine, sm. i. (ue) parti moyen pour concilier. *italien.*

Mezzo-tinto, sm. estampe en man. noire. *italien.*

Mi, partic. indécl. demi, sert à marquer une chose partagée; *mi-août, mi-carême,* à *mi-jambe,* etc. sm. note de mus.

Miasmatique, a. qui contient ou produit des miasmes.

Miasmes, sm. pl. vapeurs délé-

Miaulant, a. qui miaule. [tères.

Miaulement, sm. cri du chat.

Miauler, vn. crier. se dit du chat.

Mica, sm. minéral brillant.

Micacé, a. qui est de la nature du mica. [ceau de mie.

Miche, sf. petit pain; gros mor-

Micmac, sm. intrigue. *fa*

Micocoulier, sm. arbre exotique.

Microcosme, sm. monde en abrégé.

Micrographie, sf. description d'objets microscopiques.

Micromètre, sm. instr. d'astr.

Microphylle, a à petites feuilles.

Microscope, sm. inst. d'opt. qui gro sit. [cope.

Microscopique, a. du micros-

Mi-denier, sm. moitié des frais. *pal.*

Midi, sm. milieu du jour; sud; pays méridionaux. [pouse.

Mi-douaire, sm. pension à l'é-

Mie, sf. partie molle du pain; abréviation fam. d'amie.

Miel, sm. suc doux des abeilles.

Miellat, sm. miel des feuilles.

Mielleux, se, a. qui tient du miel; fade; doucereux.

Miellure, sf. gomme sucrée des feuilles.

Mien, ne, pr. pos. qui est à moi. sm. mon bien. pl. mes proches.

Miette, sf. parcelle de pain, etc.

Mieux, ad. comparatif. plus parfaitement; plus. a. *et* sm. meilleur.

Mièvre, a. vif; remuant. *fa.*

Mièvrerie, Mièvreté. sf. espièglerie.

Mignard, a. mignon. *v.* gentil.

Mignardement, ad. délicatement

Mignarder, va. dorloter.

Mignardise, sf. délicatesse des traits; affectation de gentillesse; œillet de petite espèce.

Mignon, ne, a. *et* s. délicat; bien-aimé. sf. caract. d'*imp.*

Mignonnement, ad. délicatement.

Mignonnette, sf. dentelle; sorte de petit œillet; poivre concassé.

Mignoter, va. délicater. *pop.*

Mignotise, sf. flatterie. *fa.*

Migraine, sf. grand mal de tête. [breuse.

Migration, sf. émigration nom-

Mijaurée, sf. femme à prétentions. *mép.*

Mijoter, va. faire cuire doucement; mignoter. *fa.*

Mil, a. num. abréviation de mille ; l'an *mil huit cent soixante.* [mince.

Mil, Millet, sm. plante graminée.

Milady, sf. femme d'un lord.

Milan, sm. oiseau de proie.

Milanaise, sf. ouvr. ge soie et or.

Milaneau, sm. petit milan.

Miliaire, a. qui ressemble à des grains de millet: *fievre miliaire.*

Milice, sf. art de la guerre; soldatesque ; nouv. recrues.

Milicien, sm. soldat de milice.

Milieu, sm. centre d'un lieu, etc.

Militaire, a. de la guerre sm. homme de guerre. [m litaire.

Militairement, ad. d'une man.

Militante, af. église), les fidèles.

Militer, vn. combattre. *pal.*

Mille, a. num i. *l)* dix fois cent. sm. mesure itinéraire.

Mille-feuille, sf. plante vulnéraire. [liqueurs

Mille-fleurs (eau, huile de , s.

Millenaire, a *(ll)* qui contient mille. sm. dix siècles.

Mille-pertuis, sm. plante médicinale.

Mille-pieds, sm. sorte d'insecte.

Millepore, sm. genre de polypiers. *hist. nat.* [robe.

Milleret , sm. agrément de

Millésime, sm. *(ll)* date d'une monnaie, d'un livre, etc.

Millet. V. Mil. [siècles.

Milliade, sf. révolution de dix

Milliaires, a. et sm. qui marque les milles. [un bi.lion.

Milliard , sm. mille millions,

Milliare, sm. millième partie de l'are.

Milliasse, sf. fort grand nombre. *fa.* [par le.

Millième. a. ord. sm. millème

Millier, sm. mille; dix quintaux.

Milligramme,— *mètre,* etc. sm. millième du gramme, du mètre, etc.

Million, sm. mill fois mille.

Millonième, a. numéral. sm. dix-cent-millième partie du million.

Milli unaire, a. et s. qui possède un million ; très-riche.

Milord, sm. V. Lord. [ant.

Mime, sm. comédie ; acteur.

Mimer, va. représenter par des gestes.

Mimique, a. des mimes. sf. art d'imiter par des gestes.

Mimologie, sf. imitation de la voix humaine.

Mimologisme, sm. mot formé par la mimologie.

Mimosa, sm. nom latin de la sensitive. [vendu.

Minage, sm. droit sur le grain

Minaret, sm. tour en clocher chez les Turcs. [nes.

Minauder, vn. affecter des mi-

Minauderie, sf. manières affectées. [minaude.

Minaudier, ère, a. et s. qui

Mince, a. de peu d'épaisseur ; ne... hocre.

Mine, st. air du visage ; apparence ; minauderie, lieu où se forment les minéraux dans la terre ; minerai ; mesure ; monnaie ancienne ; cavité pratiquée pour faire sauter avec la poudre à canon.

Miner, va creuser une mine ; détruire peu à peu. [terre.

Minerai, sm mé'al mêlé avec la

Mineral , sm. corps solide tiré des mines. pl. minéraux. a. qui tient des minéraux.

Minéralisateur, sm. t. de chimie et de minéralogie.

Minéralisation, st. action de

Minéraliser, va. convertir en minéral. [néraux.

Minéralogie, sf. science des mi-

Minéralogique, a. de la minéralogie.

Minéralogiste, s. versé dans la minéralogie.

Minet, te, s. petit chat; petite chatte. *fa.*

Mineur, sm. ouvrier des mines. a. *et* s. qui est en tutelle. a. plus petit; moins élevé. *mus.* sf. deuxième proposition *log.*

Miniature, sf. peinture delicate; portrait en petit.

Miniaturiste, s. peintre en miniature.

Minière, sf. terre des mines.

Minime, a. très-petit. sm. moine; couleur tannée.

Minimum, sm. (*om*) le moindre degré. *mat.*

Ministère, sm. emploi, fonction de ministre; hôtel et bureaux de ce ministre *fig.* action d'un agent; entremise.

Ministériel, le, a. de ministre.

Ministériellement. ad. m s.

Ministre, sm. chargé d'affaires , publiques; pasteur protestant.   [plomb rouge.

Minium, sm. (*om*) oxyde de

Minois, sm. (joli) visage. *fa.*

Minon. sm. chat. *enfantin.*

Minoratif. a. sm. purgatif doux.

Minoré, sm. qui a reçu les ordres mineurs.

Minorité, sf. état de personne mineure; le petit nombre.

Minot, sm. mesure.

Minotaure, sm. constellation.

Minoterie, sf. commerce de blé, de farine.

Minuit, sm. milieu de la nuit.

Minuscule, sf. *et* a. petit caractère. *imp.*

Minute, sf. soixantième de l'heure, du degré; petite écriture; brouillon; original d'acte.

Minuter, va. faire la minute; projeter.

Minutie, sf. (*cie*) bagatelle.

Minutieusement, ad. d une man. minutieuse.

Minutieux, se, a. *et* s. qui s'attache aux minuties.

Mion *ou* Mioche, sm. petit garçon. *fa.*

Mi-parti, a. composé de deux parties égales, mais dissemblables. *bla.*

Miquelet, sm. bandit des Pyrénées.

Miquelot, sm. pélerin; hypocrite.   [jaune

Mirabelle, sf. petite prune

Miracle, sm. acte de la puissance divine contr l'ordre naturel. *fig* chose extraordinaire.

Miraculeusement, ad. par miracle.

Miraculeux, se, a. merveilleux.

Mirage, sm. phénomène produit par la réfraction.

Mire, sf. bouton au canon pour mirer. m sanglier de cinq ans

Mire, a. (sanglier) vieux. *vén.*

Mirer, va. viser. p se regarder dans un miroir. etc.

Mirifique, a. admirable.

Mirliflore, sm. fat. *fa.*

Mirliton, sm. jouet d'enfant.

Mirmidon, sm. homme très-petit *iro.*   [merveilleux *fa.*

Mirobolant, e, a. surprenant,

Miroir, sm. glace pour se mirer.

Miroité, a. (cheval) pommelé.

Miroitement, sm. éclat jeté par une surface polie qui miroite.

Miroiter, vn. réfléchir la lumière.   [roirs.

Miroiterie, sf. commerce de miroirs.

Miroitier, sm. marchand de miroirs.   [déjà cuite.

Miroton, sm. mets de viande

Mirtille, sm. arbrisseau.

Mis, sm. mise d'un procès au greffe; a. vêtu.

Misaine, sf. voile entre le beaupré et le grand mât; le mât même.

Misanthrope, s. *et* a. qui hait les hommes.   [les hommes.

Misanthropie, sf. haine pour

Misanthropique, a. de misanthrope.   [littéraires.

Miscellanées, sm. pl. mélanges

Miscibilité, sf. qualité de ce qui est

Miscible, a. qui peut se mêler.

Mise, sf. ce qu'on met au jeu, etc.; enchère; manière de se vêtir; action de mettre.

20

Misérable, a. malheureux. *fig.* mauvais, pitoyable.

Misérablement, ad. m. s.

Misère, sf. état malheureux, extrême pauvreté. pl. bagatelles.

Miserere, sm. colique violente.

Miséricorde, sf. *et* int. pitié; pardon.

Miséricordieusement, ad. m. s.

Miséricordieux, se, a. clément.

Missel, sm. livre de messe.

Mission, sf. charge de faire; prêtres envoyés pour convertir ou instruire; leurs predications.

Missionnaire, sm. prêtre employé aux missions.

Missive, sf. lettre à envoyer. *fa.*

Mistral, sm. V. Maëstral.

Mitaine, sf. gant sans doigts. *fig.* au pl. précautions. *fa.*

Mite, sf. petit insecte.

Mithridate, sm. un idote.

Mitigatif, ive, a. qui mitige.

Mitigation, sf. adoucissement.

Mitiger, va. adoucir une loi.

Miton, sm. gant d'avant bras.

Mitonner, vn. *et* p. tremper longtemps sur le feu. va. dorloter *fig.*—une affaire, en préparer doucement le succes.

Mitoyen, ne, a. qui est entre deux. [qui est mitoyen.

Mitoyenneté, sf. qualité de ce

Mitraillade, sf. décharge de plus. canons chargés à mitraille. p. us.

Mitraille, sf. ferraille; basse monnaie.

Mitrailler, va. tirer à mitraille.

Mitre, sf. ornement de tête de prélat, etc.

Mitré, a. qui porte la mitre.

Mitron, sm. garçon boulanger.

Mixte, a. melangé, sm. corps mixte. [et courbes.

Mixtiligne, a. à lignes droites

Mixtion, sf. (i) mélange de drogues. [ater.

Mixtionner, va. mélanger; fre-

Mixture, sf. médicament.

Mnémonique, sf. *et* a. art d'aider la mémoire.

Mnémotechnie, sf. même sens.

Mobile, a. qui se meut. *fig.* changeant. sm. motif.

Mobiliaire, a. qui consiste en meubles.

Mobilier, ère, a. des meubles. sm. tous les meubles.

Mobilisable, a. qui peut être mobilise.

Mobilisation, sf. action de

Mobiliser, va. ameublir; mettre en campage. mil.

Mobilité, sf. état de ce qui est mobile. inconstance. [trictive

Modale, a. (proposition) res-

Modalité, sf. mode, qualite.

Mode, sm. maniere d'être. t. de *mus.* et de *gram* f. usage passager; maniere. pl. parures à la mode.

Modelage, sm. operation de celui qui modèle.

Modèle, sm. essai en petit; exemple; patron. [formes.

Modèle, sm. représentat ou des

Modeler, va. *et* p. imiter en terre; prendre pour modèle.

Moderateur, trice, a. *et* s. qui a la direction; qui modère.

Moderation, sf. retenue; diminution d'un prix; adoucissement.

Modere, a. retenu; sans excès.

Modere ment. ad. avec moderation.

Moderer, va. *et* p. tempérer.

Moderne, a. nouveau. sm. se dit des auteurs. [moderne.

Moderner, va. restaurer à la

Modeste, a. qui a de la modestie.

Modestement, ad. avec

Modestie, sf. retenue; pudeur.

Modicité, sf état de ce qui est modique. [difie.

Modifiable, a qui peut être mo-

Modificatif, ve, a. *et* sm. qui modifie.

Modification, sf. action de

Modifier, va. modérer; donner un mode.

Modillon, sm. console.

Modique, a. peu considérable.

Modiquement, ad. avec modicité. [modes.

Modiste, s. qui fait ou vend des

Modulation, sf. suite de tons dans un mode.

Module, sm. diamètre de colonne, de médaille, etc.

Moduler, va. et n. former un chant.

Moelle, sf. substance molle et douce dans les os, dans le bois. [niere moelleuse.

Moelleusement, ad. d'une ma-

Moelleux, se, a. plein de moelle; qui tient de la nature de la moelle fig. souple; doux; gracieux. sm. douceur, souplesse.

Moellon, sm. pierre à bâtir.

Mœurs, sf. pl. habitudes; inclinations; coutumes.

Mofette, sf. miasmes.

Mogislanisme, sm. difficulté de prononcer les lettres labiales.

Moi, pron. de la première personne et sm. [bre coupé.

Moignon, sm. reste d'un mem-

Moindre, a. plus petit; moins bon. [fa.

Moindrement, adv. le moins

Moine, sm. religieux; ustensile pour chauffer le lit.

Moineau, sm. oiseau. a. (cheval) à oreilles coupées.

Moinerie, sf. les moines; leur esprit. mép.

Moinesse, sf. religieuse. mép.

Moinillon, sm. petit moine. mép.

Moins, ad. pas tant. sm. la moindre chose.

Moire, sf. sorte d'étoffe de soie.

Moiré, a. ondé comme la moire.

Moirer, va. imiter la moire.

Mois, sm. douzième partie de l'année.

Moise, sf. pièce de charpente.

Moiser, va. mettre des moises.

Moisi, sm. chose moisie, son odeur.

Moisir, va. et p. altérer; corrompre. [moisie.

Moisissure, sf. état d'une chose

Moissine, sf. branches grappues.

Moisson, sf. récolte des grains.

Moissonner, va. faire la moisson

Moissonneur, euse, s. qui moissonne.

Moite, a. un peu humide.

Moiteur, sf. legère humidité.

Moitié, sf. portion d'un tout divisé en deux parties égales. fig. épouse. fa. ad. à demi.

Moka, sm. café de Moka. [mi.

Molaire, a. (dent) qui sert à broyer.

Môle, sf. masse de chair informe. m. jetée à l'entrée d'un port. [aux molécules.

Moléculaire, a. qui a rapport

Molécule, sf. petite partie organique d'un corps.

Molène, sf. genre de plantes.

Molester, va. tourmenter; vexer.

Molette, sf. étoile d'éperon; tumeur. vét. cône de marbre pour broyer. [Molina.

Molinisme, sm. opinion de

Moliniste, a. et s. partisan de Molina.

Mollah, sm. prêtre musulman.

Mollasse, a. trop mou. [molle.

Mollement, ad. d'une manière

Mollesse, sf. qualité de ce qui est mou au phys. et au moral.

Mollet, a. doux par sa mollesse. sm. le gras de la jambe.

Molleton, sm. étoffe mollette.

Mollière, sf. terre grasse.

Mollification, sf. action de

Mollifier, va. rendre mou et fluide. [phys. et au moral.

Mollir, vn. devenir mou au

Mollusque, a. et sm. animal sans vertebres et sans articulations; sm. pl. classe du règne animal.

Molosse, sm. pied de vers grec ou latin composé de trois

Moly, sm. espèce d'ail. [longues

Molybdène, sm. métal.

Molybdique, a. de molybdène

Moment, sm. temps fort court; instant. *Du moment que*, loc. conj. dès que.

Momentané, a. instantané.

Momentanement, ad. m. s.

Monerie, sf. mascarade; hypocrisie.

Momie, sf. corps embaumé *ant.*

Momification, sf. conversion d'un cadavre en momie.

Momifier, va. convertir en momie.

Mon, ma, mes, a. pos.

Monacal, a. de moine.

Monacalement, ad. d'une façon monacale. [nes.

Monachisme, sf. état des moi-

Monaco, sm. monnaie d'Italie.

Monade, sm. élément; animalcule.

Monadelphie, Monandrie, sf. classe de végétaux.

Monarchie, sf. gouvernement d'un seul

Monarchique a de la monarchie

Monarchiquement, ad. m. s.

Monarchiser, va. rendre monarchique.

Monarchisme, sm. opinion des monarchistes. [la monarchie.

Monarchiste, sm. partisan de

Monarque, sm. roi.

Monastère, sm. couvent.

Monastique, a. de monastère.

Monaut, a. qui n'a qu'une oreille.

Monceau, sm. amas en petit mont. [aime le monde.

Mondain, a. *et* s. qui sent, qui

Mondainement, ad. d'une manière mondaine.

Mondanité, sf. vanité mondaine

Monde, sm. l'univers; la terre; les hommes en général; société; certain nombre de personnes.

Monder, va. nettoyer; ôter la pellicule de l'orge.

Mondifier, va. déterger.

Monetaire, sm. monnayeur. a. des monnaies.

Monétiser, va. donner le cours des monnaies à du papier.

Moniteur, sm. qui avertit; journal. [clés.

Monition, sf. avertissement.

Monitoire, sm. *et* a. (lettre de prélat) pour faire révéler un fait. *ecclés.*

Monitorial, a. en monitoire.

Monnaie, sf. pièce de métal pour le commerce; menues espèces; lieu où l'on fait la monnaie.

Monnayage, sm. fabrication de la monnaie. [monnaie.

Monnayer, va. faire de la

Monnayeur, sm. qui fabrique la monnaie.

Monochrome, a. *et* sm. qui est d'une seule couleur.

Monocle, sm. lunette à un seul verre. *et* a. qui n'a qu'un œil.

Monocorde, sm. inst. à une seule corde. [lobe. *bot.*

Monocotylédone, a. qui n'a qu'un

Monogame, s. a. marié une seule fois.

Monogamie, sf. union d'un seul époux avec une seule femme. [lettres d'un nom.

Monogramme, sm. chiffre des

Monographe, sm. auteur d'une

Monographie, sf. descrip. d'un seul genre ou d'une seule espèce. *hist. nat.*

Monolithe, a. *et* s. qui est d'une seule pierre. [teur parle seul.

Monologue, sm. scène où l'ac-

Monomachie, sf. combat d'homme à homme; duel.

Monomane, a. *et* s. qui est atteint de [tion mentale.

Monomanie, sf. sorte d'aliéna-

Monome, sm. t. d'*algèbre*.

Monopétale, a. qui n'a qu'un pétale. [bot.

Monophylle, a. d'une seule pièce

Monopole, sm. commerce exclusif. [monopole.

Monopoleur, sm. qui fait le

Monopoliser, vn. exercer le monopole.

Monoptère, a. qui n'a qu'une semence. *bot.*

Monostique, sm. épigramme en un seul vers.

Monosyllabe (ss) a. et sm. (mot) d'une syllabe.

Monosyllabique, a. formé de monosyllabes. |d'un seul Dieu

Monothéisme, sm. adoration

Monotone, a. sur un seul ton; qui manque de variété; ennuyeux.

Monotonie, sf. uniformité ennuyeuse. [mammifères.

Monotrèmes, sm. pl. classe de

Mons, sm. (s) abréviation de monsieur. fa.

Monseigneur, sm. titre d'honneur. pl. Messeigneurs, Nosseigneurs. [titre de civilité.

Monsieur, sm. Messieurs, pl.

Monstre, sm. production contre nature. fig. personne cruelle, dénaturée. [vement.

Monstrueusement, ad. excessi-

Monstrueux, se, a. de moustre; excessif; prodigieux.

Monstruosité, sf. chose monstrueuse.

Mont, sm. montagne. Mont-de-piété, lieu où l'on prête sur nantissement.

Montage, sm. action de monter.

Montagnard, a. et s. habitant des montagnes.

Montagne, sf. grande élévation de terre. [montagnes.

Montagneux, se, a. couvert de

Montant, sm. pièce debout; total d'un compte. a. qui monte.

Monte, sf. coït des chevaux.

Montée, sf. escalier; act. de

Monter, vn. a. et p. aller en un lieu plus haut; s'élever; hausser de prix; tendre les ressorts; établir, pourvoir.

Monteur, sm. ouvrier qui monte des pièces d'orfévrerie, etc.

Montgolfière, sf. sorte d'aérostat

Monticule, sm. petite montagne.

Mont-joie, sm. i. premier roi d'armes. sf. monument de pierres amoncelées. L'ancien cri de guerre des Français était Mont-joie St-Denis.

Montoir, sm. pierre pour monter à cheval.

Montre, sf. horloge portative; échantillon; étalage; armoire qui le contient. fig. parade.

Montrer, va. et p. faire voir; enseigner. [inégal.

Montueux, se, a. (pays) très-

Monture, sf. bête qu'on monte; bois de fusil, etc.; action de monter un ouvrage.

Monument, sm. édifice public; tombeau. [aux monuments.

Monumental, e, a. qui a rapport

Moquer (se), vp. se railler; braver. [quer.

Moquerie, sf. action de se mo-

Moquette, sf. étoffe; moquerie.

Moqueur, a. et s. qui se moque; oiseau. [ter.

Morailles, sf. pl. tenailles vé-

Moraillon, sm. pièce de serrure.

Moral, e, a. des mœurs. sm. ens. des facultés morales.

Morale, sf. science, règle des mœurs; sens moral réprimande.

Moralement, ad. selon la raison, les apparences

Moralisation, sf. action de

Moraliser, vn. faire des réflexions morales; va. rendre moral.

Moraliseur, sm. qui moralise.

Moraliste, s. qui écrit sur les mœurs.

Moralité, sf. sens, caractère moral; réflexion morale.

Moratoire, a. qui accorde un délai.

Morbide, a. qui tient à la maladie. (chair) mollement exprimée. peint. [figures.

Morbidesse, sf. moelleux des

Morbifique, a. qui cause la maladie.

Morbleu, int. sorte de jurement.

Morceau, sm. partie; bouchée; ouvrage d'arts.

Morceler, va. diviser par morceaux.

Morcellement, sm. act de morceler. [muer le gros bois.

Mordache, sf. pince pour remuer.

Mordacité, sf. qualité corrosive. *fig.* médisance aigre.

Mordant, a. qui mord. *fig.* caustique. sm. sorte de vernis ; force ; netteté.

Mordicant, a. âcre ; médisant.

Mordicus, ad. (s) obstiné ment.

Mordienne (à la grosse), loc. adv. sans façon. *pop*

Mordillage, sm. action de

Mordiller, va. mordre légèrement. [rouge. sm. oiseau.

Mordoré, a. i. brun mêlé de

Mordre, va. *et* n. serrer avec les dents ; ronger. *fig.* médire.

Moreau, a. (cheval) noir.

Morelle, sf. plante vénéneuse.

Mores ou Maures, sm. pl. peuple d'Afrique.

Moresque, a. des Mores. sf. danse ; t. de *peint.*

Morfil, sm. ce qui reste à un tranchant repassé; ivoire non ouvré

Morfondre, va. refroidir. vp. s'ennuyer à attendre.

Morgeline, sf. sorte de mouron.

Morgue, sf. fierté ; arrogance ; guichet de prison ; lieu d'exposition des corps morts.

Moribond, a. qui va mourir.

Moricaud, a. *et* s. qui a le teint brun. *fa.*

Moriforme, a. qui a la forme d'une mure. [gourmander.

Morigéner, va. former les mœurs

Morille, sf. sorte de champignon.

Morillon, sm. raisin noir ; espèce de canard. pl. émeraudes brutes. [punition militaire.

Morion, sm. casque ; ancienne

Morne, a. triste ; sombre. sm. mont en Amérique.

Mornifle, sf. soufflet. *pop.*

Morose, a. chagrin ; bizarre.

Morosité, sf. caractère morose.

Morphine, sf. médicam. narcotique.

Mors, sm. fer de bride. [phibie.

Morse, sm. quadrupède amphibie.

Morsure, sf. plaie faite en mordant ; action de mordre.

Mort, a. *et* s. qui a cessé de vivre ; sans vigueur. sf. fin de la vie ; peine capitale. *fig.* grande douleur. *Mort-aux-rats* poison pour les rats ; *à la mort*, loc. adv. extrêmement.

Mortaillable, a. (serf) dont le seigneur hérite [pentier.

Mortaise, sf. entaille de charpentier.

Mortalité, sf. qualité de ce qui est mortel ; épidémie.

Mort-bois, sm. bois inutile dans une forêt.

Morte-eau, sf. basse-marée.

Mortel, le, a. sujet à la mort ; qui la cause. s. homme ; femme. *poét.* [excessivement.

Mortellement, ad. à mort ;

Morte-paye, sf. soldat à demeure, en garnison.

Morte-saison, sf. temps sans ouvrage. [créancier jouit. *jur.*

Mort-gage, sm. gage dont le

Mortier, sm. vase pour piler ; pièce d'artillerie ; sorte de bonnet ; chaux détrempée.

Mortifère, a. qui cause la mort.

Mortifiant, a. qui chagrine.

Mortification, sf. action de mortifier son corps, ses sens ; chagrin ; humiliation, terme de chirurgie.

Mortifier, va. *et* p. rendre la viande plus tendre ; affliger son corps. *fig.* humilier.

Mort-ivre, *ou* Ivre-mort, ivre au point d'avoir perdu tout sentiment. [nature.

Mort-né, a. mort avant de

Mortuaire, a. des morts. sm. extrait mortuaire.

Morue, sf. poisson de mer.

Morve, sf. humeur du nez ; maladie du cheval.

Morveau, sm. morve épaisse.

Morveux , se, o. qui a la morve. s. enfant. *mép*.

Mosaïque , a. de Moïse. sf. ouvrage de rapport en petites pierres.

Mosaïsme, sm. loi de Moïse.

Moscouade, sf sucre brut.

Mosette, sf. camail des évèques, des chanoines. | homélans.

Mosquée, sf. temple des ma-

Mot, sm. assemblage de lettres formant un sens; terme; dicton ; sentence, etc. *Mot à mot*. ad. littéralement. *En un mot*, enfin.

Motet, sm. psaume en musique.

Moteur , trice , s. *et* a. qui fait mouvoir.

Motif, sm. ce qui meut et porte à agir ; idée principale, dominante. *mus*. [voir.

Motilité, sf. faculté de se mou-

Motion, sf. action de mouvoir; proposition dans une assemblée. [tifs.

Motiver, va. alléguer les mo-

Motte , sf. monticule. *v*. morceau de terre détachée. *Motte à brûler*, tan en pain.

Motter (se), vp. se cacher derrière des mottes, se dit du gibier. [fa.

Motus ! interj. (s) ne dites mot.

Mou, Molle, a. qui cède facilement au toucher; sans vigueur; indolent. sm. poumon de certains animaux.

Mouchard, sm. espion de police.

Moucharder, va. n. espionner. *pop*.

Mouche, sf. insecte ; mouchard; petit rond de taffetas noir ; constellation; sorte de jeu.

Moucher, va. *et* p. ôter la morve du nez; couper le lumignon d'une chandelle; espionner. *p. us*.

Moucherolle, sf. oiseau, arbre.

Moucheron, sm. petite mouche ; bout de mèche qui brûle. [chetures.

Moucheter, va. faire des mou-

Mouchette, sf. rabot. pl. sortes de ciseaux pour moucher la chandelle.

Moucheture, sf. mouches sur une étoffe ; scarifications superficielles. *chir*.

Moucheur, sm. qui mouche les chandelles.

Mouchoir, sm. linge pour se moucher, pour se couvrir le cou.

Mouchure, sf. ce qu'on ôte en mouchant la chandelle.

Moudre , va. broyer avec la meule, etc.

Moue, sf. grimace. [curée.

Mouée , sf. mélange pour la

Mouette, sf. oiseau de mer.

Moufette, sf. *V*. mofette.

Mouflard, s. jouffu *fa*.

Moufle , sm. assemblage de poulies ; vaisseau de chimie ; sorte de mitaines.

Mouflon, sm. sorte de bélier sauvage. [l'ancre.

Mouillage, sm. fond pour jeter

Mouille-bouche, sf. sorte de poire.

Mouiller, va. *et* n. humecter ; prononcer mollement les *ll* ; jeter l'ancre. [menue.

Mouillette, sf. tranche de pain

Mouilloir, sm. vase pour mouiller les doigts en filant.

Mouillure, sf. act. de mouiller.

Moulage, sm. action de mouler.

Moule , sf. bivalve. m. matière creusée pour donner une forme à la cire, etc. *fig*. modèle.

Mouler, va. jeter en moule ; prendre l'empreinte, mesurer (du bois). vp. se modeler.

Moulerie , sf. atelier où l'on moule.

Mouleur, sm. qui moule, qui visite le bois.

Moulin, sm. machine à moudre, etc.

Moulinage , sm. act. de mouliner. [par les vers.

Mouliné, a. (bois, pierre) gâtés

Mouliner, va. préparer la scie.

Moulinet, sm. petit moulin. v. tourniquet ; mach. pour fabr. la mous *Faire le —*, tourner rapidement. [mouline.

Moulinier, sm. ouvrier qui Moult, a. (t) beaucoup. v.

Moulu, a. pulverise ; meurtri.

Moulure, sf. ornement d'arch.

Mourant, a. et s. qui se meurt.

Mourir, vn. cesser de vivre. se dit des animaux et des végétaux. vp. être près de mourir.

Mouron, sm. plante.

Mourre, sf. jeu des doigts.

Mousquet, sm. ancienne arme à feu. [quet.

Mou-quetade, sf. coup de mous-

Mousquetaire. sm. soldat armé de mousquet ; garde à cheval du roi.

Mousqueterie, sf. fusillade.

Mousqueton. sm. fusil court.

Mousse, a. émoussé. v. et sm. jeune matelot. f. plante parasite ; écume. [coton.

Mousseline, sf. toile fine de

Mou-ser, vn. se dit des liqueurs qui se couvrent de mousse.

Mousseron, sm. petit champignon.

Mousseux, se, -. qui mousse.

Moussoir, sm. ust. pour faire mousser.

Mousson, sf. vents pér. de la mer des Indes, leur saison.

Moussu, a. couvert de mousse.

Moustache, sf. barbe de la lèvre supérieure.

Moustiquaire, sf. rideau qui sert a préserver des moustiques. [mèr.

Moustique, sf. moucheron d'A-

Moût, sm. vin non fermenté.

Moutard, sm. jeune garçon. pop.

Moutarde, sf. sénevé ; sa graine ; sa poudre delayée.

Moutardier, sm. marchand de moutarde ; vase pour la mettre

Moutier, sm. église ; monastère. v.

Mouton, sm. bélier mutilé ; sa viande ; sa peau ; machine ;

espion. fa. fig. personne douce. pl. vagues blanchissantes.

Moutonner, va. rendre frisé. vn. s'agiter, se dit des eaux.

Moutonnier, a. de la nature et du caract. des moutons. fa.

Mouture, sf. act. de moudre ; mélange de blés [fief.

Mouvance, sf. dependance d'un

Mouvant, a. qui meut (sable) qui s'enfonce ; (fief) dependant.

Mouvement, sm. transport d'un lieu à un autre ; passion ; marche d'une armée ; impulsion ; émeute ; changements ; mesure. mus. ressorts. pl. figures de rhétorique.

Mouver, va. remuer la terre.

Mouvoir, va. et p. remuer ; exciter.

Moxa, sm. cautère actuel.

Moye, sf. couche tendre au milieu de la pierre.

Moyen, ne, a. mediocre ; entre deux extremités. sm. ce qui sert à une fin ; pouvoir. pl. richesse. fig. facultés.

Moyennant, ad. à l'aide de.

Moyennement, ad. médiocrement.

Moyenner, va. négocier. v.

Moyer, va. scier une pierre en deux.

Moyeu, sm. milieu de la roue ; prune ; jaune d'œuf. p. us

Mozarabes, a. et sm. pl. secte en Espagne.

Muable, a. inconstant.

Muance, sf. changement de note. mus. [gétaux.

Mucilage, sm. viscosité des vé-

Mucilagineux, se, a. du mucilage.

Mucosité, sf. humeur visqueuse des membranes, des plantes.

Mucroné, e, a. qui a une pointe aiguë. [tombé du cerf.

Mue, sf. action de muer ; bois

Muer, vn. changer (de plumage, de poil, de peau, de voix).

Muet, te, s. *et* a. qui ne peut parler; qui se tait. (lettre) qu'on ne prononce pas.

Mufle, sm. museau du bœuf, etc. *Mufle de-lion, — de veau* ou Muflier, plantes.

Mufti, sm. chef de la religion mahométane.

Muge, sm. poisson de mer.

Mugir, vn. crier. se dit des bœufs, des flots et des vents.

Mugissant, a. qui mugit.

Mugissement, sm. action de mugir.   [fa.

Muguet, sm. plante; damoret.

Mugueter, va. faire le galant. *fa.*   [tonneau.

Muid, sm. (*d* muet) mesure;

Mulâtre, a. *et* s. né d'un blanc et d'une négresse, et reciproquement. f. *Mulâtresse*.

Mulcter, va. punir. *jur.*

Mule, sf. mulet femelle; pantoufle. pl. engelures, crevasses au talon.

Mulet, sm. né d'un âne et d'une jument. *et* récipr.; animal métis; poisson de mer.

Muletier, sm. conducteur de mulets.   [de proie.

Mulette, sf. gosier des oiseaux

Mulon, sm. grand tas de sel, de foin.

Mulot, sm. esp. de rat des champs. [sieurs capsules. *bot.*

Multicapsulaire, a. qui a plu-

Multicaule, a. à plusieurs tiges. *bot.*

Multifide, a. en segments. *bot.*

Multiflore, a. à fleurs nombreuses.   [mes.

Multiforme, a. à plusieurs for-

Multiloculaire, a. à plusieurs loges. *bot.*

Multipède, a. qui a un grand nombre de pattes. *zool.*

Multiple, a. *et* sm. (nombre) qui en contient plusieurs fois un autre sans reste.

Multipliable, a. qui peut être multiplié.   [multiplier.

Multiplicande, sm. nombre à

Multiplicateur, sm. nombre par lequel on multiplie.

Multiplication, sf. action de multiplier.

Multiplicité, sf. grand nombre.

Multiplier, va. *et* n. augmenter en nombre.   [vulgaire.

Multitude, sf. gr. nombre; le

Multivalve, sf. *et* a. (coquille) à plusieurs valves.

Municipal, a. *et* sm. off. de

Municipalité, sf. circonscription de territoire, off. municipaux,

Municipe, sm. ville municipale. *ant.*   [ralité.

Munificence, sf. grande libé-

Munir, va. *et* p. fournir du nécessaire.

Munition, sf. provision de guerre; *pain, fusil de —,* fourni aux soldats. [les munitions.

Munitionnaire, sm. qui fournit

Munitionner, va. pourvoir de munitions.

Muqueux, se, a. qui a de la mucosité. sm. mucilage.

Mur, sm. clôture de pierres, etc.

Mûr, a. (fruit) bon à cueillir; (âge) viril; use.

Muraille, sf. mur; sol de mine de charbon.

Mural, a. de mur. *Couronne murale*, pour le premier monté à l'assaut. *ant.*

Mûre, sf. fruit du mûrier.

Mûrement, ad. avec réflexion.

Murène, sf. poisson de mer.

Murer, va. entourer; fermer d'un mur.

Murex, sm. coquillage univalve.

Muriate, sm. hydrochlorate.

Muriatique, a. (acide), hydrochlorique, tiré du sel marin.

Mûrier, sm. arbre fruitier.

Mûrir, va. *et* n. rendre. devenir mûr.   [plainte

Murmure, sm. bruit sourd;

Murmurer, vn. faire un murmure; se plaindre sourdement.

Musagète, am. (Apollon), qui conduit les Muses.

Musaraigne, sf. petit quadru-pède.

Musard, a. *et* s. qui muse.

Musarderie, Musard se, sf. conduite, caractère du musard.

Muse, sm. quadrupède; parfum qu'on en tire.

Muscade, a. *et* sf. noix de muscadier aromatique; boule d'escamoteur. [vin

Muscadet, sm. sorte de raisin;

Muscadier, sm. arbre.

Muscadin, sm. pastille; fat musqué. *pop.*

Muscardin, sm. espèce de loir.

Muscardine, sf. maladie des vers à soie.

Muscari, sf. plante bulbeuse.

Muscat, Muscade, a. *et* sm. (raisin, vin, rose); parfum.

Muscle, sm. partie charnue et fibreuse du corps. [marqués.

Musclé, a. qui a les muscles bien

Musculaire, a. des muscles.

Musculeux, se, a. plein de muscles.

Muse, sf. déesse; génie inspirateur. pl. belles-lettres.

Museau, sm. la gueule et le nez de quelques animaux.

Musée, sm. collection d'objets d'arts; académie.

Museler. *V.* Emmuseler.

Muselière, sf. ce qu'on met à quelques animaux pour les empêcher de mordre.

Muser, vn. niaiser. se dit des cerfs qui entrent en rut.

Musette, sf. inst. de mus. champêtre.

Muséum, sm. (om) musée.

Musical, a. de la musique.

Musicalement, ad. harmonieusement. [musique.

Musicien, ne, sm. qui sait la

Musicomanie, sf. manie de la

Musique, sf. science de l'accord des sons; art de composer des airs; chant; concert; musiciens.

Musqué, a. qui sent le musc. *fig.* petit-maitre.

Musquer, va. parfumer de musc.

Musser (se), vp. se cacher. *v. A musse-pot*. ad. en cachette.

Musulman, ane, a. *et* s. mahonnetan. [est muable.

Mutabilité, sf. état de ce qui

Mutacisme, sm. mauv. prononciation des lettres B. M. P.

Mutage, sm. action de muter.

Mutation, sf. changement.

Muter, va. arrêter les progrès de la fermentation.

Mutilation, sf. action de

Mutiler, va. *et* p. couper; estropier. [tieux.

Mutin, a. *et* s. opiniâtre; séditieux.

Mutiner (se), vp. faire le mutin

Mutinerie, sf. révolte; obstination.

Mutisme, sm. mutité; soufrage.

Mutité, sf. impossibilité de former des sons articulés.

Mutualité, sf. système des sociétés d'assurances mutuelles

Mutuel, le, a. réciproque.

Mutuellement, ad. réciproquement.

Mutule, sf. modillon carré.

Mydryase, sf. maladie des yeux.

Myographie, Myologie, sf. description des muscles.

Myope, s. qui a la vue courte.

Myopie, sf. état de myope.

Myosotis, sm. plante.

Myotomie, sf. anat. des muscles

Myriade, sf. dix mille.

Myriagramme, Myriamètre, Myriare. sm. dix mille grammes, mètres, etc.

Myriapode, a. qui a un grand nombre de pattes.

Myrrhe, sf. gomme odorante.

Myrrhis, sm. plante. [vert.

Myrte, sm. arbrisseau toujours

Myrtiforme, a. qui a la forme d'une feuille de myrte.

Mystère, sm. ce qu'une religion a de plus caché; secret; intrigue. [tère.

Mystérieusement, ad. avec mystère.

Mystérieux, se, a. secret.

Mysticité, sf. grande dévotion.

Mystificateur, sm. qui mystifie.

Mystification, sf. action de

Mystifier, va. abuser de la crédulité pour ridiculiser.

Mystique, a. allégorique. s. et a. dévot.

Mystiquement, ad. même sens.

Mystre, sm. anc. mesure grec.

Mythe, sm. trait, particularité des temps fabuleux ; être imaginaire. |fable.

Mythologie, sf. science de la

Mythologique, a. de la mytholog.

Mythologiste, Mythologue, s. qui traite de la fable.

Myure, a. (pouls) qui s'affaiblit.

N

N, sf. (ene) ou m. (ne) onzième consonne, quatorzième lettre

Nabab, sm. prince indien.

Nabot, s. de petite taille. fa.

Nacarat, a. et sm. i. rouge clair.

Nacelle, sf. petit bateau. t. d'arch

Nacre, sf. coquille à perles.

Nacré, a. qui a l'éclat de la nacre

Nacrer, va. donner le brillant de la nacre. [zénith.

Nadir, sm. point opposé au

Nafé, sm. fruit d'Orient.

Naffé, sf. (eau de) sorte d'eau de senteur.

Nage (à la), ad. en nageant. En —, inondé de sueur.

Nageant, e, a. étendu sur l'eau. bot. [court en nageant.

Nagée, sf. espace qu'on par-

Nageoire, sf. membrane de poisson pour nager.

Nager, vn. se mouvoir sur l'eau; surnager; ramer.

Nageur, se, s. qui nage; rameur. m. pl. ordre d'oiseaux.

Naguère, ad. il n'y a pas longtemps. [aquatique.

Naïade, sf. nymphe ; plante

Naïf, a. naturel ; sans fard.

Nain, naine, a. et s. de très-petite taille.

Naissance, sf. sortie du sein de la mère; extraction, noblesse. fig. commencement.

Naissant, a. qui naît.

Naître, vn. venir au monde; commencer ; pousser.

Naïvement, ad. avec naïveté.

Naïveté, sf. ingénuité; simplicité ; trait naïf.

Nanan, sm. friandise. enfantin.

Nankin, sm. Nankinette. f. étoffes. [gages; pourvoir.

Nantir, va. et p. donner des

Nantissement, sm. ce qu'on donne pour sûreté.

Napacé, e, Napiforme, a. en forme de navet. [des monts.

Napée, sf. nymphe des bois et

Napel, sm. V. Aconit.

Naphte, sm. bitume liquide.

Nappe, sf. linge pour la table ou l'autel. — d'eau, cascade ou étendue d'eau tranquille.

Napperon, sm. petite nappe.

Narcisse, sm. plante liliacée; hom. amoureux de sa figure.

Narcissé, e, a. semblable au narcisse. sf. pl. fam. de plantes. [de l'opium.

Narcotine, sf. principe actif

Narcotique, a. et sm. qui assoupit.

Narcotisme, sm. ensemble des effets produits par les narcotiques.

Nard, sm. plante; son parfum.

Nargue, sf. mépris. fa. [ver. fa.

Narguer, va. faire nargue; bra-

Narine, sf. ouverture du nez.

Narquois, a. rusé; trompeur.

Narrateur, sm. (rr) qui raconte.

Narratif, ve, a. de la narration. sf. manière de conter.

Narration, sf. récit historique

Narre, sm. récit. [ou oratoire.

Narrer, va. raconter. [corne.

Narval, sm. cétacé armé d'une

Nasal, e, a. pl. aux, du nez;son modifié par le nez. Voyelles nasales. m. partie du casque. bla.

Nasalement, ad. d'un ton nasal.

Nasalité, sf. qualité d'une voyelle ou d'une consonne nasale.

Nasard, sm. jeu d'orgue.

Nasarde, sf. chiquenaude sur le nez. [sardes.

Nasarder, va. donner des na-

Naseau, sm. narines d'animaux.

Nasi, sm. président du San-hédrin.

Nasillard, a. et s. qui nasille.

Nasillement, sm. action de

Nasiller, vn. parler du nez.

Nasilleur, euse, s. qui parle du nez.

Nasillonner, vn. dim. de nasiller

Nasique, a. qui a le nez fort long; sm. pl. fam. de mam-mifères.

Nasse, sf. sorte de panier pour pêcher. [ne.

Natal, a. sans pl. m. où l'on est

Natation, sf. art et action de nager. [natation.

Natatoire, a. qui concerne la

Natif, ve, a. né en un certain lieu; apporté en naissant; métal—, tiré de la terre tout formé. [pays.

Nation, sf. les habitants d'un

National, e, a. de la nation.

Nationalement, ad. d'une man. nationale. [tional.

Nationaliser, va. rendre na-

Nationalité, sf. état, condition d'une nation distincte des autres. [d'un pays.

Nationaux, sm. pl. naturels

Nativité, sf. naissance de J.-C., de la Vierge et de quelques saints. t. d'astrologie.

Natron ou Natrum, sm. carbo-nate de soude.

Natte, sf. tissus de jonc; tresse.

Natter, va. couvrir de nattes; tresser.

Nattier, sm. celui qui fait et vend de la natte.

Naturalibus (in), ad. dans l'état de nudité. fa.

Naturalisation, sf. action de

Naturaliser, va. donner les droits des naturels; (un végé-tal) l'acclimater.

Naturalisme, sm. cause natu-relle; système qui y rapporte tout. [(loire naturelle.

Naturaliste, sm. qui sait l'his-

Nature, sf. l'univers; son or-dre et ses lois; essence de chaque être; complexion; sujet naturel d'après lequel le peintre travaille. On dit qu'une chose est en nature lorsqu'elle n'a pas été con-vertie en une autre.

Naturel, le, a. de la nature; non altéré; facile, sans con-trainte; naïf; franc. (en-fant) bâtard. sm. caractère; habitant originaire; pro-priété inhérente à un être; tempérament. [aisément.

Naturellement, ad. par nature.

Naufrage, sm. submersion de navire; ruine, malheur.

Naufragé, a. péri par un nau-frage.

Naufrager, vn. faire naufrage.

Naulage, sm. prix pour le pas-sage mar.

Naumachie, sf. spectacle de combat naval. ant. [nausées.

Nauséabond, a. qui cause des

Nausée, sf. envie de vomir.

Nautile, sm. coquille univalve de mer.

Nautique, a. de la navigation.

Nautiquement, adv. d'une man. nautique. [barque.

Nautonnier, sm. conducteur de

Naval, a. sans pl. m. des vais-seaux de guerre. Combat —, entre vaisseaux.

Navée, sf. charge d'un bateau.

Navet, sm. plante potagère; sa racine.

Navette, sf. navet sauvage; inst. de tisserand; vase pour l'en-cens. [d'une nacelle anat.

Naviculaire, a. qui a la forme

Navigable, a. où l'on peut na-viguer.

Navigateur, sm. qui a fait de longs voyages sur mer; qui sait la

Navigation, sf. art, action de

Naviguer, vn. aller sur mer, etc.

Naville, sf. canal pour arroser.

Navire, sm. bâtiment de mer.

Navrant, a. qui navre. | ger.

Navrer, va. blesser *v.* fig. affli-

Ne, particule nég. qui doit toujours précéder le verbe. | fois.

Néanmoins, ad. pourtant; toutefois.

Néant, sm. rien; nullité. *Mettre au néant.*, rejeter *prat.*

Nébuleux, se, a. couvert de nuages, et sf. amas blanchâtre d'étoiles.

Nécessaire, a. dont on a besoin; ce qui doit être ou arriver. sm. ce qui est nécess. ; coffret.

Nécessairement, ad. absolument ; infailliblement.

Nécessitant, e, a. qui nécessite.

Nécessité, sf. chose nécessaire, inévitable ; contrainte excessive; indigence. pl besoins de la vie. *De nécessité*, ad. nécessairement.

Nécessiter, va. contraindre.

Nécessiteux, se, a. *et* s. pauvre.

Nec plus ultra. *V.* Non plus ultra.

Nécrologe, sm. registre, notice de mort.

Nécrologie, sf. notice historique sur de grands personnages morts. | logie.

Nécrologique, a. de la nécro-

Nécromance *ou* **Nécromancie.** sf. art du | g'cien.

Nécromancien, s. sorte de ma-

Nécromant, sm. nécromancien. *v.* | mort.

Nécrophobie, sf. crainte de la

Nécrose, sf. mortification des os,

Nécrosé, e, a. frappé de nécrose. | bot.

Nectaire, sm. réservoir du miel.

Nectar, sm. breuvage des dieux *fig.* liqueur très-agréable.

Nef, sf. navire. *v.* partie de l'église depuis la grande porte jusqu'au chœur ; vase. *v.*

Néfaste, a. (jour) triste, funeste.

Nèfle, sf. fruit du

Néflier, sm. arbre rosacé.

Négatif, ve, a. qui nie ; qui refuse ; (grandeur) négative, précédée du signe de la soustraction. *mat.* sf. proposition négative; refus.

Négation, sf. act. de nier; particule. ad. qui sert à nier.

Négativement, ad. d'une man. négative.

Négligé, a. peu travaillé; auquel on fait peu d'attention. sm. manque de parure. t. d'arts.

Négligement, sm. act. de négliger à dessein. *t. d'arts.*

Négligemment, ad. (ja) avec

Négligence, sf. manque de soin; nonchalance.

Négligent, a. sans soin.

Négliger, va. ne pas soigner quelque chose; ne pas cultiver quelqu'un. vp. se relâcher. | fig.

Négoce, sm. commerce; tra-

Négociabilité, sf. qualité de ce qui est

Négociable, a. qui peut se négocier. | goce.

Négociant, sm. qui fait le négoce.

Négociateur, trice, s. qui négocie une affaire.

Négociation, sf. action de

Négocier, va. faire négoce; traiter une affaire.

Nègre, Négresse, s. homme et femme de couleur noire ; esclaves.

Négrier, am. (vaisseau) pour la traite des nègres.

Négrillon, onne, s. petit nègre; petite négresse.

Neige, sf. vapeur gelée en flocons. | neige qui tombe.

Neiger, vn. imp. se dit de la

Neigeux, se, a. chargé de neige.

Néméens, am. pl. (jeux) à Némée. *ant.* | ant.

Nénies, sf. pl. chants funèbres.

Nenni, ad. de négation. *fa.*

Nénufar, sm. plante aquatique.

Néographe, a. *et* s. novateur en orthographe.

Néographie , sf. *ou* Néographisme, sm. innovations en orthographe. [nouve ux.

Néologie, sf. emploi de termes

Néologique , a. de la néologie.

Néologisme, sm. abus de néologie. [logisme.

Néologue, s. qui affecte le néo-

Néoménie , sf. nouvelle lune; fête à son époque. *ant.*

Néophyte, a. *et* s. nouveau converti.

Néorama, sm sorte de panorama

Népenthe, sf. plante des Indes.

Néphralgie , sf. douleur des reins.

Néphrétique, a. *et* sf. (colique) des reins ; (remède) qui la guérit. s. *et* a. qui en est affligé.

Népotisme, sm. influence des neveux des papes, et *fig.* des parents d'un homme en place. [vinites.

Néréide, sf. mollusque. pl. di-

Nerf, sm. (*f* muet au pl.) organes des sensations vulg ; muscle, tendon. *fig.* force. t. de relieur.

Nérite, sf. coquillage univalve.

Neruli , sm. essence de fleurs d'oranger.

Nerprun, sm. arbrisseau.

Nerval, e, a. des nerfs; bon pour les nerfs.

Nerve, e, a. qui a des nervures.

Nerver, va. garn r de nerfs *rel.*

Nerveux, se, a. plein de nerfs; fort. [les nerfs.

Nervin, a. *et* sm. qui fortifie

Nervure , sf. t. de rel., arch., bot. [fus empruntée du latin.

Nescio vos, formule fam. de re-

Nestor, sm. le vieillard le plus âgé ou le plus respectable.

Nestorianisme, sm. hérésie de Nestorius.

Nestorien, enne, a. *et* s. partisan de la doctrine de Nestorius.

Net, Nette, a. propre, sans souillure ; clair ; vide; uni ; distinct ; franc. ad. tout d'un coup ; franchement.

Nettement, ad. avec netteté; clairement. [est net.

Nettete, sf qualité de ce qui

Nettoiement, *ou* Nettoyage, sm. action de

Nettoyer, va. rendre net.

Nettoyeur, euse, s. qui nettoie.

Neuf, a. nom sm. huit plus un. (*Neu* devant une consonne, *neur* devant une voyelle ci *neuf* quand rien ne suit.)

Neuf, Neuve, a. fait depuis peu; qui n'a pas ou qui n'a que peu servi. *fig.* inexpérimenté; novice. s n. nouveau. *A neuf, de neuf,* ad. en renouvel.nt.

Neutralement, ad. d'une man. neutre. *gra.* [lise.

Neutralisant, e, a. qui neutra-

Neutralisation, sf. act. de [nul.

Neutraliser, va. rendre neutre.

Neutralité, sf. eta de neutre.

Neutre , a. qui ne prend point de parti, qui appartient à un Etat neutre. t. de *gra.* et de *chim.*

Neuvaine, sf. exercices de dévotion qui durent neuf jours.

Neuvième, a. ord. sm. neuvième partie. [me lieu.

Neuvièmement, ad. en neuviè-

Neveu, sm. fils du frère ou de la sœur. *à la mode de Bretagne,* fils du cousin ou de la cousine germaine. *Nos neveux.* pl. la postérité.

Névralgie, sf genre de névroses

Névralgique, a. qui tient de la névralgie. [nerfs.

Névrite, sf. inflammation des

Névritique, a. nervin. [nerfs.

Névrographie, sf. descrip. des

Névrologie, sf. sc ence des nerfs.

Névroptère, a. *et* sm. (insecte) à quatre ailes réticulées.

Névroses, sf. pl. aberrations du système nerveux. [nerfs.

Névrotomie, sf. dissection des

Nez, sm. partie saillante du visage; l'odorat; l'avant d'un vaisseau. *fig.* sagacité.

Ni, particule conj. et négative.

Niable, a. qui peut être nié.

Niais, a. (oiseau) pris dans le nid. s. *et* a. idiot; sot. [niaise.

Niaisement, ad. d'une façon

Niaiser, vn. s'amuser à des riens. [niais; bagatelle.

Niaiserie, sf. caractère de

Niche, sf. enfoncement pour une statue; réduit pour mettre un lit; espiéglerie. *fa.*

Nichée, sf. petits dans un nid.

Nicher, vn. faire son nid. va. *et* p. placer. [nid.

Nichet, sm. œuf mis dans le

Nichoir, sm. cage pour faire

Nickel, sm. métal gris. [couver.

Nicodème, sm. niais. *pop.*

Nicotiane, sf. (*ci*) tabac.

Nid, sm. (*ni*) logement des oiseaux, etc. *Nid d'oiseau.*

Nidoreux, se, qui a l'odeur de gâté. [la sœur.

Nièce, sf. fille du frère ou de

Nielle, sf. maladie des grains; plante; ornement d'orfevrerie

Nieller, va. gâter par la nielle; orner de nielles.

Nier, va. *et* n. dire qu'une chose n'est pas. [oiseau.

Nigaud, a. *et* s. sot; niais. sm.

Nigauder, vn. faire des nigauderies.

Nigauderie, sf. niaiserie.

Nigelle, sf. plante renonculacée.

Nigroil *ou* **Negueil**, sm. poisson

Nil-gaut, sm. e-p. d'antilope.

Nille, sf. filet de la vigne

Nillée, sf. (croix) menue. *bla.*

Nilomètre, sm. mesure du Nil.

Nimbe, sm. auréole. [nippes.

Nipper, va. *et* p. fournir de

Nippes, sf. pl. habits; meubles.

Nique, sf. signe de moquerie. *fa.* [crite. *fa.*

Nitouche (sainte), sf. hypo-

Nitrate, sm. combinaison de l'acide nitrique avec différentes bases.

Nitre, sm. salpêtre. [tre.

Nitreux, se, a. qui tient du ni-

Nitrière, sf. lieu où se forme le nitre. [du nitre.

Nitrique, a. (acide). principe

Nitrite, sm. sel formé par l'acide nitreux. [gale.

Nitro-muriatique, a. (eau) ré-

Niveau, sm. instrument pour mesurer l'horizontalité. *fig.* égalité de mérite, de rang.

Niveler, va. mesurer avec un niveau; aplanir. *fig.* égaliser.

Niveleur, sm. qui s'occupe de niveler; partisan de l'égalité.

Nivellement, sm. act. de niveler.

Nivéole, sf. plante narcissée.

Nivet, sm. remise de commerce. *pop.*

Nivôse, sm. quatrième mois de l'année républicaine.

Nobiliaire, a. *et* sm. (catalogue) des maisons nobles; des nobles. [anc. titre. v.

Noblissime, a. *et* s. très-noble;

Noble, a. *et* s. de haut rang, illustre; qui n'est point vulgaire. *Parties nobles*, sf. pl. le cœur, le poumon, le foie, le cerveau, etc.

Noblement, ad. avec noblesse.

Noblesse, sf. qualité noble; les nobles. *fig.* élévation; grandeur.

Noce, sf. mariage; festin, etc.

Nocher, sm. pilote *poét.*

Noctambule, a. *et* s. somnambule.

Noctambulisme, sm. somnambulisme. [nuicux la nuit.

Noctiluque, a. *et* sm. (corps) lu-

Noctolabe, sm. inst. d'ast.

Nocturne, a. de nuit. sm. sorte de chant.

Nocuité, sf. qualité de ce qui est nuisible.

Nodosité, sf. état de ce qui a des nœuds; les nœuds mêmes chir. et bot. [os.

Nodus, sm. (*s*) tumeur sur les

Noël, sm. fête de la nativité de J.-C.; cantique.

Nœud, sm. (neu) enlacement d'un corps flexible, etc.; excroissance. bot. articulation; larynx. fig. difficulté; point essentiel d'une affaire ou de l'intrigue d'une pièce dramatique; ornement; liaison intime.

Noir, a. et sm. de couleur obscure; livide; nègre; sombre, triste. fig. lugubre; méchant; atroce.

Noirâtre, a. tirant sur le noir.

Noiraud, a. qui a le teint très-brun.

Noirceur, sf. qualité qui fait qu'un corps est noir; atrocité.

Noircir, va. rendre noir, diffamer. va. et p. devenir noir

Noircissure, sf. tache de noir.

Noire, sf. note de musique qui vaut deux croches.

Noise, sf. querelle fa.

Noiseraie, sf. lieu planté de

Noisetier, sm. arbre qui produit la

Noisette, sf. fruit.

Noix, sf. fruit; glande; rotule. — de galle, excroissance sur la feuille du chêne.

Noli me tangere, sm. (mé tangéré) nom donné à certaines plantes et à une esp. d'ulcere.

Nolis, Nolissement, sm. fret.

Noliser, va. fréter.

Nom, sm. mot pour désigner. fig. réputation; titre.

Nomade, a. et sm. (peuple) errant; peu stable.

Nombrable, a. qui peut être compté.

Nombrant, a. qui nombre.

Nombre, sm. collection d'unités; nombre indéterminé; distinction du pluriel et du singulier; harmonie du style. pl. quatrième livre de la Bible. — d'or, t. d'ast.

Nombrer, va. compter les unités

Nombreux, se, a. en grand nombre; style harmonieux.

Nombril, sm. (bri) petite cavité au milieu du ventre; œil du fruit.

Nome, s. a. loi. ant. poëme; chant; gouvernement.

Nomenclateur, sm. qui fait une nomenclature; qui s'y applique; esclave qui indiquait les citoyens. ant.

Nomenclature, sf. classification.

Nomme, sf. règle; loi. t. générique.

Nominal, e, a. (appel) par les noms; (prière) où l'on est nommé.

Nominalisme, sm. système des nominaux.

Nominaliste, a. s. qui appartient au nominalisme. [le roi.

Nominature, s. nommé par

Nominateur, sm. qui nomme. t. d'arith.

Nominatif, ve, a. qui dénomme. sm. sujet de la proposition log premier cas. gra.

Nomination, sf. action de nommer à un emploi.

Nominativement, ad. en désignant le nom.

Nominaux, sm. pl. nom des scolastiques opposés aux réalistes.

Nommément, ad. spécialement.

Nommer, va. donner, imposer un nom; désigner par un nom; choisir; instituer. se —, vp. être nommé.

Non, ad et sm. négation. Non-seulement, ad. en outre.

Nonagénaire, a. âgé de quatre-vingt-dix ans.

Nonagésime, a. et sm. quatre-vingt-dixième (degré). ast.

Nonante, a. num. quatre-vingt-dix. [vingt-dixième. v.

Nonantième, a. et sm. quatre-

Non-avenu, e, a. qui est nul.

Nonce, sm. ambassadeur du pape.

Nonchalamment, ad. avec

Nonchalance, sf. négligence.

Nonchalant, a. et s. lent; négligent.

Nonciature, sf charge de nonce.

Non-conformiste, s. non-angli-
can. [conformité.

Non-conformité, sf. défaut de

None, sf. heure canoniale. pl.
huitième jour avant les ides.

Nonidi, sm. neuvième jour de
la décade.

Non-intervention,sf.neutralité.

Non-jouissance, sf. privation
de jouissance. pal. [fa.

Nounain, Nonne, sf religieuse.

Nonnette, sf. diminutif de nonne; petit pain d'épices.

Nonobstant, prép. malgré.

Non-pair, a. impair.

Non-pareil, le, a. sans pareil.
sf. ruban; dragée; très-petit
caractère d'imprimerie.

Non-payement, sm. défaut de
payement.

Non plus ultra ou Nec plus ultra,
sm. i. terme qu'on ne peut
passer. fa. [résidence.

Non-résidence, sf. défaut de

Non-sens. sm. défaut de sens.

Non-succès, sm. manque de
succès. [tient neuf fois.

Nonuple, a. et sm. qui con-

Nonupler, va. répéter neuf fois.

Non-usage, sm. cessation d'u-
sage.

Non-valeur, sf. manque de valeur; perte dans la recette.

Non-vue, sf. impossibilité de
voir. mar.

Nopal, sm. genre de cactier.

Nord, sm. septentrion, partie
du monde opposée au Midi;
vent du nord. Nord-est,
Nord-ouest, points entre le
Nord et l'Ouest.

Normal, e, a. qui sert de règle;
ordinaire; régulier. géom.
(école) où l'on apprend l'art
d'enseigner; (état) qui n'a
éprouvé aucune altération.
anat. [laire.

Normale, sf. ligne perpendicu-

Normand, a. adroit, fin. fa.

Nosographie, Nosologie, sf. description, traité des maladies.

Nosologiste, sm. qui sait la
nosologie.

Nostalgie, sf. maladie du pays.

Nostalgique, a. de la nostalgie.

Nota, sm. i. remarque en marge.

Notabilité, sf. qualité de ce qui
est notable; pl. les notables.

Notable, a. remarquable. sm.
pl. les principaux habitants
d'un lieu.

Notablement, ad. beaucoup.

Notaire, sm. officier qui passe
les actes.

Notalgie, sf. douleur dans le dos.

Notamment, ad. spécialement.

Notariat, sm. charge de notaire.

Notarié, a. passé devant notaire.

Notation, sf. act, man. d'indiquer.

Note, sf. marque; commen-
taire; caractère de musique.

Noter, va. marquer; commenter; écrire la musique.

Noteur, sm. copiste de musiq.

Notice, sf. catalogue; extrait.

Notification, sf. action pour

Notifier, va. faire savoir juridiquement. [chose

Notion, sf. connaissance d'une

Notoire, a. manifeste.

Notoirement, ad. évidemment.

Notoptère, sm. a. qui a des nageoires sur le dos.

Notoriété, sf. évidence.

Notre, a. pos. qui est à nous.
Les nôtres, sm. pl. nos parents, ceux de notre parti,
etc.; le nôtre, pr. pos.

Notre-Dame, sf. église; fête,
image de la Sainte-Vierge.

Notule, sf. petite note.

Noue, sf. tuile en canal; pré
gras. [nœud.

Noué, a. rachitique; formé en

Nouement, sm. action de

Nouer, va. faire un nœud. fig.
lier. vp. passer de fleur en
fruit.

Nouet, sm. drogue dans un linge noué.

Noueux, se, a. (bois) à nœuds.

Nougat, sm. gâteau d'amandes.

Nouilles, sf. pl. esp. de pâte d'Allemagne.

Noulet, sm. canal de noues.

Nourrain, sm. syn. d'alevin.

Nourrice, sf. femme qui allaite.

Nourricier, ère, a. qui nourrit. sm. le mari d'une nourrice.

Nourrir, va. et p. sustenter, fournir d'aliments ; allaiter. fig. instruire ; élever ; former ; entretenir ; produire ; se repaître.   [les bestiaux.

Nourrissage, sm. man. d'élever

Nourrissant, a. qui nourrit.

Nourrisseur, sm. celui qui nourrit des bestiaux.   [rice.

Nourrisson, sm. enfant en nour-

Nourriture, sf. ce qui nourrit.

Nous, pron. de la première personne pl.

Nouure, sf. état d'un enfant noué ; se dit aussi des fruits.

Nouveau, Nouvel, le, a. (Nouvel devant les noms masculins qui commencent par une voyelle ou par un h muet) qui commence d'être. ad. nouvellement. De nouveau, de rechef.

Nouveau-Monde, sm. Amérique

Nouveau-né, sm. enfant qui vient de naître.

Nouveau-venu, sm. nouvellement arrivé.

Nouveauté, sf. qualité de ce qui est nouveau ; chose nouvelle.

Nouvelle, sf. premier avis ; conte. pl. renseignements sur l'état des affaires ou de la santé.

Nouvellement, ad. depuis peu.

Nouvelleté, sf. usurpation pal.

Nouvelliste, s. curieux de nouvelles.   [defrichée.

Novale, sf. terre nouvellement

Novateur, sm. qui innove.

Novation, sf. changement de titre. jur.   [romain.

Novelles, sf. pl. partie du droit

Novembre, sm. onzième mois de l'année.

Novice, a. et s. nouveau religieux. fig. apprenti ; peu habile.

Noviciat, sm. état de novice.

Novissime, ad. récemment. fa

Noyade, sf. action de noyer plusieurs personnes à la fois.

Noyale, sf. toile à voile.

Noyau, sm. partie dure, osseuse de certains fruits ; vis d'escalier. fig. principe d'une chose.   [l'eau.

Noyé, a. et sm. mort dans

Noyer, sm. arbre.

Noyer va. et p. faire mourir dans l'eau ; inonder.

Noyon, sm. borne au jeu de boule.

Nu. a qui n'est pas couvert. fig. sans ornement, sans garniture. sm. ce qui est sans draperies. Nu-tête, nu-jambes, nu-pieds. A nu, ad. à découvert.

Nuage, sm. amas de vapeurs dans l'air. fig. incertitudes ; soupçons.   [ges.

Nuageux, se, a couvert de nua-

Nuance, sf. degrés d'une couleur. fig. différence délicate entre deux choses du même genre.

Nuancer, va. assortir les couleurs, etc.

Nubécule, sf. maladie de l'œil.

Nubile, a en âge de se marier.

Nubilité, sf. âge nubile.

Nuculaire, a. qui renferme une amande.

Nudipède, a. qui a les pattes sans poils ni plumes.

Nudité, sf. état d'une personne nue. pl. figures nues. peint.

Nue, sf. nuage.

Nuée, sf. nuage. fig. multitude.

Nuer, va nuancer les couleurs.

Nuire. va. faire tort.

Nuisible, a qui nuit.

Nuit, sf temps où le soleil est sous l'horizon. De nuit, ad. nuitamment.   [nuit.

Nuitamment, ad. pendant la

Nuitée, sf. espace d'une nuit.

Nul, Nulle, a. pas un ; sans valeur. *Homme —*, sans capacité. [nière.

Nullement, ad. en nulle manière.

Nullité, sf. défaut qui rend un acte nul ; manque absolu de talents.

Nûment, ad. sans déguisement.

Numéraire, a. (valeur) fictive. sm. argent monnayé. [bre.

Numéral, a. qui marque un nombre.

Numérateur, sm. nombre supérieur d'une fraction. *arit.*

Numération , sf. action de compter.

Numérique, a. des nombres.

Numériquement, ad. en nombre exact. [ter.

Numéro, sm. nombre pour compter.

Numérotage, sm. act. de [méro.

Numéroter, va. mettre le numéro.

Numismate ou Numismatiste, sm. celui qui est versé dans la

Numismatique, a. *et* sf. (science) des médailles antiques.

Nummulaire , *ou* Lysimachie. sf. plante.

Nuncupatif (*non*) , a. (testament) verbal. *jur.*

Nu - propriété , sf. possession d'une chose dont une autre a l'usufruit.

Nuptial , a. (*ci*) des noces. pl. *aux.* [du cou.

Nuque , sf. partie postérieure

Nutation, sf. balancement. *ast.*

Nutritif, ve, a. qui nourrit.

Nutrition , sf. fonction par laquelle le chyle est converti en substance animale. [plante.

Nyctage, sm. la belle de nuit ,

Nyctalope, sm. qui voit mieux la nuit que le jour.

Nyctalopie, sf. état du nyctalope.

Nyctère, sm. chauve-souris.

Nymphe, sf. divinité ; jeune femme, *poét.* deuxième état d'insecte. t. *d'anat.*

Nymphéa, sf. le nénuphar. [rine.

Nymphomanie, sf. fureur uté-

O

O, sm. i. quatrième voyelle, quinzième lettre de l'alphabet; interj. ; signe du vocatif ô, exclam.

Oasis, sf. (*is*) sorte d'île fertile au milieu des sables du désert.

Obédience, sf. obéissance. v. ordre par écrit d'un supérieur religieux.

Obédiencier, sm. religieux desservant un bénéfice dont il n'est pas titulaire.

Obéir, vn. se soumettre à la volonté d'autrui ; plier.

Obéissance, sf. action d'obéir ; soumission. [ple.

Obéissant, a. qui obéit. *fig.* sou-

Obèle, sf. trait d'union (-).

Obélisque, sm. pyramide étroite.

Obérer, va. *et* p. endetter.

Obèse, a. qui est attaqué d'

Obésité, sf. excès d'embonpoint.

Obier, sm. arbrisseau. V. Aubier.

Obit, sm. service fondé pour le repos de l'âme d'un mort.

Obituaire, a. des obits. sm. bénéficier. [tion.

Objecter, va. faire une objec-

Objectif, ve, sm. *et* a. (verre) tourné vers l'objet.

Objection , sf. difficulté opposée à une proposition. ☙

Objectivement, adv. d'une man. objective.

Objet, sm. ce qu'on voit ; but.

Objurgation, sf. reproche. *did.*

Oblat, sm. moine-lai.

Oblation, sf. offrande (à Dieu).

Obligation , sf. devoir ; reconnaissance; promesse de payer

Obligatoire, a. qui contraint.

Oblige , a. *et* s. redevable ; qui ne peut être retranché. *mus.* sm. acte d'apprentissage. [obligeante.

Obligeamment, ad. d'une man.

Obligeance, sf. penchant à o-
bliger.   {cieux.
Obligeant, a serviable, offi-
Obliger, va. et p. engager, im-
poser l'obligation ; forcer,
rendre service; exciter.{leux
Oblique, a. incliné. fig. fraudu-
Obliquement, ad. de biais. fig.
par fraude.
Obliquité, sf inclinaison. fig.
manque de droiture.
Oblitération, sf. act. d'oblité-
rer; état de ce qui est oblitéré.
Oblitérer, va. effacer; fermer.
ana.   {large.
Oblong, gue, a. plus long que
Obole, sf. anc. monnaie; poids.
Obombrer, va. couvrir de son
ombre mysticité.{prise. pal.
Obreptice, a. obtenu par sur-
Obrepticement, ad par surprise.
Obreption, sf. reticence. {deur.
Obscène, a. qui blesse la pu-
Obscénité, sf. même sens.
Obscur, a. sombre. fig. peu in-
telligible ; peu connu.
Obscurant, sm. écrivain enne-
mi de la raison et des lu-
mières.   {des obscurants.
Obscurantisme, sm. système
Obscurcir, va. et p. rendre, de-
venir obscur.
Obscurcissement, sm. affaiblis-
sement de lumière.
Obscurément, ad. avec
Obscurité, sf. défaut de clarté;
chose obscure fig. privation
d'éclat, de célébrité.
Obsécrations, sf. pl. prières
pour apaiser. ant.
Obséder, va. être assidu pour
capter, au fig. ou parlant de
l'esprit malin, tourmenter.
Obsèques, sf. pl. enterrement
pompeux. {égards à l'excès.
Obséquieux, a. qui porte les
Obséquieusement, ad. d'une
manière obséquieuse.
Obséquiosité, sf. caract. de la
personne obséquieuse.
Observable, a. qui peut être
observé.

Observance, sf. pratique de la
règle ; cette règle même.
Observantin, sm. religieux.
Observateur, trice, s. qui ob-
serve; qui suit une loi, une
règle.
Observation, sf. act. d'observer; remarque; objection
Observatoire, sm. lieu pour
les observations d'astron.
Observer, va. suivre ce qui est
prescrit ; considérer avec application. vn. remarquer,
épier. vp. être circonspect.
Obsession, sf. action d'obséder,
son effet.
Obsidiane ou Obsidienne, sf.
pierre servant de vitre. ant.
Obsidional, e, a. (couronne)
donnée a celui qui a fait le-
ver un siege ; (monnaie)
frappée dans une ville as-
siégée.
Obstacle, sm. empêchement.
Obstination, sf. opiniâtreté.
Obstiné, a. et s. entêté; opiniâtre.   {tion.
Obstinément, ad. avec obstina-
Obstiner, va. et p. opiniâtrer.
Obstructif, ve, a. qui cause obstruction.   {méd.
Obstruction, sf. engorgement.
Obstruer, va. interposer un ob-
stacle. fig. embarrasser la
marche d'une affaire.
Obtempérer, vn. obéir. pal.
Obtenir, va. se faire accorder;
parvenir à.
Obtention, sf. act. d'obtenir.
Obturateur, a. et s. (plaque, nerf,
ligament, etc.) destiné à bou-
cher. chir et chim.
Obturation, sf. man. dont on
bouche les trous existants
contre l'ordre naturel.
Obtus, a. (angle) plus grand
qu'un droit. fig. (esprit) peu
pénetrant.
Obtusangle, a. à angle obtus.
Obus, sm. petite bombe. {bus.
Obusier, sm. mortier pour l'o-
Obviable, a. auquel on peut

Obvier, vn. prévenir le mal.
Oca, sm. sorte de racine.
Occasion, sf. conjoncture opportune pour dire ou faire; rencontre; sujet. [ne.
Occasionnel, le, a. qui occasionne-
Occasionnellement, ad. par occasion. [lieu.
Occasionner, va. causer, donner
Occident, sm. côté où le soleil se couche.
Occidental, a. de l'occident.
Occipital, a. l'occiput.
Occiput, sm. (t) le derrière de
Occire, va. tuer. v. [la tête.
Occlusion, sf. état des intestins lorsque la cavité en est bouchée. [astre.
Occultation, sf. disparition d'un
Occulte, a. caché. [occulte.
Occultement, ad. d'une man.
Occupant, a. qui occupe.
Occupateur, s. qui occupe.
Occupation, sf. ce à quoi on emploie son temps; affaire; prise; emploi; habitation.pal.
Occuper, va. et p. remplir; habiter; s'emparer; employer. n. agir. pra. [tuit.
Occurrence, sf. événement fortuit.
Occurrent, a. qui survient.
Océan, sm. la grande mer qui environne toute la terre. fig. grande quantité.
Océanie, sf. l'une des cinq parties du monde.
Océanien, a. de l'Océan.
Ochlocratie, sf. (k) gouvernement populaire.
Ocre, sf. terre argileuse colorée par des oxydes de fer rouge et jaune.[ture de l'ocre.
Ocreux, se, a. qui est de la nature de l'ocre.
Octaèdre, sm. solide à huit faces.
Octandrie, sf. classe de plantes.
Octant, sm. inst. de quarante-cinq degrés. ast. [v.
Octante, a. num. quatre-vingts.
Octantième, a. quatre-vingtième. v.
Octave, sf. huitaine d'une fête

religieuse; huit vers; huit degrés. mus.
Octavin, sm. petite flûte.
Octidi, sm. huitième jour de la décade.
Octobre, sm. dixième mois de l'année. [quatre-vingts ans.
Octogénaire, a. et s. âgé de
Octogone, a. et sm. qui a huit angles.
Octogynie, sf. classe de plantes dont les fleurs ont 8 pistils.
Octopétalé, e, a. à 8 pétales.
Octophyllé, e, a. à huit folioles.
Octopode, a. à huit pattes.
Octostyle, a. qui a huit colonnes. arch.
Octroi, sm. concession. v. pl. droit sur les denrées; bureau où il se paye.
Octroyer, va. concéder.
Octuple, a. contenant huit fois.
Octupler, va. répéter huit fois.
Oculaire, a. (témoin) qui a vu. et sm. (verre) du côté de l'œil.
Oculairement, ad. visiblement.
Oculiste, s. et a. médecin des maladies de l'œil. [d'onyx.
Oculus-mundi, sm. (on) sorte
Odalisque, sf. femme du sérail.
Ode, sf. poème lyrique divisé en strophes.
Odéon, sm. théâtre.
Odeur, sf. senteur. pl. parfums.
Odieusement, ad. d'une man. odieuse. [sant.
Odieux, se, a. haïssable; repous-
Odomètre sm. instr. pour mesurer le chemin. [dents.
Odontalgie, sf. douleur des
Odontalgique, a. (remède) pour la calmer.
Odontoïde, a. en forme de dent.
Odontologie, sf. partie de l'anat. qui traite des dents.
Odontotechnie, sf. art du dentiste.
Odorant, a. qui a une bonne odeur. [les odeurs.
Odorat, sm. sens qui perçoit
Odoration, sf. perception des odeurs.

Odorer, va. sentir par l'odorat.

Odoriférant, a. odorant.

Odyssée, sf. poëme d'Homère sur les aventures d'Ulysse. *fig.* voyage aventureux. *fa.*

OEcuménique, a. universel.

OEdémateux, se, a. d'œdème.

OEdème, sm. tumeur molle,

OEdipe, sm. qui devine tout. *fa.*

OEil, sm. (*euil*) Yeux, pl. organe de la vue; regard; ouverture; esprit, intelligence; bourgeon: t. *d'imp* pl. *fig.* petites cavités dans le pain, le fromage, etc.

OEil-de-Bœuf, sm. lucarne ronde, pl. *OEils-de-bœuf.* plante radiée. [précieuse.

OEil-de-chat, sm. plante; pierre

OEil-de-Christ, sm. plante.

OEillade, sf. regard.

OEillère, sf. pièce de la bride; petit vase dans lequel on baigne l'œil. *Dent — canine,* dont la racine répond à l'œil.

OEillet, sm. plante; petit trou pour passer un lacet. [etc.

OEilleton, sm. rejeton d'œillet,

OEilletonner, va. ôter les œilletons.

OEillette, sf. graine de pavot.

OEnanthe, sf. (*é*) plante vénéneuse.

OEnéléum, sm. (*om*) mélange de vin et d'huile pour les fomentations.

OEnologie, sf. art de faire du vin; traité sur cette matière.

OEnomancie, sf. divination qui se faisait avec le vin. *ant.*

OEnomètre, sm. instr. pour mesurer la force du vin.

OEnophile, a. qui aime le vin.

OEnophobe, a. qui a de l'aversion pour le vin.

OEnophore, sm. vase pour le vin; officier qui soignait, qui portait le vin. *ant.* [tomac.

OEsophage, sm. canal de l'es-

OEsophagien, ne, a. de l'œsophage.

OEuf, sm. (*euf*) pl. OEufs (*eu*) corps organique pondu par des femelles. [œufs.

OEuvé, a. (poisson) qui a des

OEuvre, sf. ouvrage, produit de l'esprit; banc d'—, fabrique d'église. pl. les écrits d'un auteur. sm. estampes, musique. *Grand —*, pierre philosophale. *Dans œuvre, hors d'œuvre,* dans ou hors le corps d'un bâtiment. *arch. Hors-d'—*, ce qui est déplacé dans un ouvrage; mets qu'on sert avec le potage. *Chef-d'—*, le plus bel ouvrage d'un auteur, d'un artiste, etc.

Offensant, a. qui offense.

Offense, sf. injure; péché.

Offensé, s. qui a reçu une offense.

Offenser, va. faire une offense. *fig.* choquer, blesser, vp. se fâcher.

Offenseur, sm. qui offense.

Offensif, ve, a. qui attaque, sf. attaque. [offensive.

Offensivement, ad. d'une man.

Offertoire, sm. Offerte, f. parties de la messe.

Office, sm. assistance, charge, fonction; prières; service du dessert. *Le saint-office,* l'inquisition.

Office, sf. garde-manger, etc.

Official, sm. juge de cour d'église. [ficial.

Officialité, sf. tribunal de l'of-

Officiant, a. *et* s. qui officie à l'église. [torité.

Officiel, le, a. déclaré par l'au-

Officiellement, ad. d'une man. officielle.

Officier, vn. faire l'office divin.

Officier, sm. qui a un office, un grade militaire; chef de l'office, etc. [officieuse.

Officieusement, ad. d'une man.

Officieux, se, a. obligeant. s. flatteur. [prête.

Officinal, a. (drogue) toujours

Officinalement, adv. à la man. des officines.

Officine, sf. laboratoire. *pharm.*

Offrande, sf. ce qu'on offre; cérémonie des grand'messes.

Offrant, sm. qui offre. *pra.*

Offre, sf. act. d'offrir; ce qu'on offre.

Offrir, va. *et* p. présenter; proposer; exposer à la vue.

Offusquer, va. *et* p. empêcher de voir; éblouir. *fig.* troubler l'esprit; déplaire.

Ogival, e, pl. *aux*, a. fait en ogive. [rète.

Ogive, sf. arceau en forme d'a-

Ognon, sm. racine bulbeuse; plante; tumeur. [d'é.é.

Ognonnet, sm. sorte de poire.

Ogre, esse, s. monstre fabul.

Oh! interj. marque la surprise, l'admiration, l'affirmation.

Oie, sf. oiseau de basse-cour; jeu. *Petite oie*, abatis de volaille; ajustement.

Oille, sf. (*olle*) sorte de potage.

Oindre, va. frotter d'huile, etc.

Oing (vieux-), sm. (*g* muet) vieille graisse de porc.

Oint, sm. qui a reçu une onction sainte.

Oiseau, sm. bipède ailé; instrument pour porter le mortier. *A vol d'—*, ad. en ligne droite. *A vue d'—*, vertical.

Oiseau-mouche, sm. très-petit oiseau d'Amérique.

Oiseler, va. dresser un oiseau. vn. tendre des filets, etc., aux oiseaux.

Oiseleur, sm. celui qui prend des oiseaux. [seaux.

Oiselier, sm. marchand d'oi-

Oisellerie, sf. art de prendre les oiseaux. [oiseuse.

Oiseusement, adv. d'une man.

Oiseux, se, a. oisif; inutile.

Oisif, ve, a. qui ne fait rien; qui ne sert point.

Oisillon, sm. petit oiseau.

Oisivement, ad. d'une manière oisive.

Oisiveté, sf. état, habitude d'une personne oisive.

Oison, sm. petit de l'oie. *fig.* idiot. *fa.*

Oléagineux, se, a. huileux. [tiq.

Oléandre, sm. arbrisseau aquat-

Oléracé, e, a. se dit des plantes potagères. [l'odorat.

Olfactif, ve, Olfactoire, a. de

Oliban, sm. encens mâle.

Olibrius, sm. (*s*) pédant. *fa.*

Oligarchie, sf. gouvernement d'un petit nombre.

Oligarchique, a. de l'oligarchie.

Oligiste, a. variété de fer.

Olivaire, a. en forme d'olive.

Olivaison, sf. récolte des olives.

Olivâtre, a. couleur d'olive.

Olive, sf. fruit; sa couleur; ornement d'architecture.

Olivète, sf. plante huileuse, oiseau. [danse provençale.

Olivettes, sf. pl. plant d'oliviers.

Olivier, sm. arbre qui produit les olives.

Ollaire, a. (pierre) tendre.

Olographe, a. (testament) écrit par le testateur.

Olympe, sm. le ciel. *poét.*

Olympiade, sf. espace de quatre ans. *ant.*

Olympien, a. (dieu) de l'olympe.

Olympiques, a. pl. (jeux) à Olympie.

Ombelle, sf. fleurs en parasol.

Ombellifère, a. *et* sf. famille de plantes à fleurs en ombelle.

Ombellule, sf. petite ombelle.

Ombilic, sm. nombril; œil. *bot.*

Ombilical, a. de l'ombilic. [bres.

Ombrage, sm ombre des ar-

Ombrager, va. donner de l'ombre. [reux. *fig.* défiant.

Ombrageux, se, a. (cheval) peu-

Ombre, sf. obscurité; espace privé de lumière; prétexte; faveur; mânes; couleurs obscures.

Ombrelle, sf. petit parasol.

Ombrer, va. mettre les ombres. *peint.*

Ombreux, se, a. qui fait de l'ombre; couvert d'ombre. *poét.*

Oméga, sm. i. dernière lettre de l'alphabet grec.

Omelette, sf. œufs battus et cuits. [blier.

Omettre, va. manquer; ou-

Omission, sf. manquement.

Omnibus, sm. (s) (mot latin qui signifie *pour tous*), grande voiture publique. [sance.

Omnipotence, sf. toute-puis-

Omniscience, sf. science infinie de Dieu. *théol.*

Omnivore, a. qui mange de tout.

Omophage, a. s. qui vit de chair crue.

Omoplate, sf. os de l'épaule.

On, pron. indéfini, qui ne se joint qu'avec la trois ème personne du s. du v. *On dit*, sm. i. propos vagues.

Onagre, sm. âne sauvage; plante; ancienne machine militaire.

Onanisme, sm. masturbation.

Onc, Oncques, ad. jamais. *v.*

Once, sf. poids; quadrupède féroce.

Onciales, af. pl. grandes lettres pour les inscriptions *ant.*

Oncle, sm. frère du père ou de la mère. *Grand-oncle*, frere de l'aïeul.

Onction, sf. action d'oindre; ce qui porte à la piété.

Onctueusement, ad. avec onction. [tueux.

Onctueux, se, a. huileux. *fig.*

Onctuosité, sf. qualité de ce qui est onctueux.

Onde, sf. flot; l'eau, la mer. *L'onde noire*, le Styx. pl. *fig.* fait en manière d'onde.

Onde, a. façonné en onde.

Ondée, sf. averse passagère.

Ondin, s. génie qui habite les eaux.

Ondoiement, sm. baptême sans les cérémonies de l'Eglise.

Ondoyant, a. qui ondoie.

Ondoyer, va. baptiser sans les cérémonies de l'Eglise. vn. flotter par ondes. Se dit au

fig. de la flamme, des cheveux, etc. [par ondes.

Ondulation, sf. mouvement d'ondulation.

Ondulatoire, a. d'ondulation.

Ondule, a. dont la surface présente des ondulations.

Onduler, vn. avoir un mouvement d'ondulation.

Onduleux, se, a. qui forme des ondulations. [trer.

Onéraire, a. chargé d'adminis-

Onéreusement, adv. d'une man. onéreuse. [commode.

Onéreux, se, a. à charge; in-

Ongle, sm. corne des doigts; griffe; maux d'yeux.

Onglé, a. qui a des ongles. *bla.*

Onglée, sf. froid aux doigts.

Onglet, sm. bande pour coller des cartes, estampes, etc., assemblage de menuiserie. t. de *bot.*

Onglette, sf. burin de serrurier.

Onguent, sm. médicament extérieur.

Ongulé, a. (*ui*) (animaux) qui ont un ongle à chaque doigt. *hist. nat.* (petale) pour vu d'onglets *bot.*

Ongulé, a. (animaux) dont le pied est terminé par un sabot continuation des songes.

Oniroeritie, sf. (cie) explica-

Oniromance *ou* Oniromancie, sf. divination par les songes.

Onocrotale, sm. pelican.

Onomastique, a. qui doit être nommé, désigné.

Onomatopée, sf. harmonie imitative dans le son des mots; ces mots mêmes.

Ontologie, sf. traite de l'être.

Ontologique, a. de l'ontologie.

Onyx, sm. sorte d'agate.

Onze, a. num. (*hon*) sm. dix et un; chiffre qui exprime ce nombre.

Onzieme, a. ord. sm. le onzieme. [lieu.

Onzièmement, ad. en onzieme

Oolithes, sm. pl. sorte de concrétion calcaire.

Opacité, sf. qualité de ce qui est opaque.

Opale, sf. pierre précieuse.

Opaque, a. non transparent.

Opéra, sm. drame lyrique; théâtre.

Opérable, a. qui peut être opéré

Opérateur, trice, s. qui fait des opérations de chirurgie.

Opératif, ive, a. qui a la faculté d'opérer.

Opération, sf. act. d'opérer; action militaire; calcul.

Opercule, sm. petit couvercle. hist. nat.

Operculé, e, a. qui a un opercule

Opérer, va. n. et p. produire un effet; calculer; faire une opération chirurgicale. [maç.

Opes, sm. trous des boulins.

Ophicléide, sm. serpent à clefs.

Ophidiens, sm. pl. classe de reptiles. [plantes.

Ophioglosse, Ophris (s), sf.

Ophiologie, sf. traité des serpents. [rit de serpents.

Ophiophage, a. sm. qui se nour-

Ophite, a. et sm. (marbre) vert.

Ophthalmie, sf. mal d'yeux.

Ophthalmique, a. des yeux.

Opiacé, a. qui contient l'opium.

Opiat, sm. (t) électuaire.

Opilatif, ve, a. qui opile.

Opilation, sf. obstruction.

Opiler, va. causer obstruction.

Opimes, a. pl. (dépouilles) d'un général tué. ant.

Opinant, a. et s. qui opine.

Opiner, vn. dire son avis dans une délibération.

Opiniâtre, a. et s. obstiné; entêté; qui résiste; persévérant.

Opiniâtrément, ad. avec opiniâtreté.

Opiniâtrer, vp. et a. soutenir avec obstination; rendre opiniâtre.

Opiniâtreté, sf. entêtement.

Opinion, sf. croyance; avis.

Opistographe, a. écrit des deux côtés.

Opium, sm. (om) suc de pavot.

Oplomachie, sf. combat de gladiateurs. ant.

Opopanax, sm. sorte de gomme.

Opportun, a. à propos.

Opportunément, ad. d'une man. opportune. [qui est opportun.

Opportunité, sf. qualité de ce

Opposable, a. qui peut être opposé.

Opposant, a. et s. qui s'oppose.

Opposé, a. et sm. contraire.

Opposer, va. faire obstacle; mettre vis-à-vis. vp. être contraire.

Opposite, sm. l'opposé. A l' —, loc. adv. vis-à-vis.

Opposition, sf. obstacle; parti opposant; acte judiciaire. t. d'astr.

Oppresser, va. presser fort; gêner la respiration. méd.

Oppresseur, sm. celui qui opprime.

Oppressif, ve, a. qui opprime.

Oppressivement, adv. d'une man. oppressive.

Oppression, sf. état de celui qui est oppressé ou opprimé; action d'opprimer.

Opprimé, e, a. s. qu'on opprime.

Opprimer, va. accabler par abus d'autorité.

Opprobre, sm. ignominie.

Opprobrieux, euse, a. qui couvre d'opprobre.

Optatif, ve, a. et sm. qui exprime le souhait. [plusieurs.

Opter, va. et n. choisir entre

Opticien, s. qui sait l'optique; fabricant et marchand d'instruments d'optique.

Optimé, ad. latin, très-bien.

Optimisme, sm. système de l'

Optimiste, a. et s. qui trouve que tout est bien.

Option, sf. action d'opter.

Optique, a. et sf. (science) de la lumière et des lois de la vision; perspective. s. des deux genres, spectacle optiq.

Opulemment, ad. (la) avec

Opulence, sf. grande richesse.

Opulent, a. très-riche.

Opuntia, sf. (oncia) plante.

Opuscule, sm. petit ouvrage de science et de littérature.

Or, conj. pour lier, pour engager

Or, sm. métal jaune ; la monnaie d'or ; *fig.* richesse ; la couleur jaune. *bla.*

Oracle, sm. reponse des dieux ; la divinité qui la rendait.

Orage, sm. tempête. *fig.* malheur. [tion.

Orageux, se, a. d'orage, d'agita-

Oraire, a. obtenu par la prière.

Oraison, sf. discours ; prière.

Orale, af. (loi, tradition) transmise verbalement.

Orang, sm. genre de singes.

Orange, sf. fruit. a. i. sa couleur.

Orangé, a. *et* sm. couleur d'orange. [d'orange.

Orangeade, sf. boisson de jus

Orangeat, sm. confiture d'écorce d'orange.

Oranger, sm. arbre.

Oranger, ère, s. celui, celle qui vend des oranges. [orangers.

Orangerie, sf. serre pour les

Orangiste, sm. qui élève des orangers ; partisan de la maison d'Orange.

Orang-outang, sm. grand singe.

Orateur, sm. qui harangue.

Oratoire, a. d'orateur. sm. chapelle ; congrégation.

Oratoirement, ad. en orateur.

Oratorien, sm. membre de la congrégation de l'Oratoire.

Oratorio, sm. i. opéra sacré.

Orbé, a. (coup) qui meurtrit. (mur) sans jours. *arch.* sm. cours d'astre.

Orbiculaire, a. rond.

Orbiculairement, ad. en rond.

Orbiculé, e, a. plat et rond. *bot.*

Orbitaire, a. qui a rapport à l'orbite de l'œil.

Orbite, sf. chemin décrit par une planète ; creux de l'œil.

Orcanète, sf. plante tinctoriale.

Orchestre (orkestre), sm. lieu où l'on dansait ; place des sé-

nateurs. *ant.* place des music.; leur réunion.

Orchidé, e, a. semblable à l'orchis. sf. pl. fam. de plantes.

Orchis, sm. (kisse) plante.

Ordinaire, a. de coutume ; médiocre ; vulgaire. sm. repas accoutumé ; courrier ; l'évêque diocésain. *A l' —, d' —, pour l' —,* ad. le plus souvent.

Ordinairement, ad. d'ordinaire.

Ordinal, a. qui marque l'ordre.

Ordinand, sm. qui doit être promu aux ordres.

Ordinant, sm. évêque conférant les ordres de l'Eglise.

Ordination, sf. act. de conférer les ordres ecclésiastiques.

Ordo, sm. livret d'office. *ecclés.*

Ordonnance, sf. disposition ; arrangement ; règlement ; ce que prescrit le médecin ; soldat en message. *Habit d' —,* d'uniforme.

Ordonnancement, sm. act. d'

Ordonnancer, va. ordonner de payer.

Ordonnateur, sm. qui ordonne.

Ordonnée, sf. ligne droite. *géom.*

Ordonner, va. *et* n. disposer ; commander ; conférer les ordres sacrés.

Ordre, sm. disposition ; rang ; devoir ; injonction ; mot du guet ; compagnie religieuse ; règle d'architecture ; sacrement ; corps de chevaliers ; exactitude ; économie ; classe ; tranquillité ; discipline ; corporation ; décoration.

Ordure, sf. excréments ; malpropretés ; turpitudes ; obscénités.

Ordurier, ère, a. *et* s. qui dit, qui contient des ordures. [monts.

Oréades, sf. pl. nymphes des

Oreille, sf. organe de l'ouïe. Se dit de choses qui ressemblent plus ou moins à l'oreille. *Oreille - de - souris, d'ours,* plantes.

Oreillé, a. à oreilles. *bla. bot.*

Oreiller, sm. coussin de lit pour la tête.

Oreillette, sf. cavité du cœur; anneaux pour soutenir les pendants d'oreilles. [rotides.

Oreillons, sm. pl. tumeur des pa-

Orémus, sm. (s) prière. *fa.*

Oréographie, sf. description des montagnes.

Orexie, sf. faim continuelle.

Orfèvre, sm. marchand d'ouvrages d'or.

Orfévrerie, sf. art de l'orfèvre.

Orfévri, a. (or ou argent) travaillé par l'orfèvre.

Orfraie, sf. oiseau nocturne.

Orfroi, sm. parements de chape, de chasuble.

Organdi, sm. mousseline.

Organe, sm. partie du corps qui exécute une fonction principale; la voix. *fig.* médiation. [attacher un câble.

Organeau, sm. anneau pour

Organique, a. qui agit par les organes, qui concourt à l'

Organisation, sf. manière d'être organisé; constitution.

Organiser, va. former les organes; donner une forme stable et déterminée; ajuster un orgue; régler; disposer.

Organisme, sm. organisation.

Organiste, s. qui joue de l'orgue.

Organsin, sm. soie torse moulinée.

Organsinage, sm. action d'

Organsiner, vn. préparer la soie. [meurs.

Orgasme, sm. agitation d'hu-

Orge, sf. sorte de grain. m. — mondé, — perlé.

Orgeat, sm. boisson rafraîchissante. [pières.

Orgelet, sm. maladie des pau-

Orgie, sf. débauche de table. pl. fêtes de Bacchus. *ant.*

Orgue, sm. Orgues. f. pl. instrument de musique; herse; assemblage de canons. *fortif.*

Orgue de mer, sf. polypier.

Orgueil, sm. (*euil*) grande opinien de soi; fierté; hauteur.

Orgueilleusement, ad. d'une manière orgueilleuse.

Orgueilleux, se, a. qui a de l'orgueil; qui l'annonce.

Orient, sm. point où le soleil se lève; l'Asie.

Oriental, e, a. d'Orient. *Orientaux*, a. *et* sm. pl. du Levant.

Orientaliste, a. *et* s. qui s'occupe de littérature orientale.

Orienter, va. disposer suivant les quatre points du monde. vp. *fig.* les reconnaître relativement au lieu où l'on est.

Orifice, sm. ouverture; goulot

Oriflamme, sf. ancien étendard.

Origan, sm. plante aromatiq.

Originaire, a. qui tire son origine. [ment.

Originairement, ad. primitive-

Original, a. qui est l'origine, qui n'a point eu de modèle, *et* sm. premier en un genre; modèle primitif; homme bizarre. [originale.

Originalement, ad. d'une man.

Originalité, sf. caractère original.

Origine, sf. principe; commencement; source, étymologie.

Originel, le, a. qui vient de l'origine.

Originellement, ad. dès l'origine

Orignal, sm. élan du Canada.

Orillon, sm. petite oreille. t. *d'art.* [cre,

Orin, sm. câble de bouée d'an-

Orion, sm. constellation.

Oripeau, sm. cuivre mince et brillant.

Orléaniste, s. partisan de la maison d'Orléans.

Orme, sm. arbre forestier.

Ormeau, sm. petit orme.

Ormin, sm. sorte de sauge.

Orne, sm. frêne sauvage.

Ornemaniste, sm. artiste, ouvrier qui ne fait que des ornements. *arch. sculpt.*

Ornement, sm. ce qui sert à orner ; parure.

Ornemental, e, a. de l'ornement.

Ornementation, sf. disposition des ornements.

Orner, va. parer, embellir.

Ornière, sf. trace de roue de voiture.

Ornithogale, sm. plante liliacée.

Ornithologie, sf. histoire naturelle des oiseaux. [logie.

Ornithologique, a. de l'ornitho-

Ornithologiste, s. qui sait l'ornithologie. [plante.

Orobanche, Orobe, Oronge, sf.

Orographie, sf. description des montagnes.

Orpailleur, sm. qui tire du sable des fleuves les paillettes d'or. [mère.

Orphelin, s. et a. sans père ni

Orphéon, sm. instr. à clavier ; école de chant établie à Paris.

Orphéoniste, s. élève de l'Orphéon.

Orpiment, sm. orpin. [plante.

Orpin, sm. arsenic sulfuré ;

Orque, sf. V. Epaulard. [riale.

Orseille, sf. mousse tincto-

Ort, sm. (peser), avec l'emballage.

Orteil, sm. gros doigt du pied.

Orthodoxe, a. et sm. suivant les bons principes.

Orthodoxie, sf. qualité de ce qui est orthodoxe.

Orthogonal, a. perpendiculaire.

Orthographe, sf. art d'écrire correctement les mots. [arch.

Orthographie, sf. élévation.

Orthographier, va. écrire correctement.

Orthographique, a. de l'orthographe ; de l'orthographie.

Orthographiquement, adv. selon les règles de l'orthographe.

Orthographiste, sm. qui traite de l'orthographe.

Orthologie, sf. art de parler correctement.

Orthopédie, sf. art de redresser les enfants.

Orthopédique, a. de l'orthopédie

Orthopédiste, s. celui qui s'occupe d'orthopédie.

Ortie, sf. plante à feuilles piquantes. [tronomie.

Ortive, sf. (amplitude). t. d'as-

Ortolan, sm. petit oiseau de passage.

Orvale, sf. plante aromatique.

Orvet, sm. serpent non venimeux. [riaque.

Orviétan, sm. espèce de thé-

Oryctologie, sf. partie de l'hist. nat. qui traite des fossiles.

Os, sm. partie dure et solide du corps ; ergots du cerf.

Oscillation (ll non mouillées) sf. mouvement de va et vient.

Oscillatoire, a. d'oscillation.

Osciller, vn. se balancer.

Osé, a. hardi ; audacieux.

Oseille, sf. plante. [diesse.

Oser, vn. et a. avoir la har-

Oseraie, sf. plant d'osiers.

Osier, sm. arbrisseau ; ses jets.

Osmazône, sf. principe qui donne le parfum au bouillon.

Osmium, sm. métal, un des corps simples.

Ossature, sf. l'ensemble des os ; en t. d'arch. partie qui tient un édifice. [torture.

Osselet, sm. petit os ; sorte de

Ossements, sm. pl. os décharnés

Osseux, se, a. de nature d'os.

Ossianique, a. (style) d'Ossian.

Ossification, sf. conversion en os

Ossifier, va. et p. changer en os.

Ossifrague, sm. V. Orfraie.

Ossivore, a. qui ronge les os.

Ossu, a. qui a de gros os. [méd.

Ossuaire, sm. amas d'ossements.

Ost, sm. (t) armée. v. [trer.

Ostensible, a. qu'on peut mon-

Ostensiblement, ad. d'une man. ostensible. [pour l'hostie.

Ostensoir, ou oire, sm. vase

Ostentation, sf. affectation de montrer. [sile.

Ostéocolle, sf. substance fos-

Ostéographie, sf. description des os.

Ostéolithe, sm. os pétrifié.

Ostéologie, sf. traité des os.[os.

Ostéotomie, sf. dissection des

Ostracé, a. et s. (poisson) à écailles.   [ant.

Ostracisme, sm. bannissement.

Ostracite, sf. coquille pétrifiée.

Ostrogoth, a. et sm. (go) Goth oriental. v. grossier. fa.

Otage, sm. personne remise pour garant.

Otalgie, sf. douleur d'oreille.

Otalgique, a. de l'otalgie ; remède contre l'otalgie [bla.

Otelles, sf. pl. fers de lances.

Oter, va. tirer de la place ; faire cesser, retrancher ; prendre par force ou par autorité.

Ottoman, a. Turc. sf. sorte de canapé. [temps. t. de mus.

Ottuple, sf. mesure à quatre

Ou, conj. alternative.[quel, etc.

Où, ad. en quel lieu, dans le-

Ouaiche, sm. sillage.

Ouaille, sf. brebis. v. S'emploie au fig. en parlant d'un chrétien, relativement à son pasteur.   [teur.

Ouais, int. de surprise. fa.

Ouate, sf. (ouète) coton pour mettre entre deux étoffes.

Ouater, va. (ouéter) doubler d'ouate.

Oubier, sm. grand faucon.

Oubli, sm. manque de souvenir.

Oublie, sf. sorte de pâtisserie mince.

Oublier, va. et n. perdre le souvenir ; laisser ; omettre par inadvertance. vp. manquer à son devoir.   [cret. v.

Oubliettes, sf. pl. cachot se-

Oublieur, euse, s. (eu) md. d'oublies.

Oublieux, se, a. sujet à oublier.

Ouest, sm. (t) l'occident.

Ouf, int. de douleur.

Oui, ad. d'affirm. et sm. i ('houi).

Oui-dà, ad. volontiers fa.[dire.

Oui-dire, sm. i. ce qu'on entend

Ouïe, sf. sens qui reçoit les sons. pl. organes de la respiration chez les poissons.

Ouïr, va. recevoir les sons par l'oreille; recevoir les dépositions ; écouter.

Ouistiti, sm. petite esp. de singe

Oulmière, sf. plant d'ormes.

Ouragan, s.m. grande tempête.

Ourdir, va. disposer les fils pour le tissu. fig. tramer.[d'ourdir

Ourdissage, sm —sure. f. action

Ourdisseur, euse, s. celui, celle qui ourdit.   [dir.

Ourdissoir, sm. outil pour our-

Ourler, va. faire un

Ourlet, sm. rebord du linge.

Ours, sm (s) quadrupède; homme qui fuit la société. fa.

Ourse, sf. femelle de l'ours; constellation.

Oursin, sm. coquillage hérissé.

Oursiné, e, a. hérissé d'aiguillons.   [l'ours.

Oursinien, ne, a. qui ress. à

Ourson, sm. petit d'un ours.

Ourvari, V. Hourvari.

Outarde, sf. oiseau gallinacé.

Outil, sm. (ti) instr. d'artisan.

Outillé, a. qui a des outils.

Outiller, va. garnir d'outils.

Outilleur, sm. fabric. d'outils.

Outrage, sm. injure grave.

Outrageant, a. qui outrage.

Outrager, va. faire outrage.

Outrageusement, ad. avec outrage.

Outrageux, se, a. outrageant.

Outrance, sf. (à) ad. jusqu'à l'excès. Combat à —, à mort.

Outre, sf. sac de peau de bouc.

Outre, prép. et adv. au-delà, par-dessus; en outre, loc. adv. de plus ; d'outre en outre, loc. adv. de part en part ; outre-mesure, loc. adv. avec excès.

Outré, a. exagéré; irrité; transporté de.   [tion. v.

Outrecuidance, sf. présomp-

Outrecuidant, a téméraire; présomptueux. v.

Outremer, sm. (mèr) couleur bleue. D'—, adv. au delà des mers.

Outre-passer, va. aller au delà.
Outrer, va. accabler, exagerer; offenser. [sincere.
Ouvert, e, a. non ferme. fig.
Ouvertement, ad. franchement, hautement.
Ouverture, sf. fente; trou; action d'ouvrir; symphonie fig. commencement; proposition — de cœur, franchise —d'esprit, pénétration. [travail.
Ouvrable, a. (jour) consacré au
Ouvrage, sm. resultat du travail; façon; production de l'esprit.
Ouvrage, a. bien travaillé.
Ouvrager, va. enrichir un ouvrage d'ornements.
Ouvre, a. façonné
Ouvreaux, sm pl. ouverture des fourneaux de verrerie.
Ouvrer, va. et n. travailler. v. fabriquer. [loges.
Ouvreur, euse, s. qui ouvre les
Ouvrier, s. qui travaille mecaniquement a jour) ouvrable. Cheville ouvrière, qui tient le train d'un carrosse fig. mobile principal d'une affaire.
Ouvrir, va. n. et p. faire que ce qui etait ferme ne le soit plus. fig. entamer; commencer; fendre; confier ses pensées.
Ouvroir, sm. atelier. [œuf
Ovaire, sm. partie où se forme
Ovalaire, a. de forme ovale.
Ovale, a. rond et oblong comme un œuf. sm. figure ovale.

Ovation, sf. petit triomphe. ant.
Ove, sm ornement en œuf. arch.
Ovicule, sm. petit ove.
Ovine, af. du genre de la brebis.
Oviparе, a. et sm. qui se reprodent par des œufs.
Ovoïde, a. en forme d'œuf.
Ovule, sm. rudiment de la graine. [l'acide oxalique.
Oxalate, sm. sel formé par
Oxalique, a. (acide) d'oseille.
Oxycrat, sm. mélange d'eau et de vinaigre. [s'oxyder.
Oxydabilite, sf. disposition à
Oxydable, a. qui peut s'oxyder.
Oxydation, sf. addition d'oxygène. [nee.
Oxyde, sm. substance oxygé-
Oxydé, a. converti à l'état d'oxyde. [d'oxyde.
Oxyder, va. et p. réduire à l'état
Oxydule, a. legère ment oxydé.
Oxygenation, sf. action d'oxygéner; état de ce qui est
Oxygene, a. et sm. (gaz) corps simple, principe generateur des acides.
Oxygener, va. opérer la combinaison d'un corps avec l'oxygène. chim.
Oxygone, a. (triangle) dont tous les angles sont aigus.
Oxymel, sm. miel et vinaigre
Oyant, s. et a. à qui l'on rend compte.
Ozene, sm. ulcère fétide du nez.

P

P, sm. (pé ou pe) seizième lettre de l'alphabet, ou zième cons.
Pacage, sm. pâturage. sous e.
Pacager, va. paître, pâturer.
Pacan, sm. muscat. pop.
Pace (in), sm. cachot d'un couvent. [Turquie.
Pacha, sm. gouverneur en
Pachalick, sm gouv d'un pacha.
Pachyderme, s. et sm. (animaux) qui ont la peau très-epaisse et les pieds termi-

nés par plus de deux sabots
Pacificateur, sm qui pacifie
Pacification, sf. action de
Pacifier, va. etablir la paix.
Pacifique a. qui aime la paix. fig. paisible.
Pacifiquement, ad. en paix.
Pacotille, sf marchandises embarquees avec soi pour son compte fig. quantité d'objets quelconques.
Pacte, sm. convention.

Pactiser, vn. faire un pacte.

Padou, sm. sorte de ruban fil et soie. [trefaite.

Padouane, sf. (médaille) con-

Pagaie, sf. rame de pirogue.

Paganisme, sm. relig. païenne.

Page, sm. jeune gentilhomme servant un prince. f. côté d'un feuillet. [des pages.

Pagination, sf. les numeros

Paginer, va. numéroter les pages d'un livre.

Pagne, sm. morc. d'étoffe dont les peuples nus se couvrent de la ceinture aux genoux.

Pagnon, sm. drap noir de Sedan

Pagnote, sm. poltron. fa.

Pagnoterie, sf. lâcheté.

Pagode, sf. temple ou idole indienne; figure à tête mobile; monnaie d'or.

Paiement, sm. V. Payement.

Païen, enne, a. et s. idolâtre.

Paillard, a. et s. impudique. lib.

Paillardise, sf. débauche.

Paillasse, sf. toile cousue en forme de matelas et remplie de paille. sm. bateleur.

Paillasson, sm. paillasse piquée; natte.

Paille, sf. tuyau de blé; défaut de métal ou de diamant; homme de —, prête-nom.

Paillé, a. diapré. bla.

Paille-en-queue, sm. oiseau.

Pailler, sm. cour à paille d'une ferme. [paille.

Pailler, va. couvrir de menue

Paillet, am. (vin) rouge pâle.

Paillette, sf. parcelle de métal; écaille. bot.

Pailleur, euse, s. md. de paille.

Pailleux, se, a. (métal) qui a des pailles.

Paillon, sm. grosse paillette.

Paillot, sm. petite paillasse d'enfant.

Pain, sm. aliment de farine; en général nourriture, subsistances. — à cacheter, — à chanter, pain sans levain, hostie. — bénit, béni à l'é-

glise. — d'épice, fait de seigle, de miel, etc.

Pair, a. et sm. (pèr) égal; titre de dignité. Nombre pair, divisible en deux parties égales sans fraction. de pair, loc. adv. d'une man. égale.

Paire. sf. couple de choses assorties d'animaux.

Pairesse, sf. femme qui, en Angleterre, possède une pairie; femme d'un pair.

Pairie, sf. dignité.

Paisible, a. pacifique.

Paisiblement, ad. sans trouble.

Paisson, sf. pâture.

Paître, va. et n. brouter l'herbe; donner à manger. vp. alimenter son imagination.

Paix, sf. état hors de guerre; concorde; tranquillité; déesse; baiser à l'offrande; interj. silence.

Pal, sm. Paux ou Pals. pl. pieu aiguisé par un bout.

Paladin. sm. gr. seigneur. v. chevalier brave et galant.

Palais, sm. maison de roi, de prince, de justice, etc.; le haut de la bouche.

Palan, sm. assemblage de cordes; moufles et poulies pour enlever les fardeaux. mar.

Palançons, sm. pl. morceaux de bois. maç.

Palanque, sf. retranchement.

Palanquin, sm. litière indienne.

Palastre, sm. boîte de serrure.

Palatale, af. consonne formée en touchant le palais avec la langue. [dignité.

Palatin, a. du palais. anat. et s.

Palatine, sf. fourrure en forme de fichu; femme d'un palatin. [toire d'un palatin.

Palatinat, sm. dignité; terri-

Pale, sf. le plat de la rame; carton couvert d'un linge sur le calice.

Pâle, a. blême; peu coloré; sans éclat.

Palée, sf. pieux pour une digue

Palefrenier, sm. valet pour les chevaux.

Palefroi, sm. cheval de parade; cheval pour une dame.

Paléographie, sf. science des écritures anciennes.

Paléontologie, sf. science qui a rapport à la géologie.

Paleron, sm. le plat de l'épaule.

Palestine, sf. caract. d'imp.

Palestre, sf. lieu d'exercice. ant.

Palestrique, a. jeu de palestre.

Palet, sm. pierre plate et ronde pour jouer. [gote.

Paletot, sm. espèce de redin-

Palette, sf. sorte de raquette de bois; ais pour mélanger les couleurs; écuelle pour la saignée.

Palétuvier, sm. arbre.

Pâleur, sf. couleur pâle; ne se dit que des personnes.

Pâli, sm. et a. langue sacrée de l'ile de Ceylan.

Pal er, sm. repos d'escalier.

Palification, sf. act. d'affermir. arch. hydrau. [parchemin.

Palimpseste, sm. manuscrit sur

Palingénésie, sf. régénération. alch.

Palinod, sm. ode à la Vierge.

Palinodie, sf. rétractation.

Palintocie, sf. répétition d'intérêts. [nir pâle.

Palir, va. et n. rendre, deve-

Palis, sm. pieu; lieu entouré de pieux; palissade.

Palissade, sf. clôture de pieux.

Palissader, va. garnir de palissades.

Palissage, sm. act. de palisser.

Palissandre ou Palxandre, sm.

Palissant, a. qui pâlit. [bois.

Palisser, va. attacher les branches contre un mur.

Palladium, sm. (om) statue de Pallas. fig. objet de conservation; métal.

Pallas, sf. planète.

Palliateur, trice, s. a. qui pallie.

Palliatif, ve, a. et sm. (li) qui pallie.

Palliation, sf. action de

Pallier, va. déguiser; excuser; ne guérir qu'en apparence.

Pallium, sm. (om) ornement des archevêques.

Palma-Christi, sm. V. Ricin.

Palmaire, a. de la paume de la main.

Palme, sf. branche de palmier; symbole de la victoire. m. mesure. [tail.

Palmé, a. (feuille, pied) en éven-

Palmer, va. aplatir une tête d'aiguille. [palme.

Palmette, sf. ornement en

Palmier, sm. arbre exotique.

Palmipède, a. et sm. oiseau à pieds palmés.

Palmiste, sm. sorte de palmier.

Palmite, sm. moelle des palmiers.

Palmure, sf. membrane qui joint les doigts des palmipèdes. [nées.

Palombe, sf. ramier des Pyré-

Palonnier, sm. pièce d'un train de carrosse.

Pâlot, otte, a. un peu pâle. fa.

Palpable, a. qu'on sent au tact. fig. évident.

Palpablement, ad. clairement.

Palpe, sf. antenne; barbillon des poissons.

Palpébral, e, pl. aux, a. des paupières.

Palper, va. toucher avec la main

Palpitant, a. qui palpite.

Palpitation, sf. mouvement déréglé du cœur.

Palpiter, vn. avoir un tremblement convulsif.

Palplanche, sf. pièce de digue.

Paloquet, sm. homme grossier. [les marais.

Paludeux, euse, a. qui vit dans

Paludier, sm. ouv. des marais salants.

Palus, sm. (s) marais. géog.

Pâmer, vn. et p. tomber en défaillance.

Pâmoison, sf défaillance.

Pampe, sf. feuille de blé.

Pamphile, sm. valet de trèfle dans certains jeux de cartes.

Pamphlet, sm. brochure.

Pamphlétaire, sm. auteur de pamphlets, en mauvaise part.

Pamplemousse, sf. espèce d'oranger.

Pampre, sm. branche de vigne.

Pampré, a. (raisin) à la branche. *bla.*

Pan, sm. partie d'un vêtement, d'un mur; l'un des dieux de la Fable.

Panacée, sf. remède universel.

Panache, sm. plumes de casque; partie supérieure de lampe. [leurs.

Panaché, e, a. de diverses couleurs.

Panacher, vn. *et* p. devenir panaché.

Panachure, sf. t. *de* bot.

Panade, sf. pain mitonné. [fa.

Panader (se), vp. se pavaner.

Panage, sm. droit payé pour laisser paître les porcs.

Panais, sm. plante; sa racine.

Panard, am. (cheval) à pieds en dehors. [du doigt.

Panaris, sm. tumeur au bout

Panathénées, sf. pl. fêtes. *ant.*

Pancaliers, sm. pl. sorte de choux.

Pancarte, sf. affiche; écrit.

Pancrace, sm. Pancratie. f. (*cie*) exercices gymnastiques de la lutte et du pugilat.

Pancréas, sm. (s) glande.

Pancréatique, a. du pancréas.

Pandectes, sf. pl. le Digeste.

Pandémonium, sm. (*om*) salle de conseil des démons. *fig.* réunion de mauvais esprits.

Pandiculation, sf. act. de s'étendre en bâillant.

Pandoure, sm. soldat hongrois.

Pané, a. où l'on a trempé du pain

Panégyrique, a. *et* sm. (discours) à la louange. [négyrique.

Panégyriste, s. auteur d'un pa-

Paner, va. couvrir de pain émietté.

Panerée, sf. plein un panier.

Paneterie, sf. lieu où se distribuait le pain chez le roi; office de la paneterie.

Panetier, sm. (grand) surintendant des boulangers.

Panetière, sf. sac pour le pain.

Panicaut, sm. sorte de chardon.

Panicule, sf. épi en bouquet.

Paniculé, e, a. en forme de panicule.

Panier, sm. ust. d'osier, etc., où l'on met diverses choses; son contenu; sorte de jupon.

Panification, sf. conversion en pain. [sans fondement.

Panique, a. terreur subite et

Panne, sf. sorte d'étoffe; graisse de porc, etc.; bout mince du marteau. t. de marine.

Panneau, sm. pièce de men.; filet. *fig.* piège; coussinet de selle. [panneaux. t. de chasse

Panneauter, vn. tendre des

Pannelle, sf. feuille de peuplier.

Panneton, sm. partie d'une clef.

Pannicule, sm. enveloppe musculaire sous la peau des quadrupèdes.

Pannon, sm. autrefois, étendard d'un simple gentilhomme. [mes.

Panonceau, sm. écusson d'ar-

Panorama, sm. tableau circulaire représentant une ville, etc.

Panoplie, sf. armure complète d'un chevalier du moyen-âge.

Panoufle, sf. morceau de peau de mouton qui garnit le sabot

Pansage, sm. action de panser un cheval.

Panse, sf. ventre. *pop.* 1er estomac des ruminants

Pansement, sm. action de

Panser, va. soigner une plaie; étriller un cheval.

Pansu, a. *et* s. à grosse panse. *pop.* [bouffon italien.

Pantalon, sm. culotte longue;

Pantalonnade, sf. bouffonnerie.

Pantelant, a. haletant.

Panteler, vn. haleter.

22

Panthée, a. figure qui réunit les attributs de divers dieux.

Panthéisme, sm. système de ceux qui n'admettent d'autre dieu que l'universalité des êtres.

Panthéiste, s. et a. partisan du panthéisme. [dieux.

Panthéologie, sf. tous les faux

Panthéon, sm. temple consacré à tous les dieux. [race.

Panthère, sf. quadrupède fe-

Pantière, sf. filet pour les oiseaux.

Pantin, sm. figure à membres mobiles. [copier un dessin.

Pantographe, sm. instr. pour

Pantois, am. haletant

Pantomètre, sm. instr. pour mesurer les angles.

Pantomime, a. et s. (acteur, pièce); jeu muet; art du pantomime. [chambre.

Pantoufle, sf. chaussure de

Paon, sm. (pan) oiseau; papillon; constellation. [paon

Paonne, sf. (paune) femelle du

Paonneau, sm. (pano) jeune paon.

Paour, sm. lourdaud, grossier.

Papa, sm. père. enfantin.

Papal, e, a. du pape.

Papas, sm. (s) prêtre d'Orient.

Papauté, sf. dignité de pape.

Papavéracé, e, a. semblable au pavot; sf. pl. fam. de plantes. [Indes.

Papayer, sm. arbre des deux

Pape, sm. évêque de Rome; chef de l'Égl. se universelle.

Papegai, sm. oiseau de bois; sorte de perroquet.

Papelard, sm. hypocrite. fa.

Papelardise, sf. hypocrisie. burl.

Paperasse, sf. papier, écrit inutile.

Paperasser, vn. faire des paperasses, en feuilleter.

Paperassier, s. qui aime à paperasser. [commerce de papier.

Papeterie, sf. manufacture,

Papetier, s. fabr. ou md. de

Papier, sm. composition faite de vieux linge; lettre de change. pl titres; renseignemens; mémoires; gazettes. Papier monnaie, qui a cours de monnaie.

Papilionacé, e, a. qui a la forme d'un papillon bot [les.

Papillaire, a. (l) qui a des papil-

Papille, sf. (l) éminences. a la.

Papillon, sm. insecte lépidoptère; esprit léger.

Papillonnage, sm. action de

Papillonner, vn. voltiger d'objet en objet fa.

Papillotage, sm. effet de ce qui papillote. au pr. et au fig.

Papillote, sf. enveloppe de cheveux roulés; dragée.

Papilloter, va. mettre en papillote. vn. se dit des yeux qui ne se fixent point. t. de peint., d'impr. et de littér.

Papin, sm. bouillie.

Papion, sm. sorte de singe.

Papisme, sm. catholicisme. iro.

Papiste, sm. catholique. iro.

Papyracé, a. qui est mince et sec comme du papier. hist. nat.

Papyrus, sm. (s) plante d'Égypte.

Pâque, sf. fête juive. [guerre.

Parachot, sm. aviso.

Pâquerette, sf. esp. de marguerite.

Pâques, sf. pl. fête chrétienne.

Paquet, sm. assemblage de choses liées ou enveloppées ensemble; lettres sous enveloppe.

Paqueter, va. mettre en paquet.

Par, prep. qui exprime le temps, le lieu, l'ordre, la cause, la manière, le moyen. De par, de la part. Par-ci par-là, loc. ad. çà et là Par-devant, en présence. pra.

Para, sm. monnaie turque.

Parabole, sf. allégorie; courbe; géom. [bole.

Parabolique, a. courbé en para-

Paraboliquement, ad. en parabole. [vrage.

Parachèvement, sm. fin d'ou-

Parachever, va. achever. *fa.*

Parachronisme, sm. retard ; faute dans la date d'un événement.

Parachute, sm. machine pour modérer la chute d'un aéronaute.

Paraclet, sm. le Saint-Esprit.

Paraclétique, a. du Paraclet.

Parade, sf. étalage ; ostentation ; t. militaire ; action de parer. *escr.* scène burlesque.

Parader, vn. faire manœuvrer; croiser. t. de *man.* et de *mar.*

Paradigme, sm. exemple ; modèle. *gra.*

Paradis, sm. jardin délicieux ; séjour des bienheureux ; amphithéâtre au-dessus des loges. [des.

Paradiste, sm. faiseur de paradoxal, a. qui tient du [paraphe.

Paradoxe, sm. *et* a. (opinion, proposition) extraordinaire.

Paradoxisme, sm. figure de rhétorique.

Parafe ou Paraphe, sm. traits qui accompagnent la signature. [un paraphe.

Parafer ou Parapher, va. mettre

Parage, sm. extraction. *v.* espace de mer ; contrée. *mar.*

Paragoge, sf. addition d'une lettre ou d'une syllabe.

Paragogique, a. lettre ou syllabe ajoutée. *gra.* [cours.

Paragraphe, sm. sect. d'un dis-

Paraître, vn. imp. être exposé à la vue, se faire remarquer; briller ; sembler. [la Bible.

Paralipomènes, sm. pl. livres de

Paralipse, sf. figure de rhétorique.

Parallactique, a. qui appartient à la

Parallaxe, sf. arc compris entre le lieu véritable et l'apparent. *ast.*

Parallèle, n. *et* sf. (ligne) également distante d'une autre dans tous ses points. t. de fortif. sm. *fig.* comparaison.

Parallèlement, ad. en parallèle.

Parallélipipède, sm. cube allongé.

Parallélisme, sm. état de deux lignes ou plans parallèles.

Parallélogramme, sm. figure à côtés parallèles. [nement.

Paralogisme, sm. faux raison-

Paralyser, va. rendre paralytique. *fig.* rendre inutile.

Paralysie, sf. privation du mouvement volontaire. [paralysie

Paralytique, a. *et* s. atteint de

Paramètre, sm. ligne constante. *géom.*

Parangon, sm. patron; modèle; comparaison. *v.* caract. d'imprimerie; et a. (diamant) sans défaut.

Parangonnage, sm. action de

Parangonner, va. *et* p. comparer; faire s'aligner des caractères différents. *impr.*

Parant, a. qui pare, qui orne.

Paranymphe, sm. discours solennel; jeunes garçons qui conduisaient la mariée chez l'époux. *ant.* seigneur qui conduit une princesse à son époux.

Parapet, sm. mur d'appui.

Paraphernaux, am. pl. (biens) qu'une femme se réserve.

Paraphrase, sf. explication étendue d'un texte. *fig.* interprétation maligne.

Paraphraser, va. faire des paraphrases. [raphrase. au *fig.*

Paraphraseur, euse, s. qui paraphrase.

Parapluie, sm. petit pavillon portatif pour garantir de la pluie. [la lune réfléchie.

Paraselène, sf. (ss) image de

Parasite, s. qui ne mange qu'à la table des autres. a. (plante) végétant sur d'autres.

Parasitisme, sm. état d'un animal, d'une plante parasite.

Parasol, sm. (ss) petit pavillon pour se garantir du soleil.

Paratonnerre, sm. mach. pour garantir de la foudre.

Paravent, sm. meuble pour garantir du vent. [ment.

Parbleu, interj. sorte de jure-

Parc, sm. enclos; place d'artillerie; clôture pour les bestiaux; pâtis; lieu où l'on laisse grossir les huitres.

Parcage, sm. séjour des moutons parqués.

Parcellaire, adj. cadastre, fait par pièces de terre.

Parcelle, sf. petite partie.

Parceller, va. diviser par parcelles.

Parce que, conj. à cause que.

Parchemin, sm. peau de mouton préparée; pl. titres de noblesse.

Parcheminerie, sf. art, commerce du

Parcheminier, sm. fabr. ou marchand de parchemin. [sive.

Parcimonie, sf. épargne exces-

Parcimonieux, se, a. économe à l'excès. [le nécessaire.

Par conséquent, ad. par une sui-

Parcourir, va. courir çà et là; (un livre, des papiers), y jeter légèrement la vue.

Parcours, sm. droit de mener paître les troupeaux; chemin parcouru.

Pardessus, sm. esp. de surtout.

Pardon, sm. rémission d'une faute, d'une offense; l'angelus; fête bretonne; interj. pl. indulgences. [don.

Pardonnable, a. qui mérite par-

Pardonner, va. accorder le pardon; excuser. [cellerie.

Pareatis, sm. [s] lettre de c. an-

Pareil, le, a. et sm. semblable; égal. sf. la même chose.

Pareillement, ad. semblablement. [fléchi dans une nuée.

Parélie, sf. image du soleil re-

Parelle, sf. plante.

Parement, sm. ce qui sert à parer un autel; retroussis des manches d'un habit; gros bâton de fagot; côte extérieure des pierres d'un mur.

Parenchymateux, euse, a. de la nature du

Parenchyme, sm. substance propre des viscères, des feuilles.

Parénèse, sf. discours moral.

Parent, sm. uni par le sang. pl. le père et la mère; les ancêtres.

Parentage, sm. parenté. v.

Parente, sf. qualité de parent; tous les parents.

Parenthèse, sf. phrase incidente; crochets ( ).

Parer, va. et p. décorer; orner; embellir; apprêter; éviter; garantir.

Parère, sm. avis de négociants sur des questions de comm.

Parésie, sf. paralysie imparfaite.

Paresse, sf. fainéantise.

Paresser, vn. faire le paresseux.

Paresseux, se, a. et s. nonchalant; quadrupède.

Parfaire, va. achever.

Parfait, a. à qui il ne manque rien dans son genre; ce qui est parfait. t. de gra.

Parfaitement, ad. d'une man. parfaite.

Parfilage, sm. action de

Parfiler va. séparer l'or et l'argent de la soie.

Parfois, ad. quelquefois fa.

Parfond, sm. hameçon plombé.

Parfum, sm. senteur agreable; corps odorant.

Parfumer, va. et p. répandre une bonne odeur.

Parfumerie, sf. fabriq. et comm. de parfums.

Parfumeur, euse, s. qui fait et vend des parfums. [gnce.

Pari, sm. gageure; somme ga-

Paria, sm. dernière caste des Indiens.

Paride, sf. perdrix appariées.

Parier, va. et n. faire un pari.

Pariétaire, sf. plante médicinale. [crâne.

Pariétal, — aux, pl. a. os) du

Parieur, euse, s. qui parie.

Parisien, ne, s. de Paris. f. caractère d'imprimerie.

Parisis, a. (s) mon. de Paris. v.

Parisyllabique, a. qui a le même nombre de syllabes. gra.

Parité, sf. égalité; comparaison.

Parjure, sm. faux serment, et a. celui qui le fait. [jure.

Parjurer (se), vp. faire un parlage, sm. abondance de paroles oiseuses. fa. [blant.

Parlant, a. qui parle; ressem-

Parlement, sm. ancienne cour souveraine de justice en France; assemblée de pairs et de députés en Angleterre.

Parlementaire, a. et sm. du parlement; négociateur. mil.

Parlementer, vn. negocier. mil.

Parler, vn. articuler des mots; discourir; s'expliquer; plaider. va. une langue, s'exprimer en cette langue. [parler.

Parler, sm. langage; man. de

Parlerie, sf. babil. fa. [coup.

Parleur, euse, s. qui parle beau-

Parloir, sm. lieu pour parler; terme claustral. [mage.

Parmesan, sm. sorte de fro-

Parmi, prép. entre; dans le nombre.

Parnasse, sm. montagne de la Phocide consacrée aux Muses

Parodie, sf. imitation burlesque.

Parodier, va. faire une parod.

Parodiste, sm. auteur de parodies. [terne.

Paroi, sf. mur; surface in-

Paroisse, sf. territoire d'une cure; église paroissiale.

Paroissial, e, a. de la paroisse.

Paroissien, ne, s. habitant d'une paroisse. sm. livre de prières.

Parole, sf. mot prononcé; faculté de parler; ton de voix soutenu; promesse; proposition. pl. mots d'un air.

Paroli, sm. le double de la première mise. t. de jeu.

Paronomase, sf. fig. de rhét.

Paronomasie, sf. ressemblance de mots de diverses langues.

Paronyme, sm. mot qui a du rapport avec un autre. gram.

Parotide, sf. glande; tumeur.

Paroxysme, sm. redoublement; accès. méd.

Parpaing, sm. (pain) pierre qui tient toute l'épaisseur d'un mur. [myth. fig. la mort.

Parque, sf. déesse infernale.

Parquer, va. et n. mettre, être dans un parc.

Parquet, sm. espace compris entre le siege des juges et les bancs des avocats; le ministère public; compartiment de menuiserie; parterre de théâtre.

Parquetage, sm. ouvrage de parquet. [quet.

Parqueter, va. mettre du par-

Parqueterie, sf. art de faire du parquet. [du parquet.

Parqueteur, sm. ouvrier qui fait

Parrain, sm. qui tient sur les fonts baptismaux, qui nomme

Parrainage, sm. qualité, rapports de parrain, de marraine.

Parrhésie, sf. fig. de rhét.

Parricide, a. et s. qui tue son père, sa mère ou son aïeul. sm. crime du parricide.

Parsemer, va. répandre; jeter çà et là.

Part. sf. portion; intérêt; lieu; endroit. A part. ad. séparément. De part en part, d'un côté à l'autre. [né. pal.

Part, sm. sans pl. (t) nouveau-

Partage, sm. division d'une chose entre plusieurs personnes; portion, égalité de suffrages. [partagé.

Partageable, a. qui peut être

Partageant, sm. celui qui reçoit une part. jur.

Partager, va. faire le partage; avoir part; prendre part à.

Partance, sf. départ. mar.

Partant, ad. par conséquent. fa.

Partenaire, s. l'associé avec lequel on joue, celui ou celle avec qui l'on danse.

Parterre, sm. jardin à fleurs; espace entre l'orchestre et l'amphithéâtre. [nerve.

Parthénon, sm. temple de Mi-

Parti, sm. union de personnes contre d'autres; résolution; personne à marier. t. de guerre.

Partiaire, a. colon —. qui rend une partie des produits.

Partial, e, a. qui favorise au préjudice de.

Partialement, ad. avec partialité. [parti.

Partialiser (se), vp. prendre

Partialité, sf. prévention.

Partibus (in) ad. ine—s évêque d'un pays occupé par les infidèles.

Participant, a. qui participe à.

Participation, sf. act. de participer. [a part. fm.

Participe, sm. t. de gra.; qui

Participer, vn. tenir de la nature de; avoir, prendre part à.

Particulariser, va. marquer les particularités. [particulière.

Particularité, sf. circonstance

Particule, sf. petite partie; petit mot invariable.

Particulier, a. singulier; qui appartient proprement à; sépare; secret. sm. personne privée. En particulier, ad. à part.

Particulièrement, ad. spécialement; en détail.

Partie, sf. portion d'un tout; divertissement; jeu; plaideur. pl. contractants.

Partiel, le, a. (ci) la sont partie d'un tout; qui n'a lieu qu'en partie.

Partiellement, ad. par parties.

Partir, va. partager. v. vn. se mettre en chemin; sortir avec impétuosité; tirer son origine. à partir de, loc. adv. en commençant à.

Partisan, sm. attaché à un parti, à un système; soldat qui fait une guerre de surprise.

Partitif, ve, a. (mot) qui partage. gra.

Partition, sf. partie d'une composit. musicale; division. bla.

Partner, V. Partenaire.

Partout, ad. en tous lieux.

Parure, sf. ce qui pare; ce qu'on retranche. arts.

Parvenir, vn. arriver à ses fins; s'élever; faire fortune.

Parvenu, s. qui a fait fortune.

Parvis, sm. place devant une église.

Pas. sm. mouvement pour marcher; vestige du pied; espace entre les deux pieds quand on marche; mesure; mouvement de danse; passage étroit entre deux vallées; seuil; préséance. pl. démarches. ad. de négation.

Pascal, a. sans pl. m. de Pâques

Pas-d'âne, sm. plante; garde d'épée. [verselle.

Pasigraphie, sf. écriture uni-

Pasquin, sm. bouffon; statue à Rome. [rique.

Pasquinade, sf. raillerie sati-

Passable, a. admissible.

Passablement, ad. d'une man. supportable.

Passade, sf. action de passer; court séjour; terme de manège, d'escrime.

Passage, sm. action de passer, de traverser; chemin, lieu où l'on passe; droit de passer; phrase citée; chose de peu de durée.

Passager, ère, a. et s. qui ne fait que passer; qui s'embarque pour passer.

Passagèrement, ad. en passant.

Passant, a. fréquenté. sm. qui passe par une rue, etc.

Passation, sf. action de passer un acte.

Passavant, sm. ordre de laisser passer des marchandises.

Passe, sf. complém. de somme; action de passer; t. de jeux, d'esc.; canal. mur. ad. soit fa.

Passé, sm. temps écoulé ; temps du verbe ; sorte de broderie.
Passé, a. qui n'est plus ; flétri.
Passe-carreau, sm. ust. dont se servent les tailleurs.
Passe-cheval, sm. sorte de bac pour passer un cheval.
Passe-debout, sm. permission de faire passer des marchandises sans payer de droit.
Passe-dix, sm. (is) jeu de dés.
Passe-droit, sm. grâce accordée au préjudice d'un autre.
Passée, sf. t. de chasse.
Passe-fleur, sf. plante.
Passe-lacet, sm. aiguille à bout arrondi.
Passement, sm. tissu plat pour ornement d'habits ou de meubles. {passements.
Passementer, va. chamarrer de
Passementerie, sf. comm. du
Passementier, ère, s. marchand de passements.
Passe-méteil, sm. froment et seigle mélangés.
Passe-parole, sm. ordre de bouche en bouche. mil. {mune
Passe-partout, sm. clef com-
Passe-passe, sm. (tour de) d'adresse ; subtilité. fa. {très-vifs.
Passepied, sm. air et danse
Passe-pierre, sf. plante.
Passe-poil, sm. bordé d'or, de soie, etc. {voyager.
Passe-port, sm. permission de
Passer, vn. et a. aller d'un lieu à un autre ; s'écouler ; aller vers sa fin ; cesser ; faire une transition ; suffire ; être admis ; mourir ; approuver ; tamiser ; omettre ; pardonner. vp. perdre son éclat ; s'abstenir ; avoir lieu ; s'écouler.
Passereau, sm. moineau ; pl. ordre d'oiseaux.
Passerelle, sf. pont étroit pour les piétons. {rose trémière.
Passe-rose, sf. alcée rose, ou
Passe-temps, sm. divertissem.
Passeur, euse, s. batelier.
Passe-velours, sm. amaranthe.

Passe-vogue, sf. redoublement d'efforts des galériens pour voguer. {passe-volants.
Passe-volant, sm. intrus. pl.
Passibilité, sf. qualité des corps passibles.
Passible, a. capable de souffrir.
Passif, ve, a. et sm. l'opposé d'actif ; ce qu'on doit.
Passiflore, sf. esp. de fleur.
Passion, sf. souffrance de Jésus-Christ ; sermon sur ce sujet ; mouvement de l'âme ; affection violente ; amour ; maladie ; partialité outrée.
Passionné, e, a. rempli de passion. {sion.
Passionnément, ad. avec pas-
Passionner, va. et p. intéresser fortement ; exprimer la pass.
Passivement, ad. d'une man. passive. {passive.
Passiveté, sf. état de l'âme
Passoire, sf. ustensile de cuisine pour passer.
Passule, sf. miel préparé avec des raisins cuits.
Pastel, sm. crayon ; sorte de peinture ; plan e tinctoriale.
Pastèque, sf. melon d'eau.
Pasteur, sm. berger. fig. évêque, curé ; ministre protestant.
Pastiche, sm. tableau d'imitation ; composition formée de divers morceaux. mus.
Pastillage, sm. figures de sucre.
Pastille, sf. composition de pâte
Pastoral, a. des pasteurs. sm. livre ; office de pasteur. f. scène de bergers. {teur.
Pastoralement, ad. en bon pas-
Pastoureau, relle, s. petits bergers ; sf. une des figures de la contredanse.
Pat, sm. terme du jeu d'échecs.
Patache, sf. petit navire ; voiture. {pagne.
Patagon, sm. monnaie d'Es-
Pataqu'est-ce, sf. faute grossière de langage. {fa.
Pataraffe, sf. écriture informe.

Patard, sm. petite monnaie.

Patate, sf. esp. de pomme de terre.

Patatras, int. onomatopée exprimant la chute d'un corps.

Pataud, s. gros chien. et a. grossier.

Patauger, vn. marcher dans la bourbe ; s'embarrasser.

Pâte, sf. farine petrie ; masse de choses pétries, amalgamées. fig. complexion.

Pâté, sm. pièce de pâtisserie ; assemblage de maisons ; tache d'encre ; fortification ; caractères mêlés. imp.

Pâtée, sf. aliments en pâte pour les animaux domestiques.

Patelin, a. et s. souple et artificieux. fa.

Patelinage, sm. man. de patelin

Pateliner, vn. et a. agir en patelin. fa.

Patelineur, euse, a. et s. patelin.

Patemment, ad. d'une man. patente ; ouvertement.

Patène, sf. vase sacré en forme de petite assiette pour mettre sur le calice. [chapelet.

Patenôtre, sf. prière chrét. pl.

Patent, e, a. manifeste, évident.

Patentable, a. sujet à la

Patente, sf. contribution annuelle d'un commerçant; passe-port d'un navire.

Patenté, a. s. pourvu de patente.

Patenter, va. et p. soumettre à la patente.

Pater, sm. (ér) prière chrétienne ; grain de chapelet.

Patère, sf. vase pour les sacrices. ant. ; ornement.

Paterne, a. paternel. v.

Paternel, le, a. de père.

Paternellement, ad. en père.

Paternité, sf. état de père.

Pâteux, se, a. en pâte ; empâté.

Pathétique, a. et sm. qui emeut les passions; touchant.

Pathétiquement, ad. d'une man. pathétique.

Pathétisme, sm. art d'émouvoir

Pathognomonique, a. et sf. (log) (science) des signes. méd. [ladies.

Pathologie, sf. traité des maladies.

Pathologique, a. de la pathologie.

Pathos, sm. (tos) chaleur de style affectée. fa. [gibet.

Patibulaire, a. qui appart. au

Patiemment, ad. (cia) avec

Patience, sf. vertu qui fait supporter avec résignation le mal. interj. fa. plante médic.

Patient, a. doué de patience. sm. qu'on va supplicier. fig. qui souffre.

Patienter, vn. avoir patience.

Patin, sm. soulier haut ; chaussure pour glisser. t. de charp., de marech.

Patinage, sm. act. de patiner.

Patine, sf. oxyde vert de bronze ; vert-de-gris noirâtre qui se forme sur le bronze

Patiner, va. manier indiscrètement. fa. vn. glisser avec des patins.

Patineur, sm. qui patine.

Patir, vn. souffrir ; être puni de.

Pâtis, sm. pâturage médiocre.

Pâtissage, sm. droit de pâture.

Pâtisser, vn. faire de la

Pâtisserie, sf. pâte assaisonnée et cuite au four ; art, comm. du

Pâtissier, ère, s. qui fait et vend de la pâtisserie. [tisser.

Pâtissoire, sf. table pour pâtois, sm. langage rustique.

Patois, sm. langage rustique.

Pâtou, sm. pâtée; bout de cuir.

Patraque, sf. machine usée, sans valeur; personne maladive. fa.

Pâtre, sm. gardien de bétail.

Pâtrès (ad.), (esse) loc. latine, aller ad —, mourir. [pl. m.

Patriarcal, a. de patriarche, sans

Patriarcat, sm. dignité de

Patriarche, sm. saint personnage. ant. dignité ecclésiastique. fig. vieillard respectable.

Patrice, sm. titre à Rome. *ant.*

Patriciat, sm. dignité de patrice.

Patricien, ne, a. *et* sm. noble.

Patrie, sf. pays où l'on est né.

Patrimoine, sm. héritage de ses pères. [pl. *aux.*

Patrimonial, a. de patrimoine.

Patriote, a. *et* s. qui aime sa patrie.

Patriotique, a. même sens.

Patriotiquement, ad. en patriote

Patriotisme, sm. caractère du patriote.

Patrociner, vn. parler longuem.

Patron, ne, s. protecteur; saint dont on porte le nom. sm. maître de la maison; chef de matelots; modèle.

Patronage, sm. droit de nommer à un bénéfice.

Patronal, e, a. du patron.

Patronet, sm. garçon pâtissier.

Patroniser, va. conduire un navire.

Patronner, va. calquer sur.

Patronnesse, af. *dame* —, qui dirige une fête, etc., au profit des pauvres.

Patronymique, a. (nom) commun à tous les descendants d'une race. [trouillant. *pop.*

Patrouillage, sm. saleté en

Patrouille, sf. escouade marchant de nuit.

Patrouiller, vn. faire patrouille; agiter la bourbe. va. manier salement. *fa.* [bourbier.

Patrouillis, sm. patrouillage;

Patte, sf. nom donné aux pieds de la plupart des animaux et à plusieurs choses qui approchent de la forme d'une patte. [carrefour de jardin.

Patte-d'oie, sf. sorte d'arroche;

Patte-pelu, sm. *et* f. personne adroite qui va à ses fins.

Pattu, a. (pigeon) à pieds emplumés.

Pâturage, sm. lieu pour paître.

Pâture, sf. nourriture des bêtes.

Pâturer, vn. prendre la pâture.

Pâtureur, sm. qui mène paître

Pâturon, sm. le pied du cheval.

Paulo-post-futur, sm. futur très-prochain. *gram.*

Paume, sf. le dedans de la main; mesure; jeu de balle.

Paumelle, sf. esp. d'orge. pl. gonds. [de cerf.

Paumure, sf. sommet d'un bois

Paupérisme, sm. existence d'un grand nombre de pauvres dans un État. [l'œil.

Paupière, sf. peau qui couvre

Pause, sf. cessation momentanée d'une action; intervalle. *mus.* [syllabe en chantant.

Pauser, vn. appuyer sur une

Pauvre, a. *et* s. indigent; mendiant. *fig.* chétif.

Pauvrement, ad. dans la pauvreté.

Pauvresse, sf. mendiante. *fa.*

Pauvret, te, s. t. de compassion. *fa.* [basse.

Pauvreté, sf. indigence; chose

Pavage, sm. ouvrage du paveur.

Pavane, sf. ancienne danse.

Pavaner (se), vp. marcher fièrement. *fa.*

Pavé, sm. pierre pour paver; lieu pavé. *fig.* la rue.

Pavement, sm. action de

Paver, va. *et* n. couvrir de pierres une rue, un chemin, une cour, etc.

Paveur, sm. qui pave.

Pavie, sm. sorte de pêche.

Pavillon, sm. logement portatif; tente; bâtiment carré joint à la maison; étendard de mar.; partie évasée d'un cor. [bla.

Pavillonné, a. garni de pavillon.

Pavois, sm. gr. bouclier; tenture. [tendre des pavois.

Pavoisement, sm. action d'é-

Pavoiser, va. garnir de pavois.

Pavot, sm. plante soporifique.

Payable, a. qui doit être payé.

Payant, a. *et* s. qui paye.

Paye, sf. solde des gens de guerre; salaire.

Payement, Paiement, sm. act. de payer; salaire.

Payer, va. n *et* p. acquitter une dette; récompenser; être

Payeur,euse, s. qui paye.|puni.

Pays, sm. (*péi*) region, contrée, patrie.

Pays, se, s. compatriote. *pop.*

Paysage, sm. étendue de pays, vue d'un seul aspect; tableau représentant un paysage.

Paysagiste, s. *et* a. peintre de paysages.

Paysan, anne, s. gens de campagne, *et* a. rustre.

Paysannerie, sf. condition, mœurs des paysans. *p. us.*

Péage, sm. droit pour un passage.

Péager, sm. fermier du péage; a. (pont) où l'on paye.

Péagier, s. tributaire.

Peau, sf. enveloppe d'animal, de fruit, etc.; croûte sur les substances liquides. |peaux.

Peausserie, sf. commerce de

Peaussier, sm. artisan qui prépare les peaux. a. muscle.

Pec, am. (hareng) fraîchement salé. |rique.

Pécari, sm. sanglier d'Amé-

Peccable, a. (kk) capable de pécher.

Peccadille, sf. faute legère.

Peccante, af. qui pèche. *méd.*

Peccavi, sm. i. bon repentir.

Péché, sm. transgression de la loi divine.

Pêche, sm. fruit; art, act. de pêcher. |divine; faillir.

Pécher, vn. transgresser la loi

Pêcher, sm. arbre. |son,

Pêcher, va. prendre du pois-

Pêcherie, sf. lieu où l'on pêche.

Pecheur, Pécheresse, s. sujet au péché.

Pêcheur, euse, sm. qui pêche, qui fait métier de pêcher.

Pécore, sf. personne stupide.

Pectoral, a. de la poitrine; bon pour la poitrine. sm. broderie sur la poitrine. pl. *aux.*

Péculat, sm. vol des deniers publics.

Pécule, sm. profit d'industrie.

Pécune, sf. argent. *v.* |argent.

Pecuniaire, a. qui consiste en

Pécu ieux, se, a. qui a de l'ar-

Pédagogie, sf. éducation. |gent.

Pédagogique, a. de l'éducation.

Pédagogue, sm. qui enseigne les enfants. *iro.*

Pédale, sf. tuyau d'orgue; touche mue avec le pied. *mus.*

Pédane, am. juge qui juge debout. |savant. a. en pedant.

Pédant, sm. pédagogue, faux

Pédanter, vn. enseigner dans les collèges. *iro.*

Pédanterie, sf. profession de pedant; manière pédante.

Pédantesque, a. de pédant.

Pedantesquement, ad. d'un air pedant.

Pédantiser, vn. faire le pédant.

Pedantisme, sm. man. de pédant. |à pied. *fa.*

Pédestre, a. (statue) d'homme

Pédestrement, ad. à pied. |*bot.*

Pédicelle, sm. petit pédoncule.

Pediculaire, a. (maladie) des poux. sf. plante médicinale.

Pedicule, sm. petite queue des plantes. |cule.

Pédiculé, a. porté par un pédi-

Pédicure, a. *et* s. qui guérit les pieds.

Pediluve, sm. bain de pieds.

Pédimane, a. qui se sert des pieds de derrière comme d'une main; mammifères.

Pédomètre, sm. V. Odomètre.

Pedon, sm. courrier à pied.

Pedonculaire, a. de

P. doncule, sm. queue de fleur ou de fruit.

Pédoncule, a. porté par un pédoncule.

Pégase, sm. cheval fabul.; constellation. *fig.* génie poétique.

Peigne, sm. instr. à dents pour demêler les cheveux, etc.

Peigné, a. ajusté; soigné; travaillé.

Peigner, va. démêler avec le peigne; apprêter le lin, le chanvre, etc.

Peignoir, sm. linge pour se peigner ou pour se baigner.

Peignures, sf. pl. cheveux que le peigne fait tomber. [pier.

Peille, sf. chiffons pour le pa-

Peindre, va. n. et p. représenter par les traits, les couleurs, les discours; couvrir de couleurs; écrire; former ses lettres.

Peine, sf. douleur; punition; travail; fatigue; difficulté; répugnance à dire ou à faire; inquiétude. A peine, ad. presque pas. A grand'peine, difficilement.

Peiné, a. fâché; trop travaillé.

Peiner, va. n. et p. chagriner; fatiguer; trop travailler; répuguer à.

Peintre, sm. qui exerce la peinture. fig. qui décrit avec vivacité.

Peinturage, sm. act. de peinturer; effet de cette action.

Peinture, sf. art, action de peindre; ouvrage de peinture; couleur. fig. description animée. [seule couleur.

Peinturer, va. enduire d'une

Peintureur, sm. barbouilleur.

Peinturlurer, va. enluminer, barbouiller.

Pékin, sm. sor. d'étoffe de soie; qui n'est pas militaire. pop.

Pelache, sf. peluche grossière.

Pelade, sf. chute du poil. méd.

Pelage, sm. couleur du poil des bêtes fauves.

Pélagoscope, sm. inst. pour voir au fond de l'eau.

Pélamide, sf. poisson de mer.

Pelard, am. (bois) écorcé sur pied. [peau, etc.

Pelé, a. et s. sans poil; sans

Pele-mêle, ad. confusément. sm. état de désordre.

Peler, va. et n. ôter, perdre le poil, la peau, l'écorce.

Pèlerin, s. qui va en pèlerinage. fa. personne fine. f. ajustement de femme.

Pèlerinage, sm. voyage fait par dévotion.

Pélican, sm. oiseau; alambic; inst. de dentiste. [rée.

Pelisse, sf. sorte de robe four-

Pelle, sf. instrum. de fer ou de bois, large et plat, à long manche. [plein une pelle.

Pellée, Pellerée, Pelletée, sf.

Pelleterie, sf. comm. de

Pelletier, ière, s. marchand de fourrures.

Pellicule, sf. peau très-mince.

Pelliculeux, euse, a. plein de pellicules. [ter.

Pelotage, sm. action de pelo-

Pelote, sf. boule de fil, etc., coussinet à épingles.

Peloter, vn. jouer à la paume. va. et p. battre. fa.

Peloton, sm. petite pelote; petite troupe. mil. [en peloton.

Pelotonner, va. et p. mettre

Pelouse, sf. gazon.

Pelu, e, a. garni de poil.

Peluche, sf. étoffe à grand poil.

Peluché, a. velu. [poils.

Pelucher, vn. se couvrir de

Pelucheux, se, a. qui peluche.

Pelure, sf. peau ôtée d'un fruit.

Penaillon, sm. haillon. v.

Pénal, a. sans m. pl. des peines légales.

Pénalité, sf. système des peines établies par les lois.

Penard, sm. vieillard rusé ou libertin. fa.

Pénates, s. et am. pl. (dieux) domestiques. fig. habitation.

Penaud, a. honteux; embarrassé. fa.

Penchant, a. qui penche. sm. pente. fig. inclination.

Penché, a. incliné; (air) affecté.

Penchement, sm. action de

Pencher, va. n et p. incliner, au pr. et au fig. [tence.

Pendable, a. qui mérite la po-

Pendaison, sf. act. de pendre.

Pendant, a. qui pend. sm. pareil. pl. boucles (d'oreilles). prép. durant. — que, conj tandis que.

Pendard, arde, s. vaurien. fa.

Pendeloque, sf. pendant d'oreille ; lambeau d'étoffe ; cristaux d'un lustre.

Pendentif, sm. voûte extérieure. arch. [pendu.

Pendiller, vn. (ll m.) être suspendu.

Pendre, va. et p. suspendre ; étrangler à un gibet. vn. être suspendu.

Pendu, a. et sm. attaché à une potence.

Pendule, sm. balancier d'horloge. sf. horloge à pendule.

Pêne, sm. lame de serrure.

Pénétrabilité, sf. qualité de ce qui est [trer.

Pénétrable, a. qu'on peut pénétré.

Pénétrant, a. qui pénètre.

Pénétratif, ve, a. qui pénètre aisément.

Pénétration, sf. action de pénétrer. fig. sagacité d'esprit.

Pénétrer, va. et n. passer à travers ; entrer bien avant. fig. toucher (le cœur) ; approfondir ; découvrir. se —, vp. se remplir d'une idée.

Pénible, a. qui donne de la peine.

Péniblement, ad. avec peine.

Péniche, sf. petit bâtiment de transport. [de pinceau.

Pénicille, a. (ll) qui est en forme

Pénil, sm. partie antérieure de l'os pubis.

Péninsule, sf. presqu'île.

Pénitence, sf. repentir ; punition des péchés ; sacrement de l'Eglise.

Pénitencerie, sf. fonction de

Pénitencier, sm. prêtre qui absout ; prison.

Pénitent, a. et s. qui fait pénitence ; qui se confesse ; membre de confrérie pieuse.

Pénitentiaire, a. (système, régime), employé pour l'amélioral. morale des condamnés.

Pénitentiaux, am. pl. (ci) psaumes ; (canons) de la pénitence.

Pénitentiel, sm. rituel de pénit.

Pennage, sm. plumage des ailes.

Penne, sf. grosse plume d'oiseau de proie. [de plumes.

Penné, e, a. disposé en barbes

Pennon, sm. sorte de bannière.

Pénombre, sf. ombre légère avant et faible lueur après les éclipses.

Pensant, a. qui pense.

Pensée, sf. opération de l'intelligence ; action de penser ; chose pensée et exprimée ; projet ; idée ; fleur.

Penser, va. et n. former dans son esprit l'idée, l'image d'une chose ; imaginer ; croire ; songer ; raisonner ; être sur le point. sm. pensée. poét.

Penseur, euse, s. habitué à réfléchir. [sée.

Pensif, ve, a. occupé d'une pen-

Pension, sf. somme pour l'entretien ; pensionnat ; rente.

Pensionnaire, s. et a. qui paye, à qui l'on paye pension.

Pensionnat, sm. maison d'éducation. [pension.

Pensionner, va. donner une

Pensum, sm. (pinsom) punition d'écolier.

Pentacorde, sm. lyre des anciens à cinq cordes.

Pentaèdre, sm. corps solide à cinq faces.

Pentagone, a. et sm. (figure) à cinq angles. [cinq pieds.

Pentamètre, a. et sm. vers de

Pentandrie, sf. classe de plantes

Pentapole, sf. territoire qui comprenait cinq villes principales.

Pentarchie, sf. gouvernement de cinq chefs. [vres de Moïse.

Pentateuque, sm. les cinq li-

Pente, sf. (pan) ce qui va en descendant. fig. penchant ; bande d'étoffe. [tienne.

Pentecôte, sf. (pan) fête chré-

Pentélique, a. (marbre) de l'Attique. [soutenir une porte.

Penture, sf. (pan) bande pour

Penultième, a. et s. avant-dernier

Pénurie, sf. extrême disette.

Pépastique, a. digestif.

Péperin, sm. pierre volcanique.

Pepie, sf. pellicule à la langue des oiseaux. [du moineau.

Pépier, vn. crier, en parlant

Pépin, sm. semence de fruit.

Pépinière, sf. plant de jeunes arbres. [pépinières.

Pépiniériste, sm. qui élève des

Pépite, sf. masse d'or massif.

Péplum (ome), ou Péplon, sm. robe, manteau ou voile à l'usage des femmes. ant. [fine.

Percale, sf. toile de coton très-

Percaline, sf. toile de coton lustrée. [mètre; aigu.

Perçant, a. qui perce, qui pé-

Perce (en), ad. (tonneau) percé.

Perce-bois. — oreille, sm. insectes.

Percée, sf. ou Percé, m. ouverture dans un bois.

Perce-feuille, — neige, — pierre, sf. plantes. [seur. fa.

Perce-forêt, sm. grand chas-

Percement, sm. act. de percer.

Percepteur, sm. qui perçoit un impôt. [la perception.

Perceptif, ive, a. qui concerne

Perceptibilité, sf. état de ce qui est [cevoir.

Perceptible, a. qu'on peut per-

Perception, sf. faculté par laquelle l'âme perçoit les objets; recouvrement de deniers; emploi de percepteur.

Percer, va. et n. faire une ouverture; pénétrer, au p. et au fig. s'avancer.

Percevoir, va. recueillir des revenus; recevoir par les sens l'impression des objets.

Perche, sf. poisson; mesure; long morceau de bois.

Percher, vn. et p. se mettre sur une perche. sm. séchoir.

Perchoir, sm. lieu pour percher

Perclus, e, a. impotent. [percer.

Perçoir, sm. instrument pour

Percussion, sf. action de

Percuter, va. frapper.

Perdable, a. qui peut se perdre.

Perdant, sm. qui perd au jeu.

Perdition, sf. dégât; perte de salut.

Perdre, va. n. et p. être privé de ce qu'on possédait; ruiner; gâter; égarer; corrompre; se damner. [grenade. artil.

Perdreau, sm. jeune perdrix;

Perdrigon, sm. sorte de prune.

Perdrix, sf. (dri) oiseau.

Perdu, e, a. ruiné, gâté, égaré, désert. Comme un perdu, loc. ad. de toute sa force.

Père, sm. qui a engendré; celui qui traite les autres comme ses enfants, titre des religieux prêtres; docteur.

Pérégrination, sf. grand voyage.

Pérégrinité, sf. état d'étranger. jur.

Péremption, sf. état périmé.

Péremptoire, a. décisif. [sens.

Péremptoirement, ad. même

Perfectibilité, sf. état de ce qui est

Perfectible, a. susceptible de

Perfection, sf. qualité de ce qui est parfait.

Perfectionnement, sm. act. de

Perfectionner, va. et p. rendre, devenir parfait.

Perfide, a. et s. qui manque à sa foi; s'appl que aux choses: démarche perfide.

Perfidement, ad. avec perfidie.

Perfidie, sf. déloyauté; trahison; manque de foi.

Perfolié, e, a. traversé par un pédoncule.

Perforation, sf. action de

Perforer, va. percer. arts.

Pergolèse, sm. variété de raisin.

Péri, sm. sorte de génie.

Perianthe, sm. enveloppe de la fleur.

Péribole, sm. enceinte sacrée autour des temples anciens.

Péricarde, sm. enveloppe du cœur. [ricarde.

Péricardite, sf. inflamm. du pé-

Péricarpe, sm. enveloppe du fruit.

Péricliter, vn. être en péril.

Péricrâne, sm. membrane du crâne.

Péridot, sm. pierre demi-précieuse. [d'un édifice.

Péridrome, sm. galerie autour

Périgée, sm. est a lieu ou se trouve un astre lorsqu'il est le plus près de la terre.

Périgueux, sm. pierre noire.

Périgyne, a. (étamine) autour de l'ovaire. bot.

Périhélie, sm. point de l'orbite d'une planète où elle est le plus près du soleil.

Péril, sm. risque, danger.

Périlleusement, ad. avec péril.

Périlleux, se, a. où il y a du péril. [poursuites.

Périmer, vn. périr faute de

Périmètre, sm. contour. géom.

Périnée, sm. espace vers l'anus.

Période, sf. révolution d'un astre; temps fixe; phrase à plusieurs membres. m. le plus haut point; temps vague.

Périodicité, sf. caractère de ce qui est

Périodique, a. qui a ses périodes.

Périodiquement, ad. par périodes.

Périoste, sm. membrane des os.

Périostose, sf. engorgement et tuméfaction du périoste.

Péripatéticien, ne, a. et sm. disciple d'Aristote.

Péripatétisme, sm. doctrine d'Aristote.

Péripétie, sf. (cie) changement inopiné de fortune; dénoûment de drame, etc.

Périphérie, sf. contour. géom.

Périphrase, sf. circonlocution.

Périphraser, vn. parler par périphrase.

Périple, sm. voyage maritime.

Péripneumonie, sf. inflammation du poumon. [colonnes.

Périptère, sm. édifice entouré de

Périr, vn. prendre fin; faire une fin violente; tomber en ruine; faire naufrage.

Périsciens, sm. pl. habitants des zones froides. [grain.

Périsperme, sm. tégument du

Périssable, a. sujet à périr.

Périssologie, sf. répétition inutile.

Péristaltique, a. (mouvement) propre des intestins.

Péristyle, sm. galerie en colonnes. [bas-ventre.

Péritoine, sm. membrane du

Péritonite, sf. inflammation du péritoine.

Perle, sf. globule qui se trouve dans quelques coquillages; caractère d'imprimerie.

Perlé, a. orné de perles; fait avec goût.

Perlière, sf. a. coquille à perle.

Perlimpinpin, sm. poudre de —, médicament sans vertu. pop. [bois du cerf.

Perlure, sf. grumeaux sur le

Permanence, sf. stabilité.

Permanent, a. stable.

Perméabilité, sf. qualité de ce qui est

Perméable, a. qui peut être traversé par un fluide. phys.

Permesse, sm. fleuve consacré aux Muses. myth.

Permettre, va. donner permission de dire, de faire; tolérer; donner le moyen.

Permis, a. juste; non défendu. sm. permission.

Permission, sf. liberté de faire ou de dire.

Permutant, sm. qui permute.

Permutation, sf. action de

Permuter, va. échanger un emploi. [nière pernicieuse.

Pernicieusement, ad. d'une ma-

Pernicieux, se, a. nuisible.

Pernocter, vn. passer la nuit dans un lieu.

Per obitum (*per obitom*), ad. (vacant) par mort. [jambe.

Péronné, sm. os extér. de la

Péronnelle, sf sotte. *pop.*

Péroraison, sf. conclusion de harangue. [guer.

Pérorer, va. discourir, haran-

Péroreur, sm. celui qui a la manie de pérorer.

Péroxyde, sm. oxyde qui est au plus haut degré d'oxygéna- tion. *chim.* [dule.

Perpendicle, sm. niveau à pen-

Perpendiculaire, a. *et* sf (li- gne) qui tombe à angle droit.

Perpendiculairement, ad. m. s.

Perpendicularité, sf. état de ce qui est perpendiculaire.

Perpendicule, sm. ce qui tombe à plomb.

Perpétration, sf. action de

Perpétrer, va. faire, commettre.

Perpétuation, sf act. de per- pétuer; son effet.

Perpétuel, le, a. continuel; fré- quent. [continuation.

Perpétuellement, ad. sans dis-

Perpétuer, va. rendre perpétuel.

Perpétuité, sf. durée continue. *A perpétuité*, ad. toujours.

Perplexe, a. irrésolu, incertain.

Perplexité, sf. irrésolution; incertitude pénible.

Perquisiteur, sm. celui qui fait une [acte.

Perquisition, sf. recherche ex-

Perron, sm. escalier extér. et peu élevé. [chaise pliante.

Perroquet, sm. oiseau; petit mât;

Perruche, sf. femelle du per- roquet; petit perroquet

Perruque, sf. coiffure de faux cheveux. [coiffeur.

Perruquier, s. celui qui les fait;

Pers, a. vert bleuâtre v.

Perscrutation, sf. recherche profonde.

Perse, sf. toile peinte de Perse.

Persécutant, a. importun.

Persécuter, va. vexer; inquiéter; importuner. [secute.

Persécuteur, trice, s. qui per-

Persécution, sf. poursuite in- juste et violente; importunité

Persée, sm. constellation.

Persévéramment, ad. avec

Persévérance, sf. qualité per- sévérante.

Persévérant, a. qui persévère

Persévérer, vn persister. [ment.

Persicaire, sf. plante d'orne-

Persicot, sm. liqueur de noyaux.

Persienne, sf. jalousie en abat- jour.

Persiflage, sm. raillerie fine.

Persifler, va. *et* n. railler fine- ment.

Persifleur, sm. qui persifle.

Persil, sm. (*si*) plante potagère.

Persillade, sf. tranche de bœuf avec du persil. [vert.

Persillé, a. (fromage) tacheté de

Persique, a. (ordre) d'archi- tecture.

Persistance, sf. qualité de ce qui est persistant; action de persister.

Persistant, a. qui ne tombe pas.

Persister, vn. demeurer ferme dans sa résolution ou dans son opinion.

Personnage, sm. homme; rôle.

Personnaliser, va. appliquer des généralités à un individu.

Personnalisme, sm. égoïsme.

Personnalité, sf. caractère, qualité de ce qui est person- nel; égoïsme; injure. [siastiq.

Personnat, sm. bénéfice eccle-

Personne, sf. homme ou femme. t. de gra. pr. ind. nul; quel- qu'un.

Personnée, af. (fleur) qui res- semble au musle d'un ani- mal. sf. pl. fam. de plantes.

Personnel, le, a. propre à la personne; égoïste. sm. ce qui regarde les personnes. *administ.* [sonne.

Personnellement, ad. en per-

Personnification, sf. action de

Personnifier, va. attribuer à un être inanimé les sentiments, le langage d'une personne.

Perspectif, ve, a. (plan) de perspective. sf. art de represen-
ter les objets selon leur position et leur eloignement ;
peinture, aspect d'objets vus
de loin. fig. attente, espe-
rance.

Perspicace, a. qui a de la

Perspicacité , sf. pénetration
d'esprit.

Perspicuité, sf. clarté du style.

Perspiration, sf. transpiration
insensible. méd.

Persuader, va. et n. porter à
croire. vp. croire.   [suader.

Persuasible, a. qu'on peut per-

Persuasif, ve, a. qui persuade.

Persuasion, sf. action de persuader ; ferme croyance.

Perte, sf. privation ; dommage;
ruine ; mauvais succes. A
perte de vue. ad. hors de la vue

Pertinacité, sf. opiniâtreté.

Pertinemment, ad. (na) convenablement, ne s'applique
qu'aux discours.

Pertinence, sf. qualité de ce
qui est pertinent pal.

Pertinent, a. convenable. [mar.

Pertuis, sm. ouverture ; detroit.

Pertuisane, sf. sorte de hallebarde.   [du trouble.

Perturbateur, trice, s. qui cause

Perturbation , sf. trouble ; de-
rangement

Pervenche, sf. plante à fleurs
bleues.   [dépravé.

Pervers, e, a. et sm. mechant;

Perversement , adv. avec perversité.

Perversion, sf. changement de
bien en mal.   [prav. tion.

Perversité, sf. méchanceté ; de-

Pervertir, va. changer en mal.

Pervertissable, a. corruptible.

Pervertissement, sm. action de
pervertir.

Pervertisseur, sm. corrupteur.

Pesade, sf. t. de manege.

Pesage, sm. action de peser.

Pesamment, ad. d'une man.
pesante.

Pesant, a. qui pèse; lourd. fig.
fâcheux; onereux. sm. et ad.
de tel poids.   [est pesant.

Pesanteur, sf. qualité de ce qui

Pesée. sf. action de peser; ce
qu'on pèse en une seule fois.

Pèse-liqueur, sm. instrument
pour peser les liquides.

Peser, va. juger avec des poids
la pesanteur, etc. fig. examiner attentivement. vn. avoir
un certain poids; appuyer
sur; être à charge.

Peseur, sm. qui pese.

Peson, sm. instr. pour peser.

Pessaire , sm. instrument de
chirurgie.

Pessimisme, sm. opinion du

Pessimiste, sm. celui qui croit
que tout va mal.

Peste, sf. maladie épidémique.
fig. personne dont la fre-
quentation est pernicieuse.
interj.

Pester , vn. exhaler son humeur.

Pestifere, a. qui communique
la peste.

Pestiféré,a. et s. infecté de peste

Pestilence, sf. corruption de
l'air.

Pestilent, Pestilentiel, le, Pes-
tilentieux, se, a (ci) infecté
de peste; contagieux.

Pet, sm. vent qui sort du corps.
Pet de nonne, beignet. Pet-
en-l'air, vetement court.

Pecade, sm. feuille de fleur.

Petale, e, a. composé de pétales.

Petaloïde, a. en forme de pétale.

Petarade, sf. suite de pets man.

Petard, sm. mach. de guerre,
piece d'artifice   [tard.

Petarder, va. faire jouer le pé-

Petardier, sm. qui fait ou applique les petards.

Petasite, sm. sorte de tussilage.

Petaud, sm. (la cour du roi)
lieu de confusion où tout le
monde est maitre.   [ordre.

Petaudiere, sf. assemblée sans

Petechiale, af. (fièvre) avec

Pétéchies, sf. pl. taches pourprées sur la peau [avec bruit.

Péter, vn. faire un pet ; éclater

Péteur, euse, s. qui pète.

Pétillant, a. qui pétille ; éclatant.

Pétillement, sm. action de

Pétiller, vn. éclater avec bruit et à plusieurs reprises. *fig.* être impatient de.

Pétiole, sm. (ci) queue des feuilles.   [petiole.

Pétiolé, e, a. (ci) porté [ar un

Petiot, e, a. diminutif de petit.

Petit, a. court ; peu volumineux. sm. animal nouveauné ; petite chose. *En petit*, ad. en raccourci. *Petit à petit*, peu à peu.

Petit-canon, — *parangon*, — *romain*, — *texte*, sm. caractères d'imprimerie.

Petite-maîtresse, sf. femme élégante ; minaudière.

Petitement, ad. d'une manière petite et pauvre.

Petites-maisons, sf. anc. hôpital des fous

Petitesse, sf. peu d'étendue ; modicité. *fig.* bassesse ; minutie.   [ladie.

Petite-vérole, sf. la variole, ma-

Petit-fils, Petite-fille, s. fils, fille du fils ou de la fille.

Petit-gris, sm. quadrupede ; sa fourrure.

Pétition, sf. demande à une autorité. — *de principe*, allégation d'une chose pour la prouver.   [une pétition.

Pétitionnaire, s. qui présente

Pétitionner, vn. adresser souvent des pétitions.

Petit-lait, sm. sérosité du lait.

Petit-maître, sm. fat.

Petit-neveu, Petite-nièce, s. fils, fille du neveu ou de la nièce.   [mander.

Pétitoire, sm. *et* a. (act.) de de-

Peton, sm. petit pied. *fa.*

Petit-pied, sm. os du sabot du cheval.

Pétoncle, sf. coquillage bivalve.

Pétrée, af. ne se dit que de l'*Arabie pétrée* ou pierreuse.

Pétrel, sm. oiseau nageur.

Pétreux, euse, a. de la nature de la pierre.

Pétri, e, a. formé, composé de.

Pétrifiant, a. qui pétrifie.

Pétrification, sf. chose pétrifiée ; action de

Pétrifier, va. et p. changer en pierre. *fig.* rendre immobile d'étonnement.

Petrin, sm. coffre pour pétrir.

Petrir, va. faire de la pâte.

Pétrissage, sm. act. de pétrir.

Pétrisseur, euse, s. qui pétrit.

Pétrole, sm. bitume liquide.

Pétro-silex, sm. pierre à fusil.

Petto (in), loc. ad. *[ine]* en secret.

Pétulamment, ad. avec [dérée.

Pétulance, sf. vivacité immo-

Pétulant, a. brusque, impétueux.   [laine.

Pétunse, sm. pierre à porce-

Peu, ad. *et* sm opposé de beaucoup, ad. insensiblement. *A peu près*, pres-

Peuplade, sf. tribu.   [que

Peuple, sm. nation ; populace ; fretin pour repeupler un étang.

Peuplement, sm. action de peupler; son effet.

Peupler, va. remplir d'habitants, etc.

Peuplier, sm. arbre pyramidal.

Peur, sf. crainte, frayeur. *De peur de ou que*, conj.

Peureux, se, a. sujet à la peur.

Peut-être, ad. sm. i. il se peut.

Phaeton, sm. sorte de cabriolet ; constellation.

Phalange, sf. corps d'infanterie. *ant.* os des doigts.

Phalangette, sf. petite phalange.   [comaun.

Phalanstère, sm. habitation en

Phalanstérien, ne, a. s. qui concerne le phalanstère ; partisan du phalanstère.

Phalène, sm. papillon de nuit.

23

Phanérogame, a. et sf. classe de plantes.

Pharaon, sm. jeu de cartes.

Phare, sm. gr. fanal de mer, sa tour.

Pharisaïque, a. qui tient du

Pharisaïsme, sm. hypocrisie. fa.

Pharisien, s. sectaire, hypocrite.

Pharmaceutique, a. et sf (traité) des médicaments.

Pharmacie, sf. art de préparer les remèdes ; lieu où on les prépare, où on les vend.

Pharmacien, sm. et a. qui sait la pharmacie ; apothicaire.

Pharmacologie, sf. description des médicaments.

Pharmacopée, sf. codex, recueil des remèdes usités.

Pharmacopole, sm pharmacien.

Pharynge, e. Pharyngien, ne, a. du pharynx.

Pharyngotomie, sf. section du

Pharynx, sm. orifice du gosier.

Phase, sf. aspect varié des planètes. fig. changements successifs.

Phébus, sm. (s) le soleil ; Apollon ; style ampoulé.

Phénicoptère, sm. oiseau.

Phénix, sm. oiseau fabul. fig. individu d'une excellence unique ; constellation.

Phénoménal, e, a. qui tient du

Phénomène, sm. chose extraordinaire. [mes.

Philanthrope, s. ami des hommes.

Philanthropie, sf. caractère du philanthrope. [thrope.

Philanthropique, a. de philanthrope.

Philharmonique, a. (société) qui aime l'harmonie.

Philhellène, s. ami des Grecs.

Philippique, sf. discours violent et satirique.

Philologie, sf. erudition ; critique.

Philologique, a. de la philologie.

Philologue, sm savant erudit.

Philomathique, a. qui aime les sciences.

Philomèle, sf. rossignol. poét.

Philosophale, af. (pierre), transmutation des métaux en or. fig. chose difficile à trouver.

Philosophe, a et s. savant ; sage ; étudiant en philosophie ; abusivement, esprit fort et incredule ; alchimiste.

Philosopher, vn parler en philosophe ; raisonner trop subtilement.

Philosophie, sf. sagesse ; science des causes et des effets ; cours de philosophie ; caractère d'imperturbe. [phie.

Philosophique, a. de la philosophie.

Philosophiquement, ad. en philosophe.

Philosophisme, sm. doctrine des faux philosophes. [sophe.

Philosophiste, sm. faux philosophe.

Philotechnie, sf amour des arts.

Philotechnique, a. qui aime les arts. [disiaque.

Philtre, sm. breuvage aphrodisiaque.

Phlébotome, sm. instr. pour opérer la saignée.

Phlébotomie, sf. saignée.

Phlébotomiser, va saigner.

Phlegmasie, sf. inflammation.

Phlegme, sm. mucus rejeté en crachant, sang-froid. [matoire

Phlegmon, sm. tumeur inflammatoire

Phlogistique, sm et a. partie des corps susceptible de s'enflammer.

Phlogose, sf inflammation.

Phlomis, Palox, sm plantes.

Pholade, sf coquillage.

Phonation, sf. production de la voix. [voix.

Phonique, a. qui a rapport à la

Phonomètre, sm. instr. pour mesurer les sons [phibie.

Phoque, sm. quadrupède amphibie.

Phosphate, sm. sel formé par la combinaison de l'acide phosphorique avec differentes bases.

Phosphite, sm. sel formé par la combinaison d'une substance avec l'acide phosphoreux.

Phosphore, sm. substance qui luit dans l'obscurité et s'enflamme par le contact de l'air.

Phosphorescence, sf. formation du phosphore ; lueur de certains corps analogue à celle du phosphore.

Phosphorescent, a. qui a la propriété appelée phosphorescence. .. [phosphore.

Phosphoreux , a. (acide) du

Phosphorique , a. (acide plus oxygéné) du phosphore.

Phosphure , sm. combinaison du phosphore avec un autre corps.

Photographe , sm. qui s'occupe de

Photographie, sf. nom donné à la daguerréotypie perfectionnée.

Photographier, va. obtenir un portrait, par la photographie.

Photomètre, sm. instr. pour mesurer la lumière. [sens.

Phrase, sf. mots formant un

Phraséologie, sf. construction de phrases particulière à une langue ou à un auteur.

Phraser, vn. faire des phrases.

Phrasier, sm. faiseur de phrases.

Phrénique, a. qui appartient au diaphragme ; qui a rapport à l'intelligence.

Phrénologie, sf. étude de l'homme moral fondée sur la conformation de cerveau.

Phrénologique, a. de la phrénologie.

Phrénologiste , s. qui s'occupe de phrénologie. [rasme.

Phthisie, sf. consomption ; marasme.

Phthisique, a. étique.

Phylactère , sm. sorte de talisman. [ant.

Phylarque , sm. chef de tribu.

Physicien. s. qui sait la physique.

Physiognomonie, sf. art de juger sur la physionomie.

Physiognomonique , a. qui a rapport à la physiognomonie.

Physiognomoniste , sm. qui s'occupe de physiognomonie.

Physiographie, sf. description des productions de la nature.

Physiographique, a. qui a rapport à la physiographie.

Physiologie, sf. connaissance du corps humain en santé, de l'économie animale. [logie.

Physiologique, a. de la physiologie.

Physiologiste, s. qui sait la physiologie.

Physionomie, sf. air , traits du visage.

Physionomiste , a. qui se connaît en physionomie.

Physique, sf. science qui a pour objet les corps et leurs propriétés. m. constitution, apparence extérieure d'un individu. a. naturel ; qui appartient à la physique [ment.

Physiquement, ad. naturellement.

Phytographie, sf. description des plantes.

Phytolaca, sm. plante.

Phytolithe, sm. pierre qui porte l'empreinte d'une plante.

Phytologie, sf. botanique.

Phytophage, s. a. qui vit sur les plantes.

Piaculaire, a. d'expiation.

Piaffer , vn. faire piaffe. t. de manége.

Piaffeur, sm. (cheval) qui piaffe.

Piailler, vn. criailler. fa.

Piaillerie, sf criaillerie. fa.

Pailleur, euse, s. et a. criard.

Piano, ad. lentement.

Pianiste , s. celui ou celle qui joue du piano.

Piano, ad. doucement. mus. — forte. sm. i. [té espèce de clavecin.

Piastre, sf. monnaie.

Piaulard, s. qui piaule.

Piauler, vn. cri des poulets ; cri des enfants. pop.

Pic, sm. instrument acéré, crochu et à pointe. t. de jeu ; oiseau ; mont élevé. A pic, ad. perpendiculairement.

Pica, sm. appétit dépravé.

Picaillon, sm. monnaie quelconque, argent. *pop.* [contenu.
Pichet, sm. vase à boire; son
Picholine, sf. petite olive.
Picorée, sf. maraude.
Picorer, vn. aller en maraude.
Picoreur, sm. qui va à la picorée. *v.*
Picot, sm. pointe du bois mal coupé; engrêlure au bout des dentelles.
Picote, sf. petite-vérole. *v.*
Picotement, sm. douleur ressemblant à des piqûres.
Picoter, va. causer des picotements; harceler par des sarcasmes. *fa.* [coter.
Picoterie, sf. paroles pour pi
Picotin, sm. mesure pour l'a
Pie, sf. oi eau. [voine.
Pie, a. (œuvre) de piété; (cheval), blanc et noir.
Pièce, sf. portion d'un tout; chambre; tonneau; valeur monnayée; canon; ouvrage littéraire. pl. écritures prod. en justice, etc.
Pied, sm. (pié) membre pour marcher; sa trace; base; plant; tige; mesure, syllabe pour la mesure des vers. — *de roi*, ou *pied*, anc. mesure de 12 pouces. *Pied à pied*, ad. peu à peu. [p. ssager.
Pied-à-terre, sm. logement
Pied-bot, sm. pied difforme.
Pied-d'alouette. — *de chat*, — *de griffon*, — *de lion*, — *de veau*, — *d'oiseau*, sm. plantes.
Pied-de-biche, sm. instrument de dentiste.
Pied-de-bœuf, sm. jeu d'enfants. [levier.
Pied-de-chèvre, sm. espèce de
Pied-de-mouche, sm. signe typographique. pl. mauvaise écriture.
Pied-couche, sm. petit piédestal
Pied-droit, sm. partie du jambage d'une porte.
Piédestal, sm. support de colonne d'une statue.

Pied-fort, sm. pièce de monnaie plus forte et qui sert de type. [sable.
Pied-plat, sm. homme mépri
Pied-poudreux, sm. vagabond.
Piège, sm. machine pour attraper des animaux. *fig.* embûche.
Pie-grièche, sf. sorte de petit oiseau de proie. *fig.* et *fa.* femme d'humeur aigre.
Pie-mère, sf. membrane du cerveau.
Pierraille, sf. petite pierre.
Pierre, sf. corps dur formé dans la terre; caillou; pierre précieuse; gravelle. — *de touche*, pour éprouver l'or. — *d'achoppement*, chose, personne qui nous fait faillir.
Pierré, a. (pigeon) à fraise.
Pierrée, sf. conduit à pierres sèches. [cieuses.
Pierreries, sf. pl. pierres pré
Pierrette, sf. petite pierre; femme d'un pierrot.
Pierreux, se, a. plein de pierres.
Pierrier, sm. petit canon. *mar.*
Pierrot, sm. moineau-franc; personnage de parade.
Piété, sf. respect religieux. — *filiale*, amour des enfants pour leurs parents.
Piéter, vn. se tenir au lieu marqué. *jeu.* va. et p. disposer à résister *fa.* et *v.*
Piétinement, sm. action de piétiner; son effet.
Piétiner, vn. remuer fréquemment les pieds. va. fouler avec les pieds.
Piétiste, s. sectaire luthérien.
Piéton, s. qui va à pied.
Piètre, a. chétif *fa.*
Piètrement, ad. chétivement.
Piètrerie, sf. chose vile *pop.*
Piette, sf. oiseau aquatique.
Pieu, sm. pièce de bois pointue.
Pieusement, ad. d'une manière pieuse.
Pieux, se, a. plein de piété.
Piffre, esse, s. gros et replet. *bas.*

Pigeon, sm. oiseau; dupe. *fa.*

Pigeonneau, sm. jeune pigeon.

Pigeonnier, sm. lieu où l'on élève des pigeons.

Pigment, sm. matière colorante de la peau.

Pigne, sf. métal tiré du minerai. t. d'affineur.

Pignocher, vn. manger dédaigneusement. *fa.*

Pignon, sm. mur en pointe ; amande du pin; roue. *mécan.*

Pignonné, a. pyramidal. *bla.*

Pignoratif, ve, a. (pig) (contrat), avec faculté de rachat. *jur.*

Pilastre, sm. colonne carrée.

Pilau, sm. riz cuit au jus, etc.

Pile, sf. amas de choses rangées les unes sur les autres; maçonnerie de pont; côté de monnaie; suite de coups. *fa.*—*voltaïque,* appareil électrique inventé par Volta.

Piler, va. *et* n. écraser avec le pilon; manger.

Pileur, sm. grand mangeur. *pop.*

Pilier, sm. support de maçonnerie. *fig.* qui fréquente un lieu. *fa.*

Pilifère, a. qui porte des poils.

Pillage, sm. action de piller ; dégât qui en est la suite.

Pillard, a. *et* s qui aime à piller.

Piller, va. prendre et emporter avec violence; donner, comme de soi, des vers, etc.

Pillerie, sf. volerie.

Pilleur, sm pillard ; plagiaire.

Pilon, sm. instrument pour piler

Pilori, sm. poteau où l'on attachait les criminels condamnés à l'exposition.

Pilorier, va. mettre au pilori. *fig.* diffamer.

Piloselle, Pilulaire, sf. plantes.

Pilotage, sm. action de piloter un navire; ouvr. de pilotis.

Pilote, sm. celui qui gouverne un navire ; poisson.

Piloter, va. *et* n. enfoncer des pilotis ; conduire un navire; guider.

Pilotin, sm. jeune marin qui étudie le pilotage.

Pilotis, sm. gros pieu ferré qu'on enfonce dans la terre.

Pilule, sf. bol médicinal.

Pimbêche, sf. impertinente. *fa.*

Piment, sm. plante solanée; son fruit qui sert à assaisonner.

Pimpant, a. *et* s. élégant. *fa.*

Pimprenelle, sf. plante potagère. |*de* —, fruit du pin.

Pin, sm. arbre résineux. *pomme*

Pinacle, sm. faîte d'édifice. *v. fig.* grande élévation.

Pinasse, sf. chaloupe à voiles et à rames.   [sauvage.

Pinastre, sm. espèce de pin

Pinçard, a. *et* sm. se dit d'un cheval qui use son fer en pince.

Pince, sf. bout du pied de quelques animaux ; devant d'un fer de cheval; rempli; tenaille ; action de saisir ; levier ; aptère.

Pincé, e, a. affecté.

Pinceau, sm. faisceau de poils emmanché pour peindre. *fig.* man. de peindre.

Pincée, sf. ce qu'on prend d'une chose pulvérisée avec deux ou trois doigts.

Pincelier, sm. vase de peintre.

Pince-maille, sm. avare. *fa.*

Pincement, sm. action de

Pincer, va. serrer fort entre les doigts ; jouer d'un instrument; railler.

Pince-sans-rire, sm. homme malin, sournois.

Pinceter, va. arracher le poil.

Pincettes, sf. pl. pince pour le feu, etc.   [pincer.

Pinceur, euse, s. qui aime à

Pinchina, sm. gros drap.

Pinçon, sm. marque à la peau pincée. |de Pindare.

Pindarique, a. dans la manière

Pinde, sm. mont consacré aux Muses.

Pinéale, af. (glande) du cerveau.

Pineau, sm. esp. de raisin noir.

Pingoin, Pinguin, sm. oiseau palmipède.

Pingre, sm. avare. [bot.

Pinnatifide, a. coupé en ailes.

Pinne-marine, sf. bivalve.

Pinnule, sf. petite plaque percée d'une alidade. [mar.

Pinque, sf. espèce de navire.

Pinson, sm. oiseau.

Pintade, sf. gallinacé.

Pinte, sf. mesure de liquides.

Piochage, sm. travail de la

Pioche, sf. instr. pour fouir la terre.

Piocher, va. et n. fouir avec la pioche. fa. travailler assidûment. [vailleur.

Piocheur, euse, s. grand tra-

Pion, sm. pièce de divers jeux; surveillant de collège fa.

Pionner, vn. prendre des pions.

Pionnier, sm. terrassier. mil.

Pipe, sf. tonneau; instrument pour fumer. [gluaux.

Pipeau, sm. chalumeau. pl.

Pipée, sf. chasse aux pipeaux.

Piper, va. chasser aux pipeaux. fig. préparer (des dés) pour tromper.

Piperie, sf. tromperie au jeu.

Pipeur, sm. trompeur au jeu.

Piquant, a. et s. qui a un goût relevé fig. séduisant; vin vif.

Pique, sf. arme; brouillerie. sm. l'une des couleurs noires des cartes.

Piqué, sm. étoffe de coton.

Pique-assiette, sm. parasite.

Pique-nique, sm. repas où chacun paye son écot.

Piquer, va. percer légèrement; larder; unir deux e offes par des points symétriques; offenser. vp. se blesser; se fâcher; se vanter de.

Piquet, sm. petit pieu; jeu de cartes; peloton de soldats prêts à marcher.

Piquette, sf. petit vin.

Piqueur, sm. sous-écuyer; surveillant des ouvriers. |pique.

Piquier, sm. soldat armé d'une

Piqûre, sf. légère blessure; action de piquer.

Pirate, sm. celui qui court les mers pour piller. |pirate.

Pirater, vn. faire le métier de

Piraterie, sf. métier de pirate.

Pire, a. et sm. plus mauvais.

Piriforme, a. en forme de poire.

Pirogue, sf. bateau fait d'un arbre creusé.

Pirole, sf. plante.

Pirouette, sf. jouet qu'on fait tourner; tour fait sur un pied.

Pirouetter, vn. faire la pirouette

Pis, sm. tétine de vache, de brebis, etc. ad. compar. plus mal. sm. le pire. Le pis-aller, le pis qui puisse arriver.

Piscine, sf. vivier; réservoir.

Pisé, sm. maçonnerie en terre.

Pisiforme, a. en forme de pois.

Pissasphalte, sm. mélange de poix et de bitume.

Pissat, sm. urine des animaux.

Pissement, sm. action de pisser.

Pissenlit, sm. plante; enfant qui pisse au lit. fa.

Pisser, va. et n. uriner. [vent.

Pisseur, euse, s. qui pisse sou-

Pissoir, sm. lieu pour pisser.

Pissoter, vn. uriner peu et souvent.

Pissotière, sf. pissoir; fontaine qui jette un peu d'eau. mép.

Pistache, sf. fruit du

Pistachier, sm. arbre.

Piste, sf. vestiges de pas. A la piste, ad. sur les traces.

Pistil, sm. partie femelle de la

Pistole, sf. monnaie. [fleur.

Pistolet, sm. arme à feu.

Piston, sm. cylindre de pompe.

Pitance, sf. portion de repas. fa.

Pite, sf. ancienne monnaie.

Piteusement, ad. d'une manière piteuse.

Piteux, se, a. digne de pitié.

Pithèque, sm. sorte de singe sans queue. [ger.

Pithomètre, sm. instr. pour jau-

Pitié, sf. compassion.

Piton, sm. fiche à tête en anneau.

Pitoyable, a. humain ; piteux ; méprisable.

Pitoyablement, ad. piteusement.

Pittoresque, a. d'un grand effet en peinture. se dit aussi du style et de l'effet d'un paysage ; édition illustrée. libr.

Pittoresquement, ad. d'une man. pittoresque.

Pituitaire, a. de la

Pituite, sf. humeur visqueuse.

Pituiteux, se, a. et s. qui abonde en pituite.

Pivert, sm. oiseau. [m. oiseau.

Pivoine, sf. plante des jardins ;

Pivot, sm. support sur lequel un objet tourne ; racine perpendiculaire.

Pivotant, a. qui pivote. t. de bot. et d'agriculture.

Pivoter, vn. pousser un pivot ; tourner sur un pivot.

Pizzicato, sm. et ad. t de mus.

Placage, sm. bois appliqué en feuilles.

Plaçage, sm. distribution des places dans un marché ; droit perçu à ce sujet.

Placard, sm. écrit qu'on affiche ; t. de menuiserie. [card.

Placarder, va. afficher un pla-

Place. sf. lieu, endroit, espace qui est occupé ou qu'on peut occuper; situation; lieu public et entouré de bâtiments; ville de guerre ; emploi ; rang.

Placement, sm. action de mettre en place, de placer de l'argent ; argent placé.

Placenta, sm (cin) enveloppe du fœtus, des graines.

Placer, va. situer ; donner une place; employer. [écrite.

Placet, sm. tabouret; demande

Placeur, euse, s. qui fait le placement.

Placier, sm. fermier des places d'un marché. [plancher.

Plafond, sm. dessous d'un

Plafonnage, sm. act. de [fond.

Plafonner, va. garnir un pla-

Plafonneur, sm. qui plafonne.

Plagal, a. et sm. (mode) mus.

Plage, sf. rivage; contrée. poét.

Plagiaire, a. qui pille des vers, etc.

Plagiat, sm. act. du plagiaire.

Plaid, sm. manteau écossais ; plaidoyer; pl. l'audience.

Plaidable, a. qu'on peut plaider.

Plaidant, a. qui plaide.

Plaider, vn. et a. contester; défendre en justice ; parler en faveur de quelqu'un.

Plaideur, euse, s. qui plaide ; qui aime les procès.

Plaidoirie, sf. art, action de plaider. [vocat.

Plaidoyer, sm. discours d'a-

Plaie, sf. blessure; cicatrice. fig. malheur; fléau.

Plaignant, a. et s. qui se plaint en justice.

Plain, a. uni ; plat. [glise.

Plain-chant, sm. chant d'é-

Plaindre, va. avoir pitié; donner ou faire à regret. vp. faire des plaintes.

Plaine, sf plate campagne.

Plain-pied (de), ad. de niveau.

Plainte, sf. gémissement; lamentation ; grief.

Plaintif, ve, a. dolent; qui se plaint. [plaintive.

Plaintivement, ad. d'une voix

Plaire, vn. et imp. agréer à ; vouloir ; trouver bon. vp. prendre plaisir à. [plaisante.

Plaisamment, ad. d'une manière

Plaisance, sf. (lieu, maison de). de plaisir.

Plaisant, a. agréable, qui divertit; impertinent. sm. bouffon.

Plaisanter, va. et n. railler ; badiner. [rision.

Plaisanterie, sf. raillerie; dé-

Plaisir, sm. sensation agréable; joie ; volupté ; divertissement ; volonté ; faveur ; bon office; oublie. fa.

Plan, a. plat et uni. sm. surface plane. t. de peint.; dessin d'arch.; projet.

Planage , sm. action d'unir avec la plane.

Planche, sf. morceau de bois plat; plaque de cuivre gravée; estampe tirée sur cette plaque. t. de jardinage.

Plancheier, va. garnir de planches le sol d'un appartement.

Plancher , sm. partie d'une chambre sur laquelle on marche; plafond.

Planchette, sf. petite planche; instrument de mathématique.

Plançon, sm. branche replantée.

Plane, sm. platane.

Plane, sf. espèce de rabot.

Planer, va. polir avec la plane. vn. se soutenir en l'air; voir de haut.   [nètes.

Planétaire, a. et sm. des planètes.

Planète, sf. astre qui emprunte sa lumière du soleil.

Planeur, sm. ouvrier qui plane.

Planimétrie, sf. art de mesurer les surfaces planes.

Planirostre, à bec aplati; sm. pl. fam. d'oiseaux.

Planisphère, sm. carte du ciel ou de la terre.

Plant, sm. scion pour planter; jeune vigne ; jeune bois. etc.

Plantage , sm. (dans les colonies); plantes de tabac, de canne à sucre, etc.

Plantaginées, sf. pl. famille de plantes.

Plantain, sm. plante des champs.

Plantard, sm. plançon.

Plantat, sm. vigne d'un an.

Plantation, sf. act de planter; plant ; exploitation rurale dans une colonie.

Plante, sf. corps organisé qui tient à la terre par des racines ; herbe. — des pieds, le dessous des pieds.

Planter, va. n. et p. mettre en terre une plante, etc.; enfoncer quelque chose en partie dans la terre. — là, abandonner. fa.   [lon.

Planteur, sm. qui plante; co-

Plantigrades , a. et sm. pl. quadrupèdes marchant sur la plante des pieds.   [ter.

Plantoir, sm. outil pour planter.

Planton, sm. soldat de service près d'un officier. supérieur.

Plantule, sf. germe de la semence.   [sement.

Plantureusement, ad. copieu-

Plantureux, se, a. abondant. fa.

Planure , sf. bois retranché en planant.   [coration.

Plaque, sf. table de métal ; dé-

Plaqué, a. et sm. (cuivre ou acier) recouvert de lames d'or ou d'argent.

Plaquer, va. appliquer une chose plate sur une autre.

Plaquette, sf. monnaie.

Plaqueur , sm. ouvrier qui fait des placages. [en médicament

Plasme , sf. émeraude broyée

Plastique, a. qui a la puissance de former. sf. (art) de modeler.

Plastron, sm. devant de cuirasse ; corselet. fig. celui qui est le but des sarcasmes.

Plastronner, va. et p. garnir de plastron.

Plat, e, a. uni ; insipide. sm. la partie plate ; pièce de vaisselle. A plat. ad. ruiné tout à fait.

Platane, sm. arbre. [vaisseau.

Plat-bord, sm. garde-fou d'un

Plateau, sm. terrain plat; petite table; petit plat vernissé; plat de bois d'une balance. pl. fiente plate. chas.

Plate-bande, sf. bordure de parterre ; ornement d'architect.

Platée, sf. massif de foundation. arch. ; plein un plat.

Plate-forme , sf. toit plat; ouvrage de fortification.

Plate-longe, sf. sorte de longe.

Platement, ad. d'une manière plate.   [horizontal.

Plateure, sf. couche ou filon

Platine, sf. ust. de ménage ; pièce d'arme à feu; plaque. sm. métal.

Platitude, sf. défaut d'un dis-
cours plat; mesquinerie.
Platonicien, ne, a. *et* s. sec-
taire de Platon.
Platonique, a. de Platon; chaste
Platonisme, sm. syst. de Platon.
Plâtrage, sm. ouvrage en plâtre.
Plâtras, sm. débris de vieux
murs.
Plâtre, sm. pierre calcinée et
mise en poudre, qui sert à
bâtir, à mouler; figure mou-
lée en plâtre.
Plâtrer, va. *et* p. enduire de
plâtre. *fig.* déguiser le mal;
farder. *fa.* [de craie.
Plâtreux, se, a. (terre) mêlée
Plâtrier, s. qui fait ou vend du
plâtre.
Plâtrière, sf. carrière de plâtre.
Plausibilité, sf. qualité de ce
qui est
Plausible, a. qui a une appa-
rence spécieuse.
Plausiblement, ad. d'une man.
plausible. [dre du peuple.
Plébéien, ne, a. *et* s. de l'or-
Plébiscite, sm. décret du peuple romain. [reau.
Pléiades, sf. pl. étoiles du Tau-
Plein, sm. l'opposé du vide; la
partie large; le milieu. a.
rempli; abondant; autant
qu'il en peut contenir; com-
plet; entier.
Pleinement, ad. entièrement.
Plénière, af. (indulgence) en-
tière; (assemblée) solennelle.
Plénipotentiaire, s. *et* am. (ci)
ambassadeur qui a plein pou-
voir. [dance.
Plénitude, sf. grande abon-
Pléonasme, sm. redondance de
mots qui signifient la même
chose. [sive d'humeurs.
Pléthore, sf. plénitude exces-
Pléthorique, a. même sens.
Pleurant, a. qui pleure.
Pleurard, sm. enfant qui pleure
souvent. *fa.*
Pleurer, va. *et* n. regretter;
répandre des larmes.

Pleurésie, sf. inflammation de
la plèvre.
Pleureur, euse, s. qui a l'habitude de pleurer. f. pl. man-
chettes de deuil; femmes
payées pour pleurer aux funérailles.
Pleureux, se, a. qui a pleuré,
ou prêt à pleurer. [pleurer.
Pleurnicher, vn. feindre de
Pleurnicheur, se, celui, celle
qui pleurniche. [son plat.
Pleuronecte, sm. genre de pois-
Pleuropneumonie, sf. inflam-
mation de la plèvre et des
poumons.
Pleurs, sm. pl. larmes.
Pleutre, sm. homme de rien.
Pleuvoir, vn. imp. se dit de la
pluie qui tombe.
Plèvre, sf. membrane qui gar-
nit l'intérieur des côtes.
Plexiforme, a. en forme de
Plexus, sm. (s) entrelacement
de vaisseaux, de filets ner-
veux. [vigne.
Ployon, sm. osier pour lier la
Pli, sm. double fait à une
étoffe, marque qui en reste;
enveloppe. *fig.* habitude.
Pliable, a. pliant, flexible.
Pliage, sm. action de plier.
Pliant, a. facile à plier. sm.
(siège) qui se plie.
Plica, sm. *V.* Plique.
Plicatile, a. qui se plisse. *bot.*
Plie, sf. poisson de mer.
Plié, sm. mouvement des ge-
noux quand on les plie.
Plier, va. n. *et* p. mettre en
double; courber. au p. et au
fig. assujettir; céder.
Plieur, euse, s. qui plie.
Plinthe, sf. *ou* m. socle; plate-
bande; instrument de chirur-
gie. [etc.
Plioir, sm. couteau de bois.
Plique, sf. maladie où les che-
veux s'agglomèrent.
Plissement, sm. act. de [plis.
Plisser, va. n. *et* p. faire des
Plissure, sf. man. de plisser.

Plomb. sm. (*plon*) métal; balle de fusil; instruments d'arts; maladie. *A plomb* sm assurance. *et* ad. verticalement.

Plombage, sm. act. de plomber.

Plombagine, sf. ou mine de plomb, crayon.

Plombe, e, a. livide.

Plombee, sf. peinture rouge; ligne d'aplomb.

Plomber, va. vernir avec du plomb; appliquer un sceau de plomb; remplir de plomb; battre les terres rapportées.

Plomberie, sf. art de travailler le plomb; lieu où on le fond.

Plombeur, sm. celui qui plombe les marchandises.

Plombier, sm. ouvrier en plomb.

Plongeant, a. de haut en bas.

Plongeon, sm. oiseau aquat. faire le —, plonger et *fig.* se ruiner.

Plonger, va. n et p. enfoncer un objet dans l'eau ou dans autre chose pour l'en retirer. *au fig.* on dit : *plonger dans la douleur, dans la misère,* etc.

Plongeur, sm. qui plonge.

Ployable, a. aisé a ployer.

Ployer, va. et p. courber. *fig.* se soumettre.

Pluie, sf. eau qui tombe de la moyenne région de l'air.

Plumage, sm. toute la plume de l'oiseau.

Plumasseau, sm. houssoir; balai de plumes; bout de plumes d'un clavecin; charpie.

Plumasserie, sf. commerce du

Plumassier, s. marchand de plumes d'autruche, etc.

Plume, sf. ce qui couvre les oiseaux ; gros tuyau de plume pour écrire. *fig.* style.

Plumeau, sm. houssoir.

Plumee, sf. (d'encre), plein la plume.

Plumer, va. arracher les plumes. — *quelqu'un*, en tirer beaucoup d'argent par ruse.

Plumet, sm. plumes au chapeau; celui qui le porte; porteur de charbon.

Plumetis. sm. sorte de broderie.

Plumeux, se, a. garni de poils semblables aux barbes des plumes *bot*.

Plumicolle, a. qui a le cou garni de plumes; sm. pl. fam. d'oiseaux.

Plumipedes, sm. pl. familles de gallinacées. [gement.

Plunitif, sm. minute de jugement.

Plumule, sf. V. Plantule.

Plupart (la), sf. la plus grande partie. [du pluriel.

Pluraliser, va. donner la forme

Pluralité, sf. le plus grand nombre; majorité relative des suffrages; multiplicité.

Pluriel, a. *et* sm. (nombre) qui marque la pluralité. *gra*.

Plus, ad. *et* sm. *Au plus*, ad. d'excès. *De plus en plus*, ad. de progrès. *Plus* (+), signe d'addition. *arith*. [nombre.

Plusieurs, a. et s. pl. un grand

Plusqueparfait, sm. terme de gram.

Plus tôt, adv. dans un temps antérieur; *au plus tôt*. adv. au plus vite. [valeur.

Plus-value, sf. augmentation de

Plutôt, ad. marque de préférence. [de pluie.

Pluvial, sm. chasuble. af. (eau)

Pluvier, sm. oiseau. [pluie.

Pluvieux, se, a. abondant en

Pluviôse, sm. cinquième mois de l'année républicaine.

Pneumatique, a. (mach.) pour pomper l'air; (chimie) des gaz

Pneumatologie, sf. traité des substances spirituelles.

Pneumatose, sf. enflure de l'estomac causée par les vents.

Pneumonie, sf. inflammation du poumon.

Pneumonique, a. propre aux maladies du poumon.

Pochade, sf. espèce de croquis. *peint*.

Poche, sf. sorte de petit sac faisant partie de l'habillement ; faux plis ; jabot ; filet pour les lapins ; petit violon.

Pocher, va.—les yeux, les meurtrir ; — des œufs, les faire cuire sans les mêler. t. d'imp.

Pochette, sf. petite poche.

Podagre, a. et s. goutteux. sf. goutte aux pieds. |Italie.

Podestat, sm. magistrat en

Podex, sm. anus.

Podium, sm. (ome) espèce de galerie dans un amphithéâtre arch. anc. [peinture. ant. g.

Pœcile, sm. portique orné de

Poêle, sm. voile tenu sur la tête des mariés ; drap mortuaire ; dais ; sorte de fourneau. f. ust. pour frire.

Poêlée, sf. contenu d'une poêle.

Poêlier, s. qui fait les poêles.

Poêlon, sm. petite poêle.

Poêlonnée, sf. plein un poêlon.

Poëme, sm. (l'o et l'e sonnent, il en est de même dans les sept mots suivants), ouvrage en vers.

Poésie, sf. art de faire des vers ; élévation de style ; pl. ouvrages en vers.

Poëte, sm. qui fait des vers.

Poétereau, sm. mauvais poëte.

Poétesse, sf. femme poëte.

Poétique, a. propre à la poésie. sf. (art) de la poesie.

Poétiquement, ad. d'une man. poétique.

Poétiser, vn. versifier ; donner une teinte poétique.

Poids, sm. pesanteur ; masse pour peser. fig. force ; importance ; ce qui oppresse ; chagrin.

Poignant, e, a. douloureux.

Poignard, sm. arme courte et pointue. [un poignard.

Poignarder, va. frapper avec

Poignée, sf. plein la main : partie qu'on empoigne. fig. petit nombre.

Poignet, sm. joint du bras et de la main ; bord de la manche d'un vêtement.

Poil, sm. filet délié sur la peau de l'animal et en plusieurs endroits du corps humain.

Poêlier, sm. pièce de moulin.

Poilu, e, a. velu.

Poncille de, sf. arbrisseau.

Poinçon, sm. outil pour percer, pour marquer, estamper ; tige d'acier gravée en relief ; tonneau.

Poinçonnement, sm. act. de

Poinçonner, va. se servir d'un poinçon. [paraître.

Poindre, va. piquer. v. vn.

Poing, sm. (g muet) main fermée.

Point, sm. fil passé dans la piqûre d'une aiguille ; douzième partie d'une ligne ; ce qui est sans étendue ; petite marque ronde (.) sur l'i ou à la fin d'une phrase ; t. de jeu ; sorte de tissu. fig. endroit déterminé ; temps précis ; objet principal. Point du jour, instant où il commence. Point d'honneur, sm. l'honneur ; — de côté, douleur au côte. A point nommé, ad. à temps. Au dernier point, extrêmement. De point en point, exactement. De tout point, totalement. ad. de negation, pas, nullement.

Pointage, sm. marque sur la carte du lieu où est le navire.

Pointal, sm. pièce de bois servant d'étai.

Pointe, sf. bout piquant et aigu ; petit clou ; outil pour graver ; saveur piquante ; jeu de mots ; entreprise. fa.

Pointement, sm. action de

Pointer, va. diriger vers un point ; porter des coups de la pointe ; marquer de points. vn. voler en haut.

Pointeur, sm. qui pointe.

Pointillage, sm. petits points. peint.

Pointillé, sm. man. de dessiner et de graver.

Pointiller, va. n. et p. disputer sur des riens ; faire des points. peint

Pointillerie, sf. picoterie.

Pointilleux, se, a. qui pointille.

Pointu, a. en pointe.

Pointure, sf. lame garnie d'une pointe pour retenir le papier. imp.

Point-virgule, sm. signe de ponctuation formé d'un point et d'une virgule. [chasse.

Poire, sf. fruit ; poudrière de

Poiré, sm. cidre de poire.

Poireau ou Porreau, sm. plante; verrue.

Poirée, sf. plante potagère.

Poirier, sm. arbre.

Pois, sm. légume.

Poison, sm. toute substance qui altère ou détruit les fonctions vitales. fig. ce qui corrompt l'esprit, le cœur.

Poissard, a. (style) du bas peuple. sf. femme de la halle.

Poisser, va. enduire de poix ; salir avec une chose gluante.

Poisseux, a. gluant

Poisson, sm. animal aquatique; mesure de liquide. pl. signe du zodiaque.

Poissonnaille, sf. fretin. fa.

Poissonnerie, sf. lieu où se vend le poisson. [en poisson.

Poissonneux, se, a. abondant

Poissonnier, ère, s. marchand de poisson. sf. ust. de cuisine.

Poitrail, sm. poitrine du cheval ; poutre.

Poitrinaire, a. et s. malade de la

Poitrine, sf. cavité qui renferme les poumons et le cœur, se dit principalement des poumons. fig. voix.

Poivrade, sf. sauce au

Poivre, Poivre-long, sm. épices.

Poivrer, va. assaisonner de poivre. [vase à poivre.

Poivrier, sm. arbrisseau, et f.

Poix, sf. suc résineux

Polaire, a. des pôles.

Polaque ou Polacre, sm. cavalier polonais. f. navire.

Polarisation, sf. disposition particulière des rayons lumineux. physiq.

Polariser, va. et p. donner, prendre la polarisation.

Polarité, sf. propriété qu'a l'aimant de se diriger vers le pôle.

Polder, sm. plaine des Pays-Bas, protégée contre la mer par les digues.

Pôle, sm. extrémité de l'axe de la terre, [dant. ant.

Polémarque, sm. comman-

Polémique, a. qui appartient à la controverse. sf. dispute par écrit.

Polenta, sf. bouillie de farine de châtaigne, de maïs.

Poli, a. uni et luisant; doux, civil, gracieux ; flatteur. sm. lustre; éclat.

Police, sf. ordre d'une ville, etc. tribunal. t. d'imp. et de commerce. [civiliser.

Policer, va. établir la police.

Polichinel, sm. marionnette ; bouffon. sf. danse de polichinel.

Poliment, sm. action de polir. ad. avec politesse.

Polir, va. rendre poli.

Polissage, sm. action de polir.

Polisseur, euse, s. qui polit.

Ploissoir, sm. instr. pour polir.

Polissoire, sf. décrottoire douce.

Polisson, ne, a. petit vagabond; libertin. [lisson.

Polissonner, vn. faire le po-

Polissonnerie, sf. tour, espièglerie de polisson; action, mots indécents.

Polissure, sf. action de polir.

Politesse, sf. civilité.

Politique, sf. art de gouverner un état; conduite adroite dans les affaires. sm. qui s'applique à la politique. a. fin, adroit.

Politiquement, ad. en politique.

Politiquer, vn. parler politique. fa. [naise.

Polka, sf. danse d'origine polo-

Polker, vn. danser la polka.

Polkeur, euse, s. qui danse la polka. [dante bot.

Pollen, sm. (en) poudre fécon-

Pollicitation, sf. promesse.

Polluer, va. et p. souiller.

Pollution, f. profanation. t. de méd

Polonaise, sf. robe de femme; espèce de redingote; air; danse.

Poltron, a. et s. sans courage.

Poltronnerie, sf. manque de courage.

Polyadelphie, Polyandrie, sf. classes de végétaux.

Polyamatype, a. se dit de caractères typographiques fondus en grand nombre d'un seul jet. imp.

Polyanthée, a. plusieurs fleurs.

Polyèdre, sm. solide à plusieurs faces.

Polygame, s. marié à plusieurs.

Polygamie, sf. état du polygame. [de plusieurs.

Polygarchie, sf. gouvernement

Polyglotte, a. et sf. (Bible) en diverses langues.

Polygone, a. et sm. figure à plusieurs angles. géom. et fortif. lieu d'exercice. mil.

Polygraphe, s. auteur qui écrit sur diverses matières.

Polygraphie, sf. partie d'une bibliothèque qui comprend les polygraphes.

Polygynie, sf. ordre de plantes.

Polymathie, sf. science étendue, variée. [quence.

Polymnie, sf. Muse de l'élo-

Polynome, sm. quantité algébrique composée de plusieurs termes.

Polype, sm. animal aquatique; excroissance fongueuse.méd.

Polypétale, a. à plusieurs pétales

Polypeux, se, a. de la nature du polype.

Polypharmaque, a. partisan de la multiplicité des remèdes.

Polypier, sm. sorte de ruche du polype.

Polypode, sm. sorte de fougère.

Polysperme, sm. fruit à plusieurs graines.

Polysyllabe (ss) a. et sm. (mot) de plusieurs syllabes.

Polytechnique (têk), a. (école) de plusieurs arts ou sciences.

Polythéisme, sm. pluralité des dieux. [sieurs dieux.

Polythéiste, s. qui admet plu-

Polytypage, sm. act. de polytyper; vignette polytypée.

Polytypeur, sm. qui polytype.

Polytyper, va. multiplier les planches d'imp. en coulant de la matière à caractères sur leur empreinte.

Pommade, sf. graisse préparée pour les cheveux, etc. t. de manége. [pommade.

Pommader, va. enduire de

Pomme, sf. fruit; sa forme. — de discorde. fig. sujet de querelle. — d'amour, — de terre, plantes.

Pommé, sm. cidre de pommes. a formé en man. de pommes; fieffé fa.

Pommeau, sm. pomme d'épée; pomme de l'arçon du devant d'une selle.

Pommelé, e, a. se dit d'un cheval marqué de blanc et de noir.

Pommeler (se), vp. se marquer de taches rondes, grises et blanches.

Pommeliere, sf. phthisie pulmonaire des chevaux.

Pommelle, sf. plomb troué sur un tuyau. [pomme. jard.

Pommer, vn. se former en

Pommeraie, sf. lieu planté de pommiers.

Pommeté, a. orné de pommettes.

Pommette, sf. ornement en forme de pomme; os de la joue. pl. t. de lingère.

Pommier, sm. arbre fruitier.

Pomologie, sf. traité des fruits.

Pomologique, a. de la pomologie, pomologie.

Pomologue, s. auteur d'une

Pompe, sf. gr. appareil; somptuosité; vanité; machine pour élever l'eau.

Pomper, va. épuiser avec une pompe; n. faire agir la pompe.

Pompeusement, ad. avec pompe

Pompeux, se, ad. qui a de la pompe. [pompes.

Pompier, sm. qui fait agir les

Pompon, sm. touffe en laine; ornement sur la coiffure.

Pomponner, va. orner de pompons.

Ponant, sm. occident.

Ponçage, sm. act. de poncer.

Ponce, a. (pierre) poreuse. sf. sachet rempli de poussier pour calquer. [rouge vif.

Ponceau, sm. et a. coquelicot;

Poncer, va. matir; frotter avec la ponce.

Ponche, sm. V. Punch.

Poncire, sm. gros citron.

Poncis, sm. dessin poncé.

Ponction, sf. opérat. chirurgic

Ponctualité, sf. exactitude.

Ponctuation, sf. art de ponctuer. [points. hist. nat.

Ponctué, e, a. marqué de petits

Ponctuel, le, a. exact.

Ponctuellement, ad. avec ponctualité. [points et virgules.

Ponctuer, va. et n. mettre les

Pondage, sm. droit levé sur les marchandises, en Angleterre, d'après leur poids.

Pondérabilité, sf. qualité de ce qui est

Pondérable, a. qui a un poids appréciable. [l'équilibre.

Pondération, sf. science de

Pondérer, va. équilibrer.

Pondeuse, af. (poule), qui donne beaucoup d'œufs.

Pondre, va. et n. faire ses œufs.

Poney, sm. cheval d'Irlande.

Pongo, sm. grand singe.

Pont, sm. ouvrage élevé d'une rive à l'autre d'une rivière, d'un fleuve, etc. pour le traverser; tillac. Pont-levis, qu'on lève. Pont tournant, que l'on tourne. Pont-volant, pont de bateaux. Pont-neuf, chanson pop. pl. Ponts et chaussées, voirie.

Ponte, sf. action de pondre. sm. terme de jeu.

Ponté, a. (navire) avec un pont.

Ponter, vn. jouer contre le banquier.

Pontet, sm. demi-cercle de fer, formant la sous-garde d'un fusil ou d'un pistolet.

Pontife, sm. ministre du culte divin; évêque. Le souverain —, le pape.

Pontifical, e, a. de pontife. sm. livre des cérémonies qui regardent l'évêque.

Pontificalement, ad. en pontife.

Pontificat, sm. dignité de pontife.

Ponton, sm. pont de bateaux.

Pontonage, sm. péage sur un pont ou dans un bac [péage.

Pontonier, sm. percepteur du

Pontuseau, sm. t. de papeterie.

Pope, sm. prêtre grec en Russie.

Popeline, sf. étoffe de soie et de laine.

Poplité, e, a. du jarret.

Populace, sf. le bas peuple.

Populacier, ère, a. qui tient, qui est propre à la populace.

Populaire, a. du peuple; affable.

Populairement, ad. d'une man. populaire. [lier le peuple.

Populariser (se), vp. se conci-

Popularité, sf. caractère populaire; crédit près du peuple.

Population, sf. les habitants d'un pays.

Populeum, am. (ome) nom d'un onguent calmant.

Populeux, se, a. très-peuplé.

Populo, sm. enfant. pop.

Porc, Porc-épic, sm. quadrup.

Porcelaine, sf. pâte très-fine à demi vitrifiée; sorte de coquillage univalve. a. (cheval) gris.

Porcelet, sm. cloporte.

Porchaison, sf. état du sanglier gras.

Porche, sm. portique d'une église. [pores.

Porcher, sm. qui garde les

Porcherie, sf. toit à porcs.

Pore, sm. trou imperceptible dans les corps.

Poreux, se. a. qui a des pores.

Porosité, sf. qualité poreuse.

Porphyre, sm. marbre très-dur.

Porphyrisation, sf. action de

Porphyriser, va. broyer sur le porphyre.

Porphyrogénète, sm. nom donné aux enfants des Empereurs d'Orient. ant.

Porphyroïde, a. qui ressemble au porphyre. [reau.

Porracé, e, a. couleur du poi-

Porreau, sm. V. Poireau.

Porrection, sf. mise en main; manière de conférer les ordres mineurs. litur.

Port, sm. lieu pour recevoir les navires; prix de transport. Au moral, asile, lieu de repos; action de porter; maintien. Port d'armes, droit d'en porter. Port de lettre, taxe pour les lettres.

Portable, a. qui peut être porté.

Portage, sm. action de porter.

Portail, sm. façade d'église. pl. ails.

Portant, a. qui porte; être bien ou mal —, en bonne ou mauvaise santé.

Portatif, ve, a. aisé à porter.

Porte, sf. ouverture pour entrer ou pour sortir d'un lieu; ce qui la ferme; la cour Ottom. a. (veine) du foie.

Porte-aiguille, sm. instr. de chirurgie.

Porte-allumettes, sm. boîte où l'on met les allumettes.

Porte-arquebuse, sm. i. qui portait le fusil du roi.

Porte-baguette, sm. i. anneau de fusil, de pistolet pour recevoir la baguette. [bulant.

Porte-balle, sm. mercier am-

Porte-barres, sm. pl. anneaux de corde qui supportent les barres d'un attelage.

Porte-cigare, sm. étui pour renfermer des cigares.

Porte-clefs, sm. geôlier.

Porte-cochère, sf. porte pour les voitures. [le rabat.

Porte-collet, sm. carton sous

Porte-crayon, sm. instr. de métal pour fixer le crayon.

Porte-croix, sm. qui porte la croix. [la crosse

Porte-crosse, sm. i. qui porte

Porte-Dieu, sm. i. prêtre qui porte le viatique.

Porte-drapeau ou Porte-enseigne, sm. i. qui porte le drapeau. mil.

Portée, sf. gestation; distance où peuvent porter les armes à feu ou de trait; où peuvent s'étendre la main, la vue, la voix et même l'intelligence; étendue; capacité d'esprit; importance, étendue d'une pièce de bois mise en place; les cinq lignes de la musique.

Porte-épée, sm. i. pièce pour porter l'épée. [l'étendard.

Porte-étendard, sm. i. qui porte

Porte-étriers, sm. pl. courroies servant à relever les étriers.

Portefaix, sm. qui porte des fardeaux.

Portefeuille, sm. carton plié en deux pour les papiers. fig. charge de ministre.

Porte-lettres, sm. étui où l'on met des lettres et papiers.

Porte-malheur, sm. i. chose de mauvais augure; qui cause des malheurs.

Porte-manteau, sm. valise; crochet de bois pour suspendre les habits. sm. i. qui porte le manteau du roi.

Portement, sm. Christ portant sa croix. *peint.*

Porte-monnaie, sf. petit portefeuille où l'on met de l'argent

Porte-montre, s.m. armoire d'horloger; petit cous in.

Porte-mors, sm. cuirs qui soutiennent le mors.

Porte-mouchettes, sf. plateau pour les mouchettes.

Porte-mousqueton, sm l'agrafe de la bandoulière. etc.

Porte-page, sm. i. t. *d'impr.*

Porte-pierre, sm. i. instrum. pour porter la pierre infernale.

Porte-plume, sm. petit instr. pour tenir les plumes métalliques.

Porter, sm. bière anglaise.

Porter, va. soutenir (une charge, un fardeau); transporter; avoir sur soi; pousser, étendre, produire du fruit Se dit de la grossesse des femmes et de la gestation des femelles d'animaux; endurer; induire; déclarer. vn. poser; atteindre. vp. être en bonne ou mauvaise santé; s'appliquer. |sonne qui impose.

Porte-respect, sm. arme; per-

Porte-tapisserie, sm. i. châssis de bois pour la tapisserie.

Porteur, se, s qui porte; crocheteur; cheval que monte le postillon. — *d'une lettre de change,* chargé d'en recevoir le montant. [gue, etc.

Porte-vent, sm. i. tuyau d'or-

Porte-verge, sm. i. bedeau.

Porte-vis, sm. pièce de métal sur laquelle porte la tête des vis. t. *d'arquebusier.*

Porte-voix, sm. instrument pour porter la voix au loin.

Portier, ère, s. qui garde la porte moindre mineur f. erte de carrosse

Portion, sf. partie d'un tout; pitance. *Portion congrue,* salaire de curé.

Portionner, va. diviser par portions. [secte de Zénon.

Portique, sm. sorte de galerie;

Portor, sm. marbre noir à veines d'or.

Portraire, va. faire le portrait. v.

Portrait, sm. imag d'une personne tracée au crayon, au pinceau, etc. description d'une personne. *fig.* ressemblance. [por.ra ts.

Portraitiste, s. celui qui fait des

Portraiture, sf. portrait. v.

Posage, sm. travail pour poser.

Pose, sf. action de poser; attitude. [modeste; grave.

Pose, a. placé sur; mis en place;

Posément, a. doucement; de sang-froid.

Poser, va. mettre, placer sur; établir; supposer. vn. être posé sur; servir de modèle.

Poseur, sm. qui pose.

Positif, ve. a. certain, exact. sm petit buffet d'orgue. t. de gram. et d'algèbre. [titude.

Position, sf. situation; état, at-

Positivement, ad. précisément.

Pospolite, sf. noblesse de Pologne.

Possédé, a. et s. fou, démoniaque.

Posséder, va. avoir en son pouvoir; savoir. vp. être maître de soi.

Possesseur, sm. qui possède.

Possessible, a. qui peut être possédée. [marque possession.

Possessif, ve, a. (pronom) qui

Possession, sf. action de posséder; bien qu'on possède, état d'un possédé. [séder.

Possessoire, sm. droit de pos-

Possibilité, sf. qualité de ce qui est

Possible, a. et sm. qui peut être ou se faire. ad. peut-être. *v.* [aux lettres.

Postal, e, a. relatif à la poste

Post-communion, sf. prière chrétienne.

Postdate, sf. date fausse et postérieure.

Postdater, va. mettre une post-date. [au déluge.

Postdiluvien, ne, a. postérieur

Poste, sm. emploi; corps militaire; sa position; lieu propre à être occupé militairement. sf. relais pour voyager; mesure de chemin; courrier qui porte les lettres; bureau de leur distribution; balle de plomb d'une arme à feu.

Poster, va. et p. placer dans un lieu.

Postérieur, a. opposé à antérieur; qui est depuis; qui est derrière. sm. le derrière. fa.

Postérieurement, ad. après.

Posteriori (à), mot emprunté du latin. Il signifie ce qui suit, ce qui est postérieur.

Postériorité, sf. état de ce qui est postérieur.

Postérité, sf. les descendants.

Postes, sf. pl. ornement d'arch.

Postface, sf. avertissement placé à la fin d'un livre.

Posthume, a. et sm. né après la mort de son père. a. (ouvrage) publié après la mort de l'auteur.

Postiche, a. et sm. fait et ajouté après coup; faux; déplacé.

Postillon, sm. valet de poste.

Postscénium, sm. (ome) partie du théâtre des anciens qui était située derrière la scène.

Post-scriptum, sm. (om) ce qui est ajouté à une lettre après la signature.

Postulant, a. et s. qui postule.

Postulation, sf. demande. t. de pra.

Postuler, va. demander avec instance. vn. faire les procédures.

Posture, sf. situation du corps, etc. fig. situation par rapport à la fortune.

Pot, sm. vase de terre ou de métal; mesure; sor. de casque. Pot-pourri, ragoût; sachet de fleurs; mélange de littéra-

ture ou de musique. Pot-à-feu, pièce d'artifice. Pot-au-feu. i. viande à bouillir. Pot-de-vin, don outre le prix. Découvrir le pot aux roses, une intrigue. Tourner autour du pot, tergiverser.

Potable, a. qu'on peut boire.

Potage, sm. bouillon avec du pain, etc.

Potager, a. et sm. (fourneau) pour le potage; (jardin) où l'on cultive des legumes et des fruits.

Potasse, sf. oxyde de

Potassium, sm (om) corps métallique simple.

Pote, af. (main) enflée. fa.

Poteau, sm. pièce de charpente.

Potée, sf. plein un pot; étain calciné; compositions diverses.

Potelé, a. gras et plein. [ses.

Potelet, sm. petit poteau.

Potence, sf. pièce de charpente; béquille; instrument de supplice. [bla.

Potencé, a. (croix) à traverse.

Potent, a. valide, opposé d'impotent.

Potentat, sm. souverain.

Potentiel, le, a. (ci) caustique

Potentiellement, adv. d'une man. potentielle. méd.

Poterie, sf. vaisselle de terre ou d'étain. [fortification.

Poterne, sf. porte secrete de

Potier, sm marchand de poterie. — d'étain, qui fait et vend des ouvrages d'étain.

Potin, sm. laiton.

Potion, sf. breuvage. méd.

Potiron, sm. sorte de citrouille.

Potron-jaquet ou Potron-minet, sm. dès la pointe du jour. pop.

Pou, sm. insecte.

Pouacre, a. et s. sale; vilain.

Pouah! interj. de dégoût.

Pouce, sm. le plus gros doigt de la main; mesure.

Poucettes, sf. pl. cordes ou chaines pour lier les pouces.

Pou-de-soie, sm. étoffe de soie.

24

Pouding, sm. mets anglais.

Poudingue, sm. cailloux agglomérés.

Poudre, sf. poussière ; composition médicinale pulvérisée ; ce qu'on met sur l'écriture ; charbon, soufre et salpêtre broyés et mélés ; amidon broyé.

Poudre-coton, sf. substance inflammable composée de coton et d'acide sulfurique.

Poudrer, va. couvrir de poudre.

Poudrette, sf. excréments séchés et réduits en poudre pour engrais. [sière.

Poudreux, se, a. plein de poussière.

Poudrier, sm. qui fait de la poudre à canon ; vase à poudre pour sécher l'écriture

Poudrière, sf. fabr. de poudre; boîte.

Pouf, ad. exprime un bruit sourd. sm. coiffure de femme.

Pouffer, vn. éclater de rire fa.

Pouillé, sm. liste des bénéfices ecclésiastiques [pouilles pop.

Pouiller, va. et p. dire des

Pouillerie, sf. lieu d'un hôpital où l'on met les habits des pauvres ; pauvreté extrême.

Pouilles, sf. pl. injures grossières. [poux.

Pouilleux, se, a. et s. qui a des

Poulailler, sm. gîte des poules ; marchand de volailles.

Poulain, sm. jeune cheval ; tumeur dans l'aine.

Poulaine, sf. partie de la proue.

Poulan, sm. t. de jeux de cartes.

Poularde, sf. jeune poule grasse.

Poule, sf. femelle du coq. t. de jeux. *Poule d'eau*, oiseau aquat. *Poule d'Inde*, femelle du dindon. [billet-doux.

Poulet, sm. petit de la poule ;

Poulette, sf. jeune poule ; nom d'amitié [amorcer.

Poulevrin, sm. poudre pour

Pouliche, sf. jeune cavale.

Poulie, sf. petite roue suspendue et creusée dans sa circonfé-

rence, sur laquelle passe une corde pour élever des fardeaux. [dit de la cavale.

Pouliner, vn. mettre bas ; se

Poulinière, af. (jument) destinée à produire des poulains.

Pouliot, sm. plante aromatique.

Poulot, te, s. t. de caresse. fa.

Poulpe, sm. animal marin ; f. V. Pulpe. [artères.

Pouls, sm. (pou) battement des

Poumon, sm. organe de la respiration. [poupée. fa.

Poupard, sm. enfant au maillot;

Poupe, sf. l'arrière d'un navire.

Poupée, sf. petite figure de bois, de carton, etc.; petite femme parée; filasse de la quenouille ; manière d'enter.

Poupelin, sm. sor. de pâtisserie.

Poupin, s. et a. d'une propreté affectée.

Poupon, onne, s. enfant potelé.

Pour, prép. et conj. à cause de ; au lieu de ; afin de. sm. *Le pour et le contre*, l'affirmative et la négative [salaire.

Pour-boire, sm. i. don outre le

Pourceau, sm. cochon.

Pourchasser, va. rechercher ardemment fa.

Pourfendeur, sm. qui se vante de pourfendre. — *de géants*, fanfaron.

Pourfendre, va. fendre de haut en bas un homme d'un coup de sabre.

Pourparler, sm. conférence.

Pourpier, sm. plante potagère.

Pourpoint, sm. ancien habit français.

Pourpre, sm. maladie ; coquillage univalve, et a. rouge foncé sf. teinture ; étoffe teinte en pourpre. fig. dignité suprême.

Pourpré, a. de couleur pourpre.

Pourpris, sm. enclos, demeure. v.

Pourquoi, conj. pour quelle chose? sm. *Le pourquoi*, la cause

Pourri, sm. chose pourrie.

Pourrir, va. n. et p. altérer; se gâter; se corrompre.

Pourrissage, sm. pourriture des chiffons à papier.

Pourrissoir, sm. où l'on fait pourrir les chiffons.

Pourriture, sf. état de ce qui est pourri; corruption.

Poursuite, sf. action de poursuivre. pl. procédure.

Poursuivant, sm. qui poursuit; qui brigue.

Poursuivre, va. et p. courir après; tâcher d'obtenir; rechercher; continuer ce qu'on a commencé.

Pourtant, conj. néanmoins.

Pourtour, sm. circuit. arch.

Pourvoi, sm. recours jur.

Pourvoir, vn. avoir soin. va. munir; garnir; établir par un mariage, par une charge. vp. intenter; se fournir.

Pourvoirie, sf. lieu où sont les provisions. [provisions.

Pourvoyeur, sm. qui fait les

Pourvu que, conj. à condition.

Pousse, sf. bourgeons; maladie.

Poussée, sf. action de pousser ou son effet; presse d'ouvrage.

Pousser, va. et p. tâcher de déplacer; donner le mouvement; faire galoper; presser; inciter à; jeter; exciter; favoriser. vn. végéter.

Poussette, sf. jeu d'enfants.

Poussier, sm. poussière de charbon. [ce qui y ressemble.

Poussière, sf. terre pulvérisée;

Poussif, ve, a. à courte haleine.

Poussin, sm. petit poulet.

Poussinière, sf. les Pléiades.

Poussoir, sm. instrument de dentiste. t. d'horlogerie.

Poutre, sf. grosse pièce de charpente.

Poutrelle, sf. petite poutre.

Pouvoir, va. et n. avoir l'autorité, la faculté de. sm. crédit; autorisation; droit d'agir

pour un autre; gouvernement. [les.

Pouzzolane, sf. sable de Pouzzo-

Pragmatique-sanction, a. et sf. règle ... ent ecclésiastique.

Prairial, sm. neuvième mois de l'année répub. a. des prés.

Prairie, sf. étendue de terre couverte d'herbe.

Praline, sf. amande rissolée dans le sucre. [le sucre.

Praliner, va. faire rissoler dans

Prame, sf. navire pour les canaux.

Praticabilité, sf. état d'une chose praticable. [tiquer.

Praticable, a. qui peut se pra-

Praticien, sm. qui sait procéder. jur. médecin expérimenté.

Pratique, sf. opposé à théorie; exercice d'un art; exécution; chaland; usages, coutumes d'un pays. pl. intrigues. a. qui ne s'arrête pas à la théorie, qui exécute. [tique.

Pratiquement, ad. dans la pr-

Pratiquer, va. mettre en pratique; fréquenter; ménager des (intelligences).

Pré, sm. prairie; syllabe qui, jointe aux mots, marque supériorité, antériorité.

Préadamites, s. pl. sectaires chrét ens.

Préalable, a. et sm. qui doit précéder. Au préalable, ad. auparavant.

Préalablement, ad. au préalable.

Préambule, sm. esp. d'exorde.

Préau, sm. petit pré. v. cour de prison ou de cloître.

Prébende, sf. canonicat.

Prébendé, a qui a une prébende

Prébendier, sm. ecclésiastique inférieur aux chanoines.

Précaire, a. incertain. sm. usufruits. [précaire.

Précairement, ad. d'une man.

Précatif, ive, a. qui est accompagné d'une prière.

Précaution, sf. ce qu'on fait par prévoyance; circonspection.

Précautionné, e, a prudent.
Précautionner, va. et p pré-
munir (agit avec précaution.
Précautionneux, et se, a. qui
Précé lemment, ad. (da) aupa-
ravant.
Précédent, a. qui précède. sm.
fait antérieur; usage déja
établi. [auparavant.
Précéder, va. aller devant; être
Précepte, sm. règle, conseil
pour la conduite; comman-
dement.
Précepteur, sm. qui est chargé
de l'éducation d'un enfant.
Préceptoral, a. de précepteur.
Préceptorat, sm. fonction de
précepteur. [prébende.
Préceptorial, a. et sf. sorte de
Précession, sf. (des équinoxes),
t. d'astron.
Prêche, sm. sermon, temple des
Protestants.
Prêcher, va. et n. annoncer en
chaire la parole de Dieu; re-
montrer.
Prêcheur, sm. prédicateur. v.
et Précheuse, sf. qui remon-
tre. fa Frère —, dominicain.
Précieusement, ad avec grand
soin. [prix; affecte.
Précieux, se, a et s. de grand
Préciosité, sf. affectation p. us.
Précipice, sm. gouffre fig. grand
malheur.
Précipitamment, ad. à la hâte.
Précipitant, sm. qui précipite.
Précipitation, sf. trop grande
hâte. t. de chimie.
Précipite, e, a. hâté; sm. dis-
solution. chim.
Précipiter, va. et p. jeter d'un
lieu élevé dans un lieu très-
bas; hâter trop. t. de chimie.
Préciput, sm. avantage. jur.
Précis, a. fixe; formel; juste;
concis. sm. abrégé.
Précisément, ad. exactement.
Préciser, va. déterminer, pré-
senter d'une manière précise.
Précision, sf. exactitude.
Précité, a. cité précédemment.

Précoce, a. prématuré. sf. ce-
rise hâtive. [est précoce.
Précocité, sf. qualité de ce qui
Précompter, va. compter par
avance les sommes à déduire.
fa.
Préconisation, sf. action de
Préconiser, va. déclarer apte.
eccl. fig. louer à l'excès.
Préconiseur, sm. qui préconise.
Précordial, a. qui a rapport au
diaphragme.
Précurseur, sm. qui précède.
Prédécéder, vn. mourir avant
un autre. [d'un autre.
Prédécès, sm. mort avant celle
Prédécesseur, sm. qui a précédé
pl. ancêtres.
Prédestination, sf. décret de
Dieu en faveur des élus; ar-
rangement immuable des
événements.
Prédestine, a et s. que Dieu a
destiné à la gloire éternelle.
Prédestinée, sf. sort fixé d'a-
vance.
Prédestiner, va. destiner de
toute éternité. [termine.
Prédéterminant, a. qui prédé-
Prédétermination, sf. act. de
Prédéterminer, va. déterminer
d'avance.
Prédicable, a. (qualité) qu'on
peut donner ou appliquer log.
Prédicament, sm nomencla-
ture; renommée. fa.
Prédicant, sm. prédicateur pro-
testant. mép.
Prédicateur, sm. qui prêche.
Prédication, sf. action de prê-
cher, sermon.
Prédiction, sf. action de pré-
dire; chose prédite.
Prédilection, sf. préférence d'af-
fection.
Prédire, va. annoncer l'ave-
nir par inspiration ou par
conjecture.
Prédisposante, af. (cause) qui
dispose par degrés.
Prédisposer, va. disposer par
degrés à une maladie.

Prédisposition , sf. disposition de l'économie qui précède et prépare le développement d'une maladie.

Prédominance, sf. action de ce qui prédomine.

Prédominant, a. qui prédomine.

Prédomination, sf. action de

Prédominer, vn. prévaloir.

Prééminence, sf. supériorité de rang, de dignité, de droits.

Prééminent, a. qui excelle ; ne se dit guère qu'au moral.

Préemption, sf. action d'acheter d'avance.

Préétablir, va. établir d'abord.

Préexistant, a. qui préexiste.

Préexistence, sf. existence antérieure.   [un autre.

Préexister, vn. exister avant

Préface, sf. discours préliminaire ; partie de la messe.

Préfectoral, e, a. qui a rapport à une préfecture, à un préfet.

Préfecture, sf. dignité de préfet ; ses fonctions, sa résidence, son département.

Préférable, a. qui doit être préféré.

Préférablement, ad. par

Préférence , sf. action de préférer. pl. témoignage de prédilection.   [sur un autre.

Préférer, va. donner l'avantage

Préfet, sm. magistrat romain. ant. En France, administrateur d'un département ; inspecteur de collège.

Préfinir, va. fixer un délai. pal.

Préfix, a. déterminé , arrêté. pal.   [délai.

Préfixer, va. fixer d'avance un

Préfixion, sf. détermination.

Préhension, sf. act. de mettre à la disposition. |pra.

Préjudice, sm. tort ; dommage.

Préjudiciable, a. nuisible.

Préjudiciaux , am. pl. (frais) remboursables avant le pourvoi. pal.

Préjudiciel, e, a. (question, incident) à juger avant le fond.

Préjudicier, vn. nuire.

Préjugé, sm. ce qui a été jugé. pal. probabilité ; opinion adoptée sans examen ; erreur.

Préjuger, va. rendre un jugement interlocutoire. pal. conjecturer. |gravité.

Prélasser (se), vp. affecter la

Prélat, sm. dignitaire ecclésiastique.

Prélation, sf. droit de préférence

Prélature, sf. dignité de prélat.

Prêle , sf. sorte de fougère.

Prélegs, sm. (g muet) legs à prélever.

Préléguer, va. faire un prélegs.

Prélèvement, sm. action de

Prélever, va. lever une somme avant partage.

Préliminaire , a. et sm. ce qui précède le principal.   [sens.

Préliminairement, ad. même

Prélude, sm. ce qu'on chante ou ce qu'on exécute pour prendre le ton. fig. ce qui précède ; ce qui prépare.

Préluder, vn. faire des préludes ; commencer.

Prématuré, a. qui vient avant le temps.   [temps.

Prématurément, ad. avant le

Prématurité, sf. précocité.

Préméditation, sf. action de

Préméditer, va. méditer d'avance.   [etc.

Prémices, sf. pl. premiers fruits,

Premier, ère, a. ordinal, qui est avant tous les autres en ordre, en rang ou en qualité.

Premièrement, ad. en premier lieu.   [premier.

Premier-né, sm. enfant né le

Prémisses, s.f. pl. les deux premières propositions d'un syllogisme. |ordre religieux.

Prémontrés, sm. pl. nom d'un

Prémotion, sf. action de Dieu qui fait agir la créature.

Prémunir, va. et p. munir d'avance ; se précautionner.

Prenable, a. qui peut être pris.

frenant, a. qui prend ; qui reçoit.

Prendre, va. saisir avec la main ;
s'emparer ou lever de force ;
dérober ; recevoir ; avaler Les
acceptions de ce mot sont
très-nombreuses au *fig.* en.
reussir ; se geler. vp. s'attacher ; se figer.

Preneur, euse, s. qui prend.

Prenom, sm. nom qui précède
celui de famille.

Prenotion, sf. connaissance superficielle avant l'examen.

Préoccupation, sf. prevention ;
attention exclusive.

Préoccuper, va. *et* p. occuper
fortement l'esprit ; prevenir
contre. [opine.

Préopinant, sm. qui a déja

Préopiner, vn. opiner avant un
autre. [poser à l'avance.

Preordonner, va ordonner ; dis-

Préparateur, sm. celui qui prépare les experiences dans un
cours de chimie ou de physi-

Préparatif, sm. apprêt. [que.

Preparation, sf. action de préparer ; composition. *pharm.*

Preparatoire, a. qui prepare.

Preparer, va. *et* p. disposer ;
mettre en état.

Preponderance, sf. supériorité
d'autorite ou d'influence.

Prépondérant, a. qui a plus de
poids ; voix —, qui l'emporte
en cas de partage. [chose.

Prepose, a. *et* s. commis à une

Preposer, va. commettre pour
faire une chose ou en prendre
soin.

Prepositif, ve, a qui a rapport
à la

Preposition, sf. partie du discours qui unit deux mots.

Prepuce, sm. peau du gland.

Prerogative, sf. privilege. [anat.

Pres, prep. qui marque proxi-
mite de lieu et de temps. *A
cela près*, ad. excepté cela.

Presage, sm. signe qui pronostique ; conjecure qu'on en tire

Présager, va. indiquer l'avenir ;
conjecturer.

Pré-salé, sm. mouton qui a pâ-
turé dans des prés arrosés
par la mer.

Présanctifié, e, a. consacré d'a-
vance. [que de loin.

Presbyte, a. *et* s. qui ne voit

Presbytéral, a. de la prêtrise.

Presbytère, sm. maison curiale.

Presbyterianisme, sm. secte
systeme des presbytériens.

Presbytérien, ne, a. *et* s. protestant d'Angleterre.

Presbytie *ou* Presbyopie, sf. défaut de vues presbytes.

Prescience, sf. connaissance
de l'avenir.

Prescriptible, a. susceptible de

Prescription, sf. droit de long
usage. *jur.* précepte, ordonnance d'un médecin.

Prescrire, va. *et* p. ordonner.
vn. acquérir la prescription.

Preseance, sf. (ss) droit de pre-
ceder, de prendre place au-
dessus.

Presence, sf. (z) existence dans
un lieu ; vue ; aspect. —
d'esprit, esprit vif et juste.

Present, a qui est dans le lieu
dont on parle ou dans le
temps actuel t. de gra. sm.
ce qu'on donne gratuitement.
A présent, ad. actuellement.

Presentable, a. qu'on peut présenter.

Presentateur, trice, s. qui a
droit de présenter à un bene-
fice ecclésiastique.

Présentation, sf action de présenter. [nant.

Présentement, ad. mainte-

Presenter, va. *et* p. offrir ; introduire ; paraitre devant
quelqu'un au p. et au *fig.*

Preservateur, trice, a. qui pré-
serve.

Preservatif, ve, sm. *et* a. qui
preserve. [du mal.

Préserver, va. *et* p. garantir

Presidence, sf. fonction de

Président, e, s. qui préside.

Présider, va. et n. (une assemblée) occuper la première place; présider à.., diriger.

Présides, sf. pl. prisons des forçats espagnols.

Présidial, sm. ancienne juridiction. pl. aux.

Présidialement, ad. sans appel.

Présomptif, ve, a. (héritier) présumé.   [fatuité.

Présomption, sf. conjecture,

Présomptueusement, ad. m. s. avec présomption.

Présomptueux, se, a. et s. fat; orgueilleux.

Prespiration, sf. pénétration de l'eau dans les terres.

Presque, ad. peu s'en faut.

Presqu'île, sf. V. Péninsule.

Pressage, sm. act. de presser.

Pressant, a. qui presse.

Presse, sf. foule, multitude qui se presse; machine pour presser, pour imprimer. En Angleterre, enrôlement forcé de matelots; sorte de petite pêche.   [serré; désireux.

Pressé, a. qui a hâte; urgent;

Pressentiment, sm. sentiment de ce qui doit arriver.

Pressentir, va. avoir un pressentiment; chercher à deviner.

Presser, va. n. et p. serrer avec force; mettre en presse; solliciter; hâter; harceler.

Pressette, sf. petite presse.

Pressier, sm. ouvrier à la presse.

Pression, sf. action de presser.

Pressirostre, a. à bec comprimé; sm. pl. fam. d'oiseaux.

Pressis, sm. jus exprimé en pressant.   [presser.

Pressoir, sm. machine pour

Pressurage, sm. action de

Pressurer, va. presser des raisins. fig. épuiser par des impôts.   [pressoir.

Pressureur, sm. ouvrier du

Prestance, sf. bonne mine accompagnée de dignité.

Prestant, sm. jeu d'orgue.

Prestation, sf. action de prêter serment, etc.; redevance.

Preste, a. prompt interj. vite. fa.

Prestement, ad. habilement.

Prestesse, sf. agilité, subtilité.

Prestidigitateur, sm. escamoteur.   [tidigitateur.

Prestidigitation, sf. art du pres-

Prestige, sm. illusion; fascination.   [prestiges.

Prestigieux, a. qui opère des

Prestissimo, ad. très-vite. mus.

Presto, ad. vite. mus.

Prestolet, sm. ecclésiastique sans considération.

Présumable, a. qu'on peut

Présumer, va. et n. juger par conjecture; avoir trop bonne opinion.

Présupposer. va. (ss) supposer préalablement.   [préalable.

Présupposition, sf. supposition

Présure, sf. (z) ce qui sert à faire cailler le lait.

Prêt, a. préparé. sm. act. de prêter; la chose prêtée; paye du soldat. [et là sans nécessité

Prétantaine, sf. (courir la), çà

Prétendant, s. qui prétend, qui aspire à; qui se porte héritier d'un trône.

Prétendre, va. et n. croire avoir droit; aspirer; avoir intention; affirmer.   [époux.

Prétendu, a. supposé. s. futur

Prête-nom, sm. qui prête son nom pour une affaire ou pour les ouvrages d'un autre. pr. noms.

Prétentieux, se, a. où il y a de la

Prétention, sf. droit à (réel, imaginaire ou supposé); désir de briller.

Prêter, va. donner à la charge de rendre; attribuer. vn. s'étendre. se dit des étoffes, etc. vp. consentir à; tolérer.

Prétérit, sm. (t) temps passé. gra.

Prétérition ou Prétermission, sf. omission. rhét. et jur.

Préteur, sm. magistrat qui rendait la justice chez les anc. Romains.

Préteur, euse, s. et a. qui prête.

Pretexte, sm. motif supposé. a. et sf. robe de consul ant.

Prétexter, va. prendre pour pretexte.

Prétintaille, sf. ornement de femme; legers accessoires.

Prétintailler, va. mettre des pretintailles.

Pretoire, sm. tribunal. ant.

Prétorien, ne, a. et sm. (soldat) du préteur.

Prêtraille, sf. t. d'injure employé pour dénigrer les ecclesiastiques.

Prêtre, sm. ministre du culte.

Prêtresse, sf. femme attachée au service d'une div nité.

Prêtrise, sf. sacerdoce chrétien.

Préture, sf. charge de préteur.

Preuve, sf. ce qui constate une vérité; temoignage; vérification d'un calcul. [poet.

Pieux, a. et sm. vaillant. poét.

Prévaloir, vn. et p. avoir, tirer avantage. [tique.

Prévaricateur, sm. qui preva-

Prévarication, sf. action de

Prevariquer, vn. agir contre le devo r de sa charge. [geante.

Prévenance, sf. manière obli-

Prévenant, a. obligeant; gracieux.

Prevenir, va. et p. devancer; obliger spontanément; anticiper; disposer l'esprit pour ou contre quelqu'un; avèrtir d'avance. t. de palais.

Préventif. ve, a. qui prévient.

Prévention, sf. préjugé; préoccupation; état d'un prevenu.

Préventivement, adv. d'une man. preventive.

Prévenu, a. et sm. accusé.

Prévision, sf. vue de l'avenir; conjecture.

Prévoir, va. voir l'avenir.

Prévôt, sm. ancien titre de divers officiers.

Prévôtal, a. du prévôt; cour—, temporaire et jugeant sans appel.

Prevôtalement, ad. sans appel.

Prévôté, sf. fonction de prévôt.

Prévoyance, sf. act. de prévoir.

Prévoyant, a. qui prévoit.

Priapée, sf. poesie obscene.

Prie, s u. invite à un festin.

Prie-Dieu, sm. i. sorte de pupitre avec un marche-pied pour s'ageno ller.

Prier, va. et n. demander par grace; interceder; inviter; implorer D.e.. [de religion.

Priere, sf. act. de prier; acte

Prieur, s. superieur de convent; dignitaire ecclesiastique.

Prieuré, sm. monast. sous un prieur. [merce mar.

Primage, sm bon t. de com-

Primaire, a. (école du premier degré. [rieur.

Primat, sm. archevêque supé-

Primatial, a (ce du primat.

Primatie, sf dign té de primat.

Primauté, sf. premier rang; avantage de jouer le premier.

Prime, sf. première heure canoniale; dixième partie de l'unité; jeu; laine fine; prix de l'assurance; gratification accordée comme encouragement. com. t. de joail, d'escrime. De prime a bord, ad. au premier abord.

Primer, vn. et a. tenir la première place à la paume. fig surpasser; devancer.

Prime-saut (de) loc. ad. et fa subitement.

Prime-sautier, ère, a. qui agit, qui parle ou qui écrit de premier mouvement. p. us.

Primeur, sf. première saison des fruits, legumes. pl. fruits précoces. [nière.

Primevere, sf. fleur printa-

Primiceriat, sm. office du c

Primicier ou Princier, sm. première dignité dans certains chapitres.

Primidi, sm. le premier jour de la décade.

Primipile, sm. premier centurion d'une cohorte. *ant.*

Primitif, ve, a. *et* sm. le premier, le plus ancien. |gine.

Primitivement, ad. dans l'ori-

Primo, ad. lat. premièrement.

Primogéniture, sf. droit d'aînesse.

Primordial, a. *et* s. primitif.

Primordialement, ad. primitivement. |ete.

Prince, Princesse, s. souverain,

Princeps, af. première édition d'un auteur ancien.

Princier, ère, a. se dit de certaines familles dont le chef est prince.

Principal, a. *et* sm. le plus considérable en son genre. sm. somme capitale, fond d'une affaire; chef de collége. |princi al.

Principalat, sm. fonction de

Principalement, ad. surtout.

Principalité, sf. ofice de principal.

Principauté, sf. dignité, terre de prince. pl. troisième ordre des neuf hiérarchies célestes.

Principe, sm. première cause; corps simple ; maxime. pl. premiers préceptes. |mép.

Principicule, sm. petit prince.

Printanier, ère, a. qui appartient au

Printemps, sm. (tan) première saison de l'année. *fig.* la jeunesse.

Priori (à) expres. lat. qui signifie : d'après un principe antérieur, évident. *log.* |mauté.

Priorité, sf. antériorité; pri-

Prisable, a. estimable.

Prise, sf. action de prendre; la chose prise; moyen, facilité de prendre ; dose ; querelle ; combat. *Prise à partie*, action contre un juge. *Prise de corps*, arrestation. *Prise d'habit*, cérémonie en recevant l'habit religieux.

Prisée, sf. estimation.

Priser, va. mettre le prix ; aspirer du tabac par le nez. *fig.* faire cas de.

Priseur, sm. *commissaire* —, officier qui fait la prisée; qui prise du tabac.

Prismatique, a. du prisme.

Prisme, sm. soli e triangulaire; verre de cristal qui décompose la lumière *fig.* illusion.

Prison, sf. lieu où l'on enferme les accusés, les criminels.

Prisonnier, ère, a. *et* s. privé de sa liberté.

Privatif, ve, a. *et* sm. qui marque privation. *gra.*

Privation, sf. perte de ce qu'on a; action de se priver.

Privativement, ad. à l'exclusion.

Privauté, sf. extrême familiarité.

Privé, a. simple particulier; non public; apprivoisé, en parlant des animaux. sm. lieu d'aisance.

Priver, va. ôter à quelqu'un ce qu'il possède; apprivoiser. *fa.* vp. s'abstenir.

Privilége, sm. faveur exclusive; don naturel, droit; permission.

Privilégié, a. *et* sm. qui jouit d'un privilége.

Privilégier, va. accorder un privilége.

Prix, sm. valeur d'une chose ; estimation; récompense. *Au prix de*, ad. en comparaison; *à tout prix*, loc. adv. malgré tout.

Probabilisme, sm système de la

Probabilité, sf. vraisemblance.

Probable, a. *et* sm. vraisemblable. |blement.

Probablement, ad. vraisembla-

Probante, af. authentique. *ral.*

Probation, sf. temps du noviciat.

Probatique, af. (Piscine) où on lavait les victimes.

Probatoire, a. propre à prouver.

Probe, a. qui a de la

Probité, sf. droiture de cœur et d'esprit; intégrité.

Problématique, a. douteux.

Problématiquement, ad. d'une manière problématique.

Problème, sm. question à résoudre.

Proboscide, sf. trompe. h. nat.

Proboscidien, ne, a. qui est pourvu d'une trompe; sm. pl. fam. de ma. m.

Procédé, sm. manière d'agir; méthode à suivre dans les arts. [en justice.

Procéder, vn. provenir; agir

Procédure, sf. manière de procéder en justice; actes judiciaires.

Procès, sm. instance devant un juge. Procès-verbal, narré par écrit. [procès.

Processif, ve, a. qui aime les

Procession, sf. cérémonie religieuse; multitude. fa. action de provenir. théologie.

Processionnal, — nel, sm. livre de prières pour les processions. [procession.

Processionnellement, ad. en

Prochain, a. proche. sm. sing. son semblable.

Prochainement, ad. bientôt.

Proche, a. voisin. et sm. pl. parents. prép. et ad. près, auprès.

Proclamateur, sm. qui proclame

Proclamation, sf. écrit proclamé; action de [nellement.

Proclamer, va. publier solen-

Proclivité, sf. pente, penchant.

Proconsul, sm. qui gouvernait en consul. ant.

Proconsulaire, a. appartenant au proconsul.

Proconsulat, sm. dignité. ant.

Procréation, sf. action de

Procréer, va. engendrer.

Procurateur, trice, s. chargé de procuration; magist. d'Italie.

Procuration, sf. pouvoir d'agir pour un autre.

Procure. sf. office de procureur.

Procurer, va. faire obtenir.

Procureur, sm. procurateur; défenseur en justice; avoué. — général, magistrat chargé du ministère public dans une cour supérieure.

Procureuse, sf. femme de procureur. mép.

Prodigalement, adv. avec

Prodigalité, sf. profusion.

Prodige, sm. effet contraire à l'ordre de la nature; qui excelle en bien ou en mal.

Prodigieusement, ad. à l'excès.

Prodigieux, se, a. qui tient du prodige. [son bien.

Prodigue, a. et s. qui dissipe

Prodiguer, va. donner avec profusion. [pal.

Proditoirement, ad. en trahison.

Prodrome, sm. sorte de préface; avant-coureur d'une maladie.

Producteur, trice, a. qui est cause de production.

Productif, ve, a. qui produit, qui rapporte.

Production, sf. ouvrage de la nature, de l'esprit ou de l'art; pièces. pra. prolongement. ana.

Produire, va. faire naître; engendrer. fig. causer; rapporter; exposer; et vp. faire connaître.

Produit, sm. rapport; résultat.

Proéminence, sf. état de ce qui est

Proéminent, a. qui est en relief.

Profanateur, sm. qui profane.

Profanation, sf. action de profaner.

Profane, a. et sm. contraire au respect de la religion; qui n'appartient pas à la religion; non initié.

Profaner, va. traiter avec irrévérence les choses saintes. fig. faire mauvais usage.

Profectif, ive, a. qui vient d'ascendants.

Profection, sf. calcul astron.

Proférer, va. prononcer.

Profès, Professe, a. et s. religieux qui a fait des vœux.

Professer, va. avouer; enseigner; exercer.

Professeur, sm. qui enseigne.

Profession, sf. déclaration; condition; état; métier; vœux de religieux.

Professo (ex), ad. avec une grande attention, une connaissance parfaite.

Professoral, a. qui a rapport à la condition de professeur.

Professorat, sm. emploi de professeur.

Profil, sm. contour d'un objet vu de côté. peint. arch.

Profiler, va. représenter en profil. [grès.

Profit, sm. gain; utilité; pro-

Profitable, a. utile.

Profitablement, adv. d'une manière profitable.

Profiter, vn. gagner; croître; faire des progrès.

Profond, a. très-creux. fig. extrème; difficile; savant.

Profondément, ad. d'une manière profonde.

Profondeur, sf. étendue considérée du haut en bas. — d'esprit, grande sagacité.

profusément, ad. avec

Profusion, sf. excès de dépense.

Progéniture, sf. les enfants; petits des animaux. fa.

Prognostic, sm. V. Pronostic.

Programme, sm. description d'une fête, d'une cérémonie, etc., qui doivent avoir lieu.

Progrès, sm. mouvement en avant; accroissement.

Progresser, vn. faire des progrès

Progressible, a. qui peut s'améliorer.

Progressif, ve, a. qui avance.

Progression, sf. progrès; proportion. [nière progressive.

Progressivement, ad. d'une ma-

Prohiber, va. défendre; interdire.

Prohibitif, ve, a. qui défend.

Prohibition, sf. défense.

Proie, sf. ce que ravit l'animal carnassier. fig. butin à la guerre. [l'air.

Projectile, sm. corps lancé en

Projection, sf. act. de jeter; dessin. [horizontale. arch.

Projecture, sf. saillie ou avance

Projet, sm. dessein; ébauche d'un plan par écrit.

Projeter, va. former le dessein, la projection. t. d'arts et de chimie. [nie de projeter.

Projecteur, euse, s. qui a la ma-

Prolapsus, sm. relâchement d'une partie. chir.

Prolation, sf. roulade. mus.

Prolegomènes, sm. pl. longue préface.

Prolepse, sf. fig. de rhétorique pour réfuter d'avance une objection. [double.

Proleptique, a. (fièvre) qui re-

Prolétaire, sm. citoyen de la dernière classe chez les Romains; ouvrier.

Prolétariat, sm. condition du prolétaire. [d'autres.

Prolifère, a. fleur d'où il en sort

Prolifique, a. qui a la vertu d'engendrer.

Prolixe, a. verbeux.

Prolixement, ad. avec

Prolixité, sf. diffusion.

Prologue, sm. préface; prélude de drame. [prolonger.

Prolongation, sf. action de

Prolonge, sf. cordage, chariot à munitions. artillerie.

Prolongement, sm. extension.

Prolonger, va. étendre la durée, etc. mettre flanc à flanc. mar.

Promenade, sf. action de se promener; lieu où l'on se promène.

Promener, va. et p. mener çà et là. fig. — son esprit, ses regards sur.

Promeneur, se, s. celui, celle qui se promène ou qui promène quelqu'un.

Promenoir, sm. lieu pour se promener.

Promerops, sm. (s) oiseau.

Promesse, sf. assurance donnée de bouche ou par écrit.

Prometteur, euse, s. qui promet beaucoup. fa.

Promettre, va. s'engager à faire; présager; assurer. vp. espérer. Ifus et cé-o.donné.

Promiscuité, sf. mélange con-

Pro ission, sf. (terre de), ou Terre pro aise, la Judée.

Promontoire, sm. pointe de terre avancée en mer.

Promoteur, sm. directeur.

Promotion, sf. élection.

Promouvoir, va. élever à une dignité. [pas; di.gent; colère.

Prompt, a. (pron) qui ne tarde

Promptement, ad. vite.

Promptitude, sf. diligence; brusquerie.

Promulgation, sf. action de

Promulguer, va. publier une loi.

Pronaos, sm. (s) partie antérieure des temples anciens.

Prône, sm. Instruction chrétienne du dimanche; remontrance importune. fa.

Prôner, va. faire le prône; vanter; vn. fatiguer par des remontrances.

Prôneur, euse, s. qui prône; grand parleur.

Pronom, sm. mot qui tient lieu du nom. gra.

Pronominal, a. de pronom; (verbe) qui se conjugue avec deux pronoms de la même personne. pl aux.

Pronominalement, ad. comme verbe pronominal.

Prononcé, a. tres-marqué. sm. ce que le juge prononce.

Prononcer, va. articuler (les lettres, les syllabes, les sons); réciter; déclarer; décider; marquer (les contours) arts, vp. développer son intention.

Prononciation, sf. manière de prononcer.

Pronostic, sm. conjecture médicinale; signe de l'avenir.

Pronos ique, a. signe —, par lequel on pronostique.

Pronostiquer, va. faire un pronostic. [tique. fa.

Pronostiqueur, sm. qui pronos-

Propag inde, sf. société pour propager la foi ou certains principes.

Propagandiste, sm. membre d'une propagande

Propagateur, sm. qui propage.

Propaga ion, sf génération. fig. progrès; accroissement.

Propager, va. et p. étendre; répandre; augmenter.

Propension, sf. pente vers un point; inclination. [prédit.

Prophe e, Prophétesse, s. qui

Prophétie, sf. (cie) prédiction.

Pro hétique, a. de prophète.

Prophétiquement, ad. en prophète.

Prophétiser, va. annoncer l'avenir par inspiration divine; prévoir ou prédire.

Prophylactique, a. et sf. (art)

Propice, a. favorable. [hyg ène.

Propitiation, sf. (cia) (sacrifice de), offert pour apaiser Dieu ou le rendre propice.

Propitiatoire, a. qui rend propice. sm. table au-dessus de l'arche.

Proplastique, a. art de faire des moules pour des statues.

Propolis, sf. espèce de cire rougeâtre.

Proportion, sf. rapport des parties entre elles et relativement au tout A proportion, en —, loc. prépos. par rapport à, eu égard à.

Proportionnalité, sf. état de ce qui est

Proportionnel, a. qui est en proport.on. [proportion.

Proportionnellement, ad. avec

Proportionnément, ad. en proportion. [proportion.

Proportionner, va. garder la

Propos, sm. discours; conversation; vains discours; résolution formée. *A propos*, ad. convenablement; *à tout propos*, loc. adv. à tout moment.

Proposable, a. qui peut être proposé.

Proposant, sm. théologien protestant; *cardinal —*, qui propose les évêques nommés.

Proposer, va. soumettre à l'examen; offrir; indiquer. vp. projeter. [sée.

Proposition, sf. chose propo-

Propre, a. qui appartient exclusivement à; même; convenable; net. sm. attribut; bien de succession; sens réel. *gra.*

Propre-à-rien, s. qui n'a de goût pour aucun travail.

Proprement, ad. précisément; avec propreté; dans le sens propre. *gra.*

Propret, ette, a. *et* s. d'une propreté recherchée.

Propreté, sf. netteté.

Propréteur, sm. lieutenant de préteur. *ant.*

Propriétaire, sm. qui possède.

Propriété, sf. droit de posséder; ce qu'on possède; qualité particulière d'un corps; sens propre des mots. [ant.

Propylée, sm. parvis; portique.

Prorata (au), ad. à proportion.

Prorogatif, ve, a. qui proroge.

Prorogation, sf. délai.

Proroger, va. prolonger le délai; remettre. [prose.

Prosaïque, a. qui tient de la

Prosaïquement, adv. d'une manière prosaïque.

Prosaïser, vn. écrire en prose.

Prosaïsme, sm. défaut des vers qui manquent de poésie.

Prosateur, sm. écrivain en prose

Proscenium, sm. (*om*) avant-scène. *ant.* [proscrit.

Proscripteur, sm. celui qui

Proscription, sf. action de

Proscrire, va. condamner sans forme; chasser. *fig.* abolir.

Proscrit, a. *et* s. qui a été proscrit.

Prose, sf. discours non assujetti à la mesure; hymne latine rimée.

Prosecteur, sm. celui qui dissèque pour un professeur.

Prosélyte, a *et* s. (z) nouveau partisan. [faire des prosélytes

Prosélytisme, sm. zèle pour

Proser, va. *et* n. écrire en prose.

Prosodie, sf. prononciation régulière.

Prosodique, a. de la prosodie.

Prosopopée, sf. fig. par laquelle on fait parler ou agir une personne feinte ou une chose inanimée. [de livre, etc.

Prospectus, sm. (*us*) programme

Prospère, a. propice; heureux.

Prospérer, vn. avoir du succès.

Prospérité, sf. état heureux; bonheur.

Prostate, sf. glande de la verge.

Prosternation, sf. état de celui qui est prosterné.

Prosternement, sm. action de

Prosterner (se), vp. se jeter à genoux.

Prosthèse ou Prothèse, sf. figure de gram.; t. *de chir.* [ment.

Prostitué, e, a. dévoué lâche-

Prostituée, sf. femme débauchée. [l'impudicité. *fig.* avilir.

Prostituer, va. *et* p. livrer à

Prostitution, sf. debauche. *fig.* avilissement.

Prostration, sf. abattement excessif; faiblesse.

Prostyle, sm. *et* a. édifice qui n'a de colonnes qu'à sa façade antérieure.

Protagoniste, sm. principal personnage d'une pièce de théâtre.

Protase, sf. exposition du sujet.

Prote, sm. celui qui dirige une imprimerie, sous le maître.

Protecteur, trice, s. *et* a. qui protège; titre, dignité.

Protection, sf. action de protéger.

Protectorat. sm. dignité de protecteur; protec ion.

Protée, sm. qui change sans cesse de forme; infusoire; polype; plante.

Protégé, s. personne protégée.

Protéger, va prendre la défense

Proterie. sf. cabinet du prote, ses fonctions.

Protestant, a. et s. luthérien, calviniste, et ceux qui suivent la religion anglicane.

Protestantisme, sm. croyance des Eglises protestantes.

Protestation, sf. déclaration publique de sa volonté; promesse.

Protester, va. et n. assurer positivement; déclarer; faire un

Protêt, sm. action de recours pour le payement d'une lettre de change. [canonique.

Protocanonique, a. premier liv.

Protocole, m formulaire.

Protonotaire, sm. notaire du pape. [dèle.

Prototype, sm. original; mo-

Protoxyde, sm. premier degré d'oxygénation. [una.

Protubérance, sf. éminence.

Protuteur, sm. sous-tuteur.

Prou, ad. assez. sm. profit. v.

Proue, sf. avant du navire.

Prouesse, sf. act de valeur.

Prouvable. a. qu'on peut

Prouver, va. et n constater la vérité, indiquer.

Provéditeur, sm. juge à Venise.

Provenance. sf. ce qui est transporté d'un pays dans un autre

Provenant, a. qui provient.

Provençal, sm. dialecte qu'on parle en Provence. [vivres.

Provende, sf. provision de

Provenir, vn émaner; revenir.

Provenu, sm. le profit d'une affaire.

Proverbe, sm. sentence vulgaire; c-pièce de comédie.

Proverbial, e, a. de proverbe.

Proverbialement, ad. par proverbe.

Providence, sf. sagesse de Dieu, Dieu lui-même; appui.

Providentiel, le, a. de la Providence.

Provignement, sm. action de

Provigner, va. coucher les ceps. vn. fig. multiplier. v.

Provin, sm. rejeton provigné.

Province, sf. grande division d'un Etat; se dit aussi par opposition à la capitale.

Provincial, a. et s. de province; dignité ecclésiastique.

Provincialat, sm. dignité du provincial. [vincial.

Provincialement, ad. en pro-

Proviseur, sm. chef de collège.

Provision, sf. amas de choses nécessaires; somme allouée.

Par —, ad. préalablement.

Provisionnel, le, a. par provision.

Provisionnellement, ad. m. s.

Provisoire, a. préalable; qui subsiste provisoirement. sm. t. de pratique. [ment.

Provisoirement, ad. préalable-

Provisorat, sm. qualité, fonction de proviseur.

Provocateur, trice, a. et s. qui provoque.

Provocation, sf. action de

Provoquer, va. inciter; causer; défier. [mép.

Proxénète, sm. entremetteur.

Proximité, sf. voisinage; parenté. [air sage.

Prude, a. et sf. qui affecte un

Prudemment, ad. (da) avec

Prudence, sf. circonspection; discernement des convenances.

Prudent, a. qui a de la prudence.

Pruderie, sf. affectation de sagesse.

Prud'homie, sf. probité. v.

Prud'homme, sm. probe et vaillant. v. expert. pra.

Prune, sf. fruit de prunier.

Pruneau, sm. prune sèche.

Prunelaie, sf. lieu planté de pruniers.

Prunelet, sm. boisson faite de

Prunelle, sf. prune sauvage ; pupille de l'œil ; esp. d'étoffe de laine.

Prunellier, sm. arbrisseau.

Prunier, sm. arbre fruitier.

Prurigineux, se, a. qui cause de la démangeaison.

Prurigo, sm. éruption cutanée.

Prurit, sm. démangeaison.

Prussiate, sm. sel d'acide.

Prussique, a. (acide) tiré du sang de bœuf.   [lége.

Prytanée, sm. palais. ant. col-

Prytanes, sm. pl. magistrats ; hommes de mérite. ant.

Psallette, sf. école de plain-chant.

Psalmiste, s auteur de psaumes.

Psalmodie, sf. chant des psau-mes.   [psaumes.

Psalmodier, vn. réciter des

Psalmodique, a. de la psalmo-die.   [cordes.

Psaltérion, sm. instrument à

Psaume, sm. cantique.   [mes.

Psautier, sm. recueil de psau-

Psellisme, sm. bégaiement.

Pseudo, a. grec. signif. faux ; Pseudo-acacia, etc.   [nom.

Pseudonyme, a. qui a un faux

Psora, sm. gale. méd.

Psorique, a. de la gale. [bile.

Psyché, sf. grand miroir mo-

Psychologie, sf. traité sur l'âme.

Psychologique, a de la psycho-logie.

Psychologiste ou Psychologue, sm. celui qui s'occupe de psychologie.

Psylle, sm. charlatan qui appri-voise des serpents ; genre d'insectes hémiptères.

Ptyalisme, sm. salivation.

Puamment, ad. avec puanteur.

Puant, a. et s. qui pue.

Puanteur, sf. mauvaise odeur.

Pubère, a. en âge de

Puberté, sf. âge de se marier.

Pubescence, sf. état de ce qui est   [doux.

Pubescent, a. garni de poils

Pubien, ne, a. qui a rapport au

Pubis, sm. (s) (os) du bassin.

Public, que, a. du peuple ; no-toire ; commun à tous. sm. le peuple. En public, ad. publi-quement.

Publicain, sm. fermier des de-niers publics. ant. traitant. fa.

Publication, sf. action de pu-blier.   [le droit public.

Publiciste, sm. qui écrit sur

Publicité, sf. notoriété ; divul-gation.

Publier, va. rendre public.

Publiquement, ad. en public.

Puce, sf. insecte aptère. a. sa couleur.

Puceau, sm. garçon vierge. fa.

Pucelage, sm. virginité, co-quillage univalve.

Pucelle, sf. fille vierge ; poisson.

Puceron, sm. insecte hémiptère.

Pudeur, sf. chasteté ; honte honnête.   [fa.

Pudibond, a. qui a de la pudeur.

Pudicité, sf. chasteté.

Pudique, a. chaste.

Pudiquement, ad. avec pudeur.

Puer, vn. sentir mauvais.

Puéril, a. de l'enfance ; frivole.

Puérilement, ad. d'une man. puérile.   [puérile.

Puérilité, sf. discours, action

Puerpérale, a. (fièvre) qui atta-que les femmes en couche.

Pugilat, sm. combat à coups de poings.   [mort.

Puîne, sm. arbrisseau censé

Puîné, a. et s. né depuis un frère, une sœur.

Puis, ad. ensuite.

Puisage, sm. action de puiser.

Puisard, sm. puits de citerne.

Puisatier, sm. qui creuse des puits.

Puiser, va. et n. prendre de

Puisque, conj. parce que. [l'eau.

Puissamment, ad. d'une man. puissante.

Puissance, sf. pouvoir ; auto-rité ; domination ; état sou-verain ; faculté ; moteur.

Toute - puissance , pouvoir sans bornes; hiérarch e céleste. t. de math.

Puissant, a. qui a beaucoup de pouvoir ; riche; fort gros. sm. pl. les grands. *Le Tout-Puissant*, sm. Dieu.

Puits, sm. trou profond pour avoir de l'eau; trou des mines; — *de science*. homme très-savant. — *artésien*, puits formé par un trou de sonde.

Pullulation, sf. multiplication rapide. [dement.

Pulluler, vn. multiplier rapi-

Pulmonaire, a. du poumon. sf. plante. [mon.

Pulmonie. sf. maladie du pou-

Pulmonique, a. *et* s. malade du poumon.

Pulpe, sf. substance molle ou charnue des fruits, du cerveau; espèce de côte-plan.

Pulper, va. réduire en pulpe.

Pulpeux, se, a. qui est de la pulpe.

Pulsatif, ve, a. (douleur)excitée par les pulsations artérielles.

Pulsation, sf. battement (du pouls). [amorcer.

Pulverin , sm. poudre pour

Pulvérisation, sf. action de

Pulvériser, va. réduire en poudre. *fig.* anéantir.

Pulvérulent, a. couvert d'une poussière naturelle. *bot.*

Pumicin, sf. huile de palme.

Punais, a. *et* sm. qui sent mauvais du nez.

Punaise, sf. insecte puant.

Punaisie, sf. maladie du punais.

Punch, sm. liqueur formée par un mélange d'eau-de-vie ou de rhum, de the, de sucre et de jus de citron.

Punique , a. des Carthaginois. *foi —*, mauvaise foi.

Punir, va. châtier. [tion.

Punissable, a. qui mérite puni-

Punisseur, euse, s. qui punit.

Punition, sf. peine infligée pour punir.

Pupillaire, a. du pupille; de la pupille.

Pupillarité, sf. temps qu'un enfant est

Pupille, s. (f) enfant en tutelle. sf. ouverture dans l'iris de l'œil.

Pupitre, sm. meuble pour lire, pour écrire commodément.

Pur, a. sans mélange; correct; chaste; unique.

Purée, sf. bouillie de pois, etc.

Purement, ad. d'une manière pure. [est pur; droiture.

Pureté, sf. qualité de ce qui

Purgatif, ve, a. *et* sm. qui purge.

Purgation, sf. évacuation procurée par un purgatif; purgatif. [toire d s âmes.

Purgatoire, sm. séjour expia-

Purge, sf. levée des hypothèques. *prat*

Purger, va. purifier les humeurs; délivrer; dégager. vp. *fig.* justifier.

Purification , sf. action de purifier ; la Chandeleur.

Purificatoire, sm. linge pour essuyer le calice après la communion.

Purifier, va. *et* p. rendre pur.

P'uriforme , a. qui ressemble a du pus.

Purisme , sm. système métaphysique ; défaut du

Puriste, s. qui affecte la pureté du langage.

Puritain, s. sectaire. [gleterre.

Puritanisme , sm. secte en An-

Purpurin, a. couleur de pourpre. sf. bronze moulu.

Purulence, sf. état de ce qui est

Purulent, a. mêlé de pus.

Pus, sm. humeur corrompue.

Pusillanime, a. (*ll*) faible et timide. [courage.

Pusillanimité, sf. manque de

Pustule, sf. tumeur pleine de pus. [compagne de pustules.

Pustuleux, se, a. qui est accompagne de pustules.

Putatif, ve , a. réputé ce qu'il n'est pas.

Putois, sm. petit quadrupède.

Putréfactif, ive, a. qui putréfie.

Putréfaction. sf. état de ce qui est putréfié.

Putréfier, va. et p. corrompre.

Putride, a. pourri ; corrompu.

Putridité, sf. état de ce qui est putride.

Pygargue, sm. esp. d'aigle.

Pygmée, sm. nain ; homme très-petit. fa.

Pylône, sm. grand portail surmonté d'une tour carrée. arch.

Pylore, sm. orifice inférieur de l'estomac.

Pylorique, a. du pylore.

Pyracanthe, sf. plante nommée aussi Buisson ardent.

Pyramidal, e, a. en pyramide. sf. plante.

Pyramide, sf. solide à plusieurs faces et terminé en pointe.

Pyramider, vn. former la pyramide.

Pyrèthre, sf. plante médicinale.

Pyrétologie, sf. traité des fièvres.

Pyrique, a. qui concerne le feu.

Pyrite, sf. sulfure métallique.

Pyriteux, se, a. de la pyrite.

Pyroligneux, Pyromuqueux, Pyrotartareux, a. (acides) végétaux.

Pyromètre, sm. inst. pour mesurer les degrés du feu.

Pyrophore, sm. poudre inflammable. (servir du feu.

Pyrotechnie, sf. (tèk) art de se

Pyrotechnique, a. de la pyrotechnie.

Pyrotyque, a. caustique.

Pyrrhique, a. et sf. danse militaire. ant. sm. pied de vers latin. (doute de tout.

Pyrrhonien, ne, a. et s. qui

Pyrrhonisme, sm. système du pyrrhonien.

Pythagoricien, ne, a. de l'école de Pythagore.

Pythie, sf. prêtresse d'Apollon.

Pythiques, a. pl. (jeux) en l'honneur d'Apollon.

Pythonisse, sf. devineresse. ant.

Q

Q, sm. (ku ou ke) dix-septième lettre de l'alphabet, treizième consonne.

Quadragénaire, a. et sm. (coua, ainsi que dans les trois mots suivants), âgé de 40 ans.

Quadragésimal, a. du carême.

Quadragésime, sf. premier dimanche du carême.

Quadrangulaire, Quadrangulé, a. à quatre angles.

Quadrat, sm. morceau de fonte plus bas que la lettre. imp. a. (aspect) distance de deux astres.

Quadratice, sf. (coua, ainsi que dans les mots suivants), courbe. math.

Quadratin, sm. petit quadrat.

Quadratique, a. équation —, du second degré. math.

Quadrature, sf. (coua) réduction géom. d'une courbe au

carré ; aspect de deux astres distants de quatre-vingt-dix degrés ; terme d'horlogerie.

Quadrifide, a. (coua) qui a quatre divisions. bot.

Quadrige, sm. char antique ; bandage. (à quatre côtés.

Quadrilatère, a. et sm. figure

Quadrille, sm. jeu à quatre ; contredanse ; musique de cette contredanse. sf. chevaliers dans un carrousel.

Quadrinôme, sm. (coua, ainsi que dans les quatre mots suivants), grandeur composée de quatre termes. alg. (mains.

Quadrumane, s. et a. à quatre

Quadrupède, sm. et a. (animal) à quatre pieds.

Quadruple, a. et sm. quatre fois autant ; monnaie d'Espagne. (druple.

Quadrupler, va. porter au qua-

25

Quai, sm. levée le long de la rivière, etc. [pont.

Quaiche, sf. vaisseau à un [pont.

Quaker, Quakeresse, s. (coua-cres), sectaires.

Quakérisme, sm. doctrine des Quakers.

Qualificateur, sm. office d'inquisiteur. [gram.

Qualificatif, ve. a. qui qualifie.

Qualification, sf. action de

Qualifier, va. et p. attribuer un.

Qualité, sf. ce qui fait qu'une chose est telle ou telle; inclination; titre; noblesse.

Quand, ad. (can) devant une voy. cant) dans le temps que. conj. quoique. si.

Quant à, ad. pour ce qui est de. Quant-à-moi, Quant-à-soi. sm. l'air de suffisance. fa.

Quantes, sf. pl. (toutes les) fois. fa.

Quantième, a. désigne le rang et l'ordre numérique. sm. la date du jour

Quantité, sf. ce qui peut être mesure ou nombre; multitude. t. de grammaire.

Quarantaine, sf. nombre de quarante; isolement pendant quarante jours pour empêcher la contagion; esp. de girofiée. [dix.

Quarante, a. num. quatre fois

Quarantième, a. et s. nombre ordinal.

Quacré. V. Carré. etc.

Quart, sm. le quatrième d'un tout; temps durant lequel le quart de l'équipage d'un vaisseau est en fonction. Quart de cercle, sm. instrument de mathématiques. [quatre ans.

Quartanier, sm. sanglier de

Quartation, sf. (coua) alliage d'un quart d'or avec trois quarts d'argent.

Quartaut, sm. quart de muid.

Quart d'heure, sm. quatrième partie d'une heure.

Quarte ou Quartaine, sf. (fièvre) dont les accès prennent tous les quatre jours.

Quarte, sf. mesure. t. d'escrime, de musique, de jeu de piquet. [quart d'un cent.

Quarteron, sm. quatre onces.

Quarteron, ne, s. né de blanc et de mulâtre, et récipr.

Quartidi, sm. (couar) le quatrième jour de la décade

Quartier, sm. quart; partie d'un tout; division d'une ville; voisinage; casernement d'une troupe; derrière d'un soulier; grâce aux vaincus. A quartier, ad. à l'écart.

Quartier-maître, sm. sous-officier de marine; caissier d'un régiment.

Quartinier, sm. qui a soin d'un quartier de ville.

Quarto (in), sm. (coua) format en quatre feuillets. [dure.

Quartz, sm. (couartz) pierre

Quartzeux, se, a. de quartz.

Quasi, sm. morceau de la cuisse d'un veau; ad. presque.

Quasi-contrat, — délit, sm. t. de jurisprudence.

Quasimodo, sf. dimanche après Pâques. [quatre.

Quaternaire, a. (coua) qui vaut

Quaterne, sm. quatre numéros sortis ensemble à la loterie.

Quatorzaine, sf. intervalle de quatorze jours pal.

Quatorze, a. num. dix et quatre. sm. quatorzième jour; numéro 14. t. de jeu de piquet.

Quatorzième, a. et sm. nombre ordinal. [torzième lieu.

Quatorzièmement, ad. en quatorzième

Quatrain, sm. stance de quatre vers.

Quatre, a. num. deux fois deux. sm. le quatrième jour; num. 4, etc.; quatre-de-chiffre, piége pour les rats Quatre-vingts, quatre fois vingt.

Quatre-temps, sm. pl. trois jours de jeûne dans chaque saison

Quatre-vingtième, a. et sm. nombre ordinal. [maigre.

Quatre-voleurs, spl. esp. de vi-

Quatrième, sm. et a. ord. quatre; sf. t. de jeu; quatrième classe dans les colleges. sm. quatrième étage.

Quatrièmement, ad. en quatrième lieu.

Quatriennal, a. office qui s'exerce de quatre années l'une. pl. aux. [quatre parties.

Quatuor, sm. i. (coua) mus. à

Que, pron. rel. ou absolu; conj. et ad. quoi; combien.

Quel, le, a. pour demander, etc.

Quelconque, a. quel qu'il soit.

Quellement, ad. Tellement quellement, ni bien ni mal. fa.

Quelque, a. un ou une entre plusieurs. ad. environ; à peu

Quelquefois, ad. parfois. [près.

Quelqu'un, a. et s. un, une personne. pl. Quelques-uns. plusieurs. [destinement.

Quémander, vn. mendier clan-

Quémandeur, euse, s. qui quémand. [du public.

Qu'en-dira-t-on, sm. i. propos

Quenelle, sf. boulettes qui garnissent un pâté chaud.

Quenotte, sf. dent de petit enfant. fa.

Quenouille, sf. petit bâton pour filer; laine, filasse, etc., qui entoure la quenouille; arbre taillé en quenouille.

Quenouillée, sf. filasse de la quenouille.

Quérable, a. (rente ou redevance) celle que le créancier doit aller chercher. jur.

Queraïba, sm. arbre du Brésil.

Quercitron, sm. chêne vert de l'Amérique septentrionale.

Querelle, sf. vive contestation; dispute. —d'Allemand, faite sans sujet.

Quereller, va. faire querelle. v. pr. se disputer.

Querelleur, euse, a et s. qui aime à quereller.

Quérir, va. chercher pour amener, pour apporter.

Questeur, sm. (cué) magistrat chargé des depenses. ant.

Question, sf. (ti) demande; proposition sur laquelle on discute; torture.

Questionnaire, sm. qui donne la torture; recueil de questions.

Questionner, va. faire des questions. [tionne beaucoup.

Questionneur, euse, s. qui question-

Questure, sf. charge de questeur.

Quête, sf. action de chercher; collecte pour les pauvres.

Quêter, va. et n. faire une collecte; chercher.

Quêteur, euse, s. qui quête.

Queue, sf. extrémité du corps des animaux; pédoncule et pédicule des végétaux, etc.; bout; extrémité; dernier rang; instrument de billard; futaille; pierre à aiguiser; file de gens qui attendent.— de renard, de souris. sf plantes. [lument de même. fa.

Queussi-queumi, loc. ad. abso-

Queuter, vn. pousser les deux billes d'un coup. t. de billard.

Queux, sm. cuisinier. v.

Qui, pron. rel. et interrog.

Quia, loc. latine: être réduit à —, ne pouvoir plus repondre; être sans ressources.

Quibus, sm. (busse) (avoir du quibus) être riche. pop.

Quiconque, pron. indef. qui que ce soit.

Quidam (dan), sm. personne inconnue ou qu'on ne veut pas nommer.

Quiétisme, sm. (cué ainsi que dans les deux mots suivants) système du

Quiétiste, s. et a. sectaire.

Quiétude, sf. repos; indolence.

Quignon, sm. gros morceau de pain. fa.

Quillage, sm. (droit de) taxe pour l'entrée d'un port.

Quille, sf. cône de bois pour jouer; pièce de bois sous le navire.

Quiller, vn. tirer la primauté au jeu de quilles; les jeter.

Quillette, sf. bouture d'osier.

Quillier, sm. espace où l'on range les quilles.

Quinaire, sm. monn. de la troisième grandeur. ant. a. divisible par cinq.

Quinaud, a. honteux fa. [etc.

Quincaille, sf. ustensile de fer,

Quincaillerie, sf. marchandise de quincaille. [quincaillerie.

Quincaillier, sm. marchand de

Quinconce, sm. plant d'arbres en echiquier. [à 15 côtes.

Quindecagone, sm. (cram) fig.

Quindecemvirs, sm. pl. (quindecem) gardes des livres sibyllins.

Quine, sm. deux cinq au trictrac; cinq numéros sortis ensemble à la loterie.

Quinine, sf. substance extraite de diverses espèces de quinquinas.

Quinola, sm. valet de cœur. jeu.

Quinquagénaire, a. et s. (coua) age de cinquante ans.

Quinquagésime, sf. dimanche avant le carême. [angles.

Quinquangulaire, a. à cinq

Quinque, sm. (cuincué) morceau de mus. à cinq parties.

Quinquennal, a. (et.) (cuen) de cinq ans en cinq ans.

Quinquennium, sm. (cuincuennium) cours d'etude de cinq ans.

Quinquenove, sm. jeu de dés.

Quinquet, sm. lampe à courant d'air. [linge.

Quinquina, sm. écorce febri-

Quint, a. et sm. cinquième mus.

Quintaine, sf. anc. t. de manège.

Quintal, sm. cent liv. pesant. pl. aux.

Quinte, sf. intervalle de trois tons et demi; instrument de musique; toux; caprice. t de jeu, d'escrime. a. fièvre —, qui revien dans les cinq jours

Quintefeuille, sf. plante.

Quintessence, sf. substance éthérée. fig. ce qu'il y a de meilleur, de plus essentiel, de plus fin, de plus caché dans un ouvrage ou dans une affaire.

Quintessencier, va. subtiliser.

Quintetto, sm. (cuin) au pl. quintetti, morceau de musique à cinq parties.

Quinteux, se, a. et s. fantasque.

Quintidi, sm. (cuin) le cinquième jour de la décade.

Quintille, sm. (cuin) jeu de l'ombre à cinq.

Quintin, sm. toile claire.

Quintuple, a. et sm. (cuin) cinq fois autant. [cinq fois.

Quintupler, va. (cuin) répéter.

Quinzaine, sf. quinze; quinze jours.

Quinze, a. num sm. dix et cinq; quinzième. Quinze - Vingts (les), sm. pl. hospice pour 300 aveugles à Paris.

Quinzième, a. ord. sm. la quinzième partie.

Quinzièmement, ad. en quinzième lieu.

Quiproquo, sm. i. méprise. fa.

Quittance, sf. acte pour tenir quitte. [tance.

Quittancer, va. donner quit-

Quitte, a. libéré de sa dette, etc.

Quittement, ad. franc de dettes et hypothèques. pra.

Quitter, va. et p. se séparer de quelqu'un; quitter un lieu; se dépouiller; decharger; ceder.

Quitus, sm. (s) arrêté définitif de compte.

Qui-va-là? Qui-vive? sm. et interj. cris de sentinelle fig. Être sur le qui-vive, être attentif. [quelle chose.

Quoi, pron. rel. int. et interj.

Quoique, conj. bien que.

Quolibet, sm. basse plaisanterie.

Quote (part), af. la part de chacun.

Quotidien, ne, a. de chaque jour.
Quotidiennement, adv. tous les jours.

Quotient, sm. (ci) résultat d'une division. arith. [part.
Quotité, sf. montant de quote-

R

R, sf. (ére) ou m. (re) dix-huitième lettre de l'alphabet, quatorzième consonne.
Rabâchage, sm. action de
Rabâcher, va. et n. répéter trop. fa. [tigantes.
Rabâcherie, sf. répétitions fa-
Rabâcheur, euse, s. qui rabâche.
Rabais, sm. diminution de prix.
Rabaissement, sm. rabais.
Rabaisser, va. mettre plus bas. fig. déprécier; avilir.
Rabat, sm. collet rabattu; coup du jeu de quilles; action de rabattre du gibier. [la joie.
Rabat-joie, sm. ce qui trouble
Rabattre, va. et p. rabaisser; faire descendre; diminuer de prix; aplatir; changer de direction.
Rabbin, sm. docteur juif.
Rabbinat, sm. dignité, fonction de rabbin.
Rabbinique, a. des rabbins.
Rabbinisme, sm. leur doctrine.
Rabdologie, sf. calcul fait avec des baguettes.
Rabdomance ou Rabdomancie, sf. prétendue divination.
Rabelaisien, ne, a qui est dans le goût de Rabelais.
Rabêtir, va. et n. rendre, devenir bête. fa. [inst. de chim.
Râble, sm. ventre du lièvre;
Râblu, Râblé, a. à râble épais; fort et robuste. fa.
Rabonnir, va. et n. rendre, devenir meilleur.
Rabot, sm. outil de menuisier.
Raboter, va. polir avec le rabot.
Raboteur, sm. ouvr. qui rabote.
Raboteux, se, a. inégal; noueux.
Rabougri, a. mal conformé.
Rabougrir, vn. et p. mal venir. jard.
Rabouillère, sf. terrier de lapin.

Raboutir, va. mettre bout à bout. [desse.
Rabrouer, va. rebuter avec rudesse.
Racahout, sm. mélange de fécule de glands, etc. [fa.
Racaille, sf. populace; rebut.
Raccommodage, sm. action de raccommoder. [ciliation.
Raccommodement, sm. récon-
Raccommoder, va. et p. remettre en état; réparer; réconcilier. [commode.
Raccommodeur, euse, s. qui rac-
Raccord, sm. réunion; accord d'un vieil ouvrage à un neuf, etc. arch.
Raccordement, sm. action de
Raccorder, va. faire un raccord; raccommoder; accorder de nouveau. mus.
Raccourci, e, a. abrégé. sm. effet de perspective.
Raccourcir, va. accourcir. fig. abréger; diminuer. vn. devenir plus court.
Raccourcissement, sm. action de raccourcir; effet de cette action. [rant.
Raccourir, vn. revenir en cou-
Raccoutrement, sm. action de
Raccoutrer, va. raccommoder. v.
Raccoutumer (se), vp. reprendre une habitude. [tendu.
Raccroc, sm. (coup de) inat-
Raccrocher, va. et p. accrocher de nouveau; se saisir, s'aider d'une chose.
Race, sf. ceux d'une même famille. [les chalands.
Rachalander, va. faire revenir
Rachat, sm. action de racheter; délivrance.
Rachetable, a. qui peut se
Racheter, va. et p. acheter ce qu'on avait vendu; délivrer à prix d'argent; compenser.

Rachever, va. donner la dernière façon à un ouvrage.

Rachidien, ne, a. qui a rapport à la colonne vertébrale.

Rachis, sm. colonne vertébrale.

Rachitique, a. attaqué du

Rachitis, sm. (s) courbure de l'épine du dos.

Rachitisme, sm. maladie du rachis et du blé.

Racinage, sm. décoction. *teint.*

Racinal, sm. pièce de charp.

Racine, sf. partie des plantes qui s'étend dans la terre. *fig.* principe, origine, etc. t. d'arithmétique.

Rack, sm. *V.* Arack.

Racle, sf. outil pour râcler.

Râclée, sf. décharge de coups. *pop.* [*lou,* en jouer mal.

Racler, va. ratisser. — *du vio-*

Râcleur, sm. mauvais joueur de violon.

Râcloir, sm. inst. pour râcler.

Râcloire, sf. inst. de mesureur de blé. [râclant.

Râclure, sf. ce qu'on ôte en

Racolage, sm. métier de racoleur. [service militaire.

Racoler, va. enrôler pour le

Racoleur, sm. qui racole.

Racontage, sm. bavardage.

Raconter, va. *et* n. faire un récit; narrer.

Raconteur, euse, s. qui a la manie de raconter. *fa.* [coriace.

Racornir, va. *et* p. rendre dur,

Racornissement, sm. état de ce qui est racorni.

Racquitter (se), vp. se dédommager d'une perte, regagner. *jeu.*

Rade, sf. abri des vaisseaux le long d'une côte.

Radeau, sm. sorte de plancher mobile sur l'eau.

Rader, va. mettre en rade; passer la radoire sur.

Radeur, sm. mesureur de sel.

Radial, e, a. forme de rayons.

Radiant, e, a. qui renvoie des rayons de lumière.

Radiation, sf. act. d'un corps qui lance des rayons de lumière; act. de rayer; rature.

Radical, a. qui est comme la racine, le principe de quelque chose. sm. base acidifiable; lettres d'un mot qui se conservent dans ses dérivés. pl. Anglais révolutionnaires.

Radicalement, ad. complètement. [radicaux.

Radicalisme, sm. système des

Radicant, e, a. qui produit des racines distinctes de la racine principale. [cines.

Radication, sf. pousse des ra-

Radicule, sf. petite racine.

Radié, a. à rayons; rayé.

Radier, va. rayer.

Radier, sm. grillage de charpente pour fonder une écluse.

Radieux, se, a. rayonnant; joyeux.

Radiomètre, sm. instrument pour prendre les hauteurs sur mer.

Radis, sm. sorte de raifort.

Radius, sm. (s) os de l'avantbras. [rer le sel.

Radoire, sf. inst. pour mesu-

Radotage, sm. discours dénué de sens. *fa.*

Radoter, vn. parler sans suite.

Radoterie, sf. extravagances qu'on dit en radotant. *fa.*

Radoteur, euse, s. qui radote.

Radoub, sm. réparation de navire. [radoub.

Radouber, va. *et* p. faire le

Radoucir, va. *et* p. rendre, devenir plus doux.

Radoucissement, sm. action de se radoucir.

Raf, sm. marée rapide. [terre.

Rafale, sf. coup de vent de

Raffermir, va. *et* p. rendre, devenir plus ferme. au *p.* et au *fig.* [missement.

Raffermissement, sm. affer-

Raffinage, sm. act. de raffiner.

Raffinement, sm. extrême subtilité; excès de recherche.

Raffiner, va. n. *et* p. rendre, devenir plus fin; subtiliser.

Raffinerie, sf. lieu où l'on raffine le sucre.

Raffineur, sm. qui raffine.

Raffoler, vn. se passionner follement.

Rafle, sf. grappe sans grains; coup de dés; filet; baie.

Rafler, va. enlever tout. *fa.*

Rafleux, euse, a. inégal, raboteux.

Rafraîchir, va. rendre frais; réparer; rogner, renouveler; se —, vp. devenir plus frais. se désaltérer. [rafraîchit.

Rafraîchissant, a. *et* sm. qui

Rafraîchissement, sm. ce qui rafraîchit; effet de cette act. pl. aliments; boissons.

Ragaillardir, va. n. *et* p. rendre la gaieté. *fa.*

Rage, sf. hydrophobie. *fig.* grande colère; passion violente; manie.

Rager, vn. se fâcher, s'irriter. *fa.*

Ragot, ote, a. *et* s. trapu; jeune sanglier. [guer. *fa.*

Ragoter, vn. murmurer; gro-

Ragoût, sm. mets appétissant.

Ragoûtant, a. qui ragoûte.

Ragoûter, va. *et* mettre en appétit; réveiller le goût.

Ragrafer, va. agrafer de nouveau. [veau.

Ragrandir, va. agrandir de nou-

Ragréer, va. *et* p. réparer; finir. t. d'arts et de mar.

Ragrément, sm. action de ragréer; effet de cette action.

Raïa, sm. sujet de l'empire turc soumis à la capitation.

Raide, a. V. Roide.

Raïah *ou* Raja, sm. nom de princes indous. [de mer;

Raie, sf. trait; ligne; poisson

Raifort, sm. plante; sa racine.

Rail, sm. barre de fer sur laquelle glissent les roues des wagons.

Railler, va. n. *et* p. plaisanter; se moquer, tourner en ridicule.

Raillerie, sf. act. de railler; plaisanterie; moquerie.

Railleur, euse, a. *et* s. qui raille.

Rail-way, sm. chemin de fer.

Raine, Rainette, sf. grenouille.

Rainette, Reinette, sf. sorte de pommes; instr. de c'' *rpen-tier.

Rainure, sf. entaillure *en* long.

Raiponce, sf. plante.

Raire *ou* Réer, vn. crier. *vén.*

Rais, sm. rayon de roue.

Raisin, sm. fruit de la vigne, sorte de grand papier. —*d'A-mérique*, — *d'ours*, etc. plantes.

Raisiné, sm. confiture de raisin.

Raison, sf. faculté intellectuelle qui distingue l'homme de la brute; bon sens; droit; justice; preuve; cause; motif t. de commerce et de mathématiques. [convenable

Raisonnable, a. doué de raison,

Raisonnablement, ad. avec raison; convenablement; passablement.

Raisonné, a. appuyé de raison.

Raisonnement, sm. argument; action de

Raisonner, vn. *et* p. employer sa raison, discuter.

Raisonneur, euse, s. *et* a. qui raisonne. [rendre jeune.

Rajeunir, vn. *et* a. redevenir,

Rajeunissement, sm. action de rajeunir.

Rajuster, va. *et* p. ajuster de nouveau; raccommoder.

Rajustement, sm. raccommodement; action de rajuster; effet de cette action. [râlant.

Râle, sm. oiseau; bruit fait en

Râlement, Râle, sm. act. de râler.

Ralentir, va. *et* p. rendre, devenir plus lent. [ment.

Ralentissement, sm. relâche-

Râler, vn. respirer avec bruit.

Ralinguer, va. garnir une voile de ses ralingues. *mar.*

Ralingues, sf. pl. cordes cousues autour des voiles.

Ralliement, sm. action de
Rallier, va. et p. rassembler.
t. de marine. [longer.
Rallonge, sf. ce qui sert à ral-
Rallongement, sm. augmenta-
tion en longueur. [long
Rallonger, va. et p. rendre plus
Rallumer, va. et p. allumer de
nouveau.
Ramadan, sm. mois consacré
au jeûne chez les Turcs.
Ramage, sm. rameau; chant
des petits oiseaux.
Ramager, vn. chanter, se dit
des oiseaux.
Ramaigrir, va. et n. rendre, re-
devenir maigre.
Ramaigrissement, sm. act. de
ramaigrir. [choses.
Ramas, sm. amas de diverses
Ramasse, sf. sorte de traîneau.
Ramassé, a. trapu; vigoureux.
Ramasser, va. faire un ramas;
relever; traîner en ramasse.
se —, se plier sur soi-même.
Ramasseur, sm. celui qui con-
duit une ramasse.
Ramassis, sm. amas sans choix.
Ramberge, sf. vaisseau long.
Rambour, sm. sorte de grosse
pomme.
Rame, sf. support d'une plante
grimpante; pièce de bois longue et aplatie pour faire voguer; vingt mains de papier
mises ensemble.
Ramé, a. (boulets) joints par
une barre.
Rameau, sm. branche d'arbre;
assemblage de veines.
Ramée, sf. branche avec leurs
feuilles. [ramène.
Ramenable, a. qui peut être
Ramender, va. et n. baisser
de prix.
Ramener, va. amener de nouveau. fig. faire revenir.
Ramequin, sm. sorte de pâtisserie.
Ramer, va. et n. soutenir des
bois avec de petites rames;
tirer à la rame.

Ramette, sf. châssis d'impri-
merie sans barre au milieu.
Rameur, sm. qui rame.
Rameuter, va. ameuter de
nouveau.
Rameux, se, a. à branches.
Ramier, sm. pigeon sauvage.
Ramification, sf. division en
rameaux au p. et au fig.
Ramifier (se), vp. se partager
en branches.
Ramille, sf. division du rameau;
menu bois pour fagots.
Rammagrobis, sm. nom donné
plaisamment à un chat.
Ramingue, a. (cheval) rétif.
Ramoindrir, va. et p. rendre
moindre.
Ramoitir, va. rendre moite.
Ramollir, va. et p. rendre mou.
Ramollissant, a. et sm. qui ra-
mollit, qui détend. méd.
Ramonage, sm. action de
Ramoner, va. nettoyer une
cheminée.
Ramoneur, sm. qui ramone.
Rampant, a. qui rampe. fig. vil.
Rampe, sf. partie d'un escalier;
balustrade; pente; rang de
lumières à l'avant-scène.
Rampeau, sm. t. de jeu de
quilles.
Rampement, sm. action de
Ramper, vn. se traîner sur la
terre, etc. fig. s'avilir.
Rampin, a. (cheval) qui repose
sur la pince. [ches d'un arbre.
Ramure, sf. bois de cerf; bran-
Rancart, sm. mettre au —, de
côté, dans un coin.
Rance, a. et sm. qui commence
à se gâter; odeur, goût rance.
Rancher, sm. pièce de bois tra-
versée de chevilles formant
échelons. [pagne.
Rancio, sm. vin vieux d'Es-
Rancir, vn. devenir rance.
Rancissure, Rancidité, sf. qua-
lité de ce qui est rance.
Rançon, sf. prix pour la déli-
vrance d'un captif, d'un prisonnier.

Rançonnement, sm. action de
Rançonner, va. mettre à rançon. *fig.* exiger trop. [çonne.
Rançonneur, euse, s. qui rançonne.
Rancune, sf. ressentiment d'une offense. [de la rancune.
Rancunier, ère, a. *et* s. qui a
Randonnée, sf. circuit. *chas.*
Rang, sm. (*ran* devant une consonne, *rank*, devant une voy.); dignité; place; mise en lignes régulières; *au rang de*, loc. adv. au nombre de.
Rangé, e, a. qui a de l'ordre, de la conduite.
Rangée, sf. rang sur une ligne.
Ranger, va. *et* p. mettre en rang; s'écarter; passer près; se placer. *fig.* vivre plus régulièrement.
Ranimer, va. *et* p. rendre la vie. *fig.* réveiller les sens assoupis; rendre le courant, etc.
Ranulaire, a. (veine) sous la langue. [langue.
Ranule, sf. tumeur sous la
Ranz des vaches, sm. air célèbre parmi les Suisses.
Rapace, a. avide de proie, de rapine. sm. pl. oiseaux de
Rapacité, sf. avidité. [proie.
Rapatelle, sf. toile de crin.
Rapatriage, Rapatriement. sm. réconciliation. *fa.* [fa.
Rapatrier, va. *et* p. réconcilier.
Râpe, sf. ustensile pour râper; espèce de lime; rafle. pl. crevasses au genou du cheval.
Râpé, sm. grappes de raisin mises dans le vin; ce vin.
Râper, va. pulvériser avec la
Rapetasser, va. rapiécer. [râpe.
Rapetasseur, euse, s. qui rapetasse. [devenir petit.
Rapetisser, va. n. *et* p. rendre,
Rapide, a. qui se meut avec vitesse. *fig.* plein de mouvements et d'idées.
Rapidement, ad. avec
Rapidité, sf. grande célérité.
Rapiécer, Rapiéceter, va. mettre des pièces.

Rapiécetage, sm. action de rapiécer.
Rapière, sf. vieille et longue épée.
Rapin, sm. élève peintre. *fa.*
Rapine, sf. action de ravir; pillage; larcin; concussion.
Rapiner, va. *et* n. faire des concussions.
Rapineur, euse, s. qui rapine.
Rappareiller, va. assortir; remettre avec son pareil.
Rapparier, va. refaire la paire.
Rappel, sm. act. de rappeler; batterie de tambour.
Rappeler, va. *et* p. appeler de nouveau; faire revenir. *fig.* représenter le passé.
Rapport, sm. revenu; récit; témoignage; révélation indiscrète ou maligne; exposition par écrit d'une cause; analogie entre plusieurs choses; rot; t. de math. *Par rapport.* prép. quant à.
Rapportable, a. qui doit être rapporté.
Rapporter, va. *et* n. remettre en place; apporter de loin; redire à mauvais dessein; produire. vp. convenir; s'en référer.
Rapporteur, euse, s. qui rapporte; celui qui fait le rapport d'un procès; instr. de géométrie. [nouveau.
Rapprendre, va. apprendre de
Rapprochement, sm. action de
Rapprocher, va. *et* p. approcher de nouveau, de plus près *fig.* réconcilier. [sodies.
Rapsode, sm. chantre de rap-
Rapsoder, va. raccommoder grossièrement.
Rapsodie, sf. poésies détachées d'Homère. *ant.* amas de vers. iro. [sodies.
Rapsodiste, sm. auteur de rap-
Rapt, sm. (t) enlèvement d'une personne par violence.
Rapure, sf. ce que la râpe enlève.

Raquette, sf. instrument pour jouer, pour marcher sur la neige; plante.

Rare. a. qui n'est pas commun; précieux; non dense *phys.*

Raréfactif, ve, a. qui raréfie.

Raréfaction, sf. act. de raréfier.

Raréfiant, a. qui dilate.

Raréfier, va. dilater.

Rarement, ad. peu souvent.

Rareté, sf. disette; singularité. au pl. curiosités.

Rarissime, a. très-rare. *fa.*

Ras, e, a. à poil court, uni; plein jusqu'aux bords.

Rasade, sf. verre tout plein.

Rasant, a. qui rase. t. de *fortif.*

Rasement, sm. act. d'abattre.

Raser, va. n. et p. tondre, couper le poil près de la peau; démolir; frôler.

Rasibus, ad. (*us*) tout près. *pop.*

Rasoir, sm. instrument pour raser. [pour collier.

Rassade, sf. grains de verre

Rassasiant, a. qui rassasie.

Rassasiement, sm. satiété.

Rassasier, va. et p. satisfaire. l'appétit, les sens, etc.

Rassemblement, sm. action de rassembler; attroupement.

Rassembler, va. et p. réunir.

Rasseoir, va. asseoir de nouveau; replacer. vp. s'épurer en se reposant. [veau.

Rassiéger, va. assiéger de nou-

Rasséréner, va. et p. rendre serein. [tendre; caract. calme.

Rassis, a. (pain) qui n'est plus

Rassortiment, sm. action de

Rassortir, va. assortir de nouveau.

Rassoter, va. et p. infatuer.

Rassurant, a. qui rend la confiance. [rendre la confiance.

Rassurer, va. et p. raffermir;

Rat, sm. petit quadrupède; caprice. *fa.* — de cave, petite bougie de poche, employé pour la visite des caves. *pop.* — d'eau, sorte de rat.

Ratafia, s n. sorte de liqueur.

Ratatiné, a. ridé; flétri; rapetissé.

Ratatiner (se), vp. sens de l'adj.

Ratatouille, sf. mauvais ragoût.

Rate, sf. viscère. [pop.

Râteau, sm. instr. pour ratisser.

Râtelée, sf. ce qu'on peut ramasser d'un coup de râteau.

Râteler, va. amasser avec le râteau.

Râteleur, sm. qui râtelle.

Râteleux, se, a. sujet au mal de rate.

Râtelier, sm. sorte d'échelle en travers pour mettre le foin; pièces de bois garnies de chevilles pour poser les fusils; denture.

Rater, vn. et a. manquer à tirer. *fig.* ne pas réussir.

Ratière, sf. machine à prendre les rats.

Ratification, sf. action de ratifier; confirmation; approbation. [firmer.

Ratifier, va. approuver; con-

Ratine, sf. sorte d'étoffe de laine.

Ratiner, va. imiter la ratine.

Ration, sf. portion de vivres.

Rational, sm. etoffe sur la poitrine du grand prêtre des Juifs.

Rationalisme, sm. système qui admet l'autorité de la raison humaine. [rationalisme.

Rationaliste, s. qui appart. au

Rationnel, le, a. fondé sur le raisonnement; t. d'ast. et de math. [man. rationnelle.

Rationnellement, adv. d'une

Ratissage, sm. action de

Ratisser, va. gratter la superficie. [ratisser les allées, etc.

Ratissoire, sf. instrument pour

Ratissure, sf. ce qu'on ôte en ratissant.

Raton, sm. pâtisserie; sorte de quadrupède; petit enfant. *fa.*

Rattacher, va. attacher de nouveau.

Ratteindre, va. rattraper.

Rattiser, va. ranimer le feu.

Rattraper, va. ratteindre; reprendre; recouvrer; attraper de nouveau.

Rature, sf. effaçure en rayant.

Raturer, va. effacer ce qui est écrit. |p. us.

Raucité, sf. rudesse de voix.

Rauque, a. (son de voix) rude.

Ravage, sm. dégât avec violence.

Ravager, va. faire du ravage.

Ravageur, sm. celui qui ravage.

Ravalement, sm. crépi. fig. abaissement.

Ravaler, va. avaler de nouveau; crépir. fig. rabaisser.

Ravaudage, sm. raccommodage.

Ravauder, va. raccommoder. fig. tracasser. (de niaiseries.

Ravauderie, sf. discours plein

Ravaudeur, euse, s. qui ravaude.

Rave, sf. plante, sa racine.

Ravelin, sm. ouvrage de fortif.

Ravi, e, a. transporté, charmé.

Ravigote, sf. sauce à l'échalote. (en force. pop.

Ravigoter, va. et p. remettre

Ravilir, va. rendre vil.

Ravin, sm. chemin creusé par une ravine. (vin.

Ravine, sf. torrent subit; ra-

Ravir, va. enlever par force. fig. charmer. A ravir, ad. admirablement bien.

Raviser (se), vp. changer d'avis.

Ravissant, a. qui ravit.

Ravissement, sm. enlèvement avec violence; admiration.

Ravisseur, sm. qui ravit.

Ravitaillement, sm. action de

Ravitailler, va. avitailler de nouveau. (raniner.

Raviver, va. rendre plus vif;

Ravoir, va. avoir de nouveau.

Rayé, e, a. qui a des raies. (turer.

Rayer, va. faire des raies; ra-

Rayon, sm. trait de lumière; rais; sillon; tablette d'armoire; demi-diamètre d'un cercle; gâteau de miel.

Rayonnant, a. qui rayonne; joyeux. (rayons.

Rayonné, e, a. disposé en

Rayonnement, sm. action de

Rayonner, vn. jeter des rayons, briller.

Rayure, sf. cannelure; manière dont une étoffe est rayée.

Razzia, sf. invasion de soldats pour enlever des troupeaux, des vivres.

Re ou Ré, particule réduplicative, qui s'applique à une foule de mots dont nous n'indiquons que les plus usuels.

Ré, sm. i. note de musique.

Réactif, ve, a. qui réagit. sm. substance pour reconnaître la nature des corps et séparer leurs éléments.

Réaction, sf. action de réagir. fig. vengeance.

Réadmettre, va. admettre de nouveau.

Réadmission, sf. nouvelle admission.

Réagir, vn. se dit d'un corps qui agit sur un autre dont il a éprouvé l'action. au p. et au fig.

Réal, a. Royal, v. sf. galère. m. et f. monnaie d'Espagne. pl. réaux, réales.

Réalgar, sm. oxyde d'arsenic sulfuré rouge. v. (liser.

Réalisable, a. qu'on peut réa-

Réalisation, sf. action de

Réaliser, va. rendre réel; convertir en espèces.

Réalisme, sm. système des

Réalistes, sm. pl. secte qui n'admet pas d'abstraction.

Réalité, sf. existence réelle.

Réapparition, sf. action de reparaître.

Réappel, sm. second appel.

Réappeler, va. faire un second appel. (veau.

Réapposer, va. apposer de nou-

Réapposition, sf. action de réapposer.

Réassignation, sf. action de

Réassigner, va. assigner de nouveau. |cusation.

Reatu (in), ad. (ine-ré) en ac-

Rebaptisants, sm. pl. (ati)secte.

Rebarbatif, ve, a. rude; rebutant. fam.

Rebâtir, va. bâtir de nouv.

Rebattre, va. battre de nouveau; raccommoder. fig. rabâcher, redire.

Rebec, sm. violon à trois cordes. [avec fierté. fa.

Rebecquer (se), vp. répondre

Rebelle, a. et sm. qui se révolte. [belle.

Rebeller (se), vp. devenir rebelle.

Rébellion, sf. révolte. |fam.

Rebiffer (se), vp. regimber.

Reblanchir, va. blanchir une deuxième fois.

Reboisement, sm. action de

Reboiser, va. recouvrir de bois un terrain déboisé. |point.

Rebondi, a. arrondi par embon-

Rebondir, vn. faire un bond.

Rebondissant, e, a. qui rebondit.

Rebondissement, sm. act. de rebondir. [saillie.

Rebord, sm. bord élevé en

Reboucher, va. boucher de nouveau. vp. se fausser.

Rebouisage, sm. action de

Rebouiser, va. nettoyer et lustrer un chapeau.

Rebours, a. revêche. sm. le contre-poil. A rebours, ad. en sens contraire.

Rebrider, va. brider une seconde fois.

Rebrousse, sf. ou Rebroussoir, sm. instrum. pour rebrousser le poil. A rebrousse poil, ad. à contre poil. fig. fa. à contre-sens.

Rebroussement, sm. action de

Rebrousser, va. et n. relever en sens contraire; retourner en arrière.

Rebuffade, sf. mauvais accueil. fa. |mauvais jeu de mots.

Rebus, sm. (s) jeu d'esprit,

Rebut, sm. action de rebuter; chose rebutée.

Rebutant, a. qui rebute.

Rebuter, va. et p. rejeter; déplaire; décourager.

Récalcitrant, a. rétif.

Récapitulation, sf. répétition sommaire.

Récapituler, va. résumer.

Recéder, va. céder à quelqu'un ce qu'il avait déjà cédé.

Recélé, sm. recèlement. pra.

Recèlement, sm. action de

Receler, va. cacher les objets volés; donner retraite à des gens qui se cachent; renfermer.

Receleur, euse, s. qui recèle.

Récemment, ad. (ça) nouvellement. [ment.

Recensement, sm. dénombre-

Recenser, va. faire un recen-

Récent, a. nouveau. |sement.

Recepage, sm. act. de receper.

Recepée, sf. bois recepé. [agri.

Receper, va. tailler par le pied.

Récépissé, sm. reçu de papiers, etc.

Réceptacle, sm. lieu de rassemblement, pris en mauv. part. terme de bot. |de recevoir.

Réception, sf. action, man.

Recette, sf. ce qui est reçu; act. de recevoir; composition de drogues; charge, bureau de receveur.

Recevable, a. admissible.

Receveur, euse, s. chargé d'une recette.

Recevoir, va. prendre ce qui est présenté, donné ou dû; ressentir; accueillir; installer

Recez, sm. délibération de diète (assemblée). |echafaud.

Rechafauder, vn. redresser un

Réchampissage, sm. action de réchampir; ce qui est réchampi.

Réchampir, va. man. de peindre

Rechange, sm. droit d'un nouveau change. De rechange, en réserve.

Réchapper, vn. être délivré.

Rechargement, sm. action de

Recharger, va. charger de nouv.

Rechasser, va. repousser ailleurs; chasser de nouveau.

Réchaud, sm. ustensile pour chauffer les mets.

Réchauffé, sm. mets réchauffé; chose répétée.

Réchauffement, sm. action de

Réchauffer, va. échauffer ce qui est refroidi. *fig.* ranimer.

Réchauffoir, sm. fourneau pour réchauffer.

Rêche, a. âpre, rude.

Recherchable, a. digne de

Recherche, sf. perquisition; action de rechercher; réparation de pavé, etc.; *fig.* affectation, excès. [nière.

Recherché, e, a. affecté; ma-

Rechercher, va. chercher de nouveau avec soin; revenir sur le passé; réparer.

Rechigné, a. maussade.

Rechignement, sm. action de

Rechigner, vn. gronder; répugner.

Rechute, sf. nouvelle chute.

Récidive, sf. rechute dans une faute.

Récidiver, vn. faire récidive.

Récif, Rescif, sm. chaîne de rochers à fleur d'eau.

Récipiendaire, s. candidat à recevoir.

Récipient, sm. vase à distiller.

Réciprocité, sf. état de ce qui est

Réciproque, a. mutuel. t. de gra. sm. la pareille. [lem.ent.

Réciproquement, ad. mutuel.

Réciproquer, va. rendre la pareille.

Récit, sm. narration. t. de mus.

Récitant, a. qui exécute seul. mus. [cœur.

Récitateur, sm. qui récite par

Récitatif, sm. chant débité.

Récitation, sf. action de

Réciter, va. dire par cœur; raconter.

Réclamant, e, s. qui fait une réclamation. [que.

Réclamateur, sm. qui revendi-

Réclamation, sf. action de réclamer.

Réclame, sm. cri; signe pour rappeler un oiseau. sf. mot de renvoi. *imp.* annonce dans un journal.

Réclamer, va. implorer; revendiquer; rappeler. vn. exposer ses droits; s'opposer. vp. *se réclamer de quelqu'un,* déclarer qu'on est connu ou protégé, etc.

Réclamper, va. réparer un mât.

Récliner, va. n'être pas d'aplomb. [conde fois.

Reclouer, va. clouer une seconde fois.

Reclure, va. *et* p. cloîtrer. [traite.

Reclus, a. *et* s. qui vit dans la retraite.

Reclusion, sf. détention.

Recogner, va. repousser; rebuter. *pop.*

Recognitif, am. (acte) par lequel on ratifie une obligation. *jur.*

Recoin, sm. coin caché. [pra.

Récolement, sm. vérification.

Récoler, va. lire les dépositions.

Récollets, sm. pl. religieux de l'ordre de saint François.

Récoltable, a. que l'on peut récolter.

Récolte, sf. action de récolter; fruits qu'on recueille; temps où on les recueille.

Récolter, va. faire une récolte.

Recommandable, a. estimable.

Recommandation, sf. act. de

Recommander, va. *et* p. demander qu'on soit favorable à; prier d'avoir soin.

Recommencer, va. *et* n. commencer de nouveau.

Récompense, sf. prix d'un service rendu, d'une belle act.; châtiment mérité; dédommagement. [une récompense.

Récompenser, va. *et* p. donner

Recomposer, va. composer de nouveau.

Recomposition, sf. action de recomposer.

Recompter, va. (ont) compter de nouveau. [réconcilié.

Réconciliable, a. qui peut être

Réconciliateur, trice, a. qui réconcilie.

Réconciliation, sf. action de

Réconcilier, va. et p. raccommoder des personnes brouillées ; se réconcilier.

Réconduction, sf. (tacite), jouissance après le bail.

Reconduire, va. accompagner par civilité ; chasser. ir. ramener. [duire.

Reconduite, sf. act. de recon-

Réconfort, sm. consolation.

Réconfortation, sf. action de

Réconforter, va. fortifier; consoler. [connaître.

Reconnaissable, a. facile à re-

Reconnaissance, sf. action de reconnaître ; souvenir des bienfaits ; examen détaillé.

Reconnaissant, e, a. qui a de la gratitude.

Reconnaître, va. se rappeler l'image d'une personne ou d'une chose; remarquer; observer; avouer ; reconpenser vp. reprendre ses sens.

Reconnu, e , a. admis comme vrai. [nouveau.

Reconquérir, va. conquérir de

Reconstitution, sf. substitution de rente. [nouveau.

Reconstituer, va. constituer de

Reconstruction, sf. action de

Reconstruire, va. rebâtir.

Reconvention, sf. t. de pal.

Recopier, va. copier de nouveau. [ce qui est recoquillé.

Recoquillement, sm. état de

Recoquiller, va. et p. retrousser en coquille.

Recorder, va. remettre en son esprit. vp. se concerter.

Recorriger, va. corriger de nouveau.

Recors, sm. témoin qui accompagne l'huissier.

Recoucher, va. et p. remettre au lit. [est décousu.

Recoudre, va. coudre ce qui

Recoupe, sf. éclats de pierres taillées; grosse farine. [arch.

Recoupement , sm. retraite.

Recoupette, sf. grosse recoupe.

Recourber, va. courber par le bout.

Recourir, vn. courir de nouv.; avoir recours ; implorer.

Recours, sm. act. de recourir ; refuge; droit de reprise pour soi. [couvrer.

Recouvrable, a. qui peut se re-

Recouvrance, sf. recouvrement; art de recouvrer. v.

Recouvrement, sm. sorte de rebord qui recouvre; act. de

Recouvrer, va. retrouver; percevoir. [veau, masquer.

Recouvrir, va. couvrir de nou-

Récréance, sf. usufruit. Lettre de —, rappel d'un ambassadeur.

Récréatif, ve, a. qui récrée.

Récréation, sf. action de se

Récréer, va. et p. réjouir ; divertir.

Recréer, va. créer de nouveau.

Recrépir, va. crépir de nouv.; renouveler. fa.

Récrier (se), vp. faire une exclamation. [criminer.

Récrimination , sf. act. de ré-

Récriminatoire, a. qui tend à

Récriminer, vn. répondre par une accusation.

Récrire, va. écrire de nouv. ; faire réponse.

Recroiseté, a. (croix) dont les branches sont terminées par d'autres croix.

Recroqueviller (se), vp. recoquiller.

Recru, sm. bois repoussé après la coupe. a. las, harassé.

Recrudescence, sf. augmentation dans l'intensité.

Recrue, sf. nouvelle levée de soldats; ces soldats.

Recrutement, sm. action de

Recruter, va. *et* p. faire des recrues.

Recruteur, sm. qui recrute.

Recta, ad. ponctuellement. *fa.*

Rectangle, a. *et* sm. figure à angles droits. *géom.*

Rectangulaire, a. à angles droits

Recteur, sm. chef d'Académie; curé. a. (esprit) arôme.

Rectifiable, a. qui peut être rectifié. [tifie.

Rectificatif, ive, a. qui rec-

Rectification, sf. action de

Rectifier, va. redresser; remettre en état. [gnes droites.

Rectiligne, a. formé par des li-

Rectitude, sf. équité; justesse d'esprit; qualité d'une ligne droite. [d'un feuillet.

Recto, sm. i. première page

Rectoral, a. de recteur. [teur.

Rectorat, sm. charge de rec-

Rectum, sm. (om) gros intestin.

Reçu, sm. quittance. [etc.

Recueil, sm. collection d'écrits,

Recueillement, sm. act. de se

Recueillir, va. cueillir; ramasser; réunir; accueillir. vp. rappeler ses esprits.

Recuire, va. cuire de nouveau.

Recuit, s. la recuisson.

Recul, sm. (l) reculade.

Reculade, sf. act. de reculer.

Reculé, e, a. éloigné; lointain.

Reculée, sf. (feu de), trop grand feu.

Reculement, sm. action de

Reculer, va. n. *et* p. tirer; pousser; emporter en arrière. *fig.* éloigner; retarder.

Reculons (à), ad. en reculant.

Récupérateur, sm. qui recouvre quelque chose.

Récupération, sf. action de

Récupérer, va. recouvrer; se — vp. se dédommager.

Récurage, sm. action de

Récurer, va. *V.* Ecurer.

Récusable, a. qui peut être récusé.

Récusation, sf. act. de [cusé.

Récuser, va. rejeter un juge, un témoin.

Rédacteur, sm. qui rédige.

Rédaction, sf. act. de rédiger; résultat de cette action.

Redan, sm. pièce de fortification. *p. us*

Redarguer, va. (gu) blâmer.

Reddition, sf. act. de rendre.

Redéfaire, va. défaire de nouv.

Redemander, va. demander une deuxième fois; réclamer ce qu'on a prêté.

Rédempteur, sm. qui rachète; ne se dit que de J.-C.

Rédemption, sf. rachat du genre humain par J.-C.; rachat des captifs chrétiens.

Redescendre, va. *et* n. descendre de nouveau.

Redevable, a. *et* s. qui redoit. *fig.* obligé.

Redevance, sf. dette annuelle.

Redevancier, ière, s. obligé à redevance.

Redevoir, va. être en reste; devoir après un compte fait.

Rédhibition, sf. action de faire annuler une vente. *pal.*

Rédhibitoire, a. de rédhibition.

Rédiger, va. mettre par écrit.

Redimer (se), vp. se racheter. *pra.*

Redingote, sf. vêtement ample.

Redire, va. dire de nouv.; censurer.

Rediseur, euse, s. qui redit sans cesse. *fa.*

Redite, sf. répétition fréquente.

Redondance, sf. superfluité de mots.

Redondant, a. (mot) superflu.

Redonder, vn. surabonder. *gra.*

Redoublement, sm. augmentation.

Redoubler, va. *et* n. réitérer; augmenter; remettre une doublure.

Redoutable, a. fort à craindre.

Redoute, sf. pièce de fortification; bal.

Redouter, va. craindre fort.

Redressement, sm. action de redresser; effet de cette act.

Redresser, va. et p. rendre droit; élever de nouveau; châtier; réparer; se tenir droit; s'enorgueillir.

Redresseur, s. qui redresse. — de torts, chevalier errant.

Réductible, a. qui peut être réduit.

Reductif, ve, a. qui réduit.

Reduction, sf. action de

Reduire, va. restreindre; diminuer; contraindre; dompter.

Réduit, sm. retraite; bastion.

Réduplicatif, ve, a. qui répète. gra. [gra.

Réduplication, sf. répétition.

Réédification, sf. reconstruction.

Réédifier, va. rebâtir. [effet.

Réel, le, a. et sm. qui est en

Reélection, sf. act. de réélire.

Rééligible, a. qui peut être réélu.

Réélire, va. élire de nouveau.

Reellement, ad. véritablement.

Réexpédier, va. expédier de nouveau.

Réexportation, sf. action de

Reexporter, va. exporter des marchandises importées.

Refaçonner, va. façonner de nouveau.

Refaction, sf. réduction. com.

Refaire, va. n. et p. faire de nouveau; se rétablir; réparer; remettre en vigueur; tromper. pop.

Refait, sm. jeu à recommencer; nouveau bois du cerf.

Réfection, sf. reparation des forces; repas.

Réfectoire, sm. salle à manger d'une communauté.

Refend, sm. (mur de), de séparation;(bois de) scié en long; (pierre de) angulaire. [juge.

Référé, sm. rapport par un

Référendaire, sm. rapporteur.

Referer, va. et p. s'en rapporter à quelqu'un.

Refermer, va. fermer de nouv.

Referrer, va. remettre des fers.

Réfléchi, a. fait avec réflexion; qui réfléchit. t. de gra.

Réfléchir, va. repousser; renvoyer. vn penser; rejaillir.

Réfléchissant, a. qui est cause d'une réflexion.

Réfléchissement, sm. rejaillissement; réverbération. [chit.

Réflecteur, sm. corps qui réflé-

Réflectif, ive, a. qui résulte de la réflexion. [mière.

Reflet, sm. reflexion de la lu-

Refléter, va. envoyer de la lum.

Refleurir, vn. fleurir de nouveau. [réfléchir.

Réflexibilité, sf. propriété de

Réflexible, a. qui peut être réfléchi.

Réflexion, sf. réverbération; action de réfléchir; pensée qui en résulte. [source.

Refluer, vn. retourner vers sa

Reflux, sm. (u devant une consonne,uz devant une voyelle), mouvement réglé de la mer. fig. vicissitude.

Refonder, va. rembourser. pal.

Refondre, va. fondre de nouveau. fig. refaire.

Refonte, sf. action de refondre.

Réformable, a. qui peut être réformé. [me.

Réformateur, trice, s qui refor-

Reformation, sf. action de réformer.

Reforme, sf. rétablissement dans l'ordre; suppression d'abus; retranchement; réduction; congé; changements introduits dans l'Eglise par les protestants.

Reformé, sm. qui suit une réforme; protestant.

Reformer, va. et p. former de nouveau.

Reformer, va. et p. faire une reforme; retrancher; réduire.

Réformiste, s. a. partisan d'une réforme politique.

Refouiller, va. fouiller de nouveau.

Refoulement, sm. action de

Refouler, va. *et* n. fouler de nouveau ; bourrer avec le refouloir ; refluer.

Refouloir, sm. instrument pour bourrer le canon.

Réfractaire, a. *et* sm. rebelle.

Réfracter, va. produire la réfraction.

Réfractif, ve, a. qui produit la

Réfraction, sf. déviation d'un rayon de lumière.

Refrain, sm. répétition à chaque couplet, etc. ; retour des vagues. [réflexion.

Réfranger, va. renvoyer par

Réfrangibilité, sf. qualité de ce qui est [réfraction.

Réfrangible, a. susceptible de

Réfréner, va. réprimer.

Réfrigérant, a. *et* sm. qui rafraîchit ; vaisseau rempli d'eau pour condenser les vapeurs d'un alambic. [ment.

Réfrigération, sf. refroidisse-

Réfringent, a. qui produit une réfraction.

Refrognement, sm. action de

Refrogner ou Renfrogner (se), vp. rider le front par mécontentement. [froid ; ralentir.

Refroidir, va. n. *et* p. rendre

Refroidissement, sm. diminution de chaleur. au *p.* et au

Refuge, sm. asile ; retraite.[*fig.*

Réfugié, a. *et* s. retiré de son pays. [lieu de sûreté.

Réfugier (se), vp. se retirer en

Refuir, vn. revenir sur ses pas pour fuir. *vén.*

Refuite, sf. route pour fuir.

Refus, sm. action de

Refuser, va. ne pas accepter ; rejeter une demande. vp. se priver.

Réfutation, sf. discours pour

Réfuter, va. combattre par des raisons.

Regagner, va. gagner ce qu'on a perdu ; rejoindre.

Regaillardir, va. renaître en bonne humeur. *fa.*

Regain, sm. deuxième foin.

Régal, sm. festin. *fig.* grand plaisir. *fa.* pl. *régals. p. us.*

Régalade, sf. (boire à la), la tête renversée. *fa.* action de régaler.

Régalant, e, a. amusant. *fa.*

Régale, sm. un des jeux de l'orgue. sf. jouissance des bénéfices vacants. af. (eau) qui dissout l'or.

Régalement, sm. nivellement ; répartition d'une taxe.

Régaler, va. *et* p donner un régal ; niveler ; répartir; faire présent. *v.* [la royauté.

Régalien, a. (droit) attaché à

Regard, sm. action de la vue ; descente dans un aqueduc. en —, loc. ad. vis-à-vis.

Regardant, sm. qui regarde. a. qui regarde de trop près; trop ménager. *fa.*

Regarder, va. jeter la vue ; examiner ; considérer ; être vis-à-vis ; concerner.

Régence, sf. fonction de régent. [gérer.

Régénérateur, trice, s. qui ré-

Régénération, sf. reproduction ; renaissance.

Régénérer, va. *et* p. engendrer de nouveau ; réformer.

Régent, e, s. qui gouverne pendant la minorité ; sm. qui enseigne dans un collège.

Régenter, va. *et* enseigner ; maîtriser. [sinat d'un roi.

Régicide, sm. assassin, assas-

Régie, sf. administration.

Regimber, vn. ruer; résister. *fa.*

Régime, sm. man. de vivre. *méd.* manière de gouverner; mot dépendant d'un autre. *gram.*

Régiment, sm. corps militaire.

Régimentaire, a. de régiment.

Région, sf. grande étendue de pays, de l'atmosphère; portion du corps humain.

Régir, va. gouverner; administrer ; t. de gra.

Régisseur, sm. qui régit.

26

Régistrateur, sm. officier de la chancellerie romaine qui enregistre.

Registre ou Regître, sm. livre où l'on inscrit. t. d'imp. et de chimie.

Registrer, va. enregistrer.

Règle, sf. instrument pour tirer des lignes; opération d'arithmétique. fig. principe, ordre; modèle; statuts; reglement. pl. menstrues.

Réglé, a. conforme aux règles; (point) décidé; (esprit) sage; (papier) couvert de lignes.

Règlement, sm. statut; action de régler.

Réglementaire, a. de règlement.

Réglementer, vn. multiplier les règlements.

Régler, va. tirer des lignes; mettre en ordre; fixer; diriger; déterminer. se —, être réglé. [d'imprimerie.]

Réglet, sm. Réglette, f. règles.

Régleur, sm. ouvrier qui règle du papier de musique, etc.

Réglisse, sf. plante.

Réglure, sf. ouvrage du régleur.

Régnant, a. qui règne.

Règne, sm. gouvernement d'un roi; pouvoir; vogue; une des trois divisions de la nature.

Régner, vn. gouverner un État. fig. dominer; être en crédit; s'étendre. [turel d'un pays.]

Regnicole, a. et sm. (régi natu-

Regonflement, sm. élévation des eaux dont le cours est arrêté.

Regonfler, vn. sens du subst.

Regorgement, sm. action de

Regorger, vn. déborder; abonder.

Regouler, va. rabrouer; rassasier jusqu'au dégoût. pop.

Regrat, sm. marchandise qu'on achète pour la revendre en détail. [gratter un édifice.]

Regrattage, sm. action de regratter.

Regratter, va. gratter de nouv. vn. faire le regrattier.

Regratterie, sf. commerce du

Regrattier, ière, s. qui fait le regrat.

Régression, sf. sorte d'inversion des mots d'une phrase.

Regret, sm. chagrin d'avoir perdu; repentir. pl. plaintes. A regret, ad. avec répugnance.

Regrettable, a. qu'on doit

Regretter, va. être affligé d'une perte. [les; t. de graveur.]

Regrossir, va. élargir les tail-

Régularisation, sf. action de

Régulariser, va. rendre régulier.

Régularité, sf. état régulier.

Régulateur, sm. qui règle. horlo-

Régule, sm. métal pur. [gerie.]

Régulier, a. conforme aux règles; exact. et sm. religieux.

Régulièrement, ad. d'une manière régulière.

Réguline, af. (partie) régule.

Réhabilitation, sf. action de

Réhabiliter, va. et p. rétablir dans l'état, les droits, l'estime qu'on avait perdus.

Réhabituer, va. faire reprendre une habitude.

Rehaussement, sm. action de

Rehausser, va. hausser davantage. fig. augmenter; vanter.

Rehauts, sm. pl. éclats de lumière. peint.

Réimportation, sf. action de

Réimporter, va. importer de nouveau.

Réimposer, va. imposer de nouveau. [poser.]

Réimposition, sf. act. de réim-

Réimpression, sf. action de

Réimprimer, va. imprimer de nouveau.

Rein, sm. viscère. pl. le dos.

Reine, sf. femme de roi, femme qui règne; pièce du jeu d'échecs.— Claude, prune.— des prés; — marguerite, plantes.

Reinette V. Rainette.

Réinstallation, sf. action de

Réinstaller, va. installer de nouveau.

Reinté, a. large et fort des reins.

Réintegrande, sf. rétablissement dans la jouissance. *jur.*

Réintégration, sf. action de

Réintégrer, va. remettre en possession.

Re s-effendi, sm. chef de la correspondance en Turquie.

Réitératif, ive, a. qui réitère.

Réitération, sf. action de

Réitérer, va. dire, faire de neuveau.

Reitre, sm. cavalier allemand ; *vieux* —, vieux fourbe.

Rejaillir, vn. jaillir ; être réfléchi

Rejaillissement, sm. action de rejaillir.

Rejet, sm. act. de rejeter ; nouvelle pousse d'un végétal ; réimposition.

Rejetable, a. qui doit être rejeté.

Rejeter, va. jeter de nouv. ; repousser ; jeter dehors ; renvoyer. *fig.* ne pas agréer.

Rejeton, sm. nouveau jet. *fig.* descendant. [teinure.

Rejoindre, va. *et* p. réunir ; rat-

Rejointoyer, va. remplir les joints de nouv. *arch.*

Réjoui, e, s. a. personne gaie.

Réjouir, va. *et* p. divertir ; se féliciter.

Réjouissance, sf. démonstration de joie ; portion de basse viande.

Réjouissant, a. qui réjouit.

Relâchant, a. *et* sm. propre à relâcher.

Relâche, sm. repos. f. lieu pour relâcher. *mar.*

Relâché, a. qui n'est plus aussi fortement tendu. *fig.* moins sévère ; moins intègre.

Relâchement, sm. delassement ; état de ce qui est relâché.

Relâcher, va. *et* p. rendre moins tendu ; ralentir ; laisser aller ; céder ; diminuer. vn. s'arrêter. *mar.*

Relais, sm. chevaux, chiens frais en remplacement, t. de fortif. et de tapissier.

Relaisser, vn. s'arrêter de lassitude. *chas.*

Relancer, va. 1 ncer de nouveau ; poursuivre ; riposter.

Relaps, a. et s. (s) redevenu hérétique.

Rélargissement, sm. act. de

Relargir, va. rendre plus large.

Relater, va. raconter un fait.

Relatif, ve, a. qui a du rapport.

Relation, sf. rapport ; liaison ; recit.

Relativement, ad. par rapport.

Relaver, va. laver de nouv.

Relaxation, sf. relâchement.

Relaxé, a. qui a perdu sa tension.

Relaxer, va. remettre en liberté.

Relayer, va. *et* p. occuper les uns après les autres. vn. prendre des relais.

Relegation, sf. action de

Reléguer, va. exiler en un lieu fixe. vp. se retirer. [viande.

Relent, sm. mauvais goût de

Relevailles, sf. pl. benediction après les couches.

Relevé, a. noble ; sublime. sm. extrait de compte, etc. t. de maréchal et de venerie.

Relevee, sf. après-midi. *pra.*

Relevement, sm. act. de relever ; énumération exacte ; hauteur d'un navire.

Relever, va. n. *et* p. remettre debout ; reconstruire ; hausser ; ranimer ; faire valoir ; exalter ; censurer ; dépendre ; retrousser ; remplacer ; se remettre d'une perte, d'une maladie.

Releveur, a. *et* sm. (muscle) qui relève. [tonneau.

Reliage, sm. act. de relier un

Relief, sm. sculpture en bosse ; saillie. *fig.* éclat. pl. restes de mets. v.

Relier, va. lier de nouveau ; coudre et couvrir un livre ; cercler.

Relieur, euse, s. qui relie les livres.

Religieusement, ad. avec religion.

Religieux, se. a. de la religion; pieux; fidèle, et s. qui a fait des vœux dans un monastère.

Religion, sf. culte; foi; piété; ordre de Malte.

Religionnaire, s. protestant.

Relimer, va. limer de nouv.

Reliquaire, sm. boîte, cadre où l'on enchâsse des reliques. [etc.

Reliquat, sm. reste de compte,

Reliquataire, a. et sm. débiteur d'un reliquat

Relique, sf. reste d'un saint.

Relire, va. lire de nouveau.

Reliure, sf. ouvrage de relieur.

Relocation, sf. acte par lequel on reloue ou sous-loue.

Relouer, va. louer de nouv.; sous-louer. [fig. briller.

Reluire, vn. luire par réflexion.

Reluisant, a. qui reluit.

Reluquer, va. lorgner. fa

Remâcher, va. mâcher de nouveau; repasser dans l'esprit fa

Remaçonner, va. réparer.

Remaniement, sm. action de

Remanier, va. manier de nouveau; refaire. [seconde fois.

Remarier, va. et p marier une

Remarquable, a. digne de remarque. [man. remarquable

Remarquablement, ad d'une

Remarque, sf. observation; note; action de

Remarquer, va. marquer de nouv.; observer; distinguer.

Remballage, sm. action de

Remballer, va. emballer de nouveau.

Rembarquement, sm. action de

Rembarquer, va. n. et p. embarquer de nouv. [rejeter.

Rembarrer, va. repousser. fig.

Remblai, sm. terre rapportée.

Remblayer, va. combler de terres de rapport.

Remboîtement, sm. action de

Remboîter, va. remettre ce qui est déboîté.

Rembourrage, sm. apprêt des laines.

Rembourrement, sm. act. de

Rembourrer, va. garnir de bourre.

Remboursable, a. susceptible de

Remboursement, sm. action de

Rembourser, va. rendre le déboursé; racheter.

Rembrunir, va. rendre brun.

Rembrunissement, sm. état rembruni.

Rembûchement, sm. action de

Rembûcher (se, vp. rentrer dans le bois. se dit des bêtes fauves.

Remède, sm. ce qui sert à guérir; ce qui prévient, répare un malheur; lavement; alliage.

Remédiable, a. ce à quoi on peut porter remède. [de.

Remédier, vn apporter remède

Remêler, va. mêler de nouv.

Remembrance, sf. souvenir. v.

Remémoratif, ve, a. qui fait ressouvenir. [en mémoire.

Remémorer, vn. et p. remettre

Remercier, va. rendre grâces; refuser honnêtement; destituer. [grâces.

Remerciment, sm. actions de

Réméré, sm. droit de rachat. pal.

Remettre, va. mettre au lieu précédemment occupé; rétablir; restituer; rassurer; différer; pardonner. vp. se ressouvenir; s'en rapporter; se rassurer. [idée répétée.

Réminiscence, sf. ressouvenir;

Remise, sf. abri de voiture; retraite du gibier; retardement; argent remis; grace; droit de recette. sm. carrosse de louage. [mise.

Remiser, va. placer sous la re-

Remissible, a. pardonnable.

Remission, sf. pardon; diminution méd. [remission.

Rémissionnaire, s qui obtient

Rémittent, a. à rémission. méd.

Remmailler , va. refaire des mailles.

Remmailloter, va. remettre au maillot. {de nouveau.

Remmancher, va. emmancher

Remmener, va. emmener de nouveau.

Rémolade, ou Rémoulade, sf. remède pour les foulures des chevaux ; sauce piquante.

Remontage , sm. action de remon er des bottes.

Remonte, sf. chevaux pour remon er la cavalerie.

Remonter, va. n. et p. monter de nouveau ; examiner une chose dès l'origine ; aller contre le courant ; donner de nouveaux chevaux ; réparer.

Remontrance, sf. action de

Remontrer, va. représenter les inconvénients ; avertir.

Rémora, sm. obstacle ; poisson.

Remordre, va. mordre de nouv. vn. attaquer de nouv.

Remords , sm. reproche de la conscience.

Remorque, sf. action de

Remorquer, va. se dit d'un navire qui en tire un autre.

Remorqueur, sm. bâtiment qui remorque.

Remotis (à), ad. (s) à l'écart. fa.

Remoudre, va. moudre une seconde fois.

Remoulage, sm. son de la seconde mouture. [bulant.

Rémouleur, sm. émouleur am-

Remous , sm. tournoiement. mar.

Rempaillage, sm. ouvrage de rempailleur. [paille.

Rempailler , va. regarnir de

Rempailleur, euse, s. qui rempaille. [paquet.

Rempaqueter , va. remettre en

Remparer (se), vp. se fortifier ; s'emparer de nouveau.

Rempart, sm. levée de terre qui environne une place. fig. ce qui défend. {remplaçer.

Remplaçable , a. qu'on peut

Remplaçant, sm. celui qui remplace un conscrit, etc.

Remplacement, sm. action de

Remplacer, va. faire un emploi ; tenir lieu ; succéder à.

Rempiage , sm. action de remplir de vin une pièce ; blocage.

Rempli , sm. pli fait à une étoffe. [pli.

Remplier, va. faire un rem-

Remplir, va. emplir de nouv. ; achever d'emplir ; compléter ; occuper entièrement ; faire les fonctions ; satisfaire, etc.

Remplissage, sm. remplage ; ouvrage pour remplir. fig. inutilités dans un écrit.

Remplisseuse , sf. raccommodeuse de dentelle.

Remploi, sm. nouvel emploi.

Remployer, va. employer de nouveau.

Remplumer, va. et p. regarnir de plumes. fig. et fa. rétablir ses affaires ; s'engraisser. fa. [sa poche.

Rempocher, va. remettre dans

Rempoissonnement, sm. act. de

Rempoissonner , va. empoissonner de nouveau.

Remporter, va. reprendre ; gagner ; obtenir.

Rempotage, sm. action de

Rempoter , va. remettre une plante dans un pot.

Remuage , sm. act. de remuer.

Remuant, a. qui remue sans cesse. Esprit —, intrigant.

Remue-menage , sm. i. dérangement ; désordre.

Remuement, sm. mouvement. fig. brouillerie.

Remuer , va. n. et p. déplacer. fig. émouvoir ; agir ; exciter des troubles. [fermé.

Remugle, sm. odeur de ren-

Rémunérateur , trice, a. et s. qui récompense.

Rémunératif, ive, a. qui sert de récompense. [u.

Rémunération, sf. récompense

Rémunératoire, a. de récompense. *pal.*

Rémunérer, va. récompenser. *v.*

Renâcler, vn. renifler. *fig.* reculer. *pop.* [vellement.

Renaissance, sf. au *fig.* renou-

Renaissant, a. qui renaît.

Renaître, vn. naître de nouv.

Rénal, a qui a rapport aux reins.

Renard, s quadrupède rusé. *fig.* et *fa.* homme fin et rusé.

Renarde, sf. femelle du renard.

Renardeau, sm petit renard.

Renardière, sf. tanière de renard. [nouveau.

Renchaîner, va. enchaîner de

Renchéri, a. *et* s. (faire le), le difficile.

Renchérir, va. *et* n. enchérir.

Renchérissement, sm. enchérissement. [un coin.

Rencogner, va. pousser dans

Rencontre, sf. réunion par hasard ; jonction ; approche de deux choses mues en sens inverse ; occasion ; duel.

Rencontrer, va. trouver en cherchant ou par hasard. vn. dire à propos un mot fin. vp. avoir la même pensée.

Rendant, s. qui rend un compte.

Rendement, sm produit.

Rendetter (se), vp. contracter de nouvelles dettes.

Rendez-vous, sm. invitation ; lieu pour se réunir.

Rendormir, va. *et* p. endormir de nouveau.

Rendoubler, va. remplier pour raccourcir.

Rendre, va. remettre ce qu'on a reçu ou pris ; faire devenir ; produire ; livrer (une place, les armes) ; représenter ; traduire ; répéter ; rejeter. vn. aboutir. vp. se transporter ; se soumettre ; devenir.

Rendu, a. las. sm. ce que l'on fait en retour de. [veau.

Renduire, va. enduire de nou-

Rendurcissement, sm. action de se

Rendurcir, va. rendre plus dur.

Rêne, sf. courroie de bride. pl. conduite (du gouvernement).

Renégat, sm. qui renie sa religion.

Renfaîtage, sm. act. de faîte.

Renfaîter, va. raccommoder le

Renfermé, sm. odeur de ce qui a été longtemps renfermé.

Renfermer, va. *et* p. enfermer de nouveau ; comprendre ; contenir ; restreindre.

Renfiler, va. enfiler de nouv.

Renflammer, va. *et* p. enflammer de nouveau.

Renflement, sm. augmentation de diamètre.

Renfler, vn. grossir.

Renfoncement, sm. profondeur ; effet de perspective.

Renfoncer, va. enfoncer de nouveau.

Renforcement, sm. action de

Renforcer, va. *et* p. fortifier.

Renfort, sm. augmentation de force.

Renfrogner. V. Refrogner.

Rengagement, sm. act. de se

Rengager, va. *et* p. engager de nouveau.

Rengainer, va. remettre dans la gaîne. *fig.* reculer.

Rengorgement, sm. act. de

Rengorger (se), vp. avancer la gorge. *fig.* faire l'important. *fa.*

Rengraisser, va. n. *et* p. engraisser de nouveau.

Rengrènement, sm. act. de

Rengrener, va. remettre sous le balancier. *monnaie.*

Reniable, a. qu'on doit renier.

Renié, e, a. qui a renié ; apostat.

Reniement, sm. action de

Renier, va. désavouer.

Renieur, euse, s. qui renie.

Reniflement, sm. action de

Renifler, vn. renâcler. [pop.

Reniflerie, sf. action de renifler.

Renifleur, euse, s. qui renifle.

Renne, sm. quadrupède.
Renom, sm. (non) réputation.
Renommé, a. illustre; fameux.
Renommée, sf. réputation; bruit public; divinité.
Renommer, va. nommer avec éloge. vp. se réclamer.
Renoncement, sm. act. de
Renoncer, va. renier. vn. abandonner la possession, la prétention, etc. [noncer.
Renonciation, sf. acte pour re-
Renonculacées, sf. pl. famille des renoncules.
Renoncule, sf. plante.
Renouée, sf. plante à tiges noueuses. [ment.
Renouement, sm. renouvelle-
Renouer, va. nouer de nouv.; renouveler. [les membres.
Renoueur, euse, s. qui remet
Renouveau, sm. printemps. fa.
Renouvelable, a. qui peut être renouvelé.
Renouveler, va. n. et p. rendre nouveau; faire de nouv.
Renouvellement, sm. act. de renouveler.
Rénovateur, trice, s. qui renouvelle. [ment.
Rénovation, sf. renouvelle-
Renseignement, sm. indication.
Renseigner, va. enseigner de nouveau; indiquer.
Rentassé, e, a. trapu.
Rente, sf. revenu annuel.
Renté, a. qui a des rentes.
Renter, va. donner des revenus.
Rentier, s. qui a des rentes.
Rentoilage, sm. action de
Rentoiler, va. regarnir de toile.
Rentraire, va. faire une
Rentraiture, sf. couture imperceptible
Rentrant, a. qui rentre.
Rentrayeur, euse, s. qui sait rentraire.
Rentrée, sf. action de rentrer; retour; recouvrement d'une somme.
Rentrer, vn. entrer de nouv.; être perçu; recommencer; re-

prendre ses fonctions. va. porter dedans.
Renverse (à la), ad. sur le dos.
Renversement, sm. dérangement; action de
Renverser, va. et p. jeter par terre; bouleverser.
Renvoi, sm. act. de renvoyer; signe pour une note; marque dans un livre; ajournement.
Renvoyer, va. envoyer une seconde fois; faire reporter avec refus d'accepter; adresser; congédier; répercuter; absoudre; ajourner.
Réordination, sf. action de
Réordonner, va. conférer de nouveau les ordres sacrés.
Réorganisation, sf. organisation nouvelle.
Réorganiser, va. organiser de nouveau.
Réouverture, sf. action de rouvrir. [féroces, de voleurs.
Repaire, sm. retraite de betes
Repaître, va. et p. au p. et au fig. nourrir.
Répandre, va. et p. verser; distribuer. fig. propager.
Répandu, e, a. qui voit beaucoup de monde. [rer.
Réparable, a. qu'on p ut répa-
Reparaître, vn. paraître de nouveau. [répare.
Réparateur, trice, a. et s. qui
Réparation, sf. action de
Réparer, va. rétablir; donner satisfaction; raccommoder.
Reparler, vn. parler de nouv.
Repartie, sf. réplique.
Repartir, vn. partir de nouv. et a. répliquer.
Répartir, va. partager.
Répartissable, a. qu'on peut répartir.
Répartiteur, sm. et a. celui qui fait une
Répartition, sf. distribution.
Repas, sm. nourriture réglée.
Repassage, sm. act. de repasser les chapeaux, le linge, etc.

Repasser, va. *et* n. aiguiser; passer une autre fois; — *des couteaux*, les aiguiser. — *du linge*, etc, l'unir avec un fer chaud; répéter. [outils.

Repasseur, s. qui aiguise des

Repasseuse, sf. celle qui repasse le linge.

Repêcher, va. retirer de l'eau.

Repeindre, va. peindre de nouv.

Repeint, sm. endroit d'un tableau qui a été retouché.

Repentance, sf. repentir.

Repentant, a. qui se repent.

Repentir, sm. regret d'une chose. vp. avoir regret.

Repercer, va. percer de nouv.

Repercussif, ve, a. qui répercute

Repercussion, sf. action de

Repercuter, va. faire rentrer. *méd.* réfléchir *phys.*

Repère, sm. jalon; marque aux pièces d'assemblage.

Répertoire, sm. table de livre; liste; recueil de pièces qu'on joue. [fois.

Repeser, va. peser une seconde

Repetailler, va. répéter trop *fa.*

Repéter, va. redire; réclamer; refaire; faire des répétitions.

Répétiteur, sm. qui fait répéter les écoliers.

Répétition, sf. redite; réclamation; essai préalable d'une pièce qui doit être jouée; exercice des élèves qu'on répète.

Repeuplement, sm. action de

Repeupler, va. peupler de nouv.

Repiquage, sm. action de repiquer; son effet.

Repiquer, va. piquer de nouveau; transplanter une jeune plante.

Répit, sm. relâche; délai.

Replacer, va. remettre en place.

Replanter, va. planter de nouv.

Replâtrage, sm. reparation superficielle.

Replâtrer, va. renduire de plâtre *fig.* et *fa.* chercher à reparer une faute.

Replet, ète, a. qui a trop d'embonpoint.

Réplétion, sf. plénitude d'humeurs; t. de droit.

Repli, sm. pli redoublé. pl. mouvement des reptiles. *fig.* et *fa.* les *replis de l'âme.*

Replier, va. plier de nouveau. vp. rétrograder.

Réplique, sf. réponse; répétition. *mus.*

Répliquer, va. *et* n. répondre.

Replonger, va. plonger de nouveu.

Repolir, va. polir de nouveau.

Répondant, sm. qui subit un examen; qui répond à la messe; caution.

Repondre, va. pondre de nouv.

Répondre, va. *et* n. repartir sur ce qui est dit, écrit ou demandé; avoir rapport; réfuter; être caution; aboutir; réaliser l'espoir.

Répons, sm. partie de l'office.

Réponse, sf. ce qu'on répond.

Report, sm. action de reporter une somme; la somme elle-même. *com.*

Reporter, va. porter une chose à sa première place; redire. vp. se transporter en idée.

Repos, sm. cessation de mouvement, de travail; sommeil; césure; palier. t. de peinture (n'a de pl. que dans les trois dernières acceptions.)

Reposé, e, a. délassé; teint —, frais. [chass.

Reposée, sf. repos de la bête.

Reposer, va. poser de nouv.; mettre dans un état tranquille. vn. dormir; cesser d'agir. *Laisser reposer une terre*, être sans la cultiver; avoir pour base. vp. se confier en; prendre du repos.

Reposoir, sm. autel temporaire.

Repoussable, a. qu'on peut repousser.

Repoussant, a. qui inspire de l'aversion, du dégoût.

Repoussement, sm. action de

Repousser, va. *et* n. rejeter; faire reculer; réfuter; pousser de nouveau en parlant des plantes et des cheveux.

Repoussoir, sm. outils divers.

Répréhensible, a. digne de répréhension.

Répréhensif, a. qui réprimande

Répréhension, sf. blâme; réprimande.

Reprendre, va. prendre de nouveau; continuer ce qui avait été interrompu; critiquer; recouvrer; réprimander. vn. prendre de nouveau racine.

Représaille, sf. vengeance. *User de représailles*, repousser une injure par une autre.

Représentant, sm. *et* a. qui agit pour d'autres; député.

Représentatif, ve, a. qui représente. *Gouvernement —*, où l'autorité est dirigée par des représentants élus par le peuple.

Représentation, sf. action de représenter; remontrance respectueuse; air d'une personne; faste exigé des gens considérables; droit de succéder; image; peinture.

Représenter, va. n. *et* p. présenter de nouveau; exhiber; figurer; tenir la place; remontrer; jouer la comédie; rendre l'image; exprimer; peindre; avoir un extérieur imposant; faire honneur à son rang.   [primé.

Répressible, a. qui doit être réprimé

Répressif, ve, a. qui réprime.

Répression, sf. action de réprimer.   [primé.

Réprimable, a. qui doit être réprimé

Réprimandable, a. qui doit être réprimandé.   [bale.

Réprimande, sf. correction verbale.

Réprimander, va. m. s.

Réprimant, a. qui réprime.

Réprimer, va. arreter les progrès, plus usité au fig. réprimer le vice, les passions, etc.

Reprise, sf. action de reprendre; continuation après interruption; réparation; terme de jeu; plante. au pl. somme que la veuve ou les enfants ont le droit de reprendre dans une succession.

Repriser, va. raccommoder en faisant des reprises. *fig.* reconnaître la probité.

Réprobateur, trice, a. qui annonce, qui exprime la   [prouver.

Réprobation, sf. action de réprouver.

Reprochable, a. reprehensible; récusable. *pal.*

Reproche, sm. ce qu'on dit à quelqu'un pour lui faire honte, etc.; motif pour récuser.

Reprocher, va. objecter pour humilier; récuser. vp. se repentir.

Reproducteur, a. qui reproduit.

Reproductibilité, sf. faculté d'être reproduit.   [reproduire.

Reproductible, a. qu'on peut

Reproduction, sf. action de

Reproduire, va. *et* p. produire de nouveau.

Réprouvé, sm. damné.

Réprouver, va. désapprouver; condamner.

Reps, sm. étoffe de soie.

Reptile, a. *et* sm. animal qui rampe.

Républicain, a. *et* s. qui appartient à une république, *ou* partisan de ce gouvernement.

Républicaniser, va. donner les opinions de la république.

Républicanisme, sm. affection au régime républicain.

République, sf. état gouverné par plusieurs; chose publique; — *des lettres*, les hommes de lettres pris en corps.

Répudiable, a. qui peut être répudié.

Répudiation, sf. action de   [cer.

Répudier, va. divorcer, renon-

Répugnance, sf. aversion.

Répugnant, a. qui déplaît.

Répugner, vn. être opposé; inspirer; avoir de la répugnance

Repulluler, vn. pulluler de nouveau.

Répulsif, ve, a. qui repousse.

Répulsion, sf. act. de repousser.

Réputation, sf. estime publique.

Réputé, a. censé, regardé comme

Réputer, va. présumer; estimer.

Requérable, a qui doit être requis.

Requérant, a. qui requiert.

Requérir, va. prier; demander en justice; exiger; réclamer; sommer.

Requête, sf. demande en justice; prière.

Requêter, va. quêter de nouv.

Requiem, sm. (rekuiéme) prière pour les morts.

Requin, sm. poisson de mer

Requinquer (s'), vp. se parer avec recherche. fa

Requis, a. convenable.

Réquisition, sf. act. de requérir; de mettre à la disposition de l'Etat. [quisition. mil.

Réquisitionnaire, sm. de la réquisition.

Réquisitoire, sm. réquisition.

Rescif, V. Récif. [pal.

Rescindant, sm. demande en cassation d'un arrêt.

Rescinder, va. annuler un acte.

Rescision, sf. cassation d'acte.

Rescisoire, a. et s. m motif de rescision. [payement.

Rescription, sf. mandat de

Rescrit, sm. réponse de l'autorité. [de fil, etc.

Réseau, sm. petits rets; tissu

Réséda, sm. plante odorante.

Réservation, sf. action de réserver.

Réserve, sf. exception; choses réservées; troupes, vaisseaux, etc. discrétion; retenue. A la réserve de, loc. adv. à l'exception de.

Réserver, va. et p. garder (une partie du total); garder pour un autre temps, un autre usage. vp. attendre.

Réservoir, sm. lieu où l'on ramasse de l'eau, etc.

Résidant, a. qui réside.

Résidence, sf. demeure ordinaire; emploi de résident.

Résident, sm. envoyé près d'un prince.

Résider, vn. faire sa demeure. fig. exister dans. [ment.

Résidu, sm. le restant; sédi-

Résignant, sm. qui résigne un office. [signe.

Résignataire, sm. à qui on résigne

Résignation, sf. action de

Résigner, va. se démettre d'un office. vp. se soumettre.

Résiliation, sf. action de

Résilier, va. casser un contrat.

Résille, sf. coiffure espagnole; réseau.

Résine, sf. substance végétale grasse, etc.

Résineux, se, a. de résine.

Resipiscence, sf. repentir.

Résistance, sf. action de

Résister, vn. ne pas céder; s'opposer; supporter; endurer.

Résolu, a. et s. décidé; hardi.

Résoluble, a. qui peut être résolu. [resolue.

Résolûment, ad. d'une man.

Résolutif, ve, a. et sm. qui résout. pharm.

Résolution, sf. cessation de consistance; décision d'esprit; courage; terme de méd.

Résolutoire, a. qui casse un acte.

Résolvant, a. et sm. qui résout.

Résonnance, sf. battement graduel du son.

Résonnant, a. qui retentit.

Résonnement, sm. retentissement.

Résonner, va. renvoyer le son.

Résorption, sf. act. d'absorber une seconde fois.

Résoudre, va. n. et p. détruire la consistance; rendre nul; dissiper; amollir; déterminer à.

Respect, sm. (èk) vénération; rapport. v. pl. hommages.

Respectable, a. digne de respect.

Respecter, va. révérer ; épargner. vp. garder la décence.

Respectif, ve, a. réciproque.

Respectivement, ad. m. s. [pect.

Respectueusement, ad. avec respect.

Respectueux, se, a. plein de respect. [pirer.

Respirable, a. qu'on peut respirer.

Respiration, sf. act. de respirer.

Respiratoire, a. qui a rapport à la respiration.

Respirer, vn. et a. vivre ; aspirer et expirer l'air ; prendre du repos. fig. témoigner ; désirer. [clat.

Resplendir, vn. briller avec éclat.

Resplendissant, a. qui resplendit.

Resplendissement, sm. grand éclat de lumière.

Responsabilité, sf. garantie.

Responsable, a. qui doit être garant. [réponse. pal.

Responsif, ve, a. qui contient réponse.

Ressac, sm. (re) choc des vagues. [nouveau.

Ressaigner, va. saigner de nouveau.

Ressaisir, va. saisir de nouv.

Ressasser, va. sasser de nouv. fig. examiner de nouveau.

Ressaut, sm. saillie de corniche, etc.

Ressauter, vn. sauter de nouv.

Resseller, va. remettre la selle à un cheval.

Ressemblance, sf. conformité.

Ressemblant, a. qui ressemble.

Ressembler, vn. avoir de la ressemblance.

Ressemelage, sm. action de

Ressemeler, va. remettre des semelles.

Ressemer, va. semer de nouv.

Ressentiment, sm. faible attaque d'un mal ; souvenir des injures et désir de s'en venger

Ressentir, va. et p. sentir ; avoir part ; éprouver.

Resserrement, sm. action de

Resserrer, va. et p. serrer davantage ; rétrécir ; enfermer ; abréger.

Ressort, sm. élasticité ; métal élastique fig. activité, énergie ; juridiction ; moyen ; force.

Ressortir, vn. sortir de nouv. ; dépendre de la juridiction ; être plus saillant.

Ressortissant, a. qui ressortit.

Ressouder, va. souder de nouv.

Ressource, sf. ce à quoi on a recours ; moyens ; expédient.

Ressouvenir (se), vp. et imp. se souvenir ; faire attention. sm. idée du passé.

Ressuage, sm. séparation de l'argent d'avec le cuivre ; act. de [intérieure.

Ressuer, vn. rendre l'humidité

Ressui, sm. (ré) retraite à gibier après la pluie.

Ressusciter, va. et n. ramener ; revenir à la vie.

Ressuyer, va. n. et p. sécher.

Restant, a. qui reste. sm. ce qui reste.

Restaur, sm. recours réciproque des assureurs.

Restaurant, a. et sm. qui répare les forces ; établissement de restaurateur.

Restaurateur, trice, s. a. qui rétablit ; traiteur.

Restauration, sf. rétablissement d'une anc. dynastie ; réparation.

Restaurer, va. et p. rétablir. réparer ; prendre un repas.

Reste, sm. ce qui demeure d'un tout. pl. cadavre. Au reste, du reste, ad. au surplus.

Rester, vn. être de reste ; se fixer ; demeurer après les autres.

Restituable, a. qu'on doit

Restituer, va. rendre ; rétablir.

Restitution, sf. action de restituer.

Restreindre, va. et p. resserrer. vp. (se) réduire à.

Restrictif, ve, a. qui restreint.

Restriction, sf. modification.

Restringent, a. et sm. qui resserre. méd.

Résultant, a. qui résulte. sf.
t. de math.

Résultat, sm. ce qui résulte ;
conséquence.

Résulter, vn. imp. s'ensuivre.

Résumé, sm. précis.

Résumer, va. et p. réduire en
peu de mots; conclure.

Résumption. sf. récapitulation.

Résurrection, sf. retour à la vie.

Rétable, sm. appui d'autel.

Rétablir, va. et p. remettre en
bon état.

Rétablissement, sm. action de
rétablir; état de ce qui est ré-
tabli.   en façonnant.

Retaille, sf. portion retranchée

Retailler, va. tailler de nouv.

Retaper, va. retrousser; peigner.   d'horlogerie.

Retard, sm. retardement. t.

Retardataire, s. qui est en retard. du mouvem. d'un corps

Retardation, sf. ralentissement

Retardatrice, a. se dit de la
force qui retarde le mouvement des corps.

Retardement, sm. délai; remise.

Retarder, va. différer; entraver la marche; remettre. vn.
être en retard.

Retendre, va. tendre de nouv.

Rétendre, va. étendre de nouv.

Retenir, va. garder; réserver;
arrêter; modérer; prélever;
imprimer dans sa mémoire.

Rétentif, ive, a. qui retient.

Rétention, sf. réserve. pal. difficulté d'uriner.

Rétentionnaire, s. qui retient le
bien d'autrui.

Retentir, vn. rendre un son
éclatant.

Retentissant, a. qui retentit.

Retentissement, sm. action de
retentir.   serve. pal.

Retentum, sm. i. (intom); ré-

Retenu, e, a. circonspect.

Retenue, sf. ce qu'on retient;
modération ; réserve; privation de récréation.

Retersage, sm. action de

Reterser, va. donner un second
labour à la vigne.

Rétiaire, sm. espèce de gladiateur. ant.

Réticence, sf. omission. rhét.

Réticulaire, Réticulé, a. en forme
de réseau.

Rétif, ve, a. et s. qui résiste.

Rétine, sf. expansion du nerf
optique.   fortif.

Retirade, sf. retranchement.

Retiration, sf. action d'impri-

Retiré, solitaire. er le verso.

Retirement, sm. contraction.

Retirer, va. ôter; recueillir;
au fig. sauver d'un vice ou
d'un danger. vp. s'en aller ;
se raccourcir; se réfugier.

Retombée, sf. naissance de
voûte.   veau.

Retomber, vn. tomber de nou-

Retordement, sm. action de

Retordre, va. tordre de nouv.

Retorquer, va. tourner contre
son adversaire les raisons
qu'il a employées.   fa.

Retors, a. retordu, et sm. rusé.

Rétorsion, sf. action de retorquer.   cornue.

Retorte, sf. vaisseau de chimie.

Retouche, sf. endroit retouché.
peint.   veau; corriger.

Retoucher, va. toucher de nou-

Retour, sm. action de revenir;
vicissitude des affaires; équivalent; finesse. Etre sur le
retour, vieillir, décliner.

Retourne, sf. carte qu'on retourne à certains jeux.

Retourner, va. et p. tourner
d'un autre sens. vn. aller de
nouveau dans un lieu. vp.
regarder derrière soi. S'en
retourner, vp. s'en aller.

Retracer, va. et p. tracer de
nouveau.   tracté.

Rétractable, a. qui peut être ré-

Rétractation, sf. action de se

Rétracter, va. renoncer à une
opinion. vp. se dédire.

Rétractile, a. qui a la faculté
de se retirer.

Rétractilité, sf. qualité de ce qui est rétractile. *hist. nat.*

Rétraction, sf. contraction; raccourcissement. *méd.*

Retraire, va. retirer un bien vendu. [a. rétréci; resserré.

Retrait, sm. act. de retraire.

Retraite, sf. act. de se retirer; lieu où l'on se retire; pension; signal pour faire rentrer les soldats.

Retraité, a. qui est à la retraite.

Retranchement, sm. suppression; ouvrage militaire pour se couvrir.

Retrancher, va. séparer une partie d'un tout; supprimer. vp. se fortifier; se restreindre. [trait. *pal.*

Retrayant, s. qui exerce le re-

Rétréci, e, a. étroit *fig.* borné.

Rétrécir, va. n. *et* p. rendre, devenir plus étroit

Rétrécissement, sm. état de ce qui est rétréci.

Retremper, va. tremper de nouveau; redonner de l'énergie.

Rétribuer, va. donner le salaire.

Rétribution, sf. salaire.

Rétroactif, ve, a. qui agit sur le passé.

Rétroaction, sf. même sens.

Rétroactivité, sf. qualité de ce qui est rétroactif.

Rétroagir, vn. avoir un effet rétroactif.

Rétrocéder, va. rendre ce qui avait été cédé. *pra.*

Rétrocession, sf. acte pour rétrocéder.

Rétrogradation, sf. retour. *astr.*

Rétrograde, a. qui va en arrière.

Rétrograder, vn. m. s.

Rétrospectif, ive, a. qui regarde en arrière.

Rétrospectivement, adv. d'une man. rétrospective.

Retroussement, sm. action de

Retrousser, va. *et* p. relever en haut.

Retroussis, sm. bord retroussé.

Retrouver, va. *et* p. trouver ce

qu'on avait perdu; reconnaître.

Rets, sm. filet à prendre du poisson, des oiseaux. *fig.* piége.

Réunion, sf. action de réunir et l'effet qui en résulte. *fig.* réconciliation; assemblée.

Réunir, va. *et* p. rejoindre. *fig.* réconcilier. [venir bien.

Réussir, vn avoir du succès;

Réussite, sf. bon succès; issue.

Revaloir, va. rendre la pareille.

Revanche, sf. action de se revancher; deuxième partie de jeu accordée au perdant. En —, ad. en compensation.

Revancher, va. défendre quelqu'un. vp. rendre la pareille. *fa.* [che.

Revancheur, sm. qui revan-

Rêvasser, vn. s'abandonner à la

Rêvasserie, sf. rêve en état de veille.

Rêvasseur, sm. celui qui rêvasse *fa.* [mérique.

Rêve, sm. songe. *fig.* idée chi-

Revêche, a. rude. *fig.* peu traitable. sf. étoffe.

Réveil, sm. cessation de sommeil; sonnette pour éveiller.

Réveille-matin, sm. horloge; ouvrier bruyant; nouvelle. *fa.* [se — vp. s'éveiller.

Réveiller, va. éveiller; ranimer.

Réveillon, sm. repas au m lieu de la nuit; touches brillantes. *peint.*

Révélateur, trice, s. celui, celle qui fait la révélation d'un complot politique, etc.

Révélation, sf. inspiration; chose révélée; act. de [cret.

Révéler, va. découvrir un se-

Revenant, a. qui plaît. sm. esprit qui revient. *Revenant-bon*, profit éventuel.

Revendage, sm. ce qu'on vend au profit du créancier.

Revendeur, euse, s. qui revend.

Revendication, sf. action de

Revendiquer, va. réclamer ce qui est à soi.

Revendre, va. vendre ce qu'on a acheté.

Revenir, vn. venir de nouv. recommencer à dire, à faire; se rétablir; plaire; valoir; s'apaiser.

Revente, sf. deuxième vente.

Revenu, sm. produit annuel; rente.   (vient.

Revenue, sf. jeune bois qui re-

Rêver, vn. et a. faire un rêve; penser; extravaguer; être distrait.

Réverbération, sf. réflexion de la lumière, de la chaleur.

Réverbère, sm. miroir de lampe; lanterne.

Réverbérer, va. réfléchir phys.

Reverdir, va. repeindre de vert. vn. redevenir vert. fig. rajeunir.

Reverdissement, sm. action de reverdir.   (respect.

Révéremment, ad. (ra) avec

Révérence, sf. respect; titre; mouvement du corps pour saluer; vénération.

Révérencielle, af. (crainte) respectueuse des enfants envers leurs parents. pal.

Révérencieusement, ad. avec respect.

Révérencieux, euse, a. qui fait trop de révérences. fa.

Révérend, a. et s. respectable; titre donné aux religieux.

Révérendissime, a. très-révérend; titre des prélats.

Révérer, va. honorer.

Rêverie, sf. pensée vague; idée extravagante; délire.

Revers, sm. coup d'arrière-main; côté opposé à la tête. mon. sens contraire. fa. verso; retroussis. fig. accident inattendu; disgrâce.

Réversal, a. et sf. (acte) d'assurance. diplom. pl. m. aux.

Reversement, sm. action de

Reverser, va. verser de nouv.; transporter. mar.

Reversi, sm. jeu de cartes.

Reversibilité, sf. qualité de ce qui est reversible. jur.

Réversible, a. qui doit retourner

Réversion, sf. réunion. féod.

Revestiaire, sm. vestiaire des prêtres.

Revêtement, sm. ouvrage de pierre pour revêtir. fortif. sorte de placage.

Revêtir, va. et p. habiller; pourvoir; faire un revêtement.

Revêtu, a. habillé; recouvert. fig. investi de.

Rêveur, euse, s. qui rêve.

Revider, va. vider de nouveau; agrandir un trou. t. de lapidaire.

Revirade, sf. t. de trictrac.

Revirement, sm. act. de revirer; virement.

Revirer, vn. tourner d'un autre côté; changer de bord. mar.

Reviser, va. examiner de nouv.

Réviseur, sm. qui revoit après un autre.

Révision, sf. nouvel examen.

Revivification, sf. action de

Revivifier, va. vivifier de nouv.

Revivre, vn. ressusciter. fig. faire — ranimer; rétablir, faire reparaître.   (quer.

Révocable, a. qu'on peut révo-

Révocation, sf. action de révoquer.

Révocatoire, a. qui révoque.

Revoici, Revoilà, prép. voici, voilà de nouveau. fa.

Revoir, va. n. et p. voir, examiner de nouveau. sm. au—, à la première rencontre.

Revolin, sm. tourbillon de vent.

Révoltant, a. qui révolte.

Révolte, sf. insurrection.

Révolté, sm. qui se révolte.

Révolter, va. et p. soulever; porter à la révolte; indigner.

Révolu, a. (temps) achevé. astr.

Révoluté, e, a. roulé en dehors. bot.

Révolution, sf. retour d'un astre; bouleversement politique; vive émotion.

Révolutionnaire , a. *et* s. (partisan) de révolution.

Révolutionnairement, ad. d'une manière révolutionnaire.

Révolutionner, va. mettre en révolution.

Revolver, sm. pistolet à plusieurs coups.   [avalé.

Revomir, va. vomir ce qu'on a

Révoquer, va. rappeler; annuler; destituer ;—*en doute*, douter.

Revue, sf. inspection ; examen.

Révulsif, ve, a. qui détourne les humeurs, le sang. |sifs.

Révulsion , sf. effet des revul-

Rez, prép. (*ré*) tout contre. *Rez-de-chaussée* , sm. i. niveau du terrain.   [*fa*.

Rhabillage, sm. raccommodage.

Rhabiller, va. habiller de nouveau; raccommoder. *fa* |*méd*.

Rhagade , sf. gerçure ; ulcère.

Rhéteur, sm. professeur d'éloquence. *ant*. mauvais orateur.

Rhétoricien , sm. qui sait, qui étudie la

Rhétorique , sf. art de bien dire ; traité de cet art; classe où on l'enseigne.

Rhingrave, sm. comte du Rhin. f. culotte. *v*.

Rhinocéros, sm. (*s*) grand quadrupède ; coléoptère.

Rhodium , sm. métal fort rare et très-difficile à fondre.

Rhododendron, sm. arbrisseau.

Rhombe, sm. losange.

Rhomboïdal, a. en rhomboïde.

Rhomboïde, sm. figure de géométrie.

Rhubarbe, sf. plante médicinale

Rhum, sm. *V.* Rum.

Rhumatisant , e, a. affecté de rhumatisme.

Rhumatismal, e, a. de

Rhumatisme, sm. douleur. *méd*.

Rhume, sm. fluxion des bronches avec toux ;—*de cerveau*, inflammation de la muqueuse nasale,   [sure.

Rhythme, sm. cadence ; me-

Rhythmique, a. du rhythme.

Riant, e, a. qui marque de la gaieté ; gracieux.

Ribambelle, sf. kyrielle. *fa*.

Ribaud , e, a. *et* s. de mauvaise vie; luxurieux. pop.

Riblette , sf. viande grillée.

Ribleur, sm. filou de nuit. *v*.

Ribord, sm. bordage près de la quille.   [le choc. *mar*.

Ribordage, sm. dommage par

Ribote , sf. excès de table ou de boisson. pop.

Riboter, vn. faire ribote. pop.

Riboteur, se, s. celui, celle qui aime à riboter. pop.

Ricanement, sm. action de

Ricaner, vn. rire à demi (par sottise, malice ou insolence).

Ricanerie, sf. rire moqueur.

Ricaneur, euse, s. qui ricane.

Ric-à-ric, ad. à la rigueur. *fa*.

Richard, sm. homme riche. *fa*.

Riche, a. *et* s. qui a du bien ; précieux ; abondant.   [riche.

Richement, ad. d'une manière

Richesse , sf. abondance de biens ; fécondité. pl. grands biens; magnificence. |che. *fa*.

Richissime, a. extrêmement ri-

Ricin *ou* Palma-Christi, sm. plante.   [chets.

Ricocher, vn. faire des rico-

Ricochet, sm. bond d'une pierre sur l'eau ; (batterie à) t. d'*artil*. ; *fig*. suite d'événements amenés les uns par les autres.   [l'eau, etc.

Ride, sf. pli sur la peau, sur

Ride, e, a. qui a des rides.

Rideau, sm. étoffe pour cacher. *fig*. chose qui masque la vue.

Ridelle, sf. côté à claire-voie d'une charrette.

Rider, va. *et* p. faire des rides.

Ridicule, a. digne de risée. sm. défaut ; petit sac à cordons.

Ridiculement , ad. d'une man. ridicule.   [ridicule.

Ridiculiser, va. *et* p. rendre

Rien, sm. néant ; nulle chose; quelque chose. pl. bagatelles.

Rieur, euse, s. qui aime à rire.

Riflard, sm. espèce de grand rabot; ciseau en forme de palette. *charp.* et *maçon.* vieux parapluie. [flard.

Rifler, va. aplanir avec le ri-
R'floir, sm. lime recourbée.

Rigide, a. sévère; exact, austère.

Rigidement, ad. avec

Rigidité, sf. sévérité, austérité.

Rigodon, sm. air et danse.

Rigole, sf. tranchée pour faire couler l'eau.

Rigoler, va. plaisanter. *pop.*

Rigorisme, sm. morale trop sévère. [en morale.

Rigoriste, a. et s. trop sévère

Rigoureusement, ad. avec rigueur; exactement.

Rigoureux, se, a. très-sévère, rude; exact.

Rigueur, sf. sévérité; âpreté; exactitude. *A la rigueur,* loc. adv. sans adoucissement; à la lettre.

Rillette, sf. viandes hachées très-menu. [vais vers.

Rimailler, vn. faire de mau-
Rimailleur, sm. qui rimaille.

Rime, sf. retour régulier des mêmes consonnes. pl. vers.

Rimer, va. faire consonner; se terminer de même; faire des vers.

Rimeur, sm. mauvais poète.

Rincé, a. mouillé; réprimandé ou battu. *pop.* [ment.

Rinceau, sm. feuillage d'orne-
Rincée, sf. coups nombreux. *pop*

Rincer, va. nettoyer en lavant.

Rinçure, sf. eau dans laquelle on a rincé.

Rinforzando, adv. (mot ital.) en renforçant. [ron.

Ringard, sm. instr. de forge-
Ripaille, sf. grande chère. *pop.*

R. pailler, vn. faire ripaille. *pop.*

Ripe, sf. outil de maçon, de sculp., etc.

Riole, sf. plaisir grossier *pop.*

Riper, va. ratisser avec la ripe.

Ripopée, sf. mélange de vins, etc.; discours renfermant des idées triviales et incohérentes. *mép.*

Riposte, sf. repartie; Lutte en parant. *escr.*

Riposter, va. répondre vivement; frapper en parant.

Ripuaire, a. des bords du Rhin.

Rire, vn. exprimer les impressions de la joie par un mouvement des lèvres. *fig.* se divertir; railler; badiner. vp. se moquer. sm. ris.

Ris, sm. action de rire; glande sous la gorge du veau; œillets des garcettes.

Risdale, sf. V. Rixdale.

Risée, sf. grand éclat de rire, moquerie.

Risette, sf. rire enfantin.

Risibilité, sf. faculté de rire.

Risible, a. capable de rire, de faire rire.

Risquable, a. périlleux.

Risque, sm. danger; péril.

Risquer, va. et n. hasarder.

Rissole, sf. sorte de pâtisserie.

Rissoler, va. roussir en rôtissant. [farcie.

Rissolette, sf. rôtie de pain

Ristorne, sf. annulation d'une police d'assurance. *com.*

Rit, (t) Rite, sm. cérémonial religieux.

Ritournelle, sf. reprise d'un chant; répétition. *fa.*

Ritualiste, sm. qui traite des divers rites. [prières.

Rituel, sm. livre de rites et de

Rivage, sm. bord de la mer.

Rival, e, s. et a. concurrent.

Rivaliser, va. et n. disputer de mérite.

Rivalité, sf. concurrence.

Rive, sf. bord de l'eau.

River, va. abattre; aplatir la pointe d'un clou.

Riverain, s. et a. qui habite le long des bords d'une rivière, d'un bois.

Rivesaltes, sm. sorte de vin muscat.

Rivet, sm. clou rivé *maréch.*

Rivière, sf. cours d'eau assez considérable qui se jette dans un fleuve.

Rivulaire, a. qui croît sur les rivages. [rurerie.

Rivure, sf. broche de fer. ser-

Rixdale, sf. monnaie d'argent de quelques États du nord.

Rixe, sf. querelle; débat.

Riz, sm. plante; son grain.

Rizière, sf. terre semée de riz.

Rob, sm. suc épaissi de plantes, de fruits cuits.

Rob ou Robre, sm. t. du jeu de whist.

Robe, sf. vêtement long; profession de judicature ou d'église; poil des animaux.

Robin, sm. homme de robe. fa.

Robinet, sm. pièce d'un tuyau de fontaine ou de tonneau pour faire écouler un liquide ou le retenir.

Robinier, sm. gen. de plantes.

Roboratif, ve, a. qui fortifie.

Robuste, a. vigoureux [robuste

Robustement, ad. d'une man.

Roc, sm. masse de pierre dure; la tour des échecs. v.

Rocaille, sf. cailloux; coquillages incrustés. [caille.

Rocailleur, sm. ouvrier en ro-

Rocailleux, se, a. plein de cailloux raboteux fig. dur à l'oreille.

Rocambole, sf. ail doux; ce qu'il y a de meilleur. fa.

Roche, sf. roc isolé; substances minérales en masse.

Rocher, sm. roc escarpé et élevé. [plis.

Rochet, sm. sorte de sur-

Rococo, a. sm. vieux et hors de mode. [noyer.

Rôder, vn. errer çà et là; tour-

Rôdeur, sm. qui rôde.

Rodomont, sm. fanfaron.

Rodomontade, sf. fanfaronnade. [les biens de la terre.

Rogations, sf. pl. prières pour

Rogatoire, a. (commission) pour instruire. pal.

Rogaton, sm. restes de viande; ouvrage de rebut. [sans souci

Roger-bontemps, sm. personne

Rogne, sf. gale invétérée. méd. mousse qui vient sur le bois.

Rognement, sm. act. de rogner

Rogne-pied, sm. outil de maréchal.

Rogner, va. retrancher; ôter.

Rogneur, euse, s. qui rogne.

Rogneux, se, a. et s. qui a la rogne. [du coq.

Rognon, sm. rein. pl. testicules

Rognonner, vn. grommeler. pop

Rognure, sf. ce qu'on a rogné.

Rogomme, sm. eau-de-vie. pop.

Rogue, a. arrogant. fa.

Roi, sm. monarque; le premier. t. de jeu; pièce des échecs. pl. le jour de l'Epiphanie.

Roide, a. fort tendu; difficile à plier; difficile à monter; rapide; sans grâce, sans souplesse; fig. inflexible; opiniâtre. ad. vite. [est roide.

Roideur, sf. qualité de ce qui

Roidillon, sm. monticule roide.

Roidir, va. n. et p. rendre roide.

Roitelet, sm. oiseau; petit roi.

Rôle, sm. feuillet écrit. pal. liste; ce qu'un acteur en scène doit réciter; personnage qu'il représente; rouleau de tabac. fig. caractère public.

Rôler, vn. faire des rôles. pra.

Rôlet, sm. petit rôle.

Rollier, sm. genre d'oiseaux.

Romain, a. et s. de Rome. L'Eglise romaine, catholique. sm. caractère perpendiculaire. imp f. peson; sorte de laitue. [supposées.

Roman, sm. récit d'aventures

Romance, sf. chanson tendre.

Romancier, s. auteur de romans.

Romane, af. (langue) de France sous les deux premières races

Romanesque, a. qui tient du roman.

Romanesquement, ad. m. s.

Romantique, a. qui prête à des descriptions poétiques et attachantes. s. partisan du

Romantisme, sm. système, manière des romant qu s.

Romarin, sm. arbuste.

Rompement (de tête), sm. fatigue du bruit, etc. v.

Rompre, va. n. et p. casser; mettre en pièces; se désunir. — un bataillon, le mettre en désordre. — la tête, importuner; arrêter; détourner; annuler; styler; supplicier.

Rompu, a. brisé; supplicié; exercé; fatigué. A bâtons rompus, ad. avec interruption. [fig. difficultés.

Ronce, sf. arbuste épineux. pl.

Ronceux, euse, a. plein de ronces.

Rond, a. de forme circulaire ou sphérique; sincère; sans façons. sm. cercle. Rond-point, place circulaire au milieu d'une avenue. [rond.

Rondache, sf. grand bouclier

Ronde, sf. visite militaire; danse; note de musique; chanson à refrain; sorte d'écriture. A la ronde, ad. à l'entour; tour à tour.

Rondeau, sm. petit poême; air à reprise.

Rondelet, ette, a. peu replet.

Rondelettes, sf. pl. toiles à voiles.

Rondelle, sf. petit bouclier rond; pièce ronde de bois ou métal.

Rondement, ad. uniment; franchement; vivement.

Rondeur, sf. forme ronde. fig. franchise. [bâton.

Rondin, sm. bûche ronde;

Rondiner, va. bâtonner. pop.

Ronflant, a. sonore; bruyant.

Ronflement, sm. bruit en ronflant.

Ronfler, vn. faire en dormant un râlement prolongé. fig. faire un grand bruit.

Ronfleur, euse, s. qui ronfle.

Rongement, sm. act. de ronger; état de ce qui est rongé.

Ronger, va. couper avec les dents. fig. tourmenter; détruire peu à peu; miner.

Rongeur, a. (ver) remords. sm. pl. ordre de quadrupèdes.

Roquefort, sm. fromage.

Roquer, vn. terme d'échecs.

Roquet, sm. chien; ancien manteau.

Roquette, sf. plante crucifère.

Roquille, sf. mesure. pl orange confite. [ment d'archit.

Rosace, sf. ou Roson, sm. orne-

Rosacé, e, a. en rose. sf. pl. famille des roses.

Rosaire, sm. sorte de chapelet.

Rosat, a. où il entre des roses.

Rosâtre, a qui a une teinte rose.

Rosbif, sm. bœuf rôti, etc.

Rose, sf. fleur; sa figure; nœud; fenêtre à compartim.; poisson; diamant. Rose-trémière, grande mauve. Rose-des-vents, cadran de boussole. sm la couleur rose.

Rose, a. qui est de la couleur de la rose.

Rosé, e, a. d'un rouge faible.

Roseau, sm. plante. fig. homme faible. [de fr.-maçons.

Rose-croix, sm. secte; grade

Rosée, sf. pluie fine. Rosée du soleil, plante.

Roselé, e, a. en rosette. [l'été.

Roselet, sm. l'hermine pendant

Roselière, sf. plant de roseaux.

Roséole, sf. rougeole très-bénigne. [couleur rose.

Roser, va. et pr. prendre la

Rosette, sf. ornement en forme de petite rose; cuivre pur; encre rouge; petit cadran.

Rosier, sm. arbrisseau. f. fille couronnée pour sa vertu.

Rosse, sf. cheval sans vigueur.

Rosser, va. et p. battre violemment.

Rossignol, sm. oiseau connu par l'harmonie de son chant; fausse clef. pl. jeu d'org e;

arcs-boutants de carrière. —
d'*Arcadie*, àne. *pop.*

Ro-signoler, vn. imiter le chant
du rossignol *fa.*

Rossinante, sf. *et* m. rosse. *fa.*

Rossolis, sm. liqueur; plante.

Rostral, e, a. orné de proues.

Rostre, sm. bec. *zool.*

Rostres, sm. pl. tribuneaux ha-
rangues; esp. de plate-forme.
ant.; ornements d'arch.

Rot, sm. vent qui s'échappe de
l'estomac. *bas.*

Rôt, sm. viande rôtie.

Rotateur, a. *et* sm. muscle qui
fait tourner. [culaire.

Rotation, sf. mouvement cir-

Rotatoire, a. qui accomplit un
mouvement de rotation.

Rote, sf. juridiction à Rome.

Roter, vn. faire un rot. *bas.*

Rôti, sm. viande rôtie.

Rôtie, sf. tranche de pain grillé.

Rotin, Rotang, sm. roseau des
Indes.

Rôtir, va. *et* n. cuire devant
le feu. *fig.* être exposé à l'act.
d'un feu, d'un soleil ardent.

Rôtissage, sm. act. de rôtir.

Rôtisserie, sf. boutique de

Rôtisseur, euse, s. qui vend des
viandes rôties ou prêtes à
l'être.

Rôtissoire, sf. ust. de cuisine.

Rotonde, sf. bâtiment rond; collet; derrière d'une diligence.

Rotondité, sf rondeur. [genou.

Rotule, sf. os sur le devant du

Roture, sf. état roturier.

Roturier, ère, s. *et* a. qui n'est
pas noble.

Roturièrement, ad. en roturier.

Rouage, sm. les roues d'une
machine, etc. [et bai.

Rouan, a. m. poil blanc, gris

Rouanne, sf. instrument pour

Rouanner, va. marquer un tonneau. [marquer le bois.

Rouannette, sf. instr. pour

Rouant, a. qui étend sa queue.
bla.

Rouble, sm. monnaie russe.

Rouc *ou* Rock, sm. oiseau fabuleux. [seau.

Rouche, sf. carcasse de vais-

Roucou, sm. pâte pour la teinture. [le roucou.

Roucouer, va *et* p. rougir avec

Roucoulement, sm. bruit fait
en roucoulant. [du pigeon.

Roucouler, vn. se dit du cri

Roucouyer, sm. arbre qui donne
le roucou.

Roue, sf. machine ronde et
plate tournant sur un essieu.
t. d'arts; supplice. *faire la —,*
se pavaner.

Roué, a. *et* s. supplicié sur la
roue. *fig.* fatigué; sans mœurs.
a. (bois du cerf) serré.

Rouelle, sf. tranche ronde.

Rouennerie, sf. (*roua*) étoffe de
Rouen.

Rouer, va. supplicier. — *de
coups*, battre excessivement;
plier en rond. *mar.*

Rouerie, sf. action de roué.

Rouet, sm. machine à roue
pour filer, etc.

Rouette, sf. branche flexible.

Rouge, a. de couleur de sang;
roux; rougi au feu. sm. couleur; le fard. *Rouge-bord,*
rasade; — *gorge,* — *queue,*
oiseaux. *Mer Rouge,* golfe
arabique.

Rougeâtre, a. tirant sur le rouge.

Rougeaud, a. *et* s. qui a le visage rouge.

Rougeole, sf. maladie qui couvre la peau de rougeurs.

Rouget, sm. poisson. [souris.

Rougette, sf. sorte de chauve-

Rougeur, sf. couleur rouge;
tache rouge sur la peau.

Rougir, va. n. *et* p. rendre, devenir rouge; avoir honte.

Roui, sm. act. de rouir; mauv.
goût.

Rouille, sf. oxyde de fer; maladie des plantes; couleur, etc.

Rouiller, va. *et* p. couvrir de
rouille. *fig.* altérer, affaiblir
faute d'exercice.

Rouilleux, euse, a. couleur de rouille.

Rouillure, sf. effet de la rouille.

Rouir, va. macérer le chanvre dans l'eau. [rouir.

Rouissage, sm. act. de faire

Roulade, sf. action de rouler. fa. agrément de la voix. mus.

Roulage, sm facilité de rouler; entreprise de transports.

Roulant, a. qui roule aisément.

Rouleau, sm. paquet roulé; cylindre. [pop.

Roulée, sf nappe de filet; raclée.

Roulement, sm. mouvement de ce qui roule. t. de musique; batterie du tambour.

Rouler, va. et n avancer en tournant; plier en rouleau. fig. errer.

Roulette, sf. petite roue; chaise à roues; jeu de hasard; cycloïde. [vigne.

Rouleur, sm. charançon de

Rouleuse, sf. sorte de chenille.

Roulier, sm. charretier de roulage. [vite.

Roulis, sm. agitation d'un navire.

Roupie, sf. goutte d'eau au nez; monnaie de l'Inde.

Roupieux, se, a. qui a souvent la roupie. [demi.

Roupiller, vn. sommeiller à

Roupilleur, euse, s. qui roupille toujours.

Roussâtre, a. tirant sur le roux.

Rousseau, sm. qui a le poil roux. fa.

Rousselet, sm. sorte de poire.

Roussette, sf. chien de mer; sorte de chauve-souris.

Rousseur, sf. qualité de ce qui est roux; tache.

Roussi, sm. cuir rouge de Russie; odeur de ce qui brûle. [ment.

Roussiller, va. brûler légère-

Roussin, sm. cheval entier.

Roussir, va. et n. rendre, devenir roux. [nombreuse.

Rout, sm. (raout) assemblée

Route, sf. voie; chemin. Feuille de —, indication de chemin

et de logement. fig. moyens pour arriver à un but.

Routier, sm experimenté; livre de routes.

Routine, sf. capacité médiocre acquise par l'habitude; usage invétéré.

Routiné, a. habitué. fa. [tine.

Routiner, va. dresser par rou-

Routinier, s. qui agit par routine.

Routoir, sm. fosse pour rouir.

Rouvieux, sm. gale des animaux

Rouvre, sm. espèce de chêne.

Rouvrir, va. et p. ouvrir de nouv.

Roux, rousse, a. entre jaune et rouge. sm. cette couleur; sauce rousse.

Royal, a. de roi; fig. libéral, magnifique; sf. sorte de moustache. [royale.

Royalement, ad. d'une manière

Royalisme, sm. amour de la royauté; parti du roi.

Royaliste a. et s. partisan du roi ou de la royauté.

Royaume, sm. état régi par un roi. fig. domaine;—des cieux, le paradis.

Royauté, sf. dignité de roi.

Ru, sm. canal d'un petit ruisseau.

Ruade, sf. act. de ruer. [clair.

Rubace, Rubacelle, sm. rubis

Ruban, sm. tissu étroit de soie, de fil, etc.

Rubané, e, a. en ruban.

Rubanerie, sf. commerce de rubans. [vend des rubans.

Rubanier, ière, s. qui fait ou

Rubanté, a. garni de rubans.

Rubefaction, sf. rougeur de la peau. [faction.

Rubéfier, va. causer une rubé-

Rubeole, sf. plante. [de plantes.

Rubiacées, a. et sf. pl. famille

Rubican, a. et sm. (cheval) parsemé de poils blancs.

Rubicond, a. rouge. [rouille.

Rubigineux, euse, a. plein de

Rubis, sm. pierre précieuse. pl. boutons sur le nez. pop.

Rubricaire, s. qui sait la

Rubrique, sf. craie; encre; lettres rouges; titres de livres; règles pour officier; finesse; ruse.

Ruche, sf. panier, etc., où loge un essaim d'abeilles; orne-d'étoffe plissée.

Rucher, sm. l'endroit où sont les ruches. va. garnir d'une ruche.

Rude, a. âpre au toucher ou ou goût; raboteux. fig. violent; difficile; fâcheux; sévère.

Rudement, ad. d'une man. rude

Rudenté, e, a. garni de

Rudenture, sf. moulure. arch.

Rudesse, sf. qualité de ce qui est rude.

Rudiment, sm. premiers principes; ouvrage qui les contient. pl. premiers linéaments

Rudimentaire, a. qui appartient au rudiment. bot.

Rudoyer, va. traiter rudement.

Rue, sf. chemin de ville, etc.; plante médicinale.

Ruelle, sf. petite rue; intervalle de lits.

Ruer, vp. se jeter impétueusement sur. vn. jeter les pieds en l'air en parlant des chevaux et des ânes.

Rueur, euse, s. qui a l'habitude de ruer.

Rugir, vn. se dit du cri du lion et d'un homme en colère.

Rugissant, a. qui rugit.

Rugissement, sm. cri du lion. fig. cri de fureur.

Rugosité, sf. rides. hist. nat.

Rugueux, se, a. qui a des rugosités.

Ruilée, sf. bordure de plâtre ou de mortier.

Ruine, sf. destruction; perte de biens pl. débris d'édifice

Ruiner, va. et p. détruire, au p. et au fig.; faire perdre les biens, etc.; détériorer.

Ruineux, se, a. qui ruine. [etc.

Ruisseau, sm. courant d'eau,

Ruisselant, a. qui ruisselle.

Ruisseler, vn. couler en ruisseau

Rum, sm. (rom) alcool de sucre.

Rumb, sm. (romb) aire de vent, trente-deuxième partie de la boussole.

Rumeur, sf. bruit; querelle, etc.

Ruminant, a. et s. quadrupède qui rumine.

Rumination, sf. action de

Ruminer, va. remâcher fig. penser et repenser.

Rupture, sf. act. de rompre; hernie; brouillerie; cassation d'un acte; t. de peinture

Rural, e, a. des champs. [per

Ruse, sf. moyen adroit de trom-

Rusé, a. fin; adroit; plein de ruse.

Ruser, vn. se servir de ruse.

Rustaud, a. et sm. rustre.

Rusticité, sf. grossièreté, rudesse, insulte.

Rustique, a. et sm. champêtre; grossier; peu civil; mur en pierres brutes.

Rustiquement, ad. d'une manière rustique.

Rustre, a. et sm. paysan grossier. sm. losange. bla.

Rut, sm. (t) temps où les bêtes fauves sont en amour, etc.

Rutacées, sf. pl. famille de plantes.

Ruthénium, sm. corps simple métallique.

Rutilant, a. qui jette l'éclat de l'or.

Ryksdaler, sm. monnaie du Danemark.

S

S, sf. (esse) ou m. (se) 19e lettre de l'alph., 15e cons. V. Esse.

Sa, af. possessif de la 3e pers.

Sabbat, sm. dernier jour de la semaine juive. fig. et fa. grand bruit.

Sabbatique, a. chaque septième année des Juifs [autour.

Sabech, sm. (ck) sorte de grand

Sabéisme, sm. religion des Guèbres et des Mages; adoration du feu, des astres.

Sabine, sf. plante.

Sable, sm. sorte de terre légère; gravier; sablier. *bla.*

Sablé, a. garni de sable.

Sabler, va. couvrir de sable; boire, avaler d'un trait. *fa.*

Sableux, se, a. mêlé de sable.

Sablier, sm. horloge, vase à sable; arbre.

Sablière, sf. carrière de sable; pièce de charpente.

Sablon, sm. sable fin.

Sablonner, va. écurer avec du sablon.

Sablonneux, se, a. plein de sable

Sablonnier, sm. marchand de sablon. f. lieu d'où se tire le sablon. [le canon. *mar.*

Sabord, sm. embrasure pour

Sabot, sm. chaussure de bois; corne du pied du cheval, de l'âne, du bœuf; jouet d'enfant; univalve. t. d'arts.

Saboter, vn. jouer au sabot; faire du bruit en marchant avec des sabots.

Saboteur, euse, s. qui sabote.

Sabotier, sm. qui fait ou porte des sabots.

Sabotière, sf. sorte de danse.

Sabouler, va. houspiller. *pop.*

Sabre, sm. arme en coutelas recourbé.

Sabrenas, sm. mauv. ouvrier.

Sabrenauder, Sabrenasser, va. travailler mal.

Sabrer, va. frapper d'un sabre. *fig.* et *fa.* — une affaire, l'expédier sans examen; faire vite et mal

Sabretache, sf. pièce de l'équipement d'un hussard.

Sabreur, sm. militaire qui n'a que de la bravoure. *fa.*

Saburral, a. qui appartient à la

Saburre, sf. se dit des sucs alté-

rés qui se trouvent dans les premières voies. *méd*

Sac, sm. sorte de poche; son contenu; habit de pénitent; pillage et saccagement entier (d'une ville). *Cul-de-sac,* impasse

Saccade, sf. secousse prompte. *fig.* rude réprimande. *fa.*

Saccadé, e, a. qui se fait par saccades.

Saccader, va. donner des saccades. [amas confus. *pop.*

Saccage, sm. bouleversement;

Saccagement, sm. sac d'une ville; destruction.

Saccager, va. piller avec grand dégât, bouleverser. *fa.*

Saccageur, sm. celui qui met un pays à feu et à sang.

Saccharifère, a. qui donne du sucre. [contient.

Saccharin, a. du sucre; qui en

Sacerdoce, sm. caractère des prêtres; les ecclésiastiques.

Sacerdotal, a. du sacerdoce.

Sachée, sf. plein un sac.

Sachet, sm. petit sac; coussin parfumé; topique.

Sacoche, sf. deux bourses de cuir ou de toile jointes ensemble.

Sacramentaire, sm. sectaire.

Sacramental *ou* tel, le, a. du sacrement; essentiel. *fa.*

Sacramentalement, — tellement, ad. d'une manière sacramentelle. [sacrer.

Sacre, sm. faucon; action de

Sacré, a. *et* sm. qui a été sacré; saint; inviolable.

Sacrement, sm. signe visible d'une grâce invisible. *Le saint —*, l'eucharistie.

Sacrer, va. conférer un caractère saint. vn. blasphémer.

Sacrifiable, a. qui doit être sacrifié.

Sacrificateur, sm. qui sacrifie.

Sacrificatoire, a. du sacrifice.

Sacrificature, sf. dignité, office de sacrificateur.

Sacrifice, sm. offrande à Dieu ; immolation de victimes aux dieux du paganisme. *fig.* renoncement ; abandon. *Le Saint —*, le sacrifice de la messe.

Sacrifier, va. faire un sacrifice; immoler. vp. *fig.* se dévouer.

Sacrilége, sm. action impie, *et* a. souillé d'un sacrilege.

Sacrilégement, ad. avec sacrilége. [tapageur. *fa.*

Sacripant , sm. faux brave ;

Sacristain, sm. préposé au soin d'une sacristie.

Sacristie, sf. lieu où l'on serre les vases sacrés et où les prêtres s'habillent ; bénéfice ecclésiastique.

Sacrum, sm. (*om*) os placé à la base de la colonne vertébrale. [secte juive.

Saducéens, sm. pl. ancienne

Saducéisme , sm. doctrine des Saducéens.

Safran ou Crocus , sm. plante; préparation chimique.

Safrané, e, a. de safran.

Safraner, va. apprêter ; jaunir avec du safran. [fran.

Safranière, sf. plantation de sa-

Safre, a. goulu. *pop.* sm. bleu de cobalt.

Safrement, ad. goulûment.

Sagace, a. doué de

Sagacité, sf. pénétration ; justesse d'esprit. [sauvages.

Sagaie, sf. javelot ou dard des

Sage, a. qui parle, pense et agit avec sagesse. sm. philosophe. pl. magistrats d'Italie. *Sage-femme*, sf. accoucheuse.

Sagement, ad. d'une manière sage.

Sagesse, sf. prudence ; modération ; chasteté ; philosophie; livre de la Bible.

Sagette, sf. flèche. *v.* plante aquatique. [du zodiaque.

Sagittaire , sm. archer. *v.* signe

Sagittale, af. (suture) du crâne.

Sagitté , a. en forme d'un fer de flèche. *bot.*

Sagou, sm. moelle de palmier.

Sagouin, sm. singe. a. *et* s. sale *fa.* [miers.

Sagoutier , sm. genre de pal-

Sagum (*om*), sm. ou Saie, f. ancien vêtement militaire.

Saiette, sf. étoffe soie et laine.

Saignant, a. qui dégoutte de sang. [sang tiré. *fig.* rigole.

Saignée, sf. action de saigner;

Saignement, sm. écoulement de sang.

Saigner, va. tirer du sang ; faire des rigoles ; obtenir de l'argent par force ou par adresse. vn. perdre du sang. vp. donner trop. [saignée.

Saigneur, sm. partisan de la

Saigneux, se, a. sanglant.

Saillant, a. qui avance. *arch.* brillant. *fig.* vif.

Saillie, sf. sortie impétueuse , avance. *arch. fig.* boutade ; trait d'esprit.

Saillir, va. couvrir sa femelle, en parlant du taureau, du cheval, etc. vn. sortir avec impétuosité ; s'avancer ; être en relief.

Sain, e, a. non maladif ; entier, en bon état ; salubre ; judicieux.

Sainbois, sm. écorce du garou.

Saindoux, sm. graisse de porc.

Sainement, ad. d'une manière saine. *fig.* judicieusement.

Sainfoin, sm. plante.

Saint, e, a. *et* s. consacré à Dieu, à la religion ; esprit bienheureux ; personne excellente, vénérable, très-pieuse. [d'imprimerie.

Saint-augustin , sm. caractère

Sainte-barbe, sf. partie d'un vaisseau où l'on serre les poudres, et qu'on nomme aujourd'hui *Soute aux poudres.*

Saintement, ad. d'une manière sainte. [tre du pape.

Sainté, sf. qualité sainte ; ti-

Saint-germain, sm. sorte de poire.

Saint-office, sm. l'inquisition.

Saint-père, s n. titre du pape.

Saint-siège, sm. la papauté; la cour de Rome.

Saisi, a. muni; frappé (de douleur ou de joie, etc.) et sm. débiteur sur lequel on a saisi.

Saisie, sf. arrêt sur les biens.

Saisine, sf. prise de possession.

Saisir, va. et p. prendre; attaquer; arrêter les biens. fig. comprendre aisément. [pal.

Saisissable a. qui peut être saisi

Saisissant, a. qui saisit. s. t. de pal. [subite.

Saisissement, sm. impression

Saison, sf. quatrième partie de l'année; temps propre à chaque chose.

Sajou, sm. sorte de sapajou.

Salade, sf. herbes potagères, etc., assaisonnées; se dit aussi des fruits; ancien casque. [lade.

Saladier, sm. jatte pour la salade.

Salage, sm. action de saler.

Salaire, sm. paiement fig. récompense ou châtiment.

Salaison, sf. salage; viande salée. [fonde.

Salamalec. sm. révérence pro-

Salamandre, sf. reptile. sm. pl. génie du feu.

Salant, am. (marais, puits), d'où l'on tire le sel.

Salarié, a. et sm. individu qui reçoit salaire.

Salarier, va. donner le salaire.

Salaud, a. et s. sale. pop.

Sale, a. qui n'est pas net. fig. déshonnête; obscène.

Salé, a. où il y a du sel. sm. chair de porc salée.

Salègre, sm. pâte de millet et autres, pour les serins.

Salement, ad. d'une man. sale.

Salep, sm. racine d'orchis.

Saler, va. assaisonner de sel; vendre trop cher pop. [lière.

Saleron, sm. creux de la salière.

Saleté, sf. qualité de ce qui est sale; ordure; obscénité.

Saleur, sm. qui sale.

Salicaire, sf. plante.

Salicite, sf. pierre figurée.

Salicoque, sf. petite écrevisse de mer.

Salicor, sm. ou Salicorne, sf. genre de plantes qui croissent dans les marais salants.

Salien, a. et sm. prêtre; poème. ant. [creux.

Salière, sf. vase pour le sel;

Salifiable, a. se dit d'une base qui peut former un sel neutre. chim. [sel.

Salification, sf. conversion en

Saligaud, a. et s. sale. pop.

Salignon, sm. pain de sel.

Salin, a. et sm. qui contient du sel.

Saline, sf. salaison; où se fait le sel; rocher, mine de sel.

Salique, a. (loi) qui exclut les femmes du trône.

Salir, va. rendre sale. [salit.

Salissant, a. qui salit; qui se

Salisson, sf. petite fille sale. pop.

Salissure, sf. ordure; souillure.

Salivaire, a. de la salive.

Salivation, sf. act. de saliver.

Salive, sf. humeur aqueuse qui coule dans la bouche.

Saliver, vn. cracher.

Salle, sf. vaste pièce dans un appartement; grand lieu couvert; lieu où siègent des corps constitués. Salle à manger, salle de spectacle, de bal, d'hôpital, etc.

Salmigondis, sm. ragoût de viandes réchauffées; mauvais mélange.

Salmis, sm. ragoût de gibier.

Salmone, sm. genre de poissons. [sel, ou pour saler.

Saloir, sm. vaisseau pour le

Salon, sm. pièce principale d'un appartement pour recevoir. [mauvaise vie. pop.

Salope, sf. femme très-sale; de

Saloperie, sf. saleté. fig. discours orduriers.

Salpêtre, sm. nitrate de potasse.

Salpêtrer, va. mettre du salpêtre.

Salpêtreux, se, a. qui donne
du salpêtre. [pêtre.

Salpêtrier, sm. qui fait du sal-

Salpêtrière, sf. où l'on fait le
salpêtre ; hospice pour les
femmes à Paris. [dicinale.

Salsepareille, sf. racine mé-

Salses, sf. pl. espèces de petits
volcans qui ne lancent que
de la vase et du gaz hydrogène.

Salsifis, sm. plante potagère.

Saltarelle, sf. danse vénitienne

Saltation, sf. art qui comprenait la danse, la pantomime,
etc. ant. [bouffon ; charlatan.

Saltimbanque, sm. bateleur.

Saluade, sf. salut avec révérence.

Salubre, a. bon pour la santé.

Salubrité, sf. qualité de ce qui
est salubre. [pect ; proclamer.

Saluer, va. témoigner le res-

Salure, sf. qualité que le sel
communique.

Salut, sm. conservation dans
le bien ou préservation du
mal ; félicité éternelle ; act.
de saluer ; prière du soir à
l'église.

Salutaire, a. utile pour conserver la vie, la santé, l'hon-

Salutairement, ad. m. s. [neur.

Salutation, sf. act. de saluer.
— angélique, l'ave Maria.

Salvage, sm. droit sur les objets sauvés d'un naufrage.

Salve, sf. décharge d'artillerie.

Samedi, sm. septième jour de
la semaine.

San-benito, sm. costume des
condamnés de l'inquisition.

Sancir, vn. couler bas. mar.

Sanctifiant, a. qui sanctifie.

Sanctification, sf. action de

Sanctifier, va. rendre saint ;
célébrer les dimanches, les
fêtes.

Sanction, sf. confirmation
d'une loi, etc. ; approbation.

Sanctionner, va. donner la
sanction.

Sanctuaire, sm. lieu saint du
temple chez les Juifs ; partie
des églises chrétiennes où
est le maître-autel. fig. le
sacerdoce. [des Indes.

Sandal ou Santal, sm. bois

Sandale, sf. chaussure.

Sandaraque, sf. sorte de résine blanche.

Sang, sm. [san devant une
consonne et sank devant une
voyelle]. liqueur qui circule
dans les artères et dans les
veines. fig. race ; extraction ; constitution.

Sang-dragon, sm. substance
astringente. méd.

Sang-froid, sm. tranquillité
d'esprit ; de —, sans emport.

Sangiac, sm. district de l'empire ottoman ; gouverneur de
ce district.

Sanglade, sf. coup de sangle.

Sanglant, e, a. ensanglanté. fig.
outrageux, etc.

Sangle, sf. bande plate et large
de cuir, de chanvre, etc.

Sangler, va. serrer avec des
sangles. fig. et fa. appliquer
avec force. [poisson.

Sanglier, sm. porc sauvage ;

Sanglon, sm. petite sangle.

Sanglot, sm. soupir redoublé.

Sangloter, vn. pousser des
sanglots.

Sangsue, sf. (g muet) ver aquatique. fig. exacteur.

Sanguification, sf. transformation du chyle en sang. [sang.

Sanguifier, va. convertir en

Sanguin, e, a. (gain) abondant
en sang ; couleur de sang.

Sanguinaire, a. qui se plaît à
répandre le sang.

Sanguine, sf. mine de fer ;
crayon rouge ; pierre précieuse. [méd.

Sanguinolent, a. teint de sang.

Sanhédrin, sm. grand tribunal juif.

Sanicle, sf. plante médicinale.

Sanie, sf. pus séreux.

Sanieux, a. chargé de sanie.

Sanitaire, a. pour la santé.

Sans, prép. exclusive.

Sans-cœur, sm. qui n'a pas d'honneur, etc.; paresseux.

Sanscrit, a. se dit de l'ancienne langue des brahmanes.

Sans-culotte, sm. républicain forcené. [èdent c pop.

Sans-dent, sf. vieille femme

Sans-fleur, sf. sorte de pomme appelée aussi *pomme-figue*.

Sans-peau, sf. sorte de poire.

Sansonnet, sm. oiseau.

Sans-souci, s. i. que rien n'inquiète.

Santé, sf. état sain, salutation en buvant. [que.

Santoline, sf. plante aromati-

Santon, sm. moine turc.

Saoul, Saouler. V. Soûl, etc.

Sapa, sm. moût; raisiné.

Sapajou, sm. sorte de petit singe. *fig.* homme fort laid.

Sapan, sm. bois de teinture.

Sape, sf. action de

Saper, va. détruire un édifice par les fondements. *fig.* attaquer par les bases; renverser un gouvernement, une doctrine.

Sapeur, sm. soldat qui sape, etc.

Saphène, sf. veine du pied.

Saphique, a. vers grec de onze syllabes.

Saphir, sm. pierre précieuse

Saphirine, sf. variété de calcedoine.

Sapide, a. qui a de la saveur.

Sapience, sf. sagesse. e

Sapientiaux, am. pl. ci livres canoniques.

Sapin, sm. grand arbre toujours vert; fiacre.

Sapinière, sf. plant de sapins.

Saponaire, sf. plante.

Saponifiable, a. qui peut être saponifié.

Saponification, sf. formation du savon

Saponifier, va. convertir en savon. [saveur.

Saponifique, a. qui produit la

Sapote, Sapotille, sf. fruits.

Sapotier *ou* Sapotillier, sm. grand arbre fruitier des Antilles.

Sarabande, sf. danse; air grave.

Sarbacane, sf. tuyau pour lancer q clque chose en soufflant, etc.

Sarcasme, sm. raillerie amère

Sarcastique, a. qui tient du sarcasme.

Sarcelle, sf. oiseau aquatique.

Sarclage, sm. action de

Sarcler, va. arracher les mauvaises herbes.

Sarcleur, euse, s. qui sarcle.

Sarcloir, sm. inst. pour sarcler.

Sarclure, sf. ce qu'on arrache en sarclant.

Sarcocèle, Sarcemphale, Sarcome, sm. tumeurs charnues

Sarcocolle, sf. gomme sarcolique.

Sarcocollier, sm. arbuste.

Sarcophage, sm. tombeau, cercueil ou sa représentation. a. et s. médicament qui brûle, qui mange les chairs.

Sarcotique, a. qui fait renaître la chair.

Sardanapale, sm. prince qui mène une vie dissolue.

Sardine, sf. poisson de mer.

Sardoine, sf. pierre précieuse.

Sardonien, Sardonique, a. ris moqueur. *fig.* ris forcé.

Sardoniquement, adv. d'une manière sardonique.

Sarigue, sm. animal mammifère. [etc

Sarment, sm. rameau du cep.

Sarmentacées, sf. pl. famille de plantes. [du sarment.

Sarmenteux, se, a. qui produit

Sarrasin, a. et sm. blé noir.

Sarrasine, sf. herse formée de gros pieux. fort.

Sarran, sm. sorte de nille.

Sarrette, Sarriette, sf. plantes

Sas, sm. tissu pour passer la farine; sorte de grande écluse

Sassafras, sm. arbre d'Améri-

Sasse, sf. écope. [que.

Sassenage, sm. fromage; pierre ophthalmique.

Sasser, va. passer au sas. *fig.* examiner avec soin; discuter.

Satan, sm. le chef des démons.

Satané, e, a. *et int.* digne de Satan.

Satanique, a. diabolique. *fa.*

Satellite, sm. homme armé, agent des violences d'un autre; planète subalterne.

Satiété, sf. (ci) réplétion d'aliments; ennui.

Satin, sm. étoffe de soie, etc.

Satinage, sm. act. de satiner.

Satiné, e, a. doux comme le satin.

Satiner, va. *et* n. donner, avoir l'éclat, la douceur du satin.

Satineur, euse, s. qui satine.

Satire, sf. censure des vices; critique mordante.

Satirique, a. de la satire; enclin à la satire. sm. auteur de satire. [satirique.

Satiriquement, ad. d'une man.

Satiriser, va. railler.

Satisfaction, sf. contentement; réparation d'une offense.

Satisfactoire, a. propre à expier.

Satisfaire, va. *et* n. donner satisfaction; acquitter; faire ce qu'on doit. vp. contenter son désir.

Satisfaisant, a. qui satisfait.

Satisfait, e, a. qui a satisfaction.

Satisfecit, sm. billet de satisfaction.

Satrape, sm. gouverneur chez les Perses. [satrape.

Satrapie, sf. gouvernement de

Satron, sm. petit poisson.

Saturation, sf. état d'un corps saturé.

Saturer, va. combiner à une substance la plus grande quantité possible d'une autre substance. *chim.* rassasier.

Saturnales, sf. pl. fêtes de Saturne; temps de licence, de désordre.

Saturne, sm. dieu de la Fable; planète; plomb. *v. chim.*

Saturnien, ne, a. *et* s. mélancolique. [grec.

Satyre, sm. demi-dieu. f. poë me

Satyrique, a. qui appartient aux satyres. *ant.* [quide.

Sauce, sf. assaisonnement li-

Saucer, va. tremper dans la sauce, etc.; réprimander. *pop.*

Saucière, sf. vase pour mettre les sauces.

Saucisse, sf. boyau plein de viande hachée; rouleau d'artifice. [grosse fusée.

Saucisson, sm. grosse saucisse;

Sauf, Sauve, a. non endommagé; hors de péril. *Sauf*, prép. sans préjudice; à condition; excepté. [passe-port.

Sauf-conduit, sm. espèce de

Sauge, sf. plante aromatique.

Saugrenu, a. impertinent; absurde.

Saule, sm. arbre. — *pleureur*, à branches flexibles et retombantes.

Saumâtre, a. qui a le goût de l'eau de mer. [de plomb.

Saumon, sm. poisson; masse

Saumoné, e, a. à chair rouge comme celle du saumon.

Saumoneau, sm. petit saumon.

Saumure, sf. liqueur formée de sel fondu et du suc de la chose salée.

Saunage, sm. débit de sel.

Sauner, vn. faire du sel.

Saunerie, sf. fabrique de sel.

Saunier, sm. qui fait ou vend le sel. [server le sel.

Saunière, sf. coffre pour con-

Saupiquet, sm. sauce piquante.

Saupoudrer, va. poudrer de sel, etc.

Saur, Sauret, am. (hareng) salé et séché à la fumée.

Saurage, sm. première année d'un oiseau.

Saure, a. jaune tirant sur le brun. [fumée.

Saurer, va. faire sécher à la

Sauriens, sm. pl. nom de l'une des quatre grandes divisions des reptiles. [saules.

Saussaie, sf. lieu planté de

Saut, sm. action de sauter; chute; chute d'eau. *Saut de-loup*, fossé.

Sautant, a. rampant. *bla*.

Saute, sf. (de vent), changement subit dans le vent *mar*.

Sauté, sm. sorte de ragoût.

Sautée, sf. ce qu'on franchit d'espace en un saut. [racine.

Sautelle, sf. sarment avec sa

Sauter, vn. s'élever avec effort; se précipiter sur. va. franchir; omettre en lisant ou copiant.

Sauterelle, sf. coléoptère.

Sauteur, euse, s. qui saute. *fig.* homme sans caractère.

Sauteuse, sf. sorte de valse.

Sautillement, sm. action de

Sautiller, vn. sauter à petits sauts; changer brusquement et souvent de propos.

Sautillant, a. qui sautille.

Sautoir, sm. croix en **X**. *bla*

Sauvage, a. farouche; non apprivoisé; qui vit dans les bois; inculte et désert. sm. homme non civilisé. *fig.* homme d'un abord difficile, à manières rudes.

Sauvageon, a. *et* sm. arbre sans culture; caract. sauvage.

Sauvagerie, sf. dégoût de la société.

Sauvagin, e, a. goût d'oiseaux aquatiques ou de bêtes sauvages. sf. ces oiseaux.

Sauvegarde, sf. protection de l'autorité. fig. ce qui protège, garantit.

Sauvegarder, va. prendre sous sa sauvegarde; protéger.

Sauve-qui-peut, interj. *et* sm. cri d'alarme au moment d'une déroute.

Sauver, va. garantir, tirer du péril; procurer le salut; éviter. vp. s'enfuir; se réfugier; faire son salut.

Sauvetage, sm. act. de retirer des flots les débris d'un naufrage.

Sauveteur, sm. embarcation de sauvetage; celui qui la monte.

Sauveur, sm. libérateur. *Le Sauveur*, Jésus-Christ.

Savamment, ad. d'une manière savante.

Savane, sf. vaste plaine inculte; forêt d'arbres résineux.

Savant, a. *et* s. qui a beaucoup de science, d'érudition.

Savantasse, sm. faux savant. *fa*.

Savate, sf. vieux soulier; facteur de campagne; jeu.

Savaterie, sf. commerce de vieux souliers. [vrage

Saveter, va. mal faire un ou-

Savetier, s. qui raccommode les souliers; mauv. ouvrier. *pop*. [le goût.

Saveur, sf. qualité perçue par

Savoir, va. connaître; être informé; être versé dans la théorie, la pratique de. vn. avoir l'esprit orné. conj. pour spécifier. sm. sans pl. science; érudition. *Savoir-faire*, industrie; habileté. *Savoir-vivre*, connaissance des usages du monde.

Savon, sm. pâte pour nettoyer; réprimande. *fa*.

Savonnage, sm. action de

Savonner, va. nettoyer. *fig.* et *fa.* réprimander.

Savonnerie, sf. fabr. de savon.

Savonnette, sf. boule de savon.

Savonneux, se, a. qui tient du savon. [cant de savon.

Savonnier, sm. arbre; fabri-

Savourement, sm. action de

Savourer, va. goûter avec plaisir. au p. et au *fig*.

Savouret, sm. os de bœuf mis au pot.

Savoureusement, ad. en savourant.

Savoureux, se, a. qui a une saveur agréable. [res.

Saxatile, a. qui vit sur les pier-

Saxifrage, a. qui brise la pierre. *méd. et* sf. plante.

Sayette, sf. étoffe de laine.

Sayon, sm. *V.* Sagum, Saie.

Shire, sm. archer en Italie, etc. [buste, etc.

Scabellon, sm. piédestal de

Scabieuse, sf. plante.

Scabieux, euse, a. qui ressemble à la gale.

Scabreux, se, a. rude. *fig.* difficile ; périlleux.

Scalde, sm. poëte chez les anciens Scandinaves.

Scalène, a. triangle à trois côtés inégaux. [disséquer.

Scalpel, sm. instrument pour

Scalper, va. arracher la peau du crâne. [sue.

Scammonée, sf. plante ; son

Scandale, sm. occasion de péché ; éclat honteux ; mauvais exemple. [scandale.

Scandaleusement, ad. avec

Scandaleux, se, a. qui cause du scandale.

Scandaliser, va. donner du scandale. vp. s'offenser.

Scander, va. mesurer un vers.

Scaphandre, sm. vêtement pour nager.

Scaphoïde, a. en forme de nacelle. [die italienne ; fourbe.

Scapin, sm. bouffon de la comé-

Scapulaire, sm. partie de l'habit religieux ; morceaux d'étoffe bénite ; bandage ; nageoires.

Scarabée, sm. coléoptère.

Scaramouche, sm. sorte de bouffe.

Scare, sm. poisson de mer.

Scarificateur, sm. instrument de chirurgie.

Scarification, sf. incision sur la chair.

Scarifier, va. inciser la chair.

Scarlatine, sf. *et* a. fièvre avec rougeurs.

Sceau, sm. grand cachet dont on fait l'empreinte ; l'empreinte elle-même. *Sceau-de-Salomon , Sceau-de-Notre-Dame*, plantes.

Seel, sm. sceau. *v.*

Scélérat, a. *et* s. coupable ou capable de crimes ; atroce.

Scélératesse, sf. méchanceté noire.

Scélithe, sf. pierre figurée.

Scellage, sm. act. de sceller.

Scellé, sm. sceau apposé sur des portes.

Scellement, sm. action de

Sceller, va. mettre le sceau ; arrêter avec du plâtre, etc. *fig.* affermir ; cimenter.

Scelleur, sm. officier qui scelle.

Scène, sf. partie du théâtre où les acteurs jouent ; décorations ; lieu où se passe l'action ; sous-division d'un acte. *fig.* querelle ; aventure ; art dramatique ; action intéressante.

Scénique, a. de la scène.

Scénite, s. qui habite sous des tentes.

Scénographie, sf. perspective ; art du décorateur.

Scénographique, a. de la scénographie.

Scénopegies, sf. pl. fête juive des tabernacles.

Scepticisme, sm. doctrine du

Sceptique, a. *et* sm. qui doute de tout. [nière sceptique.

Sceptiquement, adv. d'une ma-

Sceptre, sm. marque de royauté ; pouvoir souverain ; supériorité.

Schabraque, sf. housse pour les chevaux de cavalerie.

Schah. *V.* Chah.

Schall, sm. *V.* Châle.

Scheik, sm. prélat turc.

Schelling, sm. (chélin) monnaie d'Angleterre.

Schérif, sm. *V.* Chérif.

Schismatique, a. *et* sm. (*chis*, de même que dans les trois mots suivants) qui vit dans le

Schisme, sm. division religieuse ; division d'opinions en politique, etc.

Schiste, sm. pierre lamellée.

Schisteux, se, a. du schiste.

Schlague, sf. (*che*) punition à coups de baguette ou de bâton.

Schlich, sm. minerai préparé.

Scholaire, Scholie, etc. V. Scolaire, Scolie, etc. [noir.

Schorl, sm. sorte de crystal

Sciage, sm. action de scier.

Sciagraphie, sf art de trouver l'heure par l'ombre.

Sciatérique, a. (cadran) solaire.

Sciatique, a. *et* sf. (douleur) aux hanches; névralgie.

Scie, sf. lame dentelée pour couper ; poisson.

Sciemment, ad. (*cia*) avec connaissance de cause. [dition.

Science, sf. connaissance; érudition

Scientifique, a. des sciences.

Scientifiquement, ad. même sens. [ramer à rebours.

Scier, va. couper avec la scie ;

Scierie, sf. usine où l'on scie le bois en long pour en faire des planches.

Scieur, sm. ouvrier qui scie.

Scille, sf. (*cille*) plante médicinale.

Scillitique, a. de scille.

Scinder, va. au *fig.* couper, diviser.

Scintillant, a. qui scintille.

Scintillation, sf. étincellement.

Scintiller, vn. étinceler. *ast.*

Scion, sm. rejeton flexible.

Scissile, a. qu'on peut fendre

Scission, sf. division ; partage des voix. [sion.

Scissionnaire, sm. qui fait scis-

Scissure, sf fente des rochers; enfoncement des os. *anat.*

Sciure, sf. ce qui tombe du bois quand on le scie [pières.

Scleriasis, sf. maladie des pau-

Sclérophthalmie, sf. ophthalmie avec rougeur.

Sclérotique, a. *et* sf. membrane externe de l'œil.

Scolaire, a des écoles. [écoliers.

Scolarité, sf. privilège des

Scolastique, a. *et* sf. des écoles de théologie. sm. théologien. [mière scolastique.

Scolastiquement, ad. d'une ma-

Scoliaste, sm. commentateur d'auteur grec.

Scolie, sf. note critique. m. t. de géom. ; genre d'insectes.

Scolopendre, sf plante; insecte.

Scorbut, sm. corruption de la masse du sang. [du scorbut.

Scorbutique, a. *et* s. (attaqué)

Scordium, sm. plante bulbeuse.

Scorie, sf. substance vitrifiée sur le métal fondu. [rifier.

Scorification, sf. act. de sco-

Scorificatoire, sm. têt ou écuelle pour

Scorifier, va. extraire la scorie.

Scorpioïde, sf. plante légumineuse. [stellation.

Scorpion, sm. arachnide ; con-

Scorsonère, sf. salsifis. [arch.

Scotie, sf. moulure concave.

Scribe, sm. docteur juif. *ant.* copiste. [les bulles.

Scripteur, sm. officier qui écrit

Scrofulaire, sf. plante médicinale.

Scrofules, sf. pl. écrouelles.

Scrofuleux, se, a. qui cause, qui a les scrofules.

Scrotum, sm. (*om*) bourse des testicules.

Scrupule, sm. inquiétude d'une conscience timorée; grande exactitude; reste de doute; poids de 24 grains. [pule.

Scrupuleusement, ad. avec scru-

Scrupuleux, se, a. *et* s. qui a des scrupules.

Scrutateur, a. *et* sm. qui sonde les cœurs; vérificateur d'un scrutin.

Scruter, va. tâcher de pénétrer les sentiments secrets; vérifier

Scrutin, sm. élection ; délibération par suffrages secrets.

Sculptable, a. (p. muet) qu'on peut sculpter.

Sculpter, va. tailler une figure en bois, marbre, pierre, etc.

Sculpteur, sm. celui qui sculpte.

Sculpture, sf. art du sculpteur; ornement sculpté.

Scurrilité, sf. bouffonnerie.

Scutiforme, a. en forme de bouclier.

Scytale, sf. chiffre dont se servaient les Lacédémoniens pour écrire des lettres mystérieuses. [sonne.

Se, pron. de la troisième personne.

Séance, sf. droit de siéger dans une assemblée; cette assemblée même; sa durée; temps passé à une même chose.

Séant, a. qui tient séance; qui réside; décent; convenable. sm. posture d'un homme assis dans son lit.

Seau, sm. (sô) vaisseau pour puiser de l'eau.

Sébacée, a. (humeur ou tumeur) ayant la consistance du suif.

Sébacique, a. acide —, tiré de la graisse.

Sébile, sf. écuelle de bois.

Sec, Sèche, a. et sm. sans humidité ; maigre ; décharné ; qui n'est plus vert. fig. sans aménité, sans agrément. ad. séchement; sans eau. A sec, sans eau. fig. sans argent.

Sécable, a. qu'on peut couper.

Sécante, sf. ligne qui coupe.

Sécateur, sm. outil pour la taille des arbres.

Séchage, sm. action de faire sécher. [son dos; île de sable.

Sèche, sf. mollusque ; l'os de

Sèchement, ad. d'une manière sèche; en lieu sec.

Sécher, va. n. et p. rendre, devenir sec. fig. languir.

Sécheresse, sf. état, qualité de ce qui est sec ; temps sec.

Séchoir, sm. lieu, instrument pour sécher.

Second, a. et s. nombre ordinal qui suit immédiatement le premier; aide ; témoin de duel; second étage.

Secondaire, a. accessoire.

Secondairement, ad. d'une manière secondaire.

Seconde, sf. classe de collège; soixantième de minute. t. de musique, d'escrime, etc. [lieu.

Secondement, ad. en deuxième

Seconder, va. aider; favoriser.

Secouement, sm. action de

Secouer, va. et p. remuer fortement. fig. s'affranchir.

Secourable, a. qui aime à secourir; qu'on doit secourir.

Secoureur, euse, s. celui, celle qui secourt.

Secourir, va. aider.

Secours, sm. aide ; assistance.

Secousse, sf. ébranlement.

Secret, ète, a. caché ou peu connu ; discret. sm. ce qu'on doit taire ou cacher; cache; lieu séparé dans une prison; ressort; moyen caché.

Secrétaire, sm. qui rédige les lettres, les actes, etc., et qui écrit sous la dictée; meuble pour écrire.

Secrétariat, sm. emploi de secrétaire ; Secrétairerie, f. bureau de secrétaire. [bas.

Secrète, sf. oraison dite tout

Secrètement, ad. d'une manière secrète.

Sécréter, va. opérer la

Sécrétion, sf. filtration des humeurs. pl. matières sécrétées. [la sécrétion.

Sécrétoire, a. (vaisseau) pour

Sectaire, s. qui est d'une secte.

Sectateur, trice, s. partisan d'un philosophe, etc.

Secte, sf. corps de doctrine; réunion de personnes qui la professent.

Secteur, sm. portion de cercle; instrument d'astron.

Sectile, a. qui peut se partager.

Section, sf. division; ligne math.

Séculaire, a. de siècle en siècle.

Séculairement, adv. de siècle en siècle.

Sécularisation, sf. action de

Séculariser, va. rendre laïque.

Sécularité, sf. juridiction séculière. [le monde. s. laïc.

Séculier, a. (prêtre) qui vit dans

Séculièrement, ad. d'une manière séculière. [prit.

Sécurité, sf. tranquillité d'es-

Sedan, sm. sorte de drap.

Sédatif, ve, a. calmant. méd.

Sedentaire, a. qui dem eure ordinairement assis; qui sort peu; fixe en un lieu.

Sédentairement, adv. d'une man. sédentaire. [queur.

Sédiment, sm. dépôt d'une li-

Séditieusement, ad. (ci) d'une manière séditieuse.

Séditieux, a. et sm. qui prend part ou tend à la sédition.

Sédition, sf. émeute populaire.

Séducteur, trice, s. et a. qui séduit. [duire, attrait.

Séduction, sf. action de sé-

Séduire, va. tromper; corrompre les mœurs; plaire; tou-

Séduisant, e, a. qui séduit. [cher.

Ségétal, e, pl. aux, a. qui croît dans les blés.

Segment, sm. portion de cercle.

Ségovie, sf. laine d'Espagne.

Ségrégation, sf. act. de mettre à part.

Seigle, sm. sorte de blé.

Seigneur, sm. possesseur de fief; titre. Le Seigneur, Dieu, Jésus-Christ. Le Grand Seigneur, l'empereur des Turcs.

Seigneurial, e, a. du seigneur.

Seigneurie, sf. droit; fief; titre de seigneur.

Sein, sm. le haut du corps; les mamelles. fig. le centre, le milieu; cœur.

Seine, sf. filet qu'on traîne; fleuve.

Seing, sm. (g muet) signature. Seing privé, fait sans le ministère d'un officier public; blanc—, papier signé que l'on peut remplir à volonté.

Seize, a. num. dix et six, et sm. seizième. [feuillets.

Seize (in-), sm. format en seize

Seizième, a. ord. et sm. seizième partie. [li a.

Seizièmement, ad. en seizième

Séjour, sm. temps; lieu de demeure. [que temps.

Séjourner, vn. demeurer quel-

Sel, sm. substance dont on se sert pour assaisonner. fig. causticité; finesse; combinaison d'un acide avec une base. chim.

Sélam, sm. langage des fleurs, etc., dans l'Orient.

Sélénite, sf. sulfate de chaux.

Séléniteux, se, a. de la sélénite.

Sélénium, sm. métal voisin de l'arsenic. [de la lune.

Sélénographie, sf. description

Sélénographique, a. même sens.

Selle, sf. siège de bois. v. siège sur le dos d'un cheval; évacuation méd.

Seller, va. mettre la selle au cheval. vp. se tasser. agric.

Sellerie, sf. commerce de sellier.

Sellette, sf. petit siège de bois.

Sellier, s. qui fait des selles, etc.

Selon, prep. d'après; conformement; à proportion de.

Semaille, sf. action de semer; grain semé.

Semaine, sf. suite de sept jours à commencer par le dimanche; travail, salaire de la semaine.

Semainier, ière, s. qui est de semaine; qui indique les jours de la semaine.

Sémaphore, sm. sorte de télégraphe établi sur les côtes.

Semblable, a. et sm. pareil; ressemblant; de même nature.

Semblablement, ad. même sens.

Semblant , sm. apparence ; feinte.

Sembler, vn. et imp. paraître avoir telle ou telle qualité.

Semé ou Parsemé, a. plein ; jonché.

Séméiologie, Séméiotique, sf. traité des signes. méd.

Semelle, sf. le dessous du soulier, etc.; pièce de charpente.

Semence , sf. ce qu'on sème; grain; matière de la génération. fig. cause éloignée. — de perles, très-petites perles.

Semencine, sf. Semen-contra, sm. graine vermifuge.

Semer, va. répandre du grain sur une terre, etc. fig. répandre un bruit ou une nouvelle.

Semestre, a. et sm. espace; congé de six mois; payement par six mois.

Semestriel, le, a. de semestre.

Semestrier , sm. militaire en semestre.

Semeur, sm. qui sème.

Semi, pour Demi, ne s'emploie qu'avec certains mots · Semi-preuve, etc. [cercle.

Semi-circulaire, a. en demi-

Sémillant, a. vif, éveillé.

Séminaire, sm. collége ecclésiastique. [et bot.

Séminal, a. de la semence. ana.

Séminariste , sm. élève de séminaire. [grains.

Sémination , sf. dispersion de

Séminifère , a. qui porte des semences.

Semis, sm. plant de diverses plantes venues de graines; travail du semeur.

Sémitique, a. (langue) parlée par les enfants de Sem.

Semnopithèque, sm. genre de singes.

Semoir, sm. sac, machine pour semer. [réprimande.

Semonce, sf. avertissement ;

Semoncer,va. réprimander. fa.

Semoule, sf. pâte en petits grains.

Sempervirens , sm. (simpervirins) sort. de chèvre-feuille; plante. [tuel. fa.

Sempiternel. le (cin), a. perpe-

Sempiternellement, adv. d'une man. sempiternelle.

Sénat, sm. corps de magistrats.

Sénateur, sm. membre d'un sénat. [sénateur.

Sénatorerie, sf. apanage de

Sénatorial, e, a. de sénateur.

Sénatrice , sf. femme de sénateur. [du sénat.

Sénatus-consulte, sm. décision

Séné, sm. plante médicinale.

Sénéchal , sm. chef de justice.

Sénéchale, sf. femme du sénéchal. [du sénéchal.

Sénéchaussée, sf. juridiction

Seneçon, sm. plante.

Sénestre, a. gauche. bla.

Sénestré, a. qui a une pièce à gauche. bla. [tarde.

Sénevé, sm. plante à moutarde.

Sénieur, sm. doyen dans quelques communautés. [lesse.

Sénile, a. qui tient à la vieil-

Sens , sm. l'un des cinq organes du corps humain; faculté de recevoir les impressions des objets extérieurs, de comprendre et de juger; signification; opinion; côté d'un corps. Sens dessus dessous, bouleversé. Sens devant derrière , ad. à rebours. [sens.

Sensation, sf. impression des

Sensé, a. raisonnable. [sensée.

Sensément, ad. d'une manière

Sensibilité. sf. t. de phys.; qualité par laquelle on est

Sensible, a. tendre, compatissant; qui fait impression, qui la reçoit. [nière sensible.

Sensiblement, ad. d'une ma-

Sensiblerie , sf. affectation de sensibilité.

Sensitif,ve,a.qui a la faculté de sentir. sf. sorte d'acacia.

Sensorium , sm. (sinsorium) partie du cerveau.

28

Sensualisme, sm. système des partisans exclusifs de l'influence des sens.

Sensualiser, va. rendre sensuel

Sensualiste, sm. partisan du sensualisme

Sensualité, sf. plaisirs des sens.

Sensuel, le, a. et s. voluptueux.

Sensuellement, ad. avec sensualité.

Sentence, sf. maxime; jugement.

Sentencieusement, ad. d'une man. sentencieuse.

Sentencieux, se, a. plein de maximes.

Senteur, sf. bout d'écheveau.

Senteur, sf. odeur; parfum.

Sentier, sm. chemin étroit

Sentiment, sm. perception par les sens; sensibilité morale ou physique; opinion; passion

Sentimental, e, a. qui a une sensibilité excessive, affectée

Sentimentalement, adv. d'une man. sentimentale.

Sentine, sf. partie basse du navire qui reçoit les ordures.

Sentinelle, sf. soldat qui fait le guet.

Sentir, va. et n. recevoir une impression par le moyen des sens; avoir l'âme émue; éprouver, flairer, exhaler une odeur; apercevoir; connaître; avoir l'air. vp. se connaître.

Seoir, vn. et p. être assis. v. n. imp. être convenablement. ne se dit qu'au participe et à la troisième personne

Sépale, sm. folole du calice.

Séparable, a. qui peut se séparer.

Séparatif, ive, a. qui fait

Séparation, sf. action de séparer ou de se séparer.

Séparé, e, a. différent, distinct.

Séparément, ad. à part l'un de l'autre.

Séparer, va. et p. désunir; partager; éloigner; distinguer.

Sépia, sf. matière colorante que répand la sèche.

Seps, sm. sorte de lézard.

Sept, a. num. sm. (cet devant une voyelle ou une h aspirée et ce devant une consonne), nombre qui suit le nombre six.

Septante, a. num. soixante-dix. La version des Septante, traduction grecque de l'Ancien Testament par 70 interprètes.

Septembre, sm. neuvième mois.

Septénaire, a. de sept ans, etc.

Septennal, a. (enn) de sept en sept ans.

Septennalité, sf. durée de sept ans.

Septentrion, sm. le nord.

Septentrional, e, a. du côté du nord.

Septidi, sm. septième jour de la décade.

Septième, a. (p au et) nombre ordinaire de sept. sm. septième partie d'un tout.

Septièmement, ad. en septième lieu.

Septique, a. qui accélère la putréfaction des chairs.

Septuagénaire, a. et s. âgé de 70 ans.

Septuagésime, sf. troisième dimanche avant le carême.

Septuor, sm. morceau à sept voix ou à sept instruments.

Septuple, a. et sm. sept fois autant.

Septupler, va. répéter sept fois.

Sépulcral, e, a. de sépulcre; (voix) sourde

Sépulcre, sm. tombeau.

Sépulture, sf. lieu où l'on enterre; l'inhumation elle-même.

Séquelle, sf. nombre de partisans ou de choses qui se suivent. mép.

Séquence, sf. suite de cartes.

Séquestration, sf. action de mettre en

Séquestre, sm. état de ce qui est séquestré; dépositaire du séquestre.

Séquestrer, va. mettre en main tierce. *pal. et vp.* mettre à part ; renfermer.

Sequin, sm. monnaie de Venise, etc. [turc ; harem.

Sérail, sm. palais du grand

Sérancolin , sm. marbre des Pyrénées. [mière classe.

Séraphin, sm. ange de pre-

Séraphique , a. de séraphin.

Sérasquier , sm. général turc.

Screin, a. clair ; calme. au *p.* et au *fig. (goutte) sereine,* maladie de l'œil sm. rosée du soir. [dans la rue.

Sérénade, sf. concert de nuit

Sérénissime, a titre de prince.

Sérénité, sf. état du temps, de l'air qui est serein ; titre.

Séreux, se, a. aqueux. *méd.*

Serf (*f*), a. *et* s. espèce d'esclave. *féod.* [nier.

Serfouette, sf. outil de jardi-

Serfouir, va. gratter, remuer la terre avec la serfouette.

Serfouissage, sm. action de serfouir.

Serge, sf. étoffe légère.

Sergent, sm. huissier ; sous-officier. — *major*, sm. le 1er sous-officier d'une compagnie. *mil.* outil de menuisier ; — *de ville*, agent de police.

Serger, Sergier, s. fabr. de serge

Série, sf. suite ; division.

Sérieusement, ad. d'une manière sérieuse.

Sérieux, se, a. grave ; dangereux ; important ; vrai sm. gravité.

Serin, e, s. oiseau, et a. i jaune.

Seriner, va. jouer un air avec la serinette. *fig.* enseigner mécaniquement.

Serinette, sf. instrument pour apprendre à chanter aux serins. [sm. arbrisseau.

Seringat, *ou mieux* Syringa,

Seringue, sf. petite pompe pour les lavements, etc.

Seringuer, va. pousser une liqueur avec une seringue.

Sérique, a. qui provient de la soie.

Serment, sm. affirmation ; promesse solennelle. [ment.

Sermenté , a. qui a prêté ser-

Sermon, sm. prédication ; remontrance importune. *fa.*

Sermonnaire, a. *et* sm. (auteur, recueil) de sermons.

Sermonner, va. faire des remontrances. *fa.* [nonne.

Sermonneur, euse, s. qui ser-

Sérosité, sf. partie aqueuse du sang, du lait, etc.

Serpe, sf. instrument pour tailler les arbres.

Serpent, sm. reptile ; instrument ; celui qui en joue. *fig.* personne ingrate, perfide.

Serpentaire, sm. constellation. sf. plante.

Serpente, a. *et* sf. papier mince et transparent.

Serpenteau, sm. jeune serpent ; fusée volante. [serpente.

Serpentement, sm. courbe qui

Serpenter, vn. avoir un cours tortueux.

Serpentin, sm. marbre ; tuyau en spirale d'un alambic.

Serpentine, sf. pierre précieuse.

Serper, vn. lever l'ancre.

Serpette, sf. petite serpe ; outil.

Serpillière , sf. grosse toile claire. *V.* Courtillière.

Serpolet, sm. plante aromat.

Serre , sf. lieu pour serrer les plantes ; action de pressurer ; pied d'oiseau de proie. *fig.* main avide.

Serre, e, a. tenu, lié fortement ; (tissu) à fils serrés. a. *fig.* avare. [d'une file. *mil.*

Serre-file, sm. le dernier homme

Serrement, sm. action de serrer. — *de cœur,* état du cœur quand on est saisi de tristesse

Serrément, ad. *fig.* d'une manière avare.

Serre-papier, sm. tablette à compartiments pour serrer des papiers.

Serrer, va. étreindre ; pre ser; joindre ; enf. rmer. [de nuit.

Serre-tète, sm. ruban, coiffe

Serrure, sf. machine à clef pour fermer et ouvrir.

Serrurerie, sf. art du [res, etc.

Serrurier, sm. qui fait des serru-

Serte, sf. enchâssement des diamants.

Se tir, va. enchâsser. lapid.

Sertissure, sf. m. n. de sertir.

Sérum, sm. (om). V. Séros té.

Servage, sm. état de serf.

Serval, sm. quadrupède de la famille des chats.

Servant, a. qui sert. t. de féod.

Servante, sf. domestique femelle. t. de civilité ; petite table.

Servantine, sf. esp. de figue.

Serviable, a. officieux. [ment.

Serviablement, ad. obligeam-

Service, sm. état ; fonction de serviteur, d'employé ; usage d'une chose ; assistance, bon office ; messe basse, temps qu'on a servi dans un emploi civil ou militaire ; linge de table ; mets servi.

Serviette, sf. linge de table.

Servile, a. d'esclave ; rampant.

Servilement, ad. d'une manière servile.

Servilité, sf. esprit de servitude

Servir, va. n. et p. faire le service ; employer ; user de ; donner les mets ; rendre de bons offices ; être militaire ; tenir lieu. — Dieu, lui rendre le culte qui lui est dû.

Serviteur, sm. domestique. t. de civilité.

Servitude, sf. esclavage ; contrainte. t. de droit. [huileuse.

Sésame, sm. plante à graine

Sésamoïde, a. petit os des articulations. sm. sorte de réséda.

Séseli, sm. plante ombellifère.

Sesquialtère, a. t. de mathématiques. [pétiole.

Sessile, a. sans pédoncule, ni

Session, sf. durée d'une assemblée.

Sesterce, sm. ancienne monnaie romaine. [etc.

Setier, sm. mesure de grains,

Séton, sm. cordon passé à travers la chair. chir. et vétér.

Seuil, sm. traverse au bas d'une porte. fig. entrée.

Seul, e, a. sans compagnie ; isolé ; unique ; simple.

Seulement, ad. rien de plus ; néanmoins.

Seulet, e, a. diminutif de seul.

Sève, sf. humeur des plantes ; force du vin.

Sévère, a. rigoureux ; austère.

Sévèrement, ad. avec

Sévérité, sf. rigueur; austérité.

Séveux, euse, a. de la nature de la sève.

Sévices, sm. pl. mauvais traitements d'un mari, etc. pal.

Sévir, va. agir avec rigueur contre.

Sevrage, sm. action de

Sevrer, va. ôter à un enfant sa nourrice, et vp. fig. priver ; frustrer.

Sevreuse, sf. femme qui sèvre un enfant. [ans.

Sexagénaire, a. et s. qui a 60

Sexagésime, sf. dimanche avant le dimanche gras.

Sexangulaire, a. à six angles.

Sexe, sm. différence constitutive du mâle et de la femelle ; (beau) les femmes.

Sextant, sm. instrument d'astronomie.

Sexte, sf. heure canoniale. sm. décrétale. [cade.

Sextidi, sm. 6e jour de la dé-

Sextile, a. (aspect) t. d'astr.

Sextuple, a. et sm. qui contient six fois.

Sextupler, va. répéter six fois.

Sexuel, le, a. du sexe.

Shako, sm. (chaco) sorte de bonnet à l'usage de l'armée.

Shérif, sm. officier municipal en Angleterre.

Si, conj. condit. ad. affirmatif opposé à non; tellement. sm. note de musique.

Sialagogue, a. et sm. qui provoque l'excrétion de la salive.

Sialisme, sm. évacuation abondante de salive.

Siam, sm. jeu de quilles.

Siamoise, sf. étoffe de coton.

Sibylle, sf. prophétesse. ant.

Sibyllin, am. de sibylle.

Sicaire, sm. assassin gagé.

Siccatif, ve, a. et s. qui fait sécher. [qui est sec.

Siccité, sf. qualité, état de ce

Sicilienne, sf. danse; son air.

Sicle, sm. poids et monnaie des Juifs. [astres.

Sidéral, e, aux a. (année) des

Sidération, sf. influence des astres; prostration des forces.

Siècle, sm. espace de cent ans; temps où l'on vit. fig. vie mondaine.

Siége, sm. meuble pour s'asseoir; place en avant d'un carrosse; lieu de résidence; l'anus. v. opérations militaires pour prendre une place; juridiction; ville capitale; évêché; état de —, d'une ville où l'autorité est exercée par un chef militaire.

Siéger, vn. occuper un siége; résider.

Sien, Sienne, a. poss. à lui, à elle. sm. son bien. pl. ses proches, ses amis.

Sieste, sf. repos pendant la chaleur du jour.

Sieur, sm. diminutif de monsieur. [fler.

Siffable, a. qu'on peut sif-

Sifflant, e, a. qui siffle.

Sifflement, sm. bruit en sifflant.

Siffler, vn. former un son aigu. va. instruire (un oiseau); désapprouver en sifflant.

Sifflet, sm. inst. pour siffler; conduit de la respiration. fa.

Siffleur, euse, a. et s. qui siffle. sm. oiseau.

Siffloter, vn. siffler souvent.

Sigillé, e, a. marqué d'un sceau; terre—, esp. de terre glaise.

Sigisbé, sm. galant habituel d'une dame.

Sigle, sf. lettre initiale abréviative, comme: J.-C. Jésus-Christ; J.-J. Jean-Jacques, etc.

Signal, sm. signe convenu pour avertir. pl. aux. [signe.

Signalé, a. remarquable; in-

Signalement, sm. description de quelqu'un pour le reconnaître.

Signaler, va. donner un signalement; faire des signaux; faire remarquer. vp. fig. se distinguer. [ment.

Signalétique, a. du signale-

Signataire, sm. qui signe une adresse, un billet, une ordonnance.

Signature, sf. seing; act. de signer; t. d'imprimerie.

Signe, sm. indice; marque; tache sur la peau; démonstration extérieure; constellation. — de la croix, geste que fait le chrétien; phénomène; miracle.

Signer, va. mettre son seing. vp. faire le signe de la croix. [marquer un livre.

Signet, sm. (sinet) ruban pour

Signifiant, a. qui signifie. [bien.

Significatif, ive, a. qui exprime

Signification, sf. ce que signifie une chose; notification.

Significativement, ad. d'une manière significative.

Signifier, va. dénoter; notifier.

Sil, sm. ocre des anciens.

Silence, sm. action de se taire; cessation de tout bruit.

Silencieusement, ad. en silence.

Silencieux, se, a. où l'on n'entend pas de bruit; qui ne dit mot.

Silésie, sm. sorte de drap léger.

Silex, sm. caillou.

Silhouette, sf. profil tracé sur l'ombre d'une figure.

Silice, sf. sorte de terre; oxyde de silicium.

Siliceux, se, a. qui est de la nature du silex.

Silicium, sm. me al.

Sicule, sf. silique. [de plantes.

Siliculeux, se, a. et sf genre

Uliginosité, sf. qualité fari- neuse du blé.

Silique, sf. gousse.

Siliqueux, se, a. en silique.

Sillage, sm. trace du vaisseau.

Sill, sm. (sile) satire grecque.

Siller, vn. fendre les flots en avançant. t. de fauconnerie.

Sillon, sm. trace de la charrue; rainure pl. rides.

Sillonné, e, a. creusé en sillons.

Sillonner, va. faire des sillons; rider; naviguer poét.

Silo, sm. cavité dans la terre.

Silure, sm. genre de poissons.

Sylviculture, sf. science qui s'occupe des bois et des fo- rêts.

Simagrée, sf. faux semblant; minauderie; grimace. [rique.

Simarouba, sm. arbre d'Amé-

Simarre, sf. ser. de robe longue.

Simbleau, sm. cordeau.

Similaire, a. de même nature.

Similitude, sf. comparaison; ressemblance. [et de zinc.

Similor, sm. melange de cuivre

Simoniaque, a. où il y a simo- nie, et s. celui qui la commet.

Simonie, sf. trafic de choses saintes. [frique.

Simoun, sm. vent brûlant d'A-

Simple, a. non composé; seul. fig. facile à comprendre; sans art, sans malice; crédule; niais. s. pl. nom général des plantes médicinales [simple.

Simplement, ad. d'une manière

Simplesse, sf. ingénuité. v.

Simplicité, sf. qualité de ce qui est simple; niaiserie.

Simplification, sf. action de

Simplifier, va. rendre simple.

Simulacre, sm. image; fan- tôme; vaine représentation.

Simulation, sf. déguisement, tromperie. pal.

Simule, e, a. déguisé; feint.

Simuler, va. supposer; feindre.

Simultané, e, a. qui se fait en- semble, en même temps.

Simultanéité, sf. etat de ce qui est simultané. [temps.

Simultanément, ad en même

Sinapisé, a. où il entre de la farine de moutarde.

Sinapiser, va. appliquer des si- napismes. [moutarde.

Sinapisme, sm. topique de

Sincère, a. franc; sans artifice.

Sincèrement, ad. avec sincérité.

Sincérité, sf. vérité; candeur.

Sincipital, e, a. qui a rapport au

Sinciput, sm. (t) sommet de la tête.

Sindon, sm. plumasseau de charpie pour le t épan; lin- ceul de Jésus-Christ.

Sinecure, sf. emploi sans fonc- tions. [sinécure.

Sinécuriste, a. qui occupe une

Sine quâ non, loc. adv. lat. in- dispensable, sans quoi rien ne peut se faire.

Singe, sm. quadrumane. fig. et fui qui imite, qui contre- fait les actions des autres; pantographe; personne très- laide.

Singer, va. imiter; contrefaire.

Singerie, sf. grimace; malice; tours de singe. fig. imita- tion ridicule.

Singeur, eresse, s qui singe. iro.

Singulariser (se), vp. se dis- tinguer par des singularités.

Singularité, sf. chose, manie- res singulières.

Singulier, a. unique; rare; bi- zarre; capricieux. sm. terme de grammaire; combat —, d'homme à homme.

Singulièrement, ad. principa- lement; spécialement; d'une manière affectée.

Sinistre, a. malheureux, funes- te. sm. perte, dommage.

Sinistrement, ad. d'une manière sin stre. [sans quoi.

Sinon, ad. autrement; si ce n'est;

Sinople, sm. la couleur verte.

Sinueux, se, a. tortueux. [bla.

Sinuosité, sf. détour sinueux.

Sinus, sm. (us) perpendiculaire. mat. cavité. chir.

Siphon, sm. tuyau courbé; trombe.

Siphoïde, a. en forme de siphon

Sire, sm. seigneur. v. titre de roi, d'empereur.

Sirène, sf. monstre fabuleux, femme et poisson; femme séduisante. [fixe.

Sirius, sm. (us) grande étoile

Siroc, sm. vent sud-est.

Sirop, sm. (p. muet) liqueur sucrée épaissie.

Siroter, vn. boire à petits coups et longtemps. pop.

Sirtes, sf. sables mouvants.

Sirupeux, se, a. de la nature du sirop.

Sirvente, sf. poésie gauloise.

Sis, e, a. situé. pra. [sique. ant.

Sistre, sm. instrument de mu-

Site, sm. situation de paysage.

Sitôt que, conj. dès que.

Situation, sf. position d'une ville, d'une maison, etc., posture des êtres animés; état de l'âme; partie intéressante d'une action dramatique; état

Situer, va. placer; poser.

Six, a. num. (ci devant une cons.; ciz devant une voy.; et sis à la fin des phrases); deux fois trois. sm. le chiffre six; le sixième jour.

Sixain, sm. (zin) stance de six vers; six jeux de cartes.

Sixaine, sf. collection de six choses.

Sixième, a. nombre ordinal de six; sf. sixième classe.

Sixièmement, ad. en sixième lieu.

Sixte, sf. intervalle de six sons. mus. [cartes.

Sizette, sf. sorte de jeu de

Sloop, sm. (sloup) petit navire de guerre au-dessous de vingt canons.

Smalt, sm. (t) verre de cobalt.

Smaragdin, a. couleur d'émeraude. [sorte d'émeraude.

Smaragdite, Smaragdoprase, sf.

Sobre, a. qui a de la sobriété. fig. modéré; retenu.

Sobrement, ad avec

Sobriété, sf. tempérance. fig. moderation. [lesque.

Sobriquet, sm. surnom bur-

Soc, sm. fer de charrue.

Sociabilité, sf. aptitude à vivre en société.

Sociable, a. fait pour la société.

Sociablement, ad. d'une manière sociable.

Social, e, a. de la société.

Socialiser, va. rendre social.

Socialisme, sm. système politique d'association. [cialisme

Socialiste, s. partisan du so-

Sociétaire, s. et a. membre d'une

Société, sf. réunion d'individus pour un but commun; compagnie.

Socinianisme, sm. hérésie de Socin. [cin.

Socinien, sm. partisan de So-

Socle, sm. base; piédestal.

Socque, sm. sorte de chaussure.

Sodium, sm. corps simple métallique, base de la soude.

Sœur, sf. fille née de même père ou mère; religieuse.

Sofa, Sopha, sm. lit de repos.

Soffite, sf. plafond, lambris à compartiments peints.

Sofi, Sophi, sm. roi de Perse.

Soi, pronom singulier de la 3e personne des 2 genres.

Soi-disant, a. i. se disant être.

Soie, sf. fil de certains vers; poil de porc; partie d'une lame engagée dans la poignée.

Soierie, sf. marchandises; fabrique d'étoffes de soie.

Soif, sf. besoin de boire. fig. désir immodéré.

Soigner, va. *et* n. traiter avec soin.

Soigneusement. ad. avec soin.

Soigneux, se, a. q i prend soin.

Soin, sm. attention, application d'esprit. pl. soucis; assiduités. [jour.

Soir, sm. dernière partie du

Soirée, sf. durée du soir; réunion, assemblée le soir.

Soit, conj. alternative. que cela arrive ou n'arrive pas. ad. j'y consens.

Soixantaine, sf. (*san*) environ.

Soixante, a. num. six dizaines. sm. numéro 60.

Soixanter, vn. faire un soixante au piquet. [et sm.

Soixantième, a ord. de soixante

Sol, sm. terrain ; note de musique. V. Sou.

Solaire, a. du soleil.

Solandre, sf. malandre. sm. bandage, muscle. | de plantes.

Solanées, a. *et* sf. pl. famille

Solanum, sm. (*ome*) genre de plantes. [est f ulée.

Solbatu, a. cheval dont la sole

Solbature, sf. sa maladie.

Soldanelle, sf. plante.

Soldat, sm. homme de guerre. a. militaire.

Soldatesque, sf. les soldats; soldats indisciplinés. a. de soldat.

Solde, sf. paye des militaires. m. complément de payement.

Soldé, sm. soudoyé.

Soldor, va. payer ; éteindre un compte ; avoir à sa solde.

Sole, sf. sorte de jachère. *agri.* dessous du pied du cheval; poisson de mer. [taxe.

Solécisme, sm. faute de syn-

Soleil, sm. l'astre du jour; ostensoir; tournesol ; l'or. *chim* ; pièce d'artifice. | *chir.*

Solen, sm. (*en*) bivalve; botte.

Solennel, le, a (*la*) public ; pompeux ; authentique.

Solennellement, ad. d'une manière solennelle.

Solennisation, sf. action de

Solenniser, va. célébrer avec

Solennité, sf. cérémonie qui rend solennel; formalités qui rendent authentique.

Solfatare, sf. soufrière.

Solfège, sm. livre d'éléments de musique.

Solfier, va. chanter les notes.

Solidaire, a. obligé avec.

Solidairement, ad. avec | proque

Solidarité, sf. caution réci-

Solide, a. opposé à fluide; réel, durable; qui a de la consistance. sm. corps résistant.

Solidement, ad. avec solidité.

Solidification, sf. action de

Solidifier, va. *et* p. rendre solide. [est solide.

Solidité, sf. qualité de ce qui

Soliloque, sm. monologue.

Solins, sm. pl. intervalles des solives.

Solipède, sm. ordre de quadrupèdes qui n'ont qu'une corne au pied.

Solitaire, a. qui est seul ; (lieu) désert. sm. qui vit dans la solitude ; jeu; diamant isolé oiseau. [nière solitaire.

Solitairement, ad. d'une ma-

Solitude, sf. état d'une personne qui est seule; désert.

Solive, sf. pièce de charpente.

Soliveau, sm. petite solive.

Sollicitation, sf. démarches; action de

Solliciter, va. inciter; postuler; faire des démarches pour une affaire.

Solliciteur, euse, s. qui sollicite

Sollicitude, sf. souci ; soin affectueux.

Solo, sm. morceau joué par un seul instrum. de musique

Solstice, sm. repos apparent du soleil.

Solsticial, e, a. des solstices.

Solubilité, sf. qualité de ce qui est

Soluble, a. qui peut se résoudre

Solutif, ive, a. laxatif.

Solution , sf. explication d'une difficulté; division.*chir* paiement.*pra.*union à un liquide *chim*. [payer.

Solvabilité , sf. pouvoir de

Solvable,a.qui a de quoi payer.

Somatologie, sf. traité des solides. *méd.*

Sombre, a. peu éclairé;obscur. *fig.* taciturne ; rêveur.

Sombrer, vn. être submergé par le vent. *mar.*

Sommaire, a. *et* sm. abrégé.

Sommairement, ad. en abrégé.

Sommation sf. action de sommer ; t. de *pal* et de *math.*

Somme, sf. charge de cheval ; total ; certaine quantité d'argent , etc. ; abrégé d'une science. sm. sommeil. *fa.* en —, loc. adv. en résumé.

Sommé, a. surmonté par un autre. *bla.*

Sommeil , sm. repos; envie de dormir; état d'inactivité.

Sommeiller , vn. dormir légèrement. [ou vin, etc.

Sommelier, ère, a. qui a soin

Sommellerie, sf. charge de sommelier.

Sommer , va. signifier. *pal.* trouver la somme de plusieurs quantités. *math.*

Sommet, sm. le haut, la partie la plus élevée; au fig. le *sommet des grandeurs.*

Sommier,sm.cheval de somme; matelas de crin. t. d'arts.

Sommité, sf. (mm) extrémité supérieure ; sommet.

Somnambule, s. qui agit en dormant.

Somnambulisme, sm. état du somnambule. [le sommeil.

Somnifère, a. *et* sm. qui cause

Somniloque, a. qui parle en dormant.

Somno, sm. i. table de nuit.

Somnolence , sf. disposition habituelle à dormir ; état entre le sommeil et la veille.

Somnolent,a.porté au sommeil.

Somptuaire, a. qui règle les dépenses. [somptuosité.

Somptueusement , ad. avec

Somptueux, se, a. splendide.

Somptuosité, sf. faste ; grande dépense.

Son, Sa, Ses, a. possessif.

Son, sm. ce qui frappe l'ouïe ; écorce du blé moulu.

Sonate, sf. morceau de musique

Sondage, sm. act. de sonder.

Sonde, sf. instrument pour

Sonder, va. fouiller au fond. *fig. sonder quelqu'un ,* pressentir ses dispositions.

Sondeur, sm. qui sonde.

Songe, sm. illusion de l'esprit durant le sommeil.

Songe-creux, sm. qui rêve des chimères. *fa.*

Songe-malice , sm. qui fait souvent de mauvais tours.

Songer, vn. rêver, penser à.

Songeur , euse, s. qui est accoutumé à songer.

Sonna, sm. recueil turc.

Sonnaille , sf. clochette des bestiaux.

Sonnailler, va. *et* n. sonner souvent. *fa.* a. *et* s. qui porte la sonnaille.

Sonnant, a. qui sonne. *Mal sonnant,* peu orthodoxe.

Sonner , vn. rendre un son , annoncer, être annoncé par un son. va. tirer du son.

Sonnerie, sf. son de plusieurs cloches; ce qui fait sonner. *horl.* air de trompette [vers.

Sonnet , sm. pièce de quatorze

Sonnette, sf. petite clochette ; gros grelot; machine pour enfoncer des pilotis. [cloches.

Sonneur, sm. qui sonne les

Sonnez,sm.deux six au trictrac.

Sonore, a. qui a un beau son ; lieu favorable à la voix.

Sonorité, sf. qualité de ce qui est sonore.

Sopeur, sf. assoupissement.

Sophisme, sm. argument captieux.

SOR 442 SOU

Sophiste, sm. philosophe anc.; faiseur de sophismes.
Sophistication, sf. action de sophistiquer des drogues, etc.
Sophistique, a. trompeur; captieux.
Sophistiquer, vn. subtiliser. va. falsifier (des drogues, etc.)
Sophistiquerie, sf. fausse subtilité, altération (de drogues), etc. [tique.
Sophistiqueur, sm. qui sophis-
Sopor, sm. sommeil lourd.
Soporatif, ve, Soporeux, se, Soporifère, Soporifide, a. qui fait dormir.
Soprano, sm. (voix de) dessus; celui, celle qui a cette voix. mezzo—, voix qui participe du soprano et du contralto.
Sora, sm. bière de maïs.
Sorbe, sf. fruit du sorbier.
Sorbet, sm. composition de citron, etc.; breuvage.
Sorbier, sm. arbre.
Sorboniste, sm. docteur en
Sorbonne, sf. siège de la faculté de théologie de Paris.
Sorcellerie, sf. opération de
Sorcier, ère, s. magicien.
Sordide, a. sale; avare.
Sordidement, ad. d'une manière sordide.
Sordidité, sf. mesquinerie. p.us.
Sorite, sm. raisonnement composé de plus. proposit. logiq.
Sornette, sf. discours frivole.
Sororal, e, a. de la sœur.
Sororicide, sm. meurtrier de sa sœur. sm. son crime.
Sort, sm. destinée; hasard; maléfice.
Sortable, a. convenable.
Sortablement, adv. convena-
Sortant, a. m. qui sort. [blement.
Sorte, sf. espèce; genre; manière; façon. De sorte que, ad. si bien que.
Sortie, sf. action de sortir; issue; attaque des assiégés; paroles de colère.
Sortilège, sm. maléfice.

Sortir, vn. passer du dedans au dehors; pousser au-dehors; être issu; ne pas rester dans; s'exhaler. va. tirer dehors. fa. obtenir. pal. Au sortir, ad. en sortant.
Sosie, sm. homme parfaitement ressemblant à un autre. [confus.
Sot, sotte, a. et s. sans esprit;
Soties, sf. pl. anciennes farces du théâtre français.
Sot-l'y-laisse, sm. i. morceau délicat fa. [sotte.
Sottement, ad. d'une manière
Sottich, sf. sorte de danse.
Sottise, sf. qualité, act. du sot.
Sottisier, a. et sm. recueil, diseur de sottises.
Sou, sm. monnaie de cuivre.
Soubassement, sm. stylobate; pente au bas du lit. [piné.
Soubresaut, sm. (ss) saut ino-
Soubresauter, vn. faire des soubresauts.
Soubrette, sf. femme de chambre intrigante. [manches.
Soubreveste, sf. vêtement sans
Souche, sf. tronc et racines; feuille qui reste au registre; premier aïeul; sot. fa. gros cierge postiche.
Souchet, sm. mauvaise pierre; plante; sorte de canard.
Souchon, sm. gr. barre de fer.
Souci, sm. plante à fleur jaune; inquiétude. Un sans-souci, celui que rien n'inquiète.
Soucier (se), vp. s'inquiéter de.
Soucieux, se, a. inquiet; morne.
Soucoupe, sf. sorte de petite assiette pour poser une tasse.
Soudable, a. qui peut être soudé.
Soudain, a. subit. ad. aussitôt.
Soudainement, ad. subitement.
Soudaineté, sf. qualité de ce qui est soudain.
Soudan, sm. sultan d'Égypte.
Soudard, Soudart, sm. ancien militaire. fa.
Soude, sf. plante; oxyde de sodium.

Souder, va. joindre avec l'étain, etc. [solde.

Soudoyer, va. entretenir à sa

Soudure, sf. action de souder; résultat de cette action.

Soufflage, sm. act. de souffler le verre.

Souffle, sm. agitation; respiration de l'air; fig. influence.

Soufflement, sm. action de

Souffler, va. faire du vent; respirer; suggérer; enlever; aider la mémoire de celui qui parle; escamoter. fa.

Soufflerie, sf. ensemble des soufflets de l'orgue.

Soufflet, sm. instrument pour souffler; calèche; coup sur la joue. fig. affront, éclec.

Souffletade, sf. action de

Souffleter, va. donner des soufflets à quelqu'un.

Souffleur, euse, s. et a. qui souffle. sm. cétace; alchimiste; au théâtre, celui qui soutient la mémoire des acteurs.

Soufflure, sf. cavité dans la fonte

Souffrance, sf. peine, douleur physique ou morale; tolérance; suspension. pra.

Souffrant, a. qui souffre; patient.

Souffre-douleur, sm. qu'on excède.

Souffreteux, se, a. misérable. fa.

Souffrir, va. et n. sentir la douleur; endurer; supporter; tolérer.

Soufrage, sm. exposition d'un tissu à la vapeur du soufre.

Soufre, sm. minéral inflammable. [exposer à sa vapeur.

Soufrer, va. enduire de soufre;

Soufrière, sf. mine de soufre.

Sougarde, sf. demi-cercle sous la détente d'une arme à feu.

Sougorge, sf. cuir sous la gorge du cheval.

Souhait, sm. désir; vœu. A souhait, ad. selon ses désirs.

Souhaitable, a. désirable.

Souhaiter, va. désirer; faire des vœux.

Souillard, sm. cabinet, baquet où se lave la vaisselle.

Souille, sf. bourbe.

Souiller, va. et p. salir; couvrir d'ordures; déshonorer.

Souillon, des deux genres, enfant sale; servante. fa.

Souillonner, va. salir, chiffonner. [rete.

Souillure, sf. tache; impu-

Soûl, e. et sm. (sou) rassasié; ivre. [de mal.

Soulagement, sm. diminution

Soulager, va. diminuer la charge, le mal.

Soûlard, sm. ivrogne. fam.

Soûler, va. et p. rassasier; enivrer. pop. saturer.

Souleur, sf. frayeur subite. fa.

Soulèvement, sm. action par laquelle une chose se soulève; émotion; agitation; révolte. Soulèvement de cœur, nausée.

Soulever, va. n. et p. élever un peu; causer du dégoût, de l'indignation; révolter.

Soulier, sm. chaussure du pied.

Souligner, va. tirer une ligne sous un mot.

Soulte, sf. solde d'un compte.

Soumettre, va. réduire sous la puissance. vp. se conformer au jugement, à la volonté de quelqu'un.

Soumis, e, a. docile; obéissant.

Soumission, sf. déférence respectueuse; obéissance; engagement. pl. respects. [sionne.

Soumissionnaire, s. qui soumis-

Soumissionner, va. s'engager à acheter, à fournir ou construire. [de pompe, etc.

Soupape, sf. languette mobile

Soupatoire, a. dîner —, qui tient lieu de souper.

Soupçon, sm. doute désavantageux; conjecture; très-petite quantité. [un soupçon.

Soupçonner, va. et n. avoir

Soupçonneux, se, a. enclin à soupçonner.

Soupe, sf. potage.

Soupente, sf. retranchement en planches dans la hauteur d'un étage; courroie de voiture.

Souper, vn. prendre le repas du soir. — ou soupe, sm. ce repas. |juger le poids.

Soupeser, va. soulever pour

Soupeur, euse, s. celui dont le principal repas est le soupe.

Soupière, sf. vase creux pour la soupe.

Soupir, sm. aspiration et expiration prolongées, causées par la tristesse, l'amour, etc.; pause. mus. [ture pour aérer.

Soupirail, sm. pl. aux, ouver-

Soupirant, sm. aspirant. fa.

Soupirer, vn. pousser des soupirs. fig. désirer ardemment.

Souple, a. qui se plie; docile; agile; maniable.

Souplement, ad. avec

Souplesse, sf. flexibilité de corps, d'esprit.

Souquenille, sf. surtout.

Source, sf. eau qui sort de terre. fig. principe, cause, origine. |sources.

Sourcer, s. qui découvre des

Sourcil, sm. (ci) poil au-dessus des yeux.

Sourciller, ère, a. qui a rapport aux sourcils. |cil.

Sourciller, vn. remuer le sour-

Sourcilleux, se, a. (mont)élevé; haut. poét.

Sourd, a. et s. qui n'entend pas; non sonore. fig. inexorable; inflexible; secret.

Sourdaud, s. presque sourd. fa.

Sourdement, ad. d'une manière sourde; secrète. ent.

Sourdine, sf. ce qui affaiblit le son. A la sourdine, ad. sans bruit.

Sourd-muet, sourde-muette, s. qui est sourd et muet de naissance.

Sourdre, vn. sortir de terre, en parlant des eaux

Souriceau, sm. petit de souris.

Souricière, sf. piège pour les souris.

Souriquois, oise, a. des souris.

Sourire, vn. rire sans éclater. Sourire à, voir avec complaisance, affection; plaire; — et Souris, sm. action de sourire.

Souris, sf. petit quadrupède; sa couleur; muscle de l'os du gigot; cartilage des naseaux du cheval.

Sournois, a. et s. qui cache sa pensée.

Sournoiserie, sf. fausseté, duplicité. pop.

Sous, prép. marque la situation d'une chose à l'égard d'une autre qui est au-dessus, la dépendance, le règne, la cause, etc. Ce mot, joint à un autre, indique un titre, un emploi subordonné.

Sous-affermer, Sous-fermer, va. donner, prendre à sousferme.

Sous-aide, s. aide inférieur.

Sous-amendement, sm. modification à un amendement.

Sous-amender, va. modifier un amendement.

Sous-bail, sm. cession d'une partie de bail.

Sous-bibliothécaire, sm. bibliothécaire en second.

Sous-carbonate, sm. combinaison d'acide carbonique avec excès de base. chim.

Sous-chef, sm. celui qui dirige en l'absence du chef.

Souscripteur, s. qui souscrit.

Souscription, sf. action de

Souscrire, va. approuver un acte par sa signature. vn. consentir; s'engager pour une entreprise.

Sous-cutané, e, a. situé sous la peau. |délégué.

Sous-délégué, a. et s. V. Sub-

Sous-diaconat, sm. troisième ordre sacré.

Sous-diacre, sm. celui qui est promu au sous-diaconat.

Sous-directeur, sm. celui qui vient après le directeur.

Sous-dominante, sf. quatrième note d'un ton.

Sous-double. a. la moitié. *math.*

Sous-doublé. a. t. de math.

Sous-entendre, va. faire entendre une chose sans l'exprimer. [qu'on sous-entend.

Sous-entendu, a. *et* sm. ce

Sous-entente, sf. ce qu'on sous-entend avec artifice.

Sous-ferme, sf. sous-bail d'une ferme.

Sous-fermier, sm. qui tient à sous-ferme. [autre.

Sous-fréter, va. fréter à un

Sous-gouvernante, sf. gouvernante en second.

Sous-gouverneur, sm. gouverneur en second.

Sous-lieutenance, sf. grade de

Sous-lieutenant, sm. offic. au-dessous du lieutenant.

Sous-locataire, sm. qui sous-loue.

Sous-location, sf. action de

Sous-louer, va. louer une partie de location.

Sous-maître, esse, s. qui commande à la place du maître, de la maîtresse.

Sous-marin, a. qui est au fond de la mer. [exact.

Sous-multiple, sm. diviseur

Sous-normale, Sous-perpendiculaire, sf. partie de l'axe d'une courbe.

Sous-officier, sm. qui a un grade au-dessous du sous-lieutenant. [sous un autre.

Sous-ordre, sm. qui travaille

Sous-pied, sm. bande de cuir ou d'étoffe qui passe sous le pied. [teur en second.

Sous-précepteur, sm. précep-

Sous-préfecture, sf. arrondissement communal administré par un sous préfet; charge, demeure du

Sous-préfet, sm. fonctionnaire subordonné au préfet.

Sous-prieur, e, s. religieux, religieuse sous le prieur, la prieure.

Sous-secrétaire, sm. qui écrit sous un secrétaire, qui le remplace.

Soussigné, a et s. qui soussigne.

Soussigner, va. *et* n. mettre son nom au bas d'un acte.

Sous-sol, sm. habitation sous le rez-de-chaussée.

Sous-tangente, sf. partie de l'axe d'une courbe.

Sous-tendante, sf. ligne d'une extrémité de l'arc à l'autre.

Sous-traction, sf. opération d'arithmétique ; action de

Soustraire, va. ôter par fraude; retrancher. *arith.* vp. se dérober à.

Sous-traitant, sm. sous-fermier ; celui qui se charge d'une entreprise concédée à un premier traitant.

Sous-traiter, vn. prendre une sous-ferme V. Sous-traitant.

Soustylaire, sf. sect. du cadran.

Sous-ventrière, sf. courroie qui passe sous le ventre du limonier

Soutache, sf. tresse servant d'ornement. [tique.

Soutane, sf. habit ecclesias-

Soutanelle, sf. petite soutane.

Soute, sf. solde. *pra.* retranchement dans un navire pour serrer les munitions.

Soutenable, a. qui peut se soutenir.

Soutenant, sm. qui soutient une thèse. [pra.

Soutènement, sm. appui. *maç.*

Souteneur, sm. qui soutient.

Soutenir, va. appuyer ; affirmer ; secourir dans le besoin ; supporter ; résister. vp. se tenir debout.

Soutenu, a. (style) soigné.

Souterrain, a. *et* sm. cavité sous terre.

Souterrainement, adv. sous la terre; secrètement.

Soutien, sm. ce qui soutient. *fig.* protection; défense.

Soutirage, sm. action de

Soutirer, va. transvaser d'un tonneau dans un autre. *fig.* — *de l'argent*, l'obtenir avec adresse.

Souvenance, sf. souvenir. *fa.*

Souvenir, sm. impression que conserve la mémoire, la mémoire elle-même; tablette pour écrire *vp.* et imp. avoir, garder en mémoire.

Souvent, ad. plusieurs fois

Souventefois *ou* Souventes fois, ad. fréquemment. *v.*

Souverain, a. suprème, s. qui a la souveraineté.

Souverainement, ad. d'une manière souveraine; parfaitement   [prince.

Souveraineté, sf. autorité souveraine.

Soyeux, se, a. doux; garni de soie.   espace.

Spacieusement, ad. en grand

Spacieux, se, a. de grande étendue.

Spadassin, sm. bretteur.

Spadille, sm. l'as de pique.

Spadix, sm. colonne de fleurs.

Spahi, sm. cavalier turc. [bot.

Spalme, sm. enduit. *mar.*

Spalmer, va. enduire de goudron.

Spalt, sm. (*t*) pierre luisante.

Sparadrap, sm. toile enduite d'emplâtre fondu.

Spare, sm. genre de poissons.

Sparsile, a. étoile hors de la constellation.

Sparte, sm. plante graminée.

Sparterie, sf. tissu de sparte.

Spasme, sm. sorte de convulsion.

Spasmodique, a. de spasme.

Spath, sm. (*spat*, pierre feuilletée. *Spath fluor*, fluate de chaux.   [fleur.

Spathe, sf. enveloppe d'une

Spatule, sf. instrument de pharmacien; oiseau. [bot.

Spatulé, a. en forme de spatule.

Spe, sm. doyen des enfants de chœur.

Spécial, e, a. particulier. [ment.

Spécialement, ad. particulièrement

Spécialiser, va. indiquer d'une man. spéciale.

Spécialité, sf. occupation spéciale.   [nière spécieuse.

Spécieusement, ad. d'une manière

Spécieux, se, a. qui paraît vrai.

Spécification, sf. action de

Spécifier, va. particulariser.

Spécifique, a. *et* sm. remède spécial.   [nière spécifique.

Spécifiquement, ad. d'une manière

Spécimen, sm. (*mène*) modèle, échantillon.

Spectacle, sm. ce qui attire la vue; représentation théâtrale.

Spectateur, trice, s. qui assiste à un spectacle, à une cérémonie, etc., sans y prendre part, témoin oculaire

Spectre, sm. figure fantastique; — *solaire*, image colorée que forme la lumière après avoir traversé le prisme.

Spéculaire, a. *et* sf. art de faire des miroirs; pierre diaphane.

Spéculateur, sm. qui spécule.

Spéculatif, ve, a. *et* sm. objet de spéculation, qui spécule en finance.

Spéculation, sf. action de

Spéculer, va. *et* n. observer; méditer; faire des projets, des opérations de finance, de politique, etc.

Speculum-oculi, oris, etc., sm. instrument de chirurgie pour tenir ouverts l'œil, la bouche, etc.

Spée, sf. bois d'un an ou deux.

Spencer, sm. sorte de vêtement.

Spergule, sf. plante.

Spermaceti, sm. (*cé*) blanc de baleine.

Spermatique, a. du sperme

Sperme, sm. semence animale.

Sphacèle, sm. gangrène profonde. [cèle.

Sphacélé, a. attaqué du spha-

Sphénoïde, sm. os du crâne.

Sphère, sf. globe; machine armillaire. fig. étendue de pouvoir, de talent, etc.

Sphéricité, sf. état de ce qui est

Sphérique, a. (en forme) de sphère.

Sphériquement, ad. en sphère

Sphéroïde, sm. corps dont la forme approche de celle d'un globe.

Sphincter, sm. (er) muscle.

Sphinx, sm. monstre fabuleux; papillon. [plante.

Spic, sm. ou grande lavande.

Spica, sm. sorte de bandage.

Spicilége, sm. recueil de pièces.

Spicule, e, a. composé de petits épis.

Spinal, a. de l'échine.

Spinelle, a. (rubis) d'un rouge pâle. [Spinosa.

Spinosisme, sm. doctrine de

Spinosiste, s. partisan du spinosisme.

Spiral, a. et sm. roulé en

Spirale, sf. courbe partant de son centre.

Spiralement, ad. en spirale.

Spire, sf. tour de spirale arch.

Spirée, sf. genre de plantes.

Spiritualisation, sf. t. de chim.

Spiritualiser, va. extraire les esprits. chim; dégager des sens.

Spiritualisme, sm. opposé de matérialisme; doctrine mystique.

Spiritualiste, s. celui ou celle dont la doctrine est opposée au matérialisme. [térialité.

Spiritualité, sf. opposé de ma-

Spirituel, le, a. incorporel, qui a de l'esprit, ou qui est fait avec l'esprit; qui a rapport à la religion. et sm. non temporel. [en esprit.

Spirituellement, ad. avec esprit;

Spiritueux, se, a volatil

Spirituosité, sf. état d'un liquide spiritueux. [tion.

Spleen, sm. (spline) consomp-

Splendeur, sf. grand éclat ● lumière. fig. gloire, pompe.

Splendide, a. magnifique.

Splendidement, ad. d'une façon splendide

Splénique, a. de la rate. [rate.

Splénite, sf. inflammation de la

Spode, sf. oxyde de zinc.

Spoliateur, trice, a. et s. qui spolie

Spoliatif, ive, a. qui dépouille.

Spoliation, sf. action de [fraude.

Spolier, va. déposséder par

Spondaïque, a. de spondées.

Spondée, sm. pied de vers latin ou grec.

Spongieux, se, a. d'éponge.

Spongiosité, sf. qualité de ce qui est spongieux.

Spongite, sf. pierre poreuse.

Spontané, a. fait volontairement; sans culture; sans préméditation. méd.

Spontanéité, sf. qualité de ce qui est spontané.

Spontanément, ad. de soi-même; par première impulsion.

Sporadique, a (maladie) qui attaque séparément chaque individu.

Sport (mot angl.), sm. jeu, plaisir, chasse. [quêteurs.

Sporte, sm. panier de moines

Sportman (mot angl.), sm. qui aime le sport. [tibles. ant.

Sportules, sf. aumône en comes-

Spumeux, a. couvert d'écume.

Spumosité, sf. état de ce qui est spumeux.

Sputation, sf. act. de cracher.

Squale, sm. gen. de poissons.

Squammeux, se, a. (scouam) écailleux.

Squarreux, euse, a raboteux.

Squelette, sm. cadavre décharné. fig. personne très-maigre.

Squirrhe, sm. tumeur indolente.

Squirrheux, se, a. du squirrhe.

St, St, interj. pour appeler.

S'ab lier, va. rendre stable.

Stabilite, sf. état de ce qui est

Stable, a. ferme, durable, permanent ; assure.

Stablement, adv. d'un man. stable. [course; mesure ant.

Stade, sm. carrière pour la

Stage, sm. résidence de chanoine ; noviciat d'avocat.

Stagiaire, a. et s. qui fait son siège. [point.

Stagnant, a. (ag) qui ne coule

Stagnation, sf. état de ce qui est stagnant, au p. et au fig.

Stalactite, Stalagmite, sf. concrétions pierreuses.

Stalle, sf. siège dans le chœur d'une église; place séparée dans un théâtre.

Stance, sf. strophe de poésie.

Staphisaigre, sf. plante. [tère.

Staphylin, sm. insecte coléop-

Staphylôme, sm. tumeur à l'œil.

Staroste, sm. qui a une

Starostie, sf. fief en Pologne.

Stasse, sf. séjour d'humeurs dans une partie méd.

Stathouder, sm. (dre) ancien chef de la Hollande.

Stathoudérat, sm. sa dignité.

Statice, Staticée, sf. plante des jardins.

Station, sf. demeure de peu de durée dans un lieu ; visite des églises; lieu où s'arrête un chemin de fer.

Stationnaire, a. fixe; continu; vaisseau —, en croisère; soldat —, en sentinelle.

Stationnal, e, a. où l'on fait des stations.

Stationnement, sm. act. de

Stationner, vn. faire une station, ne se dit guère qu'en parlant des voitures [libre.

Statique, sf. science de l'équi-

Statisticien, ne, s. qui s'occupe de

Statistique, sf. et a. branche de l'économie politique qui fait connaître la population, les revenus, etc., d'un Etat; descript. detaillée.

Statuaire s. sculpteur de statues f. son art. a. (marbre) à statues.

Statue, sf. figure de plein relief représentant un homme, une femme. fig. personne immobile.

Statuer, va. ordonner ; régler.

Statuette, sf. petite statue.

Statu quo (in), loc. lat. dans l'etat où sont actuellement les choses.

Stature, sf. hauteur de la taille.

Statut, sm. règle pour la conduite d'une compagnie ; loi; règlement.

Steam, Steam.boat ou Steamer, sm. bateau à vapeur.

Stéarine, sf. un des principes de la graisse.

Stéarique, a. acide —, formé par l'action des alcalis sur la stéarine. chim. [soumeuse.

Stéatite, a. et sf. marne sa-

Steeple-chase, sf. course au clocher, c'est-à-dire à cheval et à travers champs.

Stéganographe, s. et a. celui qui écrit en chiffres.

Stéganographie, sf. son art.

Stèle, sf. monolithe ayant la forme d'un fût de colonne.

Stellaire, a. (ll) qui a rapport aux étoiles.

Stellionat, sm. action de vendre le bien d'autrui.

Stellionataire, s. qui commet le crime de stellionat.

Sténographe, s. et a. versé dans la [abréviations.

Sténographie, sf. écriture par

Sténographier, va. et n. écrire en abrégé. [nographie.

Sténographique, a. de la sté-

Sténographiquement, ad. même sens. [forte et retentissante.

Stentor, sm. (voix de) voix

Steppe, sm. nom de vastes plaines de l'empire de Russie.

Stercoraire, Stercoral, a. des excréments. sm. o seau ; scu-

Stère, sm. mètre cube. [rabée.

Stéréobate, sm. espèce de soubassement. arch.

Stéréographie, sf. art de dessiner les solides. [réographie.

Stéréographique, a. de la stéréographie.

Stéréométrie, sf. art de mesurer les solides.

Stéréoscope, sm. instr. d'optique qui présente en relief certains dessins.

Stéréotomie, sf. science de la coupe des solides.

Stéréotypage, sm. action de stéréotyper. [stéréotypé.

Stéréotype, a. et sm. objet

Stéréotyper, va. faire des planches d'imprimerie solides.

Stéréotypeur, sm. qui stéréo-

Stéréotypie, sf. cet art. [type.

Stérile, a. qui ne produit rien.

Stériliser, va. rendre stérile.

Stérilité, sf. qualité de ce qui est stérile.

Sterling, a. i. (livre) (g muet) monnaie de compte en Angleterre (25 francs environ).

Sternal, e, pl. aux, a. du

Sternum, sm. (om) os du devant de la poitrine.

Sternutation, sf. éternument.

Sternutatoire, a. et sm. qui fait éternuer.

Stéthoscope, sm. sorte de cornet acoustique. méd.

Stibié, a. tartre antimonié.

Stigmate, sm. marque flétrissante ; cicatrice ; sommet du pistil.

Stigmatique, a. du stigmate.

Stigmatisé, a. qui porte des stigmates. fig. flétri.

Stigmatiser, va. marquer avec un fer rouge. fig. noter l'infamie. [jaune pour peindre.

Stil - de - grain , sm. couleur

Stilla tion, sf. act. d'un liquide qui tombe goutte à goutte.

Stimulant, a. et sm. qui stimule.

Simuler, va. exciter.

Stimulus, sm. excitant. méd.

Stipe, sm. tige des palmiers, etc. [d'un autre.

Stipendiaire, a. et s. à la solde

Stipendier, va. gager, soudoyer

Stipité, e, a. pourvu d'un stipe.

Stipulacé, e, a. semblable aux stipules.

Stipulant, a. qui stipule.

Stipulation, sf. clause dans un contrat. [tiole. bot.

Stipule, sf. appendice du pé-

Stipulé, a. muni de stipules.

Stipuler, va. faire une stipulation.

Stoff, sm. étoffe de laine.

Stoïcien, a. et sm. philosophe de la secte de Zénon; homme ferme et inébranlable.

Stoïcisme, sm. philosophie de Zénon. fig. fermeté, constance dans les revers.

Stoïque, a. des stoïciens.

Stoïquement, ad. en stoïcien.

Stoïsme, sm. qualité de ce qui est stoïque. [séché.

Stokfiche, sm. poisson salé e'

Stomacal , Stomacique, a. de l'estomac; bon pour l'estomac

Storax, Styrax , sm. arbre ; sa résine.

Store, sm. rideau à ressort.

Strabisme, sm. act. de loucher.

Strabite, s. affecté de strabisme.

Stramoine, sm. (om) plante vénéneuse. [ment.

Strangulation , sf. étrangle-

Stranguler, va. étrangler.

Strangurie, sf. esp. de dysurie.

Strapasser, va. battre ; barbouiller. [rosse ; hamac.

Strapontin , sm. siège de car.

Stras, sm. (s) faux diamant.

Strasse, sf. bourre de soie.

Stratagème, sm. ruse de guerre; finesse ; tour d'adresse.

Stratégie, sf. art militaire appliqué à la grande guerre.

Stratégique, a. qui appartient à la stratégie.

29

Stratification , sf. action de

Stratifier , va. arranger par couches.

Strelitz, sm. pl. (its) ancienne infanterie moscovite. [vère.

Strict, a. (kt) rigoureux; sé-

Strictement , ad. d'une man. stricte.

Strident, e , a. qui rend un bruit aigre. aigu. [poisson.

Strié, a cannelé sm. lezard;

Stries, Striures, sf. pl. canne-lures.

Strongle, sm. ver intestinal.

Strontiane, sf. (ci) oxyde de

Strontium, sm. metal.

Strophe, sf. complet d'ode.

Structure, sf construction.

Stuc, sm mélange de marbre broyé et de chaux. [stuc.

Stucateur, sm qui travaille en

Studieusement, ad avec étude.

Studieux, e,a qui aime l'étude.

Stupéfaction , sf. engourdis-sement. méd. fig. extrème surprise. [bile.

Stupefait, a. interdit, immo-

Stupefiant, a. qui stupefie méd.

Stupefier , va. engourdir ; etonner.

Stupeur, sf. stupéfaction.

Stupide, a. et s. sot; hébété.

Stupidement,ad.d'une maniere stupide. [prit.

Stupidité, sf. lourdeur d'es-

Style, sm. poinçon; aiguille; partie du pistil. fig. manière d'écrire, de composer, de compter les années, etc.

Styler, va former; habituer.

Stylet, sm petit poignard; sonde de chirurgie.

Stylite, a. surnom donné à quelques solitaires.

Stylobate, sm. piédestal de co-lonne ; piédestal continu , servant de base à un édifice.

Styptique, a. astringent.

Styx, sm. fleuve des enfers.

Su , sm. connaissance d'une chose. fa.

Suage, sm. humidité du bois ;

coût des graisses et du suif; outil; t. de mar. [sevelis.

Suaire, sm. linceul pour en-

Suant, a. qui sue. [odeur.

Suave, a. doux ; d'agréable

Suavement, ad. d'une man. suave. [est suave.

Suavité, sf. qualité de ce qui

Subalterne,a.et s. subordonné.

Subalterniser , va. rendre su-balterne [subalterne.

Subalternité, sf. état de l'être

Subdélégation, sf. action de subdéléguer. [sous-ordre.

Subdélégue , sm. délégué en

Subdéléguer, va. commettre pour agir. [partie.

Subdiviser, va. diviser une

Subdivision, sf. action de sub-diviser ; seconde division.

Subérique, a. se dit de l'acide tiré du liège. [can. v.

Subhastation, sf vente à l'en-

Subir, va. acquitter, de gre ou de force , ce à quoi l'on est condamné par la nature, les lois ou les circonstances.

Subissement, sm. act de subir.

Subit, e, a. prompt.

Subitement, ad. soudainement.

Subito,ad.latin subitement fa.

Subjacent, e, a. placé au-des-

Subjectif, a. du sujet. [sous.

Subjection, sf. action de s'in-terroger, de se repondre à soi-même. rhét.

Subjectivité, sf. état de ce qui est subjectif.

Subjonctif,sm. mode du verbe.

Subjuguer, va. réduire en su-jetion. fig. prendre de l'as-cendant sur quelqu'un.

Sublimation , sf. volatilisa-tion. chim.

Sublime, a. et sm. élevé; grand; ne se dit qu'au moral.

Sublimé, sm. mercure volati-lise. [sublime.

Sublimement, ad. d'une man.

Sublimer, va. volatiliser.

Sublimité, sf. qualité de ce qui est sublime.

Sublingual, a. sous la langue.

Sublunaire, a. entre la terre et la lune. [vrir d'eau

Submerger, va. inonder ; cou-

Submersible, a. exposé à être inondé. [dation

Submersion, sf. grande inon-

Subodorer, va. sentir de loin, à la trace.

Subordination, sf. dépendance résultant de l'ordre social.

Subordonné, e, s. et a. soumis à.

Subordonnément, ad. en sous-ordre. [subordination.

Subordonner, va. établir la

Subornation, sf. action de

Suborner, va. porter à agir contre le devoir.

Suborneur, euse, s. qui suborne

Subrécargue, sm. agent d'un armateur.

Subreptice, a. furtif et illicite.

Subrepticement, ad. m.s [juge.

Subreption, sf. surprise à un

Subrogateur, a. et sm. qui subroge. [subroger.

Subrogation, sf. acte pour

Subrogé, sm. mis à la place d'un autre.— tuteur, second tuteur.

Subroger, va. substituer. pra.

Subséquemment, ad. (ca) ensuite.

Subséquent, a. qui vient après.

Subside, sm. impôt; subvention.

Subsidiaire, a. qui vient à l'appui pra.

Subsidiairement, ad. m. s.

Subsistance, sf. nourriture ; entretien; vivres; munitions.

Subsister, vn. continuer d'être, de vivre, et fig. d'être en vigueur.

Substance, sf. être qui subsiste ; l'essentiel ; la subsistance. En substance, ad en gros; en abregé. [nourrir.

Substanter, va. faire vivre;

Substantiel, le, a. (ci) plein de substance. [stance.

Substantiellement, ad. en su-

Substantif, sm. mot qui exprime un être matériel ou métaphysique. gra. [stantif.

Substantivement, ad. en sub-

Substituer, va. mettre à la place.

Substitut, sm. suppléant.

Substitution, sf. action de substituer, va mettre à la place de

Substruction, sf. construction souterraine.

Subterfuge, sm. fuite ; échappatoire en matière d'affaire, de dispute.

Subtil, a. delié, au p et au fig.; fin, menu; qui pénètre; adroit

Subtilement, ad avec subtilité.

Subtilisation, sf. action de

Subtiliser, va. rendre subtil ; attraper ; vn. chercher des finesses.

Subtilité, sf qualité de ce qui est subtil; finesse; tromperie.

Subulé, e, a. en forme d'alène.

Suburbain, e, a. qui entoure une ville. [voir à.

Subvenir, vn. secourir; pour-

Subvention, sf. sorte de subside

Subventionner, va. donner une subvention.

Subversif, ve, a. qui renverse.

Subversion, sf. renversement.

Subvertir, va. renverser.

Suc, sm. liqueur des corps. fig ce qu'il y a de meilleur dans un livre, un sermon, etc.

Succédané, a. qu'on substitue.

Succéder, vn. venir après, se dit des personnes et des choses. hériter ; réussir ; se — vp. se suivre. [d'une affaire.

Succès, sm. réussite, issue

Successeur, sm. qui succède.

Successibilité, sf. droit de succéder; ordre de succession.

Successible a. qui est ou qui rend habile à succéder.

Successif, ve, a. qui succède.

Succession, sf. biens laissés en mourant, suite (de personnes, de temps, etc.) [l'autre.

Successivement, ad. l'un après

Succin, sm. ambre jaune.

Succinct, a (kt) con t, bref.

Succinctement ad. brièvement.

Succinique, a. (acide du succin.

Succion, sf. action de sucer.

Succomber, vn. être accablé, vaincu; mourir

Succube, sm. démon; cauchemar.

Succulemment, ad. d'une manière succulente.

Succulent, e, a. plein de suc.

Succursale. a. et sf. église aidant une paroisse, établissement subordonné à un autre.

Succursaliste, sm. desservant d'une succursale.

Sucement, sm. succion.

Sucer, va. attirer avec ses lèvres

Suceur, euse, s. qui suce.

Suçoir, sm. ce qui sert à sucer.

Suçon, sm. marque à la peau sucée.

Suçoter, va. sucer peu à peu.

Sucre, sm. suc très-doux tiré de plusieurs végétaux.

Sucré, e, a. ou il y a du sucre; qui a la saveur du sucre.

Sucrer, va. assaisonner de sucre

Sucrerie, sf. lieu pour faire le sucre. pl. choses sucrées.

Sucrier, sm. vase pour le sucre.

Sucrin, a. (melon) qui a le goût de sucre.

Sud, sm. l'opposé du Nord. Sud-Est, Sud-Ouest, points entre le Sud et l'Est, etc.

Sudorifique, Sudorifère, a. et sm. qui provoque la sueur.

Suée, sf. inquiétude mêlée de crainte. pop.

Suer, vn. rendre de la sueur. fig. travailler péniblement. va. Suer sang et eau, se donner du mal.

Suette, sf. maladie épidémique.

Sueur, sf. humeur qui sort des pores. fig. pl. peines pour réussir. [être assez.

Suffire, vn. satisfaire; v. imp.

Suffisamment, ad. assez.

Suffisance, sf. ce qui suffit fa.

aptitude. v. vanité; présomption. [fat, présomptueux.

Suffisant, a. qui suffit. a. et s.

Suffocant, a. qui suffoque.

Suffocation, sf. action de

Suffoquer, va. et n. ôter, perdre la respiration

Suffragant, a. et sm. (évêque) par rapport à son métropolitain. [son avis; approbation.

Suffrage, sm. déclaration de

Suffusion, sf. épanchement.

Suggérer, va. insinuer une idée

Suggestion, sf. (ti) inspiration.

Suicide, sm. attentat à sa propre vie; celui qui le commet.

Suicider (se), vp. se tuer soi-même.

Suie, sf. matière noire et épaisse de la fumée.

Suif, sm. graisse de mouton fondue.

Suint, sm. humeur qui suinte.

Suintement, sm. action de

Suinter, vn. couler peu à peu.

Suisse, sm. concierge d'hôtel, venu ou censé venu de Suisse; gardien d'une église.

Suite, sf. cortège, ce qui suit; série; postérité; résultat; enchaînement de choses; liaison. De suite, ad. l'un après l'autre. Tout de suite, sur-le-champ.

Suivant, a. qui suit, et s. qui accompagne. prép. selon.

Suiver, va. enduire de suif.

Suivi, a. (discours) où il y a de l'ordre; (spectacle) qui attire la foule.

Suivre, va. aller ou être après; accompagner; se conformer; marcher sur les traces; fréquenter; continuer; épier; résulter.

Sujet, te, a. exposé à; adonné à. sm. cause; raison; soumis à une autorité souveraine; objet, personne; matière d'un écrit, d'un tableau.

Sujétion, sf. dépendance. assiduité gênante.

Sulfate, sm. sel formé par l'acide sulfurique combiné avec différentes bases.

Sulfaté, a. chargé de sulfate.

Sulfhydrique. a. *acide—*, formé par le soufre et l'hydrogène.

Sulfite, sm. sel d'acide sulfureux

Sulfure, sm. combinaison du soufre et d'un autre corps.

Sulfureux, Sulfuré. a. de soufre.

Sulfurique, a. *acide —*, formé par l'oxygénation du soufre.

Sultan, sm. prince mahométan.

Sultane, sf. femme du sultan; sorte de navire turc; esp. de robe; meuble de toilette.

Sumac, sm. arbrisseau.

Super, vn. se boucher. *mar.*

Superbe, sf. orgueil. *v. a. et* s. orgueilleux; très-beau; somptueux. [ment.

Superbement, ad. magnifique-

Supercherie, sf. fraude subtile.

Superfétation, sf. double conception, surabondance.

Superficie, sf. surface.

Superficiel, le, a. qui n'est qu'à la superficie. *fig.* léger; qui effleure. [ment.

Superficiellement, ad. légère-

Superfin, e, a. *et* sm. très fin.

Superflu, a. *et* sm. inutile; ce qui est de trop. [inutile.

Superfluité sf. abondance

Supérieur, e, a. qui est au-dessus s. qui a l'autorité; chef de monastère. [parfaitement bien.

Supérieurement, ad. mieux;

Supériorité, sf. excellence; autorité; prééminence; dignité de supérieur.

Superlatif, ve, a. *et* sm. qui exprime une grande supériorité. *gra.*

Superlativement, ad. au plus haut degré. *fa.*

Supernaturalisme, sm. ce qui est au-dessus du cours naturel des choses.

Superposer, va. poser dessus.

Superposition, sf. action de poser sur un autre.

Superstitieusement, ad. (*tici*) d'une manière superstitieuse

Superstitieux, a. *et* s. qui a de la

Superstition, sf. fausse opinion religieuse.

Supin, sm. substantif verbal.

Supinateur, sm. muscle de l'avant-bras.

Supination, sf. mouvement des muscles supinateurs.

Supplantateur, trice, s. qui supplante.

Supplantation, sf. action de

Supplanter, va. ravir à quelqu'un sa place, son crédit, etc.

Suppléant, sm. qui supplée.

Suppléer, va. ajouter; fournir ce qui manque; remplacer. vn. réparer le défaut. [plée.

Supplément, sm. ce qui sup-

Supplémentaire, a. de supplément; en surabondance.

Supplétif, a. qui sert de supplément.

Suppliant, a. *et* s. qui supplie.

Supplication, sf. humble prière.

Supplice, sm. punition corporelle; douleur vive au moral et au phys.

Supplicié, e, s. *et* a. celui, celle qui a été supplicié. [supplice.

Supplicier, va. faire subir un

Supplier, va. prier avec instance.

Supplique, sf. sorte de requête.

Support, sm. ce qui soutient. *fig.* aide; appui. [porter.

Supportable, a. qu'on peut sup-

Supportablement, ad. d'une manière supportable.

Supporter, va. soutenir; souffrir; être à l'épreuve de.

Supposable, a. qu'on peut supposer. [tion.

Supposé, ad. dans la supposi-

Supposer, va. n. *et* p. poser une chose comme reçue afin d'en tirer induction; alléguer ce qui est faux; présumer.

Supposition, sf. action de supposer. [externe.

Suppositoire, sm. médicament

Suppôt, sm. membre d'un corps ; fauteur.

Suppression, sf. action de supprimer,— de part, tentative contre la reconnaissance d'un enfant, ou pour le priver de son état. pal.

Supprimer, va. empêcher ou faire cesser de paraître ; t. ire, retrancher. [suppurer.

Suppuratif, ve, a. et sm. qui fait

Suppuration, sf. action de

Suppurer, vn. jeter du pus.

Supputation, sf. calcul.

Supputer, va. compter.

Suprématie, sf. (cie, droit de supériorité.

Suprême, a. au-dessus de tout.

Sur, prép. marque l'élévation, la supériorité ; dans, vers, a l'égard de, d'après, durant, proche de.

Sur, e, a. aigre ; acide.

Sûr, e, a. certain; indubitable ; ferme ; solide; où l'on peut se fier. A coup sûr, ad. infailliblement suffisamment

Surabondamment, ad. plus que

Surabondance, sf. grande abondance. [surabonde.

Surabondant, a. superflu; qui

Surabonder, vn. être très-abondant. [cher.

Suracheter, va. acheter trop

Suraigu, uë, a. fort aigu. mus.

Surajouter, va. ajouter à ce qui a été ajouté.

Sural, e, a. du mollet.

Surannation, sf. (an) lettres pour valider un titre suranné

Suranné, a. vieux, hors d'usage.

Suranner, vn. avoir plus d'un an de date; prescrire (un acte)

Sur-arbitre, sm. arbitre pour départager les autres. [reau.

Surard, am. (vinaigre) au su-

Surbaisser, a. qui baisse. arch.

Surbaissement, sm. état surbaissé.

Surcharge, sf. surcroît de charge, mots écrits sur d'autres mots.

Surcharger, va. charger trop.

Surchauffer, va. donner trop de feu au fer.

Surcomposé, a. où l'auxiliaire se redouble. gra. t. de chim. et de bot.

Surcouper, va. aux cartes, couper une deuxième fois.

Surcroissance, sf. ce qui croît au corps par-dessus la nature.

Surcroît, s n. augmentation.

Surcroître, vn. trop accroître.

Surdent, sf. dent hors de rang.

Surdi-mutité, sf. mutité résultant d'une surdité de naissance.

Surdité, sf. perte de l'ouïe.

Surdorer, va. dorer à fond.

Surdos, sm. cuir sur le dos du cheval. [cheval.

Sureau, sm. arbre.

Surelle, sf. oseille des prés.

Sûrement, ad. avec sûreté ; certainement.

Suréminent, e, a. très-éminent.

Surenchère, sf. enchère au-dessus d'une autre.

Surenchérir, vn. faire une surenchère.

Surenchérisseur, sm. qui surenchérit. [devoir.

Surérogation, sf. excédant du

Surérogatoire, a. plus qu'on ne doit. [peu acide.

Suret, a. diminutif de sur; un

Sûreté, sf. abri du danger ; nantissement.

Surexcitation, sf. augmentation de l'énergie vitale.

Surexciter, va. causer une surexcitation.

Surface, sf. extérieur d'un corps. [cher.

Surfaire, va. demander trop

Surfaix, sm. sangle pour assurer la selle.

Surgeon, sm. rejeton; issu. r.

Surgir, vn. arriver (au port); s'élever sur l'horizon peu à peu ; sortir.

Surhaussement, sm. act. de

Surhausser, va. élever trop haut.

Surhumain, a. au-dessus de l'humanité.

Surintendance, sf. inspection; direct. générale; charge de

Surintendant, e, a. et s. qui a une surintendance.

Surjet, sm. espèce de couture.

Surjeter, va. coudre en surjet.

Surlendemain, sm. jour après le lendemain [loyau.

Surlonge, sf. partie où est l'a-

Surmener, va. fatiguer par la marche (les bêtes de somme).

Surmesure, sf. ce qui excède la mesure. [monter.

Surmontable, a. qu'on peut sur-

Surmonté, a. qui est au-dessus.

Surmonter, va. monter au-dessus fig. vaincre; dompter.

Surmoût, sm. vin ni cuvé ni pressé.

Surmulet, sm. poisson de mer.

Surmulot, sm. sorte de gros mulot.

Surnager, vn. se soutenir sur l'eau; fig. subsister, persister.

Surnaturel, le, a. au-dessus des forces de la nature, extraordinaire.

Surnaturellement, ad. m. s.

Surnom, sm. nom ajouté au nom propre. [surnom.

Surnommer, va. donner un

Surnuméraire, a. au-dessus du nombre déterminé; sm. commis non appointé.

Surnumérariat, sm. temps pendant lequel on est surnuméraire.

Suros, sm. tumeur. vét.

Surpartient, a. excédant. math.

Surpasser, va. excéder, surmonter; être au-dessus d'un autre, en bien ou en mal.

Surpayer, va. trop payer.

Surpeau, sf. épiderme.

Surplis, sm. vêtement ecclés.

Surplomb, sm. défaut de ce qui n'est pas à plomb.

Surplomber, vn. n'être pas à plomb. [plus, ad. au reste.

Surplus, sm. le reste. Au sur-

Surposé, e, a. posé l'un sur l'autre.

Surpousse, sf. nouvelle pousse.

Surprenant, e, a. étonnant.

Surprendre, va. prendre sur le fait, à l'imprévu; tromper; découvrir; saisir; étonner.

Surprise, sf. action de surprendre; étonnement.

Sursaut, sm. (en), subitement.

Surséance, sf. délai d'affaire.

Sursemer, va. semer une terre déjà semée. [différer.

Surseoir, va. et n. remettre;

Sursis, a. retardé. sm. délai. pal.

Surtaux, sm. taux excessif.

Surtaxe, sf. taxe accessoire.

Surtaxer, va. taxer trop haut.

Surtout, ad. sur toute chose. sm. vêtement sur les autres; plateau de table. [veiller.

Surveillance, sf. action de sur-

Surveillant, a. et s. qui surveille

Surveille, sf. jour d'avant la veille.

Surveiller, va. et n. observer avec une attention suivie; veiller avec autorité.

Survenance, sf. arrivée imprévue

Survenant, a. et s. qui survient.

Survendre, vn. vendre trop cher. [nément.

Survenir, vn. arriver inopi-

Survente, sf. action de survendre.

Survêtir, va. revêtir par dessus.

Survider, va. ôter le trop plein.

Survie, sf. état de celui qui survit. [charge.

Survivance, sf. succession de

Survivancier, ère, s. qui a la survivance.

Survivant, a. qui survit.

Survivre, vn. vivre après un autre. — à son honneur, vivre encore après l'avoir perdu. vp. perdre avant la mort l'usage de ses facultés.

Sus, (s) interj. pour exhorter, pour exciter. prép. sur. pal. En sus, ad. par-delà.

Susceptibilité, sf. disposition à s'offenser facilement.

Susceptible, a. capable de recevoir; qui s'offense aisément.

Susception, sf. action de prendre les ordres sacres; nom de deux fêtes de l'Eglise.

Suscitation, sf. instigation.

Susciter, va. fa re naître; causer (des embarras; attirer (des ennemis); exciter. [tre.

Suscription, sf. adresse de lettre.

Susdit, a. et s. nommé ci-dessus. pal.   [le soupçon.

Suspect, a. (èk) qui fait naître

Suspecter, va. soupçonner.

Suspendre, va. faire pendre en l'air, etc. fig surseoir; interdire pour un temps.

Suspens, am. interdit. En —, ad. en doute.   [suspend.

Suspense, sf. censure qui

Suspenseur, am qui soutient, qui tient suspendu. anat.

Suspensif, ve. a. qui suspend.

Suspension, sf. surseance; interdiction; fig. de rhétorique; vase à fleurs suspendu au plafond.

Suspensoir, sm. Suspensoire, sf. bandage; ligament anat.

Suspicion, sf. soupçon. pra.

Sustentation, sf. nourriture.

Sustenter, va. nourrir modérément.   [ture chir.

Suture, sf. jointure. anat. con-

Suzerain, a. (fief) dont d'autres relèvent.   [zerain.

Suzeraineté, sf. qualité de su-

Svelte, a. léger; délié.

Sybarisme, Sybaritisme, sm. système, état du

Sybarite, sm. voluptueux.

Sycomore, sm. arbre.

Sycophante, sm. fourbe, délateur.   [prendre à lire.

Syllabaire, sm. livre pour ap-

Syllabe, sf. voyelle ou réunion de voyelles qui se prononce par une seule émission de voix.   [lettres par syllabes.

Syllaber, va. rassembler les

Syllabique, a. des syllabes.

Syllepse, sf. fig de grammaire.

Sylleptique, a. par syllepse.

Syllogisme, sm. argument.

Syllogistique, a. du syllogisme.

Sylphe, sm. Sylphide, f. génie fabuleux de l'air.

Sylvain, sm dieu fabuleux des forêts; papillon; oiseau.

Sylvatique, a. qui croît dans les forêts.   [culture.

Sylvestre, a. qui vient sans

Sylviculture, sf. art de soigner les forêts.

Symbole, sm. figure; image qui désigne une chose; formulaire de foi.   [bole.

Symbolique, a. qui sert de sym-

Symboliser, vn avoir du rapport [port; disposition; ordre.

Symétrie, sf. proportion; rap-

Symétrique, a. en symétrie.

Symétriquement, ad. même sens.

Symétriser, vn. faire symétrie.

Sympathie, sf. convenance morale, inclination.   [thie.

Sympathique, a de la sympa-

Sympathiser, vn. se convenir.

Symphonie, sf. concert d'instruments de musique.

Symphoniste, sm. musicien.

Symphyse, sf. liaison de deux os.   [tôme.

Symptomatique, a. du symp-

Symptôme, sm. signe de maladie; fig. indice; présage.

Synagogue, sf. assemblée religieuse des Juifs; leur temple.

Synalèphe, sm. élision.

Synallagmatique, a. (contrat) mutuel.   [multané.

Synchrone, a. (mouvement) si-

Synchronique, a. qui rapproche les évènements arrivés en différents lieux à la même époque.   [néité.

Synchronisme, sm. simulta-

Synchronistique, a. du synchronisme.

Syncrase, sf. confusion, transposition de mots. gram.

TAB 457 TAB

Syncope, **sf.** défaillance ; pamoison; retranchement. *gra.* prolongement *mus.* [cope.

Syncoper, **vn.** faire une syn-

Syncrétisme, **sm.** réunion de sectes. [conscience.

Syndérèse , **sf.** remords de

Syndic, **sm.** agent de communauté ; chargé d'affaires.

Syndical, e, **a.** des syndics. [dic.

Syndicat, **sm.** charge de syn-

Synecdoche, Synecdoque, **sf.** figure de rhétorique.

Synérèse, **sf.** contraction de deux syllabes.

Syngénésie, **sf.** classe de plantes

Synodal), **a.** du synode.

Synodalement, **ad.** en

Synode, **sm.** assemblée ecclésiastique.

Synodique, **a** (lettre) de synode; (mois) d'une lune à l'autre.

Synonyme, **a.** *et* **sm.** mot qui a presque le même sens qu'un autre. [mots synonymes.

Synonymie, **sf.** qualité des

Synonymique, **a.** qui appartient à la synonymie.

Synoptique, **a.** qui se voit d'un coup d'œil. [fièvre.

Synoque, **a.** *et* **sf.** sorte de

Synovial, **a.** de la [culations.

Synovie, **sf.** humeur des articulations.

Syntaxe, **sf** construction des mots et des phrases. *gra.*

Syntaxique, **a.** qui appartient à la syntaxe.

Synthèse, **sf.** méthode de composition opposée à l'analyse.

Synthétique, **a.** de la synthèse.

Synthétiquement, **ad.** même s.

Syphilis, **sf.** (is) mal vénérien.

Syphilitique, **a.** de la syphilis.

Syriaque, **a.** *et* **sm.** langue des anciens peuples de la Syrie.

Syringua, **sm.** arbrisseau.

Systématique, **a.** *et* **s.** à système.

Systématiquement, **ad.** par système.

Systematiser, **va.** réduire en

Systeme, **sm** assemblage de propositions et de principes ; réunion des parties [cœur.

Systole, **sf.** contraction du

Syzygie, **sf.** nouvelle ou pleine lune.

T

T, **sm.** (*té* ou *te*) vingtième lettre de l'alphabet, seizième consonne. [personne.

Ta, **a. pos. fém.** de Ton. 2me

Tabac, **sm.** (fam. *taba*) plante.

Tabagie, **sf.** lieu pour fumer.

Tabarin, **sm.** farceur.

Tabarinage, **sm.** bouffonnerie.

Tabatière, **sf.** boîte à tabac.

Tabellion, **sm.** notaire de village

Tabellionage, **sm.** son office.

Tabernacle , **sm.** coffre du ciboire; tente. *ant.* [marasme.

Tabide, **a.** qui est atteint de

Tabifique, **a.** qui cause la consomption.

Tabis, **sm.** gros taffetas ondé.

Tabiser, **va.** onder à la manière du tabis.

Tablature , **sf.** marques pour indiquer le chant. *Donner*

de la tablature, causer de l'embarras.

Table, **sf.** meuble à pieds, sur lequel on mange, on écrit, on joue, etc. ; pierre plate ; lame de métal ; le haut d'un instrument à cordes ; sommaire d'un livre; par extens. la bonne chère.

Tableau , **sm.** ouvrage de peinture ; table ; liste. *fig.* description ; ce qui frappe la vue; résumé. [table *pop.*

Tablée , **sf.** ceux qui sont à

Tabler, **vn.** t. de trictac. v. compter sur.

Tabletier, **s.** qui fait des ouvrages d'ivoire, etc.

Tablette, **sf.** planche pour recevoir quelque chose; pierre plate qui couronne un mur

d'appui; composition pharmaceutique. pl. agenda.

Tabletterie, sf. métier de tabletier.

Tablier, sm. échiquier. v. pièce
d'étoffe ou de peau qu'on
met devant soi; ornement.

Tabouret, sm. siége sans dos;
plante.

Tabourin, sm. calotte tour-
nante, en tôle, sur une cheminée.   [lons.

Tac, sm. épizootie des mou-

Tac-tac, sm. et ad. mot qui
exprime un bruit réglé.

Tacet, sm. (t) t. de mus. fig.
silence.

Tache, sf saleté; marque naturelle. fig. souillure de l'âme

Tâche, sf. ouvrage à faire.
Prendre à tâche, saisir
toutes les occasions de...

Tacher, va souiller, salir.

Tâcher, vn. s'efforcer.

Tacheté, a. marqueté.   [ches.

Tacheter, va. marquer de ta-

Tachygraphe, s qui écrit aussi
vite qu'on parle.

Tachygraphie, sf. art du tachygraphe.

Tachygraphique, a. de la tachygraphie.   [sumé.

Tacite, a. sous-entendu; pré-

Tacitement, ad. d'une manière
tacite.   [sombre.

Taciturne, a. qui parle peu;

Taciturnité, sf humeur taciturne.

Tact, sm. (t) sens du toucher.
fig. jugement fin, délicat.

Tacticien, sm. qui possède la
tactique.

Tactile, a. qui est ou peut être
l'objet du tact; aisé à toucher.

Taction, sf action de toucher.

Tactique, sf. art militaire.

Tactuel, le, a. qui app. au tact.

Tadorne, sm. sorte de canard.

Taël, sm monnaie de la Chine.

Taffetas, sm. sorte d'étoffe de
soie.

Tafia, sm. eau-de-vie de sucre.

Tafaut, interj. cri du chasseur
à l'aspect du gibier.

Taie, sf. enveloppe d'oreiller;
pellicule sur l'œil.   [taille.

Taillable, a. et sm. sujet à la

Taillade, sf. coupure.   [des.

Taillader, va. faire des tailla-

Tailladier, sm. tranche confite
de citron.

Taillanderie, sf. art du

Taillandier, sm. qui fait de
gros instruments de fer.

Taillant, sm. tranchant d'é-
pée, etc.

Taille, sf manière de tailler
les habits, les arbres, les
pierres, etc; lithotomie; stature; bâton pour marquer
des fournitures; ancien impôt. t. de jeu, de mus., de
monnaie, de grav., etc.

Taille, a. bien ou mal fait.

Taille-douce, sf. gravure sur
cuivre.   [peron d'un navire.

Taille-mer, sm. partie de l'é-

Taille-plume, sm. instr. pour
tailler une plume.

Tailler, va. couper pour ajuster; retrancher en coupant;
faire l'opération de la taille;
t. de jeu.

Taillette, sf. petite ardoise.

Tailleur, sm qui taille, qui
fait des habits   [glée.

Taillis, sm. bois en coupe ré-

Tailloir, sm. tranchoir; t. d'architecture.

Tain, sm. étain derrière les
glaces.   [silence, le secret.

Taire, va. n. et p. garder le

Taisson, sm. blaireau.

Talapoin, sm. prêtre de Siam;
sorte de singe.   [rente.

Talc, sm. (k) pierre transpa-

Talcaire, a qui a rapport au talc

Taled, sm voile des Juifs.

Talent, sm. poids d'or ou d'argent ant aptitude à; habileté.

Taler ou Thaler, sm. (ére)mon-
naie d'Allemagne (3 fr. à peu
près.)   [à l'offense.

Talion, sm. punition pareille

Talisman, sm. objet auquel la superstition attribue des vertus surnaturelles.

Talismanique, a. du talisman.

Talle, sf. rejeton d'une plante.

Taller, vn. pousser des talles.

Tallevane, sf. grand pot à beurre en grès.

Tallipot, sm. arbre de Ceylan.

Talma, sm. espèce de manteau.

Talmouse, sf. sorte de pâtisserie. |Juifs.

Talmud, sm. livre saint des

Talmudique, a. du Talmud.

Taloche, sf. coup sur la tête.

Talon, sm. derrière du pied ; reste des cartes données.

Talonner, va. poursuivre de près ; importuner. fam.

Talonnière, sf. ailes de Mercure.

Taluder, va. élever en talus ; donner de la pente.

Talus, sm. pente ; biseau.

Tamarin, sm. fruit du tamarinier ou tamarin ; singe.

Tamarinier ou Tamarin, sm. arbre.

Tamaris, Tamarise ou Tamarix, sm. arbrisseau.

Tambour, sm. caisse cylindrique à fonds formés de peaux tendues, sur l'une desquelles on frappe avec des baguettes; celui qui bat le tambour; tympan de l'oreille ; avance de menuiserie; boîte du ressort. horl. instrument pour broder. t. d'astron et de mar. — de basque, sorte de petit tambour à un seul fond

Tambourin, sm. sorte de long tambour; air vif et gai.

Tambouriner, vn. battre le tambour. va. réclamer au son du tambour. |bourine.

Tambourineur, sm. qui tambour. |tambours.

Tambour-major, sm. chef des

Tamis, sm. sas.

Tamisage, sm. action de |mis.

Tamiser, va. passer par le tamis.

Tampane, sf. pignon de moulin.

Tampon, sm. sorte de gros bouchon.

Tamponnement, sm. act. de

Tamponner, va. boucher.

Tam-tam, sm. instr. de musique.

Tan, sm. écorce pour tanner.

Tanaisie, sf. plante.

Tancer, va. réprimander. fa.

Tanche, sf. poisson d'eau douce.

Tandis que, conj. pendant que.

Tandour, sm. table sous laquelle on met un réchaud rempli de braise. [navire.

Tangage, sm. balancement du

Tangara, sm. oiseau.

Tangence, sf. synonyme de contact. géom

Tangente, sf. droite qui touche une courbe.

Tangibilité, sf. qualité de ce qui est

Tangible, a. syn. de tactile.

Tanguer, vn. se dit d'un vaisseau qui éprouve le tangage.

Tanière, sf. repaire de bêtes féroces.

Tannage, sm. action de tanner les cuirs.

Tannant, e, a. qui tanne.

Tanne, sf. bube dans les pores de la peau.

Tanné, e, a. couleur du tan.

Tannée, sf. tan usé.

Tanner, va. préparer le cuir ; ennuyer. fa.

Tannerie, sf. lieu où l'on tanne.

Tanneur, sm. qui tanne.

Tannin, sm. substance qu'on trouve dans l'écorce du chêne

Tanqueur, sm. portefaix des ports.

Tant, ad. de quantité indéfinie et de comparaison ; à tel point ; autant. Tant mieux, Tant pis, ad. approbatif ou désapprobatif

Tantale, sm. nouveau métal ; oiseau ; homme altéré d'ambition et de désir. myth. fig.

Tante, sf. sœur du père ou de la mère ; femme de l'oncle. Grand'tante, sœur de l'aïeul.

Tantet, sm. *et* ad. un peu. *fa.*

Tantinet, sm. diminutif de tantet.

Tantôt, ad. de temps. il y a peu de temps; bientôt. conj. alternative. [tête.

Taon, sm. (*ton*) mouche dip-

Tapage, sm. désordre avec grand bruit. [tapage.

Tapageur, euse, s. qui fait

Tape, sf. coup de la main. *fam.*

Tapé, a. seché au four. sm. frisure haute. [cabriolet.

Tapecu, sm. bascule; mauvais

Taper, va. frapper *fam.* peigner

Tapette, sf. palette pour boucher les bouteilles.

Tapinois (en, ad en cachette.

Tapioca *ou* Tapioka, sm. fécule de manioc. [se blottir.

Tapir, sm. quadrupède. v. p.

Tapis, sm. étoffe sur une table, un parquet, etc. *fig. mettre sur le* —, proposer pour discuter. [de

Tapisser, va. couvrir; revêtir

Tapisserie, sf. étoffe pour tentures et pour meubles, etc.; art du

Tapissier, ère, s. qui fait des tapis, qui vend des meubles, etc.; f. sorte de voiture [*fa.*

Tapon, sm. étoffe en tampon.

Tapoter, va. donner de petits coups. *fa.* [tanoir. *imp.*

Taquer, va. niveler avec le

Taquet, sm. crochet; petits morceaux de bois.

Taquin. e, a. *et* s. querelleur opiniâtre. [nière taquine.

Taquinement, ad. d'une ma-

Taquiner, va. contrarier.

Taquinerie, sf. caractère taquin; tracasserie. [primerie.

Taquoir, sm. ustensile d'im-

Tarabuster, va. importuner; traiter rudement. *fa*

Tarare, interj. qui marque le peu de cas qu'on fait d'une chose. ou le peu de foi qu'on y ajoute. [des écrous.

Taraud, sm. outil pour faire

Tarauder, va. percer un écrou.

Tard, ad *et* sm. après le temps indiqué; à la fin du jour.

Tarder, vn. différer; demeurer longtemps. v. imp. avoir impatience.

Tardif, ve, a. qui tarde.

Tardiflore, a. qui fleurit tard.

Tardigrade, a. qui marche lentement. sm. pl. fam. de mamm

Tardivement, ad. d'une manière tardive. [dive. *jardin.*

Tardiveté, sf. croissance tar-

Tare, sf. déchet; déduction du poids de l'enveloppe; défaut. *fa.* [d'honneur.

Taré, e, a. avarié; *fig.* perdu

Tarentelle, sf danse.

Tarentisme, sm. maladie causée par la morsure de la

Tarentule, sf. araignée; petit lezard.

Tarer, va. causer du déchet; peser un vase avant de le remplir [cien.

Targe, sf. grand bouclier au-

Targette, sf. verrou plat.

Targuer (se), vp. se prévaloir.

Tari, sm. liqueur du palmier.

Tarière, sf. outil pour percer.

Tarif, sm. rôle des droits; prix, etc.

Tarifer, va. réduire à un tarif.

Tarin, sm. oiseau; monnaie de Sicile.

Tarir, va. *et* n. mettre à sec; s'épuiser. au p. et au *fig.*

Tarissable, ad. qui peut se tarir.

Tarissement, sm. dessèchement.

Tarlatane, sm. grosse mousseline. [de cartes à jouer.

Tarot, sm. basson. v. pl. sorte

Taroté. a carte à dos grisaillé.

Taroupe, sf. espace entre les sourcils, poil qui y croît.

Tarse, sm. coude-pied. Se dit des jambes des oiseaux, des pattes des insectes.

Tarsien, ne, a. qui a rapport au tarse. [tères.

Tarsier, sm. genre de mammi-

Tartan, sm. étoffe de laine à carreaux ; espèce de châle.

Tartane, sf. sorte de barque.

Tartare, sm. enfer des anciens; valet militaire. — ou *Tatare*, a. de la Tartarie ou Tatarie.

Tartareux, Tartreux, a. ancien nom de l'acide.

Tartarique, a. extrait du tartre.

Tarte, sf. sorte de pâtisserie.

Tartelette, sf. petite tarte.

Tartine, sf. tranche de pain recouverte de beurre, de confiture, etc. [tarique.

Tartrate, sm. sel d'acide tar-

Tartre, sm. dépôt de vin; concrétion sur les dents; saline.

Tartufe, sm. hypocrite, faux dévot.

Tartuferie, sf. hypocrisie. *fa*.

Tartufier, vn. faire le tartufe. *fa*. [tative;multitude.

Tas, sm. amas; enclume por-

Tasse, sf. vase à boire ; son contenu. [blette.

Tasseau, sm. support de la-

Tassement, sm. effet de ce qui tasse.

Tasser, va. mettre en tas. vn. multiplier;croître;s'affaisser.

Tassette,sf.armure des cuisses.

Ta,ta,exclam.pour se moquer.

Tâtement, sm. act. de

Tâter, va. manier doucement; essayer. vp. s'examiner *fa*.

Tâteur, euse, s. et a. qui tâte; irrésolu. [tillonne.

Tatillon, s. 2 genres, qui ta-

Tatillonnage, sm. action de

Tatillonner, vn. s'occuper de petits détails qui ne nous regardent pas.

Tâtonnement, sm. action de

Tâtonner, va. chercher dans l'obscurité en tâtant. *fig.* agir avec incertitude.

Tâtonneur,euse,s. qui tâtonne.

Tâtons (à), ad. en tâtonnant ; dans l'obscurité. *fig.* avec incertitude. [leux.

Tatou, sm. quadrupède écail-

Tatouage, sm. action de

Tatouer, va. barioler et piqueter le corps. [ment sale.

Taudis, Taudion, sm. loge-

Taumalin, sm. sauce.

Taupe, sf. petit quadrupède.

Taupe-grillon, sm courtillière.

Taupier, sm. preneur de taupes. [taupes.

Taupière, sf. piège pour les

Taupinée, Taupinière, sf. trou de taupe *fig* et *fa*. butte ; [cabane.

Taure, sf. génisse.

Taureau, sm. mâle de la vache; signe du zodiaque.

Taurobole, sm. sacrifice. *ant*

Tauromachie, sf. combat de taureaux [temps égaux.

Tautochrone, a. qui a lieu en

Tautologie, sf. répétition inutile d'une idée.

Taux, sm. prix établi; fixation d'intérêts, etc. [dentelle.

Tavaïolle, sf. linge garni de

Taveler, va. moucheter; tacheter. [peau tavelée.

Tavelure, sf. bigarrure d'une

Taverne, sf. cabaret. *fa*.

Tavernier, ère, s. qui tient un cabaret.

Taxateur, sm. qui taxe.

Taxation, sf. action de taxer. pl. droits. [impôt.

Taxe, sf. reglement de prix;

Taxer, va. et p. régler le prix, l'impôt, les frais de, etc.; accuser [ler les animaux.

Taxidermie, sf. art d'empail-

Te, pron. pers toi, à toi.

Té, sm. disposition en forme de T ; équerre.

Technique, a. propre à un art, à une science.

Techniquement, adv. d'une manière technique.

Technologie, sf. traité des arts en général; explication des termes d'art.

Technologique, a. des deux genres,qui a rapport aux arts

Te Deum, sm. i. (é) hymne d'actions de grâces.

Tégument,sm.enveloppe. *ana*.

Teigne, sf. maladie du cuir chevelu; insecte. pl. t. de vêt.

Teignerie, sf. hôpital de

Teigneux, se, a. et s qui a la teigne. [ou de lin

Teille, sf. écorce de chanvre

Teiller, va. détacher les teilles.

Teindre, va. colorer. [visage.

Teint, sm. teinture; coloris du

Teinte, sf. degré de couleur, etc. Demi-teinte, teinte moyenne. [et d'arch.

Teinter, va. colorier t. de peint.

Teinture, sf. liqueur pour teindre. fig. connaissance superficielle.

Teinturerie, sf métier de

Teinturier, ère, s. qui teint les étoffes.

Tel, le, a pareil; quelqu'un ou quelque chose. Tel quel, a. médiocre; de même.

Télamons, sm. pl. statues qui portent les corniches.

Télégraphe, sm. machine pour correspondre par signaux; — électrique, qui l'on donne au moyen de l'électricité

Télégraphie, sf. art des télégraphes.

Télégraphier, va. transmettre une nouvelle à l'aide du télégraphe.

Télégraphique, a. du télégraphe

Télégraphiquement, ad. même sens.

Télescope, sm. sorte de lunette qui rapproche les objets.

Télescopique, a. qu'on ne voit qu'à l'aide du télescope.

Télésie, sf. pierre précieuse.

Tellement, ad. de telle sorte; si fort que. — quellement, tant bien que mal.

Tellière, a. beau papier, papier-ministre.

Tellure, sm nouveau métal.

Téméraire, a. et sm. hardi par imprudence.

Témérairement, ad. avec

Témérité, sf. hardiesse imprudente.

Témoignage, sm. rapport de témoin; preuve; marque.

Témoigner, va. servir de témoin; marquer.

Témoin, sm. qui a vu ou entendu; marque; monument; spectateur. [et le front.

Tempe, sf. partie entre l'oreille

Tempérament, sm. constitution du corps; caractère; accommodement. t. de musique.

Tempérance, sf. vertu qui tempère les désirs; sobriété.

Tempérant, e, a. qui a la tempérance. [ble de l'air.

Température, sf. état sensi-

Tempéré, a. et sm. moyen; modéré; sage.

Tempérer, va. modérer; diminuer l'excès.

Tempête, sf. vent imp; étueux; orage sur mer. fig. trouble, désordre, sédition.

Tempêter, vn faire grand bruit.

Tempétueux, euse, a. sujet aux tempêtes; qui cause des tempêtes.

Temple, sm. édifice consacré à Dieu. [lier religieux.

Templier, sm. ancien cheva-

Temporaire, a. pour un temps.

Temporairement, ad. même sens [venu d'un bénéfice.

Temporal, a. des tempes. s. re-

Temporalité, sf. juridiction temporelle. [culier.

Temporel, le, a. périssable; sé-

Temporellement, ad. pour un temps.

Temporisation, sf. act. de

Temporiser, vn. gagner du temps. [rise.

Temporiseur, sm. qui tempo-

Temps, sm. (tan) mesure de la durée; loisir; époque; température; terme préfix; délai; modification des verbes. A temps, ad. assez tôt. De temps en temps, quelquefois De tout temps, toujours.

Tenable, a où l'on peut rester; qu'on peut défendre.

Tenace, a. visqueux; qui s'attache. *fig.* opiniâtrément attaché à; avare.

Tenacement, adv. avec

Ténacité, sf. qualité de ce qui est tenace.

Tenaille, sf. inst. de fer pour saisir; esp. de fortifications.

Tenailler, va. tourmenter avec des tenailles ardentes

Tenaillon, sm. ouvr. de fortif.

Tenancier, ère, s. propriétaire.

Tenant, sm. chevalier qui combattait contre tous assaillants *fig.* qui défend une personne, une opinion; supports.

Ténare, sm. l'enfer. *poét.*

Tendance, sf. action de tendre vers; profession.

Tendant, a. qui tend à une fin.

Tendelet, sm. pièce d'étoffe à la poupe d'une galère, servant de parapluie.

Tendelin, sm. hotte de vendangeur.

Tender (mot angl.), wagon qui porte l'eau et le charbon nécessaires à la locomotive.

Tenderie, sf. où l'on tend des piéges. [chose.

Tendeur, sm. qui tend quelque

Tendineux, se, a. de [muscle.

Tendon, sm. extrémité d'un

Tendre, a. qui n'est pas dur; délicat; sensible; touchant. sm. inclination d'amour. *fa.*

Tendre, va. tirer une corde, etc.; tapisser; présenter. vn. aboutir vers. au *pr.* et au *fig.*

Tendrement, ad. avec

Tendresse, sf. amour tendre. pl. marques de tendresse.

Tendreté, sf. qualité de ce qui est tendre matériellement.

Tendron, sm. bourgeon; jeune fille. *fa.* — de l'oreille, partie cartilagineuse de veau.

Tendu, a. bandé; exactement tiré de toutes parts; (esprit) appliqué; (style) roide.

Ténèbres, sf. pl. obscurité; prières. *fig.* ignorance.

Ténébreux, se, a. rempli de ténèbres au *pr.* et au *fig.*; qui se cache.

Tènement, sm. métairie. *pra.*

Ténesme, sm. épreinte. [gien.

Tenette, sf. pince de chirur-

Teneur, sf. contenu d'un écrit. *pra.* sm. — de livres, qui tient les livres.

Ténia, sm. ver solitaire.

Tenir, va. avoir à la main; réputer; posséder; contenir; occuper; garder; maintenir; recevoir vn. durer; subsister; résister; être attaché; être contigu; dépendre de. *Qu'à cela ne tienne. fa.* peu importe. vp. s'attacher; s'arrêter à; demeurer en certain lieu.

Tenon, sm. bout d'une pièce de bois qui entre dans la mortaise; pièce de fusil.

Ténor. sm. voix moyenne. *mus.*

Tension, sf. état de ce qui est tendu, *fig.* grande application d'esprit.

Tenson, sm. dispute galante de poètes. [ques.

Tentacule, sf. organe des mol-

Tentant, a. qui tente. [tente.

Tentateur, trice, a. *et* s. qui

Tentation, sf. désir; sollicitation au mal.

Tentative, sf. essai; premier acte de théologie.

Tente, sf. toile tendue; rouleau de charpie.

Tentement, sm. action de butter deux fois l'épée. *escr.*

Tenter, va. essayer; hasarder; donner envie; inciter au mal.

Tenture, sf. tapisserie; papier peint.

Tenu, e, a. fort délié; très-petit.

Tenue, sf. durée d'une assemblée; man. de se tenir; durée d'un ton. *mus.* costume.

Ténuirostre, a. à bec très-mince; sm. pl fam d'oiseaux.

Ténuité, sf. qualité de ce qui est ténu.

Tenure, sf. mouvance d'un fief.

Tercer, va. donner un troisieme labour aux vignes. [vers.

Tercet, sm. couplet de trois

Térébenthine, sf. sorte de resine

Térébinthe, sm. arbre resineux

Térébration, sf. action de percer un arbre pour en tirer la resine.

Tergiversation, sf. action de

Tergiverser, vn. chercher des detours; hesiter.

Terme, s. n. fin; borné par rapport au temps et au lieu; époque de payement; divinité gardienne des limites; sa figure; mot; expression.

Termes, s. n. espèce d'insectes.

Terminaison, sf. desinence.

Terminal, a. qui termine bot.

Terminer, va. et n. borner; finir; vp. se passer; s'achever.

Ternaire, a. du nombre de trois.

Terne, a. sans eclat s. n. sortie de trois nu n. à la loterie; double trois au trictrac.

Terni, a qui a perdu son lustre.

Ternir, va. et p. ôter l'eclat. p. et fig. [est terni.

Ternissure, sf. éclat de ce qui

Terrage, sm. droit feodal sur les terres; act. de terrer.

Terrain ou Terrein, sm. espace de terre.

Terral, sm. vent de terre. mar.

Terraque, e, a. composé de terre et d'eau.

Terrasse, f. levée de terre; sorte de balcon; plate-forme.

Terrasse, e, a. garni de terre. bot.

Terrassement, sm. act. de

Terrasser, va. garnir de terre; jeter de force par terre. fig. convaincre par des raisons sans replique; consterner.

Terrassier, sm. qui travaille aux terrasses.

Terre, sf. l'un des quatre éléments des anciens; globe terrestre; pays; rivage; domaine. Terre ferme, continent; aller terre à terre, ne pas s'elever.

Terreau, sm. terre mêlée de fumier.

Terre-neuvier, a. et sm. qui pêche au banc de Terre-Neuve.

Terre-plein, sm. amas de terre élevé et aplati. fortif.

Terrer, va. en iuire de terre. vn. et p. se loger sous terre. t. de raffineur.

Terrestre, a. de la terre; opposé à spirituel et à céleste.

Terreur, sf. grande frayeur.

Terreux, se, a. mêlé de terre; de la couleur de la terre.

Terrible, a. effrayant, etonnant.

Terriblement, ad. d'une manière terrible [de terre.

Terrien, ne, s. qui a beaucoup

Terrier, a. et s. n. (papier) registre des heritages; une terre; trou servant de retraite à certains animaux.

Terrifier, va. épouvanter; convertir en terre. chim.

Terrine, sf. vase de terre

Terrinée, sf. plein une terrine.

Terrir, vn. prendre terre. mar.

Territoire, sm. etendue et enclave d'une juridiction.

Territorial, e, a. qui concerne, qui comprend le territoire.

Terroir, s. n. qualité de la terre.

Terrorifier, va. épouvanter.

Terrorisme, sm. système de la terreur. [système.

Terroriste, sm. partisan de ce

Tertiaire, a. qui occupe le 3e rang

Tertre, sm. éminence de terre.

Tes, a. poss. pl. de Ton.

Tesson, sm. morceau de poterie

Test, sm. (t) serment religieux en Angleterre; ce qu'il y a de plus dur dans une coquille

Testacé, a. et sm. animal à coquilles.

Testament, sm. acte qui contient les dernières volontés; l'Ancien et le Nouveau —, livres saints, la Bible.

Testamentaire, a. de testament.

Testateur, a. trice, qui teste.

Tester, vn. faire son testament.

Testicule, sm. glande spermatique.

Testif, sm. poil de chameau.

Testimonial, e, a qui rend témoignage. [moins.

Testimonialement, ad. par témoignage.

Teston, sm. ancienne monnaie d'argent.

Têt, sm. v. corps de coquille; coupelle; tesson; toit à porc; *pop.* [vulsive.

Tétanos, sm. (s) maladie convulsive.

Têtard, sm. petit de grenouille.

Tête, sf. partie qui tient au corps par le cou; personne; esprit; fantaisie; énergie; bois du cerf; sommet; commencement; jugement; imagination *Être à la tête d'une chose.* la diriger.

Tête-à-tête, sm. entretien particulier de deux personnes; ad. seul à seul.

Tête bêche (à), adv. pieds contre tête, et réciproquement.

Téter, va. sucer le lait de la mamelle.

Têtière, sf. coiffe de toile des enfants nouveau-nés; partie de la bride.

Tétin, sm. bout de la mamelle.

Tétine, sf. pis de vache.

Téton, sm. mamelle. *pop.*

Tétracorde, sm. lyre à quatre cordes. [triangles.

Tétraèdre, sm. corps à quatre

Tétragone, a. qui a quatre angles.

Tétramètre, sm. vers grec ou latin de quatre pieds.

Tétrapole, sf. contrée où il y a quatre villes.

Tétrarque, sm. chef d'une 4e partie de province. *ant.*

Tette, sf. bout de la mamelle des animaux.

Têtu, e, a. *et s.* obstiné. sm. poisson; marteau.

Teutonique, a. qui appartient aux Teutons, aux Allemands.

Teutons, sm. pl. ancien peuple d'Allemagne.

Texte, sm. les paroles d'un auteur; sujet de discours; passage de l'Ecriture; *gros —, petit —,* caractères d'imprimerie.

Textile, a. propre à tisser.

Textuaire, sm. livre où il n'y a que le texte seul.

Textuel, le, a. du texte.

Textuellement, ad. suivant le texte.

Texture, sf. action de tisser; *fig.* liaison des parties d'un ouvrage d'esprit. [rine.

Thalassomètre, sf. sonde marine.

Thalie, sf. muse de la comédie; l'une des trois Grâces. *myth.* [de miracles.

Thaumaturge, a. *et* s. faiseur de miracles.

Thé, sm. arbrisseau; infusion de ses feuille; sorte de collation.

Théatin, sm. sorte de religieux.

Théâtral, e, a. du théâtre.

Théâtralement, ad. d'une manière théâtrale.

Théâtre, sm. lieu des spectacles dramatiques; profession de comédien; scène; poésie dramatique. *fig.* lieu où se passe un événement.

Thébaïde, sf. désert d'Egypte; *fig.* solitude profonde.

Théière, sf. vase pour le thé.

Théiforme, a. en man de thé.

Théisme, sm. croyance du

Théiste, sm. qui croit en Dieu.

Thème, sm. traduction d'écolier; proposition à développer; projet; plan.

Thémis, sf. (s) déesse de la justice. *myth.* [divin.

Théocratie, sf. (cie) gouvern.

Théocratique, a. de la théocratie. [man. théocratique.

Théocratiquement, adv. d'une

Théodicée, sf. justice de Dieu.

Théogonie, sf. religion païenne.

Théologal, a. qui a Dieu pour objet. sm. chanoine qui enseignait la théologie. sf. charge de théologal.

30

Théologie, sf. science qui a Dieu et la religion pour objet; classe ou l'on enseigne la théologie. [logic.

Théologien, s. qui sait la théo

Théologique, a. de la théologie.

Théologiquement, ad. en théologien.

Théophilanthrope, s. sectaire

Théophilanthropie, sf. sorte de religion qu'on essaya d'établir en France pendant la révolution.

Théorbe, sm. sorte de luth.

Théorème, sm. sorte de proposition. math.

Théoricien, s. qui connaît la

Théorie, sf. connaissance spéculative d'un art; principes de la manœuvre milit ire.

Théorique, a. de la théorie.

Théoriquement, ad. par théorie.

Thérapeutes, sm. pl. moines juifs.

Thérapeutique, a. des thérapeutes. sf. art de guérir les maladies.

Thériacal, a. de la thériaque.

Thériaque, sf. opiat.

Thermal, e, a. se dit des eaux minérales chaudes.

Thermes, m. pl. bains publics. ant. [républicain.

Thermidor, sm. onzième mois

Thermomètre, sm. instrument pour indiquer le degré de chaleur.

Thermométrique, a. qui a rapport au thermomètre.

Thésaurisation, sf. art de

Thésauriser, vn. amasser de l'argent.

Thésauriseur, euse, s. qui thésaurise.

Thèse, sf. proposition à discuter; feuille imprimée qui les contient.

Théurgie, sf. commerce avec les dieux par magie.

Thibaude, sf. tissu grossier.

Thlaspi, sm. plante.

Thon, sm. poisson de mer.

Thorachique, — cique, a. pectoral, et s. genre de poissons.

Thorax, sm. capacité de la poitrine. [simple.

Thorium, sm. corps minéral

Thran, sm. huile de poisson.

Thridace, sm. suc de la laitue.

Thrombus, sm. tumeur [phar.

Thuriféraire, s. clerc qui porte l'encens. [cens.

Thurifère, a. qui produit de l'en-

Thuya, sm. espèce de cyprès.

Thym (tin), sm. plante odorifér.

Thymbrée, sf. plante aromat.

Thyrse, sm. javelot entouré de pampre et de lierre.

Tiare, sf. bonnet des Perses; bonnet du pape; la papauté.

Tibia, sm. os interne de la jambe

Tibial, a. muscle de la jambe.

Tibial, e, pl. aux, a. qui a rapport au tibia.

Tic, sm. mouvement convulsif habituel; habitude vicieuse des animaux

Tic-tac, onomatopée désignant un bruit léger et régulier.

Tiède, a. entre le chaud et le froid. fig. sans zèle, sans ar-

Tiédement, ad avec [deur.

Tiédeur, sf. qualité de ce qui est tiède fig. manque de zèle, de ferveur, d'activité.

Tiédir, vn. devenir tiède.

Tien, ne, a. et sm. ce qui est à toi. pl. tes proches.

Tierce, sf. deuxième des heures canoniales et de mus., de jeu, d'esc., d'imp., de mat. fièvre—, qui revient de deux jours l'or.

Tierce, a. divisé en trois. bla

Tiercelet, sm. mâle d'épervier.

Tiercement, sm. augmentation du tiers du prix

Tiercer, va. hausser d'un tiers; servir de tiers au jeu de paume.

Tierceron, sm. arc. arch.

Tiers, Tierce, a. troisième. sm. la troisième partie; une troisième personne. Le tiers

et le quart, toute sorte de gens ; *le tiers-état*, autrefois le troisième ordre de l'Etat.

Tige, sf. corps d'une plante, d'une botte ; premier père d'où est sortie toute une famille ; fût d'une colonne.

Tigé, a. à tige différente. *vla.*

Tigette, sf. ornement d'arch.

Tignasse, sf. mauvaise perruque. *pop.*

Tignon, sm. chignon. *pop.*

Tignonner, va borcler les cheveux d'un homme Se — se prendre aux cheveux.

Tigre, esse, s. bête feroce. *fig.* feroce et sanguin ; femme méchante et cruelle.

Tigré, a. moucheté.

Tilbury, sm. esp. de cabriolet.

Tillac, sm. point supérieur du navire.   [du tilleul, etc.

Tille, sf. écorce du chanvre,

Tiller, va. détacher la tille du chanvre.   [bre.

Tilleul, sm. grand et bel ar-

Timar, sm. bénéfice militaire en Turquie.   [timar.

Timariot, sm. qui jouit d'un

Timbale , sf. instrument de musique militaire ; gobelet. pl. sorte de petites raquettes.

Timbalier , sm. qui bat des timbales.

Timbre, sm. cloche que frappe un marteau; son de la voix; marque imprimée; droit perçu sur le papier timbré. *Timbre-poste*, sm. cachet pour affranchir les lettres.

Timbré, a. marque d'un timbre; fou.   [timbre.

Timbrer , va. marquer d'un

Timbreur, sm. qui timbre.

Timide, a. peureux, craintif.

Timidement, ad. avec timide.

Timidité, sf. qualité de l'être

Timon, sm. pièce de voiture, de gouvernail. *fig.* gouvernement de l'Etat.

Timonerie, sf. lieu où se trouve la roue du gouvernail. *mar.*

Timonier, sm. matelot ; cheval attaché au timon.

Timoré, a. qui craint d'offenser.

Tin, sm. sorte de billot. *mar.*

Tinctori. l, a qui sert à teindre

Tine, sf. espèce de tonneau.

Tinette, sf. petite cuve.

Tintamarre, sm grand bruit.

Tintement, sm son d'une clocle ; action de tinter ; bruit dans l'oreille.

Tinter, va faire sonner lentement une cloche. vn. *La cloche tinte L'oreille me tinte*

Tintin, sm bruit d une sonnette

Tintouin, sm inquiétude . *fa.*

Tique, sf. insecte qui s'attache à la peau des animaux.

Tiquer, vn. avoir le tic.

Tiqueté, a. tacheté.

Tiqueture, sf. état d'une chose tiquetée   [tic.

Tiqueur, s. *et* a. cheval qui a le

Tir, sm. act. de tirer une arme à feu; lieu où l'on tire

Tirade, sf. suite de phrases , passage. *mus.*

Tirage, sm. act. de tirer; chemin de halage.

Tiraillement, sm action de tirailler ; incertitude.

Tirailler, va. *et* n. tirer avec violence.

Tiraillerie, sf. action de tirer avec une arme à feu, sans but et sans ordre.

Tirailleur , sm. qui tiraille ; soldat qui escarmouche.

Tirant, sm cordon de bourse.— *d'eau*, profondeur d'eau qu'il faut à un navire pour flotter ; de bottes ; nerf de viande.

Tirasse, sf. filet d'oiseleur.

Tirasser, va. *et* n. chasser à la tirasse ; tourmenter. *v.*

Tiré, e, a. ôté ; maigri. sm. chasse au fusil.

Tire-balle, Tire-botte, Tire-bouchon, Tire-bourre, Tire-bouton , etc. sm. inst. pour tirer les balles, les bottes, les bouchons, etc.

Tire-d'aile, sm. i. *Voler à —* ad. rapidement.

Tire-fond, sm. instrument de chir.; outil de tonnelier.

Tire-laise, sm. i. appât trompeur. [cessivement. *pop.*

Tire-la-rigot (boire à), ad. ex-

Tire-ligne, sm. i. instrument pour tirer des lignes.

Tire-lire, sf. tronc pour serrer l'argent. [tirer la moelle.

Tire-moelle, sm. instrum. pour

Tire-pied, sm. lanière de cuir à l'usage des cordonniers.

Tirer, va. amener a soi; décharger des armes; dégager, ôter; recueillir; délivrer; extraire; étendre; tracer; imprimer; — *sur quelqu'un*, lui ad. essa r une lettre-de-change pour l'acquitter. vn. aller; prendre au sort. vp se dégager

Tire-sou, sm. homme avare.

Tiret, sm. lien pour des papiers; trait-d'union.

Tire-taine, sf. étoffe.

Tireur, euse, s. qui tire. [etc.

Tireur d'or, sm. qui tire l'or,

Tireuse, sf. — *de cartes*, devineresse.

Tiroir, sm. caisse mobile emboîtée dans une armoire.

Tisane, sf. infusion de plantes médicinales. [un four.

Tiser, va. entretenir le feu dans

Tiseur, sm. celui qui tise.

Tison, sm. bûche à demi brûlée

Tisonné, e, a. tacheté de noir.

Tisonner, vn. remuer les tisons.

Tisonneur, euse, s. qui tisonne

Tisonnier, sm. outil pour attiser le feu.

Tissage, sm. action de tisser.

Tisser, va. faire un tissu.

Tisserand, sm. ouvrier qui fait de la toile, des étoffes.

Tisseranderie, sf. sa profession.

Tisseur, sm. celui qui tisse

Tissu, a. *et* sm. ouvrage fait au métier; substance tournée de fibres entrelacées. *anat. fig.* combinaison, assemblage.

Tissure, sf. texture.

Tissutier, sm. rubanier.

Titane, sm. métal rouge.

Titans, sm. pl. géants qui toulurent escalader le ciel. *myth.* [neuse.

Tithymale, sm. plante véné-

Titillant, a. *(ll)* qui titille.

Titillation, sf. action de

Titiller, va. *et* n. chatouiller; sautiller.

Titre, sm. inscription d'un livre, d'un chapitre, etc.; dignité; acte qui constate un droit; degré de finesse de l'or, etc. loc. adv. *A titre*, en qualité de.

Titré, a. qui a un titre.

Titrer, va. donner un titre honorifique; autoriser. [celer.

Titubation, sf. action de chan-

Tituber, vn. chanceler. *vx.*

Titulaire, a. *et* s. qui a un titre.

Toast, sm. V. Toste. [goutte.

Tocane, sf. vin de la mère-

Tocsin, sm. cloche d'alarme.

Toge, sf. vêtement des anciens Romains.

Tohu-bohu, sm. chaos, confusion. [sonne.

Toi, pron. de la deuxième per-

Toile, sf. tissu de fil; travail des araignées; rideau de théâtre. pl. filets de chasse.

Toilerie, sf. marchandise de toile.

Toilette, sf. parure; meuble.

Toilier, sm. marchand de toile.

Toise, sf. mesure de six pieds.

Toisé, sm. mesurage à la toise; art de mesurer les surfaces.

Toiser, va. mesurer à la toise. *fig.* examiner dédaigneuse-

Toiseur, sm. qui to se. [ment.

Toison, sf. laine d'un mouton.

Toit, sm. couverture de bâtiment; étable à porcs.

Toiture, sf. les toits, leur confection. [Hongrie.

Tokai, sm. sorte de vin de

Tôle, sf. fer en feuilles. [rer.

Tolérable, a. qu'on peut tolé-

Tolérance, sf. indulgence; per-
mission du libre exercice
des cultes, etc.   [gent.
Tolérant, a. qui tolère ; indul-
Tolérantisme, sm. système de
tolérance en mat. de religion.
Tolérer, va. avoir de la tolé-
rance.
Tôlerie, sf. fabrique de tôle ;
art du   [tôle.
Tôlier, sm. qui fabrique la
Tolle (crier), exciter l'indignation contre quelqu'un. fu.
Tolu, sm. arbre résineux.
Tomaison, sf. indication du
tome.
Tomate, sf. plante ; son fruit.
Tombac, sm. métal composé.
Tombe, sf. sépulcre ; pierre
qui le couvre.
Tombeau, sm. sépulture, mo-
nument pour un mort. fig.
la mort.
Tombée, sf. (de la nuit), au
moment où le jour baisse.
Tombelier, sm. charretier qui
mène un tombereau.
Tomber, vn. et imp. être en-
traîné du haut en bas par son
propre poids. fig. déchoir ;
couler ; ne pas réussir ;
pécher ; se jeter ; devenir.
Tombereau, sm. charrette en-
tourée d'ais.
Tombola, sf. espèce de loterie.
Tome, sm. volume d'un ouvrage
qui en a plusieurs.
Tomenteux, se, a. qui est con-
vert de poils. bot.
Tomer, va. indiquer, multiplier les tomes.
Ton, ta, tes, a. possessif.
Ton, sm. degré d'un son ; manières ; style ; t. de mus. et
de peinture.
Tonarion, sm. flûte avec la-
quelle on donnait le ton. ant.
Tondage, sm. action de ton-
dre le drap.
Tondaison, sf. tonte.
Tondeur, euse, s. qui tond.
Tondre, va. couper de près les

cheveux, la laine, le poil, les
branches, l'herbe, etc.
Tondu, a. et s. t. de mépris.
Tonlière, sf. râteau pour
pêcher.
Tonique, a. et sm. remède qui
tend les fibres, qui donne
de l'activité aux organes. t.
note fondamentale. mus.
Torka (fève de), sf. qui aro-
matise le tabac.
Tonlieu, sm. droit de vente
par étalage. féod.
Tonnage, sm. capacité d'un
bateau ; droit sur les mar-
chandises.
Tonnant, e, a. qui tonne. fig.
Voix —, forte et éclatante.
Tonne, sf. muid.
Tonneau, sm. petite tonne ;
mesure pour les liquides ;
sorte de jeu ; poids de mille
kilog mar.   [à la tonnelle.
Tonneler, va. prendre du gibier
Tonnelet, sm. petit tonneau.
Tonneleur, sm. qui chasse à
la tonnelle.   [neaux.
Tonnelier, sm. qui fait des ton-
Tonnelle, sf. berceau de ver-
dure ; filet.   [nelier.
Tonnellerie, sf. mét. de ton-
Tonner, vn. imp. se dit du
bruit du tonnerre, etc. fig.
parler avec force. se dit aussi
du bruit du canon au fig.
Tonnerre, sm. bruit de la foudre
Tonnes, sf. gen. de coquilles.
Tonsure, sf. couronne tracée
sur la tête des ecclésiasti-
ques en leur rasant les che-
veux.   [tonsure.
Tonsuré, a. et sm. qui a la
Tonsurer, va. donner la ton-
sure.
Tonte, sf. action de tondre ;
laine tondue.   [viagère.
Tontine, sf. sorte de rente
Tontinier, ière, s. rentier de
tontines.
Tontisse, sf. tapisserie de tonte
de drap. a. papier de tenture
qui l'imite.

Tonture, sf. ce qu'on tond.

Topaze, si. pierre précieuse jaune. [sentement.

Tope, interj. qui marque consentement.

Toper, vn. consentir. fa.

Topinambour, sm. plante.

Topique, a. et sm. remède extérieur. pl. lieux communs. rhét. [d'un lieu.

Topographie, sf. description

Topographique, a. de la topographie.

Topographiquement, adv. d'une manière détaillée.

Toque, sf. sorte de chapeau.

Toquer, va. toucher; frapper v. a.

Toquet, sm. bonnet de femme, etc.

Torche, sf. flambeau de résine.

Torcher, va. essuyer en frottant. fig. mal travailler.

Torchère, sf. sorte de guéridon pour un flambeau.

Torchette, sf. petit torchon.

Torchis, sm. mortier mêlé de paille.

Torchon, sm. serviette de grosse toile pour essuyer; femme sale. pop.

Tordage, sm. façon donnée à la soie, à la laine, etc., en tordant. [soie, etc.

Tordeur, euse, s. qui tord la

Tordre, va. tourner en long et de biais en serrant. fig. mal interpréter.

Tore, sm. astragale arch.

Toréador, sm. cavalier qui combat les taureaux [cinale.

Tormentille, sf. plante médi-

Toron, sm. cordon d'un câble.

Torpeur, sf. engourdissement au p. et au fig

Torpille, sf. poisson de mer qui donne une commotion électrique. [per. pop.

Torquet, sm. (donner le) trom-

Torquette, sf. marée enveloppée de paille.

Torréfaction, sf. action de

Torréfier, va. et p. griller, rôtir

Torrent, sm. courant d'eau rapide.

Torrentiel, le, Torrentueux, se, a. qui tient aux torrents.

Torride, a. brûlant; zone —, portion de la terre entre les tropiques.

Tors, e, a tordu.

Torsade, sf. frange tordue en spirale; ornement d'or ou d'argent pour les épaulettes.

Torse, sm. tronc de statue.

Torsion, sf. action de tordre; état de ce qui est tordu.

Tort, sm. opposé à la justice, à la raison; dommage; à tort, loc. adv. sans raison.

Torte, af. torse. pop.

Torticolis, sm. mal de cou.

Tortillage, sm. façon embarrassée et peu franche de parler et d'agir.

Tortillant, a. tortillé. bla.

Tortillement, sm. action de tortiller. pl. détours dans les affaires.

Tortiller, va. tordre à plusieurs tours. vn. chercher des subterfuges. [tueuse.

Tortillère, sf. petite allée tor-

Tortillon, sm. sorte de coiffure; servante de village.

Tortionnaire, a. (ci)inique pra.

Tortis, sm. fils tordus; guirlande. t. de bla. [au fig.

Tortu, e, a. de travers. au p. et

Tortue, sf. amphibie; toit de boucliers ant.

Tortuer, va. et p. rendre tortu.

Tortueusement, ad. d'une manière tortueuse.

Tortueux, se, a. qui fait plusieurs tours et retours. fig. sans franchise.

Tortuosité, sf. état de ce qui est tortueux.

Torture, sf. gêne; tourment; question judiciaire.

Torturer, va. tourmenter.

Tory, sm. parti royaliste en Angleterre. [d'archit.

Toscan, a. l'un des cinq ordres

Toste, sm. act. de boire à la santé

Tes'er, va. et n. porter des
testes.

Tôt. ad. vite; sans tarder. Tôt
ou tard, un jour ou l'autre.

Total, a. entier. sm. le tout.

Totalement, ad. entièrement.

Totaliser, va faire un total.

Totalité, sf. le total.

Toton, sm. dé avec un pivot.

Touage, sm. action de touer.

Touaille, sf. essuie-main sur
un rouleau.

Toucan, sm. oiseau.

Touchant, a. qui touche le
cœur, etc. prép. concernant.

Touche, sf. pièce du clavier,
etc. épreuve pour l'or, et fig.
tout ce qui met à l'épreuve.
t. de peint. et de sculp.

Touché ou Toucher, sm. le
tact; l'action de

Toucher, va. n. et p. mettre
la main, etc., sur quelque
chose; recevoir de l'argent;
frapper; éprouver; aborder;
se joindre. fig. émouvoir.

Toue, sf. bateau.

Touée, sf. act. de touer; longueur de câble. mar.

Touer, va. et p. faire avancer
en tirant. mar. }poils, etc.

Touffe, sf. amas d'herbes, de

Touffeur,sf.exhalaison chaude..

Touffu, e, a. épais; en touffe.

Toug, Touc, sm. sorte d'étendard turc.

Toujours, ad. continuellement.

Toupet, sm. petite touffe; cheveux au haut du front. fig.

Toupie, sf. jouet. }hardiesse.

Toupiller, vn. tournoyer. fa.

Toupillon, sm. petit toupet.

Touque, sf. navire pour la pêche du hareng.

Tour, sf. construction ronde,
carrée, etc., beaucoup plus
haute que large; pièce d'é-
checs. m. mouvem. en rond,
etc.; promenade; circuit.
fig. trait d'adresse, de ruse;
aspect sous lequel on présente une affaire, une pen-

sée; rang; ce qui entoure;
machine pour façonner en
rond; sorte d'armoire claus-
trale à pivot Tour à tour,
ad. l'un après l'autre.

Tour de reins, sm. foulure des
reins.   {cite.

Tour du bâton, sm. profit illi-

Tourbe, sf. terre combustible;
multitude confuse.

Tourbeux, euse, a. propre à
faire de la tourbe.

Tourbier, sm. ouv. qui extrait
de la tourbe.

Tourbière, sf fosse à tourbe.

Tourbillon, sm. vent, eau,
feu, etc., qui tournoie.

Tourbillonnant, e, a. qui tour-
billonne.

Tourbillonnement, sm. mouvement en tourbillon.

Tourbillonner, vn. aller en
tournoyant.

Tourd. sm. poisson de mer.

Tourelle, sm. petite tour.

Touret, sm. petite roue qui
reçoit son mouvement d'une
plus grande. }tour. claustr.

Tourière, sf. qui a soin du

Tourillon, sm. gros pivot.

Touriste, sm. qui ne voyage
que pour son agrément.

Tourlourou, sm. crabe d'Amérique; soldat novice. pop.

Tourmaline, sf. pierre électrique }plice; peine d'esprit.

Tourment, sm. douleur; sup-

Tourmentant,a qui tourmente.

Tourmente, sf orage sur mer.

Tourmenter, va. faire souffrir
le corps ou l'esprit; harceler. vp. s'inquiéter; se déjeter.

Tourmenteux, se, a. sujet aux
tourmentes.   {du beaupré.

Tourmentin, sm. perroquet

Tournage, sm. action de façonner au tour.

Tournailler, vn. rôder. fa.

Tournant, a. qui tourne. sm.
lieu où l'eau tournoie; coude
de rivière; coin de rue.

Tourné, e, a, altéré, gâté, mûr.

Tournebride, sm. auberge près d'un château.

Tournebroche, sm. machine, enfant, chien pour faire tourner la broche.

Tournée, sf. voyage périodique; course pour inspecter; excursion; petite promenade.

Tournelle, sf. tourelle. v. chambre criminelle du parlement.   [siant.

Tournemain (en un), ad. a l'in-

Tourner, va. et p. mouvoir en rond; changer de sens, de place; cerner; prendre à revers; façonner au tour; diriger. fig. éluder, interpréter. vn. mûrir; s'aigrir; se changer.

Tournesol, sm. (s) plante; teinture.   [çonne au tour.

Tourneur, sm. artisan qui fa-

Tournevis, sm. (s) instrument pour faire tourner les vis.

Tourniole, sf. esp. de panaris.

Tourniquet, sm. croix mobile sur un pivot; instrument de chirurgie.   [moutons.

Tournis, sm. maladie des

Tournoi, sm. ancienne fête militaire.

Tournoiement, Tournoiment. sm. action de tournoyer.

Tournois, a. des deux gen. (livre) de 20 sous.

Tournoyer, vn. tourner en faisant plusieurs tours. fig. biaiser.   [d'être; façon. fa.

Tournure, sf. fig. manière

Tourte, sf. sorte de pâtisserie

Tourteau, sm. résidu de grains et autres substances; pièce ronde. bla.

Tourtereau, sm. jeune tourterelle.   [geon.

Tourterelle, sf. espèce de pi-

Tourtière, sf. ustensile de cuisine.

Touselle, sf. grain sans barbe.

Toussaint (la), sf. fête de tous les saints.

Tousser, vn. faire l'effort et le bruit de la toux.

Tousseur, se, s. celui, celle qui tousse souvent.

Tout, a. Tous, pl. se dit de la chose considérée dans son entier; chaque. sm. total; toutes les choses. ad. encore que; en même temps; quoique. Tout à fait, entièrement. Tout à coup, soudain. Du tout, loc. adv. en aucune façon; en tout, loc. adv. tout compris. Tout beau, inter) plus doucement.

Toute-bonne, sf. esp. de sauge.

Toute-épice, sf. esp. de nielle.

Toutefois, ad. néanmoins; cependant.   [sans limite.

Toute-puissance, sf. pouvoir

Toutou, sm. petit chien. enf.

Tout-puissant, a. et s. V. Puissant.

Toux, sf. mouvement convulsif de la poitrine, accompagné de bruit.   [neneux.

Toxicodendron, sm. arbre vé-

Toxicologie, sf. science qui traite des poisons; traité sur les poisons.   [néral.

Toxique, sm. poison en gé-

Traban, sm. soldat de la garde impériale en Allemagne.

Trabée, sf. robe de triomphe. ant.   [etc. v.

Trac, sm. allure du cheval,

Tracas, sm. mouvement accompagné d'embarras.

Tracasser, va. et n. inquiéter; tourmenter; s'agiter pour peu de chose.

Tracasserie, sf. chicane.

Tracassier, ère, a. et s. qui tracasse.

Trace, sf. vestige d'homme, d'animal, etc.; marque; premier trait. fig. Marcher sur les—, prendre pour modèle.

Tracé, s n. trait d'un plan.

Tracement, sm. action de

Tracer, va. tirer les lignes d'un dessin; faire un plan, etc.

vn. ramper. se dit des racines. [artère.

Trachéal, e, a. de la trachée

Trachée, sf. vaisseaux aeriens des plantes et des insectes, et *Trachée artère*, canal des poumons. |la trachée-artère.

Trachéotomie, sf. section de

Traçoir, sm. poinçon d'acier pour tracer.

Traction, sf. action d'une puissance qui tire un mobile.

Tradition, sf. action de livrer. *jur.* voie par laquelle les faits se transmettent d'âge en âge; chose transmise oralement

Traditionnaire, sm. interprète de la Bible. [dition.

Traditionnel, le, a. de la tra-

Traditionnellement, ad. suivant la tradition.

Traducteur, trice, s. qui traduit.

Traduction, sf. ouvrage traduit; action de

Traduire, va. citer en justice; transférer; faire une traduction; expliquer [traduit.

Traduisible, a. qui peut être

Trafic, sm. commerce. *fig.* pratiques indues.

Trafiquant, sm. commerçant.

Trafiquer, va. *et* n. faire trafic.

Trafiqueur, sm. celui qui trafique.

Tragédie, sf. drame héroïque. *fig.* évènement funeste.

Tragédien, s. acteur tragique.

Tragi-comédie, sf. pièce de théâtre qui tient du tragique et du comique. [comique.

Tragi-comique, a. tragique et

Tragique, a. de la tragédie. *fig.* funeste. sm. genre tragique; auteur de tragédies.

Tragiquement, ad. d'une manière tragique.

Trahir, va. *et* p. manquer de foi; faire une perfidie; déceler; se découvrir.

Trahison, sf. action de trahir.

Traille, sf. sorte de bac.

Train, sm. allure; partie de

devant ou de derrière des quadrupèdes; bois mis en radeau; attirail militaire; habitude; suite de valets; convoi de chemin de fer; bruit; manière de vivre; cours des choses.

Traînage, sm. act. de traîner.

Traînant, a. qui traîne; languissant.

Traînard, sm. soldat qui reste en arrière de sa troupe; homme très-lent.

Traînasse, sf. renouée; plante.

Traîne, sf. *En traîne*, ou *A la traîne*, ad. traîné par d'autres.

Traîneau, sm. voiture sans roues; grand filet qu'on traîne. [en long.

Traînée, sf. choses répandues

Traîner, va. tirer après soi. *fig.* attirer; différer. vn. n'être pas à sa place; pendre à terre; être exposé; languir. vp. ramper.

Traîneur, sm. qui traîne, qui reste en arrière [vaches, etc.

Traire, va. tirer le lait des

Trait, sm. dard; flèche; longe; ce qu'on avale d'une liqueur sans reprendre haleine; ce qui emporte l'équilibre de la balance; ligne; linéament; action; pensée remarquable, etc.

Traitable, a. doux; docile.

Traitant, sm. qui traite avec le fisc.

Traite, sf. chemin fait sans s'arrêter; transport; lettre de change; trafic [version.

Traité, sm. dissertation; con-

Traitement, sm appointement; manière de traiter; accueil; réception; régime medical.

Traiter, va. *et* n. discuter; négocier; qualifier; donner à manger; panser; soigner; médica neuter.

Traiteur, sm. qui donne à manger.

Traître, tresse, s. qui trahit. a. perfide.

Traîtreusement, ad. en traître.

Trajectoire, sf. courbe. [son.

Trajet, sm. course, voyage.

Tramail, sm. sorte de filet de pêche. [complot.

Trame, sf. fils ourdis. *fig.*

Tramer, va. passer la trame. *fig.* comploter.

Trameur, euse, s. qui trame.

Tramontane, sf. vent; étoile ou côte du Nord, dans l Méditerranée. *Perdre la tramontane*, se troubler. *fa.*

Tranchant, a. qui tranche; qui décide hardiment. sm. fil d'épée.

Tranche, sf. morceau coupé mince; bord rogné d'un livre.

Tranchée, sf. fossé; colique intestinale.

Tranchelard, sm. couteau de cuisine. [faron. *fa.*

Tranche montagne, sm. fan-

Trancher, va. *et n.* séparer en coupant; *fig.* décider hardiment; résoudre. [donner.

Tranchet, sm. outil de cor-

Tranchoir, sm. plateau pour trancher la viande.

Tranquille, a. (*l*) calme; paisible. [tion.

Tranquillement, ad. sans émo-

Tranquillisant, a. qui tranquillise. [se reposer.

Tranquilliser, va. calmer. vp.

Tranquillité, sf. état de ce qui est calme.

Trans, prép. au delà; à travers.

Transaction, sf (*za*) acte pour transiger; convention d'intérêt. [dela des Alpes.

Transalpin, a. (*za*) qui est au

Tran atlant que, a. au delà de l'Atlantique.

Transbordement, sm act. de

Transborder, va. transporter une cargaison d'un bâtiment dans un autre.

Transcendance, sf. grande supériorité.

Transcendant, e, a. qui excelle; *géométrie —*, qui emploie l'infini dans ses calculs.

Transcription, sf. action de

Transcrire, va. copier un écrit.

Transe, sf. appréhension.

Transept, sm. galerie transversale d'une église

Transférable, a. qui peut être transféré. [tion.

Transfèrement, sm. transla-

Transférer, va. transporter; céder. [propriété.

Transfert, sm. transport de

Transfiguration, sf. action de

Transfigurer, va. changer de figure. ne se dit que de J.-C.

Transformation, sf. changement de forme.

Transformer, va. *et* p. métamorphoser. [à l'ennemi.

Transfuge, sm. celui qui passe

Transfuser, va. faire la [vaser.

Transfusion, sf. act. de trans-

Transgresser, va. enfreindre un ordre, une loi. [gresse.

Transgresseur, sm. qui trans-

Transgression, sf. action d'enfreindre.

Transi, a. gelé; froid; timide.

Transiger, vn. (*zi*) terminer une affaire par un accommodement.

Transir, va. *et* n. (*cir*) pénétrer; engourdir de froid. *fig.* saisir de peur.

Transissement, sm. état où est un homme transi.

Transit, sm. (*zit*) passage de marchandises à travers un pays sans s'y arrêter.

Transiter, va. passer en transit.

Transitif, a. verbe qui marque l'action d'un sujet sur un autre.

Transition, sf. man. de passer d une partie d un discours à une autre, d'un état à un autre.

Transitoire, a. passager. *did.*

Translater, va. traduire. *v.*

Translatif, ve. a. par lequel on transporte, on cède une chose à quelqu'un. *jur.*

Translation, sf. action de transférer.

Translucide, a. transparent.

Translucidité, sf. transparence.

Transmarin, e, a. au delà des mers.

Transmettre, va. céder à un autre ; faire passer à ses successeurs.

Transmigration, sf. émigration. — *des âmes*, métempsycose.

Transmissibilité, sf. qualité de ce qui est transmis.

Transmissible, a. qui peut être

Transmission, sf. action de transmettre ; effet de cette action.

Transmuable, a. qu'on peut

Transmuer, va. transformer.

Transmutabilité, sf. qualité de ce qui est transmuable.

Transmutation, sf. changement.

Transparence, sf. qualité de ce qui est

Transparent, a. diaphane. sm. papier tracé ; papier huilé. tableau derrière lequel on place des lumières.

Transpercer, va. percer de part en part.

Transpirable, a. qui sort par la

Transpiration, sf. sueur.

Transpirer, vn. sortir du corps par les pores ; suer. *fig.* se divulguer.

Transplantation, sf. action de

Transplanter, va. *et* p. planter ailleurs. *fig.* transporter dans un autre pays.

Transport, sm. act de transporter; cession. *fig.* passion; délire. [transporté.

Transportable, a. qui peut être

Transporter, va. porter ailleurs, céder ; impressionner vivement. vp. se rendre sur les lieux.

Transposer, va. changer de place, etc.

Transpositeur, am. qui opère la transposition. [langues.

Transpositif, ve, a se dit des

Transposition, sf. action de transposer. [delà du Rhin.

Transrhénan, e, a. qui est au

Transsubstantiation, sf. changement de substance par la consération.

Transsudation, sf. action de

Transsuder, vn. passer par les pores.

Transvaser, Transvider, va. verser dans un autre vase.

Transvasion, sf. action de transvaser.

Transversal, a. qui coupe obliquement. [vers.

Transversalement, ad. en tra-

Transversé, a. oblique.

Trantran, sm. cours des affaires. *fa.*

Trapan, sm. le haut de l'escalier. [côtés non parallèles.

Trapèze, sm. quadrilatère à

Trapéziforme, a. en forme de trapèze. [pèze.

Trapezoïde, sm. sorte de tra-

Trappe, sf. porte horizontale ou à coulisse ; piège ; ordre religieux.

Trappiste, sm religieux.

Trapu, e, a. gros et court.

Traque, sf. action de traquer.

Traquenard, sm. sorte d'amble ; piège. [chass.

Traquer, va. battre un bois.

Traquet, sm. piège ; claquet du moulin.

Traqueur, sm. qui traque.

Traumatique, a. qui a rapport aux plaies. [d'orage. *mar.*

Travade, sf. vent accompagné

Travail, sm. travaux. pl. peine que l'on prend pour faire une chose ; ouvrage fait ou à faire.

Travail, sm. pl. *Travails*, machine de maréchal. [peine.

Travaillé, a. fait avec soin ;

Travailler, va. et p. faire un travail ; se dejeter (en parlant du bois ; faire avec soin ; façonner ; tourmenter ; fermenter. [travaille.

Travailleur, euse, s. et a. qui

Travee, sf. espace entre deux poutres. [défaut, caprice.

Travers, sf. largeur, biais. fig.

Traversable, a. qu'on peut traverser. [lance.

Traversant, sm. fléau de balance.

Traverse, sf. pièce en travers ; tranchee Chemin de —, qui coupe plus court, affliction.

Traversée, sf. trajet par mer.

Traverser, va. passer à travers. fig. susciter des obstacles.

Traversier, ère, a. qui traverse. Flûte —, qui s'embouche horizontalement.

Traversin, sm. oreiller long.

Travertin, sm. pierre calcaire en Italie.

Travestir, va. et p. masquer ; déguiser ; traduire burlesquement. [tement.

Travestissement, sm. déguisement.

Travestisseur, euse, s. qui travestit un ouvrage.

Trayon, sm. bout du pis d'une vache, etc. [mon.

Trébuchant, a. qui est de poids.

Trebuchement, sm. action de

Trebucher, vn. faire un faux pas, tomber ; au p. et au fig. être plus lourd que le contre-poids.

Trébuchet, sm. piège ; balance.

Tréfiler, va. passer du fer ou du laiton, par la filière.

Tréfilerie, sf. fabr. que où l'on tréfile. [file.

Tréfileur, sm. ouvrier qui tréfile.

Trefle, sm. plante ; l'une des couleurs d'un jeu de cartes

Tréfle, a. terminé en tr fie bla.

Tréfoncier, a. et s. propriétaire du sol et du sous-sol.

Tréfonds, sm. le dessus et le dessous d'un fonds de terre.

Treillage, sm. treillis de lattes.

Treillager, va. garnir de treillages. [treillages

Treillageur, sm. qui fait des

Treille, sf. berceau ; treillage garni de vignes.

Treillis, sm. barreaux qui se croisent ; grosse toile.

Treillisser, va. garnir de treillis

Treizain, sm. t. d'agri. treize gerbes

Treize, a. num. dix et trois ; treizième. s n. le treizième jour ; numero 13. [sm.

Treizième, a. nombre d'ordre.

Treizièmement, ad. en treizième lieu. [une lettre.

Tréma, sm. deux points sur

Tremblant, a. qui tremble.

Tremble, sm. espèce de peuplier.

Tremblé, a. (écriture) tracée par une main tremblante. s n filet serpentant. impr.

Tremblement, sm. action de trembler ; terme de mus. fig. grande crainte.

Trembler, vn. être agité ; craindre. va. Trembler la fièvre. fa. [quaker.

Trembleur, euse, s. craintif ;

Tremblotant, a. qui tremblote.

Trembloter, vn. dim. de trembler. [mesure de sel.

Tremie, sm. auge de moulin ;

Tremiere, af. (rose) espèce de grande mauve. [mus.

Tremolo, sm. tremblement.

Tremoussement, sm. act. de se

Tremousser, vn. et p. s'agiter d'un mouvement vif et irregulier ; faire des demarches. fa. [le papier imp.

Trempage, sm. act. de tremper

Trempe, sf. action de tremper le fer fig. caractère ; constitution.

Trempe, e, a. très-mouillé.

Tremper, va. mouiller. vn. être dans un liquide ; participer, — le fer, l'acier, le plonger tout rouge dans l'eau pour le durcir.

Tremperie, sf. endroit où l'on trempe le papier.

Trempeur, sm. qui trempe.

Tremplin, sm. planche inclinée et élastique pour sauter.

Trentaine, sf. nombre de

Trente, a. num. trois fois dix. sm. le trentième; *trente et quarante*, jeu de hasard; — *et un*, jeu de cartes.

Trente-deux (in-), sm. i. format en 32 feuillets.

Trentième, a. *et* s. nombre ordinal de trente.

Trépan, sm. opération sur le crâne; instrument de chirurgie. [du trépan.

Trépaner, va. faire l'opération

Trépas, sm. décès.

Trépassé, e, sm. mort.

Trépassement, sm. trépas. *v.*

Trépasser, vn. mourir.

Trépidation, sf. tremblement.

Trépied, sm. ustensile de cuisine; siège à trois pieds. *ant.*

Trépignement, sm. action de

Trépigner, vn. frapper avec vitesse des pieds contre terre

Trépointe, sf. cuir cousu entre deux autres.

Très, particule adv. superlative.

Tré-sept, sm. (*et*) jeu de cartes.

Très-Haut (le), sm. Dieu.

Trésor, sm. amas de choses précieuses, lieu dans lequel on le tient enfermé. *fig.* ce qui est excellent, très-utile.

Trésorerie, sf. département des finances; charge de

Trésorier, ière, s. qui a la garde d'un trésor; qui paye.

Tressaillement, sm. act. subite en tressaillant.

Tressailli, a. déplacé par un effort. [ému.

Tressaillir, vn. être subitement

Tresse, sf. tissu plat de fil, de cheveux, etc. [tresses.

Tresser, va. entrelacer en

Tresseur, euse, s. qui tresse.

Tressoir, sm. instrument pour tresser.

Tréteau, sm. support de bois sur quatre pieds. pl. théâtre forain. [ver des fardeaux.

Treuil, sm. machine pour le-

Trève, sf. suspension d'armes; relâche.

Tri, sm. jeu de cartes; triage.

Triade, sf. assemblage de trois unités, de trois personnes.

Triage, sm. choix, bois en coupe. [de plantes.

Triandrie, Trigynie, sf. classes

Triangle, sm. figure à trois angles; instrument d'acier; constellation.

Triangulaire, Triangulé, e, a. à trois angles s muscle. *anat.*

Triangulairement, ad. en triangle.

Triangulation, sf. act. de faire des opérations trigonométriques.

Tribord, sm. côté droit du vaisseau. [peuplade.

Tribu, sf. division du peuple;

Tribulation, sf. affliction.

Tribun, sm. magistrat.

Tribunal, sm. lieu où siègent les juges; leur juridiction.

Tribunat, sm. dignité de tribun.

Tribune, sf. lieu pour haranguer; galerie pour les musiciens, les auditeurs.

Tribunitien, ienne, a. (*ci*) de tribun. [hommage.

Tribut, sm. impôt; soumission;

Tributaire, a. *et* s. qui paye le tribut.

Triceps, a. *et* sm. muscle qui a trois faisceaux charnus à l'une de ses extrémités. [jeu, etc.

Tricher, va. *et* n. tromper au

Tricherie, sf. tromperie *fa.*

Tricheur, euse, s qui triche. *fa.*

Triclinium, sm. salle à manger des anc. Romains.

Tricolor, sm. sorte d'amarante.

Tricolore, a. de trois couleurs.

Tricorne, a. à trois cornes; chapeau à trois côtés.

Tricot, sm. bâton gros et court; tissu à mailles.

Tricotage, sm. action de

Tricoter, va. faire du tricot.

Tricoteur, euse, s. qui tricote.

Trictrac, sm. jeu; table pour le jouer. [roues.

Tricycle, sf. voiture à trois

Tridactyle, a. qui a trois doigts.

Tride, a. vif; prompt; serré. man. [dents.

Trident, sm. fourche à trois

Tridi, sm. troisième jour de la décade.

Trièdre, a. à trois faces.

Triennal, a. (enn) de trois ans.

Triennalité, sf durée triennale.

Triennat, sm. espace de trois ans.

Trier, va. choisir.

Trieur, trieuse, s. qui trie. [bot.

Trifide, a. qui a trois divisions.

Trigame, s. et a. marié à trois personnes à la fois.

Trigamie, sf. état du trigame.

Trigaud, a. et s. qui use de détours. fa

Trigauder, vn. finasser. fa.

Trigauderie, sf. mauvaise finesse.

Triglyphe, sm ornement d'arch

Trigone, a. à trois angles. sm. instr.; sorte de harpe.

Trigonométrie, sf. art de mesurer les triangles.

Trigonométrique, a. de la trigonométrie.

Trigonométriquement, ad. suivant la trigonométrie.

Trilatéral, a. à trois côtés. [mus.

Trille, sm. sorte de cadence.

Trillion, sm. mille billions.

Trilobe, a. à trois lobes. bot.

Triloculaire, a. à trois loges. bot

Trilogie, sf ensemble de trois tragédies. ant.

Trimbaler, va. porter, conduire partout avec soi. fa.

Trimer, vn. faire vite beaucoup de chemin ou d'ouv. pop.

Trimestre, sm. espace de trois mois. [trois mois.

Trimestriel, elle, a. qui dure

Tringle, sf. verge de fer ou de bois.

Tringler, va. et n. tracer une ligne au cordeau.

Trinité, sf. un seul Dieu en trois personnes; fête en son honneur.

Trinôme, sm. quantité algébrique de trois termes.

Trinquart, sm. petit navire pour la pêche du hareng.

Trinquer, vn. boire en choquant le verre.

Trinquet, sm. mât de galère.

Trinquette, sf. voile triangulaire.

Trio, sm. i. musique à trois parties; trois personnes unies.

Triolet, sm. sorte de poésie; notes groupées trois par trois

Triomphal, e, a. du triomphe.

Triomphalement, ad en triomphe. [satisfait; pompeux.

Triomphant, a. qui triomphe;

Triomphateur, sm. celui qui triomphe.

Triomphe, sm. honneurs décernés à un général victorieux; succès éclatant. sf. jeu

Triompher, vn. obtenir le triomphe; vaincre; exceller; être ravi de joie; tirer vanité de.

Tripaille, sf les tripes.

Tripartite, af. (histoire) divisée en trois.

Tripe, sf. boyaux d'un animal. pop — de velours, étoffe.

Triperie, sf. lieu où se vend la tripe.

Tripétale, a. à trois pétales.

Tripette, sf. petite tripe.

Triphthongue, sf. syllabe de trois voyelles.

Triphylle, a. à trois folioles bot.

Tripier, ière, s. qui vend des tripes.

Triple, a. et s. trois fois autant.

Triplement, sm. action de tripler. a. trois fois.

Tripler, va. et n. rendre, devenir triple.

Triplicata, sm. troisième copie

Triplicité, sf. nombre triple.

Tripoli, sm. sorte de terre à polir.

Tripot, sm. jeu de paume. v. maison de jeu.

Tripotage, sm. mauvais mélange. fig. intrigues ; médisances. |tripotage.

Tripoter, va. et n. faire du

Tripotier, sm. chef d'un tripot. fa. qui tripote.

Triptère, a. à trois ailes.

Trique, sf. gros bâton.

Trique-bale, sf. machine pour transporter les canons.

Trique-madame, sf. esp. de joubarbe. [tre.

Triquer, va. trier le bois ; bat-

Triquet, sm. battoir pour la paume.

Trirègne, sm. tiare du pape.

Trirème, sf. galère à trois rangs de rames. ant.

Trisaïeul, s. père, mère du bisaïeul ou de la bisaïeule.

Trisannuel, le, a. qui dure trois ans. [trois parties égales.

Trisection, sf. (ss) division en

Trismégiste, sm. caract. d'imprimerie ; nom de Mercure chez les Grecs.[trois syllabes.

Trissyllabe, a. et sm. mot de

Triste, a. affige ; affligeant ; obscur. [triste.

Tristement, ad. d'une manière

Tristesse, sf. affliction. |trois.

Trisulce, a. à pied divisé en

Triton, sm. dieu marin; intervalle dissonant de trois tons.

Tritoxyde, sm. troisième oxyde d'un métal. [turé.

Triturable, a. qui peut être tri-

Trituration, sf. broiement.

Triturer, va. réduire en poudre ; broyer.

Triumvir, sm. (om) magistrat qui a deux collègues. ant.

Triumviral, e, a. des triumvirs.

Triumvirat, sm. gouvernement des triumvirs.

Trivalve, a. qui a trois valves.

Trivelin, sm. mauvais plaisant.

Triviaire, a. (carrefour) à trois rues.

Trivial, e, a. commun ; rebattu.

Trivialement, ad. d'une manière triviale.

Trivialité, sf. chose triviale.

Troc, sm. échange.

Trochaïque, a. (k) vers composé de trochées.

Trochanter, sm. (ér) apophyse.

Troche, sm. coquillage univalve. |ou latin.

Trochée, sm. pied de vers grec

Trochet, sm. (ch) bouquet de fleurs ou de fruits.

Troène, sm. arbrisseau.

Troglodytes, sm. pl. ancien peuple. [et gai. pop.

Trogne, sf. visage plein, rouge

Trognon, sm. le cœur d'un fruit, etc.

Trois, a. num. deux et un, sm. troisième; chiffre numéro 3.

Troisième, a. ord. de trois. et sm. [me lieu.

Troisièmement, ad. en troisiè-

Trois-mâts, sm. navire à trois mâts.

Trois-quarts, sm. instrument de chirurgie.

Trois-six, sm. eau-de-vie à 36 degrés.

Trôler, va. mener partout avec indiscrétion. vn. courir çà et là. pop.

Trombe, sf. tourbillon d'eau et d'air. |gole.

Tromblon, sm. grosse espin-

Trombone, sm. sorte de trompette ; celui qui en joue

Trompe, sf. instrument de musique ; museau d'éléphant, d'insecte ; guimbarde; terme d'archit. Trompe d'Eustache canal auditif.

Trompe-l'œil, sm. i. tableau destiné à tromper les yeux.

Tromper, va. et p. induire, être en erreur; mentir.

Tromperie, sf. act. de tromper.

Trompeter, va. publier à son de trompe. fig. divulguer.

Trompette, sf. instrument militaire; m. celui qui en sonne

Trompeur, euse, a. et s. qui trompe.

Tronc, sm. tige d'arbre. fig. souche d'une même famille; l'épine, le thorax et le bassin; boîte pour les aumônes, les lettres; fût de colonne.

Tronchet, sm. billot sur trois pieds.

Tronçon, sm. morceau rompu d'une grande pièce. [travers.

Tronçonner, va. couper en

Trône, sm. siège royal, etc. fig. puissance souveraine. pl. un des neuf chœurs des anges.

Trôner, vn. être sur le trône

Tronqué, a. qui n'est pas entier.

Tronquer, va. retrancher. [tier.

Trop, ad. plus qu'il ne faut. sm. ce qui est de surcroît. trop peu, loc. adv. pas assez.

Trope, sm. emploi d'une expression dans le sens fig.

Trophée, sm. dépouille de vaincu; faisceau d'armes disposées avec art. fig. victoire. parlient aux tropiques.

Tropical, e, pl. aux, a. qui appartient

Tropique, sm. cercle de la sphère. [fig.

Tropologique, a. allégorique.

Trop-plein, sm. ce qui excède la capacité d'un vase.

Troquer, va. et p. faire un troc.

Troqueur, euse, s. qui troque.

Trot, sm. allure entre le pas et le galop.

Trotte, sf. espace du chemin.

Trotte-menu, a. qui trotte à petits pas. [tir fa.

Trotter, vn. aller le trot; courir fa.

Trotteur, sm. cheval dressé au trot. [courci. équit.

Trottiner, vn. trotter en raccourci.

Trottoir, sm. chemin élevé le long des ponts, des rues, des quais, pour les piétons.

Trou, sm. ouverture; creux; lieu fort petit.

Troubadour, sm. ancien poète.

Trouble, a. qui n'est pas clair. sm. brouillerie; confusion. pl. désordres populaires.

Trouble-fête, sm. personne, événement qui trouble la joie

Troubler, va. et p. rendre trouble; inquiéter fig. causer du trouble; intimider; interrompre.

Trouée, sf. ouverture. [rompre.

Trouer, va. percer. [jeu.

Trou-madame, sm. espèce de

Troupe, sf. multitude; réunion de soldats, de comédiens [maux domestiques.

Troupeau, sm. troupe d'animaux

Troupier, sm. soldat.

Trousse, sf. faisceau; carquois; étui. pl. chaussures. v. Aux trousses, à la poursuite.

Trousseau, sm. (de clefs) clefs passées dans un anneau; linge, vêtements d'une mariée [morbus.

Trousse-galant, sm. choléra-

Trousse-pète, sf. petite fille. pop. [d'une selle.

Troussequin, sm. le derrière

Trousser, va. replier; expédier. vp. relever, en parlant des habits. [étoffe.

Troussis, sm. pli fait à une

Trouvable, a. qu'on peut trouver. [heureusement. fa.

Trouvaille, sf. chose trouvée

Trouver, va. rencontrer une personne ou une chose; inventer; surprendre; estimer, juger. v. pr. être en un lieu; se sentir.

Trouvère, sm. troubadour.

Truand, s. vagabond. pop.

Truander, vn. mendier pop.

Truanderie, sf. métier de truand. [cheur.

Truble, sf. petit filet de pêcheur.

Trubleau, sm. petite truble.

Truc, sm. sorte de billard; manière de faire.

Trucheman, sm. interprète.

Trucher, vn. mendier.

Trucheur, euse, s. et a. mendiant. pop.

'ruelle, sf. outil de maçon; instr. pour découper le poisson. |truelle.

'ruellée. sf. contenu d'une truffe, sf. corps végetal sans tige qu'on trouve sous terre.

Truffer, va. farcir de truffes. fig. tromper.

Trufferie, sf. tromperie.

Truffière, sf. lieu où il vient des truffes.

Truie, sf. femelle du porc.

Truite, sf. poisson de rivière.

Trumeau, sm. glace; espace, intervalle entre deux fenêtres; jarret du bœuf.

Trusquin, sm. outil de menuiserie.

Tu, pron. de la deuxième pers.

Tuable, a. qu'on peut tuer.

Tuant, a. très-fatigant fa.

Tu-autem, sm. i. (ém) la difficulté.

Tube, sm. tuyau.

Tubercule, sm. petite excroissance végétale ou animale.

Tuberculeux, se, a. à tubercules.

Tubéreuse, sf. plante liliacée.

Tubéreux, se, a. charnu. bot.

Tubérosité, sf. tumeur. méd.

Tubulé, a. garni d'un tube.

Tubuleux, se, a. en tube.

Tudesque, a. et sm. langue germanique.

Tuer, va. et p. ôter la vie; faTuerie, sf. carnage fa. lieu pour tuer les bestiaux.

Tue-tête (à), ad. (crier) de toute sa force.

Tueur, sm. qui tue; bretteur.

Tuf, sm. pierre et terre blanTufier, ère, a. de tuf. |ches.

Tuile, sf. terre cuite pour couvrir les toits.

Tuileau, sm. morceau de tuile.

Tuilerie, sf. où se fait la tuile. pl. palais et jardin à Paris.

Tuilier, sm. qui fait des tuiles.

Tulipe, sf. fleur liliacée.

Tulipier, sm. arbre d'Amérique; amateur de tulipes. fa.

Tulle, sm. tissu en reseau.

Tuméfaction, sf. tumeur.

Tuméfier, va. causer une tumeur. vp. devenir enflé.

Tumescent, e. a. qui commence à enfler.

Tumeur, sf. enflure. méd.

Tumulaire, a. qui a rapport aux tombeaux.

Tumulte, sm. bruit et désordre.

Tumultuaire, Tumultuairement, a. et ad. avec tumulte.

Tumultueusement, Tumultueux, ad et a. en tumulte.

Tumulus, sm. (s) sorte de tombeau. ant.

Tungstène, sm. (ong) métal.

Tunique, sf. vêtement de dessous des anciens; partie de l'habillement sacerdotal; pellicule ou membrane qui enveloppe.

Tunnel, sm. souterrain sous une rivière ou une route.

Tuorbe, sm. espèce de luth.

Turban, sm. coiffure des Orientaux.

Turbine, sf. espèce de jubé; machine hydraulique.

Turbine, a. (coquillage) contourné en spirale.

Turbinite, sf. fossile en spirale.

Turbith, sm. (it) plante. — minéral, oxyde mercuriel.

Turbot, sm. poisson de mer.

Turbotière, sf. vaisseau pour faire cuire le poisson.

Turbulemment, ad (la) d'une manière turbulente.

Turbulence, sf. caractère de celui qui est

Turbulent.t.a porté au bruit, etc.

Ture, Turque, a. et s. de Turquie; dur, robuste. sm. langue turque. A la turque, ad. sans menagement.

Turcaret, sm. homme enrichi et illettré. |rivière.

Turcie, sf. levée au bord d'une

Turelure, sf. (la même), le même refrain fa.

Turf, sm. champ pour les courses de chevaux.

31

Turgescence, sf. surabondance d'humeurs *méd*

Turlupin, sm. farceur; mauvais plaisant. [santerie.

Turlupinade, sf. mauv. plai-

Turlupiner, vn. faire des turlupinades. va. railler *fa.*

Turlurette, sf. sorte de guitare de mendiant sous Charles VI.

Turlutaine, sf. serinette.

Turlututu, sm. refrain de chanson; terme de moquerie. *fa.*

Turneps, sm. sorte de gros navet [nie.

Turpitude, sf. honte; ignomi-

Turquin, sm. (bleu) foncé.

Turquoise, sf. pierre préc.; étoffe. [vale.

Tussilage, sm. plante médici-

Tutélaire, a. qui protège.

Tutelle, sf. autorité sur un mineur *fig.* protection.

Tuteur, trice, s. qui a la tutelle. sm. tout objet qui soutient.

Tutoiement, Tutoiment, sm. action de

Tutoyer, va. user des mots *tu, te, toi*, en parlant à quelqu'un. [tude de tutoyer.

Tutoyeur, euse, s. qui a l'habi-

Tuyau, sm. tige creuse.

Tuyère, sf. ouverture pour les soufflets.

Twine, sf. espèce de paletot.

Tympan, sm. partie de l'oreille. t. d'imprimerie, d'architecture et d'horlogerie [ment.

Tympaniser, va. décrier haute-

Tympanite, sf. enflure de l'abdomen causée par une accumulation de gaz. [musique.

Tympanon, sm. instrument de

Type, sm. figure originale; modèle; symbole; description; caract. d'imprimerie.

Typhique, a. du typhus.

Typhoïde (fièvre), a. qui tient du typhus.

Typhon, sm. *V.* Trombe.

Typhus, sm. (s) fièvre maligne.

Typique, a. symbolique.

Typographe, sm. qui sait la

Typographie, sf. art de l'imprimerie. [graphie.

Typographique, a. de la typo-

Typographiquement, adv. m. s.

Tyran, sm. qui a usurpé la souveraineté; qui abuse de son pouvoir. [terne.

Tyranneau, sm. tyran subal-

Tyrannie, sf. domination usurpée; oppression. [tyrannie.

Tyrannique, a. qui tient de la

Tyranniquement, ad. m. s.

Tyranniser, va. gouverner, traiter tyranniquement.

U

U, sm. i. vingt-unième lettre de l'alphabet, cinquième voyelle

Ubiquiste, sm. (cui) qui se plaît partout

Ubiquitaires, sm. pl. secte chrétienne. [est partout. *dogma*

Ubiquité, sf. état de ce qui

Uhlan, sm. cavalier dans l'armée autrichienne.

Ukase, sm. édit du czar

Ulcération, sf. formation d'ulcère. *fig.* ressentiment.

Ulcère, sm. plaie formée par la corrosion des humeurs.

Ulcéré, a. formé en ulcère *fig.* fâché.

Ulcérer, va. causer un ulcère *fig.* faire naître la haine, le ressentiment.

Ulcéreux, se, a. qui est couvert ou plein d'ulcères.

Uléma, sm. docteur de la loi chez les Turcs.

Uligineux, a. marécageux.

Ulmacé, e, a. qui ress. à l'orme sf. pl fam. de plantes.

Ulmaire, sf. plante.

Ultérieur, a. qui est au delà; qui vient après.

Ultérieurement, ad. par de-là.

Ultimatum, sm. (om) dernière condition d'un traité.

Ultra, **s.** (pl. *ultras*) personne qui a des opinions politiques exagérées. — *royaliste*, — *libéral*, etc.

Ultramontain, a. *et* s. au delà des Alpes; des Italiens. s. partisan de l'autorité absolue du pape. [des ultramontains.

Ultramontisme, sm. système

Ulve, sf. genre de plantes aquatiques.

Umble, sm. (*omble*) poisson

Un, **sm.** le premier nombre; le chiffre qui désigne *un*. a. *Un*, *Une*, seul, unique art. indéfini. (pl. *uns*, *unes*) quelque; certain.

Unanime, a. qui réunit les suffrages.

Unanimement, ad. avec

Unanimité, sf. conformité de sentiments. [grade.

Unau, sm. quadrupède tardi-

Unciforme, a. (*on*) crochu.

Unguiculé, e, a. qui a des ongles. [de la face.

Unguis, sm. (*onguis*) petit os

Ungulé, a. qui a de la corne à l'extrémité des pieds.

Uni, a. simple; égal; sans façon. au p. et au *fig.*

Unième, a. nombre ordinal d'un, une (on ne l'emploie qu'avec un autre nombre).

Unièmement (vingt et), ad. pour la vingt et unième fois.

Uniflore, a. qui ne porte qu'une fleur. *bot.*

Uniforme, a. toujours égal, semblable. sm. habit militaire; costume distinctif.

Uniformément, ad. avec

Uniformité, sf. ressemblance.

Unilatéral, e, a. situé d'un seul côté. [loge. *bot.*

Uniloculaire, a. qui n'a qu'une

Uniment, ad. d'une manière unie, simple, sans façon.

Union, sf. jonction. *fig.* mariage; concorde; société.

Unipersonnel, a. (verbe) d'une seule personne.

Unique, a. seul dans son espèce; excellent; singulier

Uniquement, ad. exclusivement à toute autre chose.

Unir, va. *et* p. joindre; marier; aplanir; pohr.

Unisexuel, elle, a. (s) qui ne réunit pas les deux sexes. *bot.*

Unisson, sm. accord de ton.

Unitaires, sm. pl. Sociniens.

Unité, sf. non pluralité; principe du nombre

Univalve, a. *et* sm. coquille d'une seule pièce. [terre.

Univers, sm. le monde; la

Universaliser, va. rendre universelle une langue, etc.

Universalité, sf. généralité

Universel, le, a. qui s'étend à tout sur t. de logique [ment.

Universellement, ad. générale-

Universitaire, a. qui appartient à l'

Université, sf. corps enseignant.

Univocation, sf. caractère de ce qui est [plus. choses.

Univoque, a. nom commun à

Upas, sm. grand arbre de l'île de Java.

Urane, sm. nouveau métal.

Uranie, sf. Muse de l'astron.

Uranographie, sf. description du ciel. [mer.

Uranoscope, sm. poisson d

Uranus, sm. (s) planète.

Urate, sm. nom générique de certains sels.

Urbain, e, a. d villе, de la ville.

Urbanité, sf. politesse acquise par l'usage du monde.

Ure, sm. taureau sauvage.

Urée, sf. base de l'urine.

Urètère, sm. canal des reins à la vessie. [l'urine.

Urètre, sm. canal par où sort

Urgence, sf. qualité de ce qui est

Urgent, a. pressant.

Urinaire, a. de l'urine.

Urinal, sm. vase pour uriner.

Urine, sf. humeur séreuse.

Uriner, va. évacuer l'urine.

Urineux, se, a. de la nature de
l'urine.

Urique, a. (acide) de l'urine.

Urne, sf. vase antique; vase
pour le scrutin, etc., etc.

Ursulines, sf pl ordre de religieuses.

Urticaire, sf éruption cutanée.

Urtication, sf. flagellation avec
des orties [plantes.

Urticées, sf. pl familles de

Us, sm. pl. (s) usages d'un
pays. prat.

Usage, sm. coutume; emploi;
habitude; expérience.

Usager, sm. qui a droit d'usage,
de pacage. [jours.

Usance, sf. terme de trente

Usant, a hors de tutelle. pra.

Use, e, a. affaibli; émoussé;
vieux; fatigué

User, va. et p. consommer fig.
affaiblir, vn faire usage sm.
usage; service fa

Usine, sf. bâtiments d'une
forge, moulin, etc.

Usité, a. en usage.

Ustensile, sm petit meuble de
ménage, subside en argent.

Ustensiler, va. garnir d'ustensiles.

Ustion, sf. (ti) action de brûler. did. 'eruption.

Usucapion, sf espèce de pres-

Usuel, le, a. d'un usage ordinaire.

Usuellement, ad. même sens.

Usufructuaire, s action d'

Usufruit, sf. jouissance du revenu.

Usufruitier, ière, s. qui jouit
de l'usufruit.

Usuraire a. où il y a usure.

Usurairement, ad même sens.

Usure, sf intérêt illégitime de
l'argent: état de ce qui est
usé (q avec —, au delà de
ce que l'on a reçu.

Usurier, ière, s. qui prête à
usure. [usurpe.

Usurpateur, trice, s et a. qui

Usurpation, sf. action d'

Usurper, va. et n. s'emparer
par force ou par ruse.

Ut, sm. (t) note de musique.

Utérin, a. né d'une mêmemère

Utérus, sm (s) matrice. anat.

Utile, a profitable; avantageux.

Utilement, ad avec utilité.

Utiliser, va rendre utile.

Utilité, sf. avantage; profit;
usage; secours

Utopie, sf plan d'un gouvernement parfait et imagi-
naire. [pie.

Utopiste, s. partisan d'une uto-

Uvée, sf deuxième tunique de
l'œil. [luette. anat.

Uvulaire, a. de l'uvule ou

Uvule, sf. la luette. anat.

Uvulite, s. inflammation de
l'uvule.

V

V, sm. (vé ou ve) ving-deu-
xième lettre de l'alphabet,
dix-septième consonne.

Va, loc. ad. soit sm t. de jeu.

Vacance, sf. temps durant lequel une place n'est pas remplie. pl. cessation annuelle
des études, des audiences.

Vacant, a qui n'est plus occupé.

Vacarme, sm. grand bruit;
tumulte. [res; honoraires

Vacation, sf vacances judiciai-

Vaccin, sm. virus de vache.

Vaccinable, a. qu'on peut vacciner.

Vaccinateur, s. et am. qui vaccine. [ciner.

Vaccination, sf action de vac-

Vaccine, sf. inoculation du
vaccin. [cin.

Vacciner, va. inoculer le vac-

Vaccinique, a. de la vaccine.

Vache, sf femelle du taureau;
coffre sur les voitures.

Vacher, ère, s. qui garde les
vaches.

Vacherie, sf. étable à vaches.

Vacillant, a. (ll) qui vacille. fig. irrésolu.

Vacillation, sf. action de

Vaciller. vn. chanceler. fig être irrésolu [vide.

Vacuité, sf. état d'une chose

Vade, sf. mise au jeu etc.

Vade banque, sf. diminution du fonds d'une caisse. banq.

Vade-mecum, (médcom) sm. livre, chose qu'on porte habituellement avec soi.

Va-et-vient, sm. i. machine pour dévider; mouvement régulier d'aller et de retour; petit bac.

Vagabond, a. et s. qui erre çà et là; homme sans aveu.

Vagabondage, sm. état de vagabond.

Vagabonder, ou Vagabonner, vn. être vagabond pop.

Vagin, sm. canal de la matrice.

Vaginal, a. du vagin; en forme de gaine.

Vagir, vn. pousser un

Vagissement, sm. cri des enfants nouveau-nés.

Vague, sf. flot. a. indéfini; inculte; indécis sm. ce qui est vague; grand espace vide. [vague.

Vaguement, ad. d'une manière

Vaguemestre, sm. officier militaire; sous-officier qui distribue les lettres.

Vaguer, vn. errer çà et là.

Vaillamment, ad. avec

Vaillance, sf. bravoure.

Vaillant, a. courageux. Pas un sou —, ni bien, ni argent.

Vaillantise, sf. forfanterie.

Vaille que vaille, ad. à tout hasard.

Vain, e, a. (chose) chimérique, inutile, frivole. En vain, ad. inutilement.

Vaincre, va. remporter un avantage. fig. surpasser. vp dompter ses passions.

Vaincu, sm. ennemi battu. mil.

Vainement, ad. en vain.

Vainqueur, sm. et a. qui a vaincu.

Vair, sm. émaux d'argent et azur; fourrure. bla.

Vairé, a. de vair.

Vairon, sm. poisson. am. à prunelle entourée d'un cercle blanchâtre; (œil) disparate

Vaisseau, sm. vase; navire; vaste intérieur d'un grand bâtiment.

Vaisselle, sf. plats, assiettes, etc.

Val, sm. pl. vaux, vallée. v.

Valable, ad. admissible; recevable.

Valablement, ad. m. s.

Valériane, sf. plante médic.

Valet, sm. serviteur; figure de carte; instrument de menuisier; poids pour faire fermer une porte

Valétage, sm. servitude.

Valetaille, sf. les valets. mép.

Valeter, vn. faire des démarches pénibles et serviles.

Valétudinaire, a. maladif.

Valeur, sf. ce que vaut une chose; équivalent; argent; signification; courage; durée (des notes) mus. [rage.

Valeureusement, ad. avec courage

Valeureux, se, a. vaillant.

Validation, sf. act. de valider.

Valide, a. qui a les qualités exigées; sain, vigoureux.

Validé, sf. titre que donnent les Turcs à la mère du sultan.

Validement, ad. valablement.

Valider, va. rendre valide.

Validité, sf. qualité de ce qui est valide.

Valise, sf. sac de cuir.

Vallaire, a. (couronne) d'assiégeants. [montagnes.

Vallée, sf. (l) espace entre des

Vallon, sm. espace entre deux coteaux.

Valoir, vn. avoir un prix, une valeur; rapporter; donner du profit. va. procurer; faire obtenir. A valoir, en compte.

Valse, sf. sorte de danse allemande.

Valser, vn. danser la valse.

Valseur, se, s. celui, celle qui valse. [du prix.

Value (plus-), sf. valeur en sus

Valve, sf. écaille; coquille.

Valvulaire, a. à valvules bot.

Valvule, sf. membrane; petite valve.

Vampire, sm. revenant; grande chauve-souris; exacteur.

Van, sm. instrum. pour vanner.

Vandale, sm. celui qui aime à détruire les monuments des arts. [tructif des arts.

Vandalisme, sm. système des-

Vandoise ou Dard, sf. poisson.

Vanille, sf. fruit du

Vanillier, sm. plante exotique.

Vanité, sf. inutilité; amour-propre. [nité fa

Vaniteux, se, a. plein de va-

Vannage, sm. art de vanner.

Vanne, sf. écluse.

Vanneau, sm. espèce de pluvier.

Vanner, va. nettoyer le grain.

Vannerie, sf. métier de vannier.

Vannette, sf. van pour l'avoine.

Vanneur, sm. qui vanne.

Vannier, s. qui travaille en osier

Vantail, sm. battant d'une porte; volet pl. vantaux.

Vantard, a. et s. qui se vante. fa

Vanter, va. louer. vp. se glorifier.

Vanterie, sf. act. de se vanter.

Vanteur, euse, s. qui se vante.

Va-nu-pieds, sm. homme très-misérable; vagabond fa

Vapeur, sf. exhalaison; brouillard. pl. maladie nerveuse.

Vaporant, a. qui exhale des parfums.

Vaporeux, se, a. et sm. chargé de vapeurs; sujet aux vapeurs.

Vaporisation, sf. conversion d'une substance en vapeurs.

Vaporiser, va. et p. réduire en vapeurs.

Vaquer, vn. être vacant; en

vacance. — à une chose, s'en occuper. [des marais.

Vadogne, sf. sorte d'écluse

Varech, sm. plante marine; debris jetés par la mer.

Varenne, sf. terre inculte.

Vareuse, sf. vêtement large.

Variabilité, sf. qualité de ce qui est

Variable, a. sujet à varier.

Variant, a. qui change souvent sf. diverses leçons d'un texte.

Variation, sf. changement.

Varice, sf. veine dilatée.

Varicelle, sf. petite vérole volante. [queuse.

Varicocèle, sf. tumeur vari-

Varier, va. n. et p. changer; manquer de fixité. [langes.

Variété, sf. diversité. pl. mé-

Variateur (trice), ad. (é) pour prévenir tout changement.

Variole, sf. petite vérole.

Variolique, a. de la variole.

Variqueux, se, a. affecté de varices. [cienne chevalerie

Varlet, sm. page dans l'an-

Varlope, sf. rabot.

Vasculaire, Vasculeux, se, a. rempli de vaisseaux. anat.

Vase, sm. vaisseau pour les liquides.f. bourbe au fond de l'eau.

Vaseux, se, a. plein de vase.

Vasistas (s), sm. petite partie mobile d'une fenêtre [gueur.

Vassal, s. qui relève d'un sei-

Vassalité, sf. état, condition de vassal.

Vasselage, sm. état de vassal.

Vaste, a. qui a une grande étendue, au p. et au fig.

Vatican, sm. palais du pape.

Va-tout, sm. i. vade de tout l'argent qu'on a devant soi.

Vau-de-route (à), ad. en desordre.

Vaudeville, sm. (l) chanson; petit opéra sur des airs connus. [devilles.

Vaudevilliste, s. auteur de vau-

Vau-l'eau (à), adv. au courant

de l'eau. *Affaire à vau-l'eau*, perdue sans ressource.

Vaurien, sm. fainéant; libertin.

Vautour, sm. gros oiseau de proie.   [nerie.

Vautrait, sm. équipage de vé-

Vautrer, vn. *et* p. se rouler dans la boue, sur l'herbe, etc.

Vayvode, sm. titre des gouverneurs de la Valachie, etc.

Veau, sm. petit de la vache; sa chair, son cuir. *Veau-marin*, amphibie.

Vecteur, am. (rayon) tiré du soleil à une planète.

Véda, sm. livre sacré des Indiens.   [de po'asse.

Védasse, Vaidasse, sf. sorte

Vedette, sf. sentinelle à cheval; tourillon sur le rempart.

Végétable, a. qui peut végéter.

Végétal, e, pl. *aux*, a *et* s. ce qui croit par la végétation.

Végétant, a. qui végète.

Végétatif, ve, a. qui fait végéter

Végétation, sf. action de

Végéter, vn. croître (en parlant des plantes). *fig.* vivre dans la misère, l'oisiveté.

Véhémence, sf. impétuosité.

Véhément, a. impétueux. |*pal.*

Véhémentement, ad. très-fort.

Véhicule, sm. ce qui sert à transporter; voiture. *fam.*

Veille, sf. l'opposé du sommeil; le jour précédent; au pl. longue application; travail assidu.

Veillée, sf. action de   [sidu.

Veiller, vn. *et* a. ne pas dormir; passer la nuit. *fig.* soigner; surveiller.

Veilleur, sm. qui veille.

Veilleuse, sf. lampe de nuit.

Veilloir, sm. table pour travailler le soir.

Veine, sf. canal du sang. *fig.* couche de terre; sillon métallique; raie du bois, du marbre; chance; inspiration.

Veiné, a. qui a des veines.

Veiner, va. imiter les veines par des couleurs.

Veineux, se, a. plein de veines

Veinule, sf. petite veine.

Velart, cri de chasse pour exciter les chiens.

Velche, sm. homme ignorant.

Vêler, vn. faire un veau.

Vélin, sm. peau de veau préparée am. papier imitant le vélin.

Vélites sm. pl. chasseurs. *mil.*

Velléité, sf. volonté faible.

Véloce, a. très-rapide. [légère.

Vélocifère, sm. voiture très-

Vélocipède, sm. *ou* Draisienne, f. machine qui aide à la course.

Vélocité, sf. grande vitesse.

Velours, sm. étoffe de soie, de coton.

Velouté, a couvert de duvet *bot.* moelleux. sm. ce qui imite le velours.

Velouter, va. donner l'apparence du velours.

Vellage, sm. mesurage à la

Velte, sf. mesure de liquides.

Velter, va. mesurer à la velte.

Velteur, sm. celui qui jauge, qui mesure à la velte.

Velu, e, a. couvert de poil.

Venaison, sf. chair de bête fauve.   [au *fig*

Vénal, a qui se vend, au p. en

Vénalement, ad. d'une manière vénale.   [est vénal.

Vénalité, sf. qualité de ce qui

Venant, a et sm. qui vient. *A tout —*, au premier venu.

Vendable, a. qui peut être vendu

Vendange, sf. récolte du raisin. pl temps où elle se fait.

Vendanger, va. *et* n. faire vendange.   [dange.

Vendangeur, euse, s. qui vendange

Vendémiaire, sm. premier mois de l'année républicaine.

Venderesse, s. fé u. de vendeur. *pra.*   [d'inimitié.

Vendetta, sf. état de haine,

Vendeur, euse, s. qui vend.

Vendication, sf. V. Revendication.

Vendition, sf. vente. *pal.*

Vendre, va. céder pour un prix. *fig.* trahir par intérêt. *Vendre cher sa vie*, la bien défendre. [de la semaine

Vendredi, sm. cinquième jour

Vendu, a donné à prix d'argent.

Venelle, sf. petite rue. v. *Enfiler la venelle.* *fig.* et *pop.* prendre la fuite. m. ver.

Veneneux, euse, a. (plante) délétère.

Vener, va. (un animal domestique), le chasser, le courre, pour en mortifier la chair.

Vénérable, a respectable; titre.

Vénérablement, ad. d'une man. vénérable.

Vénération, sf. respect religieux; estime profonde.

Vénérer, va. révérer.

Venerie, sf. chasse des bêtes fauves; établissement des veneurs.

Vénérien, ne, a. se dit de certaines maladies honteuses.

Venette, sf. alarme. fa. [perie.

Veneur, sm. qui exerce la ve-

Venez-y-voir, s.n. attrape. fa

Vengeance, sf. action de se

Venger, va. et p. tirer raison d'une injure. [qui venge.

Vengeur, Vengeresse, a. et s.

Véniel, le, a. qui ne fait point perdre la grace. *théol.*

Véniellement, ad. même sens.

Venimeux, se, a. qui a du

Venin, sm. suc délétère. *fig.* rancune; malignité

Venir, vn. et i up. se transporter d'un lieu dans un autre; naître; arriver fortuitement; sortir; dériver; croître; procéder.

Vent, sm. air agité; air dans le corps; air qui s'en échappe; haleine; odeur. *fig.* présomption; indice.

Ventail, sm. partie d'un casque. pl. *ventaux*

Vente, sf. action de vendre. pl. droits de vente *féod.*

Venter, vn. imp. faire du vent.

Venteux, se, a. sujet aux vents; qui les cause, qui en résulte.

Ventilateur, sm. machine pour renouveler l'air.

Ventilation, sf. action de renouveler l'air et d.

Ventiler, va. aérer; évaluer préalablement *pal.*

Ventôse, sm. sixième mois de l'année républicaine. [corps.

Ventosité, sf. vents dans le

Ventouse, sf. ouverture pour l'eau, pour l'air; instrument de chir.; organe de succion chez certains animaux.

Ventouser, va. appliquer des ventouses. [tre.

Ventral, e, pl. aux, a. du ven-

Ventre, sm. cavité du corps renfermant les intestins. *fig.* renflement (d'un vase, d'un mur); appétit, gourmandise.

Ventrée, sf. petits d'une portée.

Ventricule, sm. cavité.

Ventrière, sf. sangle.

Ventriloque, a. et s. qui semble parler du ventre. [tr.loque.

Ventriloquie, sf. art du ven-

Ventru, a. qui a un gros ventre

Venue, sf. arrivée. *fig.* croissance; taille.

Venus, sf. (s) déesse; planète; cuivre. [office du soir.

Vepre, sm. le soir. v. f. pl.

Ver, sm. (ér) insecte rampant. —*luisant*, le lampyre; —*solitaire*, le ténia; —*à soie*, qui donne la soie. *fig.* —*rongeur*, remords. [vérité.

Véracité, sf. attachement à la

Vératrine, sf. poison.

Verbal, a. dérivé du verbe; de vive voix. sm. *Procés-verbal*, rapport dressé par un officier public

Verbalement, ad. de vive voix.

Verbalisation, sf. action de

Verbaliser, vn. faire un procès-verbal.

Verbe, sm. partie d'oraison; ton; parole; le Christ; partie importante du discours.

Verbération, sf. choc de l'air produisant un son.

Verbeux, se, a. qui abonde en paroles inutiles. *fam.*

Verbiage, sm. paroles inutiles.

Verbosité, sf. vice de ce qui est verbeux.

Ver-coquin, sm. chenille; ver qui s'engendre dans la tête.

Verd, V. Vert. [*fig.* caprice.

Verdâtre, a. tirant sur le vert.

Verdelet, te, a diminutif de vert. [verdier.

Verderie, sf. juridiction de

Verdet, sm. oxyde de cuivre.

Verdeur, sf. sève des plantes; acidité du vin; vigueur; âcreté. [jury.

Verdict, sm. déclaration du

Verdier, sm. officier des eaux et forêts; oiseau.

Verdir, va. peindre en vert. vn. devenir vert.

Verdoyant, e, a. qui verdoie.

Verdoyer, vn. devenir vert.

Verdure, sf. herbes, feuilles vertes; tenture qui représente des arbres. [herbages.

Verdurier, sm celui qui vend des

Véreux, se, a. qui a des vers. *fig.* suspect; mauvais.

Verge, sf. baguette longue et flexible, en bois ou en métal; mesure de longueur; anneau; pl. poignée de brins d'osier.

Vergé, e, a. qui a des vergeures

Verge-d'or, sf plante corymbifère.

Vergée, sf. étendue d'une verge. [mesurer avec la verge

Verger, sm. jardin fruitier. va.

Vergeté, a. rayé; moucheté.

Vergeter, va nettoyer avec la

Vergette, sf. brosse de poils, etc. [pier.

Vergeure, sf. (*ju*) raies du pa-

Verglas, sm. pluie qui se glace en tombant.

Vergogne, sf. honte, pudeur.

Vergue, sf. longue pièce de bois qui soutient la voile.

Véricle (diamant de), sm. pierre fausse.

Véridicité, sf. caractère de ce qui est [vérité.

Véridique, a. vrai; qui dit la

Vérificateur, sm. qui vérifie.

Vérification, sf. action de

Vérifier, va reconnaître la vérité. l'*érifier des édits*, les enregistrer.

Vérin, sm. sorte de cric.

Vésine, sf. bon tabac d'Amérique.

Véritable, a. vrai; non falsifié.

Véritablement, ad selon la

Vérité, sf. conformité d'un récit avec un fait, etc.; l'opposé de l'erreur; principe; sincérité. t. des beaux-arts, et pl. choses vraies. [suc.

Verjus, sm. raisin vert; son

Vermeil, le, a. rouge foncé; frais et coloré. sm. argent doré.

Vermicelle, sm. (*chelle*) pâte en filaments pour le potage.

Vermicellier, sm. fabricant de vermicelle et autres pâtes.

Vermiculaire, a. en forme de ver. sm. genre de testacé; petit champignon.

Vermiculant, am. *pouls* —, ondoyant.

Vermiculé, a. qui représente des traces de vers. *arch.*

Vermiforme, a. en forme de ver.

Vermifuge, a. *et* sm. remède contre les vers. *méd.*

Vermiller, vn. fouiller la terre.

Vermillon, sm. oxyde de mercure sulfuré rouge; la couleur qu'on en tire.

Vermillonner, vn. chercher des vers. *chas.* va. peindre en vermillon. [*fig.* gueux.

Vermine, sf. insectes sales.

Vermineux, se, a. qui est causé ou entretenu par des vers.

Vermisseau, sm. petit ver.

Vermouler (se), vp. être piqué de vers.

Vermoulu, a. piqué de vers.

Vermoulure, sf. piqûre de vers.

Vermout, sm. vin mêle d'absinthe.

Vernal, a. du printemps.

Vernir, va. enduire de

Vernis, sm. arbuste; enduit liquide et brillant. *fig.* lustre; éclat; apparence.

Vernissage, sm. act. de vernir.

Vernisser, va. vernir de la poterie.

Vernisseur, sm. qui vernit

Vernissure, sf. application du vernis.   [tanée.

Vérole (petite-), sf. maladie cu-

Véron, sf. poisson V. Vairon.

Véronique, sf. plante médicinale

Verrat, sm. pourceau mâle.

Verre, sm. corps transparent; vase de verre; son contenu.

Verrée, sf. plein un verre.

Verrerie, sf. art du verrier, fabrique, ouvrage de verre.

Verrier, sm. qui fait du verre; panier pour les verres.

Verrière, sf. châssis vitré.

Verroterie, sf. menue marchandise de verre.

Verrou, sm. fermeture de porte.

Verrouiller, va. fermer au verrou.

Verrue, sf. sorte de durillon.

Vers, sm. mots mesures et cadences. prep. de lieu et de temps; au côte de, environ.

Versant, a. sujet à verser. sm. pente d'une montagne.

Versatile, a. *fig.* variable, inconstant.   [qui est versatile.

Versatilité, sf. défaut de ce

Verse, sf. (sinus) t. de géométrie. *A verse*, ad. (pleuvoir) abondamment.

Versé, a. expérimenté; répandu.

Verseau, sm. signe du zodiaque.

Versement, sm. act. de verser de l'argent dans une caisse.

Verser, va. *et* n. épancher; transvaser; payer; répandre; tomber sur le côté, en parlant des voitures et des céréales.

Verset, sm. passage de l'Ecriture s inte.

Versicules, sm. pl. petits vers.

Versificateur, sm. qui fait des vers

Versification, sf. action de

Versifier, vn. faire des vers.

Version, sf. interprétation, traduction; manière de raconter un fait.

Verso, sm. i. deuxième page d'un feuillet.

Versoir, sm. pièce de la charrue.

Verste, sf. mesure de Russie valant un kilom.

Vert, e. a. de la couleur des herbes; qui a de la sève; ferme; vigoureux; non mûr; aigre. sm. couleur verte; verdure; acidité.   [vre.

Vert-de-gris, sm. oxyde de cui-

Vertébral, e, a. des vertèbres.

Vertèbre, sf. chacun des vingt-quatre os de l'épine du dos.

Vertébré, a. se dit des animaux qui ont des vertèbres.

Vertement, ad. avec vigueur *fa.*

Vertical, e, a. qui est d'aplomb; perpendiculaire à l'horizon.

Verticalement, ad. même sens.

Verticalité, sf. situation verticale.

Verticille, sm. anneau de fleurs ou de feuilles autour de la tige. *bot.*

Verticille, a. en verticille.

Vertige, sm. étourdissement; folie.   [donne des vertiges.

Vertigineux, se, a. qui a ou

Vertigo, sm. maladie de cheval; caprice. *fa.*

Vertu, sf. amour du bien; chasteté; propriété; efficacité *En vertu de*, ad. conformément à.

Vertueusement, ad. avec vertu.

Vertueux, se, a. qui a de la vertu.

Vertugadin, sm. ajustement de femme.   [tion; entrain.

Verve, sf. chaleur d'imagina-

Verveine, sf. plante.

Verveux, sm. filet de pêche.

Vésanie, sf. altération des fonctions intellectuelles.

Vesce, sf. plante; sa graine.

Vésical, a. qui a rapport à la vessie.

Vésication, sf. effet d'un vésicatoire; naissance des vésicules. [n ent externe.

Vésicatoire, a. et sm. médica-

Vésiculaire, a. en vésicule.

Vésicule, sf. petite vessie.

Vésiculeux, se, a. garni de vésicules.

Vésou, sm. suc liquide qui sort de la canne à sucre.

Vespéral, sm. livre contenant les vêpres. [souris.

Vespertilion, sm. esp de chauve-

Vespetro, sm. sorte de ratafia.

Vesse, sf. vent qui sort sans bruit par l'anus. [pignon.

Vesse-de-loup, sf. sor. de cham-

Vesser, vn. lâcher une vesse.

Vesseur, euse, s. qui vesse. fa.

Vessie, sf. sac membraneux qui contient l'urine; ampoule cutanée.

Vesta, sf. planète. [cutanée.

Vestale, sf prêtresse de Vesta. fig. fille chaste.

Veste, sf. vêtement court.

Vestiaire, sm. garde-robe; dépense pour l'habillement.

Vestibule, sm. pièce d'entrée. arch.

Vestige, sm. empreinte du pied. fig. traces; restes.

Vêtement, sm. ce qui couvre le corps.

Vétéran, sm. ancien militaire.

Vétérance, sf. qualité de vétéran.

Vétérinaire, a. (art) de guérir les animaux. sm. versé dans cet art.

Vétillard, s. V. Vétilleur.

Vétille, sf. bagatelle. [riens.

Vétiller, vn. chicaner sur des

Vétillerie, sf. chicanerie.

Vétilleur, euse, s. qui vétille.

Vétilleux, se, a. plein de difficultés. [bits.

Vêtir, va. et p. mettre des ha-

Veto, sm. i. (é) formule d'opposition.

Vêtu, e, a. habillé. [tral.

Vêture, sf. prise d'habit claus-

Vétusté, sf. ancienneté, en parlant des édifices. [rante.

Vétyver, sm. graminée odo-

Veuf, Veuve, a. et s. qui a perdu sa femme ou son mari. fig. privé de. sf. sorte de tulipe; [oiseau.

Veule, a. mou; fa ble. [oiseau.

Veuvage, sm. état de viduité.

Vexant, e, a. qui contrarie.

Vexation, sf. action de vexer.

Vexatoire, a. qui vexe.

Vexer, va. et p. tourmenter injustement.

Viabilité, sf. état de ce qui est

Viable, a. (enfant) qui peut vivre. méd.

Viaduc, sm. pont en arcade au-dessus d'une route, d'un vallon, etc.

Viager, ère, a. et sm. ce qui n'est qu'à vie. [nourrit.

Viande, sf. chair dont on se

Viander, vn. pâturer. vén.

Viandis, sm. pâture des bêtes fauves.

Viatique, sm. provisions de voyage; l'eucharistie administrée à un mourant.

Vibord, sm. parapet. mar.

Vibrant, e, a. qui vibre.

Vibration, sf. mouvement du pendule; tremblement.

Vibrer, vn. faire des vibrations. va. darder. v. [etc.

Vicaire, sm. suppléant de curé,

Vicarial, e, a. du [caire.

Vicariat, sm. fonction de vi-

Vicarier, vn. faire les fonctions de vicaire.

Vice, sm. défaut; imperfection physi ue ou morale; débauche; habitude du mal.

Vice, mot ind., joint à un nom de dignitaire, indique qu'il exerce en second les fonctions principales: Vice-roi, vice-amiral, vice-consul, vice-président, etc.

Vice-amirauté, sf. charge de vice-amiral.

Vice-consulat, sm. emploi de vice-consul.

Vicennal, a. de vingt ans.

Vice-reine, sf. femme de vice-roi.   [vice-roi.

Vice-royauté, sf. dignité de

Vice-versa (et), mots latins, réciproquement.   [et au fig.

Vicié, a. gâté ; corrompu au p.

Vicier, va. altérer; rendre nul. pal.   [vicieuse.

Vicieusement, ad. d'une man.

Vicieux, se, a. et sm. très-défectueux ; qui a des vices.

Vicinal, a. pl. aux (chemin) qui sert de moyen de communication entre plusieurs villages.   [min. vicinal.

Vicinalité, sf. qualité d'un chemin.

Vicissitude, sf. instabilité des choses humaines; révolution réglée des saisons; malheur.

Vicomte, Vicomtesse, s qui a une

Vicomté, sf. titre de terre.

Victimaire, sm. officier des sacrifices. ant.

Victime, sf. qui est immolé fig. dupe de sa bonne foi.   [fa.

Victimer, va. rendre victime.

Victoire, sf. avantage remporté sur l'ennemi ou sur soi-même; divinité païenne.

Victorial, e, pl. aux, a. qui concerne la victoire.

Victorieusement, ad. d'une manière victorieuse.[la victoire

Victorieux, se, a. qui remporte

Victuaille, sf. vivres.

Vidame, sm. autrefois tenancier d'un évêque.

Vidange, sf. act. de vider; évacuation ; état d'un tonneau non rempli.

Vidangeur, sm. qui vide les fosses d'aisance.

Vide, a. dégarni; qui n'est pas rempli. sm. espace où il n'y a rien, pas même de l'air. fig. néant; privation pénible.

A vide, ad. sans rien contenir.

Vide-bouteille, sm. petite maison de plaisance. fa.

Vide-poche, sm. petit meuble.

Vider, va. et p. rendre vide de; évider ; terminer un différend ; évacuer, etc.

Vidimer, va. certifier une copie.

Vidimus, sm. (s) visa d'un acte.   [à boire

Vidrecome, sm. grand verre

Viduité, sf. état de veuf ou de veuve.   [chose.

Vidure, sf. ce qu'on a ôté d'une

Vie, sf. état des êtres animés ; espace de temps de la naissance à la mort ; manière de vivre ; nourriture ; biographie. fig. vivacité, énergie ; à vie, loc. adv. pour toute la vie.

Viedase, sm. face d'âne injur.

Vieil ou Vieux, Vieille, a. et s. qui a duré longtemps ; usé ; ancien; gâté.   [grand âge.

Vieillard, sm. homme d'un

Vieillement, adv. d'une man. vieille.

Vieillerie, sf. choses vieilles et usées.   [la vie.

Vieillesse, sf. dernier âge de

Vieillir, va. et n. rendre, devenir vieux.

Vieillissant, a. qui devient vieux

Vieillissement, sm. action de vieillir.   [vieux. fa.

Vieillot, otte, a. et s. qui a l'air

Vielle, sf. instrum. de mus.

Vieller, vn. jouer de la vielle.

Vielleur, euse, s. qui joue de la vielle.

Vierge, a. et s. qui a vécu dans une continence absolue ; n'a point encore servi; n'a point encore produit; est pur et sans mélange; la mère du Christ ; signe du zodiaque.

Vieux, a. et s. V. Vieil.

Vif, Vive, a. vivant ; actif ; violent; irascible.sm.chair vive.

Vif-argent, sm. mercure.

Vigie, sf. sentinelle mar.

Vigilamment, ad. avec

Vigilance, sf. attention active.

Vigilant.e,a attentif, soigneux.

Vigile, sf. veille de fête.

Vigne, sf. plante qui porte le raisin ; terre en vigne.

Vigneron,s qui cultive la vigne

Vignette, sf. petite estampe.

Vignoble, sm. lieu planté de vignes.

Vigogne, sf. quadrupède; sa laine. [gueur.

Vigoureusement, ad. avec vi-

Vigoureux,se,a. qui a de la vigueur.

Viguerie, sf. charge de viguier.

Vigueur, sf. force; ardeur.

Viguier, sm. ancien juge ou prévôt. [peu de valeur.

Vil, a. abject ; méprisable; de

Vilain, a. qui déplaît à la vue ; laid, désagréable, et s. méchant ; avare ; roturier.

Vilainement, ad. d'une man. vilaine. [percer.

Vilebrequin, sm. outil pour

Vilement, ad. d'une man. vile.

Vilenie, sf. ordure ; injure ; avarice; action basse.

Vileté, Vilité, sf. qualité de ce qui est vil, de peu d'importance, ou à vil prix

Vilipender, va. déprimer; mépriser; honnir.

Villa, sf. maison de campagne.

Village, sm. assemblage de maisons, moins considérable qu'un bourg.

Villageois, a. et s. de village.

Villanelle, sf. ancienne poésie pastorale.

Ville, sf. assemblage de maisons plus considérable qu'un bourg.

Villégiature, sf. séjour à la campagne pendant l'été.

Vimaire, sf. dégât causé en forêt par l'orage. [du raisin.

Vin, sm. liqueur qu'on tire

Vinaigre, sm. vin rendu aigre.

Vinaigrer, va. assaisonner de vinaire. [naigre.

Vinaigrerie, sf. fabrique de vi-

Vinaigrette, sf. sauce au vinaigre.

Vinaigrier, sm. fab. ou march. de vinaigre; vase à vinaigre.

Vinaire, a. propre à contenir du vin.

Vinasse, sf. vin très-faible.

Vindas, sm. (âs) cabestan.

Vindicatif, ve, a. porté à se venger.

Vindication, sf. vengeance. v.

Vindicte (publique), sf. poursuite d'un crime anti-social. jur. [année.

Vinée, sf. récolte de vin d'une

Vineux, se, a. du goût, de la couleur du vin.

Vingt, a. num. (vin) deux fois dix. sm. vingtième jour du mois; numero 20

Vingt-quatre (in), sm. (vint) format en 24 feuillets.

Vingtaine, sf. nomb. de vingt.

Vingtième, a. et sm. ord. ; impôt.

Vinicole, a. qui cultive la vigne; qui produit du vin.

Vinifère, a. qui donne du vin. sf. pl. fam. de plantes.

Vinification, sf. art de faire le vin. [est vineux.

Vinosité, sf. qualité de ce qui

Viol, sm. violence faite à une fille, à une femme.

Violacé, e, ou Violâtre, a. d'une couleur tirant sur le violet.

Violat, am. où il entre de la violette. [loi, etc.

Violateur, trice, s. qui viole la

Violation, sf. act. de violer.

Viole, sf. instrument de musique à sept cordes.

Violement, sm. infraction aux lois, viol. pal.

Violemment, ad. (la) avec

Violence, sf. qualité de ce qui est violent; force injuste.

Violent, a. qui agit avec force. Mort violente, accidentelle.

Violenter, va. contraindre.

Violer, va. enfreindre ; faire violence ; agir contre.

Violet, a. et sm. couleur de

Violette, sf. petite plante, sa fleur.

Violier, sm. plante. [violet.

Violir, va. n. rendre, devenir

Violon, sm. instrument de musique; celui qui en joue; prison de corps de garde

Violoncelle, sm (violonchelle), sorte de grand violon.

Violoncelliste, sm. qui joue du violoncelle.

Violoniste, s. celui, celle qui joue du violon. [seau.

Viorne, sf. ou Obier, sm arbris-

Vipère, sf. serpent venimeux. fig. méchant, perfide.

Vipereau, sm. petit de vipère.

Viperine, sf. plante.

Virago, sf. fille qui a l'air d'un homme. [français e.

Virelai, sm. ancienne poésie

Virement, sm. transport d'une dette; action de

Virer, va. tourner. mar. vn. questionner. fa.

Vires, sm. pl. anneaux concentriques bla

Vireux, se, a qui tient du poison.

Vireveau, sm. sor de cabestan.

Virevolte, sf. tour et retor fait avec vivacité manège.

Virvouste, sf. virevolte. fig.

Virginal, e, a. de vierge; lait —, liqu ur pour blanchir le teint.

Virginité, sf. état d'une personne vierge [poire d'hiver.

Virgouleuse, a. et sf. sorte de

Virgule, sf. signe de ponctuation.

Viril, a. d'homme; mâle; ferme.

Virilement, ad. d'une manière virile. [chez l'homme.

Virilité, sf. âge viril; vigueur

Virole, sf. petit cercle de métal qui assujettit. [bla.

Virolé, a. qui a des anneaux.

Virtualité, sf. qualité de ce qui est

Virtuel, le, a. qui peut agir.

Virtuellement, ad. même sens.

Virtuose, s. artiste qui excelle surtout dans la musique.

Virulence, sf. quali é de ce qui est [au virus. fig. violent.

Virulent, e, a. produit par

Virus, sm. (s) venin. méd.

Vis, sf. (s) pièce cannelée en spirale, univalve.

Visa, sm. formule pour rendre authentique.

Visage, sm. la face de l'homme.

Vis-à-vis, ad et prép. en face; sm. sorte de voiture étroite. personne qui est en face d'une autre.

Viscéral, a. des viscères.

Viscère, sm organes intérieurs des corps animés.

Viscosite, sf. qualité de ce qui est visqueux.

Visée, sf. direction de la vue au but. fig. dessein.

Viser, va. mirer; regarder au but; mettre le visa. vn. fig. avoir en vue.

Visibilité, sf. qualité de ce qui est [évident.

Visible, a. qui peut se voir;

Visiblement, ad. d'une manière visible.

Visière, sf. point de mire; rebord de casque et autres coiffures. Rompre en — , att quer quelqu'un en face.

Visigoth, sm Goth occidental. fig. homme grossier.

Vision, sf. act de voir; apparition. fig. chimère.

Visionnaire, a. et s. qui croit voir des visions; qui a des idées chimériques.

Visir. V. Nizir.

Visitandine, sf. religieuse de la

Visitation, sf. fête catholique; ordre de religieu-es.

Visite, sf. action d'aller voir quelqu'un; recherche; examen.

Visiter, va. faire visite. [siter.

Visiteur, sm. commis pour vi-

Vison-visu, loc. ad. vis-à-vis l'un de l'autre. fa.

Visorium, sm. ustensile d'imprimerie.

Visqueux, se, a. gluant. [vis.

Visser, va. attacher avec des

Visu (de), loc. adv. après
avoir vu.

Visuel, le, a. de la vue. *phys.*

Visuellement, adv. d'une man.

Vital, e, a. de la vie. [visuelle.

Vitalité, sf. force vitale.

Vitchoura, sm. surtout fourré.

Vite, a. qui se meut avec célérité. adv. rapidement.

Vitement, ad. vite. *fa.*

Vitesse, sf. grande promptitude ; célérité.

Vitex, sm. V. Agnus-castus.

Vitrage, sm. les vitres d'un
bâtiment. [tres d'église.

Vitrail, sm. pl. *vitraux*, vi-

Vitre, sf. carreau de verre.

Vitré,e,a. garni de vitres ; couleur de verre. *anat.*

Vitrer, va. garnir de vitres.

Vitrerie, sf. art du vitrier.

Vitrescibilité, sf. qual. de ce
qui est vitrifiable.

Vitrescible, a. V. Vitrifiable.

Vitreux, se, a. qui ressemble
au verre.

Vitrier, s. qui travaille en vitres.

Vitrifiable, a. propre à être converti en verre.

Vitrification, sf. action de

Vitrifier, va. convertir en verre.

Vitrine, sf. vitrage d'une bou-

Vitriol, sm. sulfate. v [tique.

Vitriolé, a. où il y a du vitriol.

Vitriolique, a. du vitriol.

Vitupère, sm. blâme. *pra.*

Vitupérer, va. blâmer. v.

Vivace, a. qui a les principes
d'une longue vie.

Vivacité, sf. promptitude de
mouvement; activite; ardeur;
éclat. pl. emportements.

Vivandier, ère, s. qui vend des
vivres aux soldats.

Vivant, e, a. *et* sm. quelqu'un
qui vit. *Bon vivant*, homme
aimable et gai ; *langue—*,
actuellement parlée.

Vivat, sm. i. (*t*) interj. cri pour
applaudir. [terj. vivat.

Vive, sf. poisson de mer in-

Vivement, ad avec vivacite.

Viveur, sm. qui jouit des plaisirs de la vie.

Vivier, sm. pièce d'eau où l'on
nourrit le poisson. [vifié.

Vivifiable, a. qui peut être vi-

Vivifiant, a. qui vivifie.

Vivification, sf. action de

Vivifier, va. donner la vie, la
vigueur.

Vivifique, a. qui vivifie.

Vivipare, a. qui met au monde
ses petits tout vivants.

Vivisection, sf. dissection sur
des animaux vivants. [fa.

Vivoter, vn. vivre petitement.

Vivre, vn. être en vie. *fig.* durer; passer sa vie; se nourrir. sm. pl. nourriture.

Vizir, sm. ministre des princes
orientaux. [vizir.

Vizirat, Viziriat, sm. place de

Vocabulaire, sm. liste alphabétique des mots d'une langue. [cabulaire.

Vocabuliste, sm. auteur de vo-

Vocal, a. qui s'exprime par la
voix.

Vocalement, adv. d'une man.
vocale. [calise.

Vocalisateur, trice, s. qui vo-

Vocalisation, sf. action de

Vocaliser, vn. parcourir en
chantant une échelle de sons.

Vocatif, sm. cas pour adresser
la parole *gra.*

Vocation, sf. inclination pour
un état; disposition naturelle.

Vocaux, sm. pl. ecclés. qui ont
voix au chapitre. [clameur.

Vociération, sf. discours avec

Vociérer, vn. faire des voci-
férations.

Vœu, sm. promesse à Dieu;
ex-voto. pl. profession religieuse ; désirs; souhaits.

Vogue, sf. mouvement d'une
embarcation par l'action des
rames, du vent ou de la va.

peur. *fig.* crédit; réputation; mode. *Vogue-avant*, m. rameur.

Voguer, vn. ramer; aller à rame.

Vogueur, sm. rameur. [mes.

Voici, prép. pour montrer ce qui est près

Voie, sf. chemin; voiture; manière de faire; expédient; mesure; moyen *Voie de fait*, acte de violence. *Voie lactée*, amas d'étoiles.

Voilà, prép. pour montrer ce qui est un peu loin.

Voile, sm. étoffe qui dérobe aux yeux. *Prendre le —*, se faire religieuse *fig.* prétexte; apparence; mystère. f. toile de navire pour recevoir le vent; se dit du navire lui-même.

Voilé, e, a. couvert d'un voile; (voix) qui n'est pas sonore.

Voiler, va. couvrir d'un voile, et *fig.* d'un prétexte. vp. se déjeter, *arts.* [voiles.

Voilerie, sf. lieu où se font les

Voilette, sf. petit voile.

Voilier, sm. qui fait les voiles. *Fin voilier*, navire dont la course est rapide.

Voilure, sf. les voiles. *mar.*

Voir, va. recevoir les images par la vue; examiner; s'apercevoir; faire visite; fréquenter; regarder; pénétrer; juger; connaître; s'informer.

Voire, ad. même v.

Voirie, sf. charge de voyer; lieu où l'on porte les immondices; grand chemin. v.

Voisin, e, a. qui est proche.

Voisinage, sm. proximité; les voisins.

Voisiner, vn. fréquenter ses voisins. [voiture.

Voiturable, a. qui peut être

Voiture, sf. machine qui sert au transport.

Voiturer, va. transporter par voiture. [de voiturer.

Voiturier, sm. qui fait métier

Voiturin, sm. voiturier d'Italie.

Voix, sf. son qui sort de la bouche de l'homme qui parle; cri des animaux; chant des oiseaux; suffrage; opinion; avis.

Vol, sm. mouvement de l'oiseau, de l'insecte ailé qui se soutient en l'air; action de dérober; chose volée; chasse avec des oiseaux de proie. *fig.* élévation; essor. *A vol d'oiseau*, loc. adv. en ligne droite.

Volable, a. qui peut être volé.

Volage, a. et s. inconstant.

Volaille, sf. oiseaux de basse-cour.

Volant, a. qui s'élève et se soutient en l'air. sm. liège garni de plumes que l'on fait voler avec des raquettes; aile de moulin; garniture de robe; pièce de machine.

Volatil, e, a. qui s'évapore par le feu. [vole.

Volatile, a. et sm. animal qui

Volatilisable, a. qui peut se volatiliser.

Volatilisation, sf. action de

Volatiliser, va. rendre volatil.

Volatilité, sf. qualité de ce qui est volatil. *fig.* mobilité.

Volatille, sf. tout oiseau bon à manger. *fa*

Vol-au-vent, sm. t. pâtisserie.

Volcan, sm. mont qui vomit du feu. *fig.* imagination ardente.

Volcanique, a. qui appartient au volcan, qui est de la nature du volcan.

Volcanisé, a. (terrain, terre) où il y a des volcans, où il reste des traces d'anc. volcan.

Volcaniser, va. animer, exalter.

Vole, sf. levée de toutes les mains; t. de jeu de cartes.

Volée, sf. vol d'un oiseau; bande d'oiseaux qui volent; nichée; traverse au timon d'une voiture; rang; qua lité; branle des cloches; décharge de canons; coups de bâton. *fa. A la volée*, ad. en l'air; inconsidérément.

Voler, vn. se soutenir en l'air avec des ailes. *fig.* courir vite. va. dérober; chasser. *fauc.*

Volereau, sm. petit voleur. *fa.*

Volerie, sf. larcin. *fa.* vol. *fauc.*

Volet, sm. pigeonnier; ais à l'entrée d'une volière; panneau couvrant une croisée.

Voleter, vn. voler faiblement.

Voleur, euse, s qui dérobe; exactenr.

Volière, sf. grande cage où l'on nourrit des oiseaux.

Volige, sf. planche mince de buis blanc. [la volonté.

Volition, sf. détermination de

Volontaire, a qui se fait sans contrainte; qui ne fait que sa volonté. sm. soldat volontaire.

Volontairement, ad. de bonne

Volonté, sf faculté de vouloir; désir. pl. caprices. *A volonté*, loc. adv. à loisir.

Volontiers, ad. de bon cœur.

Voltaïque, *V.* Pile.

Voltaire, sm. esp. de fauteuil.

Volte, sf. mouvement en rond. mané. t. d'escrime, de mar. *Faire volte-face*, tourner visage à l'ennemi qui poursuit. [escrime.

Volter, vn. éviter les coups.

Voltige, sf. exercice sur la corde lâche; art de monter à cheval sans étriers.

Voltigement, sm. action de

Voltiger, vn. voler çà et là; flotter au gré des vents; faire des exercices; être leger, inconstant. [soldat d'infant.

Voltigeur, sm. qui voltige;

Volubile, a. qui est roulé en spirale. *fig.* qui aime à changer.

Volubilis, sm. plante grimpante.

Volubilité, sf. facilité de se mouvoir; articulation nette et rapide.

Volume, sm. grosseur, étendue d'un corps; livre.

Volumineux, eu-e, a. fort étendu, fort gros.

Volupté, sf plaisir des sens, et *fig* de l'âme.

Voluptuaire, a se dit des dépenses de luxe. *jur.* [lupté.

Voluptueusement, ad. avec vo-

Voluptueux, euse, a. qui aime, qui inspire la volupté.

Volute, sf ornement d'architecture; coquillage univalve.

Voluter, va. faire des volutes; devider le fil sur des fusées.

Volvulus, sm. colique de miserérè.

Vomer, sm. os de la face.

Vomique, sf abcès du poumon. a. *noix* —, fruit vénéneux du

Vomiquier, sm. arbre des Indes.

Vomir, va. *et* n. rejeter par la bouche ce qui est dans l'estomac; jeter, proférer.

Vomissement, sm. action de vomir. [vomir.

Vomitif, a. *et* sm. ce qui fait

Vomitoire, sm. vomitif. v. pl. issues d'un théâtre. *ant.*

Vomituration, sf. vomissement peu abondant.

Vorace, a. qui a de la voracité.

Voracement, adv avec

Voracité, sf. avidité à manger.

Volant, sm. qui vole.

Votation, sf. action de voter.

Vote, sm. vœu émis; suffrage donné.

Voter, va. donner son suffrage.

Votif, ve, a. qui a rapport à un vœu.

Votre, pl. vos, a. poss. de la 2e pers. vôtre, p. poss. *et* sm. ce qui est à vous. pl. vos parents, vos amis.

Vouer, va. consacrer à Dieu; promettre par vœu.

Vouloir, va *et* n. avoir la volonté de; desirer; consentir;

souhaiter; exiger *En vouloir* à. pretendre à, ou vouloir du mal à. sm. volonte.

Vous, pl du pro i. tu, toi. On se sert de *vous* au sing. au lieu de *toi* par civilité.

Voussoir, Vousseau, sm. pierre d'une voûte. | voûte

Voussure, sf. courbure d'une

Voûte, sf. ouvrage de maçonnerie fait en arc. *Voûte azurée, étoilée*, le ciel. poet.

Voûté, e, a. en voûte; courbé.

Voûter, va. faire une voûte. vp. se courber par l'âge.

Voyage, sm. chemin fait dans un trajet de quelque etendue; sa relation.

Voyager, vn. faire un voyage.

Voyageur, euse, s. qui voyage.

Voyant, a. et s. qui se voit de loin, qui a trop d'eclat; prophete.

Voyelle, sf. lettre qui a un son plein sans le secours des consonnes.

Voyer, sm. officier pour la police des chemins.

Vrai, a. conforme à la vérité; sincère sm. la verite. ad.

Vraiment, ad veritablement.

Vraisemblable, a. et s (ss) qui paraît vrai; probable.

Vraisemblablement, ad. avec

Vraisemblance, sf. apparence de vérité. [objet.

Vréder, vn. aller et venir sans

Vrille, sf. outil pour percer; pousse en spirale. bot. | bot.

Vrillé, e, a. muni d'une vrille.

Vrillette, sf. insecte qui perce les bois.

Vu, participe de voir, et sm. énumeration de pieces; visa. conj a cause de.

Vue, sf. faculté, act de voir; ouverture par où l'on peut voir : les yeux, étendue de ce qu'on peut voir à la fois; inspection; paysage. fig projet, dessein. *En vue de*, dans le but de...

Vulcanisé, e, a. durci par une préparation sulfurique.

Vulgaire, a. commun, trivial. sm. le peuple. [ment.

Vulgairement, ad. communé-

Vulgariser, va. rendre vulgaire.

Vulgarite, sf. caract., défaut de ce qui est vulgaire.

Vulgate, sf. version latine de la Bible. [blessé.

Vulnerable, a. qui peut être

Vulnéraire, a et sm. bon pour les plaies. sf. plante.

Vulve, sf. orifice du vagin.

W

W, sm. double V, lettre étrangère.

Wagon, sm. chariot.

Warrant, sm. mandat d'arrêt en Angleterre. [en Angl.

Watchman, sm. garde de nuit,

Wehmique, a. *Cour —*, anc. tribunal secret en Allemagne

Werste, sf. V. Verste.

Wigh, sm. parti parlementaire en Angleterre.

Wisk ou Whist, sm. (ouish) jeu de cartes.

Wiskey, sm. (ouiski), sorte d'eau-de-vie de grains. [ger.

Wiski, sm. sorte de cabriolet lé-

X

X, sm. (iks ou xe) 23e lettre de l'alphabet, 18e consonne

Xanthium, sm. (om) plante des marais.

Xanélasie, sf. interdiction du

séjour d'une ville aux étrangers. ant [veux.

Xerasie, sf. maladie des che-

Xénographie, sf. étude des langues étrangères.

Xérès, sm. vin d'Espagne.

Xérophage, sm. qui vit de fruits secs.

Xérophagie, sf. usage du pain et des fruits secs pendant le carême. [sèche.

Xérophthalmie, sf. ophthalmie

Xilon, sm. plante qui porte le

Xilo-téum, sm. arbrisseau [cot.

Xiphias, sm. (s) constellation australe; poisson de mer.

Xiphoïde, sm. (cartilage) du ster: um.

Xylographie, sf. gravure, impression de caractères en bois.

Xylophage, sm. fam. d'insectes qui rongent le bois.

Xyste, sm. lieu d'exercice des athlètes. ant.

Y

Y, sm. i. (i grec) 24e lettre de l'alphabet, 6e voyelle.

Y, adv. dans cet endroit-là.

Yacht, sm. (iak) navire à un pont.

Yack, sm. sorte de buffle du Thibet. [gleterre.

Yak, sm. pavillon royal d'An-

Yard, sm. mesure de longueur, en Angleterre.

Yatagan, sm. sorte de poignard turc.

Yhuse, sf. espèce de chêne.

Yeux, pl. d'OEil.

Yole, sf. petit canot qui va à la voile et à l'aviron. [chadale.

Yourte, sm. hutte de Kamts-

Youyou, sm. sorte de canot chinois; petite embarcation.

Ypréau, sm. espèce d'orme.

Yttria, sf. substance terreuse; oxyde d'

Yttrium, sm. nom donné au métal que l'on croit exister dans l'yttria.

Yucca, sm. plante exotique.

Yugada, sf. mesure itinéraire en Espagne.

Z

Z, sm. (zéde ou ze) 25e lettre de l'alphabet, 19e consonne

Zagaie, sf. javelot des Mores,

Zaïm, sm. soldat turc. [etc.

Zain, sf. (cheval) tout noir ou tout bai.

Zambo, sm. descendant d'un negre et d'une mulâtresse.

Zani, sm. bouffon de la comédie italienne

Zèbre, Zébu, sm. quadrupèdes.

Zébré, a. marqué de raies semblables à celles du zebre.

Zédoaire, sf. plante.

Zélateur, trice, s. qui agit avec

Zele, sm. affection ardente; grand empressement; ferveur.

Zélé, e, a. qui a du zèle.

Zend-avesta ou Zend, sm. livre sacré des Persans.

Zénith, sm. (it) point du ciel perpendiculaire à un point terrestre.

Zénithal, e, a. du zénith.

Zéolithe, sf. produit volcanique. [ble.

Zéphyr, sm. vent doux, agréa-

Zéphyre, sm. dieu de la Fable.

Zéphyrien, ne, a. léger comme le zéphyr.

Zéro, sm. i. (0) caractère arithmétique; rien; homme nul.

Zest, (l) interj pour se moquer. sm entre le zist et le zest, ni bon ni mauvais. fa.

Zeste, sm. cloison de noix; superficie de l'écorce d'un citron, d'une orange; rien. fa.

Zététique, a. méthode pour résoudre un problème. did. g

Zeugme, sm. sorte d'ellipse. rhét. [ch comme un z.

Zézayer, vn. prononcer le j et le

Zézaiement, sm. vice de celui qui zezaye.

Zibeline, sf. et a. sorte de martre ; sa fourrure.

Zibet, sm. sorte de civette des Indes

Zigzag, sm. lignes formant des angles aigus; ouvrage de fortification.

Zinc, sm. métal blanc.

Zinguer, va. garnir de zinc.

Zingueur, sm. qui zingue.

Zinzolin, sm. violet rougeâtre et délicat. |simple.

Zirconium, sm. corps métall.

Zircone, sf. terre primitive.

Zist, sm. (t) V. Zest. |corde.

Zizanie, sf. ivraie. v. fig dis-

Zodiacal, e, a. du

Zodiaque, sm. espace où les planètes se meuvent; grand cercle de la sphère |envieux.

Zoïle, sm. mauvais critique ;

Zoliverein, sm. association douanière des gouvern allemands. |facettes.

Zonaire, a. (cristal) entouré de

Zone, sf. chacune des cinq divisions de la terre entre les pôles; parties du ciel qui leur répondent ; bandes ou marques circulaires; t. de géom. |des animaux.

Zoographie, sf. description

Zoolatrie, sf. adoration des animaux.

Zoolithe, sm. partie d'animal pétrifié. |des animaux.

Zoologie sf. histoire naturelle

Zoologique, a. de la zoologie.

Zoologiste ou zoologue, sm. celui qui est versé dans la zoologie.

Zoomorphite, sf. pierre qui imite la forme d'un animal.

Zoonate, sm. nom générique des sels formés par l'acide.

Zoonique, a. (acide) produit par la distillation des matières animales.

Zoonomie, sf. recherche sur les principes de la vie humaine.

Zoophore, am. (colonne) qui porte la figure d'un animal.

Zoophyte, sm. animal qui ressemble à la plante. |maux.

Zootomie, sf. dissection des ani-

Zopissa, sf. ou poix navale, goudron enlevé des vieux navires et employé comme remède.

Zostère, sf. plante marine.

Zouave, sm. fantassin d'un corps au service de la France.

Zymologie ou Zymotechnie, sf. partie de la chimie qui traite de la fermentation.

Zythogala, sm. mélange de bière et de lait.

Zythum, sm. (zytom) sorte de bois; son d'orge.

FIN.

TABLE DES ABRÉVIATIONS.

---

a.	adjectif.	math.	mathématiques.
act.	action.	méd.	medecine.
ad.	adverbe.	men.	menuiserie.
alch.	alchimie.	mép.	mépris.
anat.	anatomie.	mon.	monnaie.
ant.	antiquité.	mus.	musique.
arch.	architecture.	myth.	mythologie.
art.	article.	num.	numeral.
ast.	astronomie.	off.	office.
bla.	blason.	pl.	pluriel.
bot.	botanique.	pal.	palais.
chim.	chimie.	pop.	populaire.
chir.	chirurgie.	pra.	pratique.
com.	commerce.	prép.	preposition.
conj.	conjonction.	pron. pers.	pronom personnel.
did.	didactique.	pron.poss.	pronom possessif.
fa.	familier.	pr. et fig.	au propre et au figuré.
fauc	fauconnerie.		guré.
fig.	figuré.	p. us.	peu usité.
fin.	finances.	s.	singulier.
fortif.	fortification.	serr.	serrurerie.
gra.	grammaire.	sm.	substantif masculin.
i.	indéclinable.	sf.	substantif féminin.
inst.	instrument.	sor.	sorte.
int.	interjection.	t.	terme.
inv.	invariable.	ust.	ustensile.
iron.	ironique.	vén.	vénerie.
jur.	jurisprudence.	v. ou vx.	vieux mot.
loc. adv.	locution adverbiale.	V.	voyez.
loc. prép.	locution prépositive	va.	verbe actif.
m.	masculin.	vimp.	verbe impersonnel.
m. s.	même sens.	vn.	verbe neutre.
maç.	maçonnerie.	vp.	verbe pronominal.
man.	maniere.	vr.	verbe reciproque.
mané.	manege.	vétér.	vétérinaire.
mar.	marine.		

DÉFINITION DES DIX PARTIES DU DISCOURS.

I. LE NOM DÉSIGNE LES ÊTRES ET LES ABSTRACTIONS : les êtres, comme *Alexandre*, *lion*, *table* ; les abstractions, comme *vertu*, *blancheur*. Le substantif ou mieux le nom est appelé PROPRE, COMMUN, OU COLLECTIF, selon qu'il appartient à un seul être, *César* ; à plusieurs êtres semblables, *arbre*, ou, qu'étant au singulier, il renferme l'idée de pluralité, *forêt*.

II. L'ADJECTIF QUALIFIE OU MODIFIE LES ÊTRES ET LES ABSTRACTIONS : *lion courageux* ; *blancheur éclatante* ; un substantif devient quelquefois adjectif : *un père est toujours* PÈRE.

III. L'ARTICLE EST UNE ESPÈCE D'ADJECTIF qui se met avant les noms, dont il indique le genre et le nombre. Il est SIMPLE dans *le, la, les* ; COMPOSÉ dans *du, des, au, aux*, mis pour *de le*, *de les, à le, à les*.

IV. LE PRONOM EST LE REMPLAÇANT DU NOM : les prétendus pronoms qui se trouvent joints aux noms ne sont que des adjectifs.

V. LE VERBE AFFIRME L'EXISTENCE OU L'ACTION DE SON SUJET. 1. Deux verbes sont appelés AUXILIAIRES parce qu'ils aident à conjuguer les autres ; ce sont *être* et *avoir*. 2. Les verbes ACTIFS font connaître que le sujet fait une action dont un autre est le terme : *je mange un fruit*. 3. Les verbes NEUTRES marquent simplement l'état du sujet : *il dort, nous dînons*. 4. Le verbe PRONOMINAL se conjugue avec deux pronoms de la même personne : *tu te repens* ; on le nomme RÉFLÉCHI quand le sujet et le régime du verbe sont la même personne, *je me félicite* ; on le nomme réciproque quand il exprime l'action de plusieurs êtres qui agissent les uns sur les autres : *les hommes doivent s'entr'aider*. 5. Les verbes IMPERSONNELS, ou mieux UNIPERSONNELS, n'ont que la troisième personne du singulier ; *il faut, il neige.*

VI. LE PARTICIPE EST UN MOT MIXTE QUI TIENT DU VERBE ET DE L'ADJECTIF. Il est *invariable* quand il exprime l'action du verbe, et *variable* quand il marque une qualité ou une modification. Cette règle s'applique aux *participes présents* comme aux *participes passés*.

VII. L'ADVERBE modifie le verbe comme l'adjectif modifie le nom : C'EST L'ADJECTIF DU VERBE. Il est ordinairement placé près de lui et n'a pas de régime : *Pierre chante* MAL, *Paul chante* JUSTE.

VIII. LA PRÉPOSITION UNIT DEUX TERMES, elle précède toujours son régime appelé COMPLÉMENT : *le fruit* DE *l'arbre.*

IX. LA CONJONCTION UNIT DEUX PHRASES : *j'irai à la campagne si le temps est beau.*

X. L'INTERJECTION EST UN CRI JETÉ AU MILIEU DE NOS IMPRESSIONS OU DE NOS SENTIMENTS. C'est le premier et le seul mot qu'articule l'enfant qui vient de naître.

EXTRAIT DU CATALOGUE

Atlas universel de géographie ancienne et moderne, par *Vuillemin*. 50 cartes. Nouvelle édition grand in-4, cartonné. . . . . 7 fr. •

Nouvel atlas à l'usage des commençants, par *Vuillemin*. 9 cartes, grand in-4, cartonné. . . 1 fr. 75

Petit atlas élémentaire, du même auteur. 9 petites cartes, in-4, cartonné. . . . . 1 fr. •

Dictionnaire français-anglais et anglais-français de Nugent, par *Asborne de Chastelain*, professeur d'anglais. 1 vol. grand in-32, relié en toile. . . . . 3 fr. •

Dictionnaire français-italien et italien-français, par *Ruggieri* et *Gérard*. Grand in-32, relié en toile. . . . . 3 fr. 50

Dictionnaire français-allemand et allemand-français, par *Gérard* et *Gaspar*. Grand in-32, toile. . . . . 3 fr. 75

Dictionnaire français-espagnol et espagnol-français, par *Z. Quintana*. Grand in-32, toile. . . . . 4 fr. •

Eléments de la conversation anglaise suivie de dialogues familiers, précédés d'un vocabulaire anglais-français , par *John Perrin*, augmentée d'une grammaire par *William Bonn*. In-12, cartonné . . . . • fr. 80

Fables de Fénelon, ornées de figures. In-18, broché. . . . . • fr. 55
Le même ouvrage. Cartonnage classique. . • fr. 70

Fables de Florian, annotées par *A. Réné*, suivies des poëmes de *Ruth* et *Tobie*. In-18, broché. » fr. 55

Le même ouvrage, cartonnage classique. . . » fr. 70

Fables de Lafontaine, suivies de Philémon et Baucis. Nouvelle édition avec notes et figures. In-18, broché.. . . . . » fr. 80

Le même ouvrage, cartonnage classique. . . » fr. 90

Aventures de Télémaque et celles d'Aristonoüs, par *Fénelon*, avec notes et figures. In-12, br. 1 fr. 10

Le même ouvrage, cartonnage classique. . . 1 fr. 25

La Tenue des livres pratique, contenant la manière de passer toutes les opérations du commerce et de la banque en partie simple et en partie double, par M..., teneur de livres. In-18. . . . 1 fr. 75

Collection des machines les plus intéressantes et les plus utiles, dessinées et gravées par *Chaumont*. 52 planches, précédées d'un texte explicatif. Grand in-4, oblong.. . . . . 9 fr. »

Cours élémentaire de géométrie et de dessin linéaire à l'usage des commençants. 12 planches et texte. In-8, oblong.. . . . . 1 fr. 75

Cours de perspective à l'usage des pensions et des écoles élémentaires, par *Perdoux*. 12 planches et texte. . . . . 1 fr. 75

Cours gradué de dessin linéaire appliqué aux machines et instruments agricoles, par *Ch. Bride*. 25 grandes planches avec texte, in-fol., cart. 5 fr. »

Le Vignole du serrurier, ou Cours de dessin appliqué à la serrurerie pratique, précédé d'un texte explicatif. 48 pl. in-4, oblong, cart. 7 fr. »

Le Vignole du charpentier. 50 planches in-4, cartonné. (Sous presse.)

Modèles de dessin linéaire, par *Dubois,* professeur à l'école industrielle. 48 planches avec texte in-4, broché. . . . . 3 fr. 50

Vignole des propriétaires ou les cinq ordres d'architecture, suivis de la charpente, menuiserie et serrurerie. In-4 de 48 planches. . . . . 4 fr. »

Cartes des cinq parties du monde. Une feuille grand colombier coloriée. Chaque. . » fr. 60

La Mappemonde, en deux hémisphères. Une feuille grand colombier, coloriée. . . . » fr. 60

Carte de France en 86 départements, avec un tableau de la population. Gr. colombier, col. » fr. 60

Carte routière de France et des pays limitrophes, dressée par *Vuillemin.* Grand colombier, coloriée. . . . . » fr. 60

Grande carte physique, administrative et routière de France et de tous les pays limitrophes. Une feuille grand aigle, coloriée. . . . . . 2 fr. »

Carte physique et routière de l'*Europe centrale,* dressée par *Vuillemin.* Grand colombier, coloriée. . . . . 1 fr. 50

Carte de l'Algérie d'après les derniers documents. Une feuille grand colombier, coloriée. . . 1 fr. »

Carte physique et routière *de la Belgique* avec la division des provinces. Coloriée. . . . . 1 fr. »

Nouvelle carte de Suisse, indiquant la division des cantons, etc., dressée d'après Keller et le général Dufour, par *Vuillemin.* Coloriée. . 1 fr. 75

Carte routière de l'Italie avec ses nouvelles divisions. Coloriée. . . . . 1 fr. 50

Modèles d'écriture. Deux cents feuilles dans tous les genres, gravées par *Lansraux*. Six et huit modèles à la feuille. Le cent. . . . . 10 fr. 75

Tableau des poids et mesures dressé par *Vuillemin*, contenant les lois et réglements pour toutes les mesures. Une feuille colombier, coloriée.   1 fr. 35

Tableau d'histoire universelle depuis la création du monde jusqu'à nos jours. Une feuille grand aigle, coloriée, ornée de vues, monuments et costumes. . . . . 3 fr. ,

Tableau des monnaies d'or et d'argent des principaux États du monde, contenant leur poids, leur valeur, avec l'indication des monnaies de compte. Une feuille colombier, coloriée. . . . . 1 fr. 35

Tableau de l'art vétérinaire, contenant la description du cheval, ses perfections, ses défauts, ses maladies, leur traitement, ainsi que les principales maladies des bestiaux et animaux domestiques. Une feuille colombier. . . . . 1 fr. 35

Nota. — Le catalogue général sera envoyé *franco* à toute personne qui en fera la demande par lettre affranchie.

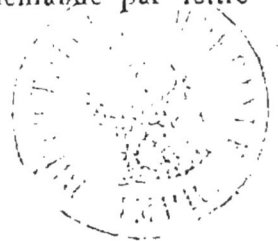

Corbeil, typ. et ster. de Crété.

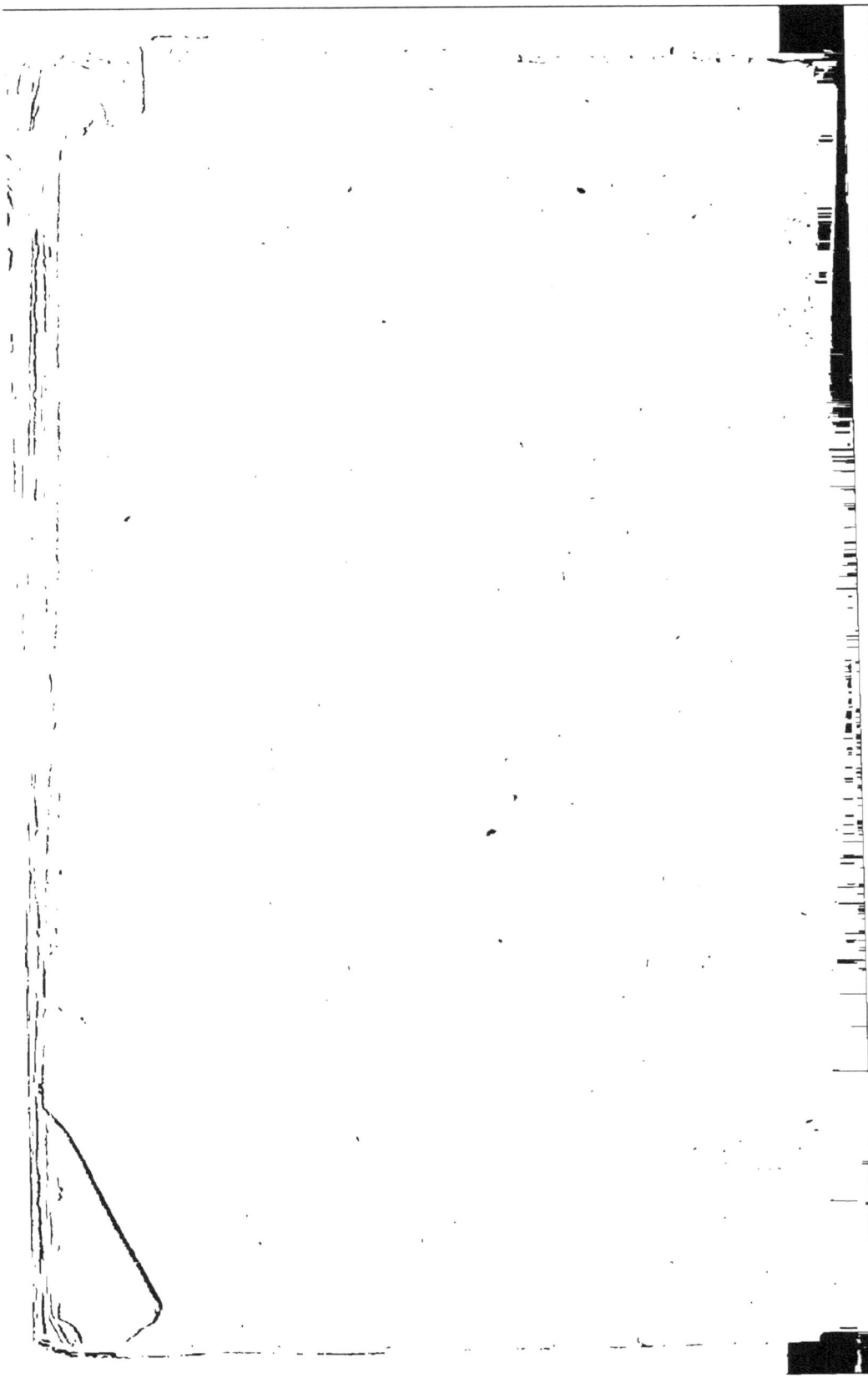

www.ingramcontent.com/pod-product-compliance
Lightning Source LLC
Chambersburg PA
CBHW050541270326
41926CB00012B/1870